New SMART
미드 영어 상황별 공식 581

CHRIS SUH. 서성덕

MENTORS

New SMART
미드영어 상황별 공식 581

2024년 09월 11일 인쇄
2024년 09월 24일 개정판 포함 9쇄 발행

지 은 이   Chris Suh
발 행 인   Chris Suh
발 행 처   **MENTORS**
　　　　　경기도 성남시 분당구 분당로 53번길 12 313-1
　　　　　TEL 031-604-0025 FAX 031-696-5221
　　　　　mentors.co.kr
　　　　　blog.naver.com/mentorsbook
　　　　　* Play 스토어 및 App 스토어에서 '멘토스북' 검색해 어플다운받기!

등록일자   2005년 7월 27일
등록번호   제 2009-000027호
I S B N   979-11-988955-4-7
가   격   25,000원(MP3 무료다운로드)

잘못 인쇄된 책은 교환해 드립니다.
이 책에 게재된 내용의 일부 또는 전체를 무단으로 복제 및 발췌하는 것을 금합니다.

PREFACE

최근의 미드세계의 변화

미드환경이 많이 바뀌었다. 전에는 주는대로 봐야 했는데 이제는 골라골라 볼 수 있다. 다시 말해서 전에는 〈프렌즈〉, 〈섹스앤더시티〉, 〈위기의 주부들〉, 〈CSI〉 등을 선택의 여지가 없이 봐야 했지만 요즘에는 이 초대작들의 뒤를 잇는, 초대작보다는 각기 개성있는 작품들이 다양하게 나오기 때문에 미드족들 또한 어느 한 두 작품에 쏠림현상을 보이기 보다는 각자 자기 취향에 맞는 작품을 골라서 시청하고 있다. 물론 위의 작품들만큼 장기시리즈로 인기를 끌고 있는 〈크리미널 마인드〉, 〈그레이스 아나토미〉, 〈하우스〉, 〈수퍼내추럴〉 등 의 작품들도 있지만 짧은 시즌으로 끝나거나 아니면 한 시즌이 에프소드 10개 이하로 구성되는 등 현재의 미드세계는 작품내용의 다양성 뿐만 아니라 형태 또한 다양해지고 있다. 특히 〈야망의 함정〉이나 〈카멜롯〉 등 미니시리즈형으로 끝나는 경우도 많이 나오고 있다.

그러다 보니 이제는 주인공 뿐만이 아니라 조연들이나 혹은 단골 범죄역으로 나오는 배우들까지도 알게 되기에 이르는 경우가 많다. 그만큼 작품의 선택폭이 넓어졌다는 이야기이며 이 같은 현상은 오히려 다양한 취향의 미드족들에게는 더 바람직한 일이 되었다. 자기 취향에 맞게 취사선택해서 미드를 즐길 수 있기 때문이다. 하지만 이렇게 미드캐릭터 들과 미드에 심취한 만큼 그에 비례해서 미드영어 또한 실력이 뒷받침돼야 지금보다는 좀 더 미드에 오리지널하게 빠져들 수 있을 것이다.

가장 많은 미드표현을 가장 빠르게 습득~

다시 말해 미드를 즐겨보는 이유는 물론 작품의 재미, 감동 등의 이유도 있지만 또 한편으로는 영어와 그네들의 문화를 습득하기 위한 목적 또한 빼놓을 수 없다. 영어표현에는 단순하게 한가지 의미만으로만 쓰이는 경우도 있지만 문맥에 따라 조금씩 따르게 해석이 되거나 혹은 다양한 의미를 갖는 표현들도 많다. 이런 표현들은 아무리 책만 갖고 달달 외워도 또 잊어버리게 되어 있다. 그런 의미에서 미드영어표현들을 많이 알고 이 표현들을 다양한 미드를 보면서 어떤 상황에서 어떻게 쓰이는지를 눈으로 보고 귀로 들으면서 느끼면 그거야 말로 가장 감각적인 영어학습방법이 될 것이다. 미국에 가서 살거나, 혹은 한국에서 미국사람과 살거나 하지 않는 이상 이보다 더 좋은 영어를 배우는 방법은 없다.

본서 〈미드영어 상황별 공식 581〉은 바로 이런 의도에서 기획되었다. 가장 비슷한 표현들을 무려 581가지로 세분하여 함께 의미비교를 하면서 또 뉘앙스의 차이를 습득하면서 가장 빠르게 가장 많은 미드표현들을 습득할 수 있도록 되어 있고 이 표현들을 미드를 보면서 어떤 상황에서 쓰이는지 감각적으로 익히면서 단순히 미드를 화면이나 자막을 보는 데서 발전하여 화면을 보면서 영어를 귀로 들을 수 있는 경지에 다다를 수 있을 것이다.

특히 총 Chapter 10까지 종 581개의 상황이 한페이지에 하나씩 깔끔하게 정리되어 있어서 아무 때나 아무페이지를 열어서 한페이지 안에 있는 비슷한 표현들을 외우면 되기 때문에서 처음부터 순서대로 책을 봐야하는 부담감 없이 항상 옆에 두고 편하게 즐기면서 보면 된다. 미드야말로 즐기면서 영어공부를 할 수 있는 최상의 소스이다. 100%는 아니더라도 조금씩 귀로 들으면서 극의 스토리를 따라갈 수 있다면 미드를 보는 즐거움이 배가 될 것이고 이렇게 기본이 쌓이면서 그 기본을 바탕으로 영어실력이 늘어나고 미드도 더 신명나게 볼 수 있을 것이다.

다 안들린다고 실망하면 안된다. 조금씩이라도 들린다면 그리고 그게 조금씩 늘어난다면 거기에 만족하면서 한계단 한계단 올라가면 된다. 수많은 미드가 앞으로도 여러분의 앞에 펼쳐질 것이다. 지금보다 더 재미있고 더 작품성있는 미드가 나올 수도 있다. 그 때 미드를 제대로 즐기기 위해서라도 지금 조금씩이라도 시간을 내서 미드표현들을 제대로 익혀두도록 하자. 해외파 미드족 권도경 님과 골수 미드족 서성덕 님의 열정이 엉뚱한 자막과 엉터리 해설들에 짜증난 많은 미드족 여러분들에게 조금이나마 도움이 되길 바란다.

좋은 미드, 안나쁜 미드, 이상한 미드

초대박미드 시대가 가고 이제는 중박, 소박 미드 들이 수없이 쏟아져 나오면서, 선택의 폭이 상당히 넓어져 수작미드이면서도 처음 들어보는 경우가 종종 발생하는게 요즘의 미드풍토이다. 대신 다양한 취향의 미드족을 만족시켜주면서 또다른 형태의 미드열풍은 계속되고 있다. 이런 상황에서 미드의 우열을 가늠하기는 쉬운 일이 아니다. 다만 여기서는 스토리, 캐릭터, 그리고 비주얼 등 세가지 관점에서 미드를 살펴보려 한다.

대박 미드 — 좋은 미드

우리가 어려움없이 즐길 수 있는 미국 드라마는, 역설적이지만 미국적인 문화적 요소가 가장 덜 들어간 것이다. 다시 말해 국경을 넘어 모든 사람들이 보편적으로 인식하고 공감할 수 있는 미드가 성공할 수 밖에 없다는 말이다. 사랑과 우정, 갈등, 배신, 인간에 대한 성찰, 그리고 죄와 벌 등의 소재가 가장 평범하고 무난할 것이다.

보편성있는 소재로 전세계 미드팬을 열광케한 최고의 작품은 뭐니뭐니해도 〈프렌즈〉이다. 시즌 10까지 가면서 끝까지 동력을 잃지 않고 여섯친구들간의 우정과 사랑 이야기를 재미나게 그려냈고 지금도 캐릭터들을 생각하면 웃음이 나오는 걸작. 해학과 풍자, 말꼬임 등이 많이 나와 간혹 어려운 부분이 있지만 전체적으로 보는데 방해가 될 정도는 아니다.

다음으로는 〈섹스앤더시티〉이다. 이 또한 좀 과감한 소재를 선택하였지만 기본적으로 남자와 여자의 사랑, 갈등, 성 문제 등을 적나라하게 파헤침으로써 우리의 옷을 한꺼풀 벗기는 해방감을 주면서 성의 담론을 일반화시키는데 크게 일조한 미드로, 극을 따라가는데 전혀 피로감을 느낄 수 없이 재미있게 볼 수 있는 미드이다. 스토리, 캐릭터 그리고 특히 주인공 캐리가 선보이는 패션은 전세계 미드팬을 열광케하였다.

이어 〈위기의 주부들〉이 등장한다. 주부들이 아내로서, 엄마로서 겪는 힘든 상황을 무척 재미나게 그리고 조금은 엽기적으로 과장한 드라마로 역시 기본토대인 부부간의 갈등, 부모와 자식간의 갈등, 그리고 동네 주민들과 어울려 살아가는 모습에서 우리들의 모습들을 보고 또한 우리들과 다른 모습들을 함께 즐길 수 있었다. 한가지 아쉬운 점은 시즌이 길어지며 찾아온 소재의 한계와, 새로운 인물의 등장이 계속되면서 동시에 엽기적인 느낌을 유지하려는게 힘들어 보였다는 것.

위의 세 작품 모두 뛰어난 스토리와 흥미로운 캐릭터들을 만드는데 성공하며 시청자들에게 크게 어필한 케이스이다. 당분간 위 세 작품과 같이 대중적이면서도 재밌는 작품이 나오기를 기대하기는 쉽지 않아 보인다.

다음으로 스토리+캐릭터에 더하여 뛰어난 비주얼로 우리를 휘어잡으며 미드열풍을 이끈 과학수사물 〈CSI〉가 있다. 다만 시즌이 가면 갈수록 스토리의 빈약함, 중복, 그리고 캐릭터의 이탈 등으로 초반만큼 어필하지 못하고 있으며 특히 비주얼적인 측면은 계속 발전하는 것을 보여주지만 처음에 보여줬던 것처럼 충격적이지 못하고 시청자들을 무덤덤하게 하고 있다. 그렇긴해도 〈CSI〉가 전세계적으로 보여준 충격의 여파를 생각하면 초급급 미드임에는 틀림없다. 이의 대척점에, 강렬한 비주얼은 없지만 탄탄한 스토리 구성과 캐릭터들의 냉철한 두뇌싸움으로 많은 이들을 매료시킨 〈Law & Order〉가 있다. 원조인 〈Law and Order〉, 스핀오프인 〈크리미널 인텐트〉, 〈SVU〉, 연쇄살인범의 행동패턴과 심리를 프로파일링하여 범인을 잡는 수사물 〈크리미널 마인드〉는 범인에게만 비난할 수 없는 세상의 슬픔을 바탕에 깔고 있는게 특징이다. 그리고 〈CSI〉를 만든 제리 브룩하이머의 〈위드아웃어트레이스〉, 〈콜드 케이스〉, 취향을 많이 타지만 매력적인 캐릭터들로 인기가 끊이지 않는 〈NCIS〉, 그 외 숨막히는 테러와의 전쟁을 실감있게 그린 〈24〉 등이 완성된 작품성으로 우리를 흥분케 한다.

그리고 의학미드로 삶과 죽음의 경계선에서 싸우는 의사들간의 사랑과 우정, 그리고 갈등을 재미나게 그려가고 있는 〈그레이스 아나토미〉, 휴 로리의 압도적인 연기력과 그에 걸맞는 탄탄한 스토리 전개로 많은 각광을 받은 〈하우스〉 등도 빼놓을 수 없는 대박미드.

더불어 오랜만에 시트콤으로 인기를 끌고 있는 〈빅뱅이론〉, 그리고 탄탄한 스토리와 캐릭터의 완벽한 조화로 작품성을 들고 나온 리들리 스콧의 〈굿와이프〉 등이 두각을 나타내고 있다.

(주)대박미드들
안 나쁜 미드

안 나쁜 미드란건 위의 미드보다 작품성과 대중성이란 측면에서 조금 떨어지는 작품들이란 말씀. 뼈를 토대로 범인을 잡는 〈본즈〉, 강박증에 시달려 주변사람들을 좀 괴롭히지만 날카로운 통찰력으로 범인을 잡는 〈몽크〉, 죽은 사람들의 영혼과 대화하면서 원혼을 풀어주거나 살아남은 사람들의 갈등을 해결해주는 가슴뭉클한 스토리의 〈고스트 위스퍼러〉 등이 선전하고 있다. 기독교적 세계관을 바탕으로 꽃미남 퇴마사 형제의 이야기를 다룬 〈수퍼내추럴〉도 많은 사랑을 받았으나 갈수록 산으로 가고 있다는 평이 지배적.

또한 성형외과의들의 독특한 삶 이야기로 무척 야하지만 스토리와 캐릭터 면에서 조화를 이루면서 인기를 끌었던 〈닙턱〉, 법정인들의 이야기이지만 엽기적이고 유쾌했던 〈보스턴 리걸〉, 애교넘치게 범인의 자백을 받아내는 귀여운 여시과인 브렌다를 주인공으로 한 〈클로저〉 또한 시청자들에게 사랑받고 있다.

휴머니즘이 깔린 경찰특공대 이야기 〈플래시포인트〉, 예리한 통찰력으로 사건을 해결하는 제인의 이야기인 〈멘탈리스트〉, 엑스파일보다 한 단계 더 그로테스크한 이야기들로 구성된 〈프린지〉, 증인보호프로그램을 주제로 하며 가족과 사람들과의 갈등과 고민을 그린 〈인플레인사이트〉, 최근 골든 글러브 코미디 작품상을 받은 시트콤 〈모던패밀리〉, 그리고 악인만을 골라 살해하는 연쇄살인범을 그린 〈덱스터〉 등도 인기이다.

시대극으로는 16세기 영국의 장희빈이라 할 수 있는 '앤 불린'의 연기가 일품인 〈튜더스〉. 마키아벨리 '군주론'의 모델인 '체사레 보르지아'와 그 가문의 이야기를 다룬 〈보르지아스〉 등이 있으며, 그 중에서도 최고는 로마가 공화정에서 제정으로 넘어가는 격동의 시기를 평범한 군인들의 시점으로 그려낸 HBO의 〈ROME〉이라 할 수 있다.

반면 잘나가다 꼬꾸라지는 미드들도 있다. 시즌을 이어가면서 스토리를 잘 이어나가는 것은 쉬운 일이 아니다. 미드열풍의 주역 중 하나였던 〈프리즌 브레이크〉의 몰락은 안타깝다. 독특한 소재로 시즌 1, 2까지는 흥미진진하게 시청자들을 잡아끌었으나, 시즌 3부터는 스토리의 부재로 급경사 내리막길을 탔다. 이와 비슷하게 아주 강렬한 비주얼로 많은 사람들로부터 사랑을 받았던 로마시대극 〈스파르타쿠스〉도 시즌 2에서 카리스마 있던 주인공 배우의 교체와 막장 플롯으로 몰락했다. 또한 시즌 1, 2에서 많은 인기를 끌었던 범죄미드인 〈캐슬〉은 스토리가 재미있을 뿐만 아니라 캐슬과 여수사관 베켓 사이의 티격태격 말장난하는 가운데 꽃피는 애정텐션으로 많은 인기를 끌었지만 시즌 3에서 한 풀 꺾이고, 시즌 4에서 재기를 시도했으나 예전보다 스토리의 긴장감이 많이 떨어져 보인다. 한편 좀비 드라마로 포스트 아포칼립스적 분위기에서 인간들의 나약한 모습을 그린 〈워킹데드〉는 작가진의 전면교체로 인한 건지 시즌 2에서는 우왕좌왕하며 허접한 플롯으로 많은 이들의 실망을 샀다.

향후 기대되는 작품들로는 동명의 영드를 리메이크한 막장가족 이야기 〈쉐임리스〉, 알카에다에게 포로로 잡히고 한참 후에야 구출되어 귀국한 두 미군들의 이야기인 〈홈랜드〉. 홈랜드는 2011년 최고의 신작으로 칭송받으며 골든 글러브 드라마 작품상을 받았다. 그리고 전설적인 미드 〈소프라노스〉의 작가진이 각본을 맡았으며, 그 유명한 알카포네와 마피아조직이 암약하던 1920년대 미국을 다룬 시대극 〈보드워크 엠파이어〉. 뛰어난 원작소설을 바탕으로 탄탄한 구성, 판타지같지 않은 현실성과 잔혹성으로 큰 인기를 끌고있는 중세 판타지 〈왕좌의 게임〉. 그리고 〈라이프〉의 사라 샤이가 새로운 모습으로 주인공으로 나오는 settle out of the court를 내용으로 부담없이 재미있게 볼 수 있는 〈페어리 리걸〉, HBO의 신작 〈뉴스룸〉 등이 향후 기대되는 작품들이다.

하다만 미드 미니시리즈 제왕급 미드
이상한 미드들

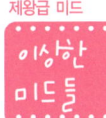

아까도 말했지만 꾸준히 작품성있는 에피소드를 내놓는 것은 결코 쉬운 일이 아니다. 그래서 잘나가다 갑자기 고꾸라지는 미드들이 자주 나오는 것이다. 그래서 그런지 보통 20개를 넘어가던 시즌 자체의 에피소드 수가 최근엔 10개 내외로 줄어든 것을 볼 수 있다. 데미안 루이스가 열연한 〈라이프〉는 아쉽게도 시즌 2에서 종영됐고, 사람의 얼굴표정으로 거짓과 진실을 알아내는 〈라이투미〉는 시즌 3에서, 캐릭터가 화려했던 〈더티섹시머니〉는 시즌 2에서. 제임스 우즈 주연의 검사이야기인 〈샤크〉 또한 시즌 2로 끝났다.

또한 시즌제로 가지않고 짧게 끝나며 높은 퀄리티를 보여주는 미니시리즈 미드의 대표작들로는, 법정물 〈야망의 함정〉과 HBO의 밀리터리 드라마 〈밴드오브브라더스〉, 〈제네레이션 킬〉, 〈퍼시픽〉 등이 있는데, 그 중에서도 〈밴드오브브라더스〉는 영화를 능가하는 연출과 스케일, 스토리로 최고의 전쟁영상물로 칭송받는 작품.

마지막으로 대중성은 조금 떨어져도 많은 매니아들을 보유하고 있으며, 뛰어난 작품성과 최고의 퀄리티를 가진 제왕급 미드들이 있다. 최고의 미드를 꼽을때 〈소프라노스〉와 함께 언제나 1,2위를 다투는 작품으로, 미국사회의 부조리를 적나라하게 파헤치는 시사성 강한 범죄수사물 〈더 와이어〉. 장의사 가족의 삶을 통해 삶과 죽음에 대해 다시 한번 생각하게 하는 명작 〈식스핏언더〉, 탄탄한 스토리와 신선한 소재, 뛰어난 연기가 일품인 〈브레이킹 배드〉, 1960년대 격동의 미국에서 자본주의의 꽃이라 할 수 있는 광고업계의 이야기를 다룬 〈매드 멘〉 등이 그것. 〈매드 멘〉은 스토리의 전개보단 입체적이고 매력적인 구시대 캐릭터들의 갈등과 생사고락을 그리는데 중점을 둔 미드로, 최근 4년간 연속으로 미국 최고권위를 가진 방송상 '에미상' 드라마부문 최우수상을 휩쓸었다.

HOW TO USE THIS BOOK

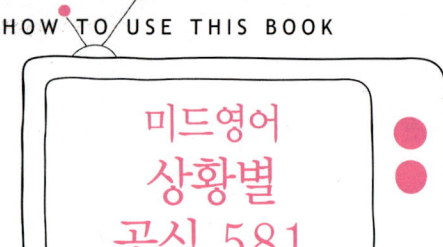

미드영어 상황별 공식 581

① 미드에 자주 나오는 중요 엑기스 표현들만 집중적으로 모았다.
② 쉽게 이해하고 오래 기억되도록 같은 맥락의 표현들을 총 581개의 상황으로 세분하였다.
③ 각 미드표현이 들어간 가장 많이 쓰이는 미드문장을 엄선하여 한 문장, 혹은 두 문장을 샘플로 하였다.
④ 상황별로 미드표현이 어떻게 쓰이는지 미드 Situation이란 긴 다이알로그에서 확인할 수 있다.
⑤ 이 모든 영문은 생생한 원어민의 녹음이 되어 있어서 미드처럼 실감있게 느끼면서 학습할 수 있다.

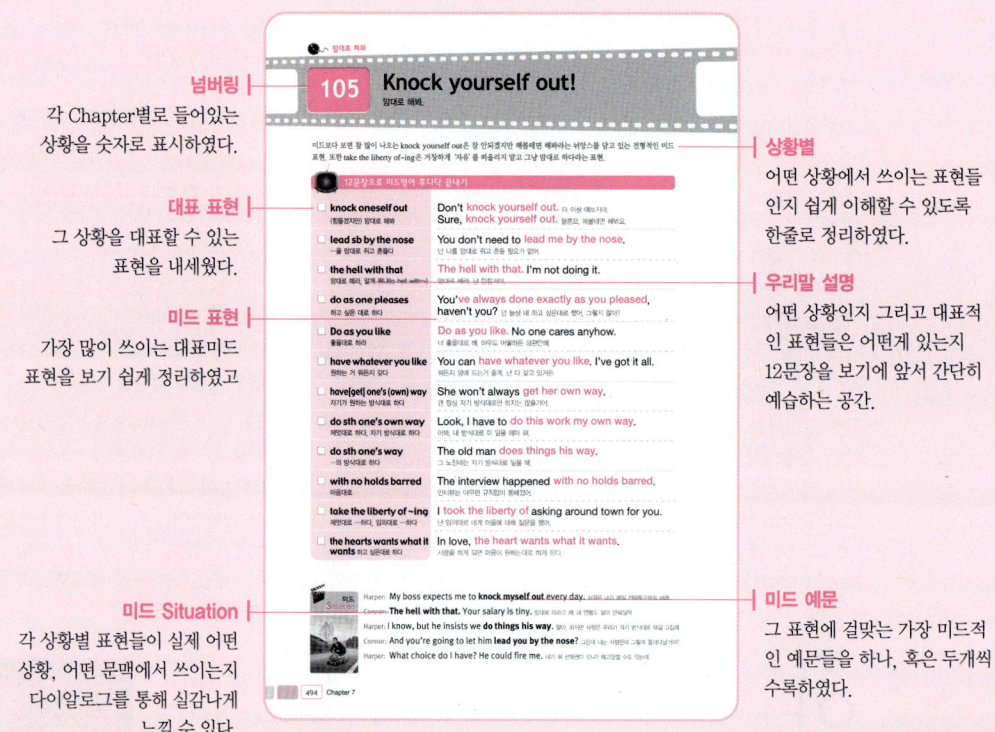

넘버링
각 Chapter별로 들어있는 상황을 숫자로 표시하였다.

대표 표현
그 상황을 대표할 수 있는 표현을 내세웠다.

미드 표현
가장 많이 쓰이는 대표미드 표현을 보기 쉽게 정리하였고

미드 Situation
각 상황별 표현들이 실제 어떤 상황, 어떤 문맥에서 쓰이는지 다이알로그를 통해 실감나게 느낄 수 있다.

상황별
어떤 상황에서 쓰이는 표현들인지 쉽게 이해할 수 있도록 한줄로 정리하였다.

우리말 설명
어떤 상황인지 그리고 대표적인 표현들은 어떻게 있는지 12문장을 보기에 앞서 간단히 예습하는 공간.

미드 예문
그 표현에 걸맞는 가장 미드적인 예문들을 하나, 혹은 두개씩 수록하였다.

More Expressions

각 Chapter에서는 탈락되었지만 그대로 모르고 지나가면 불편한 그리고 쉬운 표현이라도 다시 한번 복습하면 미드를 보고 듣고 즐기는데 도움이 될만한 표현들을 한 페이지 혹은 두페이지에 걸쳐 쭈~욱 정리하였다. 각 상황별 미드 엑기스 표현들을 후다닥 암기하고 난 후 좀 더 욕심을 내서 이 부분에 있는 표현들까지 완전히 학습하게 되면 남부럽지 않은 어디 나가서도 부럽지 않은 미드족이 될 수 있을 것이다.

Contents 목차

Chapter 01 미드기본상식(Basics) • 13

001 좋은놈, 나쁜놈, 이상한 놈 1_ I married a moron!
002 좋은놈, 나쁜놈, 이상한 놈 2_ You're a jackass!
003 좋은놈, 나쁜놈, 이상한 놈 3_ He's my roomie.
004 좋은놈, 나쁜놈, 이상한 놈 4_ You're a pig, get out!
005 이런 여자, 저런 여자_ She called me a slut.
006 마지막 사람들_ He's a huge movie buff.
007 수를 나타내는 표현들_ It's 100 bucks a pop.
008 수를 이용한 비유표현들_ You've got a 5 o'clock shadow.
009 나이를 말하는 표현들_ I've still got it!
010 감탄할 때와 욕할 때 1_ Oh, my God! Call 911!
011 감탄할 때와 욕할 때 2_ Look at you!
012 감탄할 때와 욕할 때 3_ God damn it!
013 감탄할 때와 욕할 때 4_ You son of a bitch, you killed her!
014 욕한다고 말하는 표현들_ She cussed me out!
015 다른 사람 부를 때 혹은 말꺼내면서_ Hi, how're you doing?
016 가족이나 친구들을 부를 때_ Don't worry, bro.
017 말을 이어주는 접착제_ Well then, what was it?
018 강조하는 표현들_ That hurt like hell!
019 심하게 강조하는 표현들_ What the heck!
020 이젠 품사까지도 날 배신해_ I haven't ID'ed her yet.
021 품사의 배신은 아직 끝나지 않았다_ I Googled my own name.
022 미드에 자주 나오는 형용사 1_ You're so pathetic.
023 미드에 자주 나오는 형용사 2_ He's really gullible.
024 미드에 자주 나오는 특이한 부사들_ You owe me big time.
025 이렇게 바로 현지영어구나_ Now I got, like, two bosses?
026 미드에 자주 등장하는 관용문장 1_ Boys will be boys.
027 미드에 자주 등장하는 관용문장 2_ It's everyman for himself.
028 관용어구 3_ Word travels fast.

Chapter 02 법과 질서(Law and Order) • 43

001 나쁜 놈들 범죄를 저지르다_ You committed a crime!
002 총맞아 죽는 사람들_ Are you packing?
003 범죄자들의 종류_ That guy is our guy.
004 범죄현장을 통제하라_ What you got, partner!
005 나쁜 놈들과의 총격전_ Get on the ground!
006 범인잡기 위해 수사를 시작하다_ Put out an APB for him!
007 미행과 도청을 하다_ You bugged his room?
008 용의자나 범인을 체포하다 1_ He got busted for murder.
009 용의자나 범인을 체포하다 2_ He's booked for two rapes.
010 증거를 쫓아라_ Follow the evidence.
011 CSI가 지문을 채취하는 걸 보면 착하게 살아야지_ We got a hit!
012 사이코패스는 프로파일링을 해야_ She alibied out.
013 사인 및 혐의를 밝혀내다_ What's the COD?
014 함정 및 누명에 빠지다_ You set me up!
015 나 보석금내고 나가야지_ She jumped bail.
016 기소해서 꼭 처넣어야지_ The case is over.
017 소송을 시작해 말아?_ You're off the case!
018 법정 시시비비는 변호사가_ I want a lawyer.
019 재판장님 납시오_ I'm taking this pro bono.
020 유무죄인지 재판을 진행하다_ How do you plead?
021 검사와 변호사, 치열한 법정공방을 하다_ I rest my case.
022 증인을 소환해 증언시키다_ He's leading the witness.
023 배심원들한테 잘 보여야_ What say you?
024 드디어 판결이 내려지다_ We find the defendant guilty.
025 드디어 판결이 내려지고 형이 선고되다_ How do you find?
026 죄에 따라 벌금[보호감찰], 무죄방면_ He got off scot-free.
027 이런 저런 죄 골라서_ It has to be a hate crime.
028 아직 남은 죄의 종류는 많아_ Is she undocumented?
029 죄를 지었으면 감방으로 행~진_ Take her into custody.
030 감방에서~_ You're going to jail!

Chapter 03 삶과 죽음(Life and Death) • 75

001 아이고, 몸이 좀 안좋으네_ What are his symptoms?
002 무슨 병에 걸렸나봐_ Oh, god, you pulled through!
003 머리가 너무 어지러워_ I just blank out.
004 속이 메스꺼워요_ I'm gonna throw up again.
005 몸에 열이 펄펄 끓어_ She's burning up.
006 다리가 부러졌어요_ Looks like defensive wounds.
007 얼어 터져서 눈이 멍들었어요_ I've pulled a muscle.
008 심장이 그만 쉬고 싶대요_ We've got a V-FIB!
009 이병 저병 다 걸리네_ She got cancer.
010 아프면 병원에 가야지_ Code blue, stat.
011 병원에 왔다 그리고 죽었당_ He does an autopsy.
012 병원 일꾼들_ Get the paramedics in here!
013 병원에서 수술하다_ You can't scrub in!
014 병원에서 수술 및 치료하기_ Get an MRI and find it.
015 이젠 약도 먹어야지_ He's already on meds.
016 약먹거나 주사를 맞는다_ He popped a few vicodin.
017 우리는 인조인간이당_ She had a boob job done.
018 보기가 좋아야 맛도 좋지_ He has a perfect build.
019 건강해지려면 운동을 해야_ I'm fit as a fiddle!
020 잠 잘자면 병도 이겨내_ Tuck her into bed right now.
021 특이한 잠자는 표현들_ You really did crash here?
022 잠못 이루는 숱한 나날들_ You were up all night?
023 이젠 영원히 잠드는 표현들_ She took your son's life.
024 죽거나 죽임을 당하거나_ He was shot at close range.
025 어찌저찌해서 결국은 죽다_ He dropped dead at work.
026 얼마나 살기 싫었으면 자살을~_ She took her own life.
027 죽으면 장례식을~_ We're so sorry for your loss.

Contents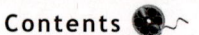

Chapter 04 사랑과 성(Love and Sex) • 105

001 좋은 감정 숨길 수 없어~_ I have a crush on her.
002 그래, 난 네가 좋아_ We're kind of a thing.
003 더 좋아하면 안될까요?_ I took her into my heart.
004 우리는 천생연분이야_ We're made for each other.
005 우리는 잘 통해_ I'm off the market.
006 혼자 좋아할 수는 없는 법_ She's not a gold digger.
007 정식으로 데이트 신청해야지~_ He asked me out.
008 드디어 데이트를 하다_ You got a date?
009 아~씨 바람맞었어_ Don't bail on me.
010 만나면 헤어지고_ Karen broke up with you?
011 안녕, 이제 헤어져야지_ He's just a rebound guy.
012 섹시함에 끌리다_ She's good in bed.
013 다벗고 자연으로~_ That creep just flashed me.
014 될 때까지 껄떡대자_ Are you flirting with me?
015 흥분했는데 상대가 없으면 어쩌~_ Vicky turns me on.
016 애무는 아무나 잘하나_ You make out with students?
017 목표달성까지의 과정들_ Get a room!
018 준비가 됐으면 이제 합체해야~_ We didn't make love!
019 섹스는 하고 싶을 때가 너무 많아_ She's such a good lay.
020 섹스표현, 왜 이리도 많은거야_ How about a quickie?
021 섹스하다의 속어표현들_ He really nailed her.
022 한 사람으로는 만족못해_ We're friends with benefits.
023 부담없이 섹스하기_ I gave her a booty call.
024 약혼하고 결혼하고~_ Jill, will you marry me?
025 그럼 이제 바람펴줘~_ My wife cheated on me!
026 가장 오래된 거래, 성매매_ She's got a sugar daddy.
027 싫다는데 왜 착각들이야_ Any sign of sexual assault?
028 다양한 섹스 취향_ This guy's into threesomes.
029 게이와 레즈_ Your daughter's gay.
030 임신하고 출산하고_ You got her pregnant?
031 가정을 이루다_ We'll start a family.
032 가장 지저분한 전쟁, 이혼_ I want a divorce!
033 위자료와 양육권 싸움_ He put me in a foster home.
034 섹스를 하기 위한 남성의 행동대원들_ Show me your dick.
035 여성들의 행동대원들_ He grabbed my boob.
036 먹었으면 배설하는 건 예외가 없어_ I gotta take a leak.
037 조금 더 큰 배설, 조금 더 큰 즐거움_ I better go take a crap.

Chapter 05 성공과 실패(Success & Failure) • 145

001 언제든 시작할 준비가~_ Ready when you are.
002 쬐끔 어려운 준비표현들_ Let's saddle up.
003 준비 안되었으면 즉흥적으로~_ We will wing it.
004 사전 계획이 중요해_ What's on tap for tonight?
005 잘 세운 계획을 실행하다_ It didn't go as planned!
006 바쁜 게 좋긴 하지만_ I've been keeping busy.
007 뼈빠지게 일하다_ I work my butt off for her.
008 최선을 다해 노력하다_ Keep up the good work!
009 최선을 다해도 모자라_ I won't rest until I found it.
010 최선을 다하다_ I'm doing the best I can.

011 대학에 가야지_ We went to college together.
012 땡땡이 치면 낙제~_ He dropped out of school.
013 대신 열심히 공부하면 만점도 가능허_ I aced my exam!
014 출근하고 퇴근하고_ I'm done for the day.
015 결근하거나 파업하거나_ She didn't call in sick.
016 잘못하면 잘리는 수가_ Who do you work for?
017 잘리거나 아니면 먼저 때려치우거나_ I just got fired.
018 자기가 맡은 일을 열심히 해야지_ OK. I'm on it.
019 더 열심히 하는 사람들_ You didn't do your job.
020 아니꼬우면 자기 사업해야지_ What is it you do?
021 일잘하면 잘 풀릴 수밖에_ Look who's got game.
022 타고난 사람들_ You ain't got what it takes.
023 반대로_일 제대로 못하면 앞이 뻔해~_ You suck at this!
024 일이 잘 풀리거나 잘못되거나_ We're on a roll.
025 넘 열씨미 하면 지치고 뻗어_ Why are you so pooped?
026 기진맥진하고 스트레스 때문에~_ I'm tuckered out.
027 일을 마무리하고 끝내다_ You done?
028 빨리 끝내고 싶어_ We're done here.
029 기회가 있으면 언능 잡아야지_ It's now or never.
030 쥐도 못먹는 바보 이야기_ I don't want to blow it.
031 가능성이 있다_ What are the odds of that?
032 반대로 가능성이 없을 때_ That's kind of a long shot.
033 열심히 하면 누구나 성공해_ You made it, great.
034 성공의 기쁨은 표현할 길이 너무 많아_ You got it in one!
035 성공하거나 돈벌었다는 표현들_ Not my finest hour.
036 경쟁에서 선두에 서야_ I can't keep up with you.
037 다시한번 경쟁의 세계로_ I can't compete with that.
038 드디어 경쟁에서 승리하다_ Who got the last laugh?
039 이길 때가 있으면 질 때도 있는법_ Still undefeated.
040 일을 망치다_ She fucked up my life.
041 또 망쳤어!_ You're so screwed.
042 망치고 또 망치고_ My bad. Sorry.
043 꼭 분위기깨는 사람은~_ She crashed the party!
044 누구나 실수는 하기 마련_ You're making a mistake.
045 실수하면 곤경에 처해_ You have a problem with it?
046 문제가 어디 한두가지랴~_ I don't wanna get a snag.
047 진퇴양난에 빠진_ We're in a deep shit.
048 역시 어렵고 힘든 곤경에 처했을 때_ You're toast.
049 다른 사람을 곤경에 빠트리다_ Welcome to my world.
050 곤경에 빠트리고 구해주고_ You stay out of trouble.
051 실패가 눈앞에 보일 때_ It went down the drain.
052 결국은 실패하거나 뭔가 엉망일 때_ Bedroom's a bust.
053 능력이 없거나 운이 없거나_ When did it hit the skids?
054 세상은 그런 것이다라고 위로하기_ That's the way it is.
055 본격적으로 위로해주기_ It's just a phase.
056 위로를 넘어 기운나게 하기_ Never say die!
057 한번 해보라고 등떠밀기_ Give it a shot!?
058 그래서 시도하다_ Nice try, but no.
059 돈벌어야 먹고 살지_ I don't get paid enough.
060 벌은 돈 즐겁게 쓰기_ This shoe cost a fortune.
061 빈털터리 되는 건 한 순간_ He lost his shirt in Vegas.
062 돈이 많은 부자다_ She has money to burn.

 Contents

063 돈을 빌려주고 빌리고_ I paid my debt.
064 은행에서 하는 일들_ We can't honor your check.
065 십시일반 조금씩 돈을 모아서~_ Do I have to chip in?
066 물건을 사거나 먹고 계산을 하다_ Beer is on the house!
067 수지타산을 맞추다_ Get him live on a budget.
068 물건을 사고 팔기_ He's a happy hour regular.
069 거래 혹은 합의를 하다_ Let's make a deal.
070 돈이면 안되는 게 없는 세상_ She married for money.

Chapter 06 의사소통(communication) • 217

001 만나서 인사하기_ How are you keeping?
002 만나는 상황에 따라 인사도 달리해야~_ Look who's here!
003 인사를 받았으면 답을 해야지요~_ Could be worse.
004 만남의 이런저런 것들_ Have we met before?
005 헤어질 때하는 인사들_ Let's do it again.
006 잠시 들러서 놀다가~_ Come over to my place.
007 찾아왔으면 들여보내주고 편안하게~_ I wouldn't miss it.
008 초대하고 환영하고~_ It's good to be here.
009 연락하고 지내거나 끊어버리거나_ I lost touch with her.
010 인생은 한번 뿐인데 즐겁게~_ You made my day.
011 인생의 목표는 카르페 디엠_ I loved every minute of it.
012 다시 한번 즐겁게 놀아보자_ Let's just hang out here.
013 난 파~리 애니멀이 되고 싶어~_ The party's over.
014 친구좋다는 게 뭔가~_ What's up, bestie?
015 관계를 잘 맺어야 오래 살아 남아요~_ I want to blend in.
016 같이 할래 안할래?_ You want in?
017 살다보면 나쁜 일에 연루_ Let me get in on this.
018 관련 또는 관계가 있을 때_ Just leave me out of it.
019 참견 그만하고 네 일이나 잘하세요~_ I won't butt in.
020 나 관심없거든요 ~_ It makes no difference to me.
021 상관없다니까 왜그래_ What's the big deal?
022 이젠 신경도 좀 써야지요~_ Oh, don't mind me.
023 좀 더 관심과 흥미를 갖다_ What are your interests?
024 모르면 물어봐~_ Which begs the question.
025 약속을 잡았으면 지켜야지_ You have my word.
026 약속은 약속이야_ A deal's a deal.
027 내 말 믿어줘, 맹세코 정말이야~_ You bet your ass I do.
028 약속은 지켜야하지만~_ Something's come up.
029 상대방의 말에 찬성할 때_ That makes two of us.
030 옳소라고 적극적으로 찬성하기_ All right. You're on.
031 상대방 말에 그러자고 동의할 때_ Right back at ya.
032 상대방과 같은 의견일 때_ I'll be right there with you.
033 간단히 나도 그래라고 말하기_ The same goes for him.
034 편들어주거나 안들어주거나_ We speak for the victims.
035 누가 아니래!라고 강하게 찬성하는 표현_ Tell me about it.
036 당신뜻대로 하시옵소서~_ Whatever turns you on!
037 바로 그거야_ That's the thing.
038 잘했어 혹은 잘됐네라고 칭찬해줄 때_ You did a good job!
039 칭찬을 할 때 그리고 칭찬을 받을 때_ I'm really flattered.
040 이렇게 하자고 제안할 때_ Here's a deal.

041 …하는게 어때라고 말할 때_ How about I move to Miami?
042 난 괜찮으니 맘대로 하세요_ Fair enough. But be honest.
043 상대방에게 승인[허락]하는 표현들_ I don't see why not.
044 모르겠다고 혹은 아니라고 말하기_ Speak for yourself.
045 절대로 그렇지 않아~_ I'll never ever hurt you.
046 제안 등에 거절반대하기_ That's not a good idea.
047 노골적으로 부드럽게 거절하기_ I think I'll pass.
048 배째라며 결사반대하기_ Not on your life.
049 그만두라고 금지할 때_ You can't do that!
050 아씨, 짜증나, 그만두라면 그만둬야지!_ Would you lay off?
051 그만두거나 중단하거나_ Let's just leave it at that.
052 스스로 그만둘 때는_ I'll get out of your hair.
053 아예 미리 말썽에서 벗어나기_ You stay out of this!
054 충고나 조언해주기_ You got any advice for me?
055 말을 안들어도 또 충고해주기_ Want my advice?
056 수위높여 따끔하게 충고하기_ Don't shit where you eat.
057 착각 속에 사는 친구에게_ Don't even think about it.
058 불만이 넘쳐날 때_ I got a bone to pick with you.
059 골칫거리, 구제불능_ You never learn.
060 이젠 질리다 못해 역겹기까지 할 때_ You make me sick.
061 이젠 참지말고 비난하기_ I'm not judging you.
062 한번 비난으로 되나요, 계속 해야지_ This totally sucks!
063 비난은 계속 되어야 한다_ Don't give Chris shit.
064 답답한 상대방에 미칠 때_ You can't do this to me!
065 그게 어쨌다고요!_ What do you want from me?
066 스스로 자책해보기_ Don't sell yourself short.
067 어떻게 비난하냐고 반박하기_ How can you think that?
068 말이 안통하면 무시할 수 밖에_ Don't talk down to me.
069 무시해도 성에 안차면 꺼지라고 외쳐대기_ Go fuck yourself!
070 가래도 안가면 내쫓아야지_ So you kicked her out?
071 남 괴롭히기_ Get off my back!
072 괴롭히고 못살게 굴다_ There's a girl bullying me.
073 참지말고 화를 냅시다_ He was really pissed off.
074 그래도 안되면 계속 화를~_ She came off as bitter.
075 화가 엄청 났을 때_ She went off at deep end.
076 다시 한번 화를 엄청내보기_ Don't blow up at me.
077 반대로 상대방을 화나게 했을 때_ Don't take it out on me!
078 화내도 안될 때는 혼찌검을 내야_ I will give her what for.
079 좀 더 혼내보자_ What is it you've done?
080 혼내고 처벌하다_ Don't put her in a corner.
081 무섭게 하여 겁먹게 하다_ You scared me to death.
082 말다툼도 하고 화해도 하고_ You have a problem with this?
083 말로 안되면 패야지~_ I'll knock his head off.
084 드뎌 싸움이 시작되다_ He put up a good fight.
085 이판사판 한번 붙어봐?_ We almost came to blows!
086 포기하거나 항복하기_ Don't you give up!
087 이제 침착하고 진정해야지_ I was trying to play it cool.
088 서두르지 말라고 할 때_ Keep your pants on!
089 멍청하면 평생을 고생허_ You had it coming!
090 어려울 때는 도와달라고 해야_ I'll see what I can do.
091 도움주고, 도움을 거절하는 흐뭇한 사회_ I got your back.
092 별 도움이 안되는 경우도 많아_ Thanks. I owe you one.

Contents

093 감사할 때_ I don't know what to say.
094 무슨 문제가 있어보일 때_ What is it all about?
095 무슨 일이야~_ What's got into you?
096 잘못했으면 빨리 사과를 해야_ I apologize for the delay.
097 미안하다는 표현_ I won't let it happen again.
098 걱정없이 살 수 있을까~_ I'm worried sick about him.
099 걱정많은 이에게 걱정말라고 안심시키기_ Don't sweat it.
100 상대방이 감사, 미안, 걱정할 때_ I can live with that.
101 서로의 의사소통이 중요해_ That explains it.
102 서로 의사소통해보기_ I take your point!
103 서로 이해하고 이해했는지 확인해봐_ Get the message?
104 알아들었어?고 물어볼 때_ Point taken.
105 상대방 말의 진의를 다시 파악할 때_ What's your point?
106 알고 있다고 말하기_ I know where it's at.
107 알긴 알지만 아주 잘 알고 있을 때_ I know what I'm saying.
108 반대로 "난 몰라"라고 말하기_ You got me there.
109 하나도 모른다고 강조하기_ I don't know a thing about it.
110 아무도 모른다고 말하기_ You can never tell.
111 어떻게 할 줄 몰라 헤매일 때_ How should I know?
112 앞으로 어떻게 해야 돼?_ Where does he go from here?
113 설명을 잘해야 오해가 안생기지요~_ How can I say this?
114 내말을 다시 한번 정리할 때_ This is what it's all about.
115 내 말 좀 믿어봐_ I don't buy it.
116 한번 더 내 말을 믿어줘_ Take it from me.
117 못믿거나 그정도로 놀랄 때_ I don't believe this!
118 믿기지 않으면 의심할 수밖에_ I doubt it.
119 너 농담하는거지_ You can't mean that.
120 정말이라니까_ I don't mean maybe.
121 틀림없이 확실해_ No doubt about it.
122 내 장담하는데 정말 확실해_ I'll bet you did.
123 네가 돈을 걸 정도로 확실해_ Don't bet on that.
124 선택한 것을 끝까지 고수하다_ We stick to the plan.
125 멈출수가 없어 , 계속해야 돼~_ Let's just get on with it.
126 영향력을 끼칠 때_ You just rocked my world.
127 그럴줄 알았어~_ You didn't see that coming?
128 설득해서 …하게 하기_ He put me up to this.
129 조롱하거나 놀릴 때_ You're putting me on.
130 심심한데 장난이나처볼까~_ I'm fucking with you.
131 농담이 아니라 진지할 때_ I'm not being flip.
132 오해는 미리 예방해야_ Don't take it personally.
133 오해를 풀려는 노력은 계속돼야~_ Don't get me wrong.
134 어설픈 변명은 아예 하지마_ That is such a lame excuse.
135 너 진짜 웃긴다!_ Don't give me that!
136 인정할 것 인정하고 삽시당~_ You gotta hand it to her.
137 머리속에 떠오르는 기억들_ Does that ring a bell?
138 기억이 나거나 나지 않거나_ That reminds me.
139 잊지말고 명심하다_ I'll keep that in mind.
140 아픈 기억은 빨리 잊어버려야_ Would you let it go?
141 잊었으면 다음 단계로 넘어가주~_ It slipped my mind.
142 과장하다 허풍떨다 뻥치고_ You're so full of shit.
143 헛수고하다_ Let's not beat a dead horse.
144 진심과 달리 …척을 잘해야_ Don't be coy with me.
145 자랑하고 싶어 미치겠대요~_ Don't flatter yourself.
146 사기치고 속이고_ Who ran a scam on them?
147 사기치고 사기당하고_ Don't be taken in by it.
148 한번만 더 사기칠래_ Don't use your tricks on me.
149 배반[배신]을 빼면 인간계가 아니지요~_ You sold me out!
150 오늘 하루는 어떻게~_ It's just one of those days.
151 힘든 하루를 보냈으면 좀 쉬어야지_ Go get some rest.
152 양보하고 물러서다_ You stick to your guns.
153 혼란과 혼동스러워_ It's just a mix-up.
154 소란과 법석을 떨다_ Don't make a fuss.
155 야단법석 또 한번 떨어보자_ Don't make trouble for me.
156 방해하고 훼방놓고_ Get out of my way!
157 맘속에 꽁꽁 담아두기_ He won't hold it against you.
158 분노는 살아가는 힘_ How dare you!
159 편하게 살려면 아첨잘해야~_ She told me to kiss her ass.
160 비겁해지면 인생이 편해져~_ You can't quit on me.
161 비열한 짓하는 놈들이 너무 많아_ It was a cheap shot.
162 사람들 속셈을 간파해야_ Ken has your number.
163 바꾸고 조작하고_ You made it up!
164 좌지우지 손아귀에서 갖고 놀다_ She gets into his head.
165 나도 어쩔 수 없어_ Suck on that!
166 예의 지키고 남생각할 줄 알아야_ I will keep to myself.
167 참거나 참지 못하거나_ I can't take it anymore.
168 다시 한번 참아야 하는데 그게…_ Suck it up, Chris!
169 마음의 평화를 찾고 축복해주고_ Let go and let God.

Chapter 07 생각하다(Think) • 389

001 생각 좀 하고 살아야지_ I don't see it that way.
002 문득 생각이 떠오르다_ It didn't even cross my mind.
003 생각이 같다 다르다_ It's not what you think!
004 생각에 사로잡히다_ Do the math.
005 다양한 생각들_ I tried to draw him out.
006 네 생각은 어떠니?_ Does it work for you?
007 독창적 생각만이 생존 할 수 있어_ Think out of the box!
008 고려하거나 예상할 때_ It's not what I bargained for.
009 앞으로 일어날 예정이나 예약_ I'm due in court!
010 …인 것 같아_ It's not like that.
011 추측하고 직감따르기_ I think I have a hunch.
012 돌다리도 두드리고 확인해야_ I'll see if I can find her.
013 확인은 여러번 해도 좋아~_ How did it go?
014 상대방의 의견이 어떤지…_ What do you make of this?
015 상대방 의견 물어보기_ What's your take on that?
016 의견을 피력하다_ I second that.
017 나의 입장은 어떨까~_ Where are we on the case?
018 자기 주장을 말할 때~_ You've made your point.
019 어리석은 사람들 때문에~_ It doesn't make sense.
020 틀린 것은 바로잡자_ It's not about that.
021 용기있는 자만이 욕먹어~_ Keep your chin up!
022 핵심을 팍 찔러라_ That's where it's at.
023 일은 중요한 것부터_ It's the thought that counts.

024 중요한 건 아무리 말해도 지나치지 않아~_ This can't wait.
025 아직도 중요한게 많이 남아 있어_ It's a big deal to me.
026 일단 시작했으면 전념해야_ You're so into science.
027 공은 받을 사람이 받아야_ You deserve what you get.
028 된다는 믿음을 갖고 희망을 가져야~_ That's all I ask.
029 하고 싶어 몸이 근질근질해_ He's itching to get out.
030 또 하고 싶어~_ I could go for a bite.
031 할 수 있다면 뭐든지 하겠다_ I'll do whatever it takes.
032 자기가 했으면 책임을 져야_ I'll take the blame for it.
033 좀 어렵게 책임지기_ It's all yours!
034 치사하게 책임을 안지다_ You can't walk out on her.
035 흩어진 정신을 모아모아 기운내다_ Get a hold of yourself.
036 태도가 글러 먹으면 안돼_ Don't give me that attitude.
037 조심해서 나쁠 게 있나요_ I'm gonna play it safe.
038 좋은 경험 나쁜 경험 다해보다_ Let it be a lesson to you.
039 해볼 가치가 있다_ What's it worth to you?
040 필요해 필요없어_ I could do with some drinks.
041 대단히 멋진_ Isn't it amazing?
042 역시 대단해_ Your new car is shit hot!
043 대단한 그리고 대단하지 않은_ That's far out!
044 난 당할 수가 없어, 네가 최고야_ I can't beat that.
045 역시 최고야~_ This place kicks ass!
046 진심이야_ Do you really mean it?
047 마음에 새겨두다_ She ripped my heart out.
048 도대체 왜 그러는거야?_ Why would you say that?
049 왜 그렇게 말하는거야?_ Where does it come from?
050 이유를 모르거나 이유를 말해줄_ What's the deal?
051 모든 일에는 근거가 있기 마련_ Where does it say that?
052 당연해 놀랍지도 않을 때_ I wouldn't put it past them.
053 공평하고 정당하게_ Don't play games with me.
054 붕어빵이래_ He's very much like our son.
055 실제와 다른 경우_ That's a different story.
056 부족함이 없이 넘치고 넘칠 때_ That should do it.
057 부족하고 모자랄 때_ He's still short of breath.
058 준비 다 마치고 뭔가 시작할 때_ Let's get this started.
059 특히 뭔가 다시 시작할 때_ Let's take it from the top.
060 어디로 출발하거나 향할 때_ Let's hit the road.
061 재기하다_ Time to get back in the game.
062 차례를 지켜야지 착한 아이죠~_ You're up next.
063 급하면 서둘러야 되고_ Get a move on.
064 천천히 하라고 할 때_ You should take your time.
065 룰과 규칙에 따라야_ They don't play by the rules.
066 맞았거나 틀렸다고 말하기_ That's where you're wrong.
067 일치하거나 잘 어울릴 때_ They're a perfect match.
068 선을 넘어 지나칠 때_ Chris, you went too far.
069 상황이 나아지다_ This is gonna work out well.
070 상황이 나빠지다, 안좋아보이다_ It doesn't look good.
071 역시 나쁜 상황이 더 많아_ Why does it come to this?
072 어떤 일이 일어나거나~_ I don't see that happening.
073 봐도 못보는 사람, 안봐도 보는 사람_ Jill has always had class.
074 유행하거나 유행이 지났거나_ It never goes out of style.
075 방법이 있거나 없거나_ That's the easy way out.

076 일이 어떻게 되는 방식_ That's not how it works.
077 제대로 돌아가거나 고장나거나_ It doesn't work!
078 미리 대비하고 조심하기_ Consider it done.
079 득실득실 가득찼을 때_ The place is crawling with cops.
080 어떤지, 어떻게 할건지_ What if you're wrong?
081 대접을 잘 받거나 못받거나_ I'm getting a raw deal.
082 스스로 한다고 말하기_ I can't bring myself to tell her.
083 하는 일 없이 빈둥거리다_ No time to fooling around.
084 바보같은 짓하다_ Chris is a bit thick.
085 안 좋은걸 받아들여야 할 때_ Did she take it lying down?
086 기회가 오는 만큼 위기도 오는 법_ It's my ass on the line.
087 다시 찾아오는 위기_ Her marriage is on the rocks.
088 해결되면 얼마나 좋아~_ That settles it.
089 남은게 있으면 끝까지 해결봐야_ I'm working out the kinks.
090 행운을 빌어주다_ You never know your luck.
091 운이 좋거나 나쁘다고 할 때_ Who's the lucky guy?
092 다시 한번 운이 좋거나 나쁘다고 할 때_ Any luck?
093 선택하던지 말던지_ I've got dibs on Chris.
094 고르다, 선택하다_ Let's flip a coin for it.
095 매순간순간 결정하지 않을 수 없어_ It's your call.
096 힘든 결정을 하다_ It's a done deal.
097 대가를 치르다_ I thought he cheated fate.
098 강제하고 강요할 때_ Are you threatening me?
099 존중하거나 존경할 때_ I gotta tip my hat to you.
100 뒤로 미루거나 연기하다_ What's the holdup?
101 차이나 구분_ What difference does it make?
102 주의를 기울이고 주목하고_ This is a high profile case.
103 통제하고 장악하고_ We'll see about that.
104 반대로 내.맘대로 끌리는대로_ Have it your way!
105 맘대로 해봐_ Knock yourself out!
106 이용하거나 사용하거나_ What's on tap for today?
107 이용할 수 있다고 말할 때_ Where's your head at?
108 사는게 뭔지_ Don't live in the past.
109 이런 사람 저런 사람_ I'm not the only one.
110 나 …하는 사람 아냐_ You're not that way.
111 이런 상황 저런 상황_ That's how it happened.
112 사실은 이렇게 된거야_ We don't know what's what.
113 잘못하면 신세망치는 호기심_ Curiosity killed the cat.
114 걔 원래 그래_ I get that a lot.
115 욕심꾸러기_ Don't push your luck.
116 이상하고 또 이상한_ That's the odd thing.
117 드디어 끝_ That's all there is to it.

Chapter 08 이런저런 감정들(Emotions) • 509

001 좋아서 죽을듯 못쓰겠어_ She got a soft spot for Chris.
002 좋은 걸 어찌하라고_ You really grow on people.
003 저건 내타입이 아녀~_ I hate your guts.
004 기분이 좋아_ I know how you feel.
005 기분이 엉망이야_ It doesn't feel right.
006 너무 기뻐 좋아~_ It was too good to be true.

Contents

007 어떤 인상을 받았을 때_ It didn't strike you as odd?
008 기쁨을 넘어 열광할 때_ That's what gets her off.
009 안심하고 맘을 놓을 때_ Take a load off.
010 불안하고 초조할 때_ Why is he so edgy?
011 놀라고 충격을 받았을 때_ This can't be happening.
012 실망스럽고 안타까울 때_ You let me down.
013 아, 부끄부끄~_ Shame on all of you!
014 아, 치욕장렬~!_ He disgraced our family.
015 세상이 우울하게 만들 때_ Let's not get bummed out.
016 아이고 놀래라~_ It freaked me out.
017 …라는 말이야?_ You won't believe this.
018 설마 그럴리가~_ What have you done?
019 살다보니 별꼴이야~_ Never heard of it.
020 어쩜 그럴 수가 있니?_ How is that possible?
021 미치게 하는 일이 한두가지인감_ You're making me crazy!
022 너 제정신이세요?_ Are you out of mind?
023 진짜 짜즈나게 하네!_ Don't try my patience.
024 귀찮어~_ God, you're killing me!
025 정말 지루하다_ You're such a drag.
026 소외되고 제외되고_ You're out of the loop.
027 땅치고 후회한다고 뭐 달라지나_ There's no going back.

Chapter 09 말할 때(When talking) • 539

001 이야기거리를 꺼내다_ Don't go there.
002 너 그 소식 들었어?_ Hot off the press.
003 소문에 의하면 말야_ A little bird told me.
004 말이 나와서 말인데_ Speaking of which
005 저 말이야_ You know what?
006 …에 대해 말하자면_ I have to tell you this.
007 이런 말해서 미안하지만_ I'll tell you something,
008 내 생각으로는~_ The way I figure it,
009 그렇다면 말야_ That being so,
010 어디까지 얘기했더라_ Where are we?
011 말을 하면 들어야지_ I was told that.
012 잘 좀 들어봐~_ Are you listening to me?
013 어서 말해봐_ I'm listening.
014 한번 얘기해봐_ Try me.
015 뭐라구?_ How's that again?
016 이제는 말을 해야지~_ We had words.
017 직설적으로 말하다_ I'll come to that.
018 거칠게 말하다_ Don't crack wise with me.
019 여러가지 말하는 표현들_ That's a long story.
020 잡담하다_ We were just chit-chatting.
021 실수로 말해버리다_ Don't speak too soon.
022 잔소리로 사람 죽이다~_ Talk is cheap.
023 입다물고 침묵하다_ Put a sock in it.
024 입닥치고 있어_ Not another word.
025 내게 알려줘_ Keep me posted.
026 우리끼리 비밀인데_ This stays between us.
027 이건 비밀이야_ He stashed his cash at work.
028 무덤까지 가지고 갈게_ Keep it to yourself.

029 이거 비밀이니까 꼭 지켜야 돼_ I can't live a lie.
030 비밀을 폭로하다_ Who cracked?
031 대중에게 공개하다_ Out with it!
032 실토하다, 자백하다_ Let's get it out in the open.
033 솔직히 말하다_ Truth be hold,
034 다 거짓말이야~_ You lied to me!
035 그럴 듯하게 보이게 하다_ He'll show his true colors.
036 기타등등_ ~ or what?
037 뭐 그런 것들_ That's about it.
038 말을 부드럽게 포장하기_ I can't tell you that.
039 …라고 할 수는 없지_ You should say you're sorry.
040 차라리 ~할거야_ I wouldn't say that.
041 오히려 다행이야_ It's just as well.

Chapter 10 기타등등(ETC) • 583

001 무슨 술로 할래_ Name your poison.
002 술 따라줘~_ She can hold her liquor.
003 나 취했어_ You got trashed last night.
004 취해서 음주운전했어~_ You've had one too many!
005 그래 마지막으로 한잔 더_ Let's have one for the road.
006 담배나 마약을 먹다_ Are you high?
007 마약거래를 하다_ He sold drugs on campus.
008 도박에 빠지다~_ I wouldn't wager on it.
009 중독에 빠지다_ Getting hooked on drugs?
010 뭐 먹을래?_ What's your pleasure?
011 음식을 만들고 먹다_ Dig in, everybody.
012 식욕이 넘 좋아~_ Hey, give me a bite.
013 있는 힘껏 먹다_ I put away two steaks.
014 나의 몫, 너의 몫_ What's my share?
015 피해를 보다_ Do damage control.
016 군인들_ I sent her back to boot camp.
017 폭탄이 터지다_ You planted the bomb!
018 전화를 하고 받고_ Don't put me on hold.
019 전화끊을게_ You're breaking up.
020 문자메시지를 보내다_ You paged me?
021 인터넷의 세계_ Pull up the websites.
022 차로 드라이브나 할까요~_ Can we get a ride?
023 차가 너무 막혀_ Just drop me off.
024 자동차를 등록하다_ Let's get her on board.
025 TV에 나오면 얼마나 좋을까~_ It's all over the news.
026 시간에 관한 표현들_ It'll just take a second.
027 때가 되면_ My clock is ticking.
028 시간을 낭비하다_ What's the holdup?
029 가거나 조금 빨리 가거나_ I'm on my way.
030 오거나 데려가거나_ Get her out of my sight.
031 자리뜨면서_ Don't be long.
032 자리에 꼼짝말고 있어_ Can you save me a seat?
033 어울리다_ Can you cover for me?
034 이런저런 표현들_ Are you decent?
035 저런이런 표현들_ Has it come to that?

chapter 1 미드기본상식(Basics)

001 I married a moron!
난 얼간이같은 놈하고 결혼했어!

002 You're a jackass!
넌 바보같은 놈이야!

003 He's my roomie.
걘 내 룸메이트야.

004 You're a pig, get out!
넌 재수없는 놈이야, 꺼져!

005 She called me a slut.
걘 나를 잡년이라고 불렀어.

006 He's a huge movie buff.
걘 골수 영화광이야.

024 You owe me big time.
넌 내게 크게 빚졌어.

025 Now I got, like, two bosses?
이제 뭐, 사장님이 두명이라고?

026 Boys will be boys.
사내애들이 다 그렇지 뭐.

027 It's everyman for himself.
각자 알아서 해야지.

028 Word travels fast.
발없는 말이 천리길을 가.

좋은놈, 나쁜놈, 이상한 놈 1

001 I married a moron!
난 얼간이같은 놈하고 결혼했어!

미드를 보다 보면 좀 정상적인 사람들보다는 바보, 멍충이, 얼간이, 또라이, 한심한 놈 등 부정적 단어들이 많이 나온다. 세상엔 좋은놈보다는 나쁜놈, 이상한놈이 많기 때문일게다.

12문장으로 미드영어 후다닥 끝내기

loser 패자, 멍청이	She left ten months ago. She was a **loser**! 걘 10개월 전에 떠났어. 걔 머저리였어!
dope 멍청이	Don't you think he's a **dope**? 넌 걔가 멍청하다고 생각하지 않아?
jerk 바보	I mean, he cheated on you. He's a **jerk**! 내말은, 걔가 바람폈잖아. 한심한 놈!
nerd 컴퓨터광, 얼간이	He was pretty much of a **nerd**. 걘 정말이지 얼간이였어.
prick 한심한 놈	That manager's really a **prick**. 저 매니저는 정말 한심한 놈이야.
weirdo 이상한 놈	He struck me as a real **weirdo**. 걘 정말 좀 괴짜같았어.
asshole 멍청이(dumb ass 바보)	I am sorry I was such an **asshole**. 내가 너무 한심하게 굴어서 미안해.
creep 짐승같은 놈	I'm not saying he's not a **creep**. 난 걔가 짐승같은 놈이 아니라고 말하는게 아냐.
douche (bag) 멍청이, 얼간이	The guy sounds like a **douche bag**. 저 자식은 얼간이 같아.
whack job 또라이, 얼간이(wacko 미친사람)	The president of the college is a real **whack job**. 대학총장은 정말 미친놈이야.
moron 멍충이	I married a **moron**. He ruined my whole life. 난 한심한 놈하고 결혼했어. 내 인생을 다 망쳐버렸어.
freak 또라이(dork 얼간이, goon 깡패, 멍충이)	You're not a **freak**. You're just a regular guy. 넌 또라이가 아냐. 정상이야.
	You were a **dork** in high school. 넌 고등학교 때 얼간이였어.

Situation

Jenn: I just broke up with my boyfriend. He's such a **loser**. 남친과 헤어졌어. 한심한 놈야.
Nick: Yeah, he's **creep**. But why did you break up? 어, 별나지만 왜 헤어졌어?
Jenn: I realized his friends are all **weirdoes**. I don't want to be around them.
걔 친구들 다 이상해. 같이 어울리고 싶지 않아.
Nick: Forget that **dork**. I'll introduce you to guys who aren't **whack jobs**.
그런 얼간이는 잊어. 정상적인 애 소개시켜줄게.
Jenn: Thanks. Right now I just feel like such a **dope** for dating him. 고마워. 걔랑 데이트해서 멍청이된 기분야.

Chapter 1

좋은놈, 나쁜놈, 이상한 놈 2

002 You're a jackass!
넌 바보같은 놈이야!

이번에도 역시 상태가 안좋은 나쁜놈, 이상한놈 등을 정리하는 것으로 특히 미드에서 뻔질나게 나오는 괴짜들을 말하는 단어들을 한꺼번에 알아두기로 한다.

12문장으로 미드영어 후다닥 끝내기

- [ ] **con[scam] artist**
  사기꾼(con man)
  I didn't kill that little **con artist** bitch.
  난 저 사기꾼년을 죽이지 않았어.

- [ ] **snob**
  속물
  I am not a **snob**. How could you say that?
  난 속물이 아냐. 어떻게 그런 말을 할 수 있어?

- [ ] **wimp**
  겁쟁이(chicken)
  My husband thinks I am a **wimp**.
  남편은 내가 겁쟁이라고 생각해.

- [ ] **brat**
  망나니
  You listen to me. Keep your **brats** off my property.
  명심해. 네 망나니 같은 놈들 내가 사는 곳에 못오게 해.

- [ ] **klutz**
  얼뜨기
  Sorry. I'm such a **klutz**!
  미안. 난 정말이지 얼뜨기야!

- [ ] **leech**
  기생충 같은 인간
  My brother has been a **leech** his entire life.
  내 형은 평생 기생충 같은 인간이었어.

- [ ] **bum**
  부랑자
  He's been a **bum** since he lost his job.
  걘 실직한 후 부랑자로 지내고 있어.

- [ ] **thug**
  깡패, 폭력배
  I have a duty to protect my wife from **thugs**.
  난 깡패들로부터 아내를 보호할 의무가 있어.

- [ ] **geek**
  괴짜, 공부벌레
  Are you saying he's a **geek**?
  걔가 괴짜라는거야?

- [ ] **wuss**
  쪼다
  Will you stop being such a **wuss**?
  쪼다같이 그만 좀 굴어라.

- [ ] **lame-o**
  쓸모없는 (인간)
  It was a real **lame-o** date.
  그건 정말 쓸모없는 데이트였어.

- [ ] **jackass**
  바보
  No, I'm pregnant, you **jackass**!
  아니, 나 임신했어, 이 바보 같은 놈아!

미드 Situation

Kelly: Look at that old **bum**. I wish he'd leave us alone. 저 나이든 부랑아봐. 우릴 가만히 놔두면 좋겠어.
Dirk: Don't be a **snob**. He's just a poor old man. 속물처럼 굴지마. 그냥 불쌍한 노인야.
Kelly: He was begging for money. He gave a **lame-o** excuse why he needs it.
돈을 구걸하는데 왜 필요한지 변명도 한심해.
Dirk: God, you're a **jackass**. What if you had no money? 맙소사, 너 바보구나. 네가 돈이 없으면?
Kelly: I'd kill myself. I'm too much of a **wuss** to live that way. 죽을거야. 저렇게 살기엔 난 너무 쪼다거든.

미드기본상식(Basics) | 15

좋은놈, 나쁜놈, 이상한 놈 3

003 He's my roomie.

걘 내 룸메이트야.

역시 미드영어에 자주 나오는 사람을 말하는 표현들로 나쁜놈 일부와 나머지는 좋은놈들을 모아서 정리해본다. 특히 NCIS 에서 Tony가 Mcgee에게 언제나 probie(신참)이라고 부르는 장면이 기억날 것이다.

📺 12문장으로 미드영어 후다닥 끝내기

☐ **dude** 친구, 녀석	You're giving us more money, right **dude**? 우리에게 돈 더 줄거지, 맞지 친구야?
☐ **roomie** 룸메이트	We are not **roomies**. We're soul mates. 우리는 룸메이트가 아니라 맘이 통하는 친구야.
☐ **newbie** 신참(rookie)	Just because I'm a **newbie**, doesn't mean I'm not good. 내가 신참이기 때문에 실력이 없다는 걸 뜻하지 않아.
☐ **probie** 신참	That's your problem, **probie**. 그게 네 문제야, 신참아.
☐ **good sport** 좋은 친구	You're such a **good sport**. 넌 정말 좋은 친구야.
☐ **smarty-pants** 아는 척하는 사람, 똑똑한 사람	He thinks he's such a **smarty pants**. 걘 자기가 정말 똑똑하다고 생각해.
☐ **regular guy** 정상적인, 평범한 사람	I'm a **regular guy**, just like you. 난 너처럼 정상적인 사람야.
☐ **cuckoo** 미친놈	I'm flying over the **cuckoo**'s nest here. 난 여기서 미치기 직전이야.
☐ **little devil** 악동	What'd that **little devil** do now? 저 악동 같은 녀석이 이제 어떻게 하려나?
☐ **John Doe** 신원불명남자(Jane Doe 신원불명여자)	We got a match on your **Jane Doe**. 신원불명의 여자와 맞는 사람이 나왔어.
☐ **kiddo** 너, 어이, 야	Trust me on this one, **kiddo**. 이번 건은 날 믿어, 야.
☐ **old farts** 고리타분한 사람들	Those **old farts** just watch TV all day. 저 고리타분한 사람들이 온종일 TV를 보고 있네.

미드 Situation

Andy: Hey **kiddo**, who was that tall guy? 야, 저 키 큰 친구 누구였어?
Fiona: That's Eric. He's my new **roomie**. 에릭야. 새로운 룸메이트야.
Andy: He seems like a real **smarty pants**. 아주 똑부러져 보이는데.
Fiona: No, he's really just a **regular guy**. 아냐, 그냥 평범한 친구야.
Andy: Well, I'll be a **good sport** when you introduce us. 우리를 소개시켜주면 잘 지낼게.

16 Chapter 1

좋은놈, 나쁜놈, 이상한 놈 4

004 You're a pig, get out!
넌 재수없는 놈이야, 꺼져!

마지막으로 미드에서 사람을 지칭하는 단어를 취합해본다. 아내를 해학적으로 표현하는 ball and chains, 역시 단어 하나하나 잘 뜯어보면, (아!~) 이해가 비쥬얼하게 되는 ball-buster 등 다양한 표현을 익혀둔다.

12문장으로 미드영어 후다닥 끝내기

☐	**the apple of one's eye** 매우 소중한 사람	You're **the apple of my eye**. 넌 정말 내게 소중한 사람이야.
☐	**hot stuff** 멋진 사람	Just sitting here, thinking about you, **hot stuff**. 여기 그냥 앉아서 너에 대해 생각해봐, 멋진 친구야.
☐	**old pro** 전문가	Dad is an **old pro** at fixing computers. 아빠는 컴퓨터 수리하는데 전문가야.
☐	**ball and chain** 부인(wife)	Rick lived twenty years with the old **ball and chain**. 릭은 나이든 부인과 20년 살았어.
☐	**the toast of~** 잘 나가는 사람	We're **the toast of** the fucking city. 우린 이 빌어먹을 도시에서 잘 나가는 사람야.
☐	**ball-buster** 고문관	The new manager is a real **ball buster**. 새로운 매니저는 정말이지 고문관이야.
☐	**fall guy** 희생양	You plant evidence, make Allan your **fall guy**. 네가 증거를 심어놓고 앨런을 네 희생양으로 만들었어.
☐	**hustler** 사기꾼, 매춘부	You can't trust him because he's a **hustler**. 걘 사기꾼이기 때문에 걜 믿으면 안돼.
☐	**pig** 재수없게 구는 사람	You're a **pig**, get out! 넌 정말 재수없어, 꺼져!
☐	**half-wit** 얼간이	She's a **half-wit**. I can play games with her. 걔 바보같아. 내가 갖고 놀 수 있어.
☐	**a man of the hour** 각광받는 사람	Let's make a toast to **the man of the hour**! 잘 나가는 사람에게 건배를 합시다!
☐	**pussycat** 다정한 사람	What's new, **pussycat**? 잘 지냈어, 다정한 사람아?

미드 Situation

Aron: Mindy looks like **hot stuff** tonight. 민디는 오늘밤에 멋져보여.
Brenda: You're a **real pig**. You shouldn't look at other girls.
너 참 재수없네. 다른 여자애들 보면 안되지.
Aron: Don't be a **ball buster**. I like you better than her. 너무 박하게 굴지마, 널 더 좋아하잖아.
Brenda: You are treating me like a **half-wit**. 날 얼간이 취급하네.
Aron: Come on Brenda, you're **the apple of my eye**. 이봐, 브렌다, 너야말로 내게 소중한 사람야.

미드기본상식(Basics) 17

이런 여자, 저런 여자

005 She called me a slut.
걘 나를 잡년이라고 불렀어.

미드에서 여자를 지칭하는 단어는 무척 많지만 그중에서도 가장 많이 쓰이는 단어들을 좋은 단어인 sweetie에서 부터 요즘 유행하는 잡년인 slut까지 다양하게 알아둔다.

12문장으로 미드영어 후다닥 끝내기

- [ ] **sweetie** 남녀가리지 않고 자기야
  Okay, sweetie, I'll take care of you.
  좋아, 자기야. 내가 널 돌볼게.

- [ ] **baby** 자기(boyfriend or girlfriend)
  Don't worry baby, I've got you.
  걱정마, 자기야, 내가 있잖아.

- [ ] **babe** 자기
  Hey, where are you going, babe?
  저기, 자기야 어디가?

- [ ] **(hot) chick** 섹시한 여자
  I do not waste time on crazy chicks.
  난 정신나간 계집애들에겐 시간낭비하지 않아.

- [ ] **hottie** 성적매력이 있는 여자나 남자
  There were some hotties at the restaurant.
  식당에는 섹시한 여자들이 있었어.

- [ ] **tramp** 잡년
  I'll be a lady and you be the tramp.
  난 숙녀가 될거고 넌 잡년이 될거야.

- [ ] **broad** 계집
  That old broad drank too much alcohol.
  저 나이든 계집은 술을 너무 많이 마셨어.

- [ ] **dumb blond** 멍청한 금발
  Jessica is just another dumb blond.
  제시카는 단지 멍청한 금발에 지나지 않아.

- [ ] **working girl** 직장여성, 매춘부
  She strikes you as a working girl?
  걘 너를 매춘부라고 생각하고 있어?

- [ ] **slut** 잡년
  She called me a slut.
  걘 나를 잡년이라고 불렀어.

- [ ] **whore** 창녀(prostitute)
  You're nothing without me, you whore!
  넌 나없이는 아무것도 아냐, 이 창녀야!

- [ ] **hooker** 매춘부
  I don't go to hookers. I don't go to strip clubs.
  난 매춘부한테 가지도 않고 스트립클럽도 가지 않아.

미드 Situation

Anne: Hey **sweetie**, is this your first time here? 저기 자기야, 여기 처음이에요?
Paul: No way, **babe**. I've been here before. 그럴리가, 자기야. 전에 온 적 있어.
Anne: I bet you didn't see any **hotties** like me. 나처럼 섹시한 여자는 못봤을거에요.
Paul: Hey, are you some kind of **working girl**? 저기, 당신 매춘부야?
Anne: No! Are you kidding me? I'm not a **whore**! 아뇨! 그걸 말이라고 해요? 난 창녀가 아녜요.

Chapter 1

마지막 사람들

006 He's a huge movie buff.
걘 골수 영화광이야.

마지막으로 사람들을 나타내는 단어들과 단어의 앞이나(ex~) 뒤에(-goer, -buff) 붙여서 다양한 사람들을 만들 수 있는 표현들을 익혀두기로 한다.

12문장으로 미드영어 후다닥 끝내기

- **skank** 불쾌한 사람, 짜증나는 사람
  You're a skunk who sleeps with skanks!
  넌 짜증나는 인간들과 잠자리하는 한심한 인간야!

- **bitch** 나쁜년, 유약한 남자
  Come here, bitch. I want to get a good look at you.
  이리와 이년아. 자세히 좀 보게.
  Stop being such a bitch and just jump.
  약골처럼 행동하지 말고 그냥 뛰어내려.

- **DOM(Dirty Old Man)** 영계 밝히는 노친네
  Your buddy is just a dirty old man.
  자네 친구는 단지 젊은 여자만 밝히는 노땅에 지나지 않아.

- **nuts** …광
  Sports nuts come to watch games on the weekend.
  스포츠 광들은 주말에 게임을 보러 와.

- **buff** …광(get buff 근육질이다)
  My buddy Rob is a huge movie buff. 내 친구 랍은 골수 영화광이야.
  I got buff working out at the gym. 체육관에서 운동하며 근육을 길렀어.

- **maniac** …광
  There's a maniac trying to kill us all.
  우리 모두를 죽이려는 미치광이가 있어.
  This serial killing kleptomaniac is afraid of the dark.
  이 연쇄살인절도범은 어둠을 무서워해.

- **-goer** …광
  I just had a full conversation with this movie-goer
  난 이 영화광과 대화를 충분히 나누었어.

- **ex~** 전, 이전의
  I get to talk to all my exes. 난 내 모든 전부인들과 이야기를 하게 됐어.
  Look, my ex-husband called me from jail.
  이봐, 내 전 남편이 감옥에서 전화했어.

- **cowboy** (농담조) 거칠게 보이려는 사람
  Need a ride, cowboy?
  태워줄까, 카우보이?

- **It girl** 잇걸(돈많고 쇼핑이나 하는 유행녀)
  Jessica is the new "It girl."
  제시카는 새로운 잇걸이야.

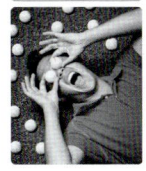

Linda: Who is the **cowboy** sitting in the corner? 코너에 앉아있는 터프가이는 누구야?
Carl: I think he is Monica's **ex**-boyfriend. 모니카의 전 남친일거야.
Linda: He looks pretty **buff** to me. 되게 근육질인데.
Carl: He is probably an exercise **nut**. 걘 아마 운동광일거야.
Linda: Will he think I'm a **skank** if I ask him on a date? 데이트신청하면 짜증나는 인간이라고 생각할까?

007 It's 100 bucks a pop.
그거 개당 100 달러야.

수나 단위를 나타내는 표현들을 익혀두면 역시 미드를 즐기는데 큰 도움이 된다. 기초적인 표현들도 있지만 좀 생소한 a pop, in the neighborhood of+수, somewhere around 또한 수를 나타내는데 쓰인다.

12문장으로 미드영어 후다닥 끝내기

- **number+something** — 정확한 수가 기억안날 때
  Her friends are all twenty-something.
  걔 친구들은 모두 20대야.

- **money~ a pop** — 개당 …이다
  It's 100 bucks a pop, but it's so worth it.
  개당 100 달러이지만 충분히 그럴 가치가 있어.

- **all of+ number** — 숫자 기껏해야
  The sisters were in town for all of two days and left.
  그 자매는 겨우 이틀 시내에 있다가 떠났어.

- **on the count of~** — …의 수를 세다(lose count of 수를 잘못세다)
  Come on, on the count of three. One. Two. Three.
  자, 셋을 세면 하는거야. 하나, 둘, 셋.

- **~if he's a day (old)** — 나이가 적어도
  Jim is forty if he's a day old.
  짐은 나이가 적어도 40이야.

- **~ proof** — 술의 알콜도수(about alcohol)
  The bourbon is at least eighty proof.
  버번은 적어도 도수가 80이야.

- **~ or so** — 대강 그 정도
  In a year or so she will be dead.
  일년정도 지나서 걘 죽을거야.

- **ballpark figure** — 어림잡은 수치(ballpark 어림잡다)
  Give me a ballpark figure on the price of this apartment.
  이 아파트 가격 대충이라도 알려줘.

- **ballparking it** — 어림잡아
  It's about forty thousand, but I'm ballparking it.
  4천 정도야. 어림잡은거야.

- **~ give or take** — …내외
  Most gunshot wounds are ninety degrees, give or take. 대부분 총상은 90도 가량야.

- **somewhere around~** — 대강
  I guess she left somewhere around 10:00 P.M.
  걔가 10시 경에 나간 것 같아.

- **~ in the neighborhood of** — 대략
  There were something in the neighborhood of ten people at the meeting. 회의에는 대략 10명 정도 참석했었어.

Naomi: I lost count of the money we spent today. 오늘 우리가 돈을 얼마 썼는지 모르겠어.
Brad: It was a few hundred dollars, **give or take**. 대강 몇백 달러 정도일거야.
Naomi: Are you sure? I thought it was **somewhere around** fifty dollars. 정말? 난 50달러 가량이라고 생각했는데.
Brad: No way, you're just **ballparking** that number. 말도 안돼, 넌 대충 그냥 말하는 거잖아.
Naomi: But each purchase we made was only a few dollars **a pop**.
하지만 매번 산 물건들 가격이 개당 몇 달러였는데.

008 You've got a 5 o'clock shadow.
너 수염이 자랐어.

수를 나타내는 표현 두번째로 가쉽걸에 많이 나오는 Page Six, 돈이 많음을 말하는 six-figures, 그리고 대학교 수업강의제목으로 Architecture 101하면 건축학 개론을 뜻한다.

12문장으로 미드영어 후다닥 끝내기

- **eighty-six** 무시(거부)하다, 제공하지 않다
  Our department **eighty-sixed** the program.
  우리 부서는 그 프로그램을 거절했다.

- **six-figures** (여섯자리수) 많은
  She can sue the cops and get a **six-figure** settlement. 걘 경찰을 고소해서 엄청난 합의금을 받을 수 있어.

- **15 minutes of fame** 반짝하는 유명세
  He got **15 minutes of fame** after winning the contest. 걘 우승후 반짝 유명세를 탔었어.

- **freshman 15** (대학교 들어가면 찌는) 신입 15킬로
  It took months to lose the **freshmen 15**.
  신입생 때 찌는 살을 빼는데 여러달 걸렸어.

- **make it double** 두배로 하다
  Give me a whiskey sour, and **make it a double**.
  위스키 사워 줘요, 더블로요.

- **page six** 가쉽란
  I see her quite a bit on **page six**.
  난 걔를 가쉽란에서 꽤 많이 봤어.

- **be going on for~** 근접하다, 계속되다
  That'**s been going on for** twenty years?
  그건 20년에 동안 계속 되어온거지?

- **let's round that up to~** 반올림으로 …라고 하자
  Let's round that up to thirty percent.
  반올림해서 30%로 하자.

- **file for chapter eleven** 파산신청하다(go chapter seven 개인파산신청하다)
  The cigar shop **filed for chapter eleven** this week.
  그 시가가게는 이번주에 파산신청했어.

- **six-pack** 잘 달련된 복근, 맥주팩
  I had a **six pack** when I was young, but not now.
  젊었을 때 복근이 죽여줬는데 지금은 안그래.

- **5 o'clock shadow** 오후 5시쯤 나는 수염
  Go shave. You've got a **5 o'clock shadow**.
  가서 면도해라. 수염이 좀 났어.

- **plus or minus~** …안팎의
  I'll be there at nine, **plus or minus** fifteen minutes.
  9시에 갈게, 15분 전이나 후에.

Situation

Tina: Why are you wearing a **5 o'clock shadow**? 왜 수염이 자랐어?
Stan: I've been unemployed for six months, **plus or minus** a week.
일주일 많거나 적거나 6개월동안 백수였어.
Tina: Don't you have a **six figure** salary at work? 회사에서 많은 급여 받지 않아?
Stan: Not anymore. My job was **eighty-sixed** this year. 이제 아냐. 금년에 내 자리가 없어졌어.
Tina: Did your company **file for chapter eleven**? 네 회사가 파산신청한거야?

나이를 말하는 표현들

009 I've still got it!
나 아직 안 죽었어!

아무리 안티 에이징(anti-aging)이 화두이지만 오는 백발 지팡이로 막을 수가 있남. 그냥 주는 대로 먹어야 되는게 세월인 것을. 역시 미드 다운 나이를 표현하는 살아있는 현지 생생 표현들을 익혀보자.

12문장으로 미드영어 후다닥 끝내기

표현	예문
turn~ 나이가 …살이 되다	Silvia **turned** sixteen in October. 실비아는 10월에 16살이 돼.
come of age 성년이 되다(get on a bit 나이들다)	I **came of age** before people used the Internet. 난 어렸을 때부터 인터넷을 사용했어.
be about one's own age …와 나이가 같은(of one's age)	My daughter **is about your own age**. 내 딸이 네 나이와 거의 같아.
be pushing~ 나이가 …가 다 되어가다	That old man must **be pushing** eighty. 저 나이드신 분은 80이 다 되어가셔.
be still going strong 나이가 들었지만 여전히 건강하다	I see your parents **are still going strong**. 너희 부모들은 여전히 정정하시구나.
I've still got it. 나 아직 안죽었어.	Jim is sixty, but **he's still got it** with the ladies. 짐은 60세지만 여자들에게는 여전히 건재해.
be getting on in years 더 이상 젊지 않다(no longer young)	Some popular actors **are getting on in years**. 일부 유명배우들은 더 이상 젊지 않아.
look young for one's age 나이에 비해 젊어보이다	Sandra still **looks young for her age**. 샌드라는 나이에 비해 여전히 젊어보여.
be no spring chicken 청춘은 다 지나다	You're **no spring chicken**. You need to relax. 넌 이제 청춘이 아냐. 쉬어야 돼.
be not getting any younger 더 젊어지지 않다	I'm saving money because I'**m not getting any younger**. 난 더 이상 젊어지지 않기 때문에 돈을 저축하고 있어.
old enough to know better 철든, 나이든	She should be **old enough to know better**. 걘 좀 철이 들어야 돼.
aging(age 노화하다) 나이든, 노화 (anti-aging 노화방지)	Suzy **is aging** faster than her husband. 수지는 남편보다 노화가 빨리 되고 있어.

미드 Situation

Hank: I'm going to **turn** forty nine next week. 나 다음주면 49세가 돼.
Flora: You'**re no spring chicken** anymore. 넌 이제 더 이상 청춘이 아냐.
Hank: Maybe not, but **I've still got it**. 그럴지도 모르지만 난 여전히 건재해.
Flora: So you think that you'**re aging** well? 그럼 넌 네가 나이를 잘 먹었다고 생각하는거야?
Hank: Sure! I **look really good for my age**. 그럼! 난 내 나이에 비해 정말 좋아보여.

감탄할 때와 욕할 때 1

010 Oh, my God! Call 911!
오 맙소사! 911에 전화해!

살다보면 놀라고, 충격받고, 황당하고, 그리고 가끔은 믿기지 않을 정도로 좋을 때가 있기 마련이다. 이런 때 자기 감정을 솔직히 강조하고 감탄하면서 쓰는 표현들이다. 물론 좋은 감탄 뿐만 아니라 나쁜 감탄도 있다.

12문장으로 미드영어 후다닥 끝내기

- [ ] **come on**
  왜그래, 서둘러, 그러지마
  Come on! Hurry up!
  이봐! 서두르라구!

- [ ] **Holy cow!**
  (놀람) 이런!, 왜
  Holy cow! That's the biggest cat I've ever seen.
  왜! 이렇게 큰 고양이는 처음 보네.

- [ ] **Good grief!**
  맙소사!, 아이구!
  Good grief, he's always on the road.
  어이구, 걘 항상 돌아다녀.

- [ ] **Oh, my God!**
  맙소사!(Oh, God!)
  Oh, my God! Call 911!
  맙소사! 911에 전화해!

- [ ] **Thank God[goodness]**
  어휴 다행이야(Thank heavens)
  Oh, thank God, I found you. This place is a maze.
  다행이야, 널 찾았어. 이 곳은 미로같아.

- [ ] **Oops!, Whoops!**
  이런, 아이고, 저런
  Oops! I just spilt coffee on my new dress.
  아이고! 새로 산 드레스에 커피를 쏟았어.

- [ ] **Ooh la la!**
  (놀람, 성적의미) 왜!, 저런!
  Ooh la la! Look at the legs on her!
  어머! 저 여자 다리 좀 봐!

- [ ] **For Pete's sake!**
  (중요성 강조, 짜증) 제발!, 도대체~
  For Pete's sake! Don't you have any pride?
  맙소사! 넌 자존심도 없나?

- [ ] **For God's[heaven's] sake**
  제발, 부디, 하느님 맙소사
  For God's sake, ma, I'm 27 years old.
  엄마, 제발요. 전 27살예요.

- [ ] **Oh, boy[man]**
  맙소사, 어휴
  Oh, boy! You got World Series tickets.
  맙소사! 너 월드시리즈 표 구입했구나.

- [ ] **Oh, yes**
  그렇고 말고, 그래 맞아
  Oh, yes, honey, I love it.
  그렇고 말고, 자기야. 난 그거 넘 좋아해.

- [ ] **For crying out loud**
  (놀람, 짜증) 맙소사, 세상에
  She's a professor, **for crying out loud**.
  맙소사, 걔가 교수래.

Situation

Tess: **Holy cow!** Do you see the dress in that shop? 왜! 저 가게 드레스보여?
Andy: **Oh la la,** that is really fashionable. 와, 정말 멋지다.
Tess: **Thank God** I brought my credit cards. 다행히 신용카드를 가져왔네.
Andy: **For crying out loud,** are you going to buy it now? 맙소사, 지금 살려고?
Tess: **Oh, yes.** I'll look great wearing it tonight. 그럼. 오늘밤에 저거 입으면 멋질거야.

미드기본상식(Basics) 23

감탄할 때와 욕할 때 2

011 Look at you!
얘 좀 봐라!

상대방의 모습 등에 놀랄 때 우리도 "얘 좀봐."라고 하듯이 영어도 똑같이 Look at you!라고 하며 또한 빅뱅이론에서 레너드의 엄마가 오르가즘에 올라갈 때 지르는 감탄사가 "Yikes!"라고 해서 많이 알려진 표현. 또한 (Oh,) My는 '이런' 이란 뜻.

12문장으로 미드영어 후다닥 끝내기

☐ **Gotcha!** 속았지!, 알았어!	**Gotcha!** You thought I was serious! 속았지롱! 장난인줄 몰랐지!
☐ **Yikes** 이런, 아악, 어머나	**Yikes,** she is worse than me. 어머나, 갠 나보다 못하네.
☐ **Oh, snap** 어, 이런(가벼운 놀람)	**Oh, snap.** So I guess we'll be leaving now. 이런. 그럼 우리는 지금 가야 될 것 같으네.
☐ **My foot!** 거짓말마!(My eye! 말도 안돼!)	**My foot!** You don't really love her! 기가 막혀!! 넌 걜 정말로 사랑하지 않잖아.
☐ **For the love of God** 빌어먹을, 젠장헐	Please **for the love of God**, do not tell anybody about us. 젠장헐, 우리에 관해 누구에게도 말하지마.
☐ **Holy mother of God** (놀람, 분노, 좌절) 맙소사!	**Holy mother of God!** Did you see that? 맙소사! 저거 봤어?
☐ **God bless you!** 신의 가호가 있기를!	**God bless you!** Have a safe trip. 신의 가호가 있기를! 여행 조심하고.
☐ **God forbid you!** 그런일이 없기를!(God forbid S+V)	**God forbid** you ever have cancer! 절대로 암에 걸리지 않기를 빌어!
☐ **(Oh, my) Gosh** 맙소사, 저런	**Oh, my gosh.** I totally forgot about this. 맙소사. 이건 완전히 잊었네.
☐ **Gee whiz** 아이고, 놀래라	**Gee whiz,** I don't want to go to school. 아이고, 난 학교가기 싫어.
☐ **Good lord!** 맙소사!(Oh, lord!)	**Good lord,** what is that smell? 맙소사, 저 냄새가 뭐야?
☐ **Look at you!** 얘 좀봐!	**Look at you.** You turned out great. 얘 좀봐. 너 정말 멋져졌다.
☐ **Attaboy!** 잘했어!(Attagirl!)	**Attaboy!** I knew you could do it. 잘했어! 네가 할 수 있을거라 생각했어.

미드 Situation	Steve:	**Holy mother of God!** I forgot to study for my test! 맙소사! 시험공부하는 걸 잊었어!
	Barbara:	**Oh my gosh,** what can you do? 저런, 어떻게 하려고?
	Steve:	**Gee whiz,** I'll just have to get an F on it. 아이고, 그거 F받겠네.
	Barbara:	**Yikes!** You'll fail if you do that. 이런! 그러면 너 낙제잖아.
	Steve:	**Gotcha!** I don't really have a test today. 메롱! 나 오늘 시험없거든.

24 Chapter 1

감탄할 때와 욕할 때 3

012 God damn it!
에이, 빌어먹을!

여기서는 특히 주로 빌어먹을, 젠장, 제기랄 등 뭔가 안좋은 일이 생겼을 때 내뱉는 말들. 좀 위험 수위가 높으니 미드에서나 열씨미 듣고 직접 쓰는 것은 가능한 자제하기를 바란다.

 12문장으로 미드영어 후다닥 끝내기

- **Oh, no** 천만에, 그럴리가, 안돼
  Oh, no. I came to see you.
  천만에. 난 널 보러왔어.

- **Oh, heck!** 젠장헐!
  Oh, heck! We're going to be late again.
  젠장헐! 또 우리 늦겠다.

- **(God) Damn it** 빌어먹을, 제기랄
  God damn it! Why are you such an idiot?
  빌어먹을! 너 왜 그렇게 띨박하냐?

- **Darn it!** 이씨, 아차 (Damn it보다 약한 표현)
  Darn it! I just pricked my thumb.
  아씨! 내 엄지 손가락을 찔렀어.

- **Blow me!** 제기랄!
  Blow me! You aren't a friend of mine!
  제기랄! 넌 내 친구가 아니야!

- **Oh, hell!** 빌어먹을!
  Oh, hell, we can do better than that.
  빌어먹을, 우리는 그것보다 더 잘할 수 있어.

- **Hell's bells** 젠장
  Hells bells, this is a huge mistake!
  젠장, 이건 정말 큰 실수야!

- **There, there!** 걱정마!
  There, there, don't start crying again.
  걱정마! 또 울기 시작마.

- **(Holy) Crap!** 이런 세상에! 말도 안돼!
  Crap! Why do I keep doing that?
  이런 세상에! 내가 왜 계속 이러지?

- **Drat!** 제기랄!
  Drat! All of my evil plans are ruined now.
  제기랄! 내 모든 흉계가 다 망쳤어.

- **Kiss my ass!** 빌어먹을!
  Kiss my ass. What do you think?
  빌어먹을. 어떻게 생각해?

- **Rats!** 젠장!, 제기랄!
  Rats! I can't find my new pair of glasses.
  젠장! 난 새로운 안경을 찾을 수가 없네.

미드 Situation

Ricky: **Damn it!** I just lost a thousand dollars playing cards.
빌어먹을! 카드게임하다 천달러를 잃었어.

Lucy: **Oh no!** You were supposed to pay me the money you owe me.
말도 안돼! 나한테 진 빚 갚기로 했잖아.

Ricky: You can **kiss my ass!** I'm broke now. 맘대로 하셔! 난 빈털털이야.

Lucy: **Rats!** I should never have lent you the money. 젠장! 네게 돈을 빌려주는게 아닌데.

Ricky: **Oh, hell,** I'll pay you back some day. 젠장헐! 앞으로 언젠간 갚을게.

미드기본상식(Basics) 25

감탄할 때와 욕할 때 4

013 You son of a bitch, you killed her!
이 개자식, 네가 그녀를 죽였잖아!

이곳은 거의 19금에 가까운 표현들로 거의 싸우기 직전에 오고가는 아름다운(?) 말들이다. 따라서 조심해야 하지만 스스로 곤란한 상황에 처했을 때 답답한 맘에서 내뱉으면서 성격 까칠하다는 것을 과시(?) 할 수도 있다.

12문장으로 미드영어 후다닥 끝내기

□ **(Oh) Shoot!** 빌어먹을!	**Shoot!** It's Catherine, hide me. 빌어먹을! 캐서린이야, 나 좀 숨겨줘.
□ **Son of a bitch[gun]** 개자식	**You son of a bitch,** you killed my daughter. 이 개자식, 네가 내 딸을 죽였잖아.
□ **Up yours!** 젠장헐!	**Up yours!** You can't talk to me like that! 젠장헐! 나한테 그런식으로 말하면 안되지!
□ **Fuck you!** 엿먹어라!, 뒈져라!	**Fuck you!** You can keep this lousy job! 엿먹어라! 이 더러운 일 계속하고!
□ **Fuck it[them]!** 젠장!, 알게 뭐야!	**Fuck it!** Let's all just get drunk! 알게 뭐야! 모두 술이나 먹자!
□ **(Oh,) Fuck!** 에이!, 씨브럴!, 젠장!	**Fuck!** I forgot about the staff meeting! 젠장! 직원회의를 깜빡했네!
□ **What the fuck** 씨브럴, 젠장	**What the fuck,** it's only a couple of weeks. 씨브럴, 단지 2-3주잖아.
□ **(Oh) Shit!** 젠장!, 제기랄!	Jesus, **fuck.** Here take it! **Shit!** 하느님, 맙소사. 자 여기 가져가! 젠장헐!
□ **Bullshit!** 헛소리마!(Bullocks! 개소리)	**Bullshit!** She told me what you did! 헛소리마! 걔가 네가 뭘 했는지 말해줬어!
□ **You bastard!** 이 나쁜 자식!, 이 개자식아!	**You bastard!** Who the hell are you? 이 나쁜 자식! 너 도대체 누구냐?
□ **Lucky bastard!** 자식 되게 운좋네!	He always gets hot girls. **Lucky bastard!** 걘 항상 섹시걸을 차지해. 운도 좋아!
□ **Hogwash!** 말도 안돼!(not common)	**Hogwash!** I didn't let you take it! 말도 안돼! 네가 그걸 갖지 못하도록 했어?

Grace: **Fuck!** I didn't bring our plane tickets! 씨브럴! 비행기표를 안갖고왔네!
Ben: **You bastard!** I told you to put them in your pocket. 이런 개자식! 주머니에 넣으라고 했잖아.
Grace: **Bullshit!** You didn't say anything about that. 무슨 헛소리! 아무 말도 안해놓고.
Ben: **Well, shit.** What can we do now? 이런, 빌어먹을. 이제 어떻게 하지?
Grace: **Fuck it,** let's just cancel the whole trip. 알게 뭐야, 그냥 여행 다 취소해야지.

Chapter 1

014 She cussed me out!
걔가 내게 욕을 했어!

욕한다고 말하는 표현들

이번에는 직접적으로 감탄하거나 욕을 하는 표현이 아니라 욕을 한다는 의미의 영어표현들을 알아보는 시간. 가운데 손가락을 드는 행위를 묘사하는 give sb the finger, call sb names 등이 대표적이다.

12문장으로 미드영어 후다닥 끝내기

- [ ] **swear at**
  욕하다(swearing 욕지거리)
  Timmy, don't **swear at** your sister.
  티미, 네 누나에게 욕하지 마라.

- [ ] **cuss sb out**
  욕을 퍼붓다
  She **cussed me out** and forgot about that.
  걘 내게 욕을 퍼붓고 나서 기억도 못했어.

- [ ] **give sb the finger**
  욕하다
  Bill **gave** the taxi driver **the finger**.
  빌은 택시기사에게 욕을 했어.

- [ ] **use foul[bad] language**
  욕을 하다
  Some athletes **use foul language** when playing sports.
  일부 선수들은 경기를 하면서 욕을 해.

- [ ] **call sb names**
  욕하다
  The angry couple **called each other names**.
  그 화난 부부는 서로 욕을 했어.

- [ ] **shove[stick] it up your ass**
  엿먹어라
  Take your camera and **shove it up your ass**!
  카메라 가져가고 엿이나 먹어라!

- [ ] **talk trash**
  (스포츠) 모욕적인 말을 하다
  Many people **talk trash** on the Internet.
  많은 사람들이 인터넷에서 모욕적인 말들을 해.

- [ ] **gossip**
  험담하다
  Cindy was so good today. She didn't **gossip** at all.
  신디는 오늘 좋았어. 전혀 다른 사람들 수다를 안떨었어.

- [ ] **dig up dirt on**
  스캔들 캐내다
  You need to **dig up dirt on** your opponents.
  넌 상대편의 스캔들을 캐내야 돼.

- [ ] **dig dirt**
  험담하다(특히 유명인의 험담)
  Did you **dig up** any dirt on the senator?
  너는 그 상원의원 험담을 했어?

- [ ] **dirty word**
  욕
  He used a **dirty word**.
  걘 욕지거리를 했어.

- [ ] **four letter word**
  욕지거리
  The movie was filled with **four letter words**.
  그 영화는 쌍욕이 너무 많이 나왔어.

 미드 Situation

Abe: Why did you **give** that guy **the finger**? 왜 저 친구에게 욕을 한거야?
Brenda: I was angry. He **cussed** me **out**. 화가 났어, 내게 욕을 했거든.
Abe: Some people just like to **talk trash**. 그냥 욕하는 걸 좋아하는 사람들이 있잖아.
Brenda: Well, he was wrong to **swear at** me. 음, 걔가 내게 욕을 한 것은 잘못한거지.
Abe: When you hear **dirty words**, just ignore them. 욕먹으면 그냥 무시해버려.

▶ 다른 사람 부를 때 혹은 말꺼내면서

015 Hi, how're you doing?
야, 잘 지냈어?

Hey, Hi, you guys 처럼 상대방을 부르거나 지칭하는 표현들, 혹은 listen, look 처럼 말을 이어나갈 때 서두에 쓰는 표현들을 알아본다.

12문장으로 미드영어 후다닥 끝내기

☐ **Hey,**
야, 이봐, 이런

Hey, you kissed my mom!
이봐, 너 내 엄마한테 키스했지!

☐ **Hey, you**
안녕, 저기 너말야(hi 인사에 받는 말)

Hey, you. What happened with you and Jessica?
안녕, 자기. 너와 제시카 어떻게 된거야?

☐ **Hi**
안녕

Hi, how are you doing?
안녕, 잘 지냈어?

☐ **hi, there!**
안녕!

Hi, there. We've had a lot of fun tonight
안녕. 오늘밤 정말 재미 좋았어.

☐ **say,**
여기요, 야, 저, 다시 말해서(문중에서)

Say, can I get a glass of chardonnay or something?
여기, 샤도네이(백포도주)나 뭐 좀 마실 것 좀 줄래요?

I think I can find what you're looking for in, **say,** half an hour?
네가 뭘 찾는지, 저기, 30분내에 찾을 수 있을 것 같아.

☐ **listen,**
내말들어봐, 저말이야

Listen, it's not what you're thinking.
내말들어봐, 네가 생각하는 그런게 아냐.

☐ **look,**
이봐

Look, I didn't steal anything.
이봐, 난 아무것도 훔치지 않았어.

☐ **so,**
자, 그래

So, what's the problem?
그래, 뭐가 문제야?

☐ **see,**
거봐, 봤지

See, they're hot, right?
봤지, 걔네들 뜨거운 사이야, 맞지?

☐ **pal**
친구

Hey, pal, you're paying them for sex.
어이, 친구, 난 섹스하는 대가로 그것들을 지불하고 있어.

☐ **you guys** 야 너희들

What are **you guys** doing here? 야 너희들 여기서 뭐하고 있어?

☐ **you little bitch** 이 개년아

Back off, **you little bitch.** 꺼져, 이 개년아.

미드 Situation

Sam: **Hi, there,** Carmella. What are you up to? 안녕, 카르멜라. 무슨 일이야?
Carmella: **Hey, you.** I'm just killing time. 어이, 안녕. 그냥 시간 때우고 있어.
Sam: **Say,** why don't we go to a movie? 저, 영화보러갈까?
Carmella: I can't. **See,** I have a blind date tonight. 안돼. 저기, 오늘밤 소개팅있어.
Sam: That's OK. **Listen,** we'll do it another time. 그래, 저기, 우린 다음에 하자.

Chapter 1

016 Don't worry, bro.
친구야, 걱정마.

가족이나 친구들을 부를 때

친구들이나 가족들 혹은 애인 등을 부를 때 사용되는 표현들. 참고로 dear나 my dear하면 상대방을 말하는 표현이지만 oh, dear하면 이런, 맙소사란 뜻의 감탄사가 된다는 점을 구분해야 한다.

12문장으로 미드영어 후다닥 끝내기

- ☐ **buddy** 친구
  Okay, I'll tell you what, **buddy**.
  그래, 저말이야, 친구야.

- ☐ **folks** 여러분
  Folks, what's immoral is not always what's illegal.
  여러분, 비도덕하다고 다 불법은 아닙니다.

- ☐ **dear** 친해하는, 사랑하는 (Oh, dear 맙소사)
  Dear Father, thank you for this day.
  신부님, 오늘 고마워요.

- ☐ **oh, dear** (후회, 당황) 이런, 맙소사
  Oh dear, I believe I'm lost.
  이런, 길을 잃었어.

- ☐ **my dear** 내사랑
  You are quite the fascinating woman, **my dear.**
  넌 정말 환상적인 여자야, 자기야.

- ☐ **bro** 친구, 형씨
  Don't worry, **bro**. I got you covered on that.
  친구야, 걱정마. 내가 그거 막아주고 있어.

- ☐ **ma,** 엄마
  This is my **ma. Ma,** Mindy.
  우리 엄마야. 엄마, 얘가 민디야.

- ☐ **dad** 아빠
  Look, **Dad,** I got straight A's!
  저기, 아빠. 난 올 A 받았어!

- ☐ **grandma** 할머니(grandpa 할아버지)
  Grandma and **Grandpa** are gonna be here in half an hour.
  할머니와 할아버지는 30분내로 도착하실거야.

Dick: What did you **folks** do for the holiday? 휴일에 너희들 뭐했어?
Felicia: We visited our **Grandma and Grandpa** in Florida. 플로리다에 있는 할머니, 할아버지네 들렀어.
Dick: **My dear,** that was a kind thing to do. 얘야, 아주 착한 일 했구나.
Felicia: Yeah, my **dad** thinks they aren't very healthy.
  어, 아빠는 할머니, 할아버지 건강이 나쁘시다고 생각해.
Dick: **Oh dear,** I hope they aren't going to die soon. 이런, 더 오래 사시길 바랄게.

말을 이어주는 접착제

017 Well then, what was it?
그럼, 그게 뭐였어?

단문이 아니라 여러 문장으로 자기 의사를 표현하고자 할 때는 문장과 문장을 이어주는 표현들이 필요하다. 아래는 미드에서 많이 쓰이는 연결어로 잘 익혀두었다가 문장들을 부드럽게 이어서 말할 수 있도록 한다.

12문장으로 미드영어 후다닥 끝내기

☐ **Then again**
그런데

But **then again**, I'm not the one sleeping with him.
하지만 그런데말야, 난 걔와 잠자는 사람이 아냐.

☐ **But then**
하지만

But then something went wrong.
하지만, 뭔가 잘못됐어.

☐ **And then**
그런 다음

And then I met these very nice people.
그런 다음, 난 이 착한 사람들을 만났어.

☐ **Now then**
자 그럼

Now then, let's get this meeting started.
자, 그럼, 이 회의를 시작합시다.

☐ **Well then**
그러면

Well then what was it?
그러면 그게 뭐였어?

☐ **Well**
글쎄, 자, 음

Well, you are a lawyer.
음, 네가 변호사잖아.

☐ **And now**
그런데, 그리고 이제

We failed. He got all of them **and now** he's gone.
우린 실패했어. 걔가 다 갖고 튀었어.

☐ **Or rather**
더 정확히 말하면

Or rather, you should apologize to them.
더 정확히 말하자면, 넌 걔네들에게 사과해야 돼.

☐ **Even so**
그렇다 해도

Even so. I'm gonna have a little talk with her.
그렇다해도, 난 걔와 좀 대화를 나누어야겠어.

☐ **Otherwise**
그렇지 않으면

Otherwise we'll be fired.
그렇지 않으면 우리는 해고될거야.

☐ **What's more,**
게다가

What's more, we haven't even finished.
게다가, 우리는 아직 마치지도 못했어.

☐ **Actually**
실은

Actually I have to go home now.
실은, 이제 난 집에 가야 돼.

미드 Situation

Liza: **Well then,** I see you've come back to school. 자, 학교로 다시 돌아왔네.
Mitch: I had to. **Otherwise** I wouldn't get to graduate. 그래야했어요. 그렇지않으면 졸업못할거예요.
Liza: **And now** you have to pass your exams. 그리고 이제, 넌 시험을 통과해야 돼.
Mitch: **Well,** I have just three major exams to study for. 어, 전공과목 3개 공부해야 돼요.
Liza: **Actually** you have four. Don't forget the test in math class.
실은 4과목야. 수학시간 테스트 잊지 말고.

Chapter 1

강조하는 표현들

018 That hurt like hell!
정말 엄청나게 아팠어!

영어 말하기를 좀 다양하고 입체적으로 하려면 사실만을 전달하는 문장들로만으로는 부족하다. 옆의 연결어처럼 이유나 조건 등의 연결어를 붙이거나 혹은 같은 말을 해도 아래와 같은 어구들을 넣어 강조함으로써 의사전달을 강하게 전달해야 한다.

12문장으로 미드영어 후다닥 끝내기

- [ ] **to death** 죽어라, 죽도록
  I love the boy to death.
  난 그 소년을 죽도록 사랑해.
  It can literally scare you to death.
  문자그대로 그건 널 죽도록 무섭게 할거야.

- [ ] **like hell** 지독하게
  Oh, that hurt like hell!
  어, 지독하게 아팠어!

- [ ] **like the devil's chasing~** 미친듯이
  He ran past like the devil was chasing him.
  걘 걔를 쫓아 미친듯이 달려왔어.

- [ ] **not a damn thing** 하나도 없는
  I don't owe you a damn thing, Peter!
  피터야, 난 너에게 빚진게 하나도 없어!

- [ ] **quite a lot of** 상당히 많은
  My husband is home quite a lot these days.
  내 친구는 요즘 많이 집에 있어.

- [ ] **for the life of me** 아무리 …해도 할 수 없는
  And for the life of me, I can't figure it out.
  그리고 아무리 해도 그게 뭔지 알아낼 수가 없어.

- [ ] **the crap out of** 몹시
  I'm gonna beat the crap out of him.
  난 걔를 늘씬 패줄거야.

- [ ] **(scare) the pants off** 아주 지독하게 …하다
  That movie scared the pants off me.
  저 영화는 정말 지독하게 무서웠어.

- [ ] **every single~** 하나의 빠짐도 없이
  You're putting every single one of us at risk.
  넌 우리 모두를 한 명도 빠짐없이 위태롭게 하고 있어.

- [ ] **not to mention~** 말할 것도 없고
  That's ridiculous. Not to mention impossible.
  말도 안돼. 불가능한 건 말할 것도 없고.

- [ ] **(chock) the life out of~** 무척~
  If I even looked at him, he would choke the life out of me.
  내가 걜 쳐다보기만 해도 걘 날 목졸라 죽이려 했을거야.

미드 Situation

Grace: My neighbor has **quite a lot of** visitors. 내 이웃은 찾아오는 사람들이 꽤 많아.
Anton: I saw **every single** person that knocked on his door tonight. 난 오늘밤 이웃집 문노크하는 사람을 한명도 빠짐없이 봤어.
Grace: **For the life of me**, I don't know what he's doing. 정말이지, 난 걔가 뭘하는지 몰라.
Anton: It would bother **the crap out of** me if I lived here. 내가 여기 살았으면 엄청 귀찮았겠어.
Grace: And he says anything to me, **not a damn thing**. 그리고 걘 내게 단 한마디도 말을 하지 않아.

심하게 강조하는 표현들

019 What the heck!
에라 모르겠다!

역시 문장을 강조하는데 좀 점잖은 관계나 자리에서는 피하는게 좋은 강조어구들을 집합시켰다. 주로 fuck, heck, hell 등의 상스런 단어나 문구들이 들어가 문장을 아주 강조하게 된다.

12문장으로 미드영어 후다닥 끝내기

☐ **what the heck~** 도대체~	What **the heck** is she doing with me? 도대체 걔가 내게 뭐하는거야?
☐ **what the hell~** 도대체~	Gaby, what **the hell** is going on? 개비, 도대체 무슨일이야?
☐ **what the devil~** 도대체~	What **the devil** is he talking about? 도대체 걔가 무슨 말을 하는거야?
☐ **what in God's name~** 도대체~	What **in God's name** did you do? 도대체 넌 무슨 짓을 한거야?
☐ **what on earth~** 도대체~	What **on earth** are you two doing? 도대체 너희들 뭐하고 있는거야?
☐ **What the heck!** 에라 모르겠다!	**What the heck?** Let's move back! 에이 모르겠다! 물러나자!
☐ **fuck one's+N** …웃기지 말라고 해	**Fuck** his explanation! I don't believe it. 걔 설명 웃기지 말라고 해! 난 안 믿어.
☐ **fucking** 대단히, 지독히	Abso-**fucking**-lutely. You're the best. 당연하고 말고, 네가 최고야. I thought it was pretty **fucking** great. 그게 정말 대단했다고 생각했어.
☐ **the fuck** 젠장	Oh, who **the fuck** cares? 어, 젠장 누가 신경이나 쓴대?
☐ **damn+N** 빌어먹을~, 더럽게~	It's just too **damn** small. 그건 정말 더럽게 작네.
☐ **filthy+N** 더럽게~, 대단한~	Her mom and dad are **filthy** rich. 걔네 부모님은 더럽게 부자야.
☐ **stinking+N** 대단한~	I'd like to get **stinking** drunk. 지독하게 취하고 싶어.

Situation

Wendy: Who **the hell** is making all that noise? 도대체 누가 그렇게 소음을 내는거야?
Mike: It's some **fucking** drunk guys fighting outside. 지독하게 술쳐먹은 놈들이 밖에서 싸우고 있어.
Wendy: Tell those **filthy** bastards to go home. 저 더러운 놈들에게 집에가라고 해.
Mike: Who **the fuck** is going to listen to me? 도대체 누가 내말을 듣겠어.
Wendy: Then call the **damn** cops to come arrest them. 그럼 빌어먹을 경찰불러서 잡아가라고해.

020 I haven't ID'ed her yet.

이젠 품사까지도 날 배신해!

아직 걔의 신원을 확인 못해봤어.

미드를 보다보면 가끔 놀랄 때가 있다. 우리가 알고 있던 품사가 다른 품사로도 사용되는 것을 보기 때문이다. 언어의 편리성인데 주로 man, room, party 등이 같은 의미의 동사로도 쓰인다는 점이다. 약간 놀라면서 익혀보자.

12문장으로 미드영어 후다닥 끝내기

up v. 상승시키다, 인상하다
Larry upped the price of his services.
래리는 서비스 비용을 인상했어.

man v. 배치하다
We were undermanned.
우리는 배치된 인원이 부족해.

room v. 투숙하다
You can room here until you find an apartment.
아파트 찾을 때까지 여기서 머물러.

silence v. 침묵시키다, 잠재우다
It will take a lot to silence the criticism.
비난을 잠재우려면 시간이 많이 걸릴거야.

text (message) v. 문자메시지 보내다
She texted me back, saying she was surprised.
걘 놀랐다고 하면서 문자메시지를 다시 보내왔어.

temp v. 임시직하다
They met when Jenna temped in our office.
걔들은 제나가 우리 사무실에서 임시직할 때 만났어.

DMV v. 교통국(Department of Motor Vehicles) DB에 돌려보다
I DMV'd it. And I got a hit on it.
차량국에 확인했는데 일치하는 것을 찾았어.

ID v. 신원확인을 하다
We haven't formally ID'ed him yet.
우리는 아직 공식적으로 걔의 신원을 파악못했어.

hammer v. 술에 취하게 하다
Everybody was hammered at that party.
다들 그 파티에서 술에 취했어.

party v. 파티를 하다, 여흥을 즐기다
I was partying way too much last week.
난 지난주에 너무 즐기고 놀았어.

club v. 클럽에 가서 놀다
How about going out clubbing with the girls?
여자애들과 클럽에 가서 노는거 어때?

shy v. 겁먹다
They both shy away from the camera.
걔네들은 모두 카메라를 무서워 피해.

미드 Situation

Kira: Have you found a place to **room** this semester? 이번 학기에 살 곳 찾았어?
Tim: I've tried, but everyone has **upped** the rent. 찾아봤는데, 다들 임대료를 올렸어.
Kira: Let me **text** some rental agencies for info. 임대 대행업체 문자로 보낼 테니 참고해.
Tim: I usually **shy away from** that type of agency. 보통 그런 업체 하지 않는데.
Kira: Hey, don't worry. They **are manned** by nice people. 야, 걱정마. 거기 사람들 매우 착해.

미드기본상식(Basics) 33

021 I Googled my own name.
내 이름을 구글에서 찾아봤어.

품사의 배신은 아직 끝나지 않았다!

이번에도 역시 명사들이 특히 동사로 쓰이면서 놀라움과 편리함을 주는데 Google도 그 한 예이다. 또한 앞에서도 봤듯이 DMV, ID, OD 등 약어들이 동사로 쓰인다는 점이다. 참 편리를 위해서는 못할 짓이 없다는 느낌이다.

12문장으로 미드영어 후다닥 끝내기

- [ ] **okay v.**
  찬성하다, 동의[승인]하다
  It took several days to **okay** the project.
  그 프로젝트를 승인하는데 며칠 걸렸어.

- [ ] **OD(overdose) v. (OD'd)**
  약물과용하다
  She **OD'd** in a dirty little hotel room.
  걘 더러운 호텔 방에서 약물과다사용으로 죽었어.

- [ ] **Google v.**
  구글검색하다
  I'm going to **Google** my own name.
  난 내 이름을 구글에서 검색할려고.

- [ ] **chair v.**
  (회의) 주재하다
  Brian will **chair** this month's staff meeting.
  브라이언은 이번달 직원회의를 주재할거야.

- [ ] **time v.**
  시간을 재다
  Use this watch to **time** your run.
  이 시계로 네 달리기 시간을 재.

- [ ] **sandwich sb in v.**
  억지로 끼워넣다
  They **were sandwiched in** the subway car.
  그 사람들은 전철안에 억지로 밀쳐졌어.

- [ ] **house v.**
  소장하다, 제공하다
  This building **houses** the computer lab.
  이 건물은 컴퓨터 랩실을 제공하고 있어.

- [ ] **picture v.**
  머리속에 그리다
  I **picture** a nice house in the suburbs for us.
  난 우리를 위해 근교에 멋진 집을 그려보고 있어.

- [ ] **doctor v.**
  조작하다
  Someone **doctored** the report after it was sent in.
  누군가 보고서가 도착한 후 조작을 했어.

- [ ] **phone v.**
  전화하다
  I was having coffee this morning when my father **phoned**.
  오늘 아침 커피를 마시고 있는데 아버지가 전화하셨어.

- [ ] **truck v.**
  트럭으로 옮기다
  Can you **truck** this gear to the warehouse?
  트럭으로 이 기어를 창고로 옮겨줄래?

미드 Situation

April: I was selected to **chair** the convention. 내가 큰 회의를 주재하라고 선택됐어.
Bruce: Do you **picture** it being an easy task? 쉬운 일 일거라 머리속에 그려져?
April: No, but I will do a solid job as its organizer. 아니, 하지만 주최자로 일을 완벽하게 할거야.
Bruce: Who **okayed** the decision to make you chair? 네가 주재하도록 누가 결정한거야?
April: I **was sandwiched in** when John couldn't do it.
존이 할 수 없다고 해서 내가 억지로 끼어들어가게 된거야.

미드에 자주 나오는 형용사 1

022 You're so pathetic.
너 정말 한심한 놈이야.

형용사가 한두개 뿐이겠냐마는, pathetic, bossy, fabulous, lousy 등처럼 진짜 수도 없이 쓰이는 형용사들이 있다. 이런 형용사들은 의미와 발음까지 잘 익혀두었다가 실제 미드를 보면서는 편안하게 들어야 한다.

12문장으로 미드영어 후다닥 끝내기

- **pathetic** 한심한, 애처로운
  Do you really think I'm **pathetic**?
  내가 한심하다고 정말 생각해?

- **fabulous** 엄청난, 기막힌, 멋진
  Thank you. I had **fabulous** time.
  고마워. 정말 멋진 시간 보냈어.

- **bossy** 권위적인, 뽐내는
  She's shallow and rich and mean and **bossy**.
  걘 얄팍하고 돈은 많고 천박하고 뽐내는 사람야.

- **groovy** 멋진
  This is so **groovy**. I am so happy for you.
  이거 정말 멋지다. 네가 잘돼서 기뻐.

- **lame** 별로인, 어설픈
  That is such a **lame** excuse!
  저건 정말 한심한 변명이네!

- **wacky** 이상한
  You've been acting **wacky** all day long.
  넌 온 종일 이상하게 행동하고 있어.

- **cocky** 건방진, 으스대는
  I was **cocky**, I was arrogant. You have a problem with that?
  난 건방지고, 거만해. 뭐 문제있냐?

- **killer** 죽여주는, 멋진
  That is a **killer** movie. You've got to see it.
  저거 죽여주는 영화야. 꼭 보라고.

- **creepy** 기이한, 소름끼치는
  Whatever it is, it's so **creepy**.
  그게 무엇이든, 정말 소름끼친다.

- **bitching** 멋진(bitchy 지랄같은)
  Oh yeah, it's a really **bitching** apartment.
  어, 정말 멋진 아파트야.

- **lousy** 형편없는, 우글거리는
  I've had a really **lousy** day.
  난 정말이지 형편없는 하루를 보냈어.

미드 Situation

Patrick: That was the most **pathetic** movie I've ever seen. 이건 내가 본 영화중에서 가장 꾸리다.
Stella: Really? I thought it was a **killer** film! 정말! 죽여주는 영화라고 생각했는데.
Patrick: Come on, the acting was just **lame**. 아야, 연기가 개떡였잖아.
Stella: It wasn't that bad. Don't be so **bitchy**. 괜찮은 편이었는데. 너무 까칠하게 굴지마.
Patrick: Stella, you think that every movie is **fabulous**. 스텔라, 넌 모든 영화가 다 멋지다고 생각하더라.

미드에 자주 나오는 형용사 2

023 He's really gullible.
걘 정말 남의 말에 잘 속아.

미드에 자주 등장하는 형용사 12개를 추가로 엄선하여 정리해본다. skanky, perky나 gullible 같은 표현들은 난이도가 있으면서도 자주 나오기 때문에 잘 익혀두도록 한다.

12문장으로 미드영어 후다닥 끝내기

- **fishy** 수상한
  There is something **fishy** about this guy.
  이 자식 뭔가 수상한게 있어.

- **freaky** 기이한, 괴상한
  We heard that this place was **freaky**.
  우린 이 곳이 기이하다는 말을 들었어.

- **pissy** 짜증나는
  Don't be **pissy**! You're a role model!
  짜증나게 하지마! 네가 롤모델이잖아!

- **skanky** 천박한, 싼티나는
  He dumped me for some **skanky** cheerleader.
  걘 천박한 치어리더 때문에 날 버렸어.

- **awesome** 대단한
  God, that would be **awesome**!
  맙소사, 그거 참 멋지겠다!

- **pushy** 저돌적인
  You don't want to seem too **pushy**.
  너무 밀어붙이는 걸로 보이지마.

- **sneaky** 엉큼한, 교활한
  I'm gonna beat the **sneaky** son of a bitch.
  저 엉큼한 개자식 혼내줄거야.

- **perky** 활기찬
  I mean, is she all curvy and **perky**?
  내말은, 걔가 잘 빠졌고 활기차다고?

- **quirky** 특이한
  It's a little **quirky** to masturbate to pictures of your mother.
  네 엄마의 사진 앞에서 자위하는 건 좀 이상혀.

- **gullible** 남의 말에 잘 속는
  Man, she is really **gullible**.
  어휴, 걘 정말 남의 말에 잘 속네.

- **snap** 성급한
  Snap judgments are all the rage.
  다들 성급하게 판단들하고 있어.

- **gorgeous** (여자가) 멋진
  They're both **gorgeous** and sexy.
  걔네들은 둘다 다 멋지고 섹시해.

미드 Situation

Pam: There's something **fishy** about your date tonight. 오늘밤 너 데이트 좀 수상해.
Chris: No way. I think she's an **awesome** girl. 말도 안돼. 걘 아주 멋진 애야.
Pam: She is dressed like some **skanky** slut. 걘 옷을 천박한 여자처럼 입었는데.
Chris: What? Hey, don't make **pissy** comments like that. 뭐라고? 야, 그런 짜증나는 말은 하지마.
Pam: It's just a **snap** judgment, but I'm sure I'm right. 성급한 판단이지만 내가 맞을거야.

미드에 자주 나오는 특이한 부사들

024 You owe me big time.
넌 내게 크게 빚졌어.

부사는 대부분 형용사에 ~ly를 붙여 만드는 경우가 많기 때문에 여기서는 hopefully를 제외하고는 big time, tops 등 특이한 형태의 부사를 살펴보기로 한다.

12문장으로 미드영어 후다닥 끝내기

☐ **hopefully**
바라건대, …이면 좋겠어

Hopefully she's not far from here.
걔가 가까이 있으면 좋겠어.

☐ **big time**
엄청, 대단히

You owe me **big time**.
너 내게 빚진게 많아.

We screwed up. **Big time**.
우리는 망쳤어. 아주 크게 말야.

☐ **tops**
최고로, 최대로, 기껏해야

I can do it in two hours, **tops**.
난 최대한 서둘러 2시간에 그거 할 수 있어.

This is gonna take me no time at all, five minutes **tops**.
이건 시간 별로 안걸려, 기껏해야 5분일거야.

☐ **technically**
엄밀히 말하면

He's **technically** not under arrest.
걘 엄밀히 말해서 체포된 건 아냐.

Technically it wasn't the date.
엄밀히 말해서, 그건 데이트가 아니었어.

☐ **bad**
몹시

Steve was hurt **bad** by the economic collapse.
스티브는 경제붕괴로 몹시 피해를 봤어.

☐ **way**
훨씬

Chocolate ice cream is **way** better than vanilla.
초콜릿 아이스크림은 바닐라보다 훨씬 나아.

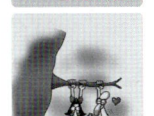

Liz: Harvard is **tops** in university medical schools. 하바드는 의대분야에서 최고야.
Preston: **Hopefully** you'll be able to be admitted there. 네가 거기 들어갈 수 있기를 바래.
Liz: Yeah, I really want to get in there **bad**. 어, 정말이지 꼭 거기 들어가고 싶어.
Preston: Your grades are **way** better than most students. 네 성적은 다른 대부분 학생들보다 훨 낫잖아.
Liz: True. **Technically**, I could be offered an academic scholarship.
맞아. 엄밀히 말해서 장학금도 받을 수도 있을거야.

미드기본상식(Basics) 37

025 Now I got, like, two bosses?
이제 뭐, 사장님이 두명이라고?

미드를 보면서 우린 교과서에서는 볼 수 없었던 새로운 영어를 마주치게 된다. like가 허사로 문장 중간에 쓰이고, ~ thing하면 …에 관련된 전반적인 것을 언급할 때, In English하면 쉬운 말로 해 등 다양한 생생표현들과 함께 숨쉬어보자.

12문장으로 미드영어 후다닥 끝내기

표현	예문
☐ **~ thing** …일, …에 관련된 것	Why is he so into this **bachelor party thing**? 걘 왜 이 총각파티 일에 빠져 있는거야? I don't know if I'm ready for **the whole college thing**. 내가 대학교 관련된 것에 준비가 되어있는지 모르겠어.
☐ **like** 거, 뭐	Now I got, **like,** two bosses? 이제, 뭐 사장님이 두명이라고?
☐ **-ish** 정도, …같은	Sam Parker, 40-**ish**, investment banker with a Wall Street firm. 40줄이 된 월가회사의 투자은행가 샘파커입니다.
☐ **, though** 그래도(문장 끝에서)	It does support his story, **though**. 그래도 그건 걔 이야기를 뒷받침해줘.
☐ **you know,** 저기,	Uh, **you know,** I gotta go. Good luck. 어, 저기말야, 나 가야 돼. 행운을 빌어.
☐ **slash** …이기도 하면서 …인	Her daughter was an honor student **slash** prostitute. 걔 딸은 우등생이면 동시에 매춘부였어.
☐ **Period.** 더 이상말마.	No one is allowed in this room, **period**. 아무도 이방에서 못나가, 이상.
☐ **In English,** 우리말로 해(Speak English)	What did you say? **In English.** 뭐라고? 우리말로 해.
☐ **go[come]+V** 동사가 두개로 연결	You should **come see** the place. 넌 와서 이곳을 봐야 돼..
☐ **Gonna~** 주어생략	**Gonna** need a little more. 좀 더 필요할거야.
☐ **Mr.~** …씨	OK, **Mr. Cocky**, you've got to do something. 좋아, 잘난 양반, 네가 뭐 좀 해야 돼.

Louis: **Got** a chance to get a better job. 좋은 직장을 얻을 기회가 생겼어.
Belinda: Is it, **like,** one that pays a lot of money? 그게, 저기, 돈많이 주는데야?
Louis: No, it will be a lot of fun, **though**. 아니, 그래도 아주 재미있을 것 같아.
Belinda: OK, **Mr. Smarty Pants,** what kind of job is it? 좋아, 잘난척하는 양반, 어떤 종류의 일인데?
Louis: **You know,** I'm going to keep it a secret for now. 저기, 지금은 비밀로 할거야.

미드에 자주 등장하는 관용문장 1

026 Boys will be boys.
사내애들이 다 그렇지 뭐.

꼭 속담이나 격언까지는 안 갈지라도 적시에 사용하는 그런 문장들이 있다. 미드에 자주 나오는 문장들을 선별하였으니 아래 문장들을 통째로 외워두도록 한다.

 12문장으로 미드영어 후다닥 끝내기

Actions speak louder than words.
말보다 행동.

Easier said than done.
말이야 쉽지.

The apple doesn't fall far from the tree.
아이는 부모를 닮는다

If you can't beat them, join them.
이길 수 없으면 함께 하다.

Don't bite off more than you can chew.
너무 무리하지마라, 과욕부리지마라.

Boys will be boys.
사내애들이 다 그렇지 뭐.

What goes around, comes around.
심은대로 거두는거야.

Curiosity killed the cat.
호기심이 신세를 망친다.

Still waters run deep.
깊은 물은 고요히 흐른다.

You can't catch two fish with one hook.
꿩먹고 알먹을 수는 없는거야.

It's like having the fox guard the henhouse.
고양이한테 생선가게를 맡긴 격이야.

My[Our] house is your house.
내집이라 생각하고 편히 계세요.

Vera: My husband was out late last night. **Boys will be boys.** 남편이 늦게 들어왔어. 남자들이란.
Jason: Well, **if you can't beat them, join them.** 이길 수 없으면 그냥 참아야지.
Vera: **Easier said than done.** I have to wake up early every day. 말야 쉽지. 난 맨 아침 일찍 일어나야 돼
Jason: Then don't stay out too late. **Don't bite off more than you can chew.**
그럼 늦게까지 기다리지마. 너무 무리하지 마라고.
Vera: He'll get his. **What goes around comes around.** 개도 당해봐야 돼. 심은대로 거두는거지

미드에 자주 등장하는 관용문장 2

027 It's everyman for himself.
각자 알아서 해야지.

역시 미드에 자주 나오는 관용문장으로 통째로 그냥 좀 무식하게 달달 외워두면 나중에 미드를 볼 때 그 보람을 느낄 수 있을 것이다.

 12문장으로 미드영어 후다닥 끝내기

Don't judge a book by its cover.
겉만 보고 사람을 판단하지 마세요.

There's light at the end of the tunnel.
고생 끝에 낙이 온다.

Finders keepers, losers weepers.
주운 사람이 임자.

Oh, well. You can't lose them all.
잃을 때도 있고 딸 때도 있는 법이야.

It's every man for himself.
각자 알아서 해야지.

Out of the fire and into the frying pan!
산 너머 산이라더니!

A penny saved is a penny earned.
티끌모아 태산.

When the cat's away, the mice will play.
호랑이가 없는 골에서는 토끼가 날뛴다.

Pasty and frail never fail.
힘이 없는 자는 절대 실패하지 않는다.

Don't try to teach your grandmother to suck eggs.
공자 앞에서 문자쓰지마.

You can't be all things to all people.
다른 사람들한테 모두 다 잘 할 수는 없어.

It's not over till the fat lady sings.
끝나야 끝나는거야.

 미드 Situation

Louie: I lost all my money. **It's every man for himself these days.**
돈을 다 잃었어. 각자 알아서 해야지.

Carla: Start saving again. **A penny saved is a penny earned.** 절약시작해. 티끌모아 태산이래잖아.

Louie: You're saying **there's a light at the end of the tunnel?** 고생끝에 낙이 온단 말이지.

Carla: Sure. **It's not over till the fat lady things.** 물론. 완전히 끝날 때까지는 끝난게 아냐.

Louie: Oh well, **you can't lose them all.** 잃을 때도 있고 딸 때도 있는 법이야.

40 Chapter 1

관용어구 3

028 Word travels fast.
발없는 말이 천리길을 간다.

마지막으로 미드에 자주 등장하는 관용문장으로 앞의 방법과 마찬가지로 녹음된 네이티브의 발음을 따라 큰소리로 따라 읽으면서 자기 것으로 만들어보자.

 12문장으로 미드영어 후다닥 끝내기

Be careful what you wish for.
너 지금 맞고 싶어 종아리가 근질근질하냐?

A stitch in time saves nine.
가래로 막을거 호미로 막는다.

Good things come in small packages.
좋은 일이나 행운은 조금씩 천천히 온다.

You can't take it with you.
빈손으로 왔다 빈손으로 간다, 죽으면 돈도 다 소용없다.

Let bygones be bygones.
지나간 일은 잊어버리자.

Fish gotta swim and birds gotta fly.
물고기는 헤엄치고 새는 날아야 하는 법(뭔가 당위적인 말을 하기에 앞서서)

Once bitten, twice shy.
자라보고 놀란 가슴 솥뚜껑보고 놀란다.

You don't know the time of day.
넌 세상물정을 몰라.

Word[news] travels fast.
발없는 말이 천리길을 간다.

You scratch my back, I'll scratch yours.
서로 상부상조, 서로 돕자.

Speak of the devil.
호랑이도 제 말하면 온다.

Too many cooks spoil the broth.
사람들이 넘 많으면 일을 그르친다.

Lenora: **Good things come in small packages.** 좋은 일은 한꺼번에 오지 않아.
Tom: **You don't know the time of day.** The best thing is money.
　　　넌 세상물정을 몰라. 돈이 최고야.
Lenora: But **you can't take it with you** when you go. 하지만 죽으면 돈도 다 소용없잖아.
Tom: Maybe, but I heard you want to be rich too. 하지만, 네가 부자가 되고 싶다고 들었는데.
Lenora: Who told you that? **Word travels fast** around here. 누가 그래? 참 소문 빨리 도네.

More Expressions

- **breath and fresh air** 청량제 같은 사람
- **a man of town** 바람둥이
- **a girl of the town** 창녀
- **a man of the world** 세상물정에 밝은 사람
- **a man of one's word** 약속을 지키는 사람
- **clock watcher** 퇴근 시간만 기다리는 사람
- **neat** 정돈된, 훌륭한
- **ravishing** 정말 멋진
- **poor thing** 불쌍한 것(Poor thing! 가여워라)
- **one night thing** 하룻밤 자는 것
- **schmuck** 멍청이
- **imbecile** 얼간이
- **kook** 괴짜
- **dingus** 거시기, 뭐 그거
- **cretin** 백치, 천치
- **Great Heaven!** 맙소사! (not common)
- **Well, I never!** 그럴리가! (not common)
- **flesh and blood** '사람,' '인간' 이라는 의미.
- **class clown** 익살스런 반 친구, 농담을 잘하는 학생
- **cock sucker** 더러운 인간
- **(every) Tom, Dick and Harry** 누구나, 평범한 사람들, 어중이떠중이
- **cold fish** 냉정한 사람
- **guy** 남자, 여자(guys남녀구분없이 사람들)
- **wise guy** 잘난 척하는 사람
- **bad guy** 악당
- **No more Mr. Nice Guy!** 더이상 좋은 사람처럼 행동하지 않을거야!
- **hussy** 왈가닥, 제멋대로인 여자
- **a hot date** 멋진 데이트, 멋진 데이트 상대
- **jock** 운동선수
- **rain maker** 실적우수자
- **member of society** 시민
- **number cruncher** 회계사
- **a pest** 귀찮은 사람, 아이
- **pussycat** 야옹이, 다정다감한 사람
- **slacker** 게으른 사람
- **slut** 계집, 잡년
- **smart aleck** 건방진 놈
- **snatcher** 날치기꾼, 강탈자
- **a soft touch** 만만한 사람, 마음이 여린 사람
- **boy wonder** 성공한 젊은이
- **bad ass** 악당
- **badass** 잘 속는 사람, 봉
- **black sheep in the family** 집안 망신시키는 말썽꾼
- **home-bound people** 귀향민
- **go-between** 중개인
- **go-getter** 야심찬 사람을 뜻한다.
- **loan shark** 고리대금업자
- **freeloader** 공짜로 얻어먹기만 하는 사람
- **working stiff** 일반 노동자
- **big cheese** 중요한 사람
- **at sixes and sevens** 혼란스러운
- **be six feet under** 매장되다
- **deep six** 수장하다, 폐기하다
- **put a figure on** …의 수를 정확히 말하다
- **a rule of thumb** 어림짐작, 대충
- **as a rule of thumb** 대충 어림짐작으로
- **for the sake of it** 대충
- **of the order of+수** 대략, 대충
- **dump job** 욕질, 매도, 비난, 멍청한 일
- **up a storm** 극도로, 대단히
- **swear like a trooper** 걸핏하면 욕하다
- **swear blind** 정확한 사실이라고 하다
- **You gotta do what you gotta do.** 할 일은 해야지.
- **Two wrongs don't make a right.** 악을 악으로 갚지 말라.
- **When the going gets tough, the tough get going.** 일이 힘들어질수록 강해져야지.
- **Every cloud has a silver lining.** 괴로움이 있으면 즐거움도 있다.
- **be like talking to a brick wall.** 쇠귀에 경읽기 같다.
- **Walls have ears.** 낮말은 새가 듣고 밤말은 쥐가 듣는다.
- **You reap what you sow.** 뿌린대로 거두는거야.
- **History repeats itself.** 세상사는 돌고도는 것.
- **Scratch my back and I'll scratch yours.** 오는 정이 있으면 가는 정도 있지.
- **Haste makes waste.** 서두르다가 일을 그르치기 마련야.
- **All's well that ends well.** 끝이 좋아야 좋은거지.
- **The world is your oyster.** 세상은 너의 것이야.
- **A picture is worth a thousand words.** 백문이 불여일견이지.
- **Ignorance is bliss.** 모르는게 약이야.
- **(a case of) the pot calling the kettle black.** 똥묻은 개가 겨묻은 개를 탓하는
- **Every dog has its[his] day.** 쥐구멍에도 해뜰날이 있다.

chapter 2 법과 질서(Law and Order)

001 You committed a crime!
넌 살인을 저질렀어!

002 Are you packing?
총 가지고 다녀?

003 That guy is our guy.
저놈이 우리가 찾는 범인이야.

004 What you got, partner!
무슨 일인가, 파트너!

005 Get on the ground!
바닥에 엎드려!

006 Put out an APB for him!
걔 전국지명수배령을 내려!

⋮

026 He got off scot-free.
그는 처벌받지 않고 풀려났어.

027 It has to be a hate crime.
증오범죄임에 틀림없어.

028 Is she undocumented?
그 여자 불법체류자야?

029 Take her into custody.
그 여자 구류조치해.

030 You're going to jail!
넌 감방에 가게 될거야!

나쁜 놈들 범죄를 저지르다

001 You committed a crime!
넌 살인을 저질렀어!

CSI, Law & Order, SVU 등 화제의 범죄 미드에서 단골로 나오는 표현들. 해서는 안되는 하지만 해서 꼭 잡히는 범죄자들의 대표적인 행위인, 침입, 폭행, 강도, 강간, 살인 등을 나타내는 표현들을 정리해본다.

12문장으로 미드영어 후다닥 끝내기

☐ **break the law** 법을 어기다	Technically, my father didn't **break the law**. 엄밀히 말해서, 나의 아버지는 법을 위반 하지 않으셨어.	
☐ **commit a crime[murder]** 범죄[살인]를 저지르다	Don't lie to me. You **committed a murder**. 거짓말 마. 넌 살인을 저질렀어.	
☐ **do the crime** 죄를 자행하다 *do (the) time 감방살이	If you can't do the time, don't **do the crime**. 감방살이 못한다면 죄를 짓지마.	
☐ **sign of foul play** 타살흔적	There's no **sign of foul play**. 타살흔적이 없어.	
☐ **sign of forced entry** 강제침입흔적	Couldn't find any **evidence of forced entry**. 강제로 침입한 흔적을 전혀 찾아볼 수 가 없었어.	
☐ **get[be] mugged** 노상강도를 당하다	Vicky was afraid of **getting mugged**. 비키는 노상강도를 당할까봐 무서웠어.	
☐ **cut one's throat** 살해하다	You surgically removed his genitals and **cut his throat**. 넌 수술로 개의 생식기와 목을 잘라버렸어.	
☐ **molest** 성추행하다, 폭행하다	This guy is a violent child molester. 이 자식은 난폭한 어린이 성추행범이야.	
☐ **stick up** 강도질하다	A perp **stuck up** the place last night. 한 범죄자가 지난 밤에 이 곳을 강도질했어.	
☐ **statutory rape** 미성년자와 성행위, 법적강간	You're under arrest for **statutory rape**. 미성년자 강간범으로 체포합니다.	
☐ **assault** 폭행하다	We didn't tell her anything about the **assault**. 우리는 폭행에 대해 걔한테 아무런 말도 하지 않았어.	
☐ **MO** 범행방식	Have you seen this **MO** before? 이런 범행방식 이전에 본 적 있어?	

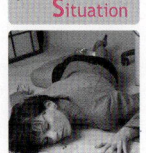

미드 Situation

Kate: I heard someone **committed a crime** here. 여기서 누가 범죄를 저질렀다며.
Jordan: Yeah, there was a **stick up** at the corner store. 그래, 모퉁이 가게에 강도가 들었대.
Kate: Do the police know who **did the crime**? 누가 그랬는지 경찰이 알아냈어?
Jordan: No, but it's the same **MO** as in other places.
아니, 하지만 다른 장소에서 벌어진 것과 범행방식이 똑같아.
Kate: I wish people wouldn't **break the law**. 사람들이 법을 지키면 얼마나 좋아.

44 Chapter 2

총맞아 죽는 사람들

002 Are you packing?
총 가지고 다녀?

세상에 완전범죄란 없는 법. 갖가지 다양한 죄를 지은 범죄자들은 첨단과학기법을 통해 반드시 밝혀내고 잡으러가는데 이놈들 꼭 총들고 대들다 목숨을 잃는 경우가 허다하다.

12문장으로 미드영어 후다닥 끝내기

- **get capped** 총맞아 죽다
  She **got capped** on the way to work this morning. 걘 오늘 아침 출근길에 총맞아 죽었어.

- **hold a gun to one's head** 총구를 머리에 대다 (put~)
  When I started to scream, he **put a gun to my head**. 내가 비명을 지르자, 그는 내 머리에 총을 겨눴어.

- **have a gun to one's head** 하고 싶지 않은 것을 강요하다
  Take your time. It's not like I'**ve got a gun to my head**. 천천히 해. 어쩔 수 없이 서둘러야 되는 상황은 아니잖아.

- **pack[carry] a gun** 총을 지니다
  Are you packing? 총 지니고 있어?
  I don't need to **carry a gun**. 난 총 갖고 다닐 필요가 없어.

- **be shot dead** 총맞아 죽다 (be shot to death)
  My own brother **was shot dead** in front of me this morning. 내 형이 오늘 아침에 내 앞에서 총맞아 죽었어.

- **shoot up** 총쏘다 (shoot it out with 총격전하다)
  You can't **shoot it out with** the cops! 넌 경찰과 총격전을 하면 안되지!

- **gun bust** 총기사건 (drug bust 마약사건)
  There was a **gun bust** on Canal Street. 캐널가에서 총기사건이 있었어.

- **honor killing** 가문의 수치 때문에 하는 살인
  She was the victim of a family **honor killing**. 걘 가문의 수치 때문에 살해당한 피해자였어.

- **attempted murder** 살인미수
  We've got him for **attempted murder**. 우린 그를 살인 혐의로 잡았어.

- **hold up** 총으로 강도질하다 (holdup 노상강도)
  It's a **hold up**, so everybody keep still. 강도다, 다들 꼼짝마.

- **pull the trigger** 총쏘다
  She murdered Tony, even if she didn't **pull the trigger**. 걘 총을 쏘지 않았다하더라도 걔가 토니를 살해했어.

- **officer down!** 경찰이 쓰러졌다!, 경찰이 부상당했다!
  We got a 419, **officer down**! 시신이 발견됐어, 경찰이 당했어!

미드
Situation

Debbie: There's an **officer down** in the building. 건물에 경찰이 쓰러져 있어.
Sam: He **got capped** inside the front office. 정문안에서 총을 맞았어.
Debbie: Does anyone know who **pulled the trigger**? 누가 쐈는지 알아?
Sam: It was just some criminal **packing a gun**. 총을 지니고 있던 어떤 범죄자였어.
Debbie: He'll regret **shooting it out with** the cops. 경찰과 총격전 한 걸 후회하게 될거야.

법과 질서 (Law and Order)

범죄자들의 종류

003 That guy is our guy.
저놈이 우리가 찾는 범인이야.

일단 범죄가 밝혀지거나 확인되기 까지는 용의자, 혹은 미확인 용의자(unsub)라는 단어를 많이 쓰며, 또한 확정되면 범인, 공범, 그리고 돈받고 죽이는 청부살인업자, 그리고 크리미널마인드에 단골로 나오는 사이코패스 등이 있다.

12문장으로 미드영어 후다닥 끝내기

- **perp** 범인(perp walk 사진찍기 위해 서는 것)
  Any idea how the **perp** got there?
  범인이 어떻게 여기까지 왔는지 알아?

- **our guy[man]** 찾는 범인, 용의자
  Doesn't mean that he's **our guy**.
  그렇다고 걔가 우리가 찾는 범인이라는 말은 아냐.

- **psychopath[sociopath]** 사이코패스
  The guy's clearly a sexually sadistic **psychopath**.
  이 자식은 명백히 성적으로 가학적 사이코패스야.

- **unsub[unknown subject]** 미확인 용의자
  This **unsub** has killed 5 women in 10 days.
  이 미확인 용의자는 10일에 5명을 살해했어.

- **(prime) suspect** (주)용의자
  You can't hold a **suspect** indefinitely with no evidence.
  증거도 없이 용의자를 계속해서 잡아둘 수는 없어.

- **person of interest** 요주의 인물(PO)
  He's a **person of interest** and a potential witness.
  걘 요주의 인물이고 잠재적인 증인이야.

- **alleged murder** 혐의자
  Have you seen her since the **alleged rape**?
  걔가 강간 당했다고 한 이후에 걜 본 적 있어?

- **known associate** 친구나 공범
  Let's get photos of all of Anton's **known associates**.
  앤톤의 공범들 사진을 모두 다 확보해.

- **accomplice** 공범
  Did you have an **accomplice**?
  너 공범이 있었지?

- **copycat** 모방범죄자
  So we're looking for a **copycat**.
  그래 우리는 모방범죄자를 찾고 있는거야.

- **hired gun** 청부살인자(hit man)
  Maybe a **hired gun**, eliminate a witness.
  아마도 청부살인업자가 증인을 제거한 것 같아.

- **public enemy number one** 공공의 적 1호
  Al Capone was **public enemy** number one in the 1930s. 알카포네는 1930년대 공공의 적 1호였어.

미드 Situation

Eric: We're still trying to find the **perp** who did this. 이 짓을 한 범인을 찾으려하고 있어.
Olga: Did he have an **accomplice** with him? 범인에게 공범이 있었어?
Eric: No, he was likely just acting as a **hired gun**. 아니, 청부살인자처럼 행동했어.
Olga: Your guy is really violent. 너희들이 찾는 범인은 정말 끔찍한 놈이구만.
Eric: Yeah, I'm sure he's some kind of **psychopath**. 그래, 일종의 사이코패스임에 틀림없어.

004 What you got, partner!
무슨 일인가, 파트너!

범죄현장을 통제하라

범인을 잡기 위해서는 범행이 일어난 범죄현장(crime scene)를 통제하고 분석하고 각종 지문을 채취해야 한다. 여기서는 범죄현장를 지칭하는 표현 그리고 그 장면에서 나오는 표현들을 살펴본다.

12문장으로 미드영어 후다닥 끝내기

- **crime scene** 범죄현장(scene of the crime)
  You compromised evidence at a crime scene.
  넌 범죄현장을 훼손시켰어.

- **be found at the scene** 범죄현장에서 발견되다
  Your client's DNA was found at the scene.
  당신 의뢰인의 DNA가 범죄현장에서 발견됐어.

- **What (do) you got?** 무슨 일이야? 뭐 나왔어?
  What you got, partner?
  파트너, 무슨 일이야?

- **cordon off** 출입을 통제하다(rope off)
  Cordon off the area for at least a six block radius.
  적어도 반경 6블록 지역의 출입을 통제해.

- **forensics** 과학수사팀
  Forensics says there was another girl there.
  과학수사팀에 의하면 그 곳에 다른 여자가 있었대.

- **CSU** 현장조사[감식]팀(Crime Scene Unit)
  CSU is checking the apartment for matches.
  현장조사팀이 일치하는 것을 찾으려 아파트를 수색하고 있어.

- **FEMA** 미연방재난관리청 (Federal Emergency Management Agency)
  FEMA has been busy since the hurricane happened.
  연방재난관리청은 허리케인이 발생한 후 무척 바빴어.

- **back up** 지원하다(backup 지원)
  Requesting backup at 445 West 121.
  웨스트 121가 445번지에 백업 요청.

- **Clear!** (수색하면서) 이상없음!
  Room all clear! Check him!
  방 모두는 이상없어! 저 사람만 확인해봐!

- **not leave town** 근처에 있어라
  Brass told her not to leave town.
  브라스는 걔한테 시내를 떠나지 말라고 했어.

- **be on the case** 사건을 수사하다, 맡고 있다
  And by the way, you're still on the case.
  그리고 그건 그렇고 넌 계속 사건을 수사해.

- **send a uniform** 경찰을 보내다
  Uniforms are canvassing. No hits yet.
  경찰들이 훑고 있지만 아직 찾지 못했어.

미드 Situation

Kim: Why is there a **CSU unit** outside? 현장감식반이 왜 밖에 와 있는거야?
Joey: A girl was murdered. We've got a **crime scene**. 한 소녀가 살해당했어, 여기는 범행현장이야.
Kim: Have they requested any **backup** to help out? 도와달라고 백업요청을 했어?
Joey: HQ is **sending some uniforms over** right now. 본부에서 지금 바로 추가로 경찰을 파견한대.
Kim: They'd better get the area **cordoned off** soon. 빨리 그 지역을 봉쇄해야지.

법과 질서 (Law and Order)

나쁜 놈들과의 총격전

005 Get on the ground!
바닥에 엎드려!

범죄 추격전을 보면 꼭 이해 안되는 장면이 있다. 경찰이 용의자를 뒤쫓으며 "안서면 쏜다." 결정적으로 꼼짝없이 걸린 경우 아니면 '안서는' 것은 뻔한데 꼭 도망가는 놈에게 서라고 한다. ㅋㅋ. 범인을 제압할 때의 친숙한 표현들을 정리해본다.

12문장으로 미드영어 후다닥 끝내기

☐	**drop your weapon[gun]** 무기[총]를 버리다	Freeze! **Drop the gun!** 꼼짝마! 총을 버려!
☐	**don't move** 꼼짝마(Freeze)	**Don't move!** Put down your weapon. 꼼짝마! 총 내려놔.
☐	**stop right there** 꼼짝마, 그만해	Freeze! **Stop right there** or I'll shoot! 꼼짝마! 거기 그대로 있어 그렇지 않으면 쏜다!
☐	**get on the ground** 바닥에 엎드려	FBI, **get on the ground** right now! FBI다, 당장 바닥에 엎드려!
☐	**put[get] one's hands up** 손들어(put them up)	**Put your hands up** where I can see them! 내가 볼 수 있도록 두 손 들어!
☐	**(get down) on one's knees** 무릎꿇어	Now, **get on your knees!** Get on them! 이제 무릎꿇어! 꿇으라구!
☐	**get down** (총격전에서) 머리를 숙이다, 엎드리다	FBI, you're under arrest. **Get down now!** FBI다, 너 체포됐어. 당장 엎드려!
☐	**hit the deck** 바닥에 몸을 낮추다	**Hit the deck!** Someone's shooting at us! 바닥에 엎드려! 누군가 우릴 향해 총을 쏘고 있어!
☐	**split up** 흩어지다	He's got her in these woods. **Split up!** 그 놈이 걔를 이 숲속에 데리고 있어. 자 흩어지자!
☐	**draw one's gun** 총을 뽑다	I **drew my gun** before entering the building. 난 그 빌딩에 들어가기 전에 총을 뽑았어.
☐	**be shot through the chest** 관통상입다	Your father **was shot through the chest** this morning. 네 아버지는 오늘 아침 가슴에 관통상을 입으셨어.
☐	**hold one's fire** 사격중지하다	**Hold your fire!** We want her alive. 사격중지! 걔를 생포해야 돼.

Situation 미드

Alan: **Stop right there!** I just saw the thief run into the woods. 거기 서! 도둑이 숲으로 달려들어가는 것을 봤어.

Bubba: We'll need to **split up** so we can catch him. 찢어져서 그 놈을 잡자.

Alan: Alright. Everyone, I want you to **draw your weapons**. 좋아, 다들 총을 꺼내도록.

Bubba: But **hold your fire** unless he starts shooting. 하지만 그쪽에서 먼저 총 쏘기전에는 쏘지마.

Alan: And if you hear shots, **hit the deck** fast! 그리고 총소리가 들리면 잽싸게 바닥에 누워!

006 Put out an APB for him!
걔 전국지명수배령을 내려!

범인잡기 위해 수사를 시작하다

이제 본격적으로 용의자를 찾기 위해 탐문수색하고 전국에 지명수배(APO)를 내리거나 용의자 사진을 돌리거나 혹은 범죄자를 일망타진하기 위해 위장요원(undercover agent)을 투입하는 등 범죄와 전쟁을 벌이는 모습들.

12문장으로 미드영어 후다닥 끝내기

- **hit the street** 탐문수사하다
  I'm gonna need you guys to **hit the street**.
  너희들이 탐문수사 해보도록 해.

- **search party** 수색대
  Call in ten minutes or I'm sending out a **search party**.
  10분 후에 전화해 그렇지 않으면 수색대를 보낼게.

- **finish the sweep** 수색을 끝내다
  We've just **finished the sweep** of his house.
  우리는 방금 걔 집의 수색을 마쳤어.

- **put out an APB**(All Points Bulletin) 전국지명수배를 내리다
  Put out an APB for Jason and Jessica.
  제이슨과 제시카를 전국에 지명수배를 내려.

- **be on the lookout** 조심하다, 수배령(BOLO)
  We're encouraging women to **be on the lookout** for this man. 우리는 여성들이 이 남자를 조심하라고 권장하고 있어.
  We already put out a **BOLO** for the serial killer.
  우리는 이미 이 연쇄살인범에게 수배령을 내렸어.

- **mug shot** 용의자 사진
  I'm sending you his **mug shot**.
  너한테 용의자 사진 보낼게.

- **at large** 도망중인
  He's not your stalker; your stalker's still **at large**!
  걔는 너를 스토킹하는게 아냐, 너의 스토커는 아직 잡히지 않았어!

- **seal** 봉쇄하다
  Let's go. The building's **sealed**.
  가자. 이 빌딩은 봉쇄되었어.

- **sniff around** 정보를 캐내다
  The Daily Tribune is starting to **sniff around** this story.
  데일리 트리뷴지가 이 이야기 정보를 캐내기 시작했어.

- **keep tabs on** 세심히 지켜보다
  Sam sends you to **keep tabs on** him?
  샘이 너를 보내 걔 자세히 지켜보라고 했어?

- **spy on** 염탐하다
  You think someone **was spying on** you.
  널 누군가 널 염탐하고 있다는거야?

- **undercover agent** 위장요원
  So you're saying David's an **undercover cop**.
  그래 데이빗이 위장요원이라는 말이지.

미드 Situation

Tony: What **are** you **sniffing around** for? 뭐 때문에 정보를 캐내고 다니는거야?
Vera: I'**m on the lookout for** one of my ex-boyfriends. 내 전 남친들 중 한 명을 조심하고 있는거야.
Tony: Has he been around here **spying on** you? 걔가 여기서 너를 염탐하고 있었어?
Vera: I think so. He's jealous and he likes to **keep tabs on** me. 그런 것 같아. 질투많고 날 감시하는 걸 좋아해.
Tony: My wife will come over and make sure your apartment **is sealed**.
내 아내가 올거고 그러면 네 아파트 아무도 못들어오게 할게.

법과 질서 (Law and Order) 49

미행과 도청을 하다

007 You bugged his room?
너 걔 방을 도청한거야?

민간인이면 안되지만 범죄를 저질렀다고 생각되는 강력한 용의자들에게 미행을 붙이고 도청을 하고 각종 사찰을 해야 되는 법. 이번에는 그런 수사방법의 종류들인 미행과 도청에 관련된 표현을 알아보기로 한다.

12문장으로 미드영어 후다닥 끝내기

- ☐ **put a tail on** 미행을 붙이다
  Of course not. I **put a tail on** her.
  물론 아니지. 난 걔한테 미행을 붙였어.

- ☐ **have got on tail on** 미행하다
  He's got a tail on the mayor's private car.
  걔는 시장의 개인차를 미행하고 있어.

- ☐ **have a tail** 미행이 붙다
  Go faster, I think we **have a tail**.
  빨리가, 우리에게 미행이 붙은 것 같아.

- ☐ **shadow** 미행하다(detail)
  The reporters **have shadowed** me for days.
  기자들이 수일동안 나를 미행해왔어.

- ☐ **put a tap on** 도청하다 (tap one's phone 전화기를 도청하다)
  The FBI **put a tap on** the suspected terrorist's phone.
  FBI는 의심되는 테러리스트의 전화기에 도청을 했어.

- ☐ **put a bug** 도청장치를 하다(bug …을 도청하다)
  You **bugged** his room?
  너 걔 방을 도청한거야?

- ☐ **sweep sth for bugs** 도청장치를 했는지 검사하다
  We can talk freely. I **swept** the perimeter **for bugs**.
  자유롭게 말해도 돼. 도청당하고 있는지 주변반경을 검사했어.

- ☐ **stake out** 잠복근무(하다)
  The **stake out** lasted for nine hours.
  잠복근무는 9시간 동안 계속됐어.

- ☐ **give sb a tip** 정보를 주다(have a tip line)
  We have **established a tip line**.
  우리는 정보를 주고받는 라인을 구축했어.

- ☐ **tipster** 정보원
  A **tipster** gave us some info about what happened.
  정보원은 무슨 일이 일어났는지에 대해 정보를 좀 줬어.

- ☐ **strip search** 알몸수색
  The guards find drugs during the **strip search**.
  경비원들은 알몸수색을 하다 마약을 발견했어.

- ☐ **get pulled over** 연행하다
  She **got pulled over** for speeding.
  걔는 속도위반으로 연행됐어.

미드 Situation

Missy: A **tipster** says there is going to be a bank robbery tonight. 정보원에 의하면 오늘밤 은행강도가 들거래.
Jason: Was that from a call to our **tip line**? 정보원 라인에서 전화가 온거야?
Missy: No, we **got this tip** during a **strip search** of a criminal. 아니, 한 범죄자를 알몸수색하다 정보를 얻은거야.
Jason: So we'll need to **shadow** the bank employees. 그럼 우리는 은행직원들을 은밀히 붙어다녀야겠네.
Missy: Exactly. We'll **stake out** the bank all night long. 바로 그거야. 밤새며 잠복할꺼야.

008 He got busted for murder.

걘 살인죄로 잡혔어.

용의자가 범인으로 어느 정도 정황이나 일부 증거가 나오면 일단 체포해서 변호사를 부르기 전에 사탕주고 달래거나 아니면 브렌다처럼 잔꾀를 부려 자백하게 하거나 아니면 고렌처럼 심리분석을 하거나 아니면 SVU의 엘리엇처럼 족치던지…

12문장으로 미드영어 후다닥 끝내기

- **get arrested for** …의 혐의로 체포되다
  I want her arrested for assaulting me.
  날 폭행한 혐의로 걔가 체포되기를 바래.

- **arrest sb for charges[suspicion]** …의 혐의로 체포하다
  I arrested him for stealing the merchandise.
  난 상품을 훔친죄로 그 놈을 체포했어.

- **have sb arrested** …을 체포하게 하다
  I almost had her arrested for a murder you committed. 난 네가 저지른 범죄로 걜 체포하게 할 뻔 했어.

- **be under arrest** 체포되다
  You're under arrest for the murder of Chris Suh.
  당신은 크리스 서의 살인죄로 체포합니다.

- **false arrest** 불법체포
  You're making a false arrest.
  넌 불법으로 체포하는 것입니다.

- **get busted for** 체포되다
  She got busted for prostitution 10 times.
  걘 매춘으로 10번은 체포됐어.

- **bust sb** 체포하다
  I busted one of their leaders last week.
  난 지난주 걔네들 지도자들 중 한명을 체포했어.

- **cuff sb** 수갑을 채우다
  Who cuffed you to the bedpost?
  누가 널 침대기둥에 수갑을 채운거야?

- **have[get] warrant for** 영장이 있다 (search warrant 수색영장)
  Why didn't you get a warrant for his car?
  왜 걔 차에 대한 영장을 받지 못한거야?

- **issue a warrant** 영장을 발부하다 (execute the search warrant 수색영장을 집행하다)
  The judge issued a warrant for Dan's vehicle.
  판사는 댄의 차량에 대한 영장을 발부했어.

Will: I came here to report a **false arrest**. 불법체포건으로 고발하러 왔어요.

Jude: What did you **get arrested for**? 뭐 때문에 체포되셨는데요?

Will: Cops came into my house and **busted** me for drugs.
경찰이 집에 쳐들어와 마약이 있다고 체포됐어.

Jude: And you say they shouldn't have **busted** you? 그럼 당신을 체포하지 말았어야 한다는 말예요?

Will: No way! They didn't even **have a warrant** for entering my home.
아뇨! 그들은 영장도 없이 집에 들어왔다는거죠.

용의자나 범인을 체포하다 2

009 He's booked for two rapes.
걘 두건의 강간죄로 체포됐어.

그렇게 취조하려면 용의자를 쫓아가서 체포해야 하는데 미드영어에서는 체포한다는 표현들도 다양하다. 앞서 배운 arrest, bust 외에 다양한 빈출표현들을 꼭 알아두자.

12문장으로 미드영어 후다닥 끝내기

표현	예문
nail sb for~ ···로 체포하다	I heard you **nailed** her **for** the murder. 너 걔를 살인죄로 체포했다며.
take sb in 체포하다	**Take** her **in** and put her behind bars. 걜 체포해서 감방에 처넣어.
get[be] caught in ···하다 잡히다, ···에 끼이다	She started it and **got caught in** the middle of it. 걘 시작을 했지만 중간에 잡혔어.
get[be] caught in the act 현장에서 체포되다	Jimmy tried to rob the bank and **got caught in the act**. 지미는 은행강도를 시도했지만 현장에서 체포됐어.
book 체포하다, 체포해서 피의사실을 기록하다	He'**s booked** for two murders. 걘 살인 2건으로 체포됐어.
cop 경찰, 체포하다, 실토하다	He **copped to** raping Jennifer. 걘 제니퍼를 강간했다고 실토했어.
take sb downtown 경찰서로 연행하다	**Take** these drug dealers **downtown**. 이 마약상들을 경찰서로 데려가.
go downtown 경찰서에 가다	Why don't we **go downtown**? We can talk there. 경찰서로 갑시다. 거기서 얘기하죠.
pick sb up 체포하다, 연행하다	Uniforms are on their way to **pick** her **up** now. 경찰들이 지금 걜 연행하러 오고 있는 중이야.
put away 제거하다, 처리하다, 처넣다	Do you know what they **put** him **away** for? 걔네들이 걜 무슨 이유로 처넣은지 알아?
take sb down 잡다, ···까지 데려다주다	I promise I will **take** you **down** wherever you are. 네가 어디 있던지 널 꼭 잡아넣을거야.
take one's eyes off ···을 지켜보지 않다, 눈을 떼다	I only **took my eyes off** her for a couple seconds. 난 단지 몇초 정도만 걔한테서 눈을 뗐을 뿐이야.

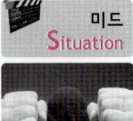
미드 Situation

Leslie: Why did you **pick** that guy **up**? 너는 왜 저 자식을 연행하거야?
Steven: We **nailed** him **for** a series of crimes. 범죄를 연쇄적으로 저질러 체포했어.
Leslie: Was he **caught in the act**? 현장에서 잡혔어?
Steven: No, but he'**s copped to** several robberies. 아니, 하지만 도둑질 몇번 했다고 실토했어.
Leslie: Get him **booked** and send him to jail. 조서꾸며서 감방에 처넣어.

증거를 쫓아라

010 Follow the evidence.
증거를 쫓아가라.

미국은 참 용의자[피의자]에 대한 권리가 무척 강해서 우리에게 이해가 안되는 부분이 많다. 그래서 미꾸라지 처럼 빠져나가지 못하게 하려면 빼도박도 못하는 과학적인 증거를 제시해야 한다. CSI가 존재하는 이유이다. 그들이 하는 업무를 보자.

12문장으로 미드영어 후다닥 끝내기

- **evidence says[points to]~** 증거에 의하면
  Well, **the evidence says** it's you.
  저기, 증거에 의하면 바로 너야.

- **follow the evidence** 증거를 따라가다
  You'd better **follow the evidence**.
  증거를 따라가야 돼.

- **there's no evidence** 증거가 없다
  To my knowledge, **there was no evidence** of that.
  내가 알기로 그런 증거는 없었어.

- **forensic evidence** 범죄학적 증거
  We have **forensic evidence** that your father sexually abused your sister.
  네 아버지가 네 누이를 성적으로 학대했다는 범죄학적 증거가 있어.

- **smoking gun** 명백한 증거(positive proof[evidence] 확증)
  We still haven't found the **smoking gun**.
  우리는 여전히 명백한 증거를 찾지 못했어.

- **bag (up)** 증거물 등을 봉투에 넣다
  Want me to **bag** it for you?
  내가 대신 그거 봉투에 담을까?

- **DNA sample** DNA 샘플
  We need a **DNA sample**.
  우리는 DNA 샘플이 필요해.

- **DNA proves that~** DNA에 의하면~
  The **DNA proves** that your brother committed the rape.
  DNA에 의하면 네 형은 강간을 저질렀어.

- **have strong proof S+V** 강력한 증거가 있다(as proof of …의 증거로)
  We **have strong proof** your wife killed herself.
  네 아내가 자살했다는 강력한 증거가 있어.

- **You can't prove that~** 넌 …을 증명할 수 없어
  You can't prove that I started the fire!
  내가 불을 질렀다는 걸 증명할 수 없을거야!

- **That doesn't prove~** 그건 아무런 증거가 되지 않아
  That doesn't prove she had anything to do with the murder.
  그건 걔가 그 살인과 아무런 관련이 없다는 증거가 되지 않아.

- **look good for** 증거가 많다(have much evidence for)
  Yeah, he **looks good for** the series of murders.
  그래, 그 자식은 연쇄살인에 대한 증거가 많아.

미드 Situation

Liz: **The evidence says** the victim knew her killer. 증거에 의하면 피해자는 자기 살해범을 알고 있었어.

Clyde: We **followed the evidence**, but can't find the murderer.
우리는 증거를 쫓아갔지만 살인범을 찾을 수가 없어.

Liz: Well **bag** it up and we'll take a look at it tonight. 증거를 봉투에 담고 오늘밤에 보자.

Clyde: Should I collect **DNA samples**? DNA 샘플도 채취해야 되나요?

Liz: Only if you **have proof** the killer is in this house. 범죄자가 이 집안에 있다는 증거가 있는 경우에만.

법과 질서 (Law and Order)

CSI가 지문을 채취하는 걸 보면 착하게 살아야지~

011 We got a hit!
일치하는 거 찾았어!

CSI를 통해서 많이 본 장면들이다. 솔로 털어가면서 곳곳에서 지문을 채취하고 그것을 각종 데이터베이스에 돌려서 지문과 일치하는 범죄자를 찾는 것을 보면 정말 착하게 살아야겠다는 생각이 절로 우러난다~

12문장으로 미드영어 후다닥 끝내기

- ☐ **dust for prints** 지문을 찾으려 먼지를 털어내다
  Okay, go inside. **Dust for prints**.
  좋아, 안으로 들어가자. 먼지를 털어서 지문을 찾아.

- ☐ **find prints** 지문을 찾다
  We **found prints** at the apartment.
  우리는 아파트에서 지문을 찾았어.

- ☐ **swab** 면봉으로 지문을 채취하다 (DNA swab 면봉으로 채취한 DNA)
  I'll **take swabs** to check for semen.
  정액이 있는지 여부를 확인하기 위해 면봉으로 채취할게.

- ☐ **get[lift] off the prints** 지문을 채취하다
  I **got a thumbprint** off that nail.
  저 난간에서 엄지손가락 지문을 채취했어.

- ☐ **pull some good prints off~** …에서 좋은 상태의 지문을 채취하다
  I **pulled six good prints off** the wrench.
  난 렌치에서 상태 좋은 지문 여섯개를 땄어.

- ☐ **run the print** 채취한 지문을 지문검사 프로그램에 돌리다
  I **ran the prints** on our victim. He is Steve.
  피살자에서 채취한 지문을 돌렸어. 바로 스티브야.

- ☐ **get a hit[match] off the prints** 지문에서 일치하는 것을 찾다
  They **got a match off** the print.
  그들은 지문에서 일치하는 것을 찾아냈어.

- ☐ **get a hit on~** …와 일치하는 것을 찾다
  I **got a hit on** the sample she gave me.
  걔가 내게 준 샘플에서 일치하는 것을 찾았어.

- ☐ **get no hit on the prints** 지문과 일치하는 게 없다
  We **got no hit on the prints**.
  우리는 지문과 일치하는 걸 찾지 못했어.

- ☐ **prints match sb** 지문이 …와 일치하다
  His **prints match** the one found at Jack's apartment.
  걔의 지문은 잭의 아파트에서 발견된 것과 일치해.

- ☐ **thumbprint** 엄지손가락지문(boot print 신발자국)
  Your **boot prints** were found on the victim's head.
  네 신발지문은 피해자의 머리에서 발견됐어.

- ☐ **CODIS** 유전자검사체계 (The Combined DNA Index System)
  You found a match in **CODIS**?
  CODIS에서 일치하는 것을 발견했어?

미드 Situation

Rush: Go ahead and **dust for prints** in the office. 어서 가서 사무실에서 지문을 채취해.
Sarah: I already **pulled some good prints off** the door. 이미 문에서 상태가 좋은 지문을 좀 채취했어.
Rush: Did you **get any hits** on them? 그 지문들과 맞는 사람들이 있어?
Sarah: **The prints match** a woman who was arrested last year.
       지문은 작년에 체포된 한 여자와 일치해.
Rush: Try to **lift some more prints off of** this desk. 이 책상에서 더 지문을 뜨도록 해.

54 Chapter 2

012 She alibied out.
그 여자는 알리바이가 확인됐어.

사이코패스는 프로파일링을 해야~

크리미널마인드로 유명해진 연쇄살인범 사이코패스를 분석하고 추적하고 검거할 때는 그들의 살아온 삶과 환경, 그리고 경험 등을 통해서 하나하나 심리적으로 행동을 분석해서 범인을 잡게 된다.

12문장으로 미드영어 후다닥 끝내기

□ **have no leads** 단서가 없다	There's no prints, no suspects. There's **no leads**. 지문도 없고, 용의자도 없고, 아무런 단서가 없어.
□ **alibi out** 알리바이가 확인되다	You were right. They **alibied out**. 네가 맞았어. 그들은 알리바이가 확인되었어.
□ **profile sb** 행동패턴으로 범인을 잡다 (profiling 프로파일링)	Why don't we concentrate on **profiling** the bomber? 폭파범을 프로파일링하는데 집중하자고.
□ **run profile** 프로파일에 맞는 사람을 찾다	**Run the perp's profile** on the computer. 범인의 프로파일을 컴퓨터에 돌려봐.
□ **fit the profile** 프로파일에 맞다	He doesn't **fit the profile** of the unsub. 그 사람은 미확인용의자의 프로파일과 맞지 않아.
□ **narrow down** 범위를 좁히다	I'll **narrow it down** to farsighted employees. 눈이 원시인 근로자들로 범위를 좁힐거야.
□ **have got a rap sheet** 전과기록이 있다	You've **got quite a rap sheet**, Mr. Gibbs. 깁스 씨, 전과기록이 화려하군요.
□ **run a rap sheet** 전과기록을 찾아보다(pull one's rap sheet)	I will **run a rap sheet** on her mother soon. 난 곧 걔 어머니의 전과기록을 찾아볼거야.
□ **have no priors** 전과기록이 없다	He **has no priors**, and no arrest record. 갠 전과기록도 없고 체포된 기록도 없어.
□ **have[get] a record** 전과가 있다(no previous record 전과가 없다)	The old lady **had no previous record**. 노부인은 전과가 없었어.
□ **freeze one's assets** 자산을 동결하다	They **froze my assets** and I can't pay my bills. 내 자산을 동결시켜서 난 돈을 지불할 수가 없어.
□ **no-fly list** 출국금지 리스트	Tell 'em to put his name and aliases on the **no-fly list**. 그 친구 이름과 가명을 출국금지 리스트에 올려놓으라고 해.

미드 Situation

Adrian: Did you **run a rap sheet** on Darnell Johnson? 대널 존슨 전과기록 찾아봤어?
Lee: I did. He's **got a real long record.** 어, 화려하던데.
Adrian: Well, that **fits our criminal profile.** 그래, 우리 범죄 프로파일에 맞는구만.
Lee: But Darnell was still able to **alibi out.** 하지만 대널의 알리바이 여전히 확인되었잖아.
Adrian: In that case, we **have no new leads.** 그럼, 우린 새로운 단서가 없는거네.

법과 질서 (Law and Order) 55

사인 및 혐의를 밝혀내다

013 What's the COD?
사인이 뭐야?

역시 범죄에 관한 표현들로 수사물에 뻔질나게 나오는 사인(COD), 그리고 불리하면 묵비권(take the fifth) 등 사망, 범죄의 가볍고 중함 등을 나타내는 표현을 정리해본다.

12문장으로 미드영어 후다닥 끝내기

☐ **cause of death** 사인(COD)
Cause of death was asphyxia from strangulation.
사인은 교살에 의한 질식사였어.

☐ **take the fifth** 불리한 답변을 하지 않다
Don't say anything, just **take the fifth**.
아무말도 하지말고, 걍 묵비권을 행사해.

☐ **in the clear** 혐의를 벗어난
You think this guy's **in the clear**?
넌 이 자식이 혐의를 벗어났다고 생각해?

☐ **solid case** 확실한 기소건(cold case 미해결사건)
Does this have something to do with your **cold case**?
이게 네 미해결사건과 무슨 관련이 있어?

☐ **be in the wrong place at the wrong time** 재수없이 문제에 휘말리다
He **was just in the wrong place at the wrong time**.
걘 단지 재수없이 문제에 휘말렸던거야.

☐ **plead to manslaughter** 과실치사를 주장하다
Joe **pleaded guilty** to manslaughter.
조는 과실치사로 유죄를 인정했어.

☐ **cop a plea** 중죄를 피하기 위해 가벼운 죄를 자백하다
Find something that'll make her **cop a plea**.
걔가 중죄 대신 가벼운 죄를 자백하게 할 원가를 찾아봐.

☐ **first-degree** 일급 살인죄
You're under arrest for murder in the **first degree**.
당신을 일급살인죄로 체포합니다.

☐ **morgue** 영안실
I work in the **morgue** with him.
난 영안실에서 걔와 함께 일해.

☐ **coroner** 검시관
A **coroner**'s on his way with a body.
검시관이 시신과 함께 오고 있어.

The **coroner** noted those bruises were several days old. 검시관은 저 타박상이 수일 전에 생긴 것임을 알았다.

미드 Situation

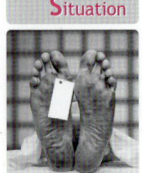

Jenny: What was the **cause of death** in the Stillman case? 스틸먼 사건에서 사인은 뭐야?
Kevin: The **morgue** hasn't called with the results. 영안실에서 아직 결과나왔다고 전화오지 않았어.
Jenny: The **coroner** better not screw up our investigation. 검시관이 우리 조사를 망치면 안되는데.
Kevin: Relax. We've got a very **solid case**. 안심해. 이 사건은 확실한 기소건이잖아.
Jenny: You think we can convict for murder in the **first degree**?
일급살인죄로 기소할 수 있다고 생각해?

Chapter 2

함정 및 누명에 빠지다

014 You set me up!
네가 날 모함했구나!

이 세상에 '좋은놈'만 있으면 얼마나 좋으랴. 하지만 자기가 살기 위해서라면 못할 짓이 없는 우리 인간들이 아주 잘하는 것으로 밀고하거나, 모함하거나, 누명을 어떻게 씌우나 하나하나 살펴보자.

12문장으로 미드영어 후다닥 끝내기

fall into the trap of~
…의 함정에 빠지다
Don't **fall into the trap of** getting upset at him.
걔를 열받게 하는 함정에 빠지지마.

set a trap
함정을 놓다
He **set a trap** for John and caught him in the act.
걘 존에게 함정을 놓고 현장에서 체포했어.

set sb up
모함하다(*set me up with sb 소개시켜주다)
Why do you do that? You always **set me up**!
왜 그러는거야? 넌 항상 날 모함하잖아!

be set up
함정에 빠지다
My father **was set up** to look like suicide.
나의 아버지는 자살처럼 보이게끔 함정에 빠지셨어.

be framed
함정에 빠지다(frame 누명을 씌우다)
Sam **framed** his wife's lover for murder.
샘은 아내의 정부를 살인자로 누명을 씌웠어.

take the rap for
…대신에 죄를 뒤집어쓰다
You're stupid if you **take the rap for** this.
네가 이에 대한 죄를 뒤집어 쓰면 넌 바보야.

pin it on sb
죄를 전가하다
He hasn't stopped trying to **pin it on** me.
걘 끊임없이 내게 죄를 전가하려고 하고 있어.

turn sb in
밀고하다
I can get life in prison if you **turn me in**.
네가 날 밀고하면 난 평생 감옥에서 살 수 있어.

turn oneself in
자수하다
Turn yourself in. I'll tell the judge you cooperated.
자수해. 네가 협조했다고 판사에게 말할게.

tip sb off
제보[밀고]하다(tip-off 제보, 밀고)
He's gone. His friends **tipped** him **off**.
걘 사라졌어. 걔 친구들이 걔한테 귀띔해줬어.

sugarcoat
사건을 축소은폐하다
Please don't **sugarcoat** the truth.
제발 진실을 축소은폐하려 하지마.

미드 Situation

Doug: My son **was set up** for the theft of the money. 내 아들이 돈을 절도했다고 모함을 받았어.
Britt: Don't **fall into the trap of** trying to protect him. 걜 보호하려는 함정에 빠지지마.
Doug: He's not going to **take the rap for** anyone. 다른 사람의 죄를 뒤집어쓰지는 않을거야.
Britt: Just tell him to **turn himself in**. 아들보고 그냥 자수하라고 해.
Doug: He **was framed**! He didn't do anything wrong! 걘 함정에 빠졌어! 걘 아무런 잘못도 하지 않았어.

법과 질서 (Law and Order)

~ 나 보석금내고 나가야지~

015 She jumped bail.
걔 보석기간 중에 달아났어.

돈있는 사람들은 아무리 중한 죄를 졌어도 유죄판결 나오기까지 도주의 위험이 없으면 보석금을 내고(post bail) 편한 집에서 살면서 재판을 받고, 돈없는 사람은 감방에 가서 몸으로 때우거나 아니면 보석금을 빌려주는 (bail bondsman)것도 있다.

12문장으로 미드영어 후다닥 끝내기

☐ **post[put up] bail** 보석금을 내다	My lawyers can **post bail**. 내 변호인들이 보석금을 낼 수 있을거야.
☐ **be held without bail** 보석없이 구금되다	The DA is going to make sure that she's **held without bail**. 검사는 걔가 반드시 보석없이 구금되도록 할거야.
☐ **be (out) on bail** 보석으로 풀리다	She'll **be out on bail** tomorrow afternoon. 걘 내일 오후에 보석으로 나올거야.
☐ **release sb on bail** 보석으로 풀어주다	The killer **was released on bail**. 그 살인범은 보석으로 풀려났어.
☐ **bail sb out** 보석금내고 빼내다 (bail bondsman 보석 보증인)	I'm going to **bail** you **out**. You can stay at my place. 보석금내고 빼줄 테니 내 집에 머물러.
☐ **bail is set at~** 보석금이 …로 결정되다	**Bail is set at** two hundred dollars. 보석금은 2백 달러로 결정됐어.
☐ **grant (sb) bail** 보석을 허가하다	I've decided not to **grant bail** in this case. 난 이 사건에서 보석을 허가하지 않도록 결정했어.
☐ **deny[request] bail** 보석을 거부[신청]하다	Anthony **was denied bail**. 앤소니는 보석이 거부되었어.
☐ **make bail** 보석금을 내다, 보석으로 풀리다	What if I can't **make bail**? 내가 보석금을 낼 수 없으면 어떻게 하지?
☐ **hear the people on bail** 보석청문회하다(bail hearing 보석청문회)	I'll **hear the people on bail**. 보석청문회를 할 겁니다.
☐ **be a flight risk** 보석중에 도주 위험성이 있다	Your honor, Connors **is a flight risk**. 재판장님, 코너스는 도주 위험성이 있습니다.
☐ **jump[skip] bail** 보석중에 달아나다	This was obviously an attempt to **skip bail**, your honor. 재판장님, 이건 명백히 보석중에 도망치려는 의도였습니다.

Situation

Frieda: I'm here to **post bail** for Tim Robinson. 팀 로빈슨의 보석금을 내러 왔는데요.
Buck: The judge has determined that he **is a flight risk**. 판사님이 도주위험이 있다고 결정하셨어요.
Frieda: Do you mean that he **has been denied bail**? 보석이 거부되었다는 말인가요?
Buck: That's right. Robinson is likely to **skip bail**. 맞아요. 로빈슨은 보석중에 도망칠 것 같습니다.
Frieda: Look, I need to schedule another **bail hearing**. 그래요, 다시 보석청문회 일정을 잡아야겠군요.

016 The case is over.
본 사건은 기각합니다.

기소해서 꼭 처넣어야지

수사관들이 범인을 잡았으면 이제는 검사의 몫. 먼저 사건(case)이 성립되어 기소할 수 있는지 여부를 파악해야 한다. 미드를 보면 검사들은 수사관들과 승소가능성을 확실히 하기 위해 확실한 증거를 찾으라고 수사관들과 다투는 장면이 많이 나온다.

12문장으로 미드영어 후다닥 끝내기

- **be arraigned for** 기소인정여부절차를 밟다
  She's also **being arraigned for** the murder of her boss. 그 여자는 자신의 사장 살해건으로 기소인정여부절차를 밟을거야.

- **arraignment** 기소인정여부절차
  Then the case is over. No **arraignment** necessary. 그럼 사건은 기각합니다. 기소인정여부절차는 필요없습니다.

- **be charged with** …로 기소되다
  You **are charged with** the murder and rape of Nichole Hiltz. 넌 니콜 힐츠의 강간 및 살해로 기소됐어.

- **charge sb with~** …을 …로 기소하다, 비난하다
  I didn't want to **charge** him **with** murder. 난 그를 살인으로 기소하길 원치 않았어.

- **be accused of** …로 고소당하다
  My brother **was accused of** sexual assault. 내 형은 성폭행으로 고소당했어.

- **be falsely accused of** 억울하게 누명쓰다
  Andy **falsely accused** me **of** molestation. 앤디는 그게 아닌데 날 폭행으로 고소했어.

- **press charges** 기소하다
  Are you going to want to **press charges**? 기소하실 예정입니까?

- **file[lodge] a complaint** 고소하다
  Get out of my room before I **lodge a complaint** against you. 내가 널 고소하기 전에 내 방에서 나가.

- **be up before** 기소전 법정출두하다 (go to the court before the charge)
  You're **up before** the toughest judge in the state. 넌 주에서 가장 깐깐한 판사 앞에 출두하는거야.

- **dismiss the case[charge]** 사건을 취하하다
  I have no choice but to **dismiss the case** against him. 난 그에 대한 사건을 취하할 수 밖에 없어.

- **drop the charges** 고소를 취하하다
  If your client cooperates, I'll **drop the charges**. 당신 의뢰인이 협조한다면 난 고소를 취하할게요.

Situation

Tony: Your son **is accused of** hitting his girlfriend. 네 아들이 여친을 때려서 고소됐어.
Valerie: I know. She decided to **file charges against** him. 알아. 여친이 고소하기로 결정했대.
Tony: He'll **be up before** Judge Randy McPherson. 랜디 맥퍼슨 판사에게 출두하게 될거야.
Valerie: Is there any hope the judge will **dismiss the case**? 판사가 사건을 기각할 가능성이 있어?
Tony: No, not unless the girlfriend **drops the charges**.
아니, 여친이 고소를 취하하지 않는한 그럴리 없어.

소송을 시작해 말아??

017 You're off the case!
이 사건에서 손떼!

역시 법적 다툼으로 소송을 제기하거나 취하하거나 피해보상청구를 하거나 등 여러가지 재판전에 일어나는 이야기들을 들어보자. 법정 미드를 보려면 꼭 알아두어야 하는 표현들이다.

12문장으로 미드영어 후다닥 끝내기

- **bring[take] legal action against** …에게 법적 소송을 제기하다
  Peter **is taking legal action against** me.
  피터는 내게 법적 소송을 제기했어.

- **bring charges (against)** 고소하다, 소송을 제기하다
  Are you just looking for reasons not to **bring charges**? 소송을 제기하지 않을 방법을 찾고 있는거야?

- **have a case** 소송이 있다, 사건이 되다
  Without your testimony, I don't **have a case**.
  당신 증언 없이는 사건이 되지 않아요.

- **be off the case** 소송[사건]에서 손떼다
  You're **off the case**!
  사건에서 손떼!

- **sue for damage** 피해보상소송을 하다
  If you do that, everyone will **sue** you **for damages**.
  네가 그러면 모두 너에게 피해보상소송을 할거야.

- **file a claim for damage** 손해배상청구소송을 하다
  Cedric **filed a claim for damage** after the auto accident. 세드릭은 자동차 사고 후에 손해배상청구소송을 했어.

- **solve the case** 사건을 해결하다
  I didn't **solve the case**.
  난 그 사건을 해결하지 못했어.

- **close the case** 소송을 종결하다
  I decided to **close the case**.
  난 그 사건을 종결하기로 결정했어.

- **win[lose] the case** 소송에서 이기다[지다]
  We **won the case** today. Two guilty verdicts.
  우린 오늘 소송에서 이겼어. 2건의 유죄 판결을 받아냈어.

- **drop the suit** 소송을 취하하다
  They agreed to **drop the lawsuit**.
  그들이 소송을 취하하기로 동의했어.

- **clear one's name** 무죄를 밝히다
  Please give me a chance to **clear my name**.
  내 무죄를 밝힐 기회를 주세요.

- **high-profile case** 세간의 주목을 끄는 사건
  Alex, it's a pretty **high-profile case**.
  알렉스, 이건 사람들 관심이 많은 사건이야.

Situation 미드

Laurie: Miss Kline **brought charges against** one of our officers.
클라인 양이 우리 경찰관 중 한명에게 소송을 걸었어.

Billy: Does she **have a case** against him? 그녀가 걔에 대한 소송사건이 된거야?

Laurie: No, but she hopes to **sue for damages**. 아니, 하지만 그녀는 손해배상소송을 하길 원해.

Billy: You'd better **pull** him **off the case** quickly. 넌 빨리 걔 소송에서 빼.

Laurie: Let him try to **clear his name** first. 먼저 스스로 무죄를 입증하게 하고.

018 I want a lawyer.
변호사 불러줘요.

법정에서 시시비비를 가리려면 변호사가 있어야지

재판을 하려면 판사(judge), 검사(prosecutor) 그리고 돈 무진장 받고서 무조건 무죄라고 주장하는 변호사들이 있어야 한다. lawyer는 attorney, counselor는 ~~~~ !!!!!!!!!!!!!

12문장으로 미드영어 후다닥 끝내기

- **contact one's attorney** 변호사에게 연락하다
  If you wanna know anything, **contact my attorney**.
  뭐 알고 싶은게 있으면 내 변호사에게 연락해요.

- **want[hire] a lawyer** 변호사를 원하다[선임하다]
  I'm not saying another word! I **want a lawyer**!
  더 이상 한마디도 하지 않을거예요! 변호사를 불러주세요!

- **sit first chair** 수석변호사로 변호하다
  For this case, you **sit first chair**.
  이 사건에서 당신은 수석변호사해요.

- **sit[serve, be] on a jury** 배심원을 맡다
  I **was on a jury** over the winter.
  난 겨울내내 배심원을 맡았어.

- **file an appeal** 항소하다
  Well, it gives us time to **file an appeal**.
  저기, 그건 우리가 항소할 시간을 줄거야.

- **make a motion to dismiss** 기각신청서를 제출하다
  We'd like to **make a motion to dismiss**.
  우리는 기각 신청서를 제출하고 싶습니다.

- **file a motion to~** …하는 신청을 하다
  So we just **file a motion to** amend.
  그래서 소장수정신청을 하겠습니다.

- **bring[lose] a motion for sanctions** 처벌명령신청하다[지다]
  The plaintiff **lost his motion for sanctions**.
  원고측이 처벌명령신청에서 패했어.

- **restraining order** 접근금지명령
  It's a temporary **restraining order**.
  그건 한시적인 접근금지명령이야.

- **settle sth out of court** 법정밖에서 해결하다
  I guess he **settled out of court**.
  걘 법정까지 가지 않고 해결한 것 같아.

- **grand jury** 대배심제도로 기소여부결정
  I have to testify for the **grand jury** tomorrow morning. 난 내일 아침 대배심에서 증언해야 돼.

미드 Situation

Randy: The prosecutor **filed a motion to** bring you to trial. 검사가 너를 재판에 회부하자는 신청을 했어.
Eddie: I guess we can't **settle** this **out of court**. 이건 법으로 밖에는 해결할 수 없을 것 같아.
Randy: Nope. You'd better **hire an attorney** for yourself. 맞아. 너를 변호할 변호사를 선임해.
Eddie: I **want a lawyer** with lots of experience. 경험이 많은 변호사를 선임하고 싶어.
Randy: Let's call someone who has worked with **grand juries**.
대배심에서 일한 적이 있는 사람에게 전화해볼게.

019 I'm taking this pro bono.
이거 무료변호할게.

드디어 재판장님이 들어오면 다들 일어서라고(All rise) 외치고 또 시끄러우면 Order!를 외친다. 검사는 유죄를 주장하고 피고인의 변호사는 무죄를 주장하면서 치열한 법정공방이 벌어지기 시작한다.

12문장으로 미드영어 후다닥 끝내기

- [ ] **All rise** 다들 기립해주세요 — **All rise.** The Honorable Judge Seligman presiding. 다들 기립. 존경하는 셀리그먼 판사님이 주재하십니다.
- [ ] **Order!** 정숙! — **Order!** Don't make me throw you out of court! 정숙! 당신을 법정으로 쫓아내게끔 하지 마요!
- [ ] **waive reading** 기소사유낭독거부 — We'll **waive reading** and enter a plea of not guilty. 우리는 기소사유낭독거부를 하고 무죄협상을 할 겁니다.
- [ ] **go to the court** 법정에 가다 — You just **go down to the court** on Monday. 넌 월요일에 법정에 가.
- [ ] **be at the courthouse** 법정에 출두하다 — She was supposed to **have been at the courthouse**. 그녀는 법정에 출두하기로 되어 있었어.
- [ ] **be thrown out of court** 기각되다, 제외되다 — The bootprint was later **thrown out of court**. 신발자국은 나중에 재판정에서 제외되었어.
- [ ] **guilty party** 가해자측(innocent party 피해자측) — My mom's not a **guilty party**. 내 엄마는 가해자측이 아니야.
- [ ] **the burden of proof** 입증책임 — He is nowhere near meeting **the burden of proof**, your honor. 재판장님, 그는 입증책임을 전혀 만족시키지 못하고 있습니다.
- [ ] **pro bono** 무료변론 — I'm taking this **pro bono**. 이건은 무료로 변론할게.
- [ ] **sit in judgment** 재판하다 — It's easy for some people to **sit in judgment** on others. 사람들이 다른 사람들을 재판하는 것은 쉬운 일이다.
- [ ] **bailiff** 법정관리인, 집행관 — **Bailiff**, take the prisoner to her cell. 집행관, 저 죄수를 감방으로 데려가게.

미드 Situation

Liam: I thought you had to **be at the courthouse** this morning. 난 오늘 아침 네가 법정에 출두해야 되는 걸로 생각했어.
Tina: The case against me **was thrown out of court**. 내 소송은 기각됐어.
Liam: I guess it didn't meet **the burden of proof**. 사건이 성립되기 위한 입증책임을 하지 못한 것 같으.
Tina: And they decided that I was not **the guilty party**. 그리고 내가 가해자측이 아니라고 결정됐어.
Liam: Good. Now no one can **sit in judgment** on you. 좋아. 이제 아무도 널 재판할 수 없을거야.

유죄인지 무죄인지 재판을 진행하다

020 How do you plead?
(판사가 피고인에게) 어떻게 답변하시겠습니까?

재판이 진행중(be on trial) 이면서 유죄가 확실시 되면 형량거래(plea bargaining)를 제의하고 유죄라고 할 때는 plead guilty, 반대로 무죄라고 주장할 때는 plead not guilty라고 한다.

12문장으로 미드영어 후다닥 끝내기

- **stand trial** 재판을 받다
  She's not competent to stand trial.
  그녀는 재판을 감당할 수가 없어.

- **be on trial** 재판중이다
  I have to charge them and put them on trial.
  난 그들을 고소하고 재판에 붙여야 해.

- **proceed to trial** 재판을 (진행)하다
  The evidence is more than enough to proceed to trial. 재판을 진행할 정도 이상으로 증거는 충분해.

- **hold up in court** 재판을 지연하다
  That'll never hold up in court, though.
  그래도, 그건 재판을 지연시키지는 않을거야.

- **plea bargaining** 형량거래
  He began plea bargaining for a lighter sentence.
  그는 형량을 조금 받기 위해 형량거래를 시작했어.

- **plead** 법정에서 답하다
  I agree. How do you plead, Mr. Smith?
  좋아요. 스미스 씨, 어떤 답변을 하시겠습니까?

- **plead not guilty** 무죄라고 답하다
  We're gonna plead not guilty.
  우리는 무죄라고 답변할거야.

- **plead guilty (to)** (…에) 유죄라고 답하다
  Is it your intent to plead guilty to these crimes?
  이 범죄들에 유죄라고 답하는게 당신 생각입니까?

- **enter a plea of (not) guilty** 유[무]죄를 인정[주장]하다
  You can't enter a plea of not guilty.
  당신은 무죄주장을 제기할 수 없습니다.

- **plead the fifth** 법정에서 묵비권을 행사하다
  Can I plead the fifth or something?
  묵비권이나 뭐 그런 거 행사할 수 있죠?

미드 Situation

Lynn: My client is not able to **stand trial**. 내 의뢰인은 재판을 받을 수가 없습니다.
Simon: That's not going to **hold up in court**. 그걸로 재판을 지연할 수는 없습니다.
Lynn: Well, we can't **proceed to trial** like this. 음, 우리는 이런 식으로 재판을 진행할 수 없습니다.
Simon: He's going to have to **plead to** something. 그는 뭔가 인정을 해야 할 겁니다.
Lynn: I guess he can **plead not guilty** by reason of insanity.
그는 정신이상으로 무죄주장을 할겁니다.

법과 질서 (Law and Order)

검사와 변호사, 치열한 법정공방을 하다

021 I rest my case.
변론을 마칩니다.

수사물, 법정드라마에서 엄청 많이 듣는 표현들. 서로의 변론을 막기 위해 Objection!(이의 있습니다!)를 말한 다음 그 사유를 말하고 재판장은 기각하던지(overruled), 승인하던지(sustained) 하며 아님 먼저 withdrawn하며 자기 말을 취소한다.

12문장으로 미드영어 후다닥 끝내기

☐ **Your honor!** 재판장님!	You can't be serious! **Your honor!** 재판장님! 말도 안돼요!
☐ **If (May) it please the court** 감히 한 말씀 드리겠습니다	**If it please the court,** I will finish now. 감히 한 말씀하자면, 저는 이제 끝내겠습니다.
☐ **Counsel, approach** 변호인 앞으로 오세요	**Counsel, approach.** What the hell's going on, Malcolm? 변호인들 앞으로 오세요. 말콤, 이게 뭐하는 겁니까?
☐ **Objection! Argumentative** 이의있습니다. 논쟁을 유도합니다	**Objection!** They're badgering the witness! 이의있습니다! 증인을 괴롭히고 있습니다!
☐ **Objection! Leading questions** 이의있습니다! 유도심문입니다	**Objection! Leading the witness.** 이의있습니다! 유도심문입니다.
☐ **Overruled** 기각합니다(Denied)	Oh, uh, **overruled.** Answer the question. 어, 기각합니다. 질문에 답하세요.
☐ **Sustained** 이의신청을 승인합니다	**Sustained.** You've made your point, counselor. 승인합니다. 변호사, 요점을 밝히세요.
☐ **Withdrawn** 철회합니다.	**Withdrawn.** Nothing further. 철회합니다. 더 이상의 질문은 없습니다.
☐ **move to strike** 기록삭제를 요청합니다	**Move to strike.** He's never seen my ass. 기록삭제를 요청합니다. 그는 절대로 제 엉덩이를 본 적이 없습니다.
☐ **~rest** …을 마칩니다	The defense rests, your honor. 변호를 마칩니다, 재판장님. **Prosecution rests.** 검찰측 진술 마칩니다.
☐ **I rest my case** 변론을 마칩니다. 내 얘기는 끝	No more questions. **I rest my case.** 질문을 마칩니다. 변론은 이상입니다.
☐ **Adjourned** 휴정[폐정]합니다	**Court is adjourned.** 휴정합니다.

Situation

Alphie: **If it please the court,** I have a new witness. 감히 한 말씀 하자면 새로운 증인이 있습니다.
Robert: **Objection!** You never told us about this witness. 이의있습니다! 이 증인에 대해 금시초문입니다.
Alphie: **Withdrawn,** then. I won't question him. 철회합니다. 그럼, 증인심문하지 않겠습니다.
Robert: **Move to strike** the introduction of the witness. 증인신청부분을 삭제바랍니다.
Alphie: Don't bother. **I rest my case.** 그럴 필요없습니다. 변론을 마칩니다.

64 Chapter 2

022 He's leading the witness.
증인을 유도심문하고 있습니다.

증인을 소환해 증언시키다

다들 자기 말이 맞다고 하기 때문에 소환장(subpoena)를 발부해 증인을 소환해(call a witness), 증언대에 세우고(take a stand), 증언을 하게 한다(give evidence). 참고로 give the evidence는 증거를 제출하다라는 뜻이 된다.

12문장으로 미드영어 후다닥 끝내기

- **subpoena** 소환장, 소환하다
  I want you to **subpoena** any records and bank accounts. 모든 기록이나 은행계좌에 대한 소환장을 발급해주십시오.

- **call a witness** 증인 소환하다
  (fit the witness 증인으로 적합하다)
  We need to be able to **call a witness** or two. 우리는 한명 내지 두명의 증인을 소환해야 될거야.

- **witness prep** 증인 심문준비
  Witness prep will take several days. 증인심문준비는 수일간이 소요될 것이다.

- **have a witness** 증인이 있다
  I **have a witness** who says you never left the house at the victim's time of death. 피살자 사망시각에 당신이 집에 있었다는 증인이 있다.

- **lead the witness** 증인을 자기 쪽으로 유리하게 유도하다
  He's **leading the witness**. 그는 증인을 유도심문하고 있습니다.

- **complaining witness** 고소제기한 증인
  Without a **complaining witness**, it doesn't exist. 고소제기한 증인이 없으면 그건 성립되지 않습니다.

- **defense witness** 변호인측 증인 (prosecution witness 검찰측 증인)
  Jack is calling Elliot as a **defense witness**. 잭은 엘리엇을 변호인측 증인으로 소환할거야.

- **legally binding** 법적구속력이 있는
  This agreement is **legally binding**. 이 합의는 법적구속력이 있다.

- **take the stand** 증언석에 서다
  Are you sure she won't be too scared to **take the stand**? 걔가 너무 겁이 많아서 증언하지 않을거라 확신해?

- **give evidence** 증언하다
  Chris, you **gave evidence** at David's trial. 크리스, 넌 데이빗의 재판에서 증언했어.

- **swear to tell the truth** (증언대에서) 진실을 말할 걸 맹세하다
  Do you **swear to tell the truth**, the whole truth, and nothing but the truth? 오로지 진실만을 말할 것을 맹세합니까?
  I **swear to tell the truth**, the whole truth, and nothing but the truth, so help me God. 하느님 앞에 오직 진실만을 말할 것을 맹세합니다.

미드 Situation

Victoria: We **have a witness** to the murder. 살인사건에 대한 증인이 있어.
Andy: Is he willing to **give evidence** at the trial? 재판에서 증언을 한대?
Victoria: No, but we are going to **subpoena** him. 아니, 하지만 소환할거야.
Andy: You'll need him to **take the stand** for you. 그 사람이 증언대에 서줘야겠구나.
Victoria: I know. The **subpoena** is **legally binding**. 알아. 소환장은 법적구속력이 있잖아.

법과 질서 (Law and Order)

배심원들한테 잘 보여야~

023 What say you?
(배심원에게) 평결이 어떻게 나왔습니까?

배심원 제도는 재판장은 재판을 진행하고 판결은 검사, 변호사의 변론 등을 통해 배심원(the jury) 들끼리 만장일치의 판결에 도달할 때까지 토의한다. 만장일치판결이 나오지 못할 때는 불일치평결(hung verdict)로 재판은 무효가 된다.

12문장으로 미드영어 후다닥 끝내기

☐ **Mr. foreman**
배심장

Mr. foreman? Has the jury reached a unanimous verdict? 배심장? 만장일치 판결이 나왔습니까?

☐ **The jury is still out on~**
최종결정을 내리지 못하다

The jury's still out that.
배심원은 아직 최종 결정을 내리지 못했습니다.

☐ **hung jury**
만장일치가 안된 불일치 배심

After an eleven month trial, we had a **hung jury**.
11개월간의 재판 후에 불일치 배심판결이 나왔어.

☐ **what's the verdict?**
판결이 어떻게 나왔어?

So **what's the verdict**, Mr. Steven?
그래, 스티븐 씨, 판결이 어떻게 나왔어요?

☐ **What say you?**
판결이 어떻게 나왔습니까?

A: We have, your honor. B: **What say you?**
A: 나왔습니다, 재판장님. B: 어떻게 나왔습니까?

☐ **return[render] a verdict**
판결을 내리다

We have to **return a verdict** of not guilty.
무죄판결을 내립니다.

☐ **deliver a verdict**
평결을 발표하다

It took just under an hour to **deliver a verdict**.
평결을 발표하는데 1시간이 채 못 걸렸어.

☐ **the verdict is read**
평결이 발표되다

The verdict was read to a silent courtroom.
평결은 조용한 법정에 발표되었다.

☐ **state one's verdict**
평결을 말하다

Please **state your verdict**.
평결을 말씀해주세요.

☐ **reach a verdict**
평결을 내리다

Is there any chance you could **reach a verdict**?
평결을 내릴 가능성이 좀 있습니까?

☐ **the jury's dismissed**
배심원은 해산하셔도 됩니다

The jury is dismissed. The court thanks you for your service. 배심원은 해산하셔도 됩니다. 법정은 여러분 활동에 감사드립니다.

미드 Situation

Jeremy: Are you going to be able to **deliver a verdict**? 평결을 발표할 수 있습니까?
Samantha: Yes, we were able to **reach a verdict**. 예, 평결을 내릴 수 있었습니다.
Jeremy: So **what say you?** Guilty or not guilty? 그럼 어떻게 나왔습니까? 유죄 아님 무죄입니까?
Samantha: **The jury's still out on** the extra charges.
배심원은 추가 기소건에 대해서는 아직 논의중입니다.
Jeremy: I hope this will not end with a **hung jury**. 불일치 평결이 나오지 않기를 바랍니다.

드디어 판결이 내려지다 1

024   We find the defendant guilty.
피고는 유죄입니다.

배심원들의 토의가 끝났으면 재판장의 물음(What say you?)에 배심원장은 일어서서 평결(verdict)을 말한다. 먼저 사건(in the matter of)을 말한 다음 혐의(on the charge of)를 언급하고 나서 we find the defendant~로 유무죄를 선고한다.

12문장으로 미드영어 후다닥 끝내기

in the matter of~ …의 사건에서
In the matter of The People of The State of Illinois v. Lincoln Burrows, 일리노이주 주민대 링컨 버로우즈의 사건에서.

on the charge[count] of~ …의 범죄[혐의]에 대해
On the count of murder in the first degree, we find the defendant guilty. 일급살인범죄에 대해 유죄를 선고합니다.
On the charge of kidnapping we find the defendant, Jackson Pace, not guilty. 유괴납치혐의에 대해 피고 잭슨 페이스는 무죄입니다.

find the defendant (not) guilty 유(무)죄판결을 내리다
We find the defendant Laura Jewell, not guilty by reason of temporary insanity. 피고 노라 쥬웰은 일시적인 정신이상으로 무죄를 선고합니다.

find[rule] in favor of[against] the plaintiff 원고승[패]소판결을 내리다
In the matter of Cloves and Horn vs. Cobb Company Incorporated, on the charge of wrongful termination, we find in favor of the plaintiffs. 클로브와 혼 대 콥주식회사의 사건에서 잘못된 계약종료 혐의에 대해 원고 승소판결을 내립니다.

be guilty of~ …에 대해 유죄이다
Whereas if she died, at worst, I'm guilty of negligence. 하지만 최악의 경우 그녀가 죽는다해도, 난 방임죄야.

convict sb of[on] 유죄판결을 내리다
They convicted him of starting the forest fire. 그 남자는 산불을 낸 것으로 유죄판결을 받았어.

conviction 유죄판결
We're a long way from a conviction. 유죄판결을 받으려면 아직 갈 길이 멀어.

get convicted 유죄판결을 받다
I was convicted on six counts of rape. 난 6건의 강간으로 유죄판결을 받았어.

falsely[wrongfully] convict 유죄판결을 잘못 내리다
I falsely convicted Damian Lewis of murdering his secretary. 난 대미안 루이스가 자기 비서를 살해했다고 잘못 유죄판결을 내렸어.

prove sb's guilt 유죄를 입증하다
You must prove Mr. Gregg's guilt to the jury. 넌 그레그씨의 유죄를 배심원에게 입증해야 돼.

미드 Situation

Athena: Did they convict Miss Latel of murdering her sister? 라텔 양이 자기 여동생을 살해했다고 유죄판결이 내렸어?
Brian: They said that she was guilty of the crime. 그녀가 유죄라고 하던데.
Athena: Do you believe they proved her guilt? 그녀의 죄를 입증했다고 생각해?
Brian: No, I'm sure the jury falsely convicted her. 아니, 배심원이 유죄라고 잘못 평결했을거야.
Athena: Then they shouldn't have found against the plaintiff. 그럼 배심원이 걔에게 유죄판결을 내리지 않았어야 했는데.

법과 질서 (Law and Order)   67

드디어 판결이 내려지고 형이 선고되다

025 How do you find?
어떻게 평결하셨습니까?

배심원이 평결이 유죄라 판결되면 재판장은 형을 선고(pass sentence)하는데 무기징역은 life sentence, 더 가혹한 것은 가석방없는 무기징역(life sentence without parole)이다. 특히 미국은 우리와 달리 범죄별로 형량을 매겨 576년 형도 있다.

12문장으로 미드영어 후다닥 끝내기

- **How do you find?** 어떻게 평결하셨습니까?(How does the jury find?)
  On the charge of rape in the first degree, **how do you find?** 일급 강간형의에 대해 어떻게 평결하십니까?

- **ruling on** …의 판결(make a ruling 판결을 내리다)
  The **ruling on** the lawsuit came in this morning. 그 소송의 판결은 오늘 아침에 나왔어.

- **the judge ruled that~** …라고 판결을 내리다
  The judge ruled it a suicide and those men went free. 재판장은 자살이라고 판결내리고 저 남자들은 풀려나어.

- **findings** 법정판결
  I supported the **findings** of the court. 난 법정판결을 지지했어.

- **pass sentence** 형을 선고하다
  You will return tomorrow so I can **pass sentence**. 년 내일 다시 속개하여 형을 선고하겠습니다.

- **sentence sb to** …에게 형을 선고하다
  The judge **sentenced** her **to** five years in jail. 판사는 그녀에게 징역 5년형을 선고했어.

- **be sentenced to~** …의 형을 받다
  You'll **be sentenced to** prison for the rest of your life. 년 종신형을 받을거야.

- **life sentence** 무기징역(lifer 무기징역수)
  We'll help you avoid a **life sentence**. 당신이 종신형을 피할 수 있도록 도와줄 수 있습니다.

- **life sentence without the possibility of parole** 가석방없는 무기징역
  I am serving a **life sentence without the possibility of parole**. 난 가석방없는 무기징역을 복역중이야.

- **stay of execution** 집행유예
  Governor Brooks signed a **stay of execution**. 브룩스 주지사는 집행유예에 서명했어.

- **extenuate circumstances** 정상참작하다
  These **are extenuating circumstances**. 이것들은 정상참작이 가능한 상황이야.

Situation 미드

Ryan: What were the **findings** in the case? 소송판결이 어떻게 나왔어?
Brenda: **The judge ruled** that three people robbed the bank. 판사는 3명이 은행을 털었다고 판결했어.
Ryan: Has he **passed sentence** on them yet? 선고를 내렸어?
Brenda: All three **were sentenced to** ten years in prison. 세명 다 10년형을 선고받았어.
Ryan: I think they should serve a **life sentence**. 무기징역을 받아야 하는데.

죄에 따라 벌금[보호감찰], 무죄방면

026 He got off scot-free.
그는 처벌받지 않고 풀려났어.

아주 나쁜놈들은 500년을 받아도 되나, 경범죄의 경우 벌금을 내거나(pay a fine), 무죄인 경우에는 벌받지 않고 풀려나거나 (get off scot-free) 한다. 특히 자주 나오는 보호감찰관 PO(parole officer)를 알아두도록 한다.

12문장으로 미드영어 후다닥 끝내기

☐ **walk free** 법정에서 풀려나다	You're letting killers **walk free**! 살인범들을 풀어주는 거라고!
☐ **you're free to go** 가도 좋다	All right, **you're free to go**. 좋아요, 이제 가셔도 됩니다.
☐ **beat the rap** 처벌받지 않다	He thinks he can **beat the rap**. 그는 자기가 처벌받지 않을 수도 있다고 생각해.
☐ **get off scot-free** 벌받지 않고 풀려나다	The bank president **got off scot-free**. 은행장은 처벌받지 않고 풀려났어.
☐ **pay a fine** 벌금내다	I'm not going to **pay a fine**. 난 벌금을 내지 않을거야.
☐ **no harm, no foul** (위법이긴해도) 손해본 것 없으면 처벌도 없고	But "**no harm, no foul**," right? 하지만 "손해도 없으면 처벌도 없고" 맞지?
☐ **be clean** 결백하다	Other than a couple of minor traffic violations, he**'s clean**. 가벼운 교통위반 몇건 외에 그는 깨끗해.
☐ **first (time) offender** 초범자	Wilson was a **first-time offender**, so he pled out. 윌슨은 초범자여서 그는 선처를 호소했어.
☐ **be on probation** 보호관찰중이다	You know my record. I**'m on probation**. 너 내 기록알잖아. 나 보호관찰중이야.
☐ **put[place] sb on probation** 보호관찰처분을 내리다	He's decided to **place** you **on probation**. 그는 너에게 보호관찰처분을 내렸어.
☐ **probation officer** 보호관찰관(PO)	I'm on probation. I gotta go see my **probation officer**. 난 보호관찰받고 있어. 보호관찰관 만나러 가야 돼.

미드 Situation

Jackie: I**'m on probation** for the next two years. 앞으로 2년간 보호관찰을 받아야 돼.
Rex: You'd better **be clean** during that time. 그 기간 동안은 나쁜 짓하면 안돼.
Jackie: Hey, I report to a **probation officer** every month. 야, 나 매달 보호관찰관에게 보고해.
Rex: You thought you were going to **beat the rap**. 넌 네가 처벌받지 않을거라 생각했구만.
Jackie: Yes, because I was a **first time offender**. 어, 난 초범이었거든.

법과 질서 (Law and Order) 69

027 It has to be a hate crime.
증오범죄임에 틀림없어.

평결을 내릴 때 초범여부, 정당방위여부도 중요하지만 죄의 종류에 따라 처벌의 강도가 달라진다. 특히 도가니(melting pot) 인 미국에서는 인종간, 혹은 성정체성에 대한 차별 행위나 조직 범죄 등은 강력하게 처벌된다.

12문장으로 미드영어 후다닥 끝내기

- [ ] **hate crime** (인종, 게이 등) 증오범죄
  Have them send over files on **hate crimes** against Asian women. 아시아 여성에 대한 증오범죄 관련 파일을 보내라고 해.

- [ ] **organized crime** 조직범죄
  I don't work **organized crime** cases. 난 조직범죄 사건은 맡지 않아.

- [ ] **crime of passion** 치정범죄
  The murder was a **crime of passion**. 그 살인은 치정범죄였어.

- [ ] **negligence** 방임죄(derivative neglect)
  You forgot to plead **negligence**. 넌 방임죄 주장하는 것을 잊었어.
  She brought an action against you for **derivative neglect**. 그 여자는 너에게 방임죄로 소송을 냈어.

- [ ] **larceny** 절도죄
  You're under arrest for petty **larceny**. 당신을 절도죄로 체포합니다.

- [ ] **forgery** 위조
  If it is a forgery, it's a great **forgery**. 그게 위조라면 엄청난 위조야.

- [ ] **fraud** 사기
  Well, insurance **fraud** is a serious crime. 음, 보험사기는 중대 범죄야.

- [ ] **counterfeit** 위조
  Drug **counterfeiting** is a booming industry. 가짜약제조는 아주 잘 나가는 분야야.

- [ ] **inside job** 내부자소행
  It has to be an **inside job**. 내부자 소행임에 틀림없어.

- [ ] **identity theft** 신분도용
  Then we arrest him for **identity theft**. 그럼 우리는 그를 신분도용으로 체포하게.

- [ ] **come up missing** 실종되다
  We know the day she **came up missing**. 우리는 걔가 실종된 날을 알고 있어.

- [ ] **be on the take** 뇌물받고 부정을 저지르다
  They **were on the take**. 걔네들은 뇌물을 받고 잘못을 저질렀어.

미드 Situation

Susan: Someone passed **counterfeit** bills at the bank. 누군가 은행에서 위조지폐를 사용했어.
Bruce: Really? That's more serious than a **larceny**. 정말? 그건 절도죄보다 중죄인데.
Susan: The bills were a damned good **forgery**. 정말이지 위조지폐가 거의 완벽했어.
Bruce: Sounds like the work of **organized crime**. 조직범죄 소행같은데.
Susan: Personally, I think it was an **inside job**. 개인적으로 내부자 소행같아.

028 Is she undocumented?
그 여자 불법체류자야?

아직 남은 죄의 종류는 많아

죄도 참 다양하다. 법정에서 거짓 증언하는 위증죄(perjury)와 우리나라는 별로 심각하게 생각하지 않는 가택침입(break-in)은 상당한 중죄(felony)로 다스린다. 또한 불법이주자들은 undocumented라고 한다는 점을 특이하게 눈여겨 본다.

12문장으로 미드영어 후다닥 끝내기

- **misdemeanor** 경범죄
  You're trying to get him off on a **misdemeanor**?
  너 걔를 경범죄로 가볍게 처벌하려고 해?

- **misdemeanor possession** 불법물 소지죄
  She pleads guilty to **misdemeanor possession** of weed? 걔가 대마초를 소지한 경범죄를 인정했다고?

- **commit a felony** 중죄를 저지르다
  Her ex-partner has been **committing felony** murder for pay. 그녀의 전 파트너는 청부살인의 중죄를 저지르고 있었어.

- **perjury** 위증죄
  We should lock him up for **perjury**, contempt, and polygamy. 저 자식을 위증죄, 모독죄 그리고 일부다처제로 잡아두자고.

- **push-in robbery** 강제침입 강도질
  The damage was the result of a **push in robbery**.
  손실은 강제침입 강도질의 결과야.

- **break-in** 강제침입
  There was no sign of a **break-in**.
  강제적으로 침입한 흔적은 없어.

- **sin** 죄
  It's a **sin** to take things that don't belong to you.
  네 것이 아닌 것을 가져가는 것은 죄악이야.

- **homicide** 살인, 강력계
  This is a **homicide** investigation.
  이건 살인 사건 조사야.

- **perfect crime** 완전범죄
  I mean, it's almost the **perfect crime.**
  내 말은 이건 거의 완전범죄야.

- **undocumented** 불법이주한
  Around twenty million **undocumented** immigrants are living in this country.
  거의 이백만명의 불법이주민이 이 나라에 살고 있어.
  Is she **undocumented**? 그여자는 불법체류자야?

- **illegal immigrant** 불법 이주자
  Illegal immigrants have the right to get married.
  불법 이주자도 결혼할 권리가 있어.

Amanda: There have been a lot of **break ins** in our neighborhood. 우리 동네에 많은 침입사건이 있었어.
Jerry: Who would want to **commit a felony** and go to jail?
누가 그런 중죄를 저지르고 감방에 가려고 할까?
Amanda: It might be **illegal immigrants** around the area. 주변지역에 있는 불법이주자일거야.
Jerry: Well, it's a **sin** to steal from people. 음, 사람들로부터 도둑질하는 것은 죄인데.
Amanda: I don't think that **undocumented** people care. 불법이주자는 상관안할거라 생각해.

029 Take her into custody.
그 여자 구류조치해.

유죄로 판결되면 별일없이 감방(prison, lockup)에서 무상급식을 하면서 징역살이를 한다(do the time). 이렇게 유죄판결을 받고 감방에서 지내는 기소자는 convict라 한다.

12문장으로 미드영어 후다닥 끝내기

put sb behind bars 투옥시키다	Whatever it takes to **put** this guy **behind bars** I'll do. 이 자식을 감방에 처넣는데 어떤 대가를 치루더라도 그렇게 하겠어.
hold sb in contempt of court 법정모독죄로 구속하다	I'll be forced to **find** you **in contempt of court**. 당신을 법정모독죄로 처벌할 수 밖에 없군요.
take sb in custody 구류하다	You're in contempt of court. Bailiff, **take** her **into custody**. 당신은 법정을 모독했습니다. 집행관, 구류조치해요.
serve a sentence 징역살이를 하다	The prisoner will **serve a sentence** in the local jail. 죄수는 해당지역 감옥에서 형을 살거야.
lock sb up 철창에 가두다	I don't have enough to **lock** him **up**. 그를 가둘만한 근거가 충분하지 않아.
lockup 감옥	We just sent a rapist to the **lockup**. 강간범을 감옥에 처넣었어.
lockdown 구류조치	We've been in **lockdown** for half an hour. 우리는 30분간 구류조치 당했어.
do[serve] (the) time 감방에서 복역하다	Have any of them **served time** for murder? 그들 중 누구 살인죄로 감방 산 사람있어?
throw[put] sb in prison 감방에 처넣다	He **put** you **in prison** for life. 그는 너를 무기징역으로 감방에 보냈어.
death row 사형수 감방에 있다	They didn't allow conjugal visits **on death** row. 사형수 감방에서는 특별면회가 허가되지 않았어.
the can 감방(prison)	I've been in **the can** for decades. 난 수십년간 감방에 있었어.
convict 기소자 (convicted criminal 유죄선고받은 범죄자)	Ron said a **convict** had approached him about escaping. 론은 한 유죄선고받은 범죄자가 탈옥 때문에 접근했다고 말했어.

미드 Situation

Monica: The lawyers finally **put** my rapist **behind bars**. 변호사들은 마침내 강간범을 감방에 처넣었어.
Tim: Where is he going to **serve his sentence**? 어디서 형을 살거래?
Monica: They **locked** him **up** in Elmira. 엘미라에 투옥되었어.
Tim: Forget him. He's just a dirty, no-good **convict**. 잊어버려. 더러운 저질 범죄자일 뿐이야.
Monica: I hope he stays in **the can** forever. 평생 감방에 있기를 바래.

030 You're going to jail!
넌 감방에 가게 될거야!

감방에서~

역시 유죄판결을 받은 죄수들이 감방에 가서 교도관(correction officer)의 통제를 받으면서 자신의 죄에 대해 반성을 해야 하고 그렇지 못한 인간들은 탈옥하려(spring) 한다. 특히 conjugal visit는 함께 성관계까지 할 수 있는 아주 좋은 제도.

12문장으로 미드영어 후다닥 끝내기

- **put sb in jail** 감방
  They are going to try to put me in jail!
  그들이 나를 감옥에 넣으려고 해!

- **jail visit** 면회(jail inmate 재소자동료)
  I don't want to make a jail visit to see her.
  난 걔를 만나서 면회가고 싶지 않아.

- **go to jail** 투옥되다
  You all are going to jail.
  너희 모두 감방에 가게 될거야.

- **warden** 교도소장
  And the warden thinks that's too easy.
  그리고 교도소장은 그게 너무 쉽다고 생각했어.

- **correction officer** 교도관
  Two correction officers patrol every cell block.
  두명의 교도관이 매일 각 교도소 각 동을 순찰해.

- **conjugal visit** 특별면회
  I don't think a conjugal visit is such a ridiculous request. 특별면회가 그렇게 말도 안되는 요청이라고는 생각안하는데요.

- **spring** 탈옥을 돕다(help escaping)
  Get someone down here to spring me from jail.
  나 탈옥하는 것을 도와주러 누구 좀 내려보내줘.

- **in solitary** 독방에서
  I put Chris in solitary for causing trouble with us.
  난 우리랑 문제를 일으킨 죄로 크리스를 독방에 넣었어.

- **on parole** 보호감찰중인
  Diablo was just released on parole last week.
  디아블로는 지난주에 보호감찰에서 풀려났어.

- **parole officer** 가석방감찰관
  He regularly visited his parole officer.
  걘 정기적으로 가석방감찰관을 방문했어.

- **parole board** 가석방 위원회
  The parole board hearing is tomorrow.
  가석방위원회는 내일 열려.

미드 Situation

Dylan: Baby, I need a **conjugal visit** from you. 자기야, 네가 특별면회 좀 와.
Rachel: The **warden** won't allow us to have sex. 교도소장이 우리가 섹스하는 걸 허락하지 않을거야.
Dylan: Can you at least **make a jail visit** to see me? 적어도 면회해서 나를 볼 수는 있지?
Rachel: I'll see if the **corrections officers** will let me in. 교도관들이 나를 들여보내줄 지 알아볼게.
Dylan: And see if you can find a way to **spring** me from this place.
그리고 나를 여기서 탈출시킬 길이 있나 알아봐줘.

법과 질서 (Law and Order)

More Expressions

- **a speeding ticket** 교통위반딱지
- **prowl** 배회하다, 범행대상을 찾아 돌아다니다 (be on the prowl)
- **shake one's fist (at sb)** 주먹쥐고 폭행하려고 휘두르다
- **smash and grab** 진열장깨고 물건을 탈취하는 놈
- **Crime doesn't pay** 범죄는 이익이 되지 않아
- **a life of crime** 범죄의 세계, 범죄의 삶
- **hit list** 살생부
- **for assault** 폭행죄로
- **rob the bank** 은행을 털다
- **serial killer** 연쇄살인범
- **cop killer** 경찰살해범
- **lady killer** 바람둥이
- **painkiller** 진통제
- **kingpin** 두목
- **armed robbery** 무장 강도
- **under arms** 무장을 하고, 전투태세를 하고
- **killer instinct** 킬러본능
- **dismember** 사지를 절단하다
- **sneak sth from sb** 도둑질하다
- **on the wrong side of the law** 법을 어긴
- **have sticky fingers** 손버릇이 나쁘다, 도벽이 있다
- **keep the peace** 치안을 유지하다
- **disturb one's peace** 치안을 어지럽히다
- **disturb the peace** 치안질서를 어지럽히다
- **jail bait** 성행위를 하면 안되는 미성년
- **Three Strikes Law** 삼진 아웃제
- **catch** 함정, 꽁꽁이
- **death trap** 죽음의 함정, 덫
- **stomach contents** 위내용물
- **narcotics** 마약단속반(narc)
- **vice squad** 풍기 단속반
- **fraud squad** 사기단속반
- **rent-a-cops** 청원경찰
- **special agent** 특별요원
- **spot check** 현장검문, 불시검사
- **shoot at** 총을 쏘다 (shoot bullets, shoot a gun)
- **rap sheet** 경찰에 기록되어 있는 한 사람의 전과기록
- **ballistics** 탄도학
- **ballistic** 탄도학의
- **shell casing** 탄피
- **residue** 잔여물
- **on the ground** 현장에서
- **the right to remain silent** 묵비권

- **homicide** 강력반
- **die in the line of fire** 총격전에서 죽다
- **bleed like a stuck pig** 많은 피를 흘리다.
- **Constitution** 헌법
- **constitutional right** 헌법 상의 권리
- **constitutional right** 법적권한
- **motion to compel** (법률용어) 재정신청
- **Supreme Court** 대법원
- **Appeal Court** 항소법원
- **the bar** 변호사 협회
- **kangaroo court** 인민[사적]재판
- **cause of action** 소송의 사유
- **class action (suit)** 집단소송
- **proven case** 사실로 증명된 사건
- **law and order** 법과 질서
- **sit-down** 연좌농성
- **draw blood** 피를 흘리게 하다[채취하다]
- **frame of reference** 판단의 틀
- **stripe** 계급장
- **divorce papers** 이혼서류
- **file the divorce papers** 이혼소송을 하다
- **guilt-ridden** 죄의식에 사로잡힌
- **spy ring** 스파이망
- **storm trooper** 돌격대원
- **pick sb's pocket** 소매치기하다 (pickpocket)
- **tri-state area** 3개 접견주
- **physical evidence** 물적 증거, 물리적 증거
- **spousal privilege** 배우자 특권
- **con** 죄수 ex-con 전과자
- **silencer** 총의 소음기
- **Objection, hearsay.** 이의있습니다. 남의 이야기를 전달하고 있습니다.
- **Objection, speculation.** 이의 있습니다, 추측일 뿐입니다.
- **Objection, foundation?** 이의있습니다, 근거가 있습니까?
- **Your witness.** 증인 심문하십시오.
- **law and order** 법과 질서
- **frame of reference** 판단의 틀
- **401A hit & run** 뺑소니 차량
- **419 Dead Body** 시신발견
- **420 Homicide** 강력사건
- **426A Statutory Rape** 법정강간
- **10-4 Acknowledge** 알았음.

chapter 3 삶과 죽음 (Life and Death)

- **001** What are his symptoms?
  그 사람 증상이 어때?
- **002** Oh, god, you pulled through!
  맙소사, 네가 회복이 됐구나!
- **003** I just blank out.
  그냥 머릿속이 하얘졌어.
- **004** I'm gonna throw up again.
  나 또 토할 것 같아.
- **005** She's burning up.
  걔 열이 펄펄 끓어.
- **006** Looks like defensive wounds.
  방어흔처럼 보이는데.

⋮

- **023** She took your son's life.
  걔가 네 아들의 목숨을 앗아갔어.
- **024** He was shot at close range.
  걘 근접거리에서 총을 맞았어.
- **025** He dropped dead at work.
  그 사람은 일을 하다 죽었어.
- **026** She took her own life.
  걔 스스로 목숨을 끊었어.
- **027** We're so sorry for your loss.
  고인의 명복을 빕니다.

아이고, 몸이 좀 안좋으네~

001 What are his symptoms?
그 사람 증상이 어때?

어디 딱 부러지게 아프다고 말하기 보다는 컨디션이 안좋거나 몸상태가 안좋거나 등을 말할 때 또한 병에 걸렸다고 할 때 어떤 표현들을 쓰는지 맘속에 새겨두자.

12문장으로 미드영어 후다닥 끝내기

- ☐ **the symptoms** 증상, 징후

  Sick? What are **his symptoms**?
  아프다고? 걔 증상이 어떤대?

  Both of **these symptoms** are routine with this drug.
  이 증상들은 모두 이 약을 먹으면 나오는 증상입니다.

- ☐ **one's complaints** 증상, 일

  The patient's **complaints** were of stomach pain.
  그 환자의 증상들은 복통이었어.

- ☐ **be wrong with sb** …가 안좋다

  What **was wrong with** your mother?
  너희 엄마 어디가 안좋으셨어?

- ☐ **have[get] a problem with** 아프다

  I **have a problem with** my brain?
  내 뇌에 문제가 있다고요?

- ☐ **not feel good** 기분이나 건강이 안좋다

  I'**m not feeling good.** 몸상태가 좀 안좋아.
  How are those drugs working for you? You **feeling good**? 저 약먹으니 어때? 좋아졌어?

- ☐ **not feel so hot** 몸이 안좋다

  Heather left because she **isn't feeling so hot**.
  헤더는 몸이 안좋아 갔어.

- ☐ **take sick** 아프다

  Many of the ship's passengers **took sick**.
  배에 승선한 많은 사람들이 아팠어.

- ☐ **get[fall] sick** 병에 걸리다

  I **got sick** over the weekend.
  난 주말내내 몸이 안좋았어.

- ☐ **have taken ill** 병에 걸리다

  My grandpa **has taken ill**.
  할아버지가 병에 걸리셨어.

- ☐ **be under the weather** 몸이 안좋다

  He's feeling a little **under the weather** now.
  걘 지금 좀 몸상태가 안좋아.

미드 Situation

Saul: Our teacher **has taken ill**. 우리 선생님이 병에 걸리셨어.
Karen: What **is wrong with** him? 어디가 안좋으신거야?
Saul: **His complaints** were about having a fever. 열이 나는 증상야.
Karen: A lot of people **are under the weather** these days. 많은 사람들이 요즘 몸이 안좋더라.
Saul: I don'**t feel so hot** myself. 나도 좀 썩 좋지 않아.

Chapter 3

002 Oh, god, you pulled through!
맙소사, 네가 회복이 됐구나!

이번에는 좀 더 구체적으로 어떤 병에 걸렸을 때, 그리고 다치거나(get hurt), 혹은 당뇨나 고혈압처럼 가족력 등 어떤 병력이 있는지 말할 때 쓰는 have a history of~를 알아둔다. 잘못하면 history만 듣고 미국에서 역사이야기를 할지도 모르니…

12문장으로 미드영어 후다닥 끝내기

- **come down with** 병에 걸리다
  - My husband **came down with** the flu.
    남편이 독감에 걸렸어.

- **go down with** 병에 걸려 몸이 정상이 아니다
  - The whole staff **went down with** the flu.
    전직원이 독감에 걸려 제대로 일을 못하고 있어.

- **pick up** 병에 걸리다
  - I **picked up** the measles while traveling in France.
    프랑스를 여행하다 홍역에 걸렸어.
  - She could have **picked up** an infection on the streets.
    거리에서 감염에 걸렸을 수도 있어.

- **have a history of~** 병력이 있다, …한 적이 있다
  - Does your friend **have a history of** epilepsy?
    네 친구 간질병력이 있어?

- **get hurt** 다치다
  - I don't want you to **get hurt** again.
    난 네가 다시 다치기를 원치 않아.
  - No one else is going to **get hurt**.
    다른 누구도 다치지 않을거야.

- **hurt** 아프다
  - My shoulder still **hurts**.
    어깨가 아직도 아파.
  - You have no idea how much this **hurts**.
    이게 얼마나 아픈지 너는 모를거야.

- **kill one's feet** 발이 아파 죽겠다
  - Oh! My arms **are killing me**. 앗! 내 팔이 아파 죽겠어.
  - These shoes **are killing my feet**. 이 신발땜에 발이 아파 죽겠어.

- **advanced** 병이 진전된
  - She found that his body was riddled with **advanced** tumors. 걔는 그의 시신이 말기단계의 종양들로 가득하다는 것을 발견했어.

- **pull through** 회복하다, 이겨내다
  - So, she's gonna **pull through**? 그래, 걔가 회복될거래?
  - Oh, thank god, you **pulled through**. 다행야, 네가 회복을 했어.

Papa: My head **is** really **killing me**. 머리가 아파 죽겠어.
Belinda: Well, you h**ave a history of** migraines. 너 편두통이 원래 있잖아.
Papa: I may **be coming down with** an illness. 병에 걸렸을 수도 있어.
Belinda: Where did you **pick up** an illness? 어디서 걸렸는데?
Papa: A guy in my office had an **advanced** case of the flu.
사무실의 한 친구가 독감이 지독하게 걸렸더라구.

머리가 너무 어지러워

003 I just blank out.
그냥 머릿속이 하얘졌어.

좀 더 구체적으로 신체부위별로 어디가 아픈지를 말해보자. 미드에서 충격적인 소식이 나오는 것은 다반사. 그때의 충격으로 기절하거나(pass out), 멍해지거나(go blank, blank out) 등을 알아두고 또한 뇌졸증(stroke)도 또한 많이 나오는 병명.

12문장으로 미드영어 후다닥 끝내기

- **pass out** 기절하다
  Any man can **pass out** from blood loss.
  누구든지 피를 흘리면 기절할 수 있어.

- **blank out** 머릿속이 하얘지다
  I don't know, I just **blank out**.
  모르겠어 그냥 머릿속이 하얘졌어.

- **go blank** 정신이 멍해지다
  I **went blank** in front of a TV camera.
  난 TV 카메라 앞에서 정신이 멍해졌어.

- **black out** 의식을 잃다
  I didn't **black out**. My head doesn't hurt.
  난 의식을 잃지 않았어. 머리가 아프지 않아.

- **punch[put] sb's lights out** 기절시키다
  That would **put her lights out**.
  그거면 걔를 기절시킬텐데.

- **sb's head is spinning** 머리가 빙돌다
  My head is spinning and not in a good way.
  머리가 빙빙돌아 아주 기분나쁘게 말야.

- **suffer a brain tumor** 뇌종양을 앓다
  My teacher **suffered a freak brain tumor**.
  내 선생님은 희귀한 뇌종양을 앓았어.

- **have a stroke** 뇌졸증을 앓다
  I think he**'s having a stroke**.
  난 걔가 뇌졸증을 앓고 있는 것 같아.

- **be out cold** 무의식 상태이다
  You **were out cold** when I got home last night.
  지난밤에 내가 집에 왔을 때 넌 의식이 없는 상태였어.

- **get a migraine** 편두통이 있다
  I gave him medication to prevent a **migraine**.
  난 걔한테 편두통을 예방할 약물처방을 해줬어.

- **be dizzy** 어지럽다
  I**'m dizzy**, and my mouth just went dry.
  난 어지럽고 입이 바싹 말러.

미드 Situation

Jason: **My head is really spinning** this morning. 오늘 아침에 정말 머리가 빙빙 돌더라.
Harriet: It looks like you're going to **pass out**. 정신을 잃을 것 같은데.
Jason: I know, I**'m feeling** totally **dizzy**. 알아, 정말이지 머리 어지러워.
Harriet: Well sit down before you **black out**! 그럼 졸도하기 전에 앉아!
Jason: Maybe I**'m suffering from a brain tumor**. 아마도 뇌종양을 앓고 있을지도 몰라.

속이 메스꺼워요~

004 I'm gonna throw up again.
나 또 토할 것 같아.

조금은 지저분하지만 아프니 어쩌랴~. 속이 안좋아서 혹은 잔혹하게 난도질 당한 시체를 봤을 때 probie가 할 수 있는 것은 토하는(vomit, puke, throw up) 것일 게다. 속이 메스껍거나 토하는 표현들을 집중 정리해본다.

12문장으로 미드영어 후다닥 끝내기

throw up (on) 토하다	You look like you're about to **throw up**! 너 토하려고 하는 것 같은데!
throw a map (지도를 그릴 정도로) 토하다	Sara **threw a map** after her drinking binge. 새라는 엄청나게 퍼마신 후 토했어.
chew the cheese 토하다	God, you look like you're about to **chew the cheese**. 어휴, 너 토할 것 같이 보인다.
queasy 속이 울렁거리는	Stop it. Blood makes me **queasy**. 그만해, 피를 보면 속이 울렁거려.
nauseous 메스꺼운, 역겨운	I've been **nauseous** for an entire week. 난 일주일 내내 속이 메스꺼웠어.
shoot one's cookies 먹은거 다 토하다(vomit)	Victoria **shot her cookies** in the toilet. 빅토리아는 화장실에 먹은 쿠키를 다 토해냈어.
upset stomach 소화불량	I can't eat because of my **upset stomach**. 난 소화불량에 걸려서 먹을 수가 없어.
be easy on one's stomach 위에 부담이 되지 않다	The rice soup will **be easy on your stomach**. 쌀죽은 위에 부담이 되지 않을거야.
have the runs 설사하다(diarrhea)	He stayed home because he **had the runs**. 걘 설사가 나서 집에서 나가지 않았어.
have the trots 설사하다(constipation 변비)	What's the matter? Do you **have the trots**? 왜 그래? 설사야?
give sb the trots 설사하게 하다	Coffee **gives** Catherine **the trots**. 캐서린은 커피를 먹고 나서 설사를 했어.
vomit 토하다	He **vomited** all over the counter. 걘 카운터 곳곳에 토해놨어.

Situation
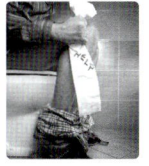

Nina: Does Raymond **have the trots**? 레이몬드가 설사했어?
Ted: No, he's complaining that he's **nauseous**. 아니, 속이 메스껍다고 투덜대고 있어.
Nina: What gave him the **upset stomach**? 뭐 때문에 속이 안좋지?
Ted: Some Chinese food made his tummy **queasy**. 중국음식 때문에 속이 울렁거리나봐.
Nina: A little soup will **be easy on his stomach**. 수프를 좀 먹으면 속이 편해질텐데.

삶과 죽음(Life & Death) 79

 몸에 열이 펄펄 끓어~

005 She's burning up.
걔 열이 펄펄 끓어.

이번에는 몸에 열이 나거나(have a fever) 머리구역에 속한 부분들로, 목이 아프거나(have a sore throat) 코가 막히고 (have a stuffy nose) 그리고 시력이 안좋은(not have a good eye-sight) 경우들을 살펴보자.

12문장으로 미드영어 후다닥 끝내기

- **run a fever**
  열이 나다
  If she **gets a fever**, call her doctor.
  걔가 열이 나면 걔 의사에게 전화해.

- **run a temperature**
  열이 나다(body temperature 체온)
  He was trying to **lower your body temperature**.
  걘 체온을 낮추려고 했어.

- **have a high temperature**
  열이 많이 나다
  The nurse said that I **had a temperature**.
  간호사는 내가 열이 난다고 말했어.

- **burn up**
  열이 나다
  He's **burning up**. We gotta get him to a hospital.
  걘 열이 나. 병원으로 데려가야 해.

- **have morning sickness**
  입덧하다
  I **get my morning sickness** in the evening.
  난 저녁에 입덧을 해.

- **have a sore throat**
  목이 아프다
  Two months ago, she complained of a **sore throat**.
  2달전에 걘 목이 아프다고 했어.

- **be stuffed up**
  코가 막히다(nose)
  Take some medicine if you're **stuffed up**.
  코가 막히면 약을 좀 먹어.

- **have a stuffy nose**
  코가 막히다
  I **have a stuffy nose** because of my allergies.
  난 앨러지 때문에 코가 막혀.

- **have a frog in one's throat**
  목이 잠기다
  The president **had a frog in his throat**.
  사장은 목이 잠겼어.

- **not have a good eye-sight**
  시력이 안좋다
  You **got a problem with your eyesight**?
  시력에 뭐 문제 있어요?

- **have bad breath**
  입냄새가 나다
  Oh, please, you **have bad breath**!
  오, 제발. 너 입냄새 죽인다!

- **body odor**
  체취
  Tim isn't ashamed of his own natural **body odor**.
  팀은 자기 몸에서 나는 자연적인 체취를 부끄러워하지 않아.

 미드 Situation

Peter: My God, this patient **is burning up**! 맙소사, 이 환자는 열이 끓네!
Vanessa: Yes, he **has a very high temperature**. 그래, 열이 무척 높아.
Peter: He was complaining of a **sore throat** this morning. 오늘 아침에 목이 아프다고 했어.
Vanessa: Do you think he could **be stuffed up**? 그 사람 코가 막힌 것 같아?
Peter: Not sure, but he definitely **has bad breath**. 잘 모르지만, 걘 입냄새가 심하네.

80 Chapter 3

006 Looks like defensive wounds.
다리가 부러졌어요!

방어흔처럼 보이는데.

미드에서 추격전을 벌이거나 혹은 폭행(assault)을 하면서 구타하는 장면이 많이 나오는데, 이때 몸에 생기는 것들이 타박상이다. 부러질 때는 break, 쥐날때는 cramp, 부을 때는 swell up, 그리고 찰과상은 scratch라고 하면 된다.

12문장으로 미드영어 후다닥 끝내기

☐ **break one's arm[leg]** 팔[다리]이 부러지다	That's when he **broke my ribs**. 바로 그때 걔가 내 갈비뼈를 부러뜨렸어.
☐ **have[get] a cramp** 쥐가 나다	God. I **have a cramp**! 맙소사. 나 쥐가 났어!
☐ **신체+cramp (up)** 경련이 나다	I swear I didn't mean to. My leg just **cramped up**. 정말이지 그럴려고 그런게 아니었어. 다리에 쥐가 났어.
☐ **have a bruise[get bruised]** 멍들다	How did you **get that bruise**? 어떻게 하다 그 멍이 든거야? She'**s got a bruise** on her forehead. 걔는 이마에 멍이 들었어.
☐ **with cuts and bruises** 상처투성이	Eileen survived **with just cuts and bruises**. 아이린은 상처투성이인 채 살아남았어.
☐ **swell up** 붓다	My feet **have swollen** to twice their natural size. 발이 평소보다 두배나 더 부었어.
☐ **swollen+(body part)** 부어 오른	The officer looked at her **swollen lips**. 경찰관은 걔의 부어오른 입술을 쳐다봤어.
☐ **(body part) be asleep** 저리다	Peter's foot **fell asleep** in class. 피터는 수업시간에 발이 저렸어.
☐ **scrape** 찰과상	I told you, it's just a **scrape**. 내가 말했잖아, 그냥 찰과상이야.
☐ **scratch** 긁힌 상처	Any **scratches** or defensive wounds, Tina? 티나, 긁힌 상처나 방어흔이 있어?
☐ **defensive wounds** 방어흔	These look like **defensive wounds**, maybe. 이것들은 아마도 방어흔같이 보이는데.
☐ **gunshot wounds** 총상	No **gunshot wounds**. No stab marks. 총상이나 자상은 없어.

미드 Situation

Sherry: Why is Fred's arm all bandaged? 왜 프레드의 팔에 붕대가 감겨있어?
John: He almost **broke it** when he fell down. 넘어졌을 때 거의 팔이 부러질 뻔했어.
Sherry: It looks like it'**s swollen up**. 부어오른 것 같아.
John: He said he'**s got cuts and bruises** on it. 걔 말로는 상처투성이래.
Sherry: Wow, **scrapes** like that can really hurt. 와, 저렇게 긁힌 상처는 정말 아프겠다.

삶과 죽음(Life & Death) 81

> 얻어 터져서 눈이 멍들었어요!

007 I've pulled a muscle.
나 근육이 다쳤어.

또한 두들겨 맞거나 차사고로 생기는 부상(injury) 그리고 911 요원들이 목에 대는 brace란 단어들을 알아두고 삐었을 때는 sprain, 베었을 때는 cut oneself, 그리고 맞아서 눈에 멍이 들었을 때는 have a black eye라 하면 된다.

12문장으로 미드영어 후다닥 끝내기

☐ **injury** 부상	No sign of trauma or obvious **injury**. 어떤 부상이나 뚜렷한 상처는 없어. Vomiting means your brain **injury** is getting worse. 구토하는 것은 너의 뇌부상이 악화되고 있다는거야.
☐ **crush injury** 압착 부상	David Conrad. 10 year old male, **crush injury** to the abdomen. 데이빗 콘래드, 10세 사내아이이고 복부까지 압착부상이 있어.
☐ **brace** 보조기	She is **wearing a neck brace**. 걘 목 보조기를 하고 있어.
☐ **bumps and bruises** 타박상	I'm OK, I just have **bumps and bruises**. 난 괜찮아, 그냥 타박상 입은 정도야.
☐ **ache** 아프다(aches and pains 온몸이 쑤심)	My mouth is dry, my body **aches**. 입이 마르고 몸이 쑤셔. She doesn't have a stomach **ache**, she's in labor. 걘 복통이 아냐, 산통중이야.
☐ **have a black eye** 눈이 멍들다	He also **gave** his son **a black eye**. 걘 아들의 눈을 멍들게 했어.
☐ **pull a muscle** 근육이 다치다	I shouldn't lift anything. I**'ve pulled a muscle**. 아무것도 들어올리지 말았어야 했는데, 근육이 다쳤어.
☐ **sprain** 삐다	You broke a tooth, you **sprained** his finger. 넌 이가 부러졌고 또 걔의 손가락을 삐게 했어.
☐ **cut oneself** 베다	He could have **cut himself** burying the body. 걔가 시신을 묻으면서 스스로 벴을 수도 있어.

미드 Situation

James: Where was the **injury** on the police officer? 경관이 어디 부상을 당한거야?
Betty: He **pulled a leg muscle** while making an arrest. 체포하다가 근육을 다쳤어.
James: I thought it was a **crush injury**. 압착부상인 것 같아.
Betty: No, he says it feels like a **sprain**. 아냐. 걘 삔 것 같다고 해.
James: Give him some aspirin for his **aches and pains**. 쑤시는데 먹는 아스피린을 걔에게 줘봐.

82 Chapter 3

008 We've got a V-FIB!
심실세동이 왔어!

심장이 그만 쉬고 싶대요~

나이가 들면 혈관이 수축되고 조금의 충격에도 심장마비(heart attack)가 걸리는데 그레이스 아나토미나 하우스를 보다 보면 심장이 일시적으로 멈추면 paddle을 가져와 Charge해서 심장에 충격을 줘서 다시 뛰게하는 장면이 많이 나온다.

12문장으로 미드영어 후다닥 끝내기

- **heart attack** 심장마비
  I don't think he had a **heart attack**.
  걔가 심장마비를 겪었다고 생각하지 않아.

- **heart failure** 심장발작
  He has an elevated heart rate. Looks like congestive **heart failure**. 걔 심장박동수가 증가했어. 충혈성 심장발작같아.

- **go into cardiac arrest** 심장마비에 걸리다
  People don't **go into cardiac arrest** from 0.1 cc of epinephrine. 사람들은 0.1씨씨의 에피네프린으로 심장마비에 걸리지 않아.

- **lower one's blood pressure** 혈압을 낮추다
  Then the infection **lowered her blood pressure**.
  그럼 염증이 걔 혈압을 낮추겠네.

- **take one's blood pressure** 혈압을 재다
  Does your wife **have high blood pressure**?
  네 아내 고혈압이야?

- **blood transfusion** 수혈
  I've never had a **blood transfusion**.
  난 수혈을 받아본 적이 없어.

- **heart beat** 심장박동
  Heart beat's irregular and accelerating!
  심장박동이 불규칙하게 증가하고 있어!

- **heart rate** 심박수
  Heart rate's up. Nothing else.
  심박수가 올라가고 있어. 다른 건 없어.

- **get a paddle** 패들을 가져오다
  We need to **get paddles**.
  심장에 전기충격을 주는 패들이 필요해.

- **charge to 300** 300으로 올리다
  Let's go again. **Charge to 300**.
  다시하자. 300으로 올려.

- **Clear!** 손떼!, 물러서!
  Still V-fib? Ok, charge to 300. **Clear**.
  아직도 심실세동야? 좋아, 300으로 올리고, 물러서.

- **V-fib** 심실세동 **(ventricular fibrillation)**
  No carotid. We've got **V-FIB**.
  경동맥은 아니야. 심실세동이야.

미드 Situation

Marlene: The patient **is having a heart attack**! 환자가 심장마비가 왔어요!
Willis: Quickly, check his **heart rate**. 빨리, 심박수를 확인해.
Marlene: No time, we've got to use the **V-Fib**. 시간이 없어, 실실세동기를 사용해야 돼.
Willis: Alright, **charge it up to 300**. 좋아, 300으로 올려.
Marlene: Let's get started with this. **Clear!** 이제 시작하자고, 자 물러서!

삶과 죽음(Life & Death) 83

~ 이병 저병 다 걸리네~

009 She got cancer.
걔 암에 걸렸어.

구체적인 병을 언급하는 것으로 암에 걸리거나(have a cancer) 당뇨병(diabetes) 아니면 백혈병(leukemia)에 걸리는 표현들에 익숙해지도록 한다. 굳이 의학미드가 아니더라도 기본적으로 모든 미드에 많이 나오는 기본적인 것들이다.

 12문장으로 미드영어 후다닥 끝내기

☐ **have[get] cancer** 암에 걸리다	Why do you think so many people **get cancer**? 왜 그렇게 많은 사람들이 암에 걸린다고 생각해?
☐ **have a seizure** 발작을 일으키다	She's **having a seizure**. 걔는 발작을 하고 있어.
☐ **spasm** 경련	Nothing around the vertebral artery. No sign of **spasms**. 추골동맥에는 아무 것도 없어요. 경련의 흔적이 없습니다.
☐ **have an asthma attack** 천식발작을 겪다	I **was having an asthma attack**. 난 천식발작을 겪었어.
☐ **infection** 감염	Run tests for **infections** and cancer. 감염 및 암 검사를 해봐.
☐ **diabetes** 당뇨병	Have you ever been diagnosed with **diabetes**? 당뇨병 진단을 받은 적이 있어요?
☐ **have anemia** 빈혈이 있다	Great. So do I **have anemia**? 좋아요. 그럼 내가 빈혈이 있다구요?
☐ **insomnia** 불면증	Symptoms are kidney failure, bleeding, and **insomnia**. 증상들은 신부전, 출혈 그리고 불면증 등입니다.
☐ **have leukemia** 백혈병에 걸리다	This doctor says you **have leukemia**. 이 의사 말이 네가 백혈병에 걸렸대.
☐ **have a rash** 발진이 있다	You've **got a rash**. 넌 발진이 있어.
☐ **red spot** 반점	I saw the **red spots** in her eyes. 난 걔의 눈에 반점이 있는 것을 봤어.
☐ **altered mental status** 정신상태변화	The **altered mental status** is intermittent, just like the verbal skills. 정신상태변화는 구술능력처럼 간헐적으로 나타나는 겁니다.

 미드 Situation

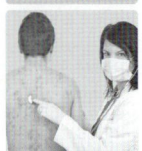

Jesse: Please examine this **red spot** on my friend. 내 친구의 이 반점을 검사해주세요.
Will: It looks like she **has a rash** there. 발진이 있는 것 같네요.
Jesse: Do you think she might **have cancer**? 암일 수도 있나요?
Will: It is more likely that she **has an infection**. 감염일 가능성이 더 커요.
Jesse: She was recently diagnosed with **leukemia**. 최근에 백혈병 진단을 받았어요.

아프면 병원에 가야지~

010 Code blue, stat.
긴급상황이야, 빨리.

아프면 병원에 가야 한다. 특히 병원을 the doctor's office, clinic이라 불리기도 하고 진찰받는 것은 see the doctor라 한다. 또한 병원의 중환자실은 ICU, 응급실은 ER, 그리고 비상상황은 code blue라고 한다.

12문장으로 미드영어 후다닥 끝내기

- **the doctor's (office)** 병원
  You stole it from **the doctor's office**.
  넌 병원에서 그걸 훔쳤어.

- **go to the doctor** 병원에 가다
  She's gonna **go to the doctor** in the morning.
  걘 오늘 아침에 병원에 갈거야.

- **see the doctor** 진찰받다
  I'm going to go **see the doctor**.
  난 의사의 진찰을 받을거야.

- **clinic** 클리닉, 병원
  Did your **clinic** perform abortions?
  여기 병원에서 낙태수술했어요?

- **be hospitalized** 병원에 입원하다
  Well, what happened? **Was** he **hospitalized**?
  어, 무슨 일이야? 걔가 입원했어?

- **be discharged** 퇴원하다, 제대하다
  Jack **discharged** her from the hospital.
  잭은 걔를 병원에서 퇴원시켰어.

- **code blue** 병원의 긴급상황
  Code blue, stat. Room 214.
  긴급상황, 속히 214호실로.

- **ICU(Intensive Care Unit)** 중환자실
  He was just transferred out of the **ICU**.
  걘 방금 중환자실에서 옮겨졌어.

- **ER(Emergency Room)** 응급실
  Get a wheelchair, and get this guy into the **ER**.
  휠체어 가져와서 이 환자 응급실로 데려가.

- **OBGYN** 산부인과(의사) **(obstetrics and gynaecology)**
  I'm not a trained **OBGYN**.
  난 산부인과 수업을 받은 사람이 아냐.

- **psych ward** 정신병동
  Can you get me in the **psych ward** or not?
  나를 정신병동에 넣을 거예요 아니예요?

- **psycho** 정신병자
  What's happening with the **psycho** lady?
  저 정신병 여자에게 무슨 일이 생긴거야?

미드 Situation

Lucy: Get your dad to the **clinic** tonight. 네 아빠 오늘 밤에 병원에 모셔가.
Brandon: We're going to **see the doctor** next week. 우리는 담주에 진찰 받을건대.
Lucy: No! He needs to **be hospitalized** right away! 안돼! 당장 병원에 입원시켜야 돼.
Brandon: So we'll take him to the **ER**? 그럼 응급실로 모셔가는 거예요?
Lucy: Yes, but he should be put in the **ICU**. 어, 하지만 중환자실에 입원시켜야 될거야.

삶과 죽음(Life & Death)

~ 병원에 왔다 그리고 죽었당~

011 He does an autopsy.
갠 부검하고 있어.

병원용어로 특히 의학미드볼 때 필요하다. stat는 즉시, DOA는 도착즉시사망, 그리고 범죄드라마에서 단골로 나오는 부검 하다는 do the autopsy라 한다.

12문장으로 미드영어 후다닥 끝내기

☐ **stat**
당장, 바로
We need a surgeon and an OR, **stat**!
외과의사와 수술실이 필요해, 당장!

☐ **do (one's) rounds**
회진하다
I **was doing rounds** when the alarm went off.
얼람 시계가 울렸을 때 나는 회진하고 있었어.

☐ **make the(one's) rounds**
회진하다, 둘러보다, 돌다
I'm going to go **make the rounds**. 회진하러 갈거야.
There's a bad cold **making the rounds**.
독감이 돌아다니고 있어.

☐ **DOA(Dead on Arrival)**
도착시 사망
Victim was **DOA** when he got here.
피살자는 여기 도착할 때 사망했어.

☐ **do the autopsy**
부검하다
I won't know until Dr. Johnson **does an autopsy**.
존슨 박사가 부검을 할 때까지는 나는 모르지.

☐ **autopsy report**
부검보고서
Can we see a copy of the **autopsy report**?
부검보고서 좀 볼 수 있을까?

☐ **clinic duty**
진료의무
I will let you out of **clinic duty** for one week.
일주일동안 진료의무에서 빼줄게.

☐ **clinically**
임상적으로
Chris is **clinically** depressed.
크리스는 우울증 진단을 받았어.
I feel like I'm going **clinically** insane.
난 임상학적으로 미친 것 같아.

☐ **clinical trial**
임상실험
He's using us to run **clinical trials**.
걔는 우리를 이용해서 임상실험을 하게 했어.

☐ **brain dead**
뇌사
She is completely and totally **brain dead**.
걔는 완전히 뇌사상태야.

Situation

Patty: We need a doctor over here, **stat**! 여기 의사가 필요해, 빨리!
George: The doctor **is** still **doing his rounds**. 의사는 아직 회진중예요.
Patty: Why **is** he **making the rounds** right now? 왜 지금 회진을 하는거야?
George: It's part of the **clinical trials** he's doing. 진행중인 임상실험의 일환예요.
Patty: Well, get him here or the patient will be **DOA**!
빨리 데려와, 그렇지 않으면 환자가 도착하자마자 죽을거야!

86 Chapter 3

012 Get the paramedics in here!
응급대원 이리 오라고 해!

병원에는 아픈 사람외에 이를 고치는 의사들이 있다. 거의 우리말화된 인턴, 레지던트, 전문의 등을 알아둔다. 그리고 사상자가 생겼을 때 긴급출동하는 긴급구조대는 paramedics라 한다. 또한 bedside manner는 뭘까 잘 머리굴려보라~.

12문장으로 미드영어 후다닥 끝내기

- **intern** 인턴의사, 인턴사원
  Every **intern** wants to perform their first surgery.
  모든 인턴은 첫번째 수술을 하기를 원해.

- **resident** 레지던트
  I'm an attending and you're only a **resident**.
  내가 주치의이고 넌 레지던트에 불과해.

- **surgeon** 외과의사
  Why did we want to be **surgeons** anyway?
  그나저나 왜 우리가 외과의사가 되려고 했지?

- **quack** 돌팔이
  I wanna show you that I'm not a **quack**.
  내가 돌팔이 의사가 아니라는 것을 보여주고 싶어.

- **family doctor** 가정의, 주치의
  Our **family doctor** works in the plaza.
  우리집 주치의는 플라자에서 일해.

- **attending** 주치의
  Every year the **attending** on call picks the best intern.
  매년 당직주치의가 최고의 인턴을 뽑아.

- **EMT** 응급전문의
  (emergency medical technician)
  I stabilized him the best I could until the **EMT**'s arrived. 응급전문의가 도착하기까지 최선을 다해 갤 안정시켰어.

- **paramedics** 응급구조대원
  Tell them to call **paramedics**. 걔네들보고 응급구조대원을 부르라고 해.
  I need **paramedics** immediately at 521 Hall Street.
  홀가 521번지로 즉시 응급구조대원을 보내주기 바람.

- **get an ambulance** 구급차를 부르다
  Somebody **call an ambulance**!
  누구 구급차를 불러줘요!

- **bedside manner** 환자다루는 법
  You have quite the **bedside manner**.
  넌 환자다루는 법이 무척 뛰어나네.

- **candy striper** (병원) 자원봉사하는 여자
  I told you I was a **candy striper**.
  난 병원에서 자원봉사하는 사람이었다니까.

- **nurse** 간호사, 간병하다
  When he was sick, I **nursed** him.
  걔가 아팠을 때, 난 간병을 했어.

미드 Situation

Dana: There is an **EMT** helping the accident victim. 한 응급전문의가 사고피해자를 돌봐주고 있어.
Morgan: Someone better **get an ambulance** too. 그래도 구급차를 불러야지.
Dana: I'll make sure a **surgeon** is waiting at the hospital. 외과의사가 병원에서 대기하도록 할게.
Morgan: Which doctor do you want **attending**? 어떤 의사 대기시킬려고?
Dana: Dr. Cho. He has a good **bedside manner**. 조 박사님. 환자한테 아주 잘 대해주셔.

삶과 죽음(Life & Death)

병원에서 수술하다

013 You can't scrub in!
넌 수술실에 들어오지마!

진단(diagnosis) 후 병명이 확정되면 치료를 해야 한다. 수술하다는 do the operation도 쓰지만 미드에서는 go under the knife, scrub in라는 생소한 표현을 쓴다는 것도 알아두어야 한다.

12문장으로 미드영어 후다닥 끝내기

go under the knife 수술하다
Mom has to **go under the knife** for cancer.
엄마는 암 때문에 수술을 받으셔야 돼.

scrub in 수술에 참여하다(scrub room 수술실)
I'm sorry. You cannot **scrub in**. 미안, 넌 수술에 들어올 수 없어.
Dr. Torres is gonna **scrub in** with me.
토레스 박사가 나와 함께 수술실에 들어갈거야.

diagnosis 진단
You were right about the **diagnosis**.
선생님 진단이 맞았어요.

biopsy 생검
We can't **biopsy** him without bleeding him to death.
그 환자를 생검하면 과다출혈로 죽을거야.

lesion 병변
Harmless **lesions** on your lungs. You're fine.
폐에 무해한 병변예요. 괜찮으세요.

put ~ to sleep 마취시키다, 안락사시키다
I think we may have to **put** him **to sleep**.
그를 마취시켜야 될지도 모른다고 생각해.

do the operation 수술하다
If you don't **do the operation**, I'll go find another doctor. 당신이 수술하지 않으면 다른 의사를 찾아볼테예요.

do the surgery 수술하다
I am surprised that you agreed to **do the surgery**.
네가 수술에 동의해서 놀랐어.

prep for 준비를 하다 (be prepped for 준비가 되다)
He's **being prepped for** surgery right now.
걔는 지금 바로 수술할 준비가 되어 있어.
She's just about **prepped for** her MRI?
그 환자 MRI 찍을 준비가 됐어?

psych eval 정신감정 (psychiatric evaluation)
She passed her first **psych eval**?
걘 일차 정신감정을 통과했어?

intubation 삽관법(입, 코 등으로 호흡유지하는 것)
Prep for **intubation** and alert the O.R.
삽관법 준비하고 수술실에 급히 알려.

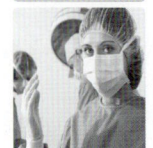

Situation

Carl: What's the **diagnosis** for your mom? 네 어머니 진단이 어떻게 나왔어?
Jude: She has an internal **lesion** in her chest. 가슴에 내부 병변이 있어.
Carl: **Is** she **going under the knife**? 수술할거야?
Jude: Yeah, the doctor **is scrubbing in** right now. 어, 의사선생님이 지금 수술하시고 계셔.
Carl: I hope she got someone good to **do the surgery**. 좋은 분한테 수술을 받으시면 좋겠어.

병원에서 수술 및 치료하기

014 Get an MRI and find it.
MRI 찍어서 찾아봐.

역시 우리말화된 CT와 MRI의 의미를 알아보며, 뇌에 산소를 빨리 공급하기 위한 인공호흡(CPR), 그리고 죽은자가 산사람을 살리기 위한 장기이식(organ transplant) 등이 귀에 잘 들린다. 하지만 가망이 없을 때는 mercy killing을 해야 하는 아픔…

12문장으로 미드영어 후다닥 끝내기

POD(post operation day) 수술후 며칠	No visitors allowed on her **POD**. 수술후 며칠 동안은 병문안 금지입니다.
vital sign 생존징후	53-year-old female, **vital signs** are stable now. 53세 여성, 생존징후는 현재 안정상태입니다.
suction 석션(피 등을 빼내다)	**Suction** him and get him on oxygen. 석션하고 산소를 주입해 숨을 쉬도록 해.
organ transplant 장기이식	When did your mother have an **organ transplant**? 너의 어머니 언제 장기이식수술을 하셨어?
CT(Cat Scan) CT 촬영하다	Head **CT** doesn't show any signs of a stroke. 머리 CT는 뇌졸증의 증상을 전혀 보여주지 않아.
MRI 자기공명영상 **(magnetic resonance imaging)**	Get an **MRI** and find it. MRI 찍어서 찾아봐.
flatline 죽다(심박모니터상 수평선이 된다), 죽음	He's **flatlining**. 걔는 죽어가고 있어. No. He's **not flatline**. There's movement in his heart. 아냐, 걔 심장이 멈추지 않고 있어. 심장이 뛰고 있다고.
kiss sth better 호호해주다	Momma always tried to **kiss it better**. 엄마는 늘상 호호 해주실려고 하셨어.
the kiss of life 인공호흡	My girlfriend was saved by **the kiss of life**. 여친은 인공호흡으로 목숨을 구했어.
mercy killing 안락사	So it was a **mercy killing**? 그럼 그건 안락사였어?
pump one's stomach 위를 세척하다	Doctors **pumped his stomach** after the OD. 의사들은 걔가 약물과다복용후 위세척을 했어.

Joyce: Check Mrs. Klein's **vital signs**. 클라인 씨의 생존징후를 확인해봐.
Grey: She's getting an **MRI** today? 오늘 MRI 찍나요?
Joyce: Right. She may need an **organ transplant** soon. 아, 곧 장기이식수술이 필요할지도 몰라.
Grey: Have we scheduled a **POD** yet? 수술후 경과보는 일정을 정했어?
Joyce: No, we'll do that after we complete the **CT**. 아니, CT촬영을 끝내고 정하자고.

삶과 죽음(Life & Death)

이젠 약도 먹어야지~

015 He's already on meds.
걘 이미 약물치료를 받고 있어.

수술여부를 떠나 약으로 병을 치료하고 억제를 하게 되는데 처방전(prescription)을 받아서 선생님 말을 잘 따라서 약을 복용해야(take one's medication) 한다. 알약은 pill, tablet이라 하는데 그렇다고 OD를 하면 죽을 수도 있으니 조심해야 한다.

12문장으로 미드영어 후다닥 끝내기

☐ **take one's medicine**
약을 복용하다
You have to **take your medicine**.
넌 약을 복용해야 돼.

☐ **practice medicine**
의료행위를 하다
You're still an MD. You still get to **practice medicine**.
넌 아직 의학박사야. 의료행위를 해야지.

☐ **prescribe a medicine**
약을 처방하다
He simply **prescribed a medicine** to help him live.
걘 그냥 그가 살 수 있도록 약을 처방해줬어.

☐ **on meds**
약물치료를 받고있는
He's already **on meds**. Our meds.
걘 이미 약물치료를 받고 있어. 우리가 준 약물로.

☐ **medication**
약(물), 약물치료
He still has no idea why the **medication** isn't working.
걘 왜 약물치료가 효과가 없는지 아직 모르고 있어.

☐ **be on the pill**
약을 복용중이다
I **have been on the pill** since I was 15.
난 15세 이후에 약을 계속 복용중이야.

☐ **sleeping pill**
수면제
I took a **sleeping pill** to get some rest.
난 좀 쉬기 위해 수면제를 먹었어.

☐ **take a tablet**
알약을 먹다
Take a tablet after every meal.
매 식사 후 알약을 하나씩 복용해.

☐ **dose**
(약의) 복용량
Can't you just give her a stronger **dose** of that drug?
걔에게 저 약을 더 강하게 주실 수 없어요?

☐ **overdose(OD)**
약물과용
Was it a drug **overdose** or murder?
약물과다복용야 아니면 살인였어?

She **OD'd** a week before she was killed.
죽기 일주전에 약물과용을 했어.

☐ **drug**
약
Usually the **drugs** are locked in the medicine cabinet.
보통 약들은 약품수납선반에 넣고 문을 잠근다.

미드 Situation

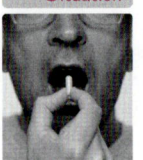

Arlene: Did Dr. Clark **prescribe a medicine** for your insomnia?
클락 선생님이 네 불면증 약을 처방해주셨어?

Mel: Yes, he gave me a powerful **sleeping pill**. 어, 강력한 수면제를 주셨어.

Arlene: Is the **medication** working for you? 약먹으니까 효과가 있어?

Mel: It's a high **dose**, and I'm always sleepy. 약이 강해서 온종일 졸려.

Arlene: You should take care not to **overdose**. 너무 많이 먹지 않도록 해.

약먹거나 주사를 맞는다

016 He popped a few vicodin.
걔는 바이코딘을 좀 먹었어.

약을 투여하는 것은 특이하게도 administer라는 동사를 쓰며 닥터 House 때문에 유명해진 Vicodin, 그리고 아드레날린이라는 영화로 유명해진 epinephrine 등 빈출약과 주사맞는 것 등을 알아둔다.

12문장으로 미드영어 후다닥 끝내기

- [ ] **be popping pills** 약을 많이 복용하다
  I started **popping** cough drops.
  난 감기약을 많이 복용하기 시작했어.

- [ ] **pop a+약물** …을 먹다
  He **popped a** couple of sleeping pills that night.
  걔 그날 저녁 수면제 몇 알을 먹었어.
  He **popped a** few vicodin, and he was fine.
  걔 바이코딘 몇알 먹었는데 괜찮았어.

- [ ] **administer** 약을 투여하다
  Someone **administered** lethal doses.
  누군가 치사량을 투여했어.
  We'll never be able to prove who **administered** the fatal dose. 우린 누가 치사량을 투여했는지 증명할 수 없을거야.

- [ ] **wonder drug** 특효약
  Which is why it's been called a **wonder drug**.
  그래서 그게 특효약이라고 불리는거야.

- [ ] **vicodin** 바이코딘
  He hasn't had **Vicodin** in over a day.
  걘 하루 이상 바이코딘을 먹지 않았어.

- [ ] **atropine** 심장박동을 빠르게 하는 약
  His heart's not responding to the **atropine**.
  걔 심장은 아트로핀에 반응을 하지 않아.

- [ ] **epinephrine** 에피네프린(아드레날린)
  I'm giving him 12 ccs of **epinephrine**.
  난 걔에게 12cc의 에피네프린을 투여할거야.

- [ ] **inject** 주사하다(intravenous inject 정맥주사)
  We're going to **inject** you with hepatitis A.
  A형 간염주사를 놓을겁니다.

- [ ] **give sb an injection** 주사를 놓다
  She needs an **injection** of epinephrine, and quickly.
  걘 에피네프린 주사를 맞아야 돼, 아주 빨리.
  She'**s giving** our patient her third vaccine **injection**.
  걘 우리 환자에게 세번째 백신주사를 놓을거야.

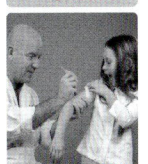

Betty: I'm here to **give** you **an injection**. 주사놓으러 왔어요.
Lenny: I'd rather **pop some pills** instead. 대신에 약을 먹고 싶은데요.
Betty: You don't like intravenous **injections**? 정맥주사를 싫어해요?
Lenny: No. Please **administer the medicine** another way. 예, 다른 방식으로 약을 투여해주세요.
Betty: OK, I'll get you some **Vicodin** tablets. 알았어요. 바이코딘 알약을 줄게요.

삶과 죽음(Life & Death)

~ 우리는 인조인간이당~

017 She had a boob job done.
걔 가슴성형수술 받았어.

더 이상 성형은 숨기지 않고 오히려 자랑하는 시대가 왔다. 그 성형수술에 관련된 표현을 알아두는데 특히 미드제목으로도 유명한 닙턱(좀 야하다)에서 nip은 짜르고, tuck은 쑤셔넣다라는 두단어가 합쳐져 성형수술(plastic surgery)을 뜻한다.

  12문장으로 미드영어 후다닥 끝내기

☐	**get plastic surgery** 성형수술을 하다	I would never **get plastic surgery**. It's gross. 난 절대로 성형수술을 받지 않을거야. 끔찍해.
☐	**get[have] a boob job** 가슴성형을 받다	I loved every **boob job**, every tummy tuck. 난 가슴성형수술이나 복부내장제거수술을 좋아했어.
☐	**get[have] a nose job** 코성형수술하다	When I **had my nose job**, I stayed in for a month. 코성형수술 받은 후 한달동안 밖에 나가지 않았어.
☐	**nip and tuck(Nip/Tuck)** 성형수술(짜르고: nip, 쑤셔넣다: tuck)	A little **nip and tuck** and you'll look younger. 성형 조금만 하면 더 젊어보일거야.
☐	**tummy tuck** 복부지방제거수술	You have a tight schedule of nose jobs and **tummy tucks**. 코성형수술, 복부지방제거수술로 일정이 빡빡해요.
☐	**liposuction** 지방흡입술	She hasn't had **liposuction**. 걘 지방흡입술을 받은 적이 없어.
☐	**gain weight** 살이 찌다(put on weight)	This is why she couldn't **gain weight**. 이것이 걔가 살이 찔 수가 없는 이유야.
☐	**lose weight** 살이 빠지다	Tim doesn't want you to **lose weight**, does he? 팀은 네가 살이 빠지는 걸 원하지 않지, 그지?
☐	**a bag of bones** 뼈만 앙상한(skinny)	The old woman was just **a bag of bones**. 저 노부인은 뼈만 앙상했어.
☐	**be skin and bones** 빼빼마른	He survived, but he **was skin and bones**. 걘 생존했지만 뼈만 있을 정도로 말랐어.
☐	**chubby girls** 뚱뚱한 여자	For what it's worth I like **chubby girls**. 내 생각일 뿐이지만 난 뚱뚱한 여자가 좋아.
☐	**get fat** 살찌다	I'll get overweight, I'll be too **fat** to cheer! 나는 살이 너무 찔거고 너무 뚱뚱해서 건배도 못할거야!

미드 Situation

Renee: Pamela Anderson **has gotten a lot of plastic surgery**.
파멜라 앤더슨은 정말 성형수술을 많이 받았어.

Heather: I see she had a **boob job** done. 가슴성형도 받았겠지.

Renee: Yes, and she**'s gotten a nose job** too. 그럼, 코 성형도 받는걸.

Heather: Have you ever had a **nip and tuck** done? 넌 성형수술 받은 적 있어?

Renee: No, I just diet if I want to **lose weight**. 아니, 난 다이어트해서 살을 빼.

018 He has a perfect build.
걘 체격이 완벽해.

그래서 성형을 다들 하나보다. 여기서는 체질이나 몸매의 좋고 나쁨, 그리고 얼굴이 맛있게 잘 생겼는지(real doll) 아니면 못생겼는지(homely)를 정리해보자.

12문장으로 미드영어 후다닥 끝내기

have a strong constitution 체질이 건강하다	One of my waiters bailed on me because he **has a weak constitution**. 웨이터 한 명이 몸이 허약해서 오늘은 일을 못해.
perfect build 완벽한 신체, 체격	Most models have a **perfect build**. 대부분의 모델은 체격이 완벽하지.
keep one's figure 몸매를 유지하다	How do you **keep your figure** as you age? 나이가 들어가면서 너는 몸매를 어떻게 유지해?
have a good figure 몸매좋다	People say my mom **has a good figure**. 사람들은 내 엄마 몸매가 좋다고들 해.
give sb a clean bill of health 건강하다고 보증하다	The doc says he'll **give** you **a clean bill of health**. 의사는 네게 건강하다는 소견서를 써주겠대.
ugly mug[face] 낯짝, 쌍판	Have you seen this **ugly mug** around? 이 쌍판 근처에서 본 적 있어?
good looks 잘생긴 용모(good looking 잘생긴)	Michael may have movie-star **good looks**. 마이클은 영화배우처럼 용모가 잘 생겼을지 몰라.
be a real doll 완전히 조각이다	Vera? Yeah, she'**s a real doll**. 베라? 어, 걘 미모 끝내줘.
one's appearance 외모	I'm Chris. Forgive the **appearance**. 크리스인데요, 몰골이 말이 아니어서 실례. Trust me, a young girl is completely and solely judged by her **appearance**. 날 믿어, 젊은 여자는 절대적으로 외모로 판단돼.
homely guy 못생긴 남자	She was kind of **homely** and strange-looking 걘 좀 못생기고 외모가 좀 이상했어.
what does sb look like? …외모가 어때?	Well **what did he look like?** 걔 외모가 어땠는데?

미드 Situation

Andrea: I admire your sister'**s good looks**. 네 누나 한 미모 하는데.
Eddie: She pays a lot of attention to her **appearance**. 외모에 신경 엄청 써.
Andrea: Everyone says she **has a good figure**. 다들 네 누나 몸매가 끝내준대.
Eddie: **What does** your younger brother **look like**? 네 남동생은 어떻게 생겼어?
Andrea: Sadly, he is a very **homely** guy. 안타깝게도, 걘 아주 못생겼어.

🎯 건강해지려면 운동을 해야

019 I'm fit as a fiddle!
나는 건강해!

병원에 가지 않으려면 운동을 해야지. 운동하다는 exercise를 쓰지만 work out을 많이 쓴다는 점을 알아둔다. 건강관련 표현에서는 fit, shape 등의 단어가 빠지지 않으며 get a physical(건강검진받다), get the physical(몸싸움하다)는 구분해야…

📺 12문장으로 미드영어 후다닥 끝내기

☐ **work out**
운동하다

I don't **work out** during the week.
난 주중에는 운동을 하지 않아.

☐ **get[do] a physical**
건강검진받다

The student needs to **get a physical** this week.
그 학생은 이번 주에 건강검진을 받아야 해.

☐ **be physically fit**
건강하다

You aren't **physically fit** for the army.
넌 군복무할 정도로 신체적으로 건강하지 않아.

☐ **get[stay] in shape**
건강을 유지하다

He boxed to **stay in shape**.
걘 건강을 유지하기 위해 권투를 했어.

☐ **whip sb into shape**
운동을 해서 건강하게 하다

The new coach **whipped** the soccer team **into shape**.
신임코치는 축구팀을 훈련시켜 강하게 만들었어.

☐ **be in good shape**
건강하다, 몸매좋다

Dr. Shephard said Roy **was in good shape**.
쉐퍼드 박사는 로이가 건강했다고 말했어.
The guy **was in good shape**. 그 친구는 건강상태가 좋았어.

☐ **be fit as a fiddle**
건강하다

Grandpa is old, but he'**s fit as a fiddle**.
할아버지는 나이드셨지만 건강하셔.

☐ **in the pink**
건강한

Don't worry, you're **in the pink**. 걱정마, 넌 건강해.
Enjoy yourself, while you're still **in the pink**.
즐기며 살라고, 아직 건강할 때 말야.

☐ **be on a diet**
다이어트하다

You need to **go on a diet**.
넌 다이어트를 해야 돼.

☐ **lose one's looks**
매력을 잃다

Jane knew she **had lost her looks**.
제인은 자신이 매력을 잃었다는 것을 알고 있었어.

Liza: You'll need to **get a physical** before playing soccer. 축구경기 전에 넌 건강검진을 받아야 돼.
Donnie: Really? But I'**m fit as a fiddle** these days. 정말? 하지만 요즘 난 건강한데.
Liza: How do you **keep physically fit**? 어떻게 신체적으로 건강을 유지하고 있어?
Donnie: I **work out** four or five times a week. 일주일에 네다섯번 운동을 해.
Liza: The doctor will tell you if you'**re in the pink**. 의사가 네가 건강하다고 말해줄거야.

020 Tuck her into bed right now.

걔 당장 재워.

잠 잘자면 병도 이겨내~

잠만 잘자도 병에 걸릴 확률이 많이 줄어든다. 여기서는 잠들다, 재우다 등 잠에 관한 표현들을 정리한다. 특히 go to bed는 잠자다라는 표현으로 침대에서 깔작대면서 안자는 사람에게도 "어서자"라고 할 때도 Go to bed!라고 쓴다는 점 기억해둔다.

12문장으로 미드영어 후다닥 끝내기

- **go (back) to sleep** 잠들다
  All right, then. Let's **go to sleep**.
  좋아, 그럼. 자자.

- **go to bed** 잠들다
  I guess since there's no TV, I'll just **go to bed**.
  TV가 없기 때문에 그냥 자야 될 것 같아.

- **get sb into bed** 재우다, 섹스하다
  Get him **into bed** and tell him to rest.
  걔를 침대에 누이고 쉬라고 해.

- **put[send] sb to bed** 재우다
  I **sent** them **to bed** without any supper.
  난 걔네들을 저녁을 먹이지 않고 재웠어.

- **make one's bed** 잠자리 준비하다
  Make your bed before you leave the house.
  집 나서기 전에 잠자리 준비해놔.

- **have a late night** 늦게 자다
  We all are tired because we **had a late night**.
  우린 어제 늦게 자서 모두 다 피곤해.

- **fall asleep** 잠이 들다
  I **fall asleep** on the extra bed sometimes, studying late. 난 늦게까지 공부하다 때때로 보조침대에서 잠들어.

- **be[fall] sound asleep** 깊이 잠들다
  He's still **sound asleep**.
  걘 아직도 깊이 잠들었어.

- **have a good night's sleep** 푹자다
  Did you **have a good night's sleep**?
  어제 푹잤어?

- **sleep tight** 푹자다
  Alright, **sleep tight** buddy.
  좋아, 잘자라 친구야.

- **sleep like a log** 푹 잘자다
  I **slept like a log** after working all night.
  밤새 일을 하고 난 후에 아주 푹 잘잤어.

- **tuck sb into bed** 침대눕히고 이불덮어주다(tuck sb in 이불덮어주다)
  Tuck Linda **into bed** around eight o'clock.
  린다를 8시경에는 침대에 눕혀.

미드 Situation

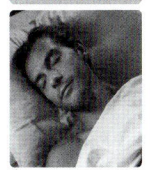

Cindy: Did you **send** your daughter **to bed**? 네 딸네미 재웠어?
Danny: Yeah, I just **tucked** her **in** for the night. 어, 침대에 눕히고 재웠어.
Cindy: How long does it take her to **fall asleep**? 걔가 잠드는데 얼마나 걸려?
Danny: I'm sure she's **sleeping like a log** right now. 지금쯤 골아떨어져 푹자고 있어.
Cindy: Hopefully she'll **sleep tight**. 푹자기를 바래.

특이한 잠자는 표현들

021 You really did crash here?
너 정말 여기서 잤단 말야?

역시 잠에 관련된 표현들이지만 sack out, hit the sack 등 속어적 표현과 crash가 예정없이 남의 집에서 잔다는 의미로 쓰인다는 점에 약간 놀라면서 하지만 자주 쓰인다는 점에서 더 놀라면서 꼭 머릿속에 담아두도록 한다.

12문장으로 미드영어 후다닥 끝내기

표현	예문
sack out 잠자리에 들다(sleep)	We'll just go **sack out** in the bedroom. 우리는 그냥 잠자리에 들거야.
hit the sack[hay] 잠자리에 들다	It's late and I'm going to **hit the sack**. 늦었어, 잠자리에 들려고.
get[catch] some Zs 자다	Henry **caught some Zs** on the plane ride. 헨리는 비행기안에서 잠을 잤어.
crash (예정없이) 남의 집에서 자다	Thanks for letting me **crash** here last night. 어젯밤 여기서 재워줘서 고마워.
crash out 피곤해 빨리 자다	I went home and I **crashed out**. 난 집에 가서 피곤해 금방 잠 들었어.
get one's beauty sleep 건강을 위해 숙면하다	I didn't mean to interrupt your **beauty sleep**. 네가 건강을 위해 숙면하는 것을 방해하려는게 아니었어.
bunk with sb 자다	I **bunked with** a hooker who wouldn't shut up. 끊임없이 재잘되는 매춘부와 잤어.
go[be] out like a light 빨리 잠들다	In five minutes, John **was out like a light**. 5분만에 존은 금새 잠들었어.
take to one's bed 아파서 자다	My boss **took to his bed** with the flu. 사장님은 독감 때문에 주무셨어.
send sb to sleep 잠들게 하다	**Send** the boy **to sleep**. He's tired. 그 소년을 잠재워. 걔 피곤해.
take a nap 낮잠자다	He always makes me **take a nap** after lunch. 걘 늘상 점심 후에 낮잠을 자게 해.
get[have] forty winks 낮잠자다	Excuse me while I **get forty winks**. 실례지만, 나 좀 쉬어야겠어.

Sheldon: I'm about ready to **sack out**. 이제 잘 준비가 됐어.
Penny: I feel ready to **crash** myself. 나도 잠이 오려는 것 같아.
Sheldon: Is there a place to **take a nap** here? 여기 어디 낮잠 잘 곳이 있어?
Penny: You're welcome to **bunk with** me. 나와 함께 자도 돼.
Sheldon: Great. In five minutes I'll **be out like a light**. 좋지. 난 5분이면 금방 잠들거야.

잠못 이루는 숱한 나날들

022 You were up all night?
너 밤 샌거야?

고민과 아픔, 그리고 걱정이 많으면 잠을 잘 잘 수가 없게 된다. 여기서는 지금까지와는 반대로 잠을 잘 못잔다고 할 때 쓰는 다양한 표현들을 모아본다.

12문장으로 미드영어 후다닥 끝내기

- **get no sleep** 잠을 못자다
  I'm sorry, I **got no sleep** last night.
  미안해요, 간밤에 잠을 못잤어요.

- **not sleep at all** 잠은 전혀 못자다
  Do you **get any sleep at all**?
  잠 좀 잤어?

- **not sleep a wink** 눈을 못붙이다
  I couldn'**t sleep a wink** last night.
  지난밤에 잠을 잘 수가 없었어.

- **toss and turn** 잠을 설치다
  The sickness made me **toss and turn**.
  아파서는 잠을 설쳤어.

- **keep sb up** 잠못들게 하다
  The guests **kept** us **up** late.
  방문객들 때문에 잠을 늦게까지 못잤어.

- **pull an all-nighter** 밤새우다
  Peter says we might **be pulling an all-nighter**.
  피터는 우리가 밤을 새울 수도 있을지 모른대.

- **be[stay] up all night** 밤을 새다
  You **were up all night**?
  너 꼬박 밤샜어?

- **sleep in** 평소보다 늦게 일어나다
  You can **sleep in** this weekend.
  넌 이번 주말에 늦잠자도 돼.

- **rise and shine** 잠자리에서 일어나 정신차리다
  Rise and shine! Let's get breakfast.
  잠자리에서 일어나! 아침먹자.

- **wake up** 일어나다
  You **woke** me **up** for that?
  너 저거 때문에 날 깨운거야?

- **get out of bed** 일어나다
  I can hardly **get out of bed**. Feeling blue.
  침대에서 일어나기가 넘 힘드네. 울쩍하기도 하고.

- **kick sb out of bed** 깨우다(get[knock]~)
  She **kicked** me **out of bed** after the argument.
  다툼끝에 걘 나를 침대밖으로 내쫓았어.

미드 Situation

Cathy: I **got no sleep** at all last night. 지난 밤에 한숨도 못잤어.
Stephen: What **kept** you **up** so late? 뭣 때문에 늦게까지 잠을 못잔거야?
Cathy: I was worried, so I **was tossing and turning**. 걱정이 많아서 계속 뒤척였어.
Stephen: Well tomorrow you'll be able to **sleep in**. 그럼 내일은 늦게 일어나도 되겠다.
Cathy: I don't plan to **wake up** until after noon. 12시까지는 일어나지 않을거야.

삶과 죽음(Life & Death)

이젠 영원히 잠드는 표현들

023 She took your son's life.
걔가 네 아들의 목숨을 앗아갔어.

잠에서 깨어나지 않는게 죽음이라고 하지만… 억울하게 죽은 사람도 많고 그래서 Ghost Whisperer가 있는거고…. 여기서는 타살, 자살, 혹은 자연사 등 다양한 죽음의 표현들을 정리해본다.

12문장으로 미드영어 후다닥 끝내기

☐ **blow one's brains out** 총으로 머리를 박살내다	You really gonna let me **blow his brains out**? 정말 내가 걔 머리를 박살내기를 바래?
☐ **blow one's head[face] off** 총으로 머리[얼굴] 쏴죽이다	I am gonna **blow this guy's head off**. 난 총으로 이 자식의 머리를 날려버릴거야.
☐ **put sb to death** 죽이다	The warden **put** him **to death** at 6 am. 교도관은 오전 6시에 그를 사형시켰어.
☐ **club sb to death** 때려죽이다	A robber **clubbed** the clerk **to death** in the store. 한 강도가 사무원을 돌로 때려 죽였어.
☐ **stone sb to death** 돌로 쳐죽이다	Several criminals **were stoned to death** in Pakistan. 파키스탄에서 여러명의 범죄자들이 돌로 쳐서 살해됐어.
☐ **stab sb to death** 칼로 찔러 죽이다	Jennifer **stabbed** her husband **to death**. 제니퍼는 남편을 칼로 찔러 죽였어.
☐ **beat sb to death** 때려죽이다	Can you **beat** him **to death** with that? 넌 뭘로 걔를 때려죽일 수 있어?
☐ **thrust[stick] the knife** 칼로 찌르다	She **thrust the knife** into the victim's chest. 걔는 피살자의 가슴을 칼로 찔렀어.
☐ **have (one's) blood on one's hands** (…을) 죽이다	The lawyer **has blood on his hands**. 변호사는 자기 손에 피를 묻혔어.
☐ **take sb's life** …의 목숨을 앗아가다	She is not the woman that **took your son's life**. 걔는 네 아들의 목숨을 앗아간 여자는 아냐.
☐ **chop sb up** 토막내다	He had oral sex with her before he **chopped** her **up**. 걔는 그 여자와 오럴섹스를 한 다음에 토막살인을 저질렀어.

 미드 Situation

Ernie: This prisoner **has blood on his hands**. 이 죄수는 자기 손에 피를 묻혔대.
Diane: I was told he **took someone's life**. 다른 사람을 죽였다고 하더라고.
Ernie: He **stabbed** a bank clerk **to death**. 은행 사무원을 칼로 찔러 죽였대.
Diane: That's awful. He should **be put to death**. 끔찍해라. 사형당해야겠네.
Ernie: I'd love to **beat** him **to death** myself. 내가 그냥 쳐죽이고 싶어.

죽거나 죽임을 당하거나

024　He was shot at close range.
갠 근접거리에서 총을 맞았어.

계속해서 죽음과 관련된 표현으로 조폭들이 "야, 걔 처리해"라고 할 때는 take care of를 쓰고 크리미널마인드의 타겟인 연쇄살인범은 serial killer라고 한다. 그리고 돈많은 것들은 꼭 hire a hit man 한다니까!

12문장으로 미드영어 후다닥 끝내기

- [ ] **waste sb**
  죽이다

  The soldiers **wasted** the whole village.
  군인들은 모든 마을 사람들을 죽였어.

- [ ] **take care of**
  죽이다

  Go out and **take care of** that scumbag!
  가서 저 쓰레기 같은 인간 처치해!

- [ ] **shoot (down)**
  총으로 쏘다

  He **was shot** at close range.
  그는 근접거리에서 총을 맞았어.

- [ ] **get killed**
  살해당하다

  I don't think you **killed** the school bus driver.
  네가 스쿨버스 운전사를 죽였다고 생각하지 않아.

  So, who's the guy who **got killed**?
  그럼 살해당한 사람이 누구야?

- [ ] **serial killer**
  연쇄살인범

  Serial killers have abusive parents.
  연쇄살인범들의 부모들은 아이들을 학대해.

- [ ] **hire a hit man**
  청부살인업자를 고용하다

  She **hired a hit man** to frame you.
  그 여자는 너를 함정에 빠트릴려고 청부업자를 고용했어.

- [ ] **murder**
  살인하다

  Is that why you raped and **murdered** them?
  네가 강간하고 그들을 살해한 이유가 그란 말이야?

- [ ] **fire a gun**
  총을 발포하다

  I've never **fired a gun** before.
  난 전에 총을 쏴본 적이 전혀 없어.

- [ ] **gun sb down**
  총을 쏴서 쓰러트리다

  They **gunned** my mother **down**, man.
  그들은 내 엄마를 총을 쏴서 죽였어.

- [ ] **put a bullet through one's head**
  머리에 탄환이 관통하다

  Why not just **put bullet in his head**?
  왜 걔 머리에 총알이 관통하지 않았어?

  I'm gonna **put a bullet right through your brain**.
  네 머리에서 총알을 꺼낼거야.

미드 Situation

Nellie: The mafia boss **took care of** the snitch. 마피아 보스는 밀고자를 처단했어.
Ike: Did he **gun** him **down** himself? 보스가 직접 총으로 죽였어?
Nellie: I think he **hired a hit man** to do it. 청부살인업자를 고용한 것 같아.
Ike: How **was** the poor guy **killed**? 그 가엾은 놈은 어떻게 죽였대?
Nellie: Someone **put a bullet through his head**. 누군가 걔 머리에 총알을 관통시켰어.

삶과 죽음(Life & Death)

어찌어찌해서 결국은 죽다

025 He dropped dead at work.
그 사람은 일을 하다 죽었어.

우리에게 익숙한 돌연사는 drop dead, 얼어죽으면 freeze to death, 그리고 불에 타서 죽으면 be burned to death라고 하면 된다. 좀 비유적으로 말하려면 go toward the light라고 한다.

12문장으로 미드영어 후다닥 끝내기

☐ **drop dead** 급사하다, 돌연사하다	Do me a favor and tell Jack that he can **drop dead**! 부탁인데 잭에게 돌연사할 수도 있다고 말해줘!
☐ **spell death** 죽다	The cancer **spelled death** for the old man. 암은 그 노인에게 죽음을 가져왔어.
☐ **go dead** 죽다, 먹통이 되다(be dead 죽다)	Which means he **was dead** before the fire started. 그건 걔가 총격전이 시작되기 전에 죽었다는 거야.
☐ **be dead meat** 난 죽은 목숨이다	If you are caught, you **are dead meat**. 네가 잡히면 죽은 목숨이야.
☐ **bite the dust** 죽다	My MP3 player **bit the dust** today. 내 MP3가 오늘 먹통이 됐어.
☐ **freeze to death** 얼어죽다	I thought I'd **freeze to death**. 내가 얼어 죽을거라고 생각했어.
☐ **be burned to death** 타죽다	Seven people **got burned to death** today. 7명의 사람들이 오늘 불에 타 죽었어.
☐ **buy the farm** 죽다	I'm afraid your buddy **bought the farm**. 네 친구가 죽었을까 걱정돼.
☐ **be pushing up daisies** 죽어서 묻히다	Don't stop or you'll **be pushing up daisies**. 멈추지마 아니면 너는 죽어서 묻히게 될거야.
☐ **die on sb** …앞에서 죽다(die on the job 순직하다)	The brave firefighter **died on** the job. 용감한 소방관은 순직했어.
☐ **go toward the light** 죽다(go out of this world 죽다)	After dying, you **go toward the light**. 목숨이 끊긴 후에 너는 빛을 향해 가게 돼.
☐ **meet one's doom** 죽다	My uncle **met his doom** fighting in the war. 내 삼촌은 전쟁에서 싸우다 죽었어.

미드 Situation

Irv: How did Sal **meet his doom**? 어떻다 샐이 죽은거야?
Morty: He **was burned to death** in a building fire. 빌딩화재로 불에 타 죽었어.
Irv: What a terrible way to **bite the dust**. 참 끔찍하게 죽었네.
Morty: Do you have a better way to **buy the farm**? 더 좋게 죽는 방법이 있어?
Irv: I want to be really old before I **drop dead**. 정말이지 급사하기 전까지 오래 살고 싶어..

Chapter 3

얼마나 살기 싫었으면 자살을 할까

026 She took her own life.
걔 스스로 목숨을 끊었어.

종교에서는 죄악이라고 하지만 얼마나 본인은 힘들었으면 자살을 할까(off oneself, hang oneself, kill oneself) 그들의 맘을 헤아려보기를 바란다. 거의 죽을 뻔했다고 할 때는 be nearly dead, 그리고 간신히 죽음을 면했을 땐 cheat death라 한다.

12문장으로 미드영어 후다닥 끝내기

- **off oneself** 자살하다
  The perp **offed himself** before the cops came.
  범인은 경찰이 오기 전에 자살했어.

- **hang oneself** 자살하다
  His son **hanged himself** a month ago.
  걔 아들은 한달 전에 자살했어.

- **kill oneself** 자살하다
  I think he **killed himself** to get away from that family.
  걔는 그 집에서 벗어나기 위해 자살한 것 같아.

- **kick the bucket** 자살하다
  She could **kick the bucket** any day now.
  걔는 하시라도 자살할 것 같아.

- **make an attempt on one's life** 자살하다
  What makes you think it was an **attempt on his life**?
  왜 그게 자살미수라고 생각하는거야?

- **take one's own life** 자살하다
  She has the right to **take her own life**.
  걔는 자살할 권리가 있어.

- **want sb dead** 죽기를 바라다
  Why would I **want** him **dead**?
  내가 왜 걔가 죽기를 바라겠어요?

- **be nearly dead** 죽을 뻔하다
  My grandma is lying there, **nearly dead**.
  내 할머니는 그곳에 누워계셔서, 거의 죽을 뻔하셨어.

- **cheat death** 간신히 죽음을 면하다
  There's no way to **cheat death**.
  죽음을 피할 길은 없어.

- **at death's door** 죽음의 문턱에서
  I'm afraid the victim is **at death's door**.
  피해자가 죽음의 문턱에 있는 것 같아.

- **stay with me** 죽어가는 사람에게 정신차려
  Stay with me, Pan! I want you to stay with me!
  정신차려, 팬! 정신차리라고!

Situation

Arial: The young girl is still **at death's door**. 그 젊은 여자애는 아직 죽음의 문턱에 있어.
Bettina: They say she tried to **off herself**. 스스로 목숨을 끊으려고 했대.
Arial: She attempted to **hang herself** in her bedroom. 침대에서 목을 매 죽으려고 했대.
Bettina: I can't understand why she wanted to **take her own life**.
왜 자기 목숨을 앗아갈려고 했는지 이해가 되지 않아.
Arial: We'll never know because she**'s nearly dead**. 상태가 안좋아서 무슨 일인지 알 수가 없을거야.

삶과 죽음(Life & Death) 101

~ 죽으면 장례식을 ~

027 We're so sorry for your loss.
고인의 명복을 빕니다.

사람이 죽으면 가까운 사람이 모여서 장례식(burial)을 하고 장례식이 끝나면 함께 모여서 음식을 먹으면서 장례식에 온 사람들에게 감사하며 또한 고인을 추모하는 모임(wake)을 갖는다.

12문장으로 미드영어 후다닥 끝내기

☐ **pay one's respects**
조의를 표하다(at the wake or funeral)

Hundreds of people stopped by to **pay their respects**. 수많은 사람들이 조의를 표하기 위해 멈춰섰어.

☐ **burial**
장례식

I'm giving this girl a proper **burial**.
이 소녀에게 합당한 장례식을 치루어줄거야.

☐ **burial ground**
장지

This is an ancient **burial ground**.
이곳은 고대 무덤터야.

☐ **at the wake**
장례후 접대

You sure had a hell of a time **at the wake**.
너는 장례식 후 다과모임에서 끔찍한 시간을 보냈구나.

He saw them flirting **at the wake**.
걔는 그들이 장례후 접대모임에서 집적대는 것을 봤어.

☐ **go to the funeral**
장례식에 가다

My mother died, and I couldn't **go to the funeral**.
엄마가 돌아가셨는데, 난 장례식에 갈 수가 없었어.

You **are** no longer **invited to the funeral**.
넌 더 이상 장례식에 초대되지 않을거야.

☐ **rest in peace**
편히 잠들다

May she **rest in peace**.
그녀가 편히 잠드소서.

☐ **God rest his[her] soul**
저승에서 평안하기를

He was a good man, **God rest his soul**.
그는 좋은 사람였어. 저승에서 평안하기를.

☐ **be sorry for your loss**
고인의 명복을 빌다

We're so sorry for your loss.
고인의 명복을 빕니다.

First of all, let me say that **I am so sorry for your loss**. 먼저, 고인의 명복을 빈다는 말씀을 드릴게요.

Megan: My father's **burial** is scheduled for Tuesday. 아버지 장례식이 토요일이야.
Terry: **I'm so very sorry for your loss.** 고인의 명복을 빌게.
Megan: Will you **go to the funeral** with me? 함께 장례식에 갈래?
Terry: Of course. I'll be there to **pay my respects**. 물론. 가서 조의를 표할게.
Megan: You can meet my family **at the wake**. 장례식 후 모임에서 내 가족들을 만날 수 있을 거야.

102 Chapter 3

More Expressions

hold[have, take] sb in one's arms …을 팔로 부드럽게 잡다
take[have, grab] sb by the arm …의 팔을 잡고 데리고 가다
be after …뒤를 쫓아 다니다
beat 심장이 뛰다
heart beats 심장박동
beat fast 심장이 빨리 뛴다.
brush one's teeth 양치질하다
chest 목부터 가슴까지의 흉부
breast 일반적인 '여성의 가슴'
a lock of hair 머리카락 한뭉치
blood rushes to sb's face[cheeks] 신체의 일부가 빨개지는 것
close[shut] one's ears 눈을 꼭 감다
lose one's sight 시력을 잃다, 실명하다
get one's sight back 다시 시력을 되찾다(gain one's sight)
searching look 뭔가 찾는 듯한 얼굴
short-sighted 근시안의

the set of sb's shoulder 어깨모양
Throat's dry. 목이 마르다.
on one's hands and knees 네발로 기어서
wear one's hair down 머리를 올리지 않고 내리다
state of mind 정신상태(frame of mind)
pick one's nose 코를 파다
crack one's knuckle 손가락을 꺾다
snap+신체부위 엄지와 중지 손가락으로 소리를 내다
snap one's finger '딱하고 꺾다
bat one's eyes 눈을 깜박이다
bum shoulder 빈약한 어깨
sweat like a pig 땀을 많이 흘리다
the quick and the dead 산자와 죽은자
sth be heavy 골치아프다(sth makes sb's head heavy)
trip on a stone 돌부리에 걸려 넘어지다
trip over 발을 헛디디다
get brain freeze 아이스크림 먹고나서 머리가 아프다
be plumb 살찌다

chapter 4 사랑과 성(Love & Sex)

001 I have a crush on her.
난 걔한테 홀딱 반했어.

002 We're kind of a thing.
우리 좋아하는 사이야.

003 I took her into my heart.
난 걔를 정말 맘속에 두었어.

004 We're made for each other.
우리 천생연분이야.

005 I'm off the market.
나 품절남이야.

006 She's not a gold digger.
걘 꽃뱀이 아냐.

⋮

033 He put me in a foster home.
난 걔가 날 위탁가정에 넣었어.

034 Show me your dick.
네 거기를 보여줘.

035 He grabbed my boob.
걔가 내 가슴을 움켜잡았어.

036 I gotta take a leak.
소변 좀 봐야겠어.

037 I better go take a crap.
대변보러 가야겠어.

~ 좋은 감정 숨길 수 없어~

001 I have a crush on her.
난 걔한테 홀딱 반했어.

원래 사람을 좋아하는데 이성보다는 감정이 앞서는 법. 요즘은 좀 다르지만, 일시적으로 끌려서 보기만 해도 가슴이 두근두근거리는 것을 have a crush, 그리고 첫눈에 반한 사랑은 love at first sight라고 한다.

12문장으로 미드영어 후다닥 끝내기

☐ **have[get] a crush on~** 일시적으로 반하다	Sure, she **had a crush on** Chris. 물론, 걘 크리스에게 홀딱 반했어.
☐ **be drawn to~** …에게 끌리다	Your daughter **is drawn to** me. 당신 딸이 내게 끌리고 있어요.
☐ **be taken with[by]** …에 끌리다	I **am taken with her** beauty. 난 그녀의 아름다움에 맘을 뺏기고 있어.
☐ **love at first sight** 첫눈에 반하다	I guess you can say it was **love at first sight**! 그건 첫눈에 반한 사랑이었다고 말해도 될 것 같아.
☐ **can't take one's eyes off~** …에 뿅가다	Jim **couldn't take his eyes off** the new student. 짐은 새로운 학생에게 눈을 뗄 수가 없었다.
☐ **be sweet on** …에게 반하다	I can say the boss **is sweet on** you. 사장이 너한테 반했다고 할 수 있지.
☐ **what do you see in sb~** …의 어디가 좋은거야?	**What do you see in** that guy? 넌 저 자식 어디가 좋은거야?
☐ **make fuss over sb** 애지중지하다, 사랑과 관심을 표시하다	The whole family **made a fuss over** the baby. 가족들 모두가 아이를 애지중지했어.
☐ **fall for** 사랑에 빠지다	I really did **fall for** you. 난 정말 너에게 빠졌어.
☐ **court[woo] sb** 구애하다	A lady wants to **be wooed**, **courted** slowly. 여성은 구애받기를, 아주 천천히 구애받기를 원해.
☐ **pick up line** 작업용 멘트	Don't try to use that old **pick up line**. 저 한물간 작업용 멘트는 더 이상 쓰지마.

Pam: **What do you see in** your girlfriend? 네 여친 어디가 그렇게 좋아?
Ronny: I **had a crush on** her from an early age. 어렸을 때부터 걔한테 반했어.
Pam: So it wasn't **love at first sight**? 그럼 첫눈에 반한 사랑이 아닌거야?
Ronny: No, but I **was** very **taken with** her personality. 어, 하지만 걔 성격에 많이 끌렸어.
Pam: I see you **fell for** her after a while though. 한동안 사귄 다음에 사랑에 빠진거구만.

그래, 난 네가 좋아!

002 We're kind of a thing.
우리 좋아하는 사이야.

사람이 사람을 좋아하는 걸 어쩌리. 하지만 조심해야 할 것은 남녀 사이에 love란 말을 쓰면 상대방에 대한 맘이 상당히 진지하다는 것을 의미하기 때문에 아무한테나 계속 love를 외쳐대서는 안된다.

12문장으로 미드영어 후다닥 끝내기

- **have (got) a thing for~** 관심있다, 좋아하다
  Yeah, I kind of **had a thing for** you.
  그래, 난 너를 좀 좋아했었어.

- **have feelings[a feeling] for~** 좋아하다
  I'm afraid he still **has feelings for** me.
  걔가 여전히 나를 좋아해서 걱정야.

- **have a thing going with** 애정을 느끼다
  My brother **has a thing going with** Jen.
  내 형은 젠에게 애정을 느끼고 있어.

- **be kind of a thing** 좋아하는 사이이다
  Jennifer and I, we're **kind of a thing**.
  제니퍼와 나, 우리는 좋아하는 사이야.

- **be crazy for[about]~** …에 빠져 있다
  I'**m not crazy about** your secretary.
  난 네 비서에 빠져 있지 않아.

- **fall[be] in love with** …와 사랑에 빠지다
  I'**m in love with** a wonderful guy!
  난 아주 멋진 훈남과 사랑에 빠져있어!

- **only have eyes for** 오로지 …만을 바라보다
  I **only had eyes for** Susan while we were dating.
  난 수잔과 데이트를 할 동안에 다른 여자는 쳐다보지도 않았어.

- **be smitten with** 사랑에 빠지다
  She seems to **be smitten with** you.
  걔는 너한테 빠진 것 같아.

- **be all about sb** 온통 …만을 생각하다
  Yeah, we'**re all about** Suzy.
  그래, 우리는 온통 수지만을 생각해.

- **get serious about** 진지한 감정이다
  Someday there'll be time to **get serious about** someone. 언젠가 누군가를 진지하게 좋아하게 될 때가 있을거야.

- **belong together** 연인사이이다
  We won't look like we **belong together** anymore.
  우리는 더 이상 연인사이로 보이지 않을거야.

미드 Situation

Winnie: Brad **has a thing going with** Linda. 브래드는 린다에게 애정을 느껴.
Troy: I think she'**s very smitten with** him. 그녀도 걔한테 빠져있는 것 같은데.
Winnie: Are they **getting serious about** their relationship? 걔네들 진지한 관계인거야?
Troy: We all think they **belong together**. 연인이라고 우린 다 생각하고 있어.
Winnie: They must **have strong feelings for** each other. 걔네들은 서로 무척 좋아함에 틀림없어.

더 좋아하면 안될까요?

003 I took her into my heart.
난 걔를 정말 맘속에 두었어.

좋아하고 사랑하는게 살아가는 모습의 상당부분인 것을 아무리 대표적인 표현만 정리한다해도 너무 자리가 비좁다. 한번 좋아한다는 다양한 표현들을 익혀서 적재적소에 써먹을 수 있도록 해보자.

📺 12문장으로 미드영어 후다닥 끝내기

- ☐ **take a shine[liking] to** 좋아하다
  Jessica's really **taken a liking to** you.
  제시카는 정말 너를 좋아하고 있어.

- ☐ **take sb to one's heart** 좋아하다
  In time, I **took her into my heart**.
  시간이 흐르면서 난 그녀를 좋아하게 됐어.

- ☐ **give one's heart to sb** 좋아하다, 맘을 주다
  At the dance, Sara **gave her heart to** her boyfriend.
  춤을 추다가 새라는 남친에게 자기 맘을 줬어.

- ☐ **carry a torch for** 사랑하다
  I can't believe she still **carries a torch for** me.
  걔가 아직까지 나를 좋아한다니 믿기지 않네.

- ☐ **sweep sb off one's feet** 마음을 사로잡다
  Chris **swept** Scarlett **off her feet**.
  크리스는 스칼렛의 마음을 확 사로잡았어.

- ☐ **warm up to~** 좋아하기 시작하다
  It took a while to **warm up to** Jerome.
  제롬을 좋아하기 시작하기까지는 시간이 좀 걸렸어.

- ☐ **love of one's life** 소중한 사랑
  I was dumped by the **love of my life**.
  나는 나의 사랑하는 소중한 사람에게서 버림받았어.

- ☐ **close to sb's heart** 진정으로, …에게 소중하다
  Aunt Lisa left, but she is **close to our hearts**.
  리사 숙모는 떠나가셨지만 우리에게는 소중한 분이셔.

- ☐ **have[take] a fancy** 좋아하다
  I **took a fancy to** him right away.
  난 바로 걔를 좋아했어.

Situation

Margaret: I never **warmed up to** Jason. 난 결코 제이슨을 좋아한 적이 없어.
Benny: You still **carry a torch for** your ex-boyfriend. 너 아직 헤어진 남친 좋아하는구나.
Margaret: He will always remain **close to my heart**. 내겐 언제나 소중한 사람으로 남아있을거야.
Benny: I hope you'll **give your heart to** someone new. 이젠 다른 사람에게 맘을 주기를 바래.
Margaret: But I've never **taken a shine to** anyone else. 하지만 난 어떤 다른 사람을 좋아한 적이 없어.

108 Chapter 4

004 We're made for each other.
우리 천생연분이야.

다들 연애할 때는 이렇게들 생각하지요... 비슷비슷해보이지만 조금씩 다른 천생연분이라는 표현들을 정리해보고, 여성들이 찾는 백마탄 남자는 Mr. Right, prince charming이라고 한다.

12문장으로 미드영어 후다닥 끝내기

☐ **be made for each other**
천생연분이다
Apparently we're **made for each other**.
정말 우리는 천생연분이야.

☐ **be a match made in heaven**
천생연분이다
The king and queen **were a match made in heaven**.
왕과 여왕은 천생연분이었어.

☐ **mate for life**
천생연분이다
It's not biologically natural for people to **mate for life**.
사람들이 천생연분인 것은 생물학적으로 자연스러운 건 아냐.

☐ **be meant for each other**
천생연분이다
They knew they **were meant for each other**.
그들은 자신들이 천생연분인 걸 알았어.

☐ **be meant to be**
천생연분이다
Maybe we **were meant to** love each other, but we weren't meant to be together.
아마도 우리는 천생연분이었을지 모르지만 함께할 운명은 아니었어.

☐ **have everything sb wants**
…에게 완벽한 애인(be perfect lover)
Oh yeah, Diane **has everything I want**.
그래, 다이안은 내게 아주 완벽한 애인이야.

☐ **be a (good) catch**
사귀기 좋은 사람
Bill is rich, and he'**s a good catch**.
빌은 부자야, 그리고 걘 놓치기 아까운 사람야.

☐ **deserve each other**
서로 잘 어울리다
Those two idiots **deserve each other**.
저 두 바보는 서로 잘 어울려.

☐ **Mr. Right**
이상형
What if **Mr. Right** never comes?
내 이상형이 결코 오지 않는다면?

When she didn't find **Mr. Right**, she'd move on.
걔가 이상형을 찾지 못한다면 그냥 잊고서 다음으로 넘어갈거야.

☐ **prince charming**
완벽한 남친
What if **prince charming** had never showed up?
완벽한 남친이 결코 나타나지 않는다면?

Situation

Marc: Is Kitty still looking for **Mr. Right**? 키티는 아직도 이상형의 남자를 찾고 있는거야?
Blaine: She says she has found her **prince charming**. 완벽한 남친을 찾았다고 하던데.
Marc: Really? She has found **a good catch**? 정말? 멋진 사람 찾은 거야?
Blaine: She says this guy **has everything she wants**. 완벽한 남친이래.
Marc: I guess it's possible they were **meant for each other**. 천생연분일 수도 있겠네.

사랑과 성(Love & Sex)

우리는 잘 통해

005 I'm off the market.
나 품절남이야.

계속 만남을 유지하려면 서로 뭔가 통하는 게(chemistry) 있어야 한다. 단순히 종족본능을 위해서 만나는 사람이 어디 있나요... 그렇게 찌릿찌릿 통하고 죽이 잘 맞는(hit it off) 사람은 soul mate, dreamboat라 한다.

12문장으로 미드영어 후다닥 끝내기

☐ **hit it off**
죽이 잘 맞다

I should introduce you. You guys might **hit it off**.
널 소개시켜줘야겠어. 너희들은 죽이 잘 맞을 것 같아.

We didn't really **hit it off** that well.
우리는 정말 그렇게 잘 통하지 않았어.

☐ **have good chemistry**
잘 통하다

But we've always **had good chemistry**.
하지만 우리는 언제나 잘 통했었어.

☐ **find chemistry**
궁합을 찾다

They are different, but they **found chemistry** together. 걔네들은 달랐지만 서로 통하는 점을 찾았어.

☐ **fake chemistry**
궁합을 꾸며내다

It's not easy to **fake chemistry** together.
서로 잘 통하는 척하는 것은 어려워.

☐ **soul mate**
이상적인 사람, 애인

I met my **soul mate** and he never called me back.
이상적인 애인을 만났는데 다시는 전화하지 않더라고.

I have always thought of Michael as my **soul mate**.
난 늘 마이클을 내 이상형으로 생각했어.

☐ **dreamboat**
이상형

All of the girls in class think he's a **dreamboat**.
반의 모든 여학생은 걔가 이상형이라고 생각해.

☐ **the right one**
평생의 짝

You've gotta wait for **the right one** to come along.
평생의 짝이 나타날 때까지 기다려야 돼.

☐ **be off the market**
임자가 있다

I like you. But I'**m off the market**.
널 좋아하지만 난 임자가 있어.

☐ **be on the market**
임자가 없다

That's right, Tony **is back on the market**.
좋아, 토니는 돌싱이야.

 미드 Situation

Nicole: It looked like you **hit it off** with your date. 너 데이트 한 사람과 죽이 잘 맞는 것 같았어.
Jeff: No, we didn't **have good chemistry**. 아냐, 우린 잘 통하지 않았어.
Nicole: You can't **fake chemistry** with a partner. 만나는 사람과 잘 통하는 척 할 수는 없지.
Jeff: I'm still trying to find my **soul mate**. 난 아직도 이상형을 찾고 있어.
Nicole: Looks like you'**re still on the market**. 아직도 임자가 없는거네.

110 Chapter 4

006 She's not a gold digger.
갠 꽃뱀이 아냐.

이번에는 좋아하려면 꼭 있어야 되는 애인의 종류를 몇가지 보자. 쥐어짜듯이 만들었다고 해서 squeeze가 애인, 애인으로 만들다라는 표현으로 쓰이고, 요즘 유행하는 연하남은 boy toy, 누나[엄마] 같은 애인은 cougar, 그리고 꽃뱀은 gold digger.

12문장으로 미드영어 후다닥 끝내기

- **be just (good) friends** 그냥 친구사이
  Mike and I **are just friends**.
  마이크와 난 그냥 단순히 친구사이야.

- **be a good boy** 얌전히 있어라, 껄떡대지 마라
  So I have to **be a good boy** and no sex.
  그래서 난 얌전해야 되고 섹스도 하면 안돼.

- **a gal** 여자
  Dancing is the quickest way to **a gal**'s heart.
  춤은 여자의 맘을 사로잡는 가장 빠른 길이야.

- **one's squeeze** 애인(lover)
  Debbie is out with **her squeeze** tonight.
  데비는 오늘밤에 애인과 외출할거야.

- **squeeze** 애인을 낚다(get a girl or boyfriend)
  I'd like you to meet my new **squeeze**, Sally.
  내 새로운 애인 샐리야.

- **horndog** 밝히는 놈
  Brandon is an untrustworthy old **horndog**.
  브랜든은 믿음이 가지 않는 밝히는 노친네야.

- **there's plenty more fish in the sea** 다른 사람들도 많다
  Don't worry, **there's plenty more fish in the sea**.
  걱정마, 세상에 다른 남자[여자]가 넘쳐.

- **old flame** 옛애인(ex-boy or girlfriend)
  He just couldn't forget his **old flame**.
  갠 단지 옛 애인을 잊을 수가 없었어.

- **boy toy** 연하애인남
  Does this **boy toy** have a name?
  이 연하애인이 이름이 있어?

- **cougar** 연하남과 사귀는 나이든 여자
  I promise you, after tonight, that **cougar** will be my pet.
  내 장담하는데, 오늘밤이 지나면 저 나이든 여자는 내 노리개가 될거야.

- **gold digger** 돈많은 남자와 결혼하는 여자
  The jury sees you as a **gold digger**, not a rape victim.
  배심원은 당신을 강간피해자가 아니라 꽃뱀으로 보고 있어.

- **be an eyeful** 미인이다(be beautiful)
  Most people say Sally **is an eyeful**.
  대부분의 사람들은 샐리를 미인이라고 말해.

미드 Situation

Rachel: The students saw you walking with **a gal**. 학생들은 네가 여자와 걸어가는 것을 봤어.
Ted: She and I **are just good friends**. 걔와 난 그냥 친구 사이야.
Rachel: Oh Ted, you are such a **good boy**. 오, 테드야. 너 참 착하구나.
Ted: It's not easy to find **a new squeeze**. 새로운 애인을 만드는 것은 쉬운 일이 아니야.
Rachel: Don't worry, **there are plenty of fish in the sea**. 걱정마, 밖에 널려 있는게 여자야.

정식으로 데이트 신청해야지

007 He asked me out.
걔가 내게 데이트 신청을 했어.

맘만 있으면 뭐하나. 이젠 행동으로 옮길 때. 데이트 신청할 때는 ask sb out을, 소개시켜줄 때는 fix[set] sb up with, 그리고 두쌍이 같이 만나는 데이트는 double date, 번개팅처럼 속성으로 빨리 애인을 만들 때는 speed date를 하면 된다.

12문장으로 미드영어 후다닥 끝내기

- [ ] **ask sb out**
  …에게 데이트를 신청하다
  I'm really glad that you **asked me out** tonight.
  네가 오늘밤 데이트 신청해줘서 정말 기뻐.

- [ ] **ask sb out on a date**
  데이트 신청하다
  I'm not about to **ask you out on a date** or anything.
  난 네게 데이트를 신청하거나 뭐 그럴 생각이 없어.

- [ ] **fix sb up with**
  소개시켜주다
  I wonder if you could **fix me up with** your secretary.
  너 네 비서 좀 소개시켜줄 수 있어?

- [ ] **set sb up with**
  소개팅시켜주다
  I wanna **set you up with** my cousin, Chris.
  내 사촌인 크리스를 너에게 소개시켜주고 싶어.

- [ ] **want a date with**
  …와 데이트를 원하다
  Did she **want a date with** your brother?
  걔가 네 오빠와 데이트를 하고 싶어했어?

- [ ] **blind date**
  소개팅
  He's setting me up on a **blind date** with his son.
  걘 날 자기 아들에게 소개시켜줬어.

- [ ] **double date**
  두 쌍의 남녀가 함께 하는 데이트
  I shouldn't have said yes to a **double date**.
  더블데이트하자는 말에 하자고 말하지 말았어야 했는데.

- [ ] **speed dating**
  스피드 데이팅
  Come out with me tonight. I'm going **speed dating**.
  오늘밤 나랑 나가자. 나 스피드 데이팅할거야.

- [ ] **won't give sb the time of day**
  눈길 한번 안주다
  She's never gonna **give you the time of day**.
  걘 네게 눈길 한번 안줄거야.

- [ ] **be already spoken[asked] for**
  임자있는 몸이다
  Steve asked her out, but she **was already spoken for**. 스티브는 걔에게 데이트 신청을 했지만 걘 벌써 임자가 있는 몸이야.

- [ ] **play hard to get**
  튕기다, 비싸게 굴다
  You don't **play hard to get** with me.
  넌 나한테 튕기지 마.

Adrian: I'm going to **fix you up with** my buddy. 내 친구 너한테 소개시켜줄게.
Stacey: Who do you plan to **set me up with**? 누구를 소개시켜줄려고.
Adrian: Chad. He'll **ask you out on a date**. 채드, 걔가 너한테 데이트 신청할거야.
Stacey: Chad? He's ugly. I wouldn't **give him the time of day**.
채드? 으악이잖아. 난 눈길 한번 안줄거야.
Adrian: Stop **playing hard to get** and give him a try. 너무 튕기지말고 한번 기회를 줘봐.

드디어 데이트를 하다

008 You got a date?
너 데이트있어?

둘이서 손잡고 데이트하다는 go out with, have a date라고 하는데, 이 date는 데이트라는 추상명사로만 쓰이는게 아니라 my date 처럼 데이트하는 사람을 의미하기도 한다는 점에 주목한다. 좀 낯설지만 be an item도 사귀다라는 의미.

 12문장으로 미드영어 후다닥 끝내기

☐ **go out with** 사귀다, 데이트하다	So you **went out with** Bob last night? 그래 지난밤에 밥하고 데이트했다고?
☐ **go out on a date with** 사귀다, 데이트하다	You two **going out on a date**? 너희들 데이트해?
☐ **get off with** 사귀다	I'm looking for somebody to **get off with**. 난 사귈 사람을 찾고 있어.
☐ **take sb out on a date** 데이트하다	Brad **took** a famous woman **out on a date**. 브래드는 유명한 여자와 데이트를 했어.
☐ **be on a date with** …와 데이트하다	I'**ve never been on a date with** a woman before. 난 여짓껏 여자와 데이트 해본 적이 없어.
☐ **have a date with** …와 데이트하다	I actually **had a date with** a beautiful redhead tonight. 난 실은 오늘밤에 미모의 빨간 머리여자와 데이트했어.
☐ **one's date** 데이트 상대	Get the hell out of here before **my date** arrives! 나와 데이트할 사람이 오기 전에 어서 꺼지라고!
☐ **have something going with(on) sb** 교제하다	Don't lie! Do you **have something going on with** Amy? 거짓말마! 에이미와 교제하고 있어?
☐ **be seeing sb** 만나다, 사귀다	I have to find out if she'**s seeing someone**. 걔가 만나는 사람이 있는지 알아봐야겠어.
☐ **be an item** 사귀다	Apparently Ron and Jane **are an item** again. 론과 제인은 다시 사귀는 것이 분명해.
☐ **go steady with** 진지하게 사귀다(be one's steady 오래 사귀는 애인)	I **went steady with** Sara for a few months. 난 새라와 몇 달간 진지하게 사귀었어.
☐ **keep sb steady** 오랫동안 사귀다	Just try to **keep him steady** for now. 당분간은 걔와 좀 진득하게 사귀도록 해봐.

Terry: Andrew **took** my sister **out on a date**. 앤드류는 내 누나를 데이트에 데리고 나갔어.
Phoebe: Why did she **go out on a date with** him? 왜 걔와 데이트를 한거야?
Terry: She was **seeing** Ron, but they broke up. 론하고 사귀었는데 헤어졌거든.
Phoebe: Will she and Andrew **be an item** now? 그럼 네 누이하고 앤드류가 사귀는거야?
Terry: No, she doesn't want to **go steady with** anyone. 아니, 누나는 아무하고도 오래 사귀는 스타일이 아냐.

사랑과 성(Love & Sex) 113

아~씨 바람맞았어

009 Don't bail on me.
나 바람맞히지마.

가까워져서(get close to) 계속 사귀면(go steady) 좋으련만 어디 그게 사람사는 곳인감. 맘에 안들기 시작하면 바람을 맞히고(stand sb up, bail on sb), 심하면 양다리를 걸치기(double-book)도 하는 게 사람들의 행태인 걸.

12문장으로 미드영어 후다닥 끝내기

☐ **stand sb up**
바람맞히다
It seemed that my prom date had **stood me up**.
내 프롬데이트 상대가 날 바람맞힌 것 같았어.

☐ **bail on**
바람맞히다
You **bailed on** your girlfriend on Valentine's Day.
넌 발렌타인 데이에 여친을 바람맞혔잖아.

☐ **double-book**
양다리걸치다, 예약이 겹치다
You son of a bitch! You **double-booked** us?
이 개자식! 너 양다리 걸친거야?

☐ **will I see you again?**
다시 만날 수 있을까?
Well, when **will I see you again**?
저기, 우리 다시 만날 수 있을까?

☐ **get close to**
가까워지다, 사귀다
Will's also trying to **get close to** you?
윌 역시 너와 가까워지려고 하는거야?

☐ **go public with**
비밀로 해오던 애인을 공개하다
I don't want to **be seen in public with** him.
난 걔와 함께 있는 걸 사람들에게 보이고 싶지 않아.

☐ **plus-one**
동행인
Your name's not on the list, and they said you were someone's **plus-one**.
당신 이름은 목록에 없어요, 덤으로 누구 따라온 사람이라고 하던대요.

☐ **miss sb**
그리워하다
That's so sweet. I'm really gonna **miss** you.
아이 고마워라. 정말 네가 보고 싶을거야.

☐ **cheap date**
여자가 빨리 취해 한건하려는 데이트
Well, I'm a **cheap date**.
저기, 난 헤픈 데이트 상대야.

☐ **heavy date**
중요한 데이트
Hey tiger, you got a **heavy date** tonight?
야, 타이거, 오늘밤에 중요한 데이트 있어?

☐ **spin the bottle**
병을 회전시켜 서로 맞은 사람이 키스하는 게임
The teens ran off to play **spin the bottle**.
십대들은 병돌리기 게임하러 서둘러갔어.

☐ **seven minutes in heaven**
게임하다 걸린 남녀를 7분간 둘만 놔두는 게임
No, I've never played **seven minutes in heaven**.
아니, 난 7분간 뭐든해도 되는 게임을 해본 적이 없어.

Sally: Damn it! My blind date **stood me up**! 빌어먹을! 소개팅 상대가 바람맞혔어!
Joe: Come out with us. It'll be a **plus-one** date. 우리랑 함께 나가자. 한 명 더 낀 데이트하지.
Sally: I thought you had a **heavy date** with missy. 너 아가씨와 중요한 데이트 있는 걸로 생각했는데.
Joe: We'll just **double book** the restaurant table. 식당 테이블을 이중으로 예약할거야.
Sally: Thanks, but I'm going to **bail on** those plans. 고마워, 하지만 난 안할래.

만날 때가 있으면 헤어질 때가 있는 법

010 Karen broke up with you?
카렌이 너랑 헤어졌어?

맘아프지만 그러다가 정 안되면 헤어져야지. break up with, break it off가 가장 인기있는 표현이고 완전히 끝났다, 잊었다고 말할 때는 be over, get over, be finished를 쓴다. 도중에 잠깐 잠정적으로 헤어진 상태는 be on a break라 한다.

📺 12문장으로 미드영어 후다닥 끝내기

☐ **break up (with)** 헤어지다	Chris! You have to **break up with** her! 크리스! 넌 걔와 헤어져야 돼!
☐ **break it off** 헤어지다	I'm gonna **break it off** in an e-mail. 난 이메일로 헤어지자고 할거야.
☐ **be on a break** 쉬는 중이다, 연애중 잠깐 헤어져있다	They **were on a break** when it happened. 그일이 벌어졌을 때 걔네들은 잠깐 헤어진 상태였어.
☐ **split up with** 갈라서다	I haven't had sex since I **split up with** my husband. 난 남편과 헤어진 후 섹스를 해본 적이 없어.
☐ **end things with** 헤어지다	It's a good thing that you two decided to **end the relationship**. 너희 둘이 헤어지기로 했다니 잘됐다.
☐ **make a clean break** 깔끔하게 헤어지다(have~)	Craig **made a clean break** from the family business. 크레이그는 가족의 사업에 깔끔하게 손뗐어.
☐ **be over sb** …와 끝내다	And you know what? Now I truly **am over** him. 그리고 저기 말야. 이젠 정말로 나 걔와 헤어졌어.
☐ **be finished** (관계 등이) 끝나다	I'm thinking we**'re finished**. 우리 관계가 끝났다고 생각해.
☐ **get over sb** 잊다	It's going to take some time to **get over** Chris. 크리스를 잊는데 시간이 좀 필요할거야.
☐ **be through (with)** 관계 등이 끝나다	I'**m through with** dating these crazy women. 이런 미친 여자들과 데이트는 더 이상 하지 않을거야.
☐ **hung up on** 집착하다, 전화를 일방적으로 끊다 (be hung up for 잊지못하다)	You still **hang up on** her. 넌 아직도 걔한테 집착하고 있어.

Ned: I heard Pam **ended her relationship with** Eric. 팸이 에릭과 헤어졌다며.
Fanny: No, they **are just on a break** for a while. 아니, 잠시 떨어져있는거야.
Ned: They're probably going to **break it off** someday. 아마도 곧 헤어질 것 같아.
Fanny: I doubt that they **are through with** each other. 서로 관계가 끝났는지 모르겠어.
Ned: It's always hard to **make a clean break**. 깔끔하게 헤어지는 건 언제든지 어려워.

사랑과 성(Love & Sex)

안녕, 이제 헤어져야지

011 He's just a rebound guy.
갠 그냥 땜방용이야.

헤어지면 누군가는 차버리는(dump, ditch) 것이고 그러면 차인 상대는 마음의 상처(broken heart)를 입고 그 상처를 달래기 위해 맘에 없으면서도 사귀게 되는 경우가 있는데 이런 불쌍한 사람은 rebound guy라 한다.

12문장으로 미드영어 후다닥 끝내기

break one's heart 마음에 상처를 주다	I broke up with a jerk who **broke my heart**. 내 맘에 상처를 준 한심한 놈하고 헤어졌어.
broken heart 상심	I don't really know how to mend a **broken heart**. 상처난 맘을 어떻게 낫게 해야 할지 모르겠어.
have a lover's spat with 사랑싸움하다	Maybe he's **having a lover's spat with** Helen. 갠 헬렌하고 사랑싸움하고 있을지 몰라.
part with 헤어지다	Ken had to **part with** Bonny at the airport. 켄은 공항에서 보니와 헤어져야 했어.
be on the rebound 실연을 달래기 위해 땜빵용으로 사귀다	Why don't you take him, you're **on the rebound**! 걔를 데려가, 넌 땜빵용이 필요하잖아!
rebound guy 땜방용으로 이용되는 사람	Well, **the rebound guy** lasted two years. 저기, 땜빵용으로 사귀었는데 2년이나 지속됐어.
dump sb 차다, 버리다	She **dumped** him because he was on drugs. 걔는 그가 마약을 해서 차버렸어.
ditch sb 버리다	That's why you **ditched** Linda. 그래서 네가 린다를 차버린거구나.
drift apart 헤어지다	What happened? You just **drift apart**? 무슨 일이야? 너 그냥 헤어진거야?

미드 Situation

Fred: Why did you **ditch** your husband? 왜 네 남편을 차버린거야?
Teresa: I **dumped** him after he dated other women. 다른 여자들과 연애질하길래 쫓아냈지.
Fred: I thought you two **had drifted apart**. 너희들 완전히 헤어진거네.
Teresa: Are you kidding? He **broke my heart**! 장난해? 걔 때문에 내 맘이 상처를 받았는데.
Fred: So now you **are on the rebound**. 그럼 땜빵용 남자가 필요하겠다.

섹시함에 끌리다

012 She's good in bed.
걔 침대에서 아주 뛰어나.

이젠 본론으로 들어가서 사귀다 헤어지건 말건 서로 좋아하면 성적으로 끌리게 되고(get aroused, be hot for) 흥분하게 된다(get off on). 그래서 드디어 하게 되면(do it) 상대방의 방중력(?)이 뽀록나는데 잘하면 GIB(good in bed)라 한다.

 12문장으로 미드영어 후다닥 끝내기

☐ **get aroused (by)**
성적으로 흥분하다(sexually)

All the men **got aroused** when she wore the short dress. 모든 남자들은 걔가 미니드레스를 입었을 때 성적으로 흥분해.

☐ **piece of ass**
섹시한 여자

Your secretary is a real hot **piece of ass**.
네 비서는 정말 섹시한 여자야.

☐ **good in bed(GIB)**
섹스를 잘하는

You think your wife is **good in bed**, huh?
네 아내가 섹스를 잘한다고 생각해, 응?

☐ **have lust in one's heart**
성적욕망을 갖다

I didn't sin, but I **had lust in my heart**.
난 죄를 짓지 않았지만 내 맘속에는 성적욕망이 있었어.

☐ **lust after[for]**
성적으로 끌리다

Is it true your husband **lusted after** my wife?
네 남편이 내 아내에 성적으로 끌렸다는 게 사실야?

☐ **be hot for**
성적으로 끌리다

Just to be clear here, she'**s not hot for** her boss?
혹시나 해서 그러는데, 걔가 사장한테 성적으로 끌린 것 아니지?

☐ **have[get] the hots for**
성적으로 끌리다

You don't still **have the hots for** me, do you?
넌 여전히 내게 끌리지 않지, 그지?

☐ **undress sb with one's eyes**
엉큼하게 쳐다보다

Your dad kept **undressing me with his eyes**.
네 아빠가 계속해서 나를 엉큼하게 쳐다봤어.

☐ **leer at**
성적으로 끌려서 곁눈질하다

You either care if men **leer at** me or not.
넌 남자들이 날 곁눈질에서 봐도 안봐도 신경쓰잖아.

☐ **get off on**
성적으로 흥분하다

You know that bastards like Ben **get off on** little kids.
벤 같은 개자식이 아이들에게 성적으로 흥분한대.

☐ **close to the bone**
지나치게 노골적인

It bothered everyone because it was **close to the bone**. 그게 너무 노골적이어서 다들 불편했어.

☐ **chick magnet**
성적매력

I can't believe it. The guy's a **chick magnet**.
말도 안돼. 이 자식이 성적매력이 있다는게.

미드 Situation

Barb: Jim keeps **leering at** me in the office. 짐은 사무실에서 계속 날 곁눈질로 봐.
Cherry: He **gets off on** being creepy. 소름끼치게 하는데 흥분하나보지.
Barb: He's not much of a **chick magnet**. 성적매력이 있지도 않잖아.
Cherry: But Angie says Jim is **good in bed**. 하지만 앤지말에 의하면 침대에서는 끝내준대.
Barb: I'll never **have the hots for** him. 난 걔한테 절대로 끌릴 일이 없을거야.

사랑과 성(Love & Sex)

다벗고 자연으로

013 That creep just flashed me.
저 짐승같은 자식이 내게 노출을 했어.

먼저 벗어야(get naked) 일을 치르지만 그외 외설적인 노출(indecent exposure)이 횡행하는데 속칭 바바리맨은 flasher, 그리고 가슴골이 많이 파진 옷은 revealing하다고 한다. 특히 juice가 이쪽 방면의 의미로도 쓰이는 걸 기억해두기로 한다.

12문장으로 미드영어 후다닥 끝내기

☐ **indecent exposure** 외설적인 노출
My father got arrested for **indecent exposure**.
내 아버지는 외설적인 노출로 체포되셨어.

☐ **flash** 자기 몸을 노출하다(flasher 바바리맨)
The guy in the raincoat **flashed** us!
레인코트를 입은 이 자식은 우리한테 자기 몸을 노출했어!

☐ **get naked** 다벗은(buck[stark] naked 홀딱 벗은)
We **get naked** and have hot crazy sex. 우린 다벗고 미친듯 섹스했어.
The woman was **buck naked**. 그 여자는 홀딱 벗고 있었어.

☐ **half-naked** 반라로
My wife likes being **half-naked** when she goes out.
내 아내는 외출할 때 거의 반라로 나가는 것을 좋아해.

☐ **strip off** 옷을 벗다
You went into his office, **stripped naked** and took a shower? 넌 걔 사무실로 가서 옷을 다 벗고 나체로 샤워를 했어?

☐ **do a striptease** 스트립쇼를 하다
She goes into a bar full of horny guys, **does a striptease**. 그 여자는 발정난 놈들로 가득한 바에 들어가 스트립쇼를 해.

☐ **lap dancing** 고객무릎위에서 추는 춤
Most of Kathy's salary comes from **lap dancing**.
케이시 급여의 대부분은 랩댄싱을 해서 번거야.

☐ **revealing** 가슴골이 많이 파인 옷
Don't wear a **revealing** dress to the graduation.
졸업식에서는 가슴골이 많이 파인 옷을 입지마라.

☐ **get sprung** 흥분하다
I'm gonna wait for my man to **get sprung**.
난 내 남자가 흥분할 때까지 기다릴거야.

☐ **get juiced** 흥분하다
You **get juiced** up hearing her scream.
넌 그녀가 비명지르는 소리를 듣고 흥분하는구만.

☐ **get sb juiced up** 흥분시키다
Stories like this **get** her **juiced up**, you know what I'm saying? 이런 이야기들에 걔는 흥분해, 무슨 말인지 알지?

☐ **juicy** 매우 야한, 성적인
Give me all the **juicy** details about doing it!
그거 할 때의 야한 이야기를 구체적으로 말해줘!

미드 Situation

Wendy: My God, that creep just **flashed** me. 맙소사, 저 짐승 같은 자식이 내게 노출을 했어.
Doug: Some people like to **get naked** in public. 일부 사람들은 공공장소에서 나체가 되는 걸 좋아해.
Wendy: The police should arrest him for **indecent exposure**. 경찰은 외설적 노출로 걔 체포해야돼.
Doug: Don't you like to see a **striptease**? 스트립쇼 보는 거 싫어해?
Wendy: I have no desire to see a **half-naked** old guy. 반라의 노땅을 보고 싶은 생각은 전혀 없어.

118 Chapter 4

014 Are you flirting with me?
내게 작업거는 거야?

이번에는 정식 데이트 요청 등이 아니라 좀 불순하게 추근되거나, 어떻게 한번 해보려고 껄떡대거나 집적대는 표현들을 집중적으로 정리해본다. come on to, hit on이 유명하며 특히 미드에는 flirt라는 단어가 동사 및 명사로 많이 등장한다.

12문장으로 미드영어 후다닥 끝내기

- **come on to** 추근대다
  He **came on to** me, so I killed him.
  걔가 내게 추근대길래, 내가 죽였어.

- **hit on** 농짓거리하다
  She saw him **hitting on** you the whole night.
  걔는 그가 너에게 밤새 농짓거리하는 것을 봤어.

- **make a pass at** 한번해보려고 껄떡대다
  Did you **make a pass at** my wife?
  네가 내 아내 어떻게 한번 해보려고 껄떡댔냐?

- **make a move on** 집적대다, 서두르다
  Don't be afraid, **make a move on** her!
  겁내지 말고, 걔한테 대쉬해봐!

- **bust a little move on** 집적대다
  It's time to **bust a little move on** your gentleman friend.
  네 쑥맥친구에게 집적대볼 시간이야.

- **make advances on** 유혹하다, 집적대다
  Don't ever **make advances on** my girl!
  내 여자한테 절대 집적대지마!

- **make a play for** 유혹하다, 작업걸다
  I **made a play for** the most beautiful woman here.
  난 여기서 가장 아름다운 여자에게 작업을 걸었어.

- **make eyes at** 추파를 던지다
  They **made goo-goo eyes at** each other.
  걔네들은 서로 추파를 던졌어.

- **flirt with** 작업걸다
  No woman is ever gonna **flirt with** you.
  너한테 작업을 거는 여자는 한 명도 없을거다.

- **have one's way with** 집적대다, 섹스하다
  Simon got her drunk and **had his way with** her.
  사이먼은 걔를 취하게 한다음 맘대로 집적댔어.

- **throw oneself at** 몸을 던지다
  I didn't **throw myself at** your father last night.
  난 지난밤에 네 아빠한테 달려들지 않았어.

- **ogle** 추파를 던지다
  Herb, stop **ogling** those young girls.
  허브야, 저 젊은 여자애들에게 추파를 그만 던져.

Molly: I saw Carla **make a pass at** my man. 칼라가 내 남자에게 추근대는 걸 봤어.
Hal: I'm sure she **was just flirting**. 그냥 농짓거리하는 거였겠지.
Molly: No! She **threw herself at** him today. 아냐! 오늘 내 남자에게 몸을 던져 달려들었어.
Hal: You think he'll **make a move on** her now? 네 남친이 걔한테 집적댄다고 생각하는거야?
Molly: He doesn't like it when women **hit on** him. 남친은 여자들이 집적대는 걸 좋아하지 않아.

사랑과 성(Love & Sex)

~ 흥분했는데 상대가 없으면 어쩌~

015 Vicky turns me on.
비키를 보면 흥분이 돼.

하고 싶어 흥분했는데(get it up, get a boner, be horny) 흥분시킬 사람(turn sb on)이 없으면 가장 좋은 방법은 스스로 알아서 할 수 밖에 없다. 다양한 표현 중 미드에 자주 나오는 것들을 모아본다.

12문장으로 미드영어 후다닥 끝내기

☐ **get it up** 발기하다	Last night Danny couldn't **get it up**. 지난밤에 대니는 거기를 세울 수가 없었어.
☐ **get a boner** 발기하다, 흥분하다	Yeah, I **got a boner** looking at porn. 그래, 난 포르노를 보면서 발기해.
☐ **get sb hard** 흥분시키다(hard-on 발기)	He was drunk and it took a long time to **get him hard**. 걘 취해서 발기시키는데 시간이 많이 걸렸어.
☐ **turn sb on** 흥분시키다	That really **turns** me **on**. 저거 정말 흥분된다.
☐ **get ants in one's pants** 섹스하고 싶어 안달하다	Relax. Don't **get ants in your pants**. 진정해. 좀 참으라고.
☐ **jerk[yank] off** 자위하다	Some people take coffee breaks, I take **jerk off** breaks. 커피브레이크를 갖는 사람들도 있지만 난 자위브레이크 시간을 가져.
☐ **choke the chicken** 자위하다	Oh my God, he **was choking his chicken**! 맙소사, 걔는 자위하고 있었어!
☐ **play with oneself** 자위하다	The old man **was playing with himself** on the subway. 저 노땅이 전철에서 자위를 하고 있었어.
☐ **touch oneself** 자위하다	Don't **touch yourself** in public! 공공장소에서 자위하지 말아라!
☐ **be cumming** 사정하다(cum)	Ah, don't stop, I'**m cumming**! 아, 멈추지마, 나오려고 해!
☐ **sexually frustrated** 성적으로 욕구불만인	Too many angry people are **sexually frustrated**. 너무 많은 사람들이 성적으로 만족을 못하고 있어.
☐ **horny** 꼴린(wet dream 몽정)	I have never been so **horny** in my entire life. 내 평생 이렇게 꼴린 적이 없어.

Nolan: Nothing really **turns** me **on** anymore. 더 이상 어떤 것에도 흥분되지 않아.
Brie: You sound like a **sexually frustrated** man. 성적욕구불만으로 가득찬 사람같아.
Nolan: I wish that I felt more **horny**. 좀 더 흥분을 느꼈으면 좋겠어.
Brie: Why don't you try **playing with yourself**? 자위를 해봐.
Nolan: You think I should go **jerk off** somewhere? 어디가서 자위를 해야할 것 같아?

016 You make out with students?

너 학생들하고 찐하게 놀고다녀?

상대가 있으면 물론 진도를 빼야하는데 너무 선행학습을 하면 차이기 쉽상. 일단 1루(kiss)를 목표롤 하고 나서 성공하면 애무(cuddle, make out, fondle)로 전진하면 된다. 목표달성까지 이런 행위들은 foreplay라 한다.

12문장으로 미드영어 후다닥 끝내기

- **get to[reach] first base** 1단계까지 가다
  I let the new babysitter **get to first base** with me.
  새로운 보모가 내게 키스하게 하도록 놔뒀어.

- **cuddle (up)** 애무하다(give sb a cuddle)
  Everyone wants a guy who wants to **cuddle**.
  다들 애무하고 싶어하는 사람을 원해.

- **make out (with)** 애무하다
  You only like to **make out** in dark, secret places.
  넌 꼭 어둡고 은밀한 곳에서 애무하는 것을 좋아하더라.

- **fondle** 애무하다(canoodle)
  We flirted. We kissed. I **fondled**.
  우리는 집적댔고, 키스를 하고 그리고 애무를 했어.

- **give sb any of one's lip** 입맞춤하다
  Don't **give** my father **any of your lip**.
  내 아빠에게 입맞춤을 하지 마라.

- **give one's lips** 키스를 허락하다
  Give your lips to the one you love.
  네가 사랑하는 사람에게는 키스를 허락해라.

- **steal a kiss** 기습키스를 하다
  It took forever to **steal a kiss** from my girlfriend.
  여친에게 기습키스를 하는데 정말 오래 걸렸어.

- **give sb a (bear) hug** 꽉 안아주다
  Give him **a hug** and be really nice.
  걔를 꽉 안아주고 잘해줘.

- **good[advanced] kisser** 키스를 잘하는 사람
  She's an **excellent kisser**.
  걘 정말 키스의 달인이야.

- **hickey** 키스자국(lovebite)
  Where'd you get the **hickey**?
  그 키스자국 어떻다 생긴거야?

- **foreplay** 성행위전의 전희
  We're done with **foreplay**. Come here.
  전희는 끝났으니, 자 이리로 와.

- **pet** 애무하다
  Pam let me **pet** her hair.
  팸은 내가 자기 머리를 애무하도록 했어.

Situation

Jude: Did you **get to first base** with Carrie? 캐리와 키스했어?
Tommy: You bet, we **made out** all night. 당근이지, 밤새 애무하며 보냈는데.
Jude: You **stole a kiss** from her? 기습키스를 한거야?
Tommy: She is a very **good kisser**. 걘 정말 키스 잘하더라.
Jude: I can't even find a woman to **cuddle** with me. 난 나랑 애무할 여자를 찾지도 못하겠어.

017 Get a room!
방 잡아라!

밖에서 너무 진하게 애무하면(PDA) 좀 민망하니 왠만하면 방을 잡고(get a room)서 서로를 위해 서로를 흥분시키기 위해 할 수 있는 최선을 다하는게 수순.

12문장으로 미드영어 후다닥 끝내기

☐ **get a room** 방을 잡다	Good lord, why don't you two **get a room**? 맙소사, 야 너희들 방을 잡아라.
☐ **cop a feel** 몸을 더듬다(grope)	I'm dying to **cop a feel** under your blouse. 네 블라우스 밑으로 네 속살을 더듬고 싶어 죽겠어.
☐ **PDA** (public display of affection) 공공장소에서의 애정표현	And the company rules say no **PDAs**. 그리고 회사규칙은 공공장소에서의 애정표현은 금지야.
☐ **give sb a blow job** …에게 오럴섹스를 해주다	I've **given blow jobs** since I was seventeen. 난 17세부터 오럴섹스를 했어.
☐ **suck on** 빨다	She tried to **suck on** my neck last night. 걔는 지난밤에 내 목을 빨려고 했어.
☐ **suck off** 오럴섹스하다	She decided to just **suck off** her boyfriend. 걘 자기 남친에게 오럴섹스를 해주기로 결심했어.
☐ **give head** 오럴섹스 해주다(get head ~받다)	The rumor is that Cheryl **gives good head**. 소문에 의하면 쉐릴은 오럴섹스를 아주 잘한대.
☐ **neck** 애무하다	She saw Andy and Kate **necking** in the library. 걘 앤디와 케이트가 도서관에서 애무하는 것을 봤어.
☐ **be all over sb** 성적으로 덤벼들다(sexually)	He **was all over** his secretary at the party. 걔는 파티에서 자기 비서에게 마구 들이댔어.
☐ **talk dirty to** 성적인 농담을 하다	I love it when she **talks dirty to** me in bed. 난 걔가 침대에서 내게 성적농담하는 걸 좋아해.
☐ **eat sb** 여자에게 오럴섹스를 해주다	I hope he **eats me** before we screw. 난 섹스하기 전에 남친이 오럴해주기를 바래.
☐ **have oral sex with** 오럴섹스를 하다(perform oral sex)	She **performed oral sex** on him. 걔는 그에게 오럴섹스를 해주었어.

Situation

Jane: Hey you two, **get a room**! 야, 너희둘, 방잡아라!
Zack: Come on man, I was just trying to **cop a feel**. 이거봐, 난 그냥 몸을 더듬을려는 것뿐야.
Jane: Your girl was trying to **suck you off**! 네 여자가 네게 오럴 해주려고 했잖아!
Zack: Yeah, she's great at **giving head**. 그래, 걘 오럴의 달인이야.
Jane: Go somewhere private where you can **be all over** each other.
어디 사적인 곳에 가서 서로 애무하면서 뒹굴라고.

018 We didn't make love!
우린 섹스하지 않았어!

준비가 됐으면 이제 합체해야~

사랑하게 되면 서로의 몸을 합체하고 싶은 것은 당연지사! 여기서는 남녀가 사랑해서 같이 섹스하는 것을 나타내는 표현을 알아본다. have sex with가 가장 분명하지만 좀 노골적이고 좀 에두른 make love를 많이 쓴다.

12문장으로 미드영어 후다닥 끝내기

표현	예문
have (sexual) relations with 성적인 관계를 맺다	I did not **have sexual relations with** that woman. 난 저 여자와 성적관계를 한 적이 없어.
be[get] in bed with 잠자리를 같이하다	Why **are** you **in bed with** me? 넌 왜 나와 잠자리를 같이 하는거야?
get sb into bed 섹스하다	What do other men do to **get** her **into bed**? 걔와 섹스하기 위해 다른 남자들은 어떻게 해?
make love to[with] 사랑을 나누다, 섹스하다	Well, she **made love to** him that night. 저기, 걘 그날 저녁에 걔와 사랑을 나누었어.
spend the night with~ 함께 밤을 보내다	You need to **spend the night with** me. 넌 나와 함께 밤을 보내야 돼.
go all the way 섹스하다	I think I might **go all the way** with you. 난 너와 갈데까지 갈 수 있을 것 같아.
have sb …을 품다, 갖다, 섹스하다(have sex)	Lots of guys **had** her back in high school. 많은 자식들이 고등학교 때 걔와 섹스를 했어.
do it 그거하다, 섹스하다	We **were doing it** 24/7 in the past. 우리는 과거에 온종일 섹스만 하고 있었어.
get it on 섹스하다	When you spent the night, did we **get it on**? 네가 밤을 나와 같이 보낼 때, 우리 섹스했어?
be getting down 신나게 놀다, 섹스하다(have sex)	A few couples **were getting down** in the pool. 몇몇 부부들이 수영장에서 섹스를 하고 있었어.
test drive 시운전하다, 섹스해보다	Consider this our official **test drive**. 이걸 우리의 공식적인 시운전이라고 생각하자.
get physical 물리적으로 힘쓰다, 육체관계 맺다	I hate it when my co-worker tries to **get physical**. 동료가 육체관계를 맺으려고 할 때 정말 싫어.

Andy: **Have** you **had sexual relations with** Dan? 댄과 섹스를 했었어?
Bernice: I **spent the night with** him this week. 이번주에 걔와 밤을 함께 보냈지.
Andy: So he **made love to** you then? 그래서 그럼 걔가 너와 사랑놀음했어?
Bernice: He **got** me **in bed** with a few drinks. 술 몇잔 후 날 침대에 눕혔어.
Andy: I knew you two **were getting down** together. 너희 둘 신나게 섹스했겠구나.

사랑과 성(Love & Sex)

> 섹스는 하고 싶을 때가 너무 많아

019 She's such a good lay.
걘 정말 섹스하기 좋은 여자야.

섹스는 이중성이 있다. 아름다운 합체가 있는 반면 그냥 스트레스를 풀기 위해 하는 섹스(get laid)도 있고 데이트가서 섹스했다고(get lucky with) 자랑하는 경우 등 좀 가벼운 의미의 섹스하다라는 표현들을 모아본다.

12문장으로 미드영어 후다닥 끝내기

- **get laid** 섹스하다
  I didn't come here to **get laid**.
  난 섹스하러 여기 온 거 아니었어.

- **easy[good] lay** 쉬운[좋은] 섹파
  My secretary is such **a good lay**.
  내 비서는 정말 우수한 섹스친구야.

- **get lucky with** 데이트가서 섹스하다
  Did you **get lucky with** the guy last night?
  너 지난밤에 그 자식하고 섹스했어?

- **hook up with** 성적인 관계를 시작하다
  He broke up with his girlfriend to try to **hook up with** me. 걘 나하고 자기 위해 자기 여친하고 헤어졌어.

- **have sex with** 섹스하다
  How could you **have sex with** my ex-wife?
  네가 어떻게 내 전 부인과 섹스를 할 수 있어?

- **sleep with** 잠자리하다, 섹스하다
  I'm gonna **sleep with** your wife.
  난 네 아내와 잘거야.

- **get off with** 섹스하다
  He was looking for somebody to **get off with**.
  걘 섹스할 사람을 찾고 있었어.

- **get one's rocks off** 섹스하다, 사정하다
  He **gets his rocks off** watching her suffer.
  걘 그녀가 고통을 겪는 것을 보고 사정해.

- **pop[bust] one's cherry** 순결을 빼앗다(deflower)
  Someone **popped her cherry** when she was sixteen.
  걔가 16세일 때 누군가가 걔의 순결을 빼앗았어.

- **lose one's cherry** 순결을 잃다
  I **lost my cherry** to my first boyfriend.
  난 첫 남친한테 순결을 잃었어.

- **age of consent** 법적으로 섹스해도 되는 나이
  The **age of consent** here is seventeen.
  이나라의 법적섹스허용 나이는 17세야.

- **get more[any] action** 섹스하다
  Why don't I **get more action**?
  내가 좀 섹스를 할게.

Situation

Louie: I really need to **get laid** this week. 난 정말 이번 주에 섹스를 해야 돼.
Celine: I don't know anybody that would **sleep with** you. 너랑 자겠다는 사람은 아무도 없는 것 같아.
Louie: Isn't your friend Anne **an easy lay**? 네 친구 앤도 좀 헤프지 않아?
Celine: She'd never **get off** with someone like you. 걘 너 같은 놈하고 섹스 절대 안할거야.
Louie: OK, so tell me how to **get some action**. 알았어, 그럼 어떻게 좀 할 수 있는 방법 좀 알려줘.

Chapter 4

020 How about a quickie?
빨리 한판 어때?

인생에서 빼놓을 수가 없는 것이 바로 섹스. 그러다보니 표현도 참 많다. 우리의 경우를 생각해봐도 그렇지 않은가. 미드에 특히 자주 나오는 속어인 score, screw, 그리고 앞뒤 자르고 요약식으로 하는 quickie라는 단어를 보고 웃어본다.

12문장으로 미드영어 후다닥 끝내기

- **give it to sb** 섹스를 해주다
  I can't wait until I **give it to** her.
  언능 빨리 걔한테 해주고 싶어.

- **score with** 여자와 섹스하다
  My friend **scored with** one of the cheerleaders.
  내 친구는 치어리더 중 한 명과 섹스했어.

- **screw** 섹스하다
  Don't even try to **screw** one of those girls.
  저 여자애들 중 한명이라도 그걸 생각하지도 마.

- **great in the sack** 방중술이 뛰어난
  She's really lame **in the sack**.
  걘 정말이지 침대에서 젬병이야.

- **make it with sb** …와 섹스하다
  Joey hopes he can **make it with** Jill.
  조이는 질과 섹스하기를 바래.

- **get sb in the hay** …와 자다
  It took a year for him to **get** Renee **in the hay**.
  걔가 르네와 자는데 일년이 걸렸어.

- **a quickie** 후다닥 섹스
  How about **a quickie**? 빨리 한판 할까?
  We went back to my place for **a quickie**. 우리 집으로 가서 후다닥 한판했어.

- **engage in sexual activity** 성행위하다
  They didn't even **engage in any sexual activity**.
  걔네들은 어떤 성행위도 하지 않았어.

- **fuck hard** 열정적으로 섹스하다
  (fuck sb like there's no tomorrow)
  It was crazy, and we **fucked really hard**.
  미쳤어, 우린 정말 열정적으로 섹스를 했어.

- **fuck one's brains out** 죽도록 섹스하다(be fucked out)
  I couldn't believe she **fucked my brains out**!
  걔가 나와 죽도록 섹스를 했다는게 믿기지 않았어.
  Chris's **all fucked out**. 크리스 미치도록 섹스를 해서 완전히 뻗었어.

- **rock one's world** 죽도록 섹스하다
  I'm gonna **rock your world**. Are you okay?
  섹스로 널 넋을 잃게 만들거야, 괜찮지?

- **get into one's pants** 섹스하다
  I'd like so much, to **get into your pants**.
  너랑 정말 섹스하고파.

Cindy: Bernie **scored** with one of the teachers. 버니는 선생님 중 한명과 섹스를 했어.
Brian: They can't **engage in sexual activity** with students. 학생들과 성행위를 하면 안되잖아.
Cindy: He said that they **screwed** all night. 밤새 섹스를 해댔대.
Brian: How did he **get** her **in the hay**? 어떻게 그녀와 섹스를 했대?
Cindy: Apparently she just wanted **a quickie** with him. 그녀는 분명 간단히 한판 뛰고 싶었었나봐.

사랑과 성(Love & Sex)

섹스하다의 속어표현들

021 He really nailed her.
걔 정말 그녀와 섹스했어.

섹스하는 것을 표현하는 것은 정말 많다. 특히 빅뱅이론의 쉘든이 자주 써서 익숙해진 copulate, coitus, intercourse 등의 표현들은 일상생활에서는 자연스럽지 않은 것. 우리도 일상에서 나 어제 성교했어라고 하는 사람이 있으면 모를까..

12문장으로 미드영어 후다닥 끝내기

☐ **bang sb** 섹스하다	It's because you **banged** your secretary. 네가 네 비서와 섹스를 했기 때문이야.
☐ **nail sb** 섹스하다	I **nailed** her right in the hallway. 난 그녀와 복도에서 섹스했어.
☐ **hump** 섹스하다	You can't just **hump** someone and forget it. 누군가와 섹스를 해놓고서 그냥 잊어버리면 안되지.
☐ **shag** 섹스하다	Do you fancy a quick **shag** in my apartment? 내 아파트에서 빨리 한판 생각있어?
☐ **boink** 성교하다	They went off to **boink** in my bedroom. 걔네들은 섹스하러 내 침실로 갔어.
☐ **copulate** 성교하다	Have you chosen one to **copulate** with? 넌 성교할 대상을 골랐어?
☐ **intercourse** 성교하다	Did you have sexual **intercourse** with all of these women? 넌 이 여자들 모두하고 성교를 했어?
☐ **coitus** 성교하다	You want me out because you're anticipating **coitus**? 넌 성교를 기대하기 때문에 내가 나가기를 바라는거지?
☐ **hit it** 섹스하다(have sex)	I would definitely **hit that** all night long. 난 밤새내내 섹스를 분명코 할거야.
☐ **kick it** 섹스하다, 쉬다	Monique came over and we **kicked it** for a while. 모니크는 내게 들러서 우리는 한참동안 섹스를 했어.
☐ **shoot one's load** 사정하다(ejaculate)	I **shot my load** and left as soon as possible. 난 사정을 했고 가능한 빨리 나갔어.
☐ **spunk** 정액(semen, sperm)	You heard me. Your **spunk** is funky. 내 말 들었잖아. 네 정액 냄새는 고약해.

미드 Situation

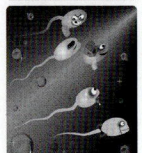

Lilly: You'll **boink** any willing girl. 넌 하겠다는 여자라면 누구하고도 섹스할거지?
Mason: That's right. A man's got to **shoot his load**. 그럼. 남자는 모름지기 뽑아내야 돼.
Lilly: I wouldn't have sex with anyone. 난 아무하고나 섹스하지는 않을거야.
Mason: You don't even know how to **copulate**. 넌 어떻게 성교하는지도 모르지.
Lilly: I can **kick it** as good as any woman. 남부럽지 않게 섹스할 수 있거든.

126 Chapter 4

022 We're friends with benefits.
우리 감정없이 섹스만 하는 친구야.

서로에게 충실한(faithful) 사람들도 있지만 약속과 헌신은 뒤로한 채 여러사람과 섹스를 하거나 다른 사람과 바람을 피우는 경우가 태반. 이런 것을 극복하기 위해 나온 좋은 시스템이 바로 friends with benefits이다.

12문장으로 미드영어 후다닥 끝내기

have a fling 스트레스 풀기 위해 섹스하다	So what's the big deal? It's just **a fling**. 뭐라고 그렇게 야단법석야? 그냥 의미없는 섹스였어.
sleep around 여러 사람과 두루 섹스하다	He knows you**'ve been sleeping around**. 걘 네가 여러 사람과 섹스하고 있다는 것을 알고 있어.
one-night stand[thing] 의미없는 하룻밤 섹스	I had a **one-night stand** with his mother. 난 걔 엄마와 하룻밤 섹스를 했었어.
fool around 바람피우다	I am married. I don't **fool around** anymore. 난 유부남이야. 난 더 이상 바람피우지 않아.
mess around with 해서는 안될 사람과 성관계 맺다	I wanna **mess around with** a girl with a boyfriend. 난 남친 있는 여자와 섹스를 하고 싶어.
screw around with 많은 사람들과 섹스하다, 속이다, 헛짓거리하다	I never **screwed around with** anyone last night. 난 간밤에 어느 누구하고도 섹스를 하지 않았어.
run around 바람피다	The divorce came after she started **running around**. 그녀가 바람을 피기 시작한 후에 이혼이 되었어.
keep it in one's pants 성적으로 관련되다, 섹스하다	**Keep it in your pants** when you're working in the hotel. 네가 일하는 호텔에서는 여자들하고 섹스하지마.
friends with benefits 섹스만 하는 친구	We're more than **friends with benefits**. 우리는 섹스만 하는 친구 이상이야.
play the field 여러 사람과 섹스하다	Since he got divorced, Tim **has played the field**. 팀은 이혼한 후에 여러 사람과 섹스를 했어.
chase tail 여자 꽁무니를 쫓으며 섹스하려하다	Brandon wasted years **chasing tail**. 브랜든은 여자 꽁무니를 쫓으면서 수년의 세월을 날렸어.
sow one's wild oats 젊어서 쾌락을 추구하다	**Sow your wild oats** when you're young. 젊었을 때 쾌락을 추구해.

미드 Situation

Heather: Is Samantha **having a fling** with Mr. O' Brian? 사만다는 오브라이언 씨와 잤어?
Chuck: People say she**'s been screwing around with** him. 사람들이 그녀가 그 사람과 섹스를 해왔대.
Heather: She sure **is sowing her wild oats** these days. 그녀는 요즘은 분명 쾌락을 추구하고 있구만.
Chuck: Let her **play the field** if she wants to. 자기가 원하면 방탕하게 살게 놔둬.
Heather: She's going to get a reputation for **sleeping around**. 걘 여러 사람과 잔다는 명성을 얻게 될거야.

부담없이 섹스하기

023 I gave her a booty call.
난 걔한테 섹스하자고 전화했어.

friends with benefits처럼 성욕을 혼자 풀지 않고 함께 풀기 위해서 하지만 어떤 얽매임없이 합리적으로 풀기 위해서 많은 표현들이 나온다. booty call을 필두로 fuck buddy, sex partner, casual sex 등 처절할 만큼 다양하다.

12문장으로 미드영어 후다닥 끝내기

booty call 그냥 섹스하는 전화, 그런 사람
She's totally running to a booty call with your brother. 걘 네 오빠와 섹스하려고 서둘러 가고 있어.
He keeps calling, expecting a booty call. 걘 그냥 섹스하자는 것을 기대하면서 전화를 계속 돌려대고 있어.

have casual sex 부담없는 섹스를 하다
I had casual sex with multiple partners. 난 여러 사람들과 부담없이 섹스를 해.

fuck buddy 섹스하고 싶을 때 부담없이 할 수 있는 친구
He's not my boyfriend. We're just fuck buddies. 걔는 남친이 아니야. 우리 그냥 섹스나 하는 친구야.

sex toy 성적 노리개, 성기구
I'm just a bought-and-paid-for sex toy. 난 돈주고 사는 성노리개에 불과해.

pick-up 섹스하려고 건진 사람
That bar is just a lame pick-up joint. 저 바는 후진 섹파를 건지는 장소야.

sexual partner 잠자리하는 사람, 섹파
Let's make lists of our sexual partners. 우리의 섹파 명단을 만들자.

my number 지금까지 섹스한 사람 수, 전화번호
You know my number. How about you? Is it more than five? 내가 만난 사람 숫자 알잖아. 너는 어때? 5명 이상야?

go stag 혼자 파티에 가다
Few actors go stag to award ceremonies. 시상식에 혼자 가는 남배우는 거의 없어.

stag party 총각파티(bachelor party)
You didn't show up at your bachelor party last night. 넌 지난밤에 네 총각파티에 오지 않았어.

sympathy sex 동정섹스(pity sex)
It seemed passionate, but it was just sympathy sex. 열정적으로 보였지만 그건 단순한 동정섹스에 불과해.

angry sex 스트레스를 풀기 위한 섹스
Did you have a lot of angry sex? 스트레스 풀기 위해서 섹스를 많이 했어?

Situation

James: Andrea has been my **fuck buddy** for a while. 앤드리아는 한동안 내 섹스 상대였어.
Dolly: Really? Are you sure it isn't **sympathy sex**? 정말? 동정섹스가 아닌게 확실해?
James: No, she says I'm an awesome **sexual partner**. 그렇지 않아. 내가 섹파로써 아주 뛰어나대.
Dolly: I don't believe she's into **casual sex**. 걔가 그런 가벼운 섹스를 즐길 줄은 몰랐어.
James: I'm going over for a **booty call** right now. 지금 바로 섹스하자는 전화를 받고 갈건데.

약혼하고 결혼하고~

024 Jill, will you marry me?
질, 나랑 결혼해줄래?

이젠 남녀관계가 정식으로 발전하여 약혼하고(get engaged) 그리고 결혼하는(get married to, get hitched, tie the knot) 것이 정석. 이 때 꼭 남자가 무릎끓고 반지를 열어보이면서 하는 말은 "Will you marry me?"이다.

12문장으로 미드영어 후다닥 끝내기

☐ **be[get] engaged** 약혼하다	He didn't tell me when he and Tina **got engaged**. 걔하고 티나가 약혼했을 때 내게 말하지 않았어.
☐ **get married to sb** 결혼하다	She wanted to **get married to** me. 걔는 나와 결혼하기를 원했어.
☐ **get hitched** 결혼하다	Trudy and Raura **are getting hitched**? 트루디와 로라가 결혼한다고?
☐ **Will you marry me?** 결혼해줄래요?	Christine, **will you marry me**? 크리스틴, 나랑 결혼해줄래?
☐ **pop the question to** 청혼하다	You're gonna **pop the question to** her tonight? 너 오늘밤에 걔한테 청혼할거야?
☐ **tie the knot** 결혼하다	They plan to **tie the knot** in May. 걔네들은 5월에 결혼할 계획이야.
☐ **walk sb down the aisle** 결혼식 입장을 같이하다	She asked me to **walk** you **down the aisle**. 걔가 결혼식 입장할 때 나보고 같이 하자고 했어.
☐ **say one's 'I do'** 결혼하다	When are you going to **say your 'I do'** to your beautiful girlfriend? 언제 예쁜 여친하고 결혼할거야?
☐ **best man** 신랑 들러리(⇔ bridesmaid)	You nailed the hottest **bridesmaid**? 너 가장 섹시한 신부들러리랑 했어?
☐ **(be) not the marrying kind** 결혼할 타입이 아니다	You know, she'**s not the marrying kind**. 저 말야, 걔는 결혼할 타입이 아냐.
☐ **marriage material** 결혼감	Randy is not **husband material**. 랜디는 남편감이 아냐.
☐ **move in with[together]** 동거하다	I think you should **move in with** him. 네가 걔와 동거해야 된다고 생각해.

미드 Situation

Raymond: Denise, **will you marry me?** 드니즈, 나랑 결혼해줄래요?
Denise: What makes you think I'**m marriage material?** 뭘보고 내가 결혼감이라고 생각해요?
Raymond: We were destined to **walk down the aisle**. 우리는 함께 결혼할 운명이야.
Denise: I don't know. I'**m not the marrying kind**. 글쎄, 난 결혼할 타입은 아닌데.
Raymond: Would you prefer to **move in together**? 함께 동거하는 게 더 좋아?

사랑과 성(Love & Sex)

그럼 이제 바람펴야쥐~

025 My wife cheated on me!
내 아내가 바람을 폈어!

다 그런 것은 아니지만 이 산을 정복했으면 다른 산을 정복해야되는게 남정네들의 근본. 그리고 여자는 외로움에 다른 남자를 찾게되고... 가장 표준적인 말은 unfaithful, 그리고 바람피다는 cheat on이 가장 많이 쓰인다.

12문장으로 미드영어 후다닥 끝내기

☐ **cheat on sb with** 바람피다	You **cheat on** your husband on a regular basis. 넌 주기적으로 네 남편몰래 바람을 피우는구나.
	I thought you **were cheating on** me. 네가 나몰래 부정을 저지르는 줄 알았어.
	He **cheated on** me **with** a stewardess named Jane. 걔는 나 몰래 제인이라는 스튜어디스랑 바람을 폈어.
☐ **cheater** 배신자, 바람둥이	I knew I couldn't trust you, you **cheater**! 너를 믿을 수 없다는 것을 알고 있었어, 이 배신자야!
☐ **have an affair** 바람을 피우다	I've always wanted to **have an affair** with a gardener. 난 항상 정원사와 바람을 피고 싶어했어.
☐ **sneak around** 바람피다, 몰래 만나다	He's gone. We don't have to **sneak around** anymore. 걔는 가버렸어. 우리는 더 이상 몰래 만나지 않아도 돼.
☐ **two-time sb** 바람피다(two-timer)	Then he shot the **two-timer** and her boyfriend. 그럼 걔는 부정한 년과 그년의 남친에게 총을 쐈구만.
☐ **fornicate** 간통하다, 간음하다	I gave her space to repent of her **fornication**. 난 그녀에게 간음을 후회할 기간을 줬어.
☐ **flirt** 바람둥이	Your wife's just a big **flirt**. Don't you know that? 네 아내는 단지 진짜 바람둥이야. 그거 몰랐어?
☐ **be unfaithful (to)** 부정하다	She**'s been unfaithful to** her husband. 걔는 남편에게 부정을 저질러왔어.
☐ **womanize** 여자를 밝히다	George was a shameless **womanizer**. 조지는 파렴치하게 여자 밝히는 놈이었어.

미드 Situation

Ira: **Was** Henry **unfaithful to** his wife? 헨리는 걔 아내에게 부정을 저질렀지?
Stan: He was seen **sneaking around with** another woman. 다른 여자하고 몰래 바람피는게 발각됐어.
Ira: Maybe he **was just flirting with** her. 걔랑 그냥 집적거리는 것일 수도 있었잖아.
Stan: I'm sure that he **had an affair**. 바람폈던게 확실해.
Ira: I can't believe that he's a **womanizer**! 걔가 여색을 밝히다니 믿기지 않아!

130 Chapter 4

026 She's got a sugar daddy.
걔 스폰해주는 남자가 있어.

가장 오래된 거래, 성매매

바람은 주변의 사람들, 비서, 옛친구, 정원사 등 다양하지만 그런 상대가 없을 때는 돈을 내고 몸을 산다. 이름하여 창녀는 whore, prostitute, hooker, 그리고 스폰서처럼 돈을 대주고 여자를 지속적으로 만나는 사람은 sugar daddy라 한다.

12문장으로 미드영어 후다닥 끝내기

- **a whore** 창녀(man-whore 남창)
  I don't think she's **a whore**.
  걔가 창녀라고 생각하지 않아.
  Correction, I was **a man-whore**.
  고쳐 다시 말할게, 난 남창야.

- **crack-whore** 몸팔고 마약을 사는 갈보
  Did he call her **a crack-whore**?
  걔가 그녀보고 갈보라고 불렀어?

- **a hooker** 창녀
  We're not going to get Matthew **a hooker**.
  우리는 매튜에게 창녀를 붙여주지 않을거야.

- **prostitute** 매춘부
  He admitted to being with **a prostitute**.
  걔는 매춘부와 함께 있는 것이 허락됐어.

- **prostitution** 매춘
  (house of prostitution 사창가)
  Scott got arrested 7 times for **prostitution**.
  스캇은 매춘으로 7번이나 체포됐어.

- **sell oneself** 몸을 팔다, 매춘하다
  She **sold herself** after getting addicted to drugs.
  그 여자는 마약에 중독된 후로 몸을 팔았어.

- **sex trade** 성매매
  He was involved in the **sex trade** of underage girls.
  걔는 미성년자와 성매매에 연루됐어.

- **turn a trick[tricks]** 성매매하다, 매춘하다
  Did you let your wife **turn tricks**?
  네 아내가 매춘하도록 했어?

- **sugar daddy** 원조교제하는 남자
  She found a **sugar daddy** with deeper pockets.
  그 여자는 돈이 많은 원조교제하는 남성을 찾았어.

- **alley cat** 매춘부
  She's nothing but an **alley cat** and can't be trusted.
  걔는 매춘부에 불과하고 믿을 수가 없어.

- **clap** 임질
  I visited the doctor because I picked up the **clap**.
  난 임질에 걸려서 병원에 갔었어.

미드 Situation

Paula: Are you upset that I'm a **prostitute**? 내가 매춘부여서 화났어?
Mark: It makes me sad that you **sell yourself**. 네가 몸을 판다는 게 나를 슬프게 해.
Paula: **Prostitution** is a difficult profession. 매춘은 힘든 직업이야.
Mark: How did you get into the **sex trade**? 어떻게 하다 성매매를 하게 된거야?
Paula: I needed money but had no **sugar daddy**. 돈이 필요했는데 스폰서가 없어서.

싫다는데 왜 착각들이야

027 Any sign of sexual assault?
성폭행의 흔적이 있어?

성욕은 있고 하지만 비서도 친구도 없고 whore를 살 돈도 없을 때는 범죄의 길로 가게 되는데 이게 바로 rape. 물론 rape 자체를 좋아하는 변태들도 있기도 하다. 이런 성폭행은 sexual assault, 소아성애자는 pedophile이라고 한다.

12문장으로 미드영어 후다닥 끝내기

☐ **rape**
강간
You're under arrest for the rape of Laurel Andrews.
당신을 로렐 앤드류스 강간죄로 체포합니다.

☐ **date rape**
데이트 강간
Date rape was a problem on every campus.
데이트 강간은 모두 학교에서 문제였어.

☐ **ruphie**
데이트 강간약물(GHB)
We found GHB in your garage.
네 차고에서 데이트 강간약물을 발견했어.
You just wanted to ruphie your girlfriend?
넌 단지 네 여친에게 데이트 강간약물을 먹이고 싶었던거지?

☐ **rape victim**
성폭행피해자
We've got a rape victim.
성폭행당한 피해자가 있어.

☐ **rape kit**
강간검사도구
ER ran a rape kit, found no evidence of semen, or pubic hairs. 응급실은 강간검사를 했지만 정액이나 음모를 발견하지 못했어.

☐ **sexual assault**
성폭행
Any sign of sexual assault?
성폭행의 흔적이 있어?

☐ **sexual harassment**
성희롱
Touch me again, and I'll sue you for sexual harassment. 한번만 더 만지면 성희롱으로 고소할거야.

☐ **ravish sb**
강간하다
Looks like the attacker ravished her.
공격하던 놈들이 그녀를 강간했던 것 같아.

☐ **touch sb**
…의 몸에 손대다
Has he ever touched you down there?
걔가 네 거기에 손을 댄 적이 있어?

☐ **gang rape**
윤간(gang bang 집단섹스)
Your wife got gangbanged in the park?
네 아내가 공원에서 윤간을 당했다고?

☐ **pedophile**
소아성애자
A child raised by a pedophile for ten years.
한 아이가 10년간 소아성애자에 의해 양육되었어.

미드 Situation

Loretta: How did the rape occur? 강간이 어떻게 일어난거야?
Alan: Somebody fed the girl a ruphie. 누군가 루피약을 여자에게 먹였어.
Loretta: Better get the rape victim to a hospital. 강간피해자를 병원에 후송하는게 낫겠어.
Alan: I'll tell the nurse to use a rape kit. 간호사보고 강간검사를 해보라고 할게.
Loretta: We've got to prove there was a sexual assault. 성폭행였다는 증거가 있어야 돼.

132 Chapter 4

다양한 섹스 취향

028 This guy's into threesomes.
이 친구는 쓰리섬에 하는데 빠졌어.

이번에는 변태(pervert)인지 kinky인지는 모르겠지만 좀 색다른 섹스모험들을 알아본다. 남녀모두를 좋아하는 사람은 swinger, 부부교환은 wife swapping, 그리고 양성애자는 bisexual이라고 한다.

12문장으로 미드영어 후다닥 끝내기

☐ **swing both ways**
양성애자(swinger)

People say that Andy **swings both ways**.
사람들은 앤디가 양성애자라고 해.

☐ **wife swapping**
부부교환(swinger)

There was jealousy after the **wife-swap** party.
아내교환파티 후 시기 질투가 있었어.

☐ **bisexual**
양성애자

My wife's **bisexual**, but she prefers women.
내 아내는 양성애자인데 여자를 더 좋아해.

☐ **transvestite**
복장도착자

He was a **transvestite** hooker.
걘 복장도착자 창남이었어.

☐ **pre-op transsexual**
수술전 성전환자(⇔ post-op transsexual)

She's a **pre-op transsexual** nightclub singer.
그녀는 수술전 성전환자로 나이트클럽 가수야.

☐ **transgender**
트렌스젠더

This is a show about a **transgender** entertainer.
이것은 트렌스젠더 연예인에 관한 쇼야.

☐ **have[do] a threesome**
쓰리섬을 하다

Would you like to **have a threesome**?
쓰리섬을 해볼래?

☐ **three-way**
쓰리섬, 3자간의, 3방향의

Find a guy and have a **three-way**.
남자를 하나 구해서 쓰리섬을 해봐.

☐ **be into kinky**
비정상 섹스에 빠지다

He's **not into kinky stuff**.
걘 비정상적인 섹스에 빠지지 않았어.

☐ **pervert**
변태(perv), 왜곡시키다

Your brother didn't look like a **pervert**.
네 형은 변태처럼 보이지 않았어.

A **perv** tries to snatch her in a park full of people.
한 변태가 사람들이 꽉 찬 공원에서 그녀를 잡아채려고 했어.

You **have perverted** your faith to justify murder.
넌 살인을 정당화하기 위해 네 신념을 왜곡시켰어.

미드
Situation

Coretta: My husband **is into kinky sex**. 내 남편은 이상한 섹스에 빠져있어.
Tony: Are you saying he's a **pervert**? 네 남편이 변태라는 말이야?
Coretta: He tried to get me to do a **wife swap**. 내게 아내교환을 하게끔 하려고 했어.
Tony: And does he **swing both ways**? 그러면 네 남편은 양성애자야?
Coretta: No, but he's interested in **doing a three-way**. 아니, 하지만 쓰리섬을 하는데 관심이 있어.

사랑과 성(Love & Sex) 133

게이와 레즈

029 Your daughter's gay.
네 딸이 게이야.

미드를 보다보면 아예 동성애를 다룬 미드도 있지만 그렇지 않은 미드에서도 참 많이 나오는게 동성애이다. 그런 자신을 밝히는 것을 coming out이라고 하고, 가장 일반적인 용어는 gay인데 남자뿐만 아니라 레즈를 말할 때도 사용되는 단어이다.

12문장으로 미드영어 후다닥 끝내기

- [ ] **peep show** 핍쇼
  She's involved in a **peep show** upstairs.
  그 여자는 위층의 핍쇼에 종사하고 있어.

- [ ] **filthy~** 더러운
  My grandma was a **filthy** whore.
  내 할머니는 더러운 창녀였어.

- [ ] **come out of the closet** 커밍아웃하다
  I'm so excited you're **coming out** tonight.
  네가 오늘 밤에 커밍아웃한다니 흥분된다.

- [ ] **drag queen** 남자 동성애자, 여장남자
  I just assumed you were a **drag queen**.
  난 네가 동성애자였다고 생각했었어.

- [ ] **fags** (경멸) 남자 동성애자(faggot)
  He said you were a **fag**. 걔가 네가 동성애자래.
  Get this **faggot** out of here! 이 호모자식 끌어내!

- [ ] **bull dyke** 남자역의 레즈
  I don't think she's ready to be a **bull dyke**.
  그녀가 남자역의 레즈가 될 준비가 되었다고 생각하지 않아.

- [ ] **queer** 이상한, 동성애자
  That is so **queer**. 이거 참 이상하다.
  Your brother is also a **queer**! 네 형 또한 동성애자야!

- [ ] **we're here, we're queer** 우린 동성애자(축제시 슬로건)
  We're here. We're queer. She better get used to it!
  우린 동성애자야. 걔는 그거에 익숙해지는 게 나아.

- [ ] **gay** 동성애자(gay guy, gay man)
  Did you know I was **gay** when you met me?
  네가 날 만날 때 내가 게이였다는 걸 알았어?
  I didn't know that your daughter's **gay**.
  네 딸이 게이인지 몰랐어.

미드 Situation

Karen: I didn't know your brother was **gay**. 네 형이 게이였다는 걸 몰랐어.
Troy: He's a **drag queen** in Atlantic City. 걔는 아틀란틱 시티에서 여장남자야.
Karen: Was it hard for him to **come out of the closet**? 커밍아웃하는데 힘들었대?
Troy: Yeah, people called him a **fag**. 어, 사람들이 호모라고 불러댔거든.
Karen: That's a **filthy** name to use for a **gay person**. 그건 게이들을 경멸하는 호칭이잖아.

030 You got her pregnant?
너 걔를 임신시켰다고?

임신하고 출산하고

결혼과 상관없이 섹스를 하다보면 원하든 원치않든 임신을 하게 되는데 임신시키다는 get sb pregnant, knock sb up을 쓰고 특히 에둘러 표현할 때는 be in the family way, be expecting이라는 표현을 점잖게 쓴다.

12문장으로 미드영어 후다닥 끝내기

- [ ] **get (sb) pregnant** 임신하다, 임신시키다
  Did you **get** her **pregnant**?
  너 걔를 임신시켰어?

- [ ] **be[get] pregnant with~** …을 임신하다
  I found out I **was pregnant with** Jamie.
  내가 제이미를 임신했다는 걸 알았어.

- [ ] **knock sb up** 임신시키다(get knocked up 임신하다)
  I had sex in the bathroom. And I **got knocked up**.
  난 화장실에서 섹스를 했고 임신했어.

- [ ] **be in the family way** 임신중이다
  A girl in our class **is in the family way**.
  우리반의 한 여학생이 임신중이야.

- [ ] **be expecting** 임신중이다
  Patty needs a month off because she's **expecting**.
  패티는 임신해서 한달 휴가가 필요해.

- [ ] **be in labor** 분만중이다
  I don't hear a baby crying. She must still **be in labor**.
  아기 소리가 아직 안들려. 아직 분만중인가봐.

- [ ] **have an easy delivery** 순산하다
  Thank God, my wife **had an easy delivery**.
  맙소사, 내 아내가 순산을 했어.

- [ ] **deliver a baby** 분만하다
  Does anyone here know how to **deliver a baby**?
  여기 누가 어떻게 아기를 분만하는지 아는 사람 있어요?

- [ ] **give birth to a baby** 애를 낳다
  Did you offer your womb to **give birth to** her child?
  걔 아이를 낳아준다고 네 자궁을 제공하기로 했다고?

- [ ] **miscarry** 유산하다(miscarriage 유산)
  I had a **miscarriage** about six months ago.
  난 6개월 전에 유산을 했어.

- [ ] **have a visit from the stork** 아기를 낳다
  Our next-door-neighbor **had a visit from the stork**.
  우리 옆집 이웃이 아기를 낳았어.

- [ ] **Safe Haven Law** 출산후 한달내 아기를 버리면 죄를 묻지 않는 법
  We all worked hard to pass the Baby **Safe Haven Law**.
  우리는 베이비 세이프 헤븐법을 통과하는 열심히 노력했어.

Situation 미드

Stacey: Fran told me she**'s in the family way**. 프랜은 그녀가 임신중이라고 말했어.
Cord: Who **knocked** her **up**? 누가 임신시켰대?
Stacey: Some guy from work **got** her **pregnant**. 직장내 누군가가 걔를 임신시켰대.
Cord: When can we **expect a visit from the stork**? 아기는 언제 나온대?
Stacey: She'll **give birth to** her baby in February. 2월에 아기를 낳을거야.

사랑과 성(Love & Sex)

가정을 이루다

031 We'll start a family.
우리 아이를 갖을거야.

부부가 그렇게 아이를 낳으면 start a family하는 것이 되고 일상으로 돌아가 아이키우면서 do the laundry도 하고 wash the dishes도 하는데 미드를 보면 꼭 여자만 하는게 아니라 남자가 하는 경우를 좀 많이 보게 된다.

12문장으로 미드영어 후다닥 끝내기

☐ **start[have] a family** 가정을 이루다, 아이를 갖다	We were planning to **start a family**. 우리는 가정을 꾸밀 계획이야.
☐ **set up home[house]** 가정꾸리다(set up housekeeping 살림꾸리다)	There wasn't enough money to **set up housekeeping**. 살림을 꾸리기에는 돈이 충분하지 않았어.
☐ **house husband** 전업남편	These days Jerry is just a **house husband**. 요즈음 제리는 전업남편주부야.
☐ **house warming party** 집들이	The **house warming party** is tonight! 집들이가 오늘밤이야!
☐ **breast-feed** 모유를 먹이다	I **was breast-feeding** you. 난 너에게 모유를 먹였어.
☐ **babysit** 아이를 돌보다, 돌봐주다(babysitter)	You used to be my **babysitter**. 예전에 내 보모였잖아요.
☐ **sweet 16** 성년식	I gave her a Bentley for her **sweet 16**. 걔에게 성년식 선물로 벤틀리 한 대를 줬어.
☐ **do one's hair[nail]** 머리를 하다(fix one's hair 머리손질하다)	I put on a dress! I **did my hair**! 난 드레스를 입었고! 머리도 했어!
☐ **fix one's make up** 화장하다	I've been **washing my makeup off** before I go to bed. 난 자러가기 전에 화장을 지워왔어.
☐ **do the laundry** 빨래하다	Who needed to **do the laundry**? 누가 세탁소에 가야 되는 사람?
☐ **do[wash] the dishes** 설거지하다	You said you were gonna **wash the dishes**. 너는 네가 설거지 할거라고 말했어.
☐ **wear+귀금속** …을 하다	Have you ever noticed that Pam **wears** an ankle bracelet? 팸이 발찌를 한 것을 봤어?

미드 Situation

Jane: It's been so expensive to **set up house**. 가정을 꾸리는게 비용이 많이 들어.
Mike: You need to do it to **start a family**. 가정을 시작하려면 그게 필요하지.
Jane: Our **housewarming party** is tomorrow night. 집들이는 내일 저녁이야.
Mike: You better **wear** some nice clothes. 멋진 옷을 입어.
Jane: OK, and you can help me **do the disches**. 응, 넌 설거지하는거 도와줘.

032 I want a divorce!
난 이혼을 원해!

가장 지저분한 전쟁, 이혼

그렇게 일상으로 돌아가고 행복하게 사는 이들도 있지만 이혼하는(get divorced) 경우가 허다하다. 이혼 전에 잠시 떨어져 시간을 갖는 것은 take some time apart라 한다. 이혼위자료는 divorce settlement라 한다. 이 때문에 많은 범죄가...

12문장으로 미드영어 후다닥 끝내기

☐	**be[get] separated (from)** 별거중이다	Sarah **was separated from** her husband Louis. 새라는 남편 루이스와 헤어졌어.
☐	**take some time apart** 잠시 떨어져 있다	We're **taking some time apart**. We're separated, not legally. 우리는 잠시 떨어져 있어. 별거인데, 비공식적으로.
☐	**get divorced** 이혼하다	I don't wanna **get divorced**. 난 이혼하기 싫어.
☐	**be getting a divorce** 이혼중이다	Actually, we're **getting a divorce**. 실은 우리는 이혼중이야.
☐	**divorce sb** …와 이혼하다	She **divorced** him, and she's seeing someone else. 걘 그와 이혼했어, 그리고 걔는 다른 사람을 만나고 있어.
☐	**file for divorce** 이혼소송을 하다	I heard Caroline's already **filing for divorce**. 캐롤린이 이혼 소송을 이미 했다는 것을 들었어.
☐	**want a divorce** 이혼을 원하다	I don't **want a divorce**. 난 이혼을 원하지 않아.
☐	**divorce settlement** 이혼합의(사항), 이혼위자료	You got a huge **divorce settlement**. 넌 아주 엄청난 이혼위자료를 받았어.
☐	**serve sb with divorce papers** 이혼서류를 보여주다	You're gonna **be served with divorce papers** later today. 넌 오늘 늦게 이혼서류를 받아볼거야.
☐	**child support** 부양능력	Jake's gonna have to pay **child support** for Tracey. 제이크는 트레이시에게 아이부양비를 줘야 될거야.
☐	**be responsible for the children** 자식부양권을 책임지다	After the split, who's gonna **be responsible for the children**? 헤어진 후 누가 자식을 맡아 기를겁니까?

미드 Situation

Gladys: I'm going to **get divorced** from you. 너랑 이혼할거야.
Abe: Why would you want to **file for divorce**? 왜 이혼소송을 하려는거야?
Gladys: I plan to get a big **divorce settlement**. 위자료를 많이 받으려고.
Abe: Please don't **divorce** me. 제발 이혼하지마.
Gladys: Tomorrow you'll **be served with divorce papers**. 내일 이혼서류를 보게 될거야.

사랑과 성(Love & Sex) 137

033 He put me in a foster home.
난 걔가 날 위탁가정에 넣었어.

위자료와 양육권 싸움

이혼사유도 여러가지. wife beater를 입고 아이를 학대(child abuse)하거나 배우자를 학대(spousal abuse)하는 경우가 많다. 홀로 된 부모(single parent)나 편모(single mother)와 살면 다행인데 그것도 안되면 아이가 가는 곳은 foster home.

12문장으로 미드영어 후다닥 끝내기

☐ **alimony**
위자료
He doesn't have to pay you **alimony**.
걘 네게 위자료를 주지 않아도 돼.

☐ **child abuse**
아동 학대
Failure to report **child abuse** is a crime, doctor.
아동학대를 보고하지 않는 것은 죄입니다, 의사선생님.

☐ **spousal abuse**
배우자 학대
Wife had two priors for **spousal abuse**.
아내는 배우자 학대로 두번의 전과가 있어.

☐ **foster home**
위탁가정
I was raised in a **foster home**.
난 위탁가정에서 자랐어.

Which means he cares about his **foster brother**.
그 건 걔가 그의 위탁가정 형을 걱정한다는 것을 의미해.

☐ **single parent**
홀부모
It must be hard, having a social life as a **single parent**. 홀부모로 사회생활을 하는 것은 어려움에 틀림없어.

☐ **single mother**
미혼모, 편모
You were raised by a **single mother**.
넌 편모슬하에서 키워졌어.

☐ **bring up**
양육하다(raise)
So you **raised** her all on your own?
그래 너는 그녀를 너 혼자서 키운거야?

☐ **nursing home**
요양원
The parents didn't want to put her in a **nursing home**. 부모는 그녀를 요양원에 보내는 것을 원치 않았어.

☐ **have custody of**
맡다, 양육권을 갖다
Luckily her ex **had custody of** their son this week.
다행스럽게도 그녀의 전 남편은 이번 주에 아들을 맡았어.

☐ **have[get] sole custody of**
단독으로 양육권을 갖다
She **got sole custody of** Melisa.
그녀는 멜리사에 대한 단독 양육권을 갖게 됐어.

☐ **prenup**
혼전의, 혼전계약서
I have a **prenup** his parents made me sign.
난 걔 부모가 서명하게 만든 혼전계약서가 있어.

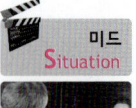
미드 Situation

Tess: Who **has custody of** the children? 누가 아이들 양육권을 갖고 있어?
Peter: The kids were all sent to a **foster home**. 아이들은 위탁가정으로 보내졌어.
Tess: I heard there was some **child abuse**. 아동 학대가 있었다고 하던데.
Peter: It was a **single mother**, and she was acting crazy. 홀부모이고, 미친사람처럼 행동했대.
Tess: I hope the **foster home** is a good place to bring them up.
위탁가정이 아이들을 양육하는 좋은 곳이기를 바래.

034 Show me your dick.
네 거기를 보여줘.

섹스를 하기 위한 남성의 행동대원들

지금까지의 모든, 좋은 것이든 나쁜 것이든 그 모든 것을 유발하는 행동대원들의 명칭들을 알아보자. 우리말의 경우처럼 참 다양한 표현에 감탄해보자. 표준어인 penis는 페니스라고 하면 안되고 피너스라고 발음해야 한다.

12문장으로 미드영어 후다닥 끝내기

cock 남자의 성기	I just love putting my hand around your **cock**. 난 네 성기를 손을 감싸잡는게 좋아.
dick 남자의 성기	Why does he have to have a small **dick**? 왜 그의 성기는 작아야만 하나?
penis 남자의 성기	His **penis** and testicles were cut off. 걔의 성기와 고환은 잘려나갔어.
wiener 고추	Come on, stop touching your **wiener**. 이봐, 그만 네 고추 만져.
family jewels 고환	The ball hit me right in the **family jewels**. 공이 내 고환을 정곡으로 쳤어.
testicles(balls) 고환	Will you at least lick my **balls**? 적어도 불알은 빨아줄거지?
private parts 남녀생식기	Don't look at my **private parts**. 내 생식기 부분은 쳐다보지마.
pubic area 음부, 치부	The injury was to the **pubic area**. 음부에 부상이 있었어.
down there 성기	A lot of people don't want to talk about **down there**. 많은 사람들은 아래쪽에 대한 이야길 하길 원치 않아.
one's fly 지퍼	John's **fly** was open when he left your room. 존은 방을 나섰을 때 지퍼가 열려있었어.

미드 Situation

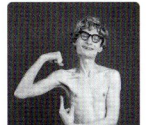

Chris: Have you seen your boyfriend's **cock**? 너 네 남친의 거기 봤어?
Danica: I am embarrassed to look **down there**. 거기 보는데 무척 당황스러워.
Chris: You need to know the size of his **dick**. 크기를 알아야지.
Danica: How can I check out his **private parts**? 어떻게 거기를 확인할 수 있어?
Chris: Just use your hand to open his **fly**. 그냥 손으로 바지 지퍼를 내려.

사랑과 성(Love & Sex)

여성들의 행동대원들

035 He grabbed my boob.
걔가 내 가슴을 움켜잡았어.

이번에는 미드에서 자주 나오는 여성신체기관들로 가슴은 주로 boob, boobie로, 유두는 tits, 그리고 여성의 성기는 pussy, 비어로 cunt라고 한다. package는 세트라는 개념으로 남녀모두에게 쓰일 수 있는데 상상을 해보면 알 수 있다.

12문장으로 미드영어 후다닥 끝내기

☐ **boob** 여성의 가슴(boobie, breast)	Just show me one **boob**. 가슴 한 쪽만 보여줘. You've got my **breast**. That's my **breast**. 내 가슴을 잡고 있어. 내 가슴야.
☐ **knockers** 가슴(hooters)	You're staring at my **knockers**. 넌 내 가슴을 뚫어져라 쳐다보고 있어.
☐ **tits** 젖꼭지	Kissing your beautiful **tits** feels unbelievably sexy. 네 아름다운 젖꼭지에 키스하는 것은 믿을 수 없을 정도로 섹시해.
☐ **nipple** 유두	You like it when I'm biting your **nipple**. 내가 네 유두를 깨물 때 너 좋아하더라.
☐ **booty** 엉덩이(flat)	That girl ain't got much of a **booty**. 저 여자애 엉덩이는 별로야.
☐ **buns** 엉덩이	I got these tight **buns** by exercising. 난 운동을 해서 탄력있는 엉덩이를 갖게 됐어.
☐ **pussy** 여자의 성기	Get your little white **pussy** away from my brother! 내 동생에게서 네 백인의 거시기를 멀리하라고!
☐ **cunt** 여성의 성기(vagina), 계집애	We also found semen in her **vaginal cavity**. 우리는 또한 그녀의 질안에서 정액을 발견했어.
☐ **you little cunt** 이 나쁜 년	**You little cunt**, I hope you die! 이 나쁜 년, 뒈져라!
☐ **uterus** 자궁(womb)	Does she have a tilted **uterus**, too? 걔의 자궁 또한 기울어져 있어요?
☐ **well-hung** (성기나 가슴) 큰	Tisha says her boyfriend is **well-hung**. 티샤는 자기 남친의 거기가 무척 크대.
☐ **package** (남자)성기세트	He's just too proud of his **package**. 걔는 자기 거기에 대한 무척 자랑스러워해.

Leo: You've got the greatest **tits**. 네 젖꼭지 환상적이네.
Debbie: Guys are always staring at my **boobs**. 남자들이 항상 내 가슴을 쳐다봐.
Leo: Well, your **knockers** are huge. 음, 가슴도 아주 크고.
Debbie: Would you like people staring at your **package**?
너는 사람들이 네 성기부분을 쳐다보는게 좋아?
Leo: Why not? I'm really **well-hung**. 당근이지, 정말 거대하거든.

먹었으면 배설하는 건 예외가 없어

036 I gotta take a leak.
소변 좀 봐야겠어.

이 배설이란 측면에서 인간은 정말 평등하다. restroom은 주로 공중화장실을 말하며 여성들은 power room이라고 완곡어법을 쓴다. 우리도 볼일 본다라고 하는데 마찬가지여서 take care of one's business라고 쓰기도 한다.

12문장으로 미드영어 후다닥 끝내기

restroom 공공건물 화장실
We're gonna have sex in a public restroom.
우리는 공중화장실에서 섹스를 할거야.

powder room 화장실
I think I should use the powder room.
화장실 좀 가야겠는데요.

be in the john 화장실에 있다
She got caught doing it with two guys in the john.
그 여자는 화장실에서 두명의 남자와 그짓하다 걸렸어.

answer the call of nature 생리현상(소변, 대변)
Pardon me while I answer the call of nature.
미안하지만 생리현상 좀 해결하고요.

take a leak 소변누다
I gotta take a leak.
소변 좀 봐야겠어.

take a whiz 소변보다
Use the forest if you need to take a whiz.
소변을 봐야 겠다면 이 숲에서 해.

take a piss[pee] 소변보다
She took a piss when no one was watching.
그녀는 아무도 쳐다보지 않을 때 소변을 봤어.

have a wee 쉬하다
Did you have a wee while I was gone?
내가 나간 사이에 쉬했어?

hit the head 화장실가다
Hit the head before we start the trip.
여행출발 전에 화장실에 가.

check the plumbing 소변보다
The doc says he needs to check the plumbing.
의사는 소변을 봐야겠다고 했어.

wet one's pants 바지에 오줌싸다(wet oneself 오줌지리다)
My girlfriend was so scared she wet her pants.
여친은 너무 무서워 오줌을 팬티에 지렸어.

take care of one's business 볼일보다, 일처리하다
I think he took care of his business right in the living room! 다툼끝에 걘 나를 침대밖으로 내쫓았어.

Walter: Let me go **take care of business**. 가서 볼 일 좀 보고 올게.
Sam: Are you off to the **restroom**? 화장실에 가는거야?
Walter: Yep, I need to **hit the head**. 어, 소변 보려고.
Sam: I'll **have a wee** while you're in there. 네가 거기 있는 동안 나도 쉬할게.
Walter: Let's go before we **wet ourselves**. 바지에 싸기 전에 가자.

> 조금 더 큰 배설, 조금 더 큰 즐거움

037 I better go take a crap.
대변보러 가야겠어.

이번에는 큰 배설, 즉 대변보는 표현을 알아보자. 재미있는 것은 속어로 number one, number two라고 쓰는데, number one은 소변, number two는 대변을 말한다.

12문장으로 미드영어 후다닥 끝내기

- **take a dump** 대변보다
  Stop here! I need to **take a dump**!
  여기서 세 나 큰 것 좀 봐야돼!

- **take a crap** 똥싸다
  He **took a crap** right after breakfast.
  걘 아침먹고 바로 똥을 쌌어.

- **relieve oneself** 볼일보다
  The dog **relieved himself** on your leg.
  개는 네 다리에 오줌을 쌌어.

- **poo** 응가
  What is that? Did you step in **poo**?
  저게 뭐야? 너 똥 밟았어?

- **cut the cheese** 방귀뀌다(break wind)
  Somebody in this room **cut the cheese**.
  이 방의 누군가가 방귀를 뀌었어.

- **pass gas** 방귀뀌다(gas man 방귀쟁이)
  It's so impolite to **pass gas** in public.
  사람들 있는데서 방귀를 뀌는 것은 예의가 없는거지.

- **get a[one's] period** 생리하다
  She **got her period** just before school started.
  걔는 학교가 시작되기 전에 생리를 했어.

- **be on the rag** 생리하다
  Her mood indicates she **is on the rag**.
  걔의 기분을 보니 걔는 생리중이야.

- **number one** 소변보다(number two 대변보다)
  I have to do a **number two**, so where is the toilet?
  대변 좀 봐야 되는데, 화장실이 어디야?

Damian: I've got to do a **number two**. 대변 좀 봐야 돼.
Joyce: That smells awful. You **cut the cheese**. 냄새 지독하다. 너 방귀뀌었지?
Damian: That's right, I **passed gas**. 맞아, 방귀 뀌었어.
Joyce: Well, it sure smells like **poo**. 어, 똥냄새난다.
Damian: I better go **take a crap**. 똥싸러 가야겠어.

More Expressions

cup size 브라크기
slamming body 끝내주는 몸매
pillow talk 베갯속 이야기
own flesh and blood 친족
seven year itch 바람기, 권태
better half 한 사람의 아내, 남편
groom-to-be 예비신랑
rehearsal dinner 결혼 예행 연습 후 먹는 저녁
dress rehearsal 총연습
have carnal knowledge of 과거에 …와 섹스하다(not common)
purity ring 순결반지
the facts of life 성교육내용
Love me, love my dog. 나를 사랑한다면 내 모든 걸 사랑해줘.
the fair sex 여성
sex object 성적대상(piece, ass)
sweet nothings 달콤한 밀어
parting shot 이별의 말
parting kiss 이별의 키스
foxy 섹시한
voluptuous 관능적인
get off with 오르가즘에 오르다

curvy 글래머인
sex drive 성적 충동, 성욕
goo-goo eyes 추파, 유혹의 눈길
bedroom eyes 욕정어린 눈
flirtatious 추파를 던지는
flirty 집적대는, 경박한
your place or mine 우리집에서 아니면 네집에서
hancky-panky 부도덕한 성행위
pin-up 연예인 등의 노출사진
sexual preference 성적취향
When is the blessed event? 출산예정일이 언제예요?
have a bun in the oven 아기를 갖다
I'm eating for two 임신했다
Sb's waters break 양수가 터지다
pro-choice 낙태찬성(*pro-life 낙태반대)
make the beast with two backs 성교하다(very uncommon)
shooting blanks 임신불가남자
get marital counselling 결혼상담을 받다
carry on with 불륜을 저지르다
make sparks fly (남녀사이에) 불꽃이 튀다

chapter 5　성공과 실패
(Success and Failure)

001　**Ready when you are.**
너만 준비되면 돼.

002　**Let's saddle up.**
자 출발하자.

003　**We will wing it.**
우린 즉흥적으로 하게 될거야.

004　**What's on tap for tonight?**
오늘 밤 계획이 뭐야?

005　**It didn't go as planned!**
계획대로 되지 않았어!

006　**I've been keeping busy.**
바빠 지냈어.

⋮

066　**Beer is on the house!**
맥주는 가게가 공짜로 쏴요!

067　**Get him live on a budget.**
걔보고 예산에 맞춰 살라고 해.

068　**He's a happy hour regular.**
걘 할인시간대에 오는 단골손님이야.

069　**Let's make a deal.**
거래를 하자고.

070　**She married for money.**
걘 돈 때문에 결혼했어.

언제든 시작할 준비가~

001 Ready when you are.
너만 준비되면 돼.

모든 것이 그냥 다 이루어진 것처럼 보이지만 실상은 철저한 준비과정을 거친 것이다. 몇번에 걸쳐 준비하고 시작하다라는 표현들을 대거 모아본다. 뭐니뭐니 해도 준비하면 get[be] ready for[to]~이다.

12문장으로 미드영어 후다닥 끝내기

- [ ] **get[be] ready for[to]**
  …할 준비가 되다
  Does that mean she's **ready to** die?
  걔가 죽을 준비가 되었다는 말이야?

- [ ] **get[have] sth ready for[to]**
  준비시키다
  You need to **get** the car **ready for** our trip.
  우리 여행가는데 자동차 준비시켜놔.

- [ ] **be[get] set to[for]**
  (…할) 준비되다(be all set)
  We're **all set to** go.
  우리 모두 갈 준비가 됐어.

- [ ] **be good and ready**
  완전히 준비되다
  She's **good and ready** to break up with me.
  걘 나랑 헤어지는데 전혀 미련없어.

- [ ] **ready when you are**
  너만 준비되면 돼
  Sure. **Ready when you are.**
  물론. 너만 준비되면 돼.

- [ ] **when you're ready**
  준비되면
  He'll be waiting for you **when you're ready.**
  걘 네가 준비될 때 기다리고 있어.

- [ ] **make ready for**
  …을 준비하다
  The country **made ready for** the Olympics.
  그 국가는 올림픽 준비를 했다.

- [ ] **be ready to roll**
  시작할[출동] 준비되다
  Yeah, **ready to roll**, boss.
  네, 출동 준비됐습니다, 사장님.

- [ ] **get warmed up**
  …할 준비가 되다
  The pitcher **is getting warmed up** for the game.
  그 투수는 게임에 나갈 준비를 하고 있어.

- [ ] **be fixing to**
  막 …하려다(be about to)
  Oh, she's **fixing to** start yelling.
  오, 걘 막 소리를 지르기 시작하려 해.

- [ ] **have sth in place**
  …가 준비시키다(be in place 제대로 돌아가다)
  Make sure you **have** everything **in place**.
  다 제대로 준비해놓도록 해.
  My team is going to **be in place**.
  우리 팀은 곧 정상적으로 돌아갈거야.

미드 Situation

Savannah: **Are** you **getting ready for** springtime? 봄맞이 준비하고 있어?
Jerry: I'm **good and ready for** the warm weather. 날씨가 따뜻해지는데 준비 다해놨어.
Savannah: **Are** you **set for** planting a garden? 정원에 나무심을거야?
Jerry: I'm **fixing to** plant some flowers soon. 곧 꽃을 좀 심으려고 해.
Savannah: Well, I'll help you **when you're ready**. 그럼, 너 준비되면 내가 도와줄게.

002 Let's saddle up.
자 출발하자.

하지만 미드에 ready만 나오지는 않는 법. 여기서는 미드다운 표현들로 준비하다를 뜻하는 표현들을 알아본다. 맘준비를 하는 psych oneself up, 말에 올라타 시작할 준비를 하는 saddle up 등 생각하면서 표현들을 이해해보자.

12문장으로 미드영어 후다닥 끝내기

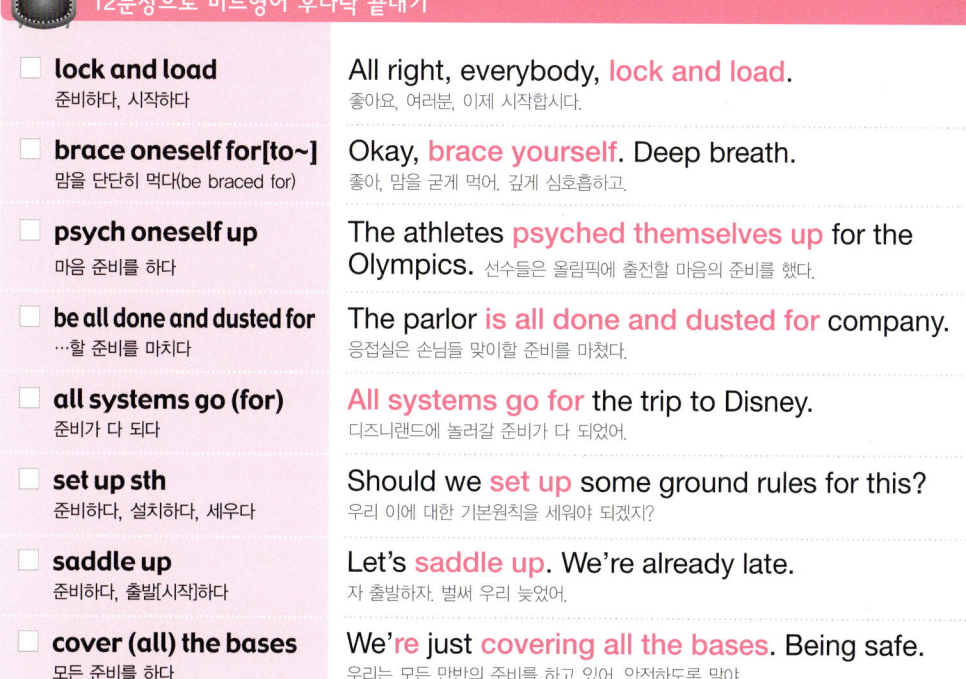

☐ **lock and load** 준비하다, 시작하다	All right, everybody, **lock and load**. 좋아요, 여러분, 이제 시작합시다.
☐ **brace oneself for[to~]** 맘을 단단히 먹다(be braced for)	Okay, **brace yourself**. Deep breath. 좋아, 맘을 굳게 먹어. 깊게 심호흡하고.
☐ **psych oneself up** 마음 준비를 하다	The athletes **psyched themselves up** for the Olympics. 선수들은 올림픽에 출전할 마음의 준비를 했다.
☐ **be all done and dusted for** …할 준비를 마치다	The parlor **is all done and dusted for** company. 응접실은 손님들 맞이할 준비를 마쳤다.
☐ **all systems go (for)** 준비가 다 되다	**All systems go for** the trip to Disney. 디즈니랜드에 놀러갈 준비가 다 되었어.
☐ **set up sth** 준비하다, 설치하다, 세우다	Should we **set up** some ground rules for this? 우리 이에 대한 기본원칙을 세워야 되겠지?
☐ **saddle up** 준비하다, 출발[시작]하다	Let's **saddle up**. We're already late. 자 출발하자. 벌써 우리 늦었어.
☐ **cover (all) the bases** 모든 준비를 하다	We're just **covering all the bases**. Being safe. 우리는 모든 만반의 준비를 하고 있어. 안전하도록 말야.
☐ **have all the bases covered** 준비를 철저히 하다	Make sure you **have all your bases covered**. 모든 준비를 철저히 하도록 해.
☐ **be waiting in the wings** 준비하고 대기하다	I think another guy **is waiting in the wings**. 다른 친구가 준비하고 대기하고 있는 것 같아.
☐ **gird one's loin** 만반의 준비를 하다	The Romans **girded their loins** for battle. 로마인들은 전쟁을 치를 만반의 준비를 해놨어.
☐ **set the stage for** …할 여건을 마련하다	Hey, you **set the stage** perfectly. 야, 너 준비 완벽히 해놔.

미드 Situation

Sophie: This website **sets the stage for** a profitable year. 이 사이트는 올해 수익낼 준비가 되어있어.
Bart: So it's **all systems go for** making money. 그럼 돈벌 준비가 다 된거네.
Sophie: I've tried to **set up** the best online business. 난 최고의 온라인 사업을 준비하려고 했어.
Bart: And you **have all the bases covered**? 그리고 철저히 준비했고?
Sophie: Yes, but I've got another plan **waiting in the wings**. 그럼, 하지만 또 다른 계획을 준비중이야.

준비 안되었으면 즉흥적으로~

003 We will wing it.
우린 즉흥적으로 하게 될거야.

준비가 잘 되어 있으면 모르지만 그렇지 않을 때는(be nowhere near ready) 즉석에서 일을 해야 하는데, 이때는 off hand, on the spot, 그리고 충동적으로는 spur of the moment라 한다.

12문장으로 미드영어 후다닥 끝내기

☐ **on your mark(s), get set, go**
제자리에, 준비, 출발

You guys, **on your marks, get set, and go!**
너희들, 제자리에, 준비하고 출발!

☐ **come up to scratch**
시작할 준비하다, 기준에 맞다

Will your test results **come up to scratch**?
네 시험결과가 생각만큼 나올까?

☐ **in the works**
준비되고 있는

It's **been in the works** for a while.
그건 한동안 준비되고 있었어.

☐ **be prepared for[to]**
…할 준비를 하다

I **wasn't prepared to** answer.
난 대답할 준비가 되어 있지 않아.

☐ **be nowhere near ready~**
준비가 전혀 되어있지 않다

I **was nowhere near ready** to be a mother.
난 엄마가 될 준비가 전혀 되어있지 않았어.

☐ **wing it**
즉석에서 하다

Come on. Let's go. We'll **wing it.**
어서와. 가자고. 바로 즉흥적으로 할거야.

☐ **spur-of-the moment**
충동적인, 즉석의

We're just gonna have a **spur of the moment conversation.** 우린 즉석대화를 할거야.

☐ **on the spot**
즉석에서

They signed the deal **on the spot!**
그들은 그 자리에서 사인했어!

She has been arrested for insurance fraud **on the spot.** 걔는 보험사기죄로 현장에서 체포됐어.

☐ **off hand**
즉석의

I just said it **off hand.**
난 즉흥적으로 그걸 말했어.

미드 Situation

Mark: I heard your wedding **is in the works.** 네 결혼식 준비중이라며.
Bonnie: Yeah, my boyfriend and I **are prepared to** get married.
어, 남친하고 내가 결혼준비를 하고 있어.
Mark: Was it a **spur of the moment** decision? 즉흥적인 결정이었어?
Bonnie: No, we weren't planning to just **wing it.** 아니, 우린 즉흥적으로 계획하게 아냐.
Mark: My best friend decided to get married **on the spot.** 내 절친은 즉석에서 결혼을 결정했었어.

Chapter 5

004 What's on tap for tonight?
오늘 밤 계획이 뭐야?

사전 계획이 중요해

계을 세우는 것은 make[hatch] a plan, 그래서 계획이 있는 것은 have a plan. 그리고 work the plan하면 좀 어렵게 느껴지지만 계획은 잘 실행하는 것을 말하며, 거의 우리말화된 차선책은 Plan B라고 하면 된다.

12문장으로 미드영어 후다닥 끝내기

- **have[get] a plan** 계획이 있다
  I **have a plan** to protect him.
  난 걔를 보호할 계획이 있어.

- **have no plan** 계획이 없다
  I **have no plans** to talk to her mother.
  난 걔 엄마하고 이야기할 계획이 없어.

- **have big plans** 야심찬[멋진] 계획을 갖다
  You guys **got any big plans** tonight?
  오늘밤에 무슨 멋진 계획이라도 있어?

- **make a plan[plans]** 계획을 세우다
  I guess we should **make a plan**.
  우리는 계획을 세워야 할 것 같아.

- **be planning to** …할 계획이다
  I **was planning to** go back to work.
  난 다시 일을 시작할 생각이었어.

- **hatch a plan** 계획을 짜다
  It took months to **hatch this plan**.
  이 계획을 짜는데 수개월이 걸렸어.

- **work out (proposal)** 계획 등을 세우다, 검토하다
  Did you **work out** the facts with Dave?
  너 데이브하고 중요한 사항들을 검토했어?

- **lay plans** 계획을 짜다
  She'**s laid plans** to visit Professor Hawkins.
  걔는 호킨스 교수를 찾아갈 계획을 세웠어.

- **get sth cooking** 은밀히 계획을 짜다
  You'd better **get** something **cooking** by tomorrow.
  너는 내일까지 은밀히 계획을 짜놓는게 좋아.

- **plan B** 비상계획
  I guess we have to turn to **Plan B**.
  플랜 B로 가야 될 것 같아.

- **on tap for+시간** …에 계획된 거
  What'**s on tap for** tonight?
  오늘밤 계획이 어떻게 돼?

- **work the plan** 계획을 성공적으로 실행하다
  Work the plan until it's perfect. 완벽할 때까지 계획을 실행해.
  Plan the work…**work the plan**. 신중히 계획짜서 계획을 실행해.

미드 Situation

Zack: I **have big plans** for the weekend. 이번 주말에 큰 계획이 있어.
Veronica: What'**s on tap for** Saturday? 토요일에 뭐가 있는데?
Zack: I'm going to **get** something **cooking** with my girl. 여친을 놀래 줄 깜짝 계획을 짜고 있어.
Veronica: And what if she'**s laid other plans**? 걔가 다른 계획을 세웠으면 어찌하려고?
Zack: That's OK, I'll just go to **plan B**. 할 수 없지, 차선책을 택해야지.

성공과 실패(Success & Failure) 149

잘 세운 계획을 실행하다

005 It didn't go as planned!
계획대로 되지 않았어!

계획을 세우는 것을 실행하려고 하는 것. put~in action, carry out a plan이라고 하고 이렇게 계획이 잘 되는 것은 go as planned, 좀 어려운 것으로는 be golden이라는 표현이 있다.

12문장으로 미드영어 후다닥 끝내기

☐ **see ~ in action** 계획대로 되는 걸 확인하다[보다]	I'd kill to **see** her **in action**. 개가 계획대로 실행하는 걸 한번 봤으면 좋겠어.
☐ **put ~ into action** 계획대로 실행하다	So Brook **was putting** her plan **into action**. 그래 브룩은 자기 계획대로 실행하고 있었어.
☐ **spring[swing] ~into action** 조용히 있다가 갑자기 실행하다	Let's **swing into action**, gang. 자 다들 계획을 실행하자고.
☐ **spring a trap** (뭘 잡기 위해) 계획을 세우고 실행에 옮기다	Just wait a few minutes to **spring the trap**. 계획을 세우고 실행하는데 좀 기다려봐.
☐ **go as planned** 계획대로 되다	I know it didn't **go as planned**. 그게 계획대로 되지 않았다는 걸 알고 있어.
☐ **carry out a plan** 계획을 실행하다	It takes discipline to **carry out a plan**. 계획을 실행하는데는 훈련이 필요해.
☐ **be golden** 계획대로 잘되다	It went great, man, you**'re golden**! 그거 대단했어, 야. 너 정말 잘했어!
☐ **do sth in order** 계획대로 하다	**Follow** the instructions **in order**. 그 지시사항들을 계획대로 따라해.
☐ **live out** 생각했던 것을 실현하다	You can **live out** your fantasy. 넌 네가 상상했던 것을 해봐.
☐ **implement** 실행하다	We are about to **implement** a new filing system. 우리는 곧 새로운 파일정리 시스템을 실행할 겁니다.

Nick: It's time to **implement** the new computer network. 새로운 컴퓨터망을 실행해야 돼.
Heddy: I want to **see** it **in action**. 계획대로 되는 걸 보고 싶어.
Nick: First we will **do** the start up steps **in order**. 먼저 시작단계를 실행할거야.
Heddy: It might not **go as planned**. 계획대로 되지 않을 수도 있어.
Nick: Don't worry, I think we**'re golden**. 걱정마, 우리 계획대로 될거야.

바쁜 게 좋긴 하지만

006 I've been keeping busy.
바빠 지냈어.

일없이 안 바쁜 것보다야 좋지만 너무 바빠 온종일 꼼짝달싹 못하는(be tied up all day) 것도 문제. 목까지 차 숨도 못쉴 정도로 정신없을 때는 be up to one's neck in이라고 하면 된다. 일반적인 표현으로는 be busy with, keep (oneself) busy.

12문장으로 미드영어 후다닥 끝내기

- **be tied up (all day)** 무척 바쁘다, 묶여있다
  Can't do it, I'll **be tied up all day**.
  난 할 수 없어, 하루종일 꼼짝달싹 못할 정도로 바쁠거야.

- **be up to one's neck in** …하느라 엄청 바쁘다
  She'**s up to her neck in** school activities.
  걔는 학교활동으로 엄청 바빠.

- **be up to here** 무척 바쁘다, 짜증나다
  I'**m up to here** in complaints about your behavior.
  난 네 행동에 불만이 가득찼어.

- **be swamped with[by]** 무척 바쁘다
  I thought you **were swamped with** work.
  난 네가 일 때문에 무척 바쁘다고 생각했어.

- **keep (oneself) busy** 바쁘다
  Glad everyone'**s been keeping busy**.
  다들 바빴다니 기쁘네.

- **be busy with** …로 바쁘다
  I'm actually quite **busy with** work.
  실은 난 일로 정말 많이 바빠.

- **have one's hands full with[~ing]** 일이 많아 꼼짝달싹 못하다
  I **had my hands full with** the project.
  난 그 프로젝트하는데 일이 너무 많았어.
  I'll **have my hands full** canceling the party.
  파티취소하는데 무척 바쁠거야.

- **one's hands are tied** 엄청 바쁘다, 선택의 여지가 없다
  I wish I could help, but **my hands are tied**.
  도와주고 싶지만 내가 지금 너무 바빠.

- **be kicking it with** …로 바쁘다
  I'm just **kicking it with** my girl.
  난 내 여친하고 그냥 바빴어.

- **be slammed** 매우 바쁘다, 술에 취하다
  The office was slammed with extra audit.
  사무실은 추가 회계감사로 매우 바빴어.

- **on the go** 바쁜
  She's been **on the go** since 5 am.
  걔는 오전 5시부터 계속 바빠.

미드 Situation

Melinda: **Have** you **been keeping yourself busy**? 계속 바빴어?
Barry: I'**m up to my neck in** new work. 새로 맡은 일로 엄청 바빠.
Melinda: I'**ve been very busy with** projects too. 나도 프로젝트들 때문에 매우 바빴어.
Barry: It's so stressful **being slammed with** work. 일 때문에 바쁜 건 정말 스트레스야.
Melinda: I know. We're always **on the go**. 맞아, 항상 바빠 정신없잖아.

성공과 실패(Success & Failure)

뼈빠지게 일하다

007 I work my butt off for her.
난 걜 위해 죽어라 일해.

출세욕이든 물욕이든 아니면 안 잘릴려고 하든 어떤 이유에서든지 뼈빠질 정도로 일을 열심히 한다고 할 때는 기본적으로 work around the clock, be hard at it. 그리고 속어로는 work[bust] one's ass[butt] 형태의 표현을 즐겨 쓴다.

12문장으로 미드영어 후다닥 끝내기

☐ **work one's ass[butt] off (~ing)** 뼈빠지게 일하다	I didn't want to come home and **work my ass off**. 집에까지 와서 뼈빠지게 일하고 싶지는 않았어.
☐ **work one's head[socks] off (~ing)** 뼈빠지게 일하다	That old lady **worked our socks off**. 저 나이든 여자는 무척 열심히 일을 했어.
☐ **bust[break] one's ass [bump, chops]** 죽도록 일하다	This is not why I **busted my ass** in law school. 내가 법대에서 죽도록 일한 것은 그 때문은 아냐.
☐ **work around the clock** 일을 열심히 하다	I'm **working around the clock**. 난 쉴새없이 일하고 있어.
☐ **work like a dog[slave]** 매우 열심히 일하다	I've been **working like a dog**. 난 정말 열심히 일해왔어.
☐ **keep one's nose to the grindstone** 뼈빠지게 일하다	Yeah, Fred **has been keeping his nose to the grindstone**. 그래, 프레드는 뼈빠지게 일하고 있어.
☐ **work one's fingers to the bone** 뼈빠지게 일하다	Your poor mom **works her fingers to the bone** for you! 네 불쌍한 엄마는 널 위해 죽도록 일하셔!
☐ **pull out all the stops** 최선을 다하다	I see you've **pulled out all the stops**. 네가 최선을 다해서 일을 했구나.
☐ **sweat one's guts out** 뼈빠지게 일하다(sweat over)	I **sweated my guts out at** the gym today. 나 오늘 체육관에서 죽어라 운동했어.
☐ **go all out (for, to)** 최선을 다하다	I'm gonna **go all out for** him. 난 걜 위해 전력을 다할거야.
☐ **be hard at it[work]** 열심히 일하다	Jude **was hard at work** on her fantasy role. 주드는 상상 속의 역에 열심히 몰두했어.
☐ **make one's own luck** 열심히 노력하여 성공하다	There is no curse. You **make your own luck**. 저주 같은 건 없어. 네 운은 네가 만드는거야.

미드 Situation

Fay: I see you've **been hard at work**. 너 직장에서 아주 열심히 일하는구나.
Nick: I've **been working my ass off** today. 오늘 졸라 열심히 일했어.
Fay: Why do you **keep your nose to the grindstone**? 왜 그렇게 죽도록 일하는거야?
Nick: I'm **going all out to** get a promotion. 승진하려고 최선을 다하는거지.
Fay: It's not healthy to **work like a slave**. 너무 무리해서 일하면 건강에 안좋아.

152 Chapter 5

008 Keep up the good work!
계속 열심히 해!

최선을 다해 노력하다

뭔가 최선을 다해서 열심히 하는 모습은 아름다울 수 밖에 없다. 물론 공정한 게임(play fair)을 한다는 조건이라면 말이다. 특히 평소보다 열심히 애를 쓸 때는 go out of one's way to, 뭔가 목표달성을 위해 노력하는 건 be gunning for라 한다.

12문장으로 미드영어 후다닥 끝내기

☐ **be out for sth[to~]** 노력하다	He's just out for money to get rich. 걘 부자가 되려고 최선을 다하고 있어.
☐ **go out of one's way to~** 애를 많이 써서 …하다	I went out of my way to make you happy. 난 정말 평소보다 더 많은 애를 써서 널 행복하게 해주려 했어.
☐ **be gunning for sth** …을 잡기 위해 노력하다	Dr. Cho is gunning for a promotion at work. 조박사는 직장에서 승진하려고 무진장 노력하고 있어.
☐ **buck for** 얻으려 노력하다	Are you bucking for a favor from me? 내게서 호의를 얻으려 기를 쓰는거야?
☐ **keep it up** 계속 열심히 하다(keep in there)	You're doing a good job with it. Keep it up! 너 그거 일 아주 잘했어. 계속 열심히 해!
☐ **keep up the good work** 계속 열심히하다	It's great. Keep up the good work. 좋아. 계속 하던대로 열심히 해.
☐ **keep going** 계속하다	Keep going please. Don't stop what you're doing. 제발 계속해. 하던 일 멈추지 말라고.
☐ **set it up** 노력하다	It worked fine when you set it up. 네가 노력을 해서 잘 됐어.
☐ **work one's way to[through]** 난관 속에서도 열심히 노력하다	Sally couldn't work her way through the problems. 샐리는 여러 문제들로 해서 끝까지 해낼 수가 없었어.
☐ **put one's blood into~** …에 심혈을 기울이다	Mr. Smith put his blood into creating the company. 스미스 씨는 회사를 세우는데 심혈을 기울였어.
☐ **put one's head[neck] on the block** 목숨걸고 하다	I'm not going to put my neck on the block for anyone. 난 누구 위해서도 목숨을 걸지는 않을거야.
☐ **burn the midnight oil** 밤늦게까지 열심히하다	Being a lawyer means burning the midnight oil. 변호사가 된다는 것은 밤늦게까지 죽도록 일한다는 것을 뜻하지.

미드 Situation

Charles: You really put your blood into this business. 너 정말 이 일에 심혈을 기울이는구나.
Virginia: I'm gunning for a large raise this year. 금년에 많은 봉급인상을 노리고 있지.
Charles: Has burning the midnight oil helped? 죽어라 밤늦게까지 일하는게 도움이 될까?
Virginia: Sure, I'm working my way to the top. 물론, 열심히 일해서 최고까지 가야지.
Charles: Well, keep going and you'll be running the place. 계속 열심히 하면 사장이 될거야.

최선을 다해도 모자라

009 I won't rest until I found it.
그걸 발견할 때까지는 난 쉬지 않을거야.

열심히하는 모습은 다양한 표현이 있는데 미드에서는 bend over backwards for~, go to all the trouble to~ 등의 표현이 자주 나오고, 성공하려 열심히 하다는 make it good, 고집스럽게 열심히 하다는 ~won't rest until이란 표현을 쓴다.

 12문장으로 미드영어 후다닥 끝내기

- [ ] **take[go to all] the trouble to**
  수고를 아끼지 않고 …하다
  He **went to all the trouble to** create an alibi.
  그 사람은 알리바이를 만들려고 갖은 수를 썼다.

- [ ] **go for broke**
  이판사판 열심히 하다
  It was difficult, but we **went for broke**.
  그거 어려웠지만 죽어라 열심히 했어.

- [ ] **put in hard work**
  열심히 하다
  Trevon never **put in the hard work** to succeed.
  트레본은 성공하기 위해 절대로 열심히 일하지 않아.

- [ ] **bend over backwards for**
  [~ing/to~] 최선다해 …하다(bend over)
  We **bent over backwards to** get the facts.
  우리는 사실을 얻기 위해 최선을 다했어.

- [ ] **buckle down**
  집중해서 열심히 하다
  We **buckled down** and get back to work.
  우리는 집중해서 일을 다시 시작했어.

- [ ] **move heaven and earth to**
  온갖 노력을 다하다
  You **moved heaven and earth** to find her murderer.
  넌 걔를 살인한 자를 찾기 위해 온갖 노력을 다했어.

- [ ] **make it good**
  성공하려 열심히 애쓰다
  We're all gonna try our best to **make it good**.
  우리는 성공하려고 최선을 다하려고 해.

- [ ] **go the extra mile for~**
  특별한 노력을 기울이다
  Starbucks **goes the extra mile for** its customers.
  스타벅스는 고객들에게 특별한 노력을 기울이고 있어.

- [ ] **spare no expense[effort]**
  돈[노력]을 아끼지 않다
  I **spare no expense** when it comes to my kid's safety.
  난 자식의 안전을 위해서라면 돈을 아끼지 않아.

- [ ] **give sth one's best shot**
  최선을 다하다
  It failed, but we **gave it our best shot**.
  실패했지만 우리는 최선을 다했어.

- [ ] **sb will not rest until~**
  …할 때까지 쉬지 않다
  Anthony **will not rest until** you're satisfied.
  앤소니는 네가 만족할 때까지 쉬지 않을거야.

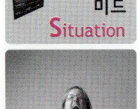

Greg: I **bent over backwards to** get into a good university. 일류대학에 가려고 열심히 공부했어.
Diane: You always **go the extra mile to** succeed. 넌 늘 성공하려고 노력을 더 하잖아.
Greg: People who **put in hard work** are rewarded. 열심히 노력하는 사람들은 보상을 받을거야.
Diane: Have you **made it good** in your classes? 수업시간에는 잘해냈어?
Greg: I **won't rest until** I am the top student at the school.
학교에서 최고 학생이 될 때까지 쉬지 않을거야.

154 Chapter 5

010 I'm doing the best I can.
난 최선을 다하고 있어.

최선을 다하다

이번에는 평범하면서도 미드에 뻔질나게 최선을 다해 나오는 표현들. 특히 do everything in one's power, do everything I can, do everything possible 등 do everything~을 이용한 표현과 do all I can, do the max 등을 익혀둔다.

12문장으로 미드영어 후다닥 끝내기

- [ ] **do everything[all] in one's power** 힘껏 다하다
  I'm going to **do everything in my power**.
  내가 할 수 있는 힘껏 다 할거야.

- [ ] **do everything I can to~** …하기 위해 힘껏 다하다
  I'm gonna **do everything I can** to protect her.
  난 걔를 보호하기 위해 최선을 다 할거야.

- [ ] **do everything possible** 최선을 다하다
  We're **doing everything possible** to make that happen. 우리가 그렇게 되도록 있는 힘껏 최선을 다하고 있어.

- [ ] **do all I can~** 최선을 다하다
  I've **done all I can** to forget it.
  난 그것을 잊기 위해 최선을 다했어.

- [ ] **make the best of~** 힘든 상황에서도 최선을 다하다
  Promise me that you will **make the best of** this.
  넌 이거에 최선을 다할거라고 약속해.

- [ ] **do[try] one's best** 최선을 다하다
  Don't worry about anyone else. Just **do your best**.
  다른 사람은 걱정하지마, 그냥 네 최선을 다해.

- [ ] **try (one's) hardest to** 최선을 다해 …하다(try as he might)
  Try your hardest not to argue with her.
  걔랑 다투지 않기 위해 최선을 다해라.

- [ ] **do the max** 최선을 다하다
  Brian **did the max** possible before heading home.
  브라이언은 집에 가기 전에 가능한 모든 최선을 다했어.

- [ ] **be only way to go** 최선책이다
  Buying quality computers **is the only way to go**.
  품질 좋은 컴퓨터를 사는 게 최선책이다.

- [ ] **That's[It's] the best I can do** 내가 할 수 있는 최선야
  I will try tonight, **that is the best I can do**. Okay?
  오늘밤에 할거야, 그게 내가 할 수 있는 최선야. 괜찮지?

- [ ] **do the best I can** 최선을 다하다
  I'm **doing the best I can**.
  내가 할 수 있는 최선을 다하고 있어.

- [ ] **be in sb's best interest to~** …하는 것이 …에게 최선의 길이다
  It would **be in your best interest to** help us.
  우리를 도와주는게 너에게 최선일거야.

미드 Situation

Red: It **would be in Fred's best interest to** go to a hospital. 병원에 가는게 프레드에게 좋을거야.
Bea: **I'm doing the best I can** to get him to a doctor. 병원에 데려가려고 최선을 다하고 있어.
Red: **Try your hardest** to get his illness treated. 최대한 노력해서 병을 치료해봐.
Bea: I know. I'**m doing everything possible**. 알았어, 가능한 모든 것을 하고 있어.
Red: Well, that'**s the best you can** do right now. 그래, 그게 지금 당장 네가 할 수 있는 최선야.

성공과 실패(Success & Failure) **155**

대학에 가야지

011 We went to college together.
우리는 함께 대학을 다녔어.

대학에 간다, 대학을 다녔다 등을 너무 어렵게 생각하면 안된다. 우리말처럼 go to college[school]이라고 하면 된다. 그래서 난 고등학교에 갔어라고 하려면 I went to the high school이라고 하면 된다.

12문장으로 미드영어 후다닥 끝내기

☐ **go to college** 대학에 가다
(go off the college 최초로 대학에 가다)
We went to college together.
우리는 함께 대학에 다녔어.

☐ **be[get] accepted to+** 대학
…학교에 붙다
I was accepted to Yale this spring.
난 이번 봄에 예일대에 붙었어.

☐ **attend[take] a class** 수업을 듣다(take attendance 출석확인하다)
We're gonna take a French class.
우리는 프랑스어 수업을 들을거야.

☐ **teach school[college]** 교사이다(teacher's pet 선생님 총애받는 학생)
Everyone in class hates the teacher's pet.
반학생들은 모두다 선생님의 총애를 받는 애를 싫어해.

☐ **show and tell** 발표회
Karen brought in a bird for show and tell.
카렌은 발표를 하기 위해 새를 가져왔어.

☐ **class reunion** 동창회(a class of~ 년도 졸업생)
I was at my Yale class reunion.
난 예일 동창회에 갔었어.

☐ **rush** 남학생 사교클럽(campus fraternities)
You know why I joined a fraternity?
내가 왜 남학생 사교클럽에 가입했는지 알아?

☐ **hazing** 신입생 신고식
Does your fraternity practice hazing?
너 가입한 클럽에서 신고식해?

☐ **varsity** 대학의 대표팀
You're too out of shape to make the varsity swim team. 넌 대학 수영대표팀이 되기에는 너무 비실해.

☐ **prep school** 대입목적 사립학교
(public[private] school 공립[사립]학교)
You went to prep school. You go to Yale.
넌 프렙스쿨에 갔고 예일대에 들어갔잖아.

☐ **grad school** 대학원
Kate and I were in grad school together.
케이트와 나는 대학원을 같이 다녔어.

미드 Situation

Mary: Where do you plan to **go to college**? 대학진학하기 위해 어디에 다닐 계획이야?
Ben: I **was accepted at** five different schools. 5개 학교에서 입학허가를 받았어.
Mary: You said you wanted to be at a **private school**. 사립학교에 가고 싶다고 했었지.
Ben: Yes, it is easier to **attend classes** there. 어, 거기서 수업듣는게 훨씬 쉬워.
Mary: Good thing you work hard at your **prep school**. 프렙스쿨에서 열심히 공부하는게 중요한거지.

012 He dropped out of school.
걘 자퇴했어.

학교를 빼먹거나(play hooky, skip school), 수업을 빼먹으면(miss the class), 낙제를 하고(flunk out) 그리고 퇴학을 당할 수도(get kicked out of school) 있다. 자퇴는 drop out이라고 한다.

12문장으로 미드영어 후다닥 끝내기

☐ **flunk (out)**
낙제하다

She **flunked out** her sophomore year.
걘 2학년을 낙제했어.

I can't believe you **flunked** the math test again.
수학시험낙제를 또 받다니 기가 막히는구만.

☐ **flunk out of**
낙제로 졸업못하다(flunk out 낙제생)

My sister **flunked out** and became an alcoholic.
내 누이는 낙제로 졸업못했고 알코올중독이 됐어.

I heard you're **flunking out of** college.
너 대학 졸업못했다며.

☐ **get kicked out of school**
학교에서 퇴학당하다

My son **got kicked out of** high school.
내 아들은 고등학교에서 퇴학당했어.

☐ **drop out (of the school)**
자퇴하다

I got pregnant and **dropped out**.
난 임신을 해서 자퇴했어.

She **dropped out of school** about a week ago.
걘 일주일 전에 자퇴했어.

☐ **play hooky[truant]**
학교를 무단결석하다

Forget class. **Play hooky**, have breakfast with me.
수업을 잊어. 수업빼먹고 나랑 아침먹자.

☐ **miss[cut] the class**
땡땡이치다

I never **missed a class** before last night.
지난밤에 첨으로 수업을 빼먹었어.

☐ **skip school**
수업을 빼먹다

That means I can **skip a class** this week.
그건 내가 이번주에 수업을 빼먹어도 된다는 말이네.

☐ **ditch class**
학교에 가지 않다

Let's **ditch class** and go smoke a cigarette.
수업빼먹고 담배피러 가자.

☐ **cheat**
컨닝하다(crib sheet 컨닝페이퍼)

Don't **cheat** on your final exam.
기말고사에서 컨닝하지마라.

Kenny: **Is** Ned **ditching class** again today? 네드가 오늘 또 수업빼먹었어?
Betty: Someone told me he **got kicked out of school**. 걔 퇴학당했다고 하던데.
Kenny: No way. I'll bet he **flunked out** instead. 말도 안돼. 낙제한게 분명해.
Betty: Nope. The teacher caught him **cheating** on an exam. 아니. 시험시간에 컨닝하다 걸렸대.
Kenny: Too bad. Personally, I never **miss class** and never cheat.
안됐네. 난, 절대로 수업을 빼먹거나 컨닝하지 않아.

대신 열심히 공부하면 만점도 가능해

013 I aced my exam!
나 만점 받았어!

공부를 열씨미 하면(hit the books) 만점을 받을(ace one's exam) 수도 있고 월반을 할 수도(skip a grade) 있게 된다. 그리고 벼락치기 공부는 cram for, bone up for라고 하고 pay one's way through+학교명은 독학하다라는 의미.

12문장으로 미드영어 후다닥 끝내기

- **ace one's exam** 만점을 받다
  Let's celebrate! I **aced my exam**!
  우리 축하하자! 나 백점 받았어!

- **keep[pull] one's grades up** 성적을 올리다
  I told her to **keep her grades up for college**.
  난 걔한테 대학가려면 성적을 올리라고 했어.

- **skip a grade** 월반하다
  I was smart enough to **skip a grade** in elementary school. 난 초등학교 다닐 때 똑똑해서 월반했어.

- **hit the books** 공부하다
  It's too late to **hit the books** before the test.
  시험전에 공부하기에는 너무 늦었어.

- **graduate with honors from** 우등으로 졸업하다
  Noel **graduated with honors from** Cambridge.
  노엘은 캠브리지 대학을 우등으로 졸업했어.

- **graduate** 대졸자(undergrad)
  Nina's not an **undergraduate**.
  니나는 대학을 졸업하지 않았어.

- **cram for** 벼락치기 공부하다
  Tomorrow we need to **cram for** biology.
  내일 우리는 생물시험 벼락치기 공부해야 돼.

- **bone up for[on]** 벼락치기 공부하다
  I'm going to **bone up on** my computer skills.
  난 컴퓨터 다루는 실력을 속성으로 배울거야.

- **pay one's way through+(학교)** 독학하다
  You have to **pay your way through** med school.
  넌 의대를 독학으로 다녀야 돼.

- **work one's way through college** 고학하여 대학을 졸업하다
  Did you **strip your way through college**?
  스트리퍼로 일하면서 대학 등록금을 낸거야?

미드 Situation

Anne: It's time for us to **hit the books**. 우리 이제 공부해야지.
Brady: I know. I have to **pull my grades up**. 그래. 나 성적을 올려야 돼.
Anne: That's why we're going to **cram for** our tests. 그래서 우리가 벼락치기 공부하려는 거잖아.
Brady: Do you think we can **ace our exams**? 우리가 만점을 받을 수 있을까?
Anne: Let's just **bone up** and see what happens. 후다닥 공부해보고 결과를 기다려보자.

014 I'm done for the day.

나 퇴근했어.

출근하고 퇴근하고

경력을 망치지(ruin one's career) 말고 성공하려면(make a career of it) 좀만 쉬고 바로 다시 일해야하고(get back to work) 그리고 남들보다 일찍 출근하고(punch in) 현장에도 가서 열심히 뛰어야(be out on the field) 한다.

12문장으로 미드영어 후다닥 끝내기

표현	예문
☐ **get (back) to work** (다시) 일하다	I should really **get back to work**. 나 정말 일하러 돌아가야 돼.
☐ **ride to work** …을 타고 출근하다	I will **give you a ride to work**. 회사까지 차로 데려다줄게.
☐ **punch[clock] in[out]** 출근(퇴근)하다	It shouldn't take you ten minutes to **punch in**. 출근표 찍는데 10분이 걸리지는 않잖아.
☐ **be done[gone] for the day** 퇴근하다	I'**m done for the day**. So I'm gonna go. 난 퇴근했어. 그래서 나 갈거야.
☐ **be on the clock[jobs]** 근무시간이다	I know. We'**re on the clock**. 알아. 우리 아직 근무시간이야.
☐ **get out of work** 퇴근하다, 그만두다	You waited for her to **get out of work**. 넌 걔가 퇴근할 때까지 기다렸어.
☐ **go to~ on business** 출장가다	Suzy **went to** Montrose **on business** today. 수지는 오늘 몬트로즈로 출장갔어.
☐ **be out in the field** 현장에 나가다	I sent her **out in the field** and she wasn't ready. 난 걔를 현장에 내보냈는데 아직 준비가 되지 않았어.
☐ **risk one's career** 경력을 위태롭게 하다	Why would you **risk your career** to save her? 걜 구하기 위해 왜 네 경력을 위태롭게 해?
☐ **ruin one's career** 경력을 망치다(destroy one's career)	It's gonna **destroy your career**. 그건 네 경력을 망칠거야.
☐ **make a career (of it)** 출세하다, 그것으로 직업으로 하다	I've **made a whole career of it**. 난 완전히 출세했어. I'm trying to **make a career as** an architect. 난 건축가로 경력을 쌓으려고 해.
☐ **have a career day** 학교에서 직업소개하는 날	Thursday is **career day** at John's school. 목요일은 존의 학교에서 아버지 직업 소개하는 날이야.

미드 Situation

Jim: Carol **punched in** really late today. 캐롤은 오늘 정말 많이 지각했어.
Donna: She's always trying to **get out of work**. 걘 늘 칼퇴근하려고 하잖아.
Jim: She could **be ruining her career**. 자기 경력을 망칠 수도 있어.
Donna: Carol is never going to **be bumped up the ladder**. 캐롤은 절대로 승진하지 못할거야.
Jim: I think she'**s made a career of** being very lazy. 걘 게으름을 자기 경력으로 삼으려나봐.

성공과 실패(Success & Failure)

015 She didn't call in sick.
아파서 출근못한다는 전화안했는데요.

아파서 출근못한다고 전화하는 것은 call in sick라고 하면, 전화도 없이 무단 결근하는 것은 AWOL, 즉 be absent without leave라 한다. 이렇게 되면 징계조치(disciplinary action)를 받게 되고 맘에 안들면 파업하면(call a strike) 된다.

12문장으로 미드영어 후다닥 끝내기

☐ **call in sick[be out sick]** 아파서 결근한다고 전화하다	I'll **call in sick**, and take the day off. 아프다고 전화하고 하루 결근할거야.
☐ **be absent without leave** 무단결근하다(AWOL)	She **was absent without leave** and pregnant. 걘 무단결근했고 임신했어. She went **AWOL** a few weeks after she got here. 걘 여기 출근한지 몇 주만에 무단결근했어.
☐ **not do something by halves** 일을 어중간하게 하다	Geez, you can'**t do everything by halves**. 이런, 일을 하다 말면 안되지.
☐ **disciplinary action** 징계조치	I haven't received her **disciplinary action**. 난 그녀의 징계조치를 받은 적이 없어.
☐ **be on suspension** 정직처분되다	As of right now, you'**re on suspension**. 지금부로, 넌 정직처분이야.
☐ **work-shy** 게으른	That new kid is really **work-shy**. 저 새로운 친구는 정말 게을러.
☐ **stage[call] a strike** 파업을 일으키다	The union plans to **stage a strike** on Monday. 노조는 월요일에 파업을 일으킬 계획이야.
☐ **be on strike** 파업중이다	Well, they'**re always on strike**. 그래, 걔네들은 항상 파업중이야.
☐ **break the strike** 파업을 끝내다	Soldiers were called in to **break the strike**. 군인들이 투입되어 파업을 끝냈어.
☐ **moonlight** 부업하다	Cops weren't allowed to **moonlight** as Pls. 경찰은 사립탐정으로 부업을 하는 것이 허용되지 않는다.

미드 Situation

Thomas: Why did the union **call a strike**? 왜 노조가 파업을 한거야?
Linda: They say some workers got unfair **disciplinary actions**.
일부 근로자들이 부당징계 조치를 받았대.
Thomas: Is the company going to **break the strike**? 회사가 파업을 끝낼거래?
Linda: The union members **have been put on suspension**. 노조원은 정직처분을 받을거야.
Thomas: I guess we can't **call in sick** tomorrow. 내일 아프다고 출근 안할 수도 없겠네.

잘못하면 잘리는 수가

016 Who do you work for?
어디서 일해?

어렵게 직업을 구했는데(get a job, land a job) 무단결근하고 지각이나 하고 그러면 잘리기(get the sack) 쉽상이다. 특히 어디에서 일한다고 할 때는 work for+사람, work at[in]+장소를 쓴다는 점을 기억해두어야 한다.

12문장으로 미드영어 후다닥 끝내기

- **work for+사람** …에서 일하다
  - I work for a cell phone company. 난 휴대폰 회사에서 일해.
  - Who do you work for? 어디서 일해?

- **work at[in]** …에서 일하다
  - She used to work at the gallery. 걘 화랑에서 일했었어.
  - She works in a publishing house, but she's not really a writer. 걘 출판사에 일하지만 작가는 아냐.

- **work out of~** …에서 일하다
  - Well, what club does he work out of? 저기, 걘 어느 클럽에서 일을 하고 있어?

- **get a job** 직장을 구하다
  - She's already got a job: Coffee shop. 걘 이미 직장을 구했어. 커피샵.
  - None of this is going to help me get a job. 이 어떤 것도 내가 직장을 구하는데 도움이 되지 않을거야.

- **land a job** 직장을 잡다
  - She used Jill's identity to land a job at the gallery. 걘 질의 신분증을 이용해서 화랑에 일자리를 잡았어.

- **bring[have] sb on board** 고용하다
  - Nice to have you on board. 같이 일하게 되어 기뻐.
  - Aren't you glad you brought me on board? 나를 고용해서 기쁘지 않아?

- **get the sack[boot, ax]** 잘리다(get sacked)
  - Mr. Smithers says five people will get the sack this week. 스미더스 씨는 이번 주에 5명이 잘릴거래.

- **give sb the boot[sack, ax]** 해고하다
  - I hate him enough to give him the boot. 난 걔를 해고할 정도로 싫어해.

- **be[get] canned** 해고하다
  - Your big mouth will get you canned. 넌 입이 너무 싸서 해고 될거야.

Situation

Patty: I need to **land a good job**. 난 좋은 직장을 잡아야 돼.
Gary: Did you **get the sack** at your last place? 지난 직장에서 잘렸어?
Patty: No, I worked at a store that **went bankrupt**. 아니, 가게에서 일했는데 망했어.
Gary: My company **is bringing** some new people **on board**. 우리 회사가 지금 구인하고 있어.
Patty: I'd love to **work for** your boss. 너희 회사에서 일하고 싶다.

성공과 실패(Success & Failure) 161

잘리거나 아니면 먼저 때려치우거나

017 I just got fired.
나 지금 잘렸어.

잘리는 것도 참 다양한 표현을 쓴다. 해고하다(fire sb)라고 해도 되지만 그냥 내보내다(let sb go)를 써도 되고 이렇게 무직 상태를 좀 멋있게 표현하려면, be out of work, between jobs라고 하면 된다. 잘리기 전에 그만두는건 quit (one's job).

12문장으로 미드영어 후다닥 끝내기

☐ **get[be] fired** 해고당하다	Hey, baby. I just **got fired**. 저기, 자기, 나 잘렸어.	
☐ **fire** 해고하다	Chris threatened to **fire** me today. 크리스는 오늘 날 해고한다고 협박했어.	
☐ **get a pink slip** 해고당하다	You guys want a **pink slip**. 너희들 해고당하고 싶어?	
☐ **be out of work** 백수이다(between jobs)	I heard your father**'s out of work**. 네 아버지가 놀고 계신다고 들었어.	
☐ **put sb out of work** 해고하다	The economy **put** thousands **out of work**. 경기 때문에 많은 사람들이 해고 됐어.	
☐ **let sb go** 해고하다	The restaurant **let** Frankie **go** for stealing. 식당은 프랭키가 도둑질했다고 해고했어.	
☐ **quit** (직장) 그만두다	It's gotta be better to **quit** than get fired. 잘리는 것보다는 그만두는게 더 낫겠지.	
☐ **quit one's job** 직장을 때려치우다	I thought you came here to **quit your job**. 난 네가 여기 와서 그만둔다고 생각했어.	
☐ **throw sb out of** 쫓아내다	If you do, I'll get you **thrown out of here**. 너 그러면, 너 여기서 쫓아낼거야.	
☐ **lay off** (일시적으로) 해고하다	Okay, all right, **lay off** the nuns. 그래, 좋아, 수녀님들을 해고하자. They just **lay off** another architect at my firm. 그들은 내 회사의 다른 건축사도 해고했어.	
☐ **work off the book** (신고없이) 비공식으로 일하다	Steve **worked off the books** for several years. 스티브는 몇년동안 비공식적으로 일했어.	

 미드 Situation

Teresa: Too many people **are out of work** these days. 요즘 많은 사람들이 백수야.
Charis: I know. I **got a pink slip** too. 알아. 나도 해고장을 받았어.
Teresa: They **threw** you **out of the office**? 널 그만두게 했어?
Charis: Everyone there **got laid off** last week. 거기 다들 지난주에 해고됐어.
Teresa: And in this economy, no one **is quitting their job**.
이런 경기에서는 아무도 직장을 그만두는 사람은 없겠다.

162 Chapter 5

자기가 맡은 일을 열심히 해야지

018 OK. I'm on it.
좋아. 내가 할게.

일을 처리한다고 할 때는 I'm on it과 work on를 꼭 알아두어야 한다. 다음으로는 deal with와 take care of를 익혀두면 된다. 야근하는(work nights) 등 열심히 일을 할 때는 be working 24/7이라고 좀 과장해서 말하면 된다.

12문장으로 미드영어 후다닥 끝내기

☐ **be on sth**
…을 하다, 처리하다

I got it right here. I'**m on it**. 여기 갖고 왔어. 하고 있어.
Ok. I'**m on it**. Absolutely. 그래. 하고 있지. 당연하지.

☐ **work on**
…을 하다, 처리하다

All right, I'**m working on** it. 좋아, 내가 처리하지.
I gotta **work on** my term paper. 나 기말 논문 써야 돼.

☐ **work nights**
야근하다

I **work nights**, cleaning offices.
난 야근하고 있어, 사무실 청소하면서.

☐ **do[get] it right**
일을 제대로 하다

You're trying to **do it right** now, aren't you?
너 지금 제대로 하려고 하고 있는거지, 그렇지 않아?

☐ **work it[things]**
현명하게 일을 처리하다

I'm gonna give you a chance to **work it**.
네게 일을 제대로 처리할 기회를 줄거야.

☐ **deal with**
다루다, 처리하다

Let me know. I'll **deal with** it.
내게 알려줘. 내가 처리할게.

☐ **take care of**
처리하다

I just had to **take care of** a few things.
난 단지 몇가지 일을 처리해야 했어.

☐ **be working 24/7**
열심히 일하다

I **work 24/7**. I have no time for my family.
난 온종일 일해. 난 가족에게 낼 시간이 없어.

☐ **get on the ball**
일을 정확히 하다

Get on the ball and stop screwing around!
일 제대로 하고 그만 빼질거려!

☐ **cross the t's and dot the i's**
일을 꼼꼼히 처리하다

Make sure to **cross the t's and dot the i's** before finishing. 일을 끝내기 전에 꼼꼼히 처리를 확실히 해.

☐ **cross it off one's list**
목록에서 지우다, 일을 처리해버리다

At least we can **cross** bungee jumping **off our list**.
적어도 우리는 번지점프는 했으니 죽기전에 해야 할 목록에서 뺄 수 있잖아.

미드 Situation

Carla: Can you **work on** this book? 이 책 작업할 수 있어?
Lyman: I'**m on it**. When can we start? 내가 할게. 언제 시작하는데?
Carla: Will you be able to **work nights**? 야근할 수 있어?
Lyman: Sure. I'll **work on it 24/7**. 물론. 열심히 할거야.
Carla: OK. Make sure you **do the work right**. 좋아. 일을 제대로 하도록 해.

더 열심히 하는 사람들

019 You didn't do your job.
넌 네 일을 하지 않았어.

열심히 하다보면 바보인 줄 알고 대부분의 일을 하는(do the heavy lifting) 경우, 그리고 남이 하다만 일을 하는(pick up the slack) 경우도 비일비재하다. 각자 자기 일을 제대로 하면(do one's job) 더 좋을텐데 말이다.

12문장으로 미드영어 후다닥 끝내기

☐ **get[do] some business** 볼일이 있다, 일을 좀 하다	We should wrap this up, **do some business**. 우리는 이거 마무리하고 다른 일을 좀 해야 돼.
☐ **have[get] one's work cut out for** …가 어렵고 힘든 일을 맡다	After the hurricane, rescuers **had their work cut out for** them. 허리케인이 지나간 후 구조대는 어렵고 힘든 일을 했어.
☐ **do the heavy lifting** 대부분의 일을 하다	That pretty much leaves **the heavy lifting** to me. 저렇게 되면 내게 대부분의 일이 주어지는 거잖아.
☐ **pick up[take up] the slack** 남이 하다만 일을 메꾸다	We're breaking in new people. I'**m picking up the slack**. 신입사원 교육중이라 내가 일을 메꾸고 있어.
☐ **take matters[or sth] into one's own hands** 자신의 손으로 …을 떠맡다	The angry father **took matters into his own hands**. 화가 난 아버지는 자신이 직접 떠 맡았어.
☐ **square with** 다루다, 처리하다	You'd better **square with** Jerry before he sues you. 넌 제리가 널 고소하기 전에 걜 잘 다스려봐.
☐ **be behind in one's work** 일이 밀려있다	There's no way I **am behind in my work**. 내가 일이 밀려있을 리가 없어.
☐ **do one's job** (명령문형태) 네 일을 잘해라	I'd love to help you **do your job**. 네가 네 일을 잘 할 수 있도록 도와주고 싶어.
☐ **run in (lawyer) circles** …업종에서 일하다	Paul **runs in** some pretty powerful **circles**. 폴은 꽤 센 권력기관에서 일을 해.
☐ **have[get] balls in the air** 여러 가지 일을 동시에 하다	You're stressed because you'**ve got too many balls in the air**. 넌 할 일이 너무 많아서 스트레스를 받는거야
☐ **do stuff** 일하다(do one's stuff 과시하다)	Just let me know when you're gonna **do stuff**. 네가 일을 하려고 할 때 내게 알려줘.

미드 Situation

Martha: I'm here to **do some business with** your boss. 사장님과 볼 일이 있어서 왔어.
Stewart: Well, you **have your work cut out for** you. 저기, 너한테는 힘든 일을 맡았구만.
Martha: Does he h**ave a lot of balls in the air**? 사장님이 하는 일이 많으셔?
Stewart: Yes, but I generally **pick up the slack**. 어, 하지만 난 여유를 갖고 일을 하는데.
Martha: Maybe you and I should **do stuff** together. 너와 내가 함께 일을 해야겠다.

164 Chapter 5

아니꼬우면 자기 사업해야지

020 What is it you do?
무슨 일 해?

잔소리 듣기 싫으면 I quit!을 외치고 나와 자기사업을 하면(be one's own boss, run a business) 된다. 그리고 직업을 물어 볼 때는 What do you do (for a living)?이라고 하는데 그냥 What do you do?할 때는 문맥에 따라 의미를 파악해야 한다.

12문장으로 미드영어 후다닥 끝내기

☐ **be one's own boss**
사업하다
If he **was his own boss**, he could sleep in as late as he wanted. 걘 자기 사업한다면 자기 맘대로 늦잠을 잘 수 있을텐데.

☐ **run a business**
사업하다
I am trying to **run a business** here.
난 여기서 사업을 하려고 해.

☐ **do business with**
…와 일하다, 거래하다
Nice **doing business with** you.
너랑 일을 하게 되어 기뻐.

I can't **do business with** people who lie to me.
난 내게 거짓말하는 사람들하고는 거래를 할 수 없지.

☐ **What is it you do?**
직업이 뭐야?
And **what is it you do**, Sally?
그리고 샐리야, 너 하는 일이 뭐야?

☐ **What do you do (for a living)?**
직업이 뭐야?, 지금 뭐해?(now, next)
Mr. Spicer, **what do you do for a living**?
스파이서 씨 직업이 뭐에요?

What do you do now, Jack?
잭, 지금 뭐해?

☐ **hold down a job**
직업을 계속 유지하다
The lazy bastard could never **hold down a job**.
그 게으른 자식은 절대 직업을 계속 갖지 못할거야.

☐ **do one's own thing**
자기가 좋은 일을 하다
I'm happy just **doing my own thing**.
난 내 자신의 일을 해서 기뻐.

☐ **start one's own business**
자기 사업을 시작하다
We're gonna **start our own business**.
우리는 우리 사업을 시작할거야.

I **started my own business** right out of college.
난 대학 졸업후 내 사업을 시작했어.

☐ **own one's business**
자기 사업을 하다
I **own my own business** now.
난 지금 내 사업을 하고 있어.

Clem: I don't know how to **run a business**. 사업을 어떻게 운영해야 할지 모르겠어.
Trudy: I thought you **were your own boss**. 너 네 사업하고 있었잖아.
Clem: No, I just **do my own thing**. 아니, 그냥 내 일을 하고 있어.
Trudy: **What is it that you do**? 직업이 뭔거야?
Clem: I **hold down a job** at my family's restaurant. 난 집에서하는 식당에서 일을 하고 있어.

성공과 실패(Success & Failure) 165

일잘하면 잘 풀릴 수밖에

021 Look who's got game.
정말 일 잘하네.

뭔가 잘한다고 할 때는 기본적으로 be good[great] at, 그리고 미드적인 표현으로는 get it down, Look who's got game, be great guns 등 다양한 표현들이 있다.

12문장으로 미드영어 후다닥 끝내기

□ **be good at[great for]** …을 잘하다	I'm really **good at** this game. 난 정말 이 게임 잘해.	
□ **be one's field[specialty, forte]** …의 분야이다	Landscaping **is** Angela's **field**. 조경은 앤젤라가 잘하는 분야야.	
□ **be sb's strong point[suit]** …가 잘하는 것이다	Timing **has never been your strong point**, Chris. 크리스, 넌 타이밍을 맞추는 적이 없구나.	
□ **Look who's got game** 일을 효과적으로 하다	Nice play! **Look who's got game**. 잘했어! 정말 일을 효과적으로 잘하네.	
□ **get it down** 능숙하게 잘하다	Don't worry, we'**ve got it down**. 걱정마, 우리가 제대로 잘했어.	
□ **get sth down to a fine art** 달인이 되다	The thieves **had** robbery **down to a fine art**. 도둑들은 도둑질하는데 달인이 됐어.	
□ **get on a bit** 잘하다, 나이가 들다	I **get on a bit** in the language arts. 난 언어과목을 잘해.	
□ **do well (~ing)** (…하는데) 잘하다, 잘 지내다	I thought you **were doing well** teaching your class. 난 네가 너희 반을 잘 가르쳐 준다고 생각했어.	
□ **jack of all trades** 팔방미인	Our handyman is a **jack of all trades**. 우리 수리공은 못하는 게 없어.	
□ **can't top that** …와 상대가 안되다	She got a perfect score and you **can't top that**. 걔 거의 만점을 받았고 넌 상대가 안돼.	
□ **be great guns** 잘해나가다	The Italian restaurant **is going great guns**. 그 이태리 식당은 아주 잘해나가고 있어.	
□ **run rings around sb** 상대보다 훨 잘하다	Geez, your brother just **runs rings around** us. 이런, 네 형이 우리보다 훨 잘한다.	
□ **smart move (~ing)** …하는 것은 잘하는 일	It's a **smart move** not going there. 거기에 가지 않는 것은 잘하는 일이야.	

Watson: You **are very good at** finding criminals. 넌 범인 잡는데 탁월해.
Brook: Police work **is my specialty**. 경찰일이 내가 잘하는 분야야.
Watson: You'**ve got** the methods **down to a fine art**. 넌 경찰일 하는데 달인이 됐어.
Brook: Thanks. It took years to **get it down** properly. 고마워. 제대로 잘하게 되는데는 수년이 걸렸어.
Watson: Entering the police profession was a **smart move**. 직업으로 경찰을 한 건 잘한 거였어.

166 Chapter 5

022 You ain't got what it takes.
년 소질이 없어.

타고난 사람들

뭔가 소질이나 자질을 갖고 있다고 할 때는 have (got) what it takes, …에 능통하다고 할 때는 be a whiz at이라고 하면 된다. 자기 능력이나 수완을 과시할 때는 show one's pace 혹은 do one's stuff라 한다. 조금은 어려운 표현들.

12문장으로 미드영어 후다닥 끝내기

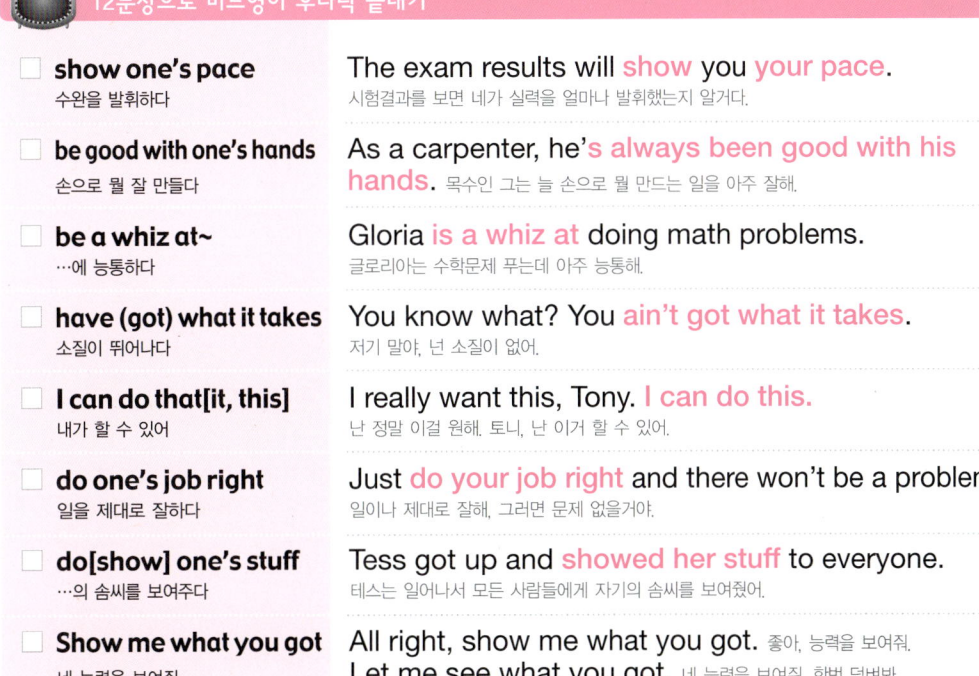

- **show one's pace** 수완을 발휘하다
  The exam results will **show** you **your pace**.
  시험결과를 보면 네가 실력을 얼마나 발휘했는지 알거다.

- **be good with one's hands** 손으로 뭘 잘 만들다
  As a carpenter, he**'s always been good with his hands**. 목수인 그는 늘 손으로 뭘 만드는 일을 아주 잘해.

- **be a whiz at~** …에 능통하다
  Gloria **is a whiz at** doing math problems.
  글로리아는 수학문제 푸는데 아주 능통해.

- **have (got) what it takes** 소질이 뛰어나다
  You know what? You **ain't got what it takes**.
  저기 말야, 넌 소질이 없어.

- **I can do that[it, this]** 내가 할 수 있어
  I really want this, Tony. **I can do this.**
  난 정말 이걸 원해. 토니, 난 이거 할 수 있어.

- **do one's job right** 일을 제대로 잘하다
  Just **do your job right** and there won't be a problem.
  일이나 제대로 잘해, 그러면 문제 없을거야.

- **do[show] one's stuff** …의 솜씨를 보여주다
  Tess got up and **showed her stuff** to everyone.
  테스는 일어나서 모든 사람들에게 자기의 솜씨를 보여줬어.

- **Show me what you got** 네 능력을 보여줘
  All right, show me what you got. 좋아, 능력을 보여줘.
  Let me see what you got. 네 능력을 보여줘, 한번 덤벼봐.

- **be on top of one's game** 굉장히 잘하다, 전성기이다
  Got to **stay on top of my game**.
  난 정상을 계속 유지해야 돼.

- **be[get] in the zone** …을 잘하다
  Our star player **is getting in the zone**.
  우리 스타플레이어는 아주 잘하고 있어.

- **do (just) fine** 잘하다
  We**'re doing just fine**. Aren't we, Betty?
  우리는 잘하고 있어, 그지 않아, 베티야?

- **have[get] a way with** …을 잘 다루다
  Chris **is still got a way with** the ladies.
  크리스는 여전히 여자들을 잘 다루어.

미드 Situation

Tanya: The sculptor **is good with his hands**. 그 조각가는 손으로 만드는데 재주가 있어.
Sampson: I think he**'s at the top of his game**. 아마 최고인 것 같아.
Tanya: This exhibition really **shows his stuff**. 전시회는 정말 그 사람의 능력을 보여줄거야.
Sampson: I can do that type of sculpting too. 나도 그런 종류의 조각은 할 수 있어.
Tanya: But you**'re not blessed with** his skills. 하지만 그가 지닌 능력을 타고나지 않았어.

성공과 실패(Success & Failure) 167

반대로 일 제대로 못하면 앞이 뻔해~

023 You suck at this!
너 정말 이거 못한다!

역시 기본적으로 be poor[terrible] at을 쓰면 되고 조금 미드적으로 표현하려면 go over sb's head, be lousy with, 그리고 참 많이 쓰게 되는 suck at sth을 알아두면 된다.

12문장으로 미드영어 후다닥 끝내기

be too much for sb 벅차다, 과분하다	All right, apparently I **am too much for** him. 좋아, 누가 보기에도 난 걔한테 벅차지.
be not up to sth …을 감당못하다	What if he**'s not up to** it? 걔가 그걸 감당하지 못하면 어떻게 하지?
be terrible at …을 젬병이다	You **are terrible at** this! Okay? 너 정말 이 일에 꽝이구나! 맞지?
be poor at 서투르다(be not good at)	I **wasn't good at** sports. 난 운동하는데는 정말 서툴러.
do a piss-poor job 일을 형편없게 하다	She was fired for **doing a piss poor job**. 걔는 일을 한심하게 해서 해고됐어.
go over someone's head (사물주어) …의 능력 밖이다	The explanation **went over their heads** and confused them. 걔네들 머리로는 그 설명을 이해하지 못하고 혼란스러워했어.
be all thumbs 서투르다(손가락이 다 엄지이다)	Sometimes, I**'m just all thumbs**. 때때로, 난 정말 서툴러.
be lousy at[with] 잘하지 못하다	I**'m lousy at** good-byes. 난 정말 헤어질 때 어색해.
suck at~ 형편없다	You **suck at** this! 넌 이거하는데 정말 형편없어! You really **suck at** lying. 너 정말 거짓말하는데 꽝이다.
do it wrong (way) 일을 그르치다	I think I **did it wrong**. 내가 일을 그르친 것 같아.
have two left feet 서투르다	Karen **has two left feet** and dances poorly. 카렌은 매우 서툴러서 춤을 형편없이 춰.
be sloppy with 부주의하다, 실수하다	The secretary **was sloppy with** filing paperwork. 비서는 서류정리하는데 서툴러.

Adam: My son **is terrible at** playing soccer. 내 아들은 축구하는데 젬병이야.
Jessica: He**'s not up to** the physical activity. 신체적 활동을 감당못하는 것 같네.
Adam: It looks like he **has two left feet**. 걘 정말 서투른 것 같아.
Jessica: Everyone **is lousy at** something. 다들 잘 못하는게 있지.
Adam: Yeah, but I don't want him to **suck at** soccer! 그래, 하지만 걔가 축구를 잘했으면 해!

일이 잘 풀리거나 잘못되거나

024 We're on a roll.
우리는 잘 나가고 있어.

개개인의 능력과 상황에 따라 일이 잘 풀릴 수도(be on a roll, be on fire) 있고 아니면 뭔가 잘못되어(go wrong with, turn sour) 잘못된 방향으로 가는 수도 있게 된다(be on the wrong track).

12문장으로 미드영어 후다닥 끝내기

☐ **be on a roll**
잘 풀리다
Whoa! Someone's **on a roll**!
얘, 누구는 아주 잘 나가네!

☐ **sb be on fire**
잘 나가다
Don't stop, you're **on fire** tonight!
멈추지마, 너 오늘밤 아주 잘 나가고 있어!

☐ **be on the right[wrong] track**
올바른[잘못된] 방향으로 가다
We're obviously **on the right track**.
우리는 분명 제대로 된 길을 가고 있어.

☐ **get it made**
잘 풀리다
Anyone who lives here **has it made**.
여기 사는 사람들은 다들 잘 풀렸어.

☐ **turn[work] out for the best**
결국 잘되다
Anyway, it's **all turned out for the best**.
어쨌든, 결국 다 좋은 쪽으로 됐어.

☐ **be wrong with[to~]**
…하는 것은 잘못된 것이다
What **is wrong with** you? 너 왜 그래?
It's **wrong to** love a married man. 유부남을 사랑하는 건 잘못된 일야.

☐ **be something wrong with**
뭔가 잘못되다, 잘못된 일을 하다(do~)
There's **something wrong with** me loving her.
내가 걜 사랑하는데는 뭔가 잘못된 게 있어.
There's gotta be **something wrong with** him!
걔한테 뭔가 잘못된 게 있는게 틀림없어!

☐ **go wrong with**
잘못되다
You cannot **go wrong with** either one.
넌 어떤 것이든 잘못되면 안돼.

☐ **work like a charm**
일이 아주 잘 되다, 잘듣다
The headache medicine **worked like a charm**.
두통약이 정말 아주 잘 들었어.

☐ **turn[go] sour**
잘못되다
The weather **turned sour** in the afternoon.
날씨는 오후에 흐려졌어.

☐ **catch~with one's pants down**
…가 못된 짓하는 걸 잡다
My opponent **caught** me **with my pants down**.
내 상대에게 내가 못된 짓 하는 걸 들켰어.

미드 Situation

Arnold: Don **is on a roll** gambling tonight. 돈은 오늘 도박에서 아주 잘 나가고 있어.
Jude: He **is really on fire** out there. 걘 정말 아주 잘 풀리고 있네.
Arnold: If he wins this game, he**'s got it made**. 이번 게임에서 이기면 걘 성공한 셈이지.
Jude: A lot can **go wrong with** card games. 카드 게임에서 운이 따르지 않을 수도 있어.
Arnold: Let's hope that things won't **turn sour**. 상황이 나빠지지 않도록 바라자.

성공과 실패(Success & Failure)

025 Why are you so pooped?
왜 그렇게 녹초가 됐어?

일을 열심히 하거나 혹은 스트레스를 너무 많이 받게 되면 녹초가 되거나 정신이 멍할 때가 있는데 기본적인 표현은 be exhausted, 그리고 미드에서 볼 수 있는 표현으로 be burned[washed, whacked] out 등 다양하다.

12문장으로 미드영어 후다닥 끝내기

☐ **be burned out** 피곤해 지치다	**Were** you **burned out** on your marriage? 결혼생활에 피곤해 지쳤어?	
☐ **be spaced out** 지쳐 멍때리고 있다	Carl **was spaced out** on drugs in class. 칼은 수업시간에 약을 먹고 멍때리고 있었어.	
☐ **be washed out** 녹초가 되다	Several employees **were washed out** of the program. 몇몇 직원은 그 프로그램으로 녹초가 됐어.	
☐ **be whacked out** 지치다	I **was** so **whacked out**, it seemed like a long weekend. 난 너무 지쳤어, 주말이 끝나지 않을 것 같았어.	
☐ **be (all) worn out** 완전히 지치다(wear oneself out)	I thought you **were getting** a little **worn out**. 난 네가 좀 지쳤다고 생각했어.	
☐ **be wiped out** 기진맥진하다, 무일푼이 되다	We spent our budget on publicity. We're **wiped out**. 우리는 홍보에 예산을 다 썼어. 우리는 무일푼이야.	
☐ **be pooped out** 녹초가 되다	We're always **pooped out** when we travel. 우리는 여행하고 나면 항상 녹초가 돼.	
☐ **be dead beat** 완전히 뻗다	Simon **is a dead beat**. He'll never pay you back. 사이몬은 완전히 뻗었어. 절대로 네게 복수 못할거야.	
☐ **be ragged** 피곤해 지치다	You're **looking** pretty **ragged**. 너 정말 피곤해보여.	
☐ **be all in** 아주 지치다	Looks like he'**s all in**. 걔가 아주 지친 것 같아.	
☐ **be drained** 완전히 녹초가 되다	I **was drained** after studying all night. 난 밤새 공부하고 나서 뻗었어.	
☐ **be[look] exhausted** 지친(be tired)	You should try and get some sleep, you **look exhausted**. 너 좀 자도록 해라, 아주 지쳐보여.	

미드 Situation

Francis: You look like you **are burned out**. 너 아주 지쳐보여.
Emit: Honestly, I **am** absolutely **exhausted**. 어, 정말 완전히 뻗었어.
Francis: Why **are** you so **pooped**? 왜 그렇게 녹초가 된거야?
Emit: All my energy **was drained** at school. 학교에서 힘이 다 빠졌어.
Francis: Get some sleep so you won't **be** all **worn out**. 완전히 뻗지 않도록 좀 자라.

Chapter 5

기진맥진하고 스트레스 때문에~

026 I'm tuckered out.
나 피곤해 뻗었어.

지쳐서 이제 아예 기진맥진하게 되는데(crash and burn, drag one's ass), 이는 일을 많이 해서도 그렇지만 스트레스를 너무 많이 받아(be under the gun, be stressed out)서 그러는 경우도 너무 많은게 문제.

12문장으로 미드영어 후다닥 끝내기

- [ ] **crash and burn** 지쳐 쓰러지다, 실패하다
  If you use hard drugs, you'll **crash and burn**.
  독한 약을 쓰면 완전히 뻗을거야.

- [ ] **burn the candle at both ends** 기진맥진하다
  This whole week we've **burned the candle at both ends**. 이번 주 내내 우리는 무리해서 일을 했어.

- [ ] **drag one's ass** 기진맥진하다
  Hurry up and stop **dragging your ass**.
  서둘러 그만 비실비실 거리지 말고.

- [ ] **be under the gun** 스트레스를 받다
  I'm always **under the gun** as the president.
  난 항상 사장으로 인해 스트레스를 받고 있어.

- [ ] **tucker sb out** 피곤하게 하다
  I'm **tuckered out**, so I might as well go home!
  난 피곤해 뻗었어 그래서 집에 가는게 낫겠어!

- [ ] **walk sb's legs off** 많이 걸어 지치다
  Sara **walked** her **legs off** during the shopping trip.
  새러는 쇼핑하면서 많이 걸어서 지쳤어.

- [ ] **be stressed out** 스트레스에 지치다
  I hate seeing you so **stressed out**.
  네가 그렇게 스트레스에 지쳐있는 모습을 보는게 지쳤어.

- [ ] **relieve one's stress** 스트레스를 해소하다(~ pressure)
  Sometimes you just get crazy to **relieve the stress**.
  가끔 넌 스트레스를 풀기 위해 화를 내.

- [ ] **be under stress** 스트레스를 받다
  I drink when I'm **under stress**.
  난 스트레스를 받으면 술을 마셔.

- [ ] **blow off steam** 스트레스를 풀다
  The soldiers smashed up the bar to **blow off some steam**. 군인들은 바를 묵사발을 만들며 스트레스를 풀었어.

- [ ] **just go with it** 질르고 후회마 (do it and don't think deeply about it), 스트레스풀다
  Just go with it and everything will be fine.
  그냥 해버리고 신경쓰지마. 다 괜찮을거야.

Situation

Lee: Stop **dragging your ass** and get to work. 맥빠진 사람처럼 행동하지말고 일을 해.
Blake: Come on boss, I'm **burning the candle at both ends**. 저기, 사장님, 저 너무 과로했는데요.
Lee: Everyone here **is under a lot of stress**. 여기 모두 다 스트레스 엄청받고 있어.
Blake: And how can I **relieve my stress**? 그럼 어떻게 제가 스트레스를 풀죠?
Lee: **Just go with it** until you've got time to relax.
좀 쉴 시간이 될 때까지 그냥 아무 생각없이 일을 하라고.

성공과 실패(Success & Failure) 171

일을 마무리하고 끝내다

027 You done?
너 끝냈어?

일을 끝내다라고 할 때는 가장 많이 쓰이는 표현으로는 finish~ing, have finished with, 그리고 be done with가 가장 많이 쓰인다. 또한 마무리하다는 의미로 pack it up, 그리고 하루일을 마무리하고 퇴근하자고 할 때는 call it a day라 한다.

12문장으로 미드영어 후다닥 끝내기

☐	**have[be] finished with** 끝내다	I'm not finished with him. 난 개와 끝나지 않았어. Are you finished with the gun? 너 총 다 썼어?
☐	**finish ~ing** …하던 일을 끝내다	It seems that they just finished having sex in a lab room. 개네들이 랩실에서 섹스를 끝낸 것 같았어.
☐	**be done with** …을 끝내다, 마치다	In fact, I think I'm done with you. 사실, 난 너랑 끝났다고 생각해. I'll call you as soon as I'm done with it. 내가 그거 끝내자마자 전화를 할게.
☐	**(I'm) Done!** 됐어!, 끝냈어!	Done! I did it! 끝냈어! 내가 해냈어! I mean it, I'm done! 정말야, 나 끝냈어!
☐	**(Are) You done?** 다 했니?	You done? I said are you done? 너 끝냈어? 끝냈냐고?
☐	**get sth done** (늦은 감이 있는) 일을 끝내다	Okay, people, let's get it done. 좋아, 여러분, 이 일을 어서 끝냅시다.
☐	**pack it up** 마무리하다	All right, let's pack it up. 좋아, 이에 마무리하자.
☐	**call it a day[quits]** 하루업무를 그만 끝내다(be done for the day)	Okay, well, I'm gonna call it a day. 좋아, 저기, 오늘은 그만 끝내자.
☐	**go the (full) distance** 시작한 걸 끝내다	Look, no everyone can go the full distance. 이봐, 아무도 시작한 걸 끝낼 수는 없어.
☐	**come[draw] to a close** 끝나다(bring sth to a close …을 끝내다)	Another very exciting night comes to a close, huh? 아주 들뜬 또 하루 저녁이 끝나는구나, 그지?
☐	**end it all** 모든 것을 끝내다	But he decided to end it all. 하지만 갠 모든 것을 끝내기로 결정했어.

미드 Situation

Arthur: Did you **finish** watching your program? 네 그 프로 다 봤어?
Brenda: Yeah, the show **came to a close** a few minutes ago. 어, 몇분 전에 끝났어.
Arthur: **Pack it up** then. It's time for bed. 그럼 끄고 자자.
Brenda: I don't want to **call it a day** yet. 아직 자고 싶지 않은데.
Arthur: But you're **done with** the TV, right? 하지만 TV 다 봤다며, 맞지?

빨리 끝내고 싶어

028 We're done here.
우리 얘기 끝났어.

끝내는 것도 상황에 따라 여러 의미를 띨 수 있다. 볼 일 다봐서 더 이상 할 일없다고 할 때는 미드 단골표현인 We're done here이라 하고 뭔가 빨리 일을 해치울 때는 get it over with라 하면 된다.

12문장으로 미드영어 후다닥 끝내기

- **We're done here** 볼일 다 보다, 더 이상 할 얘기없다
  That's it. I think **we're done here**. 그만해. 우린 얘기 다한 것 같은데.
  We're done here. Moving on. 이 문제 끝났으니 다음으로 넘어가자고.

- **It's done now** 이제 끝난 일이야
  I think your mother **is done now**.
  네 엄마는 이제 끝나신 것 같아.

- **It's all done** 다 됐어
  It's all done, and it's great.
  다 됐고, 그리고 아주 좋아.

- **put[add] the finishing [final] touches** 최종 마무리하다
  He **put the finishing touches** on a large project.
  걔 대형 프로젝트를 마무리하고 있어.

- **get it over with** 빨리 일을 해치우다
  Let's read it now and **get it over with**.
  이제 그걸 읽고서 빨리 끝내버리자.

- **be all over** 다 끝나다
  He confessed. **It's all over.**
  걔가 자백했어. 이제 다 끝났어.

- **cut it short** 예정보다 빨리 끝내다
  (be[get]) cut short 갑자기 끝나다
  It's just so unfair that our date has to **get cut short**.
  우리 데이트가 갑자기 끝나야 하는건 너무 불공평해.

- **wrap up** 마무리짓다, 끝내다
  When does this crazy party **wrap up**?
  이 광란의 파티는 언제 끝나는거야?

- **clear the deck** 하던 일을 마무리하다
  You just tell Chris to **clear the decks**.
  넌 크리스에게 빨리 일을 마무리하라고 해.

- **iron out the details** 마무리짓다
  You have one hour to **iron out the details**.
  세부적인 것을 해결하는데 한시간을 주겠어.

- **tie up loose ends** 동여매다, 완성하다, 끝내다
  I'm a guy who likes to **tie up loose ends**.
  난 마무리를 확실히 하는 사람이야.

- **one down, two to go** 한명 처리하고, 두명 남았네
  OK, **one down, five to go**.
  좋아, 하나는 처리했고, 다섯개 더 처리해야 돼.

미드 Situation

Jeff: Let's **wrap up** the report this afternoon. 오늘 오후에 보고서 마무리하자고.
Ian: I've still got to **tie up some loose ends**. 난 아직 완전히 마무리를 해야 돼.
Jeff: **Cut it short** so we can submit it. 빨리 끝내고 제출하자고.
Ian: You just want to **get it over with**. 넌 빨리 해치우고 싶구나.
Jeff: Right. We'll **iron out any extra details** later. 맞아, 추가적인 세부사항은 나중에 마무리하자고.

성공과 실패 (Success & Failure)

기회가 있으면 언능 잡아야지

029 It's now or never.
지금 아니면 영영 기회가 없어.

기회가 있을 때는 놓치지 말고 잡아야(catch a break) 한다. 특히 조심해야 할 것은 take the chance는 기회를 잡다인 반면 take a[one's] chance하게 되면 모험을 하다, 운에 맡기다라는 다른 뜻이 되는 구분해야 한다.

12문장으로 미드영어 후다닥 끝내기

☐ **catch a break**
기회를 잡다
If we're lucky, we'll **catch a break**.
우리가 운이 좋으면 그 기회를 잡을거야.

☐ **take the chance**
기회를 잡다(take a[one's] chance 모험하다)
I just assumed I couldn't **take the chance**.
난 단지 그 기회를 잡을 수 없을거라 생각했어.

☐ **be now or never**
지금 아니면 기회가 없어
Well, it'**s now or never**.
저기, 지금 아니면 영영 기회가 없을거야.

☐ **give sb a fair shake**
공정한 기회를 주다
No one **gave** me **a fair shake** when I interviewed.
내가 면접볼 때 아무도 공정한 기회를 내게 주지 않았어.

☐ **get[have, keep] one's foot in the door** 기회를 얻다
The important thing is to **get your foot in the door**.
중요한 것은 기회를 얻는 것이야.

☐ **give ~ half a chance**
기회를 좀 주다
You just have to **give** us **half a chance**.
우리에게 기회를 좀 주어야 돼.

☐ **sth fall[drop] into sb's lap**
좋은 기회가 굴러오다
The new car just **fell into John's lap**.
새로운 차가 존에게 굴러 떨어졌어.

☐ **stack the deck**
기회를 만들다
Then, **stack the deck**. Cheat. Lie.
그거면, 기회를 만들어. 속이고, 거짓말하라고.

☐ **have the opportunity to~**
…할 기회를 갖다
I never **had the opportunity to** meet Chris Suh.
난 크리스 서를 만날 기회를 전혀 갖지 못했어.

☐ **take this opportunity to~**
이 기회를 이용해 …하다
I'd like **take this opportunity to** say I'm honored.
이 기회를 이용해 내가 영광이라는 점을 말하고 싶습니다.

☐ **give sb an opportunity to~**
기회를 주다
I wanted to **give** you **the opportunity to** fix things.
난 네게 제대로 일을 바로잡을 기회를 주고 싶었어.

☐ **when opportunity knocks**
기회가 왔을 때
When opportunity knocks, you gotta answer the door. 기회가 왔을 때, 넌 그 기회를 잡아야 돼.

미드
Situation

Peggy: **T**ake this opportunity to ask Tina for a date. 이번 기회를 이용해서 티나에게 데이트 신청해.
Bailey: I'm not sure I can **take that chance**. 내가 그 기회를 잡을 수 있을지 모르겠어.
Peggy: Come on Bailey, it'**s now or never**. 이봐, 베일리, 지금아니면 기회는 오지 않을거야.
Bailey: You think she'll **give** me **half a chance**? 걔가 나한테 기회를 좀 줄까?
Peggy: Just go talk to her, or you'll never **catch a break**.
그냥 가서 말해봐, 아니면 넌 평생 기회 못 잡는다.

줘도 못먹는 바보 이야기

030 I don't want to blow it.
기회를 놓치고 싶지 않아.

기회가 왔을 때 잡지 못하고 놓치는(miss on a chance, pass up a chance, miss the boat) 경우가 많다. 미드식으로 표현하면 blow one's chance 혹은 blow it이라도 한다.

12문장으로 미드영어 후다닥 끝내기

☐ **miss out on (a chance)~** …하는 기회를 놓치다	You want me to **miss out on** all this fun? 이 모든 재미나는 것을 놓치라는거야?
☐ **miss a chance** 기회를 놓치다(~ an opportunity)	You never **miss an opportunity** to play the victim! 넌 절대로 피해자를 이용할 기회를 놓치지 않잖아!
☐ **be not to be missed** …하는 기회를 놓치면 안된다	The ancient Greek exhibit **is not to be missed**! 고대 그리스 전시회는 절대 놓치면 안되는 기회지!
☐ **pass up a chance** 기회를 놓치다	I **passed up a chance** to transfer to Miami. 난 마이애미로 전근갈 기회를 놓쳤어.
☐ **blow one's chance** 기회를 날리다	Don't **blow your chance** to make it big. 크게 성공할 기회를 날리지마.
☐ **blow it** 기회를 날리다	I don't want to **blow it**. 난 기회를 날리고 싶지 않아.
☐ **slip through one's fingers** 기회를 놓치다, 도망치다	The opportunity to save the marriage **slipped through my fingers**. 결혼을 피할 기회를 놓치고 말았어.
☐ **miss the boat** 때를 놓치다	You **missed the boat** again, Tom. 탐, 넌 또 기회를 놓쳤어.
☐ **never miss a trick** 절대로 기회를 놓치지 않다	I seem dumb, but I **never miss a trick**. 난 어리석게 보이지만 난 절대로 기회를 놓치지 않아.
☐ **cook someone's goose** 기회를 빼앗다	When Jim gets back, I'm going to **cook his goose**. 짐이 돌아오면, 난 그의 기회를 빼앗을거야.
☐ **rob sb of the opportunity to~** …할 기회를 빼앗다	You just **robbed** me **of the opportunity to** date her. 넌 내가 그녀와 데이트할 기회를 빼앗었어.

미드 Situation

Grace: The Van Gogh exhibit **is not to be missed**. 반 고흐 전시회는 놓치면 안되지.
Hamilton: My overtime work will **rob** me **of the opportunity to** see it.
야근 때문에 볼 수 없을 것 같아.
Grace: Are you going to **miss the boat** on seeing great art? 위대한 예술을 볼 기회를 놓칠거야?
Hamilton: I really hate to **pass up the chance** to go. 그 기회를 그냥 보내기는 나도 정말 싫지.
Grace: So don't **blow it**! Let's go there today! 그럼 날리지마 오늘 가자고!

성공과 실패(Success & Failure) 175

가능성이 있다

031 What are the odds of that?
그 가능성이 얼마나 돼?

기회를 잃어도 언제나 가능성은 열려 있는 법. 여기서는 기회가 있다고 할 때의 표현을 알아보는데 특히 미드에서 많이 나오는 What are the odds?의 쓰임새를 잘 익혀두기로 한다.

12문장으로 미드영어 후다닥 끝내기

☐ **have[stand] a chance of[to]**
…할 가능성이 있다

Face it, you don't **stand a chance**.
현실을 직시해, 넌 기회가 없어.

☐ **There's a (good) chance of[that]**
…할 가능성이 있다

I think **there's a chance of** it.
그 가능성이 있을 것 같아.

☐ **(Is there) Any chance of[that]?**
…할 가능성이 있어?

Any chance you could help me run some tests?
테스트하는거 좀 도와줄 수 있어?

Any chance of catching this guy?
이 자식을 잡을 가능성이 있어?

☐ **Chances are that~**
…할 가능성이 있다

Chances are the girl would still be alive.
그 여자가 아직 살아있을 가능성이 있어.

☐ **be in the cards**
가능성이 있다

It's likely a promotion **is in the cards**.
승진가능성이 있을 것 같아.

☐ **Would it be possible (for sb) to~?**
…가 가능할까?

Would it be possible to move to another table?
다른 테이블로 옮기는게 가능할까요?

☐ **never say never**
절대 안돼 말하지마, 어떻게 될지 몰라

You know, **never say never** Susie.
저 말이야, 수지야, 절대 안돼라는 말은 하지마라.

☐ **What's[What are] the odds of[that]?**
…할 가능성이 어떻게 돼?

What are the odds of that?
그 가능성은 어때?

What are the odds I'd be wrong twice in one week?
내가 한 주에 두 번 틀릴 가능성이 어떻게 돼?

☐ **What are the odds?**
가능성이 얼마나 돼?, (부정적) 가능성이 얼마나 되겠어?

I mean, **what are the odds?**
내 말은 가능성이 어때?

☐ **That's the one thing**
그럴 수도 있다, 그게 …할 수도 있다

That's the one thing that could cause problems.
그게 문제를 일으킬 수도 있는거야.

☐ **There's always room for~**
언제든지 …할 가능성은 있다

There's always room for one more.
언제든지 한 자리는 더 있게 마련이야.

미드
Situation

Adrian: **There is a good chance** it will snow today. 내일 눈이 올 가능성이 높대.
Penny: T**hat's the one thing** that will wreck our trip. 그 때문에 우리 여행이 망칠 수도 있네.
Adrian: We've never **had a chance** to have a nice trip 우린 멋진 여행을 할 기회가 전혀 없었어.
Penny: **Never say never.** This trip will be fine. 모르는 일이잖아. 이번 여행이 좋을 수도 있잖아.
Adrian: **What are the odds** that it will get screwed up? 여행을 망칠 가능성이 얼마나 돼?

반대로 가능성이 없을 때

032 That's kind of a long shot.
가능성이 좀 희박해.

이번에는 반대로 가능성이 없을 때는 먼저 반대로 생각하기 쉬운 have a fat chance, 그리고 don't have a prayer of~ ing 라는 표현을 알아두고, 가능성이 적다고 할 때는 특히 be a long shot을 즐겨 쓴다.

12문장으로 미드영어 후다닥 끝내기

☐ **There is not a chance~**
…할 가능성이 없다

There is not a chance the debt will be erased.
부채가 탕감될 가능성은 없어.

☐ **not have a hope in hell (of ~ing)**
…할 가능성이 전혀 없다

You **don't have a hope in hell of** being elected.
네가 당선될 가능성은 전혀 없어.

☐ **have a fat chance**
가망이 별로 없다

He **has a fat chance** of getting a date with Kelly.
걘 켈리와 데이트를 할 가망이 별로 없어.

☐ **It's[that's] a long shot**
가능성이 적다

That's kind of a long shot.
그건 가능성이 적어.

It's probably be a long shot, but you never know!
가능성이 적지만 알 수 없는 일이잖아!

☐ **shut the door on**
…의 가능성을 없애다

They **shut the door on** returning to France.
걔네들은 프랑스로 돌아올 가능성을 없애버렸어.

☐ **It's a toss-up**
가능성이 반반인 상황

It's a toss-up between the two restaurants.
그 두 식당 사이에 가능성이 반반야.

☐ **Chances are zero**
가능성이 전혀 없다

Chances are zero of it raining tomorrow.
내일 비올 가능성은 전혀 없어.

☐ **not have a prayer of~ing**
…할 가망이 전혀 없다

You **don't have a prayer of** finding that ring.
넌 그 반지를 찾을 가능성은 전혀 없어.

☐ **rule out the possibility**
가능성을 배제하다

You **rule out the possibility** he was in on it?
걔가 연루되었을 가능성을 배제하는거야?

Anton: You **don't have a prayer of** finding the killer. 넌 그 살인범을 찾을 가능성이 전혀 없어.
Wilma: We can't **rule out the possibility** we'll find him. 우리가 찾을 가능성을 배제할 수는 없어.
Anton: But the **chances are zero**. 하지만 가능성은 제로야.
Wilma: They aren't zero, but **it's a long shot**. 제로는 아니고 좀 희박하지.
Anton: It's time to **shut the door** on this case. 이 사건을 종결해야 되겠어.

성공과 실패(Success & Failure)

열심히 하면 누구나 성공해

033 You made it, great.
네가 해냈어, 대단해.

많이 알려진 표현으로는 I did it, I made it 등이 있으며 한꺼풀 더 미드 속으로 들어가면 pull it off, get there, 그리고 make something of oneself라는 표현도 있다. come a long way는 장족의 발전을 하다.

12문장으로 미드영어 후다닥 끝내기

☐ **make something of oneself** 성공하다	I'm finally going to **make something of** myself. 난 마침내 성공할거야.	
☐ **be going places** 잘나가다, 성공하다	Yep, you and me **are going places**! 그래, 너와 나는 성공할거야!	
☐ **pull it off** 성공하다	I think you could **pull it off** without it. 넌 그것없이도 성공할 수 있을 것 같아.	
☐ **get there** 도착하다, 성공하다	You think I'm gonna **get there**? 내가 성공할 수 있을 것 같아?	
☐ **come a long way** 많은 발전을 하다, 성공하다	You two **have come a long way**. 너희 둘 정말 많은 발전을 해왔어.	
☐ **nail sth** 해내다, 성공하다	It was amazing! I mean, we totally **nailed** it. 대단했어! 내 말은, 우리가 완벽히 해냈다는거야.	
☐ **come into one's own** 진가를 발휘하다, 성공하다, 명성얻다	Tommy **came into his own** after writing the book. 토미는 책을 쓴 후에 명성을 얻었어.	
☐ **come off well** 성공하다(come off just right)	The whole presentation didn't **come off well**. 프리젠테이션이 전체가 제대로 되지 않았어.	
☐ **make it** 해내다, 성공하다	You **made it**, great. 네가 해냈어, 대단해.	
☐ **make it big** 성공하다	Yeah, we **made it bigger** this year! 그래, 우리는 금년에 더 큰 성공을 할거야!	
☐ **I did it** 내가 그랬어, 해냈어	**I did it,** I killed her. 내가 그랬어, 내가 그녀를 죽였어. **I did it!** I did it all by myself! 내가 해냈어! 나 혼자힘으로 해냈어!	
☐ **hit the big time** 대박이다	You'll be on TV? You've **hit the big time**! 너 TV에 나와? 대박쳤구나!	

 미드 Situation

Perry: Your uncle **has hit the big time**. 네 삼촌이 대박을 쳤어.
Stan: He really **has come a long way**. 그는 정말이지 많은 발전을 했어.
Perry: How was he able to **pull it off**? 그는 어떻게 성공을 한거야?
Stan: He sold his stocks and he **came off well**. 주식을 팔았는데 아주 잘됐지.
Perry: I want to get rich, but he **nailed** it! 나도 부자가 되고 싶은데, 그가 해냈구나!

성공의 기쁨은 표현할 길이 너무 많아

034 You got it in one!
첫시도에서 해냈네!

그밖에도 좀 낯설어보이지만 You got it in one, make a go of, make one's mark, put on a good show 등 다양하게 성공하거나 목표에 달성하는 것을 표현할 수 있다.

12문장으로 미드영어 후다닥 끝내기

☐ **Score!** 해내다!, 골을 넣다
Yes! Excellent! Perfect **score**!
그래! 훌륭해! 완벽한 골이었어!

☐ **You got it in one!** 첫 번째 시도에서 성공했구나!
You got it in one! How'd you do it?
첫시도에서 성공했네! 어떻게 한거야?

☐ **make a go of sth** 성공하다
We're trying to **make a go of it**.
우리는 성공하려고 하고 있어.

☐ **make the grade** 기준에 달성하다, 성공하다
Only a few of you will **make the grade**.
너희들 중 극소수만이 기준에 달성할거야.

☐ **hit the ground running** 시작부터 잘 되어가다
Get organized so we can **hit the ground running**.
조직적으로 행동하면 우리는 시작부터 잘 되어갈 수 있어.

☐ **be riding high** 잘 나가고 있다, 성공적이다
I **was riding high** after she kissed me.
걔가 내게 키스한 후에 난 잘 풀리고 있었어.

☐ **haven't been easy** 어렵지만 해냈다, 성공했다
It **hasn't been easy** since Mary died.
메리가 죽은 후에 쉽지 않았어.

☐ **come through[pass] with flying colors** 좋은 성적으로 합격하다, 해내다
My son **came through with flying colors**.
내 아들은 좋은 성적으로 합격했어.

☐ **get somewhere** 성공하다
I **got somewhere** after meeting the manager.
난 매니저를 만난 후에 성공을 했어.

☐ **make one's mark** 성공하다
Marcel **made his mark** as a poet.
마르셀은 시인으로 성공했어.

☐ **beat off** 성공하다, 물리치다
Can you **beat off** the competitors?
너는 경쟁자들을 물리칠 수 있어?

☐ **put on a good show** 잘 해내다
Not bad. You **put on a good show**.
괜찮은데. 너 잘해냈어.

미드 Situation

Aldrich: How are we going to **make a go of** our business? 우리 사업을 어떻게 성공시키지?
Raura: It's important to **hit the ground running**. 시작부터 잘나가는 게 중요해.
Aldrich: Getting it started **hasn't been easy**. 첨 풀어나가는게 쉽지는 않지.
Raura: But now it's time to **make our mark**. 하지만 성공할 때가 되잖아.
Aldrich: I'm sure we'll eventually **make the grade**. 결국 우리는 성공할거라 확신해.

성공과 실패(Success & Failure) | 179

성공하거나 돈벌었다는 표현들

035 Not my finest hour.
내 전성기는 아니야.

성공은 아직 끝나지 않았다. 번역하면 바로 알 수 있는 be on the fast track, make a fast buck 외에도 have sth licked, set the world on fire도 또한 성공하다라는 표현. 특히 a flash in the pan은 오래가지 못하는 반짝 성공을 뜻한다.

12문장으로 미드영어 후다닥 끝내기

☐ **be on the fast track** 성공가도를 가고 있다
It seems he's **on the fast track** to become president.
그는 사장으로 가는 성공가도를 가고 있어.

☐ **make a fast buck** 벼락부자가 되다
It was just an attempt to **make a fast buck**.
그건 단지 벼락부자가 되려고 하는 거였어.

☐ **swing it** 성공적으로 해내다
Just give me the chance, I can **swing it**.
기회만 줘봐, 난 성공적으로 해낼 수 있어.

☐ **do the job** 성공하다
This new computer really **did the job**.
이 새로운 컴퓨터는 정말 잘 해냈어.

☐ **have (got) sth licked** 어려운 문제를 성공적으로 다루다
The staff **have** the computer virus **licked**.
새로운 직원은 컴퓨터 바이러스를 성공적으로 다뤘어.

☐ **have everything going for** …에게 모든게 잘 되어가다
You really **have everything going for** you.
넌 정말 모든게 잘 되어가고 있어.

☐ **ace in the hole** 비장의 무기
The secret file is my **ace in the hole**.
그 비밀분서는 내 비장의 무기야.

☐ **have an ace up your sleeve** 성공의 열쇠를 쥐고 있다
She was sure you **had an ace up your sleeve**.
걘 네가 성공의 열쇠를 쥐고 있다고 확신했어.

☐ **a flash in the pan** 반짝성공
It's over. Steve's career was **a flash in the pan**.
다 끝났어. 스티브의 경력은 반짝 성공이었어.

☐ **pan out** 뜻대로 되다
We don't have a suspect. Clair's alibi **panned out**.
우리는 용의자가 없어. 클레어의 알리바이는 확인됐어.

☐ **one's finest hour** …의 전성기, 좋은 때
I mean, this probably isn't **our finest hour**.
내 말은, 이건 아마 우리의 전성기는 아닌 것 같아.

☐ **set the world on fire** 성공적이다
He graduated with honors and just **set the world on fire**.
걘 우등으로 졸업하고 성공했어.

☐ **lift oneself up by one's bootstrap** 스스로 힘으로 해내다
Dad **lifted himself up by his bootstraps**.
아버지는 자수성가하셨어.

미드 Situation

Claude: I couldn't **swing it** as a businessman. 난 사업가로 성공적으로 해낼 수가 없었어.
Melisa: Sorry that it didn't **pan out** for you. 너 뜻대로 되지 않아서 유감이야.
Claude: Honestly, it **wasn't my finest hour**. 솔직히 말해, 내 전성기는 아니었어.
Melisa: You can **make a fast buck** elsewhere. 넌 다른 곳에서 벼락부자가 될 수도 있잖아.
Claude: But how do I **get on the fast track** to success? 하지만 어떻게 해야 내가 성공가도를 갈 수 있을까?

180 Chapter 5

경쟁에서 선두에 서야

036 I can't keep up with you.
널 따라 잡을 수가 없어.

이번에는 성공의 전제조건인 경쟁에서 선두에 서서 나아가는 표현들. 특히 leave sb in the dust는 달리기 시합에서 뒤에 가는 사람은 앞서가는 사람이 내는 먼지를 뒤집어 쓸 수 밖에 없는 상황을 연상해보면 쉽게 이해될 수 있을 것이다.

 12문장으로 미드영어 후다닥 끝내기

☐ **keep up with sb** ⋯에 뒤처지지 않다	I was just trying to **keep up with** you. 난 단지 너한테 뒤처지지 않으려 했었어.	
☐ **have a head start** 앞서다	She **has a head start** in the investigation. 걘 조사에서 앞서가고 있어.	
☐ **give sb a head start** 앞서게 하다	This **gave** you **a head start**. 이걸로 너는 앞서갔던거야.	
☐ **run away with** 압도적으로 이기다	The film **ran away with** the prizes at the festival. 그 회사는 축제에서 압도적으로 상들을 휩쓸었어.	
☐ **get[keep, stay] ahead (of)** 앞서다	That'll help us **get ahead of** him. 그건 우리가 걔보다 앞서게 하는데 도움이 될거야.	
☐ **get the go-ahead** 앞서다(give sb the go-ahead)	I **got the go ahead** to begin the survey. 난 설문조사를 시작하는데 앞서갔어.	
☐ **ahead of the game [curves]** 상대보다 앞선	It wouldn't hurt to stay **ahead of the curve**. 상대보다 앞서간다고 손해볼 것은 없을거야.	
☐ **take the lead in~ing** 선두에 서다	She **took the lead in** everything. 그 여자는 모든 일에 선두에 섰었어.	
☐ **hold more cards than~** 유리한 입장에 서다	We **hold more cards than** anyone else. 우리는 다른 어느 누구보다도 유리한 입장에 있어.	
☐ **leave sb in the dust** ⋯를 크게 앞지르다	The new program **left** everyone else **in the dust**. 새로운 프로그램은 다른 모든 사람을 크게 앞질렀어.	
☐ **get a jump on~** 앞지르다	We thought we'd **get a jump on** things. 우리는 우리가 앞설 것으로 생각했어.	
☐ **play fair** 정정당당하게 승부하다(play foul)	I don't **play fair**. It's one of the many reasons you love me. 난 정당하게 승부하지 않지. 그게 네가 날 사랑하는 많은 이유중의 하나지.	

Erin: I can't **keep up with** you. 널 따라 잡을 수가 없어.
Leslie: Let me **give** you **a head start**. 먼저 출발하도록 할게.
Erin: I prefer that we **play fair**. 공정하게 플레이 해야지.
Leslie: Then I'm going to **leave** you **in the dust**. 그럼 널 크게 앞지를텐데.
Erin: Alright, I'll need to **have a head start**. 그래, 내가 먼저 출발해야겠네.

성공과 실패(Success & Failure) **181**

다시한번 경쟁의 세계로

037 I can't compete with that.
난 그거에 도저히 못당하겠어.

경쟁은 혼자하는 게 아니라 상대가 있어야 되고 이런 맥락에서 상대와의 경쟁에서 앞서가다, 우수하다라는 비교우위를 표현하는 미드문장들. 특히 …와는 비교가 안된다라는 식으로 우위를 표현하는 법에 익숙해져 보자.

12문장으로 미드영어 후다닥 끝내기

☐ **can't compete with** …와 상대가 안되다	I **can't compete with** that. 그거 도저히 못 당하겠어. You **can't compete with** that. 넌 그거에 상대가 안돼.
☐ **~ doesn't[can't] compare with** …를 …와 비교할 수 없다	This food **doesn't compare with** my mom's cooking. 이 음식은 내 엄마의 요리와 비교가 안돼.
☐ **(be) nothing compared to** …와 비교하면 아무 것도 아니다[약과다]	That's **nothing compared to** the big town news. 대도시의 뉴스에 비하면 이건 아무 것도 아냐.
☐ **I think that nothing is more +adj.+than~** …보다 더 …한 것은 없는 것 같다	I **think nothing is more** difficult **than** military life. 군생활보다 더 힘든 것은 없는 것 같아.
☐ **every bit as~ as~** …못지않게 …한	She's not **every bit as** bitchy **as** you. 걔는 너 못지않게 지랄같아.
☐ **make this harder than~** 을 …보다 더 어렵게 하다	Don't **make this harder than** it already is! 이걸 지금보다 더 힘들게 만들지마!
☐ **stack up against** 비교되다	This car doesn't **stack up against** a BMW. 이 차는 BMW와 비교가 되지 않아.
☐ **knock spots off** 훨씬 능가하다	The Lakers **knocked the spots off** the other team. 레이커스는 다른 팀들보다 훨 잘해.
☐ **be a cut above~** …보다 한 수위인	Our products **are a cut above** all others. 우리가 만든 제품은 타사 제품보다 우수해.
☐ **kick one's butt** …보다 잘하다	I am so gonna **kick your butt** in racquetball. 내가 라켓볼에서 네 코를 납작하게 만들어줄게.
☐ **far and away the best** 가장 뛰어난 것	This is **far and away the best** restaurant in town. 여기는 시내에서 가장 뛰어난 식당이야.

미드
Situation

Rita: This food **is nothing compared to** what I cook. 이 음식은 내가 요리하는 거랑은 비교가 안돼.
Samuel: And this birthday cake **can't compete with** yours.
그리고 이번 생일케이크는 네 것과는 상대가 안돼.
Rita: I always try to **be a cut above**. 난 항상 더 잘 만들려고 해.
Samuel: You're **far and away the best** cook I know. 너는 내가 아는 가장 뛰어난 최고의 요리사야.
Rita: The food I make **kicks everyone's butt**. 내가 만든 음식은 다른 사람들 것보다 낫지.

038 Who got the last laugh?
누가 최종승자야?

> 드디어 경쟁에서 승리하다!

경쟁이나 대회에서 우승하는(win the game) 것보다 더 좋은 게 또 무엇이 있으리. 앞승은 sweeping victory, 압승하다는 wipe the floor with라 한다. 또한 물리치다는 blow out, shut out이라고 하면 된다.

12문장으로 미드영어 후다닥 끝내기

- **be in the running** 승산이 있다, 후보이다
  You're not **in the running** for the top prize.
  네가 1등상을 받을 승산은 없어.

- **win the game** (게임, 다툼) 이기다
  So who **won the game**? 그래 누가 이겼어?
  So, did you see who **won the game**? 그래 누가 이겼는지 봤어?

- **win the day** 이기다, 승리하다
  Chris, you **won the day**, again.
  크리스, 네가 또 승리했어.

- **sweeping victory** 압승
  He won a **sweeping victory** in November.
  그는 11월 선거에서 압승했어.

- **wipe the floor with sb** 압승하다
  And you totally **wiped the floor with** them?
  그리고 너는 걔네들에게 완전히 압승을 한거야?

- **blow ~ out[away]** 물리치다
  Our baseball team **blew** them **out**.
  우리 야구팀은 걔네들을 물리쳤어.

- **come out on top** 어렵게 이기다, 승리하다
  There's no way to **come out on top** of the fight.
  싸움에서 상대를 이길 수 없어.

- **get an honorable mention** 장려상을 받다
  Lisa **got an honorable mention** for her work.
  리사는 일한 것에 대해 감투상을 받았어.

- **shut out** 차단하다, 완승하다, 완봉승
  The dull hockey game ended in a **shut out**.
  저 지루한 하키게임은 완봉승으로 끝났어.

- **have sth in one's pocket** 승리는 따논 당상이다
  At the trial, the gangster **had** the judge **in his pocket**.
  재판에서 갱단들은 승소는 따논 당상이었어.

- **have the last laugh** 마지막으로 웃는 사람이 승자이다
  Who **got the last laugh**?
  누가 최종 승자야?

Situation 미드

Peter: **Are** you **in the running** to win the election? 네가 선거에서 이길 승산이 있어?
Jane: I'm sure that I'll **come out on top**. 내가 어렵게 이길거라 확신해.
Peter: Your opponent says he'll **shut** you **out**. 네 상대는 너에게 압승할거라 하던데.
Jane: I'll **wipe the floor with** him. 내가 걔를 상대로 압승할거야.
Peter: Guess you'll **have the last laugh**. 누가 최종 승자가 될지 추측해봐.

성공과 실패(Success & Failure)

039 Still undefeated.
이길 때가 있으면 질 때도 있는법
나 아직 져본 적이 없어.

거만한 변호사들이 자기는 질 줄 모른다고 할 때 stay undefeated라는 말을 많이 쓰는 장면을 미드에서 많이 봤을 것이다. 좀 더 겸손하게 이길 때도 있고 질 때도 있다라고 하면 win or lose, 그리고 승자를 결정짓는 것은 tie-breaker라 한다.

12문장으로 미드영어 후다닥 끝내기

- **get creamed** 완패당하다
  - I **got creamed** during the relay race.
    난 계주에서 완패당했어.

- **crushing defeat** 치명적인 패배
  - It all ended with our **crushing defeat**.
    우리의 치명적인 패배로 끝나고 말았어.

- **still[stay] undefeated** 패할 줄 모르다
  - And I won. **Still undefeated**.
    그리고 난 이겼어. 난 질 줄 모른다니까.
  - You beat Chris Suh. Me? **Undefeated**.
    크리스 서가 졌어. 나? 난 안진다니까.

- **lose the game** 지다
  - You need this or you **lose the game**.
    너 이게 필요해 아니면 지게 될거야.
  - I think your kid **lost the game**!
    네 아이가 게임에서 진 것 같은데!

- **be flat[thrown] on one's back** 완패하다
  - I've **been flat on my back** since getting sick.
    나는 아파서 완패했어.

- **end in a draw** 무승부로 끝나다 (end in a tie, be a draw)
  - I predict the match will **end in a draw**.
    난 그 게임이 무승부로 끝날거라 예측했어.

- **win or lose** 이길 때도 있고 질 때도 있다
  - Your parents still love you, **win or lose**.
    네 부모는 여전히 널 사랑하셔, 이기거나 질때도.
  - It's not whether you **win or lose**, it's how you play the game. 승패가 관건이 아니라 어떻게 게임을 하느냐가 문제이지.

- **tie-breaker** 승자를 결정짓는 것
  - Two for you, one for me. We need a **tie-breaker**.
    두명이 네 생각이고, 한명이 나와 생각이 같아. 승부를 결정하는 사람이 필요해.

- **tie a record** 타이기록을 세우다
  - The marathon winner **tied an existing record**.
    그 마라톤 선수는 현기록과 타이기록을 세웠어.

미드 Situation

Camilla: What a **crushing defeat** for our team. 우리팀이 완전히 참패했네.
Donald: Yeah, they **got creamed** today. 그래, 걔들이 오늘 참패했어.
Camilla: Too bad they couldn't **stay undefeated**. 안됐지만 계속 이길 수만은 없지.
Donald: What if they **lose the game** tomorrow? 내일 게임도 지면 어떻하지?
Camilla: They're my team, **win or lose**. 이기거나 지거나 걔네들은 내 팀이야.

040 She fucked up my life.
그 여자가 내 인생을 망쳤어.

일을 망치다

뭔가 일을 망치고 그르칠 때는 fuck과 mess를 빼놓고는 말할 수 없다. fuck up~은 …을 망쳐놓다, 그래서 be fucked up하면 완전히 망가졌다라는 뜻이 된다. mess up도 마찬가지이지만 명사로 make a mess of, be (in) a mess로도 쓰인다.

12문장으로 미드영어 후다닥 끝내기

fuck (~) up 상황을 망치다, 망치다
- She fucked up my life.
  그 여자가 내 인생을 망쳤어.
- She fucked up, and she's fired.
  걘 완전히 망쳤어. 그리고 해고됐어.

be fucked up 엉망이 되다
- I'm really fucked up about women.
  난 여자와 사귀는데 정말 엉망이야.

be fucked 망치다, 끝나다
- I'm totally fucked right now.
  난 지금 완전히 뭐됐어.

~go to hell (in a hand basket) 망치다
- The plan went to hell when you killed her.
  네가 그 여자를 죽였을 때 계획은 망쳤어.

mess up 그르치다, 망치다
- You didn't mess up my date.
  넌 내 데이트를 망치지 않았어.
- I messed up. I'm sorry, I really messed up.
  내가 일을 그르쳤어. 미안해, 내가 정말 망쳐놨어.

be[got] messed up 일이 꼬이다, 엉망이 되다
- I just wanted to say that things got all messed up.
  상황이 완전히 꼬였다는 걸 그냥 말하고 싶었어.
- I think something got messed up here.
  여기서 뭔가 엉망이 된 것 같아.

make a mess of~ 망치다
- She's made a mess of her personal life.
  걘 자신의 개인적인 삶을 망쳐버렸어.

be (in) a mess 엉망이다
- We did it and now everything's a mess.
  우리가 그랬고 이제는 모든게 다 엉망이 됐어.

quite a mess 엉망진창인
- It's quite a mess you've made here.
  네가 여기서 완전히 망쳐났다고.

미드 Situation

Sylvester: This house **is really fucked up**. 이 집은 정말 개판이야.
Daisy: Someone made **quite a mess** while we were gone.
우리가 비운 사이 누군가가 엉망으로 만들었어.
Sylvester: It was my brother. He **fucked up** everything. 내 형이겠지. 뭐든 개판을 만들거든.
Daisy: Well, now he **is in a real mess**. 음, 이제 네 형은 정말 엉망이겠다.
Sylvester: I plan to **mess up** his life big time. 형의 인생을 완전히 망쳐버릴 계획이야.

 또 망쳤어!

041 You're so screwed.
너 정말 엉망이 되었구나.

망쳤다고 할 때 screw를 빼면 섭하지요. screw는 실수하다, 망치다, 사기치다 등 다양한 의미로 다양한 형태로 쓰여서 잘 감시하면서 이해해야 한다. 산산조각나다라는 의미의 go to pieces로 엉망이 되다라는 의미로 쓰인다.

12문장으로 미드영어 후다닥 끝내기

screw (over)
엿먹이다, 사기치다

It's emotional, and it **screws** you.
너무 감정에 치우쳤어, 그러면 너만 일을 그르치게 돼.

Don't say like that. You **screwed** me **over**.
그렇게 말하지마. 넌 나를 엿먹였잖아.

get[be] screwed
망했다, 엿먹었다

Oh, you're so screwed.
오, 너 정말 엉망이 됐구나.

In a couple of weeks, I'm gonna **be screwed**.
몇 주가 지나면, 난 정말 완전히 망할거야.

screw oneself
스스로를 망치다

You tried to do a nice thing and you **screwed yourself**. 넌 착한 일을 하려고 했지만 스스로 망쳐버렸어.

screw up
실수하다, 망치다

Now, don't you **screw** this **up**.
이제, 이건 망치지 말도록 해.

He'll **screw up** my chances!
걔는 내 기회들을 날려버릴거야!

get[be] screwed up
망쳤다, 엉망이 되다

I'm part of the reason things **got so screwed up**.
일이 그렇게 엉망이 된 이유는 나에게도 있어.

I'm not the only one who **gets screwed up**.
엉망이 된 사람은 나만이 아냐.

screw around
실수로 문제를 일으키다

You really should not **be screwing around** with me right now. 넌 정말 이제는 내게 문제를 일으키지마.

go to pieces
엉망이 되다

She **went to pieces** when her husband died.
그 여자는 남편이 죽었을 때 엉망이 됐어.

queer the pitch for
좌절시키다, 망치다

Look, don't **queer the pitch for** everyone else.
이봐, 다른 사람들 일을 망치지 말라고.

미드 Situation

Merle: We **got screwed** by that con man. 우리는 사기꾼에게 완전히 당했어.
Dolly: No, you **screwed yourself** by being greedy. 아냐, 네 욕심 때문에 스스로 망친거지.
Merle: Alright, it was a **screw up** on my part. 그래, 망친 것은 나 때문이었어.
Dolly: Well don't **go to pieces** now! 저기 너무 망가지는 마!
Merle: I'm just so angry that I **was screwed over**! 내가 사기당했던게 너무 화가 치밀어.

042 My bad. Sorry.
내 실수야. 미안.

망치고 또 망치고

기본적으로 망친다고 할 때 ruin 다음에 망친 것을 넣으면 많은 표현을 만들어 낼 수가 있다. 그밖에 bust up, make a wreck of one's life 등을 기억해두고, 내 실수라고 콜할 때는 My mistake, 또는 My bad라고 하면 된다.

12문장으로 미드영어 후다닥 끝내기

☐ **ruin one's life** …의 삶을 망가트리다	Porn **ruined my life**. 포르노가 내 인생을 망가트렸어. I'm sorry I **ruined your weekend**. 네 주말을 망쳐서 미안해.
☐ **bust up** 망가트리다, 부수다	The cops came in and **busted up** the place. 경찰들이 쳐들어와서 집을 완전히 엉망으로 만들어놨어.
☐ **wreck** 망가지게 하다, 망가진 사람	She must be a complete **wreck**. 걔 완전히 망가졌음에 틀림없어. They all hate me. I **wrecked** everything. 걔네들은 모두 날 싫어해. 나 다 때려부술거야.
☐ **make a wreck of sb's life** 일생을 망치다	Drugs **made a wreck of Carl's life**. 마약은 칼의 일생을 망쳐버렸어.
☐ **cock sth up** 망치다	Jesus, you just **cocked** everything **up**! 맙소사, 넌 모든 걸 망쳐버렸구나!
☐ **be a complete disaster** 완전히 망치다	I know this night has been **a complete disaster**. 오늘밤은 정말 완전히 망쳐버렸네.
☐ **be a basket case** 완전히 망친 상태	My mother is missing and my father's **a basket case**. 엄만 실종되고 아빤 폐인이야.
☐ **bomb** 망치다, 실패하다	I can't go home after I **bombed** the exam. 시험을 망치고서 집에 갈 수가 없어.
☐ **be one's mistake** …의 실수이다	This **is my mistake**, not yours. 이건 내 실수야, 네 실수는 아냐.
☐ **My mistake** 내 잘못이야	Oh, **my mistake**. Carry on. 어, 내 잘못이야. 계속해.
☐ **My bad** 내 잘못이야	**My bad.** I couldn't help myself. 내 잘못이야. 나도 어쩔 수가 없었어.
☐ **be one's fault** …의 실수이다	Listen to me. This **is not your fault**. 내 말 들어. 이건 네 실수가 아냐.

Gale: Using drugs **ruined my brother's life**. 마약복용으로 내 형의 인생이 망쳤어.
Brenda: He looked like **a wreck** when I saw him. 봤을 때 완전히 폐인같았어.
Gale: It **is all his fault** for starting them. 마약시작한 건 전적으로 자기 잘못이지.
Brenda: His life is **a complete disaster**. 인생 종쳤겠다.
Gale: How did he **cock** everything **up** so badly? 어떻게 모든 걸 그렇게 심하게 망쳐버렸대?

~ 꼭 분위기깨는 사람은~

043 She crashed the party!
걔가 파티 흥을 다 망쳐놨어!

망치는 것도 나름인데, 이번엔 즐건 파티나 흥깨는 것을 말하는 표현들을 정리해본다. 일단 spoil 다음에 즐거운 파티나 흥(fun)을 넣으면 되거나 killjoy 혹은 buzz-kill을 사용한다. 특히 파티깨는 건 party pooper, crash the party라 하면 된다.

12문장으로 미드영어 후다닥 끝내기

- **spoil the surprise** 깜짝 파티를 망치다
  You don't wanna spoil the surprise.
  너 깜짝 파티 망치면 안돼.

- **spoil the fun** 흥을 깨다
  If you invite Susie, she'll spoil the fun.
  네가 수지를 초대하면 걔가 흥을 다 깰거야.
  And spoil the fun? No way.
  그리고 흥을 깬다고? 절대 안되지.

- **put a damper on** 흥을 깨다
  Your father just put a damper on our plans.
  네 아버지가 우리 계획들을 망쳐놨어.

- **killjoy** 흥을 깨는 거
  You know, I don't mean to be a killjoy.
  저 말이야, 난 흥을 깨려는 건 아냐.

- **be a wet blanket** 분위기깨다(throw a wet blanket)
  You're kind of a wet blanket since you quit smoking.
  너 담배 끊은 이후에 좀 분위기를 깨더라.

- **buzz-kill** 분위기깨는
  Why do you have to be such a buzz kill?
  너 왜 그렇게 분위기를 깨어야 돼?

- **rain on one's parade** 분위기 망치다
  Go ahead, Lisa, rain on my parade.
  리자야 맘대로해, 나한테 재뿌리라고.

- **party pooper** 흥을 깨는 사람
  Are you going to be a party pooper?
  너 분위기를 깰거야?

- **crash the party** 파티를 망치다
  Melisa crashed the party again.
  멜리사가 파티를 또 망쳤어.

- **be the life of the party** 활력소이다
  Oh, honey, you're always the life of the party.
  자기야, 넌 정말 늘 파티의 활력소야.

미드 Situation

Jasmine: You **spoiled the surprise birthday party** for Dave. 네가 데이브를 위한 깜짝파티를 망쳤어.
Wilson: I just wanted to **put a damper on** the craziness. 난 단지 요란법석떠는 걸 피하고 싶었어.
Jasmine: Why do you have to be such a **buzz-kill**? 너는 왜 그렇게 흥을 깨야만 되는거야?
Wilson: I didn't mean to **rain on anyone's parade**. 누구의 흥도 깰려는 것이 아니었어.
Jasmine: Wilson, you're a real **wet blanke**t. 윌슨, 넌 정말 분위기 깨는 사람야.

044 You're making a mistake.
너 지금 실수하는거야.

누구나 실수는 하기 마련

실수하다는 쉬운 표현들이 많은데 make a mistake가 대표적. 그밖에 slip up, drop the ball 등이 있다. 하지만 사람들은 저지른 실수를 숨기기(cover one's mistake)에 급급하고 실수에 대한 보상을 하는(pay for one's mistake) 경우는 드물다.

12문장으로 미드영어 후다닥 끝내기

☐ **make a mistake (of ~ing)** …하는 실수를 하다	You're making a mistake. 너 실수하는거야. I've made a lot of mistakes. 난 많은 실수를 했어.
☐ **be mistaken** 틀리다	You are mistaken about my identity. 넌 내 신원에 대해 잘못 알고 있어.
☐ **be a mistake to~** 하면 …하는 것은 잘못이다	It was a mistake to let you in the OR 너를 응급실에 넣은 것은 잘못였어.
☐ **cover one's mistake** 실수를 숨기다	She used some legal trickery to cover her mistakes. 걔는 자기 실수를 숨기기 위해 합법적인 속임수를 썼어.
☐ **pay for one's mistake** 자기 실수에 대해 보상하다	Some rich people never pay for their mistakes. 일부 부자들은 절대로 자기 실수에 대한 대가를 치르지 않아.
☐ **catch one's mistake** 실수를 잡아내다	She's here to catch our mistakes. 그 여자는 우리의 실수들을 잡아내기 위해 여기 왔어.
☐ **go down the wrong path** 실수하다	We want to make sure our kids don't go down the wrong path. 우리 아이들이 실수하지 않도록 확실히 하고 싶어요.
☐ **slip up** 부주의로 실수하다	She's never slipped up like this before. 걔는 전에 이와 같은 실수를 절대로 저지른 적이 없어.
☐ **go wrong** 실수하다, 잘못하다	Then what went wrong with Vicky? 그럼 비키에게 뭐가 잘못된 것이야?
☐ **boo-boo** 바보같은 실수	I made a little boo-boo, but I'll fix it. 내가 바보 같은 실수를 했지만 내가 바로 잡을거야.
☐ **drop the ball** 실수하다(make a serious mistake)	Clearly, you dropped the ball. 분명히 네가 실수했어.
☐ **the fat is in the fire** 큰 실수하다, 무사하지 못하다	Let's see what happens now that the fat's in the fire. 큰 실수를 한 이상 앞으로 어떻게 될지 두고보자.

Judah: You **made a mistake** getting into that fight. 그 싸움에 말려든 건 잘못한거야.
Ruth: I guess I **slipped up**, right? 내가 실수한 것 같아, 그지?
Judah: Yes, you totally **dropped the ball**. 어, 네가 큰 실수를 한거야.
Ruth: Will I end up **paying for my mistake**? 그 대가를 치르게 될까?
Judah: Oh yeah. **The fat's in the fire now.** 어 그래, 큰 실수를 했잖아.

성공과 실패(Success & Failure)

실수하면 곤경에 처해

045 You have a problem with it?
너 그거에 불만있어?

문제가 없으면 얼마나 좋으랴. 다들 얼굴이 다르듯 생각이 다르기 때문에 have a problem이 되고 그러다보니 have trouble with하게 되고 결국 be in trouble하게 된다. 비유적으로 be in hot water, open up a can of worms라 한다.

12문장으로 미드영어 후다닥 끝내기

□ **get[be] in trouble** 곤경에 처하다	**Am I going to get in trouble?** 내가 곤란에 처하게 될까?
□ **have trouble with[~ing]** …에 어려움을 겪다	**I have some trouble with sleeping.** 나 수면에 좀 문제가 있어. **I have trouble keeping up with her.** 걔를 따라잡는게 어려워.
□ **have a hard time (in) ~ing** …하느라 어려움을 겪다	**You're having a hard time without your dad, aren't you?** 네 아빠없이 어려움을 겪고 있구나, 그지 않아?
□ **go through a hard time** 어려움을 겪다	**She is definitely going through a hard time right now.** 걔는 분명 지금 어려운 시기를 보내고 있을거야.
□ **have[got] a problem** 문제가 있다	**It sounds like you have already got a problem.** 넌 이미 문제가 있었던 것 같아.
□ **have[got] a problem with (A ~ing)** …에 문제가 있다	**You have a problem with it?** 거기에 뭐 문제있어?, 그거 뭐 불만있어? **Would you have a problem with me staying for dinner?** 내가 남아서 저녁먹는데 뭐 문제있겠어?
□ **be hard hit** 어려움을 겪다	**Everyone was hit hard by the tornado.** 모든 사람들이 토네이도 때문에 곤경에 빠졌어.
□ **take sth hard** 힘들어하다	**I know, I took it hard too.** 알아, 나도 역시 몹시 힘들었어.
□ **be up to one's ass** 곤경에 처하다	**Oh, I'm up to my ass in alligators.** 어, 악어들 때문에 곤경에 처했어.
□ **be in hot water** 큰일나다	**She's in hot water for stealing some shoes.** 걘 구두 몇 개 훔쳐서 큰 곤경에 빠졌어.
□ **open up a can of worms** 골치아픈 일을 야기하다	**How would that open up a can of worms?** 그게 어떻게 골치아픈 문제를 야기하겠어?

Andy: Has Ellen **got a problem with** her husband? 엘렌은 남편과 문제가 있어?
Bessie: They **are up to their ass in** problems. 걔네들은 여러문제들로 어려움에 처해있어.
Andy: She looks like she's **going through a hard time**. 걘 힘든 시기를 보내는 것 같아.
Bessie: I'm going to ask her how she **got in trouble**. 어떤 어려움인지 내가 물어볼게.
Andy: No! Don't **open up that can of worms**! 그러지마! 괜히 골치아픈 문제를 야기하지 말라고!

문제가 어디 한두가지랴…

046 I don't wanna get a snag.
난 예상치 못한 문제가 생기는 걸 원치않아.

문제가 있다는 have a problem 외에 슬랭으로 hit a snag, have a few scrapes with 등이 쓰이고 이렇게 해서 곤경에 빠지는 것은 be in for, kick sb in the teeth 등의 표현을 쓴다. 진짜 생소한, 우리가 쉽게 이해하기엔 문제있는 표현이지요…

 12문장으로 미드영어 후다닥 끝내기

☐ **be in for** 곤경에 빠지다, 혼나다	You **are in for** a severe penalty. 넌 심한 처벌을 당할거야.
☐ **run[go] deep** (상황, 문제) 심각하다	You know things **go deeper** than we expected. 상황이 예상보다 심각하다는 걸 알지.
☐ **be brewing** 문제가 생기다	Trouble **is brewing** in the Smith family. 문제가 스미스 가족내에서 생기고 있어.
☐ **hit a snag** 뜻밖의 문제가 생기다	The plan to go to Florida **hit a snag**. 플로리다로 가려는 계획은 뜻밖의 문제에 부딪혔어.
☐ **get a snag** 예상치 못한 문제가 생기다	Sandra **got a snag** on her new dress. 샌드라는 새로운 드레스에 예기치 못한 문제가 생겼어.
☐ **the only snag is that~** 예상밖의 문제는 …이다	**The only snag is that** we don't have enough money. 예기치 못한 문제는 우리에게 돈이 충분하지 않다는거야.
☐ **a bitter pill to swallow** 힘든 일을 겪다	His cheating is **a bitter pill to swallow**. 걔의 사기는 견디기 힘든 일이야.
☐ **be on dangerous ground** 곤란에 빠지다	Be careful pal, you're **on dangerous ground**. 친구야, 조심해. 넌 곤란한 지경에 빠졌어.
☐ **kick in the teeth** 낭패에 빠지다(a kick in the teeth)	Our boss's **getting kicked in the teeth** instead of us. 우리 사장님은 우리 대신에 낭패에 빠지셨어.
☐ **have a rough[bumpy] ride** 어려움을 겪다	They both **had a rough ride** since moving. 걔네들은 둘 다 이사후에 어려움을 겪고 있어.
☐ **get into~scrapes** 곤란한 상황에 빠지다	Cary **gets into small scrapes** in her classes. 캐리는 수업시간에 곤란한 상황에 빠졌어.
☐ **have a few scrapes with** 문제가 좀 있다	I'll admit I **had a few scrapes with** the law. 난 법에 좀 문제가 있었다는 걸 인정할게.

Ronald: There's trouble **brewing** in the government. 정부내에 문제가 생기고 있어.
Nancy: The politicians' feelings **run deep**. 정치가들의 감정이 심각해.
Ronald: Our whole country **is on dangerous ground**. 우리 전 나라가 위험한 지경에 다다랐어.
Nancy: We've **had a few scrapes** like this before. 우린 전에도 이런 문제가 좀 있었어.
Ronald: It's going to **be a bumpy ride** for us in the future. 미래에 우리가 어려움을 겪을거야.

성공과 실패(Success & Failure)

047 We're in deep shit.
진퇴양난에 빠진

우리는 정말 힘든 상황에 처했어.

이번에는 곤경이기는 하지만 좀 심각한 곤경에 빠진 경우의 표현들을 살펴보자. hit bottom을 위시하여 be in a deep shit, 그리고 진퇴양난에 빠지다라는 표현들 몇개를 함께 익혀보도록 한다.

12문장으로 미드영어 후다닥 끝내기

- [ ] **caught[stuck] between a rock and a hard place** 진퇴양난에 빠진
  We find ourselves between a rock and a hard place.
  우리는 우리들 자신이 진퇴양난에 빠져있다는 걸 알았어.

- [ ] **be behind the eight ball** 어려운 상황에 빠지다
  The suspect is behind the eight ball now.
  그 용의자는 지금 이러지도 저러지도 못하는 상황에 빠져있어.

- [ ] **between the devil and the deep blue sea** 진퇴양난에 빠진
  This leaves us between the devil and the deep blue sea. 이렇게 되면 우리는 진퇴양난에 빠지게 돼.

- [ ] **be on the horns of a dilemma** 진퇴양난에 빠지다
  We are on the horns of a new dilemma.
  우리는 새로운 진퇴양난에 빠졌어.

- [ ] **paint oneself into a corner** 곤란한 상황에 빠지다
  Don't lie and paint yourself into a corner.
  누워서 자승자박하지 말라고.

- [ ] **get sb tied in knots** 곤경에 빠트리다(tie oneself (up) in knots 곤경에 빠지다)
  This feud has everyone tied in knots.
  이런 불화는 모든 사람들을 곤경에 빠트리고 있어.

- [ ] **hit the wall** 어려운 난관에 부딪히다
  He hit the wall after staying awake for 20 hours.
  걘 20시간동안 잠을 자지 않더니 한계에 부딪혔어.

- [ ] **be in a bind[fix]** 곤경에 빠지다
  Since borrowing the money, Vinny has been in a bind. 돈을 빌린 이후에 비니는 곤경에 빠졌어.

- [ ] **be in deep shit** 곤경에 처하다
  Oh my God, we are in deep shit now.
  맙소사, 우리는 이제 곤경에 처했어.

- [ ] **be in a hole** 어려운 상황에 처하다
  If you lose this card game, you are in a hole.
  이 카드게임지면, 넌 어려운 상황에 처하게 돼.

- [ ] **hit bottom** 최악의 상태를 맞다
  Gina hit rock bottom after her divorce.
  지나는 이혼 후에 최악의 상태에 처했어.

미드 Situation

Diane: I'm all tied in knots these days. 난 요즘에 완전히 곤경에 처했어.
Steve: Have you painted yourself into a corner? 스스로 그렇게 만든거야?
Diane: I'm in the hole for $200,000. 20만 달러 적자야.
Steve: Wow! You are in deep shit! 와! 너 정말 엿됐네!
Diane: I know. And I haven't even hit bottom yet. 알아. 그리고 아직 최악의 상태도 아냐.

048 You're toast.
너 큰일 났어.

역시 어렵고 힘든 곤경에 처했을 때

계속해서 어렵고 힘든 곤경에 처한 경우로 다 평범하지 않은 표현들. 그나마 쉽게 in a difficult situation, scratch one's head(머리를 긁다) 등이다. 나머지는 좀 어렵지만 미드족이라면 어느 정도 알아두어야 되는 표현들로 그냥 지나치지 말자.

12문장으로 미드영어 후다닥 끝내기

☐ **be up shit creek** 곤경에 처하다	You'll **be up shit creek** if this deal falls through. 이 거래가 성사되지 않으면 넌 곤경에 처하게 될거야.
☐ **be stumped** 난감한 상황에 처하다	The robber **was stumped** when police came to his house. 도둑은 경찰이 자기 집에 오자 난감해했다.
☐ **have one's back against [to] the wall** 곤란한 상황에 처하다	I'm most dangerous when I **have my back against the wall**. 빠져나갈 구멍이 없을 때는 난 아주 험악해져.
☐ **be toast** 큰일나다	You**'re toast** if you try to fight him. 네가 걔랑 싸우려고 하면 넌 큰일나.
☐ **hit a reef** 난관에 부딪히다	Our ship of plenty **has hit a reef**. 돈이 남아돌던 우리가 이제 돈이 부족한 문제에 직면했어.
☐ **crawl into a hole** 곤경에 처해 쥐구멍이라도 들어가다	I just want to **crawl into a hole** and die. 난 걍 쥐구멍에라도 들어가 죽고 싶어.
☐ **be in a little bit of a pickle** 곤란에 처하다	The prisoner **is in a little bit of a pickle**. 그 죄수는 좀 난처한 상황에 처했어.
☐ **in a tight spot** 궁지에 몰린	The unexpected pregnancy has Cher **in a tough spot**. 쉐어는 예상못한 임신으로 곤경에 처했어.
☐ **scratch one's head** 곤혹스러워하다	I just **scratch my head** when I see how he lives. 걔가 어떻게 사는지 볼 때 난 참 곤혹스러워.
☐ **be in a difficult situation** 어려운 상황에 처하다	We**'re** both **in difficult situations**. 우리 둘 다 어려운 상황에 처했어.
☐ **be in the doghouse** 난처한 상황이다	Larry **was in the doghouse** after getting drunk in public. 래리는 사람들 많은데서 취해서 난처한 상황에 처했어.
☐ **to hell and back** 어려운 상황에서 고생하다	I went **to hell and back** trying to make her happy. 난 걔를 행복하게 해줄려고 죽을 고생까지 했어.

미드 Situation

Lennie: Mark **is in the doghouse** with his wife. 마크는 아내에게 찬밥신세야.
Mindy: Why **is** he **in a difficult situation** now? 왜 걔가 지금 어려운 상황에 있는거야?
Lennie: He spent all their money. He**'s up shit creek**. 걔가 돈을 다 써버렸고 곤경에 처한거야.
Mindy: I **scratch my head** at the way he behaves. 걔 행동하는거 보니 난감하구만.
Lennie: Yep. He**'s** always **in a tight spot**. 그래. 걘 항상 궁지에 몰려 있어.

다른 사람을 곤경에 빠트리다

049 Welcome to my world.
같은 처지가 됐네 그랴.

이번에는 자기가 아니라 다른 사람을 곤경에 처하게 만드는 것으로 give~ a hard time, get ~in trouble이 대표표현. 또한 상대가 나처럼 별로 안좋은 상황에 처했을 때는 좀 코믹하게 Join the club, Welcome to my world라고 하면 된다.

12문장으로 미드영어 후다닥 끝내기

- **give ~ a hard time** 힘들게 하다
  Sam had a record, so the judge gave him a hard time. 샘은 전과가 있었어, 그래서 판사는 걔에게 힘들게 했지.

- **get sb in(to) trouble** 곤경에 처하게 하다
  You trying to get me in trouble? 너 나를 곤경에 처하게 하려는거야?

- **get sb into a mess** 어려운 상황에 빠지게 하다
  You always get me into some kind of mess. 넌 늘상 나를 어려운 상황에 빠지게 하더라.

- **put sb on the spot** 난처하게 만들다
  I didn't mean to put you on the spot. 난 너를 난처하게 만들려고 했던게 아냐.

- **pull the rug out from under~** 곤란하게 하다
  The verdict pulled the rug out from under the family. 그 평결로 가족은 곤란한 지경에 처해졌어.

- **have[get] sb over a barrel** 궁지에 몰아넣다
  The lawyer had him over a barrel, so he paid him. 그 변호사는 걔를 곤경에 몰아넣었고 그래서 걘 돈을 지불했어.

- **drop sb in it** 곤란하게 하다
  You can't just cause a problem and drop me in it. 그냥 문제를 일으키고 날 난처하게 만들면 안되지.

- **come to sticky end** 곤란하게 되다
  The whole crisis came to a sticky end. 전반적인 위기가 안좋게 끝났어.

- **be in the same boat[difficult]** 같은 처지에 놓이다
  I mean, we're kind of in the same boat. 내 말은, 우리는 좀 같은 처지에 놓여 있다는거지.

- **join the club** 같은 처지이다
  Join the club. Someone broke into my house too. 나랑 같은 처지네. 나도 어떤 놈이 우리 집에 침입했어.

- **welcome to the club** 같은 처지이다
  It's very common. Welcome to the club. 그건 매우 흔한 일이야. 나랑 같은 처지가 됐네.

- **Welcome to my world[life]** (유머) 나와 같은 처지가 된 걸 환영해
  Welcome to my world. Ben had this all planned. 같은 처지가 됐네. 벤이 이걸 모두 계획한거야.

 미드 Situation

Jenny: Don't **give** me **a hard time**. 나 좀 힘들게 하지마.
Bart: But you **got** me **into a big mess**. 하지만 네가 나를 진짜 곤경에 빠트렸잖아.
Jenny: **Welcome to the club.** You cause trouble for me too.
  같은 처지구만, 너도 내게 문제를 일으켰잖아.
Bart: It's your problem. You can't **drop** me **into** it. 그건 네 문제야, 그 때문에 날 힘들게 하면 안되지.
Jenny: It's all going to **come to a sticky end** anyway. 어쨌든 그건 다 안좋게 끝나게 될거야.

Chapter 5

곤경에 빠트리고 구해주고

050 You stay out of trouble.
너 말썽 피지 마라.

곤경에서 구해내는 것은 반대로 get sb out of trouble, pull sb out of the fire 등으로 하면 되고 어찌됐건 곤경에서 벗어나는 것은 get off the hook, tough it out, 그리고 stay the course 등의 표현으로 쓴다.

 12문장으로 미드영어 후다닥 끝내기

save the day 어려움에서 벗어나다	That was me! I **saved the day**! 그건 나였어! 난 어려움에서 벗어났어!
be[get] off the hook 곤경에서 벗어나다	You were totally **off the hook**. 넌 완전히 곤경에서 벗어난거야.
let[get] sb off the hook 어려움에서 벗어나게 해주다	Can you **let** her **off the hook**, for God's sakes? 갤 어려움에서 벗어나게 해줄 수 있어, 제발?
rise to occasion 곤경에 대처하여 잘 헤쳐나가다	When times get tough, Joe **rises to the occasion**. 상황이 힘들어지면 조는 잘 헤쳐나가.
spare sb the trouble[difficult] of ~ing 어려움을 덜어주다	It will **spare the police the trouble of** coming here. 그건 경찰이 여기 오는 수고를 덜어주게 될거야.
get sb out of trouble 곤경에서 구해내다	Who else is gonna **get** you **out of trouble**? 다른 누가 널 곤경에서 구해줄거야?
stay out of trouble 말썽피지 않다, 문젯거리에 휘말리지 않다	Dan is a very good student who **stayed out of trouble**. 댄은 매우 똑똑한 학생이어서 문젯거리에 휘말리지 않았어.
keep sb out of trouble 곤경에 휘말리지 않게 하다, 안전하게 하다	Don't worry about them kids. I'll **keep** 'em **out of trouble**. 아이들은 걱정마. 내가 아무 일 없도록 할게.
pull~ out of the fire 곤경에서 구해내다	**Pull** your feet **out of the fire** before it's too late. 너무 늦지 않게 곤경에서 빨리 빠져나와.
get sb over the hump 어려움에서 구해내다	The fighting **got** you **over the hump**. 싸움은 너를 힘든 상황에서 구해냈지.
tough it out 어려움을 이겨내다	Can you **tough** it **out** for the rest of the week? 넌 남은 주 동안에 어려움을 이겨낼 수 있어?
stay the course 어려움을 헤쳐나가다, 끝까지 잘 버티다	The nation must **stay the course**. 그 국가는 어려움을 헤쳐나가야 돼.

Alex: My lawyer really **saved the day** for me. 내 변호사가 정말 날 구해줬어.
Nadia: How did he **get** you **off the hook**? 어떻게 널 곤경에서 벗어나게 해줬어?
Alex: He just **stayed the course** during the trial. 재판하면서 끝까지 잘 버텼어.
Nadia: Are you going to **stay out of trouble** from now on? 이제부터는 어려움 없는거지?
Alex: Yeah, I've totally **pulled my feet out of the fire**. 어, 난 완전히 곤경에서 빠져나온거야.

실패가 눈앞에 보일 때

051 It went down the drain.
그건 수포로 돌아갔어.

노력을 해도해도 안되고 계획등이 수포로 돌아가고(go up in smoke, go down the drain) 가망이 없어보이는(be beyond hope) 경우에 쓰는 표현들. 특히 There goes+sth의 형태가 …가 다 틀렸다라는 의미로 쓰인다는 점에 깜놀해보자.

12문장으로 미드영어 후다닥 끝내기

- **go up in smoke** 계획 등이 수포로 돌아가다
  All of those plans just **went up in smoke**.
  이 계획들 모두가 그냥 수포로 돌아갔어.

- **flop** 인기를 얻지 못하다, 흥행에 실패하다
  The movie cost a lot to make, but it **flopped**.
  그 영화 제작비는 엄청 들었는데 흥행에는 실패했어.

- **go down the drain** 수포로 돌아가다
  The money from the loan **went down the drain**.
  대출받은 돈이 아무 소용없게 됐어.

  The boss said it **went** totally **down the train**.
  사장은 그게 다 수포로 돌아갔다고 말했어.

- **go to waste** 허사가 되다
  Shame to see so much work **go to waste**.
  그렇게 많은 일이 허사가 되는 걸 보니 안타깝네.

- **be on the ragged edge** 망하기 직전이다
  John's life **is on the ragged edge**.
  존의 인생은 망하기 직전이야.

- **be beyond hope** 가망이 없다
  I'm sorry, but the patient **is beyond hope**.
  미안, 하지만 그 환자는 가망이 없어.

- **be dead in the water** 가망이 없다
  The shopping mall proposal **is dead in the water**.
  그 쇼핑몰 제안은 별 가망이 없어.

- **There goes~** …는 다 틀렸다, 끝장나다
  There goes your theory, Pan. Good try, though.
  팬, 네 이론은 다 틀렸어. 그래도 시도는 좋았어.

- **recipe for disaster** 재앙의 도화선
  Inviting a felon was a **recipe for disaster**.
  흉악범을 초대한 것은 재앙의 도화선이 되었어.

- **wind up ~ing** 결국 …하게 되다
  You're going to **wind up** alone.
  넌 결국 외톨이가 될거야.

 미드 Situation

Sherry: My birthday party **was a disaster**. 내 생일파티는 완전 재앙이었어.
Hazel: I hate to see all that food **go to waste**. 그 모든 음식을 날린 게 너무 괴롭네.
Sherry: I think most of it **is beyond hope**. 대부분은 못 건질거야.
Hazel: Serving all that whiskey was a **recipe for disaster**. 그 위스키를 접대한게 재앙을 유발했지.
Sherry: **It was dead in the water** when everyone got drunk. 다들 취했을 때 가망이 없었지.

Chapter 5

결국은 실패하거나 뭔가 엉망일 때

052 Bedroom's a bust.
침실은 아주 엉망이야.

그나마 fall through, come apart가 평이한 표현이며 다른 표현들은 꽤 난이도가 있는 실패 표현들. go to pot, be a bust, 그리고 go straight to hell 등을 눈여겨보자.

12문장으로 미드영어 후다닥 끝내기

☐ **fall through** 계획이나 일정 등이 실패로 끝나다	Did your rental contract **fall through**? 임대 계약이 잘 안됐어?
☐ **come apart** 실패하다, 계획이 어긋나다	The plan to visit New York City **came apart**. 뉴욕을 방문하는 계획이 어긋났어.
☐ **come apart at the seams** 무너지다, 망가지다	Their one-year-old marriage **came apart at the seams**. 걔네들의 일년짜리 결혼은 산산조각났어.
☐ **go to the dogs** 망하다, 악화되다, 엉망이 되다	Terry **went to the dogs** after turning sixty. 테리는 60세가 된 후에 엉망이 됐어.
☐ **go to pot** 망하다, 엉망이 되다	The old mansion **has** really **gone to pot**. 그 낡은 저택은 정말 엉망이 됐어.
☐ **miss the mark** 실패하다	It was a good try, but it **missed the mark**. 시도는 좋았지만 실패했어.
☐ **crap out (on sb)** (기계작동) 실패하다, 실망시키다	The car **crapped out on** me again today. 자동차가 오늘 또 날 엿먹였어.
☐ **stay afloat** 망하지 않고 계속 사업하다	Your business can't **stay afloat** until December. 네 사업은 12월까지 계속 유지할 수 없을거야.
☐ **be a bust** 실패하다(go bust 망하다)	The whole convention **was a bust**. 컨벤션 전체가 완전 실패였어.
☐ **go under** 실패하다	Most restaurants **go under** within 12 months. 대다수 식당들은 일년 안에 문을 닫아.
☐ **be shooting blanks** 목표달성에 실패하다	Casey tried to succeed, but he **shot blanks** all night. 케이시는 성공하려고 했지만 밤새 헛탕만 쳤어.
☐ **go straight to hell** 실패하다	If I didn't change, I'd **be going straight to hell**. 내가 변하지 않는다면 난 실패하게 될거야.

미드 Situation

Marion: How did your vacation plans **come apart**? 어쩌다 네 휴가계획이 어긋난거야?
Crystal: First, my hotel reservations **fell through**. 먼저, 호텔예약이 되질 않았어.
Marion: Did your dinner plans **crap out** too? 저녁식사 계획도 망친거야?
Crystal: They **were a total bust**. It was horrible. 완전 망쳤어. 끔찍했어.
Marion: Sounds like everything **went straight to hell**. 만사가 다 엉망이 된 것 같으네.

능력이 없거나 운이 없거나

053 When did it hit the skids?
그게 언제 실패로 끝이난거야?

다시한번 실패에 관한 표현들을 살펴보는데 botched란 형용사가 많이 쓰이며, 완전히 끝났다고 할 때는 be history, be dead and buried라고 한다. 이런 불운은 tough break.

12문장으로 미드영어 후다닥 끝내기

☐ **tough break** 실패, 불운	The car accident was a **tough break** for Erin. 그 자동차 사고는 에린에게는 불운이었어.
☐ **hit[reach] rock bottom** 바닥을 치다	We've both **hit rock bottom**. 우린 둘 다 바닥을 쳤어.
☐ **hit the skids[buffers]** 실패하다	He was a popular actor before his career **hit the skids**. 걘 경력이 실패할 때까지 유명한 배우였어.
☐ **(It'll all) end in tears** 낭패볼 것이다	This fantastic romance will **end in tears**. 이 환상적인 로맨스는 슬픔으로 끝나게 될거야.
☐ **botched** 실패한	Police think it was a **botched** robbery. 경찰은 그건 실패한 도둑질이었다고 생각해.
☐ **be one's undoing** 실패의 원인이다	Rob's affair with his secretary **was his undoing**. 랍이 비서와 저지른 불륜은 실패의 원인이었어.
☐ **go to the wall** 자금부족으로 실패하다	My company finally **went to the wall**. 내 회사가 결국 파산했어.
*go to the wall for 최선을 다하다(do as much as is possible)	I'm sure my buddies would **go to the wall for** me. 내 친구들이 나를 위해 가능한 최선을 다할거라 확신해.
☐ **a train wreck** 완전실패	My mom's kind of **a train wreck**. 내 엄마는 좀 실패한 사람이야.
☐ **be history** 끝장나다	After you went all the way, you **were history**. 네가 갈데까지 간 다음, 넌 잊혀졌어.
☐ **be dead and buried** 완전히 끝장나다	I have to convince them that Sean **is dead and buried**. 난 션이 완전히 끝장났다고 걔들을 설득해야 돼.

Dwight: I told you that Jill's romance would **end in tears**. 질의 로맨스는 슬프게 끝날거라 말했잖아.
Jean: It did. It was really a **tough break**. 그랬지. 정말 운이 안좋았어.
Dwight: When did it **hit the skids**? 언제 끝난거야?
Jean: It was **a train wreck** from the very beginning. 처음부터 가능성이 없었어.
Dwight: I hope the break up **isn't her undoing**. 헤어진 게 걔의 잘못이 아니길 바래.

054 That's the way it is.
사는게 다 그렇지 뭐.

세상은 그런 것이다라고 위로하기

사람이 이렇게 불행을 당하고 곤경에 처했을 때는 다 사는게 그런 거라고 위로하거나 누구든지 다 그럴 수 있다(It could happen~)라고 어깨를 또닥거리면서 그래서 삶은 계속 되어야 한다(Life goes on)고 힘을 실어주어야 한다.

12문장으로 미드영어 후다닥 끝내기

- **That's the way it is** 사는게 다 그렇지 뭐
  It's not my call. **It's the way it is**, Tom.
  내가 결정하는게 아냐. 원래 세상이 그래, 탐.

- **(It's) The way things are** 일이란게 다 그래
  No one likes it, but **it's the way things are**.
  아무도 그걸 좋아하지 않지만 일이라는 게 다 그렇잖아.

- **That's the way the cookie crumbles** 사는 게 다 그렇지
  Well, **that's the way the cookie crumbles**, Heather.
  저기, 헤더야, 사는 게 다 그런거란다.

- **That's the way it goes** 세상사가 다 그래
  But **that's the way it goes**, I guess.
  하지만 세상사가 다 그렇지 뭐.

- **That's the way the mop flops** 인생이 그래
  Forget it. **That's the way the mop flops**.
  잊어버려. 세상 일이 다 그렇지.

- **It could happen (to)~** 그럴 수도 있어
  Just let it go. **It could happen to** anyone.
  그냥 잊어버려. 누구에게도 일어날 수 있일이야.

- **It[That] happens (to sb)~** 그럴 수도 있지
  I'm sure **that happens to** you a lot.
  너한테 많이 그럴 수도 있다고 확실해.

- **You'll be laughing** 다 잘 될거야
  You'll be laughing when you hear the story.
  넌 이야기를 들으면 웃게 될거야.

- **Shit happens** 살다보면 재수없는 일도 생기기마련야
  So the computer is broken. **Shit happens**.
  그래 컴퓨터가 나갔어. 엿 같은 일도 생기는 일이지 뭐.

- **That's life** 사는 게 다 그래(That's the life 부럽다??)
  That's life. You'll never change the world.
  사는 게 그렇지. 넌 세상을 절대 바꿀 수 없어.

- **Life goes on** 삶은 계속 되야지
  Life goes on, right?
  그래도 살아야지, 맞지?

- **not be alone** 너만 그런게 아냐
  Helen is broke, but she'**s not alone**.
  헬렌은 무일푼인데 걔만 그런게 아냐.

Scott: I'm totally broke, and **that's the way it goes**. 완전 빈털터리야, 세상이 그래.
Liz: Don't feel bad. **It happens** sometimes. 낙담하지마. 가끔 그렇지.
Scott: I'm sure that I'**m not alone**. 나만 그런 것 아니겠지.
Liz: Absolutely not. **Shit happens**. 당근 아니지. 안 좋은 일은 생겨나는 법이잖아.
Scott: Yeah, **life goes on**. I won't get too stressed.
그래, 그래도 삶은 계속 되야지. 너무 스트레스를 받지 않을거야.

성공과 실패(Success & Failure) 199

본격적으로 위로해주기

055 It's just a phase.
한때 그러는거야.

이번에는 좀 더 적극적으로 위로하는 표현으로 That's too bad가 가장 대표적인 빈출표현. 우리도 많이 쓰는 것으로 "한때 그러는 거라고" 위로할 때는 It's just a phase라고 하면 된다. 어깨를 기대고 위로해 줄 사람은 a shoulder to cry on.

12문장으로 미드영어 후다닥 끝내기

☐ **know what you're talking about** 그럴만도 해
Sure, we **know what you're talking about**.
물론, 무슨 말이지 이해했어.

☐ **That's too bad** 안됐네
That's too bad for you.
너한테 참 안됐네.

That's too bad. Well, no harm done then, huh?
안됐네. 저기, 그래도 피해본 건 없잖아, 그지?

☐ **a shoulder to cry on** 위로해 줄 사람
Her boyfriend was **a shoulder to cry on**.
걔 남친은 위로해 줄 사람이었어.

☐ **give sb a pep talk** 격려해주다
They **gave** Vicky **a pep talk** when she were depressed. 걔네들은 비키가 낙담해있을 때 격려해주었어.

☐ **be going to be okay** 괜찮아질거야
I think he'**s going to be okay**.
걔는 괜찮아질거라 생각해.

☐ **be a phase** 한때 그러는거야
Sally's into the porn. **It's just a phase.** What could I do? 샐리는 포르노에 빠졌는데 한때 그러는 거지. 내가 어쩔 수 있겠어?

☐ **can't please everybody** 다 만족시켜줄 수는 없지
People are upset, but we **can't please everybody**.
사람들은 화가 났지만 우리는 모두를 만족시켜줄 수는 없어.

☐ **That's tough!** 안됐네
That's tough! What are you going to do about it?
안됐네! 그거 어떻게 할거야?

☐ **better luck next time** 다음 번에 운이 있을거야
It failed, but **better luck next time**.
실패했지만 다음에는 운이 있겠지.

☐ **there's no need to~** …할 필요는 없어
There's no need to blame yourself. Okay?
자책할 필요는 없어. 알았어?

☐ **more's the pity** 불행히도, 정말 안됐네
More's the pity that he never fell in love.
불행히도 걔 절대 사랑을 하지 않아.

미드 Situation
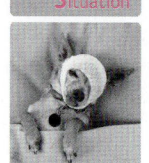

Vickie: **There's no need to** be so upset. 그렇게 화낼 필요없어.
Jack: I **don't know what you're talking about**. 네가 무슨 말을 하는지 모르겠네.
Vickie: Look, you just need **a shoulder to cry on**. 저기, 넌 의지할 사람이 필요한거야.
Jack: **There's no need to** pity me. 날 위로해줄 사람은 없어.
Vickie: Come on now, I'm only here to help. 자, 내가 널 도우려고 온거잖아.

200 Chapter 5

위로를 넘어 기운나게 하기

056 Never say die!
약해빠진 소리는 하지마!

소극적인 위로를 넘어, 처져있는 상대방에게 기운을 북돋아주는 표현들. 기본적인 cheer sb up을 필두로 perk sb up, buck sb up 등이 있으며, Attaboy는 That's my boy라는 뜻으로 잘했다고 격려해주는 표현이다.

12문장으로 미드영어 후다닥 끝내기

- [ ] **never say no**
  절대로 못한다는 말은 하지마라

  Never say no. You might miss an opportunity.
  절대 노라고 말하지마, 기회를 놓칠 수도 있어.

- [ ] **never say die**
  약해빠진 소리하지마

  Try again. Never say die!
  다시 해봐, 약해빠진 소리는 하지말고!

- [ ] **perk sb up**
  기운나게 하다

  A visit from an attractive girl perked me up.
  매력적인 여자의 방문으로 나는 기운이 펄쩍 났어.

- [ ] **cheer (sb) up**
  기운나다, 기운나게하다

  She's in good spirits. Visitors really cheer her up.
  걔 기분이 좋아. 방문객들이 걔한테 기운을 북돋아줬어.

- [ ] **buck sb up**
  격려하다, 용기를 북돋아주다

  It's not easy to buck Steve up.
  스티브를 격려하는 것은 쉽지 않아.

- [ ] **root for**
  응원하다, 편들다

  Now there's a couple you can root for.
  이제 네가 응원할 수 있는 커플이 있어.

- [ ] **keep going**
  계속해

  You're doing great. Keep going.
  너 아주 잘하고 있어. 계속해.

- [ ] **Way to go!**
  잘한다!

  Yes! Way to go, man!
  그래! 잘한다, 친구야!

- [ ] **attaboy(that's the boy)**
  잘한다!(Attagirl= that's the girl)

  Attaboy! So here's what you're gonna do.
  잘했어! 그래 이게 네가 할거란 말이지.

- [ ] **light a fire under sb**
  독려하다

  She wants me to light a fire under him and get him to write. 걔는 내가 그를 독려하여 글을 쓰게 만들기를 원해.

- [ ] **the world is your oyster**
  넌 뭐든지 할 수 있어

  Go out! Really, the world is your oyster.
  가버려! 정말야, 넌 뭐든지 할 수 있어.

Dana: We've got to **light a fire under** Niki. 우리는 니키를 격려해야 돼.
Curtis: She needs someone to **perk** her **up**. 걘 자기에게 용기를 북돋아 줄 사람이 필요해.
Dana: We all **root for** her to feel better. 우리 모두는 걔 기분이 좋아지도록 성원할거야.
Curtis: She needs to realize **the world is her oyster**. 뭐든 할 수 있다는 것을 걔가 깨달아야 돼.
Dana: She'll find a way to **keep going**. 계속 나아가는 길을 찾을거야.

성공과 실패(Success & Failure)

057 Give it a shot!
한번 해봐!

한번 해보라고 등떠밀기

소심하거나 자신감없는 상대방에게 과감하게 한번 해보라고 하는 표현들로 give it a 다음에 try, whirl, shot등을 써서 명령형 문장으로 써도 되고, 또한 give it a shot, go for it, have at it 등 친숙한 표현들이 많은 경우이다.

12문장으로 미드영어 후다닥 끝내기

give it a try[whirl] 한번 해보다	Come on, Chris. Why don't you **give it a try**? 이봐, 크리스. 한번 해봐.
give it a shot 시도해보다(give sb a shot)	**Give it a shot,** man. I'll fill in the blanks. 야, 한번 해봐. 내가 나머지는 메꿀게.
go for it 한번 시도해봐	You **go for it**. I'll step back 네가 한번 해봐. 나는 물러서 있을 테니.
have at it 한번 해봐(have a go at it)	Great, **have at it**. I'm sure you can do it. 좋아, 한번 해봐. 네가 해낼거라 확신해.
Go to it! 한번 해봐!	**Go to it!** We need it finished quickly. 한번 해봐! 우리는 빨리 그걸 끝내야 돼.
I dare you to~ …해봐	**I dare you to** jailbreak Cindy. 네가 신디를 탈옥시켜봐.
I dare you (상대방에게 권유하며) 한번 해봐	Go ahead. **I dare you.** 어서 해봐. 한번 해보라구.
what's the harm? 손해볼 게 뭐가 있냐?	No one will get hurt. **What's the harm?** 아무도 다치지 않을거야. 손해볼게 뭐있어?
There's no harm in ~ing 손해볼 것 없으니 한번 해봐	**There's no harm in** asking her out. 손해볼 것 없으니 걔한테 데이트 신청해봐.
have (got) nothing to lose 손해볼 게 없다	So you**'ve got nothing to lose** this time. 그래 넌 이번에는 손해볼 게 없어.
(It) Doesn't hurt to~ 한번 해봐	**Doesn't hurt to** ask. 물어본다고 어디 덧나냐.
won't hurt sb to~ 한번 해봐	**It won't hurt** him **to** get this job. 이 직장 다녀도 걔한테 손해보는 건 없어.
take the plunge 물에 뛰어들다, 고민끝에 단행하다	If he was gonna **take the plunge**, it was now or never. 걔가 한번 해보기로 했으면, 지금 아니면 영영 못할거야.

Leon: I **dare you to** jump off this bridge. 이 다리에서 뛰어내려봐.
Sarah: **There's no harm in** jumping into the water? 물속에 뛰어내려도 괜찮은거야?
Leon: **It won't hurt** you **to** take the plunge. 물속에 뛰어내려도 손해보는 것 없어.
Sarah: OK, I**'ve got nothing to lose**. 좋아, 난 잃을 것도 없으니.
Leon: That's cool. **Go for it!** 멋져부러. 한번 해봐!

그래서 시도하다

058 Nice try, but no.
시도는 좋았지만, 아냐.

시도해보라는 권유와 독려를 받고 한번 해보는 것으로 처음 시도하면 take the first shot, 될지 안될지 모르겠지만 한번 해보는 것은 have a crack at it이라고 한다. 특히 Nice try!는 칭찬은 칭찬이지만 '시도' 자체만 좋았다는 표현.

12문장으로 미드영어 후다닥 끝내기

- **be worth a try** 시도할 가치가 있다
  I guess it's **worth a try**.
  그게 시도할 가치가 있을거야.

- **have a go at it** 한번 해보다(have at it)
  I decided to **have a go at it**.
  난 한번 해보기로 결정했어.

- **have[take] a shot at~** 시도하다(try to)
  So, you think I've got a **shot at** a second date?
  그래, 내가 다시 데이트할 가능성이 있을 것 같아?

- **take the first shot** 제일 먼저 하다
  Who's gonna **take the first shot**?
  누가 제일 먼저 할거야?

- **nice try** (실패했지만) 시도는 괜찮았어
  Yeah, **nice try**, but you hate your personal life.
  그래, 시도는 좋았지만 넌 너의 개인적인 삶을 싫어하잖아.

- **try one's hand at** 시도하다
  Mike **tried his hand at** pro baseball.
  마이크는 프로농구에 들어가 해보려고 했어.

- **take a whack at~** …을 해보려고 하다, 어떻게든 해보다
  You should **take a whack at** this video game.
  넌 이 비디오 게임을 어떻게든 해봐.

- **have[take] a crack at it** 될지 안될지 모르겠지만 한 번 해보다
  I didn't have time to **take a crack at** it.
  난 그걸 한번 해볼 시간이 없어.

- **in an attempt to** …하려는 시도로(make an attempt to 시도하다)
  I told some jokes **in an attempt to** make Kelly laugh.
  난 켈리를 웃게하려고 농담을 좀 했어.

미드 Situation

Jerome: Is playing the lottery **worth a try**? 로또하는게 가치가 있을까?
Paige: Sure, go ahead and **take a whack at** it. 물론, 어서 가서 한번 해봐.
Jerome: You should **try your hand at** it too. 너도 한번 해봐.
Paige: Why **are** you **having a crack at** the lottery anyway? 어쨌든 될지도 모르는 로또를 왜 하는거야?
Jerome: I'm doing it **in an attempt to** get rich. 부자가 되려고 하는거야.

성공과 실패(Success & Failure) 203

돈벌어야 먹고 살지

059 I don't get paid enough.
나는 돈을 충분히 받지 못하고 있어.

급여를 받거나 돈을 받는 것은 get paid, 생계를 유지하는 것은 make a good living, earn one's keep, 그리고 돈을 번다는 make a money, 횡재할 정도로 돈을 많이 벌 때는 make a killing이라고 한다.

12문장으로 미드영어 후다닥 끝내기

☐	**make a (good) living** 수입이 많다, 생계를 유지하다	How are you planning to **make a living**? 어떻게 해서 생계를 유지할 계획이야?
☐	**make (good) money** 돈을 (많이) 벌다	She's **making good money** working for a friend of mine. 걘 내 친구 밑에서 일하며 돈을 많이 벌어.
☐	**cash in on** 돈을 많이 벌다, 이용하다	I **cashed in on** my popular blog. 나는 유명 블로그를 이용했어.
☐	**make a killing** 횡재하다	He **made a killing** in junk bonds, but lost his shirt in the futures market. 걘 정크본드로 횡재했지만 선물시장에서 쪽박찼어.
☐	**pull in** 돈을 많이 벌다, 끌어모으다(rake in)	How does a girl who makes $1,000 a month **pull in** $20,000? 한달에 천달러를 버는 여자애가 어떻게 2만 달러를 버는거야?
☐	**earn one's keep** 생활비를 벌다	Housecleaning was done to **earn her keep**. 걘 집안 청소를 하면서 생활비를 벌었어.
☐	**earn a dime** 돈을 벌다	It's not easy to **earn a dime** in show biz. 쇼비즈니스 업계에서 돈을 벌기란 쉽지 않아.
☐	**get[be] paid** 돈을 받다, 급여를 받다	We do not **get paid** enough. 우리는 충분한 돈을 받지 못하고 있어.
☐	**take money to make money** 돈놓고 돈먹기	You have to **spend money to make money**, my friend. 친구야, 돈놓고 돈먹기야.
☐	**There's money to be made in~** …로 돈을 벌다	**There's money to be made in** social websites. 소셜 사이트로 돈을 벌 수도 있어.
☐	**life's savings** 평생 모아 갖고 있는 돈	She withdrew all her **savings** from her checking account. 걘 당좌계좌에서 저축해둔 돈을 다 인출했어.

Fran: I need to find a way to **make a good living**. 돈벌이가 좋은 방법을 찾아야 돼.
Susie: You can **earn your keep** in many ways. 넌 여러가지 방법으로 생활비를 벌 수 있어.
Fran: I'd like to **get paid** a lot for my work. 난 내가 한 일로 더 많은 급여를 받고 싶어.
Susie: You can **pull in** a fortune from the stock market. 주식해서 거금을 모을 수도 있지.
Fran: Then I'll invest my **life's savings** there. 그럼 내 저축금액을 주식에 투자해야지.

Chapter 5

벌은 돈 즐겁게 쓰기

060 This shoe cost a fortune.
이 신발 엄청 비싼거야.

뭔가 비싸다고 할 때는 cost a fortune, cost an arm and a leg라고 하고, 돈을 쓴다고 할 때는 pay good money for, push the boat out, shell out 등 다양한 표현들이 있다.

12문장으로 미드영어 후다닥 끝내기

- [ ] **bust**
  돈을 흥청망청 쓰다, 실패
  Investing in the stock market **was a bust**.
  주식시장에 투자하는 것은 실패였어.

- [ ] **cost an arm and a leg**
  엄청난 돈이 들다
  It must've **cost** you **an arm and a leg**.
  엄청난 돈이 들었음에 틀림없어.

- [ ] **cost a fortune**
  큰돈이 들다
  Those necklaces **cost a fortune**.
  저 목걸이들은 사는데 돈이 많이 들었을거야.

- [ ] **pay good money for~**
  …에 많은 돈을 들이다
  I'm **paying good money for** this office.
  난 이 사무실에 돈을 많이 들였어.

- [ ] **push the boat out**
  (행사 등에) 돈을 많이 쓰다
  Just relax and **push the boat out**.
  그냥 쉬면서 돈을 쓰기나 해.

- [ ] **What does it cost?**
  얼마나 들어?
  This handbag is great. **What does it cost?**
  이 핸드백은 정말 멋지다. 얼마 들었어?

- [ ] **How much does it cost to~?**
  (…하는데) 비용이 얼마나 들어?
  How much does it cost to charter a plane?
  비행기를 전세내는데 얼마나 비용이 들어?

- [ ] **throw money down the drain**
  돈을 허비하다, 물쓰듯하다
  Renting that house **is throwing money down the drain**. 저 집을 임대하는 것은 돈을 허비하는거야.

- [ ] **burn a hole in one's pocket**
  돈을 헤프게 낭비하다
  The inheritance **was burning a hole in her pocket**.
  상속받은 재산은 헤프게 낭비되었어.

- [ ] **shell out**
  거금, 큰돈을 쓰다, 지불하다
  You'll have to **shell out** a fortune for that sports car.
  넌 저 스포츠 카를 사려면 거금을 들여야 돼.

- [ ] **shoot one's wad**
  갖고 있는 돈을 다쓰다
  I already **shot my wad** last night.
  난 지난 밤에 갖고 있는 돈을 다썼어.

미드 Situation

Ethyl: I love this car. **What does it cost?** 이 차 맘에 든다. 얼마예요?
Fred: It will **cost** you **an arm and a leg** to buy. 사려면 거금이 들거야.
Ethyl: I'll have to **shell out** for a vehicle anyway. 어쨌든 차사는데 거금을 쓸거야.
Fred: Look, don't **throw your money down the drain.** 이봐, 돈을 너무 허비하지마.
Ethyl: But this money **is burning a hole in my pocket**. 하지만 이 돈은 헤프게 쓰여지네.

성공과 실패(Success & Failure)

빈털터리 되는 건 한 순간

061 He lost his shirt in Vegas.

걘 라스베거스에서 쪽박을 찼어.

be broke는 기본중의 기본 표현이고 미드를 공부하는 사람이라면 be tapped out 정도까지는 알아야 된다. 또한 셔츠까지 털린 정도로 쪽박을 찬 경우에는 lose one's shirt라는 표현을 쓰면 된다.

📺 12문장으로 미드영어 후다닥 끝내기

표현	예문
☐ **be (flat, dead) broke** (완전히) 빈털터리가 되다	I don't give a shit, because I'm broke. 알바 아냐, 난 빈털터리야.
☐ **I don't have any dough** 땡전 한 푼 없어	Can't help you. I don't have any dough. 널 도와줄 수가 없어. 난 땡전 한 푼 없어.
☐ **(be) tapped out** 돈이 바닥난	I am tapped out. How about you? 난 돈이 바닥났어. 넌 어때?
☐ **be not made of money** 돈이 많지 않다	We are not made of money. 우리는 돈이 많지 않아.
☐ **be strapped for cash** 돈이 쪼들리다	The whole country is strapped for cash. 나라 전체가 돈에 쪼들리고 있어.
☐ **not have a cent to one's name** 땡전 한푼 없다	I don't have a cent to my name. 나 땡전 한 푼 없어.
☐ **not a penny** 한 푼도 없어	There was not a penny to be found anywhere. 어디도 동전 한푼도 없었어.
☐ **lose one's shirt** 쪽박차다	My buddy lost his shirt in Vegas. 내 친구는 라스베이거스에서 돈을 다 털렸어.
☐ **can[can't] afford + N** …할 여력이 있다[없다]	We're gonna be able to afford a house. 우리는 집을 구할 수 있을거야.
☐ **be flat[flat broke]** 빈털터리이다	Beggars are often flat broke. 걸인들은 종종 빈털터리지.
☐ **what little money I have** 조금이나마 있는 돈	I'll give you what little money I have. 내가 조금이나마 갖고 있는 돈 네게 줄게.

Lucia: **I don't have any dough left.** 난 한푼도 남아있지 않아.
Brian: You're completely **tapped out**? 너 완전히 빈털터리란 말야?
Lucia: That's right. **I am flat broke.** 맞아. 땡전 한푼 없어.
Brian: Well, we **can't afford to** eat out tonight. 음, 오늘 저녁 외식도 못하겠네.
Lucia: No, but I'll give you **what little money I have.** 응, 하지만 내가 조금이나마 갖고 있는 돈을 줄게.

062 She has money to burn.
걘 돈이 넘쳐나.

돈이 많은 부자다

부자라고 표현할 때는 come from money, be in the money, 그리고 돈이 남아 돈다라고 할 때는 have money to burn, be flush with cash라 한다. 그리고 좀 생소해보이지만 hemorrhage money하면 돈을 많이 쓰다라는 표현.

12문장으로 미드영어 후다닥 끝내기

- **come from money** 부잣집출신이다
  Her new boyfriend **comes from money**.
  걔의 새로운 남친은 부잣집 출신이야.

- **have money to burn** 돈이 많아 남아돌다[썩어나다]
  My parents **have money to burn**.
  내 부모님들은 돈이 남아 돌아.

- **be in the money** 부자다
  We**'re in the money**, we got a lot of money.
  우리는 부자야, 돈이 아주 많아.

- **have (some) deep pockets** 부자다, 돈이 많다
  Well, some of them must **have deep pockets**.
  저기, 걔네들 중 일부는 부자임에 틀림없어.

- **be flush with cash** 일시적으로 돈이 많아지다
  We**'re** not exactly **flush with cash** right now.
  우리는 지금 당장은 돈이 많지 않아.

- **have a lot of money** 돈이 많다
  I know George **had a lot of money**.
  조지가 돈을 많이 갖고 있다는 것 알고 있어.

- **be rolling in money** 돈이 많다[넘쳐나다]
  After the lottery win, they **were rolling in money**.
  로또에 당첨된 후, 걔네들은 돈이 넘쳐났어.

- **rake in** 돈을 긁어모으다
  We**'ve** already **raked in** ten million dollars.
  우린 벌써 천만 달러를 긁어모았어.

- **hemorrhage money** 많은 돈을 쓰다
  We**'re hemorrhaging money** into your bank account.
  우리는 당신 은행에 돈을 많이 넣었어요.

- **play for the money** 돈되는[돈버는] 일만 하다
  It's not good if athletes only **play for the money**.
  운동선수들이 돈만 보고 경기를 한다면 좋지 않아.

Heidy: Chris **comes from money**. 크리스는 부자야.
Allan: I wish I **was in the money** too. 나도 돈이 많았으면 좋을텐데.
Heidy: Well, his parents **have some deep pockets**. 어, 걔 부모님이 아주 돈이 많아.
Allan: Most people around here **are rolling in the money**. 여기 주변 대부분 사람들은 돈이 넘쳐나.
Heidy: It must be nice to **have money to burn**. 돈 남아돌면 정말 좋겠지.

돈을 빌려주고 빌리고

063 I paid my debt.
난 빚을 갚았어.

돈은 없을 때도 있고 있을 때도 있는 법. 없을 때는 빌리고 있을 때는 빌려주면 된다. 은행에서 융자를 받는다는 get a loan, take out a loan이라고 하고 빚을 갚는다는 pay one's debt라고 하면 된다.

 12문장으로 미드영어 후다닥 끝내기

☐ **spare a dime** 한푼주다	Can you **spare a dime**? 한푼 줍쇼?	
☐ **want[get] one's money back** 돈을 돌려받다	We want to **give** you **your money back**. 우리는 네게 네 돈을 돌려주려고.	
☐ **spot sb** 돈빌려달라고 부탁하다	**Spot** Jen a fiver until payday. 젠에게 급여일 때까지 5파운드 빌려달라고 해.	
☐ **come up with the money** 돈을 마련하다	Tom said he couldn't **come up with the money**. 탐은 돈을 마련할 수가 없었다고 말했어.	
☐ **clear a debt[loan]** 빚 청산하다	I went there that night to **clear a debt**. 그날 저녁 난 거기에 가서 빚을 청산했어.	
☐ **take out a loan** 대출받다	You must **take out a loan** to buy a house. 넌 집을 사려면 대출을 받아야 해.	
☐ **get a loan** 융자받다	We went to the mortgage broker to **get a loan**. 우리는 융자를 받으려고 모기지중개인에 갔어.	
☐ **roll over the loans** 빚으로 빚을 갚다, 대출을 연장해주다	The bank **rolled over most of its loans**. 은행은 대부분의 융자를 연장해주었어.	
☐ **hock sth to** 저당 잡히다	The bum **hocked** his class ring. 그 부랑아는 동창회 반지를 저당잡혔어.	
☐ **pay one's debt** 빚을 갚다	**Pay your** debt or I'll hunt you down. 빚갚지 않으면 쫓아갈거야.	
☐ **fall[run, get, go] into debt** 빚에 빠지다	It was bad. She **went into debt**. 안됐어. 걘 빚에 빠졌어.	
☐ **rob Peter to pay Paul** 이쪽 빚으로 저쪽 빚을 갚다	Mom **robbed Peter to pay Paul** quite often. 엄마는 자주 빚을 빚으로 돌려막았어.	

미드 Situation

Tyrone: I'm meeting the banker who made me **fall into debt**. 날 빚지게 만든 은행가를 만날거야.
Betty: I remember he **rolled over your loan**. 걔가 네 대출을 연장해주었지.
Tyrone: That's right. I **want my money back**. 맞어. 난 내 돈을 돌려받고 싶어.
Betty: How are you going to **pay that debt**? 어떻게 그 빚을 갚을건대?
Tyrone: Maybe you can **spot** me **some money**. 네가 돈 좀 빌려주라.

Chapter 5

064 We can't honor your check.
수표를 현금으로 바꿔줄 수 없어요.

은행에서 쓰는 표현들로 미국의 수표는 우리랑 달라서 당좌계좌(checking accounts)에서 수표를 발행하고(draw a check) 수표가 돌아올 때 계좌에 돈이 없으면 다시 돌아가는, 결국 부도수표(bounced check)가 되는 시스템이다.

12문장으로 미드영어 후다닥 끝내기

- **draw a check** 수표를 발행하다
  You can't **draw a check** on this bank.
  당신은 이 은행에서 수표를 발행할 수 없어요.

- **bank + 돈, 수표** …(돈, 수표를) 은행에 예금하다
  I plan to **bank** the entire paycheck.
  난 월급전체를 은행에 예금할 계획이야.

- **checking account** 당좌계좌(잔액 범위내에서 수표발행)
  Have you seen our **checking account** lately? We're broke. 최근 우리 당좌계좌 본적 있어? 돈이 하나도 없던데.

- **bounced check** 부도수표
  A **bounced check** costs you $40.
  수표가 돌아왔는데 40 달러 주시면 돼요.

- **make cash withdrawals** 현금인출하다
  Your dead man **is making cash withdrawals**.
  피살자가 현금 인출을 하고 있어.

- **honor the check** 은행에서 수표를 현금으로 지급하다
  I'm sorry, we can't **honor your check**.
  미안하지만 당신의 수표를 현금으로 지급할 수 없어요.

- **bear interest** 이자가 붙다
  Most of these accounts **bear interest**.
  이 계좌의 대부분은 이자가 붙어.

- **(bank) balance** (은행)잔고나 미수 잔금
  He's got a negative **bank balance**.
  걘 은행잔고가 마이너스야.

- **save one's pennies** 저축하다
  As a young man, Mr. Cho **saved his pennies**.
  젊었을 때, 조 선생은 저축을 했어.

- **put[pour] money into~** …에 돈을 투자하다
  Stop **pouring money into** that old car!
  저 낡은 차에 돈을 퍼붓지 말아!

- **have a stake in (a business)** …에 돈을 투자하다
  Several investors **have a stake in** the business.
  몇몇 투자가들은 사업에 돈을 투자했어.

- **break + money** 돈을 작은 돈으로 바꿔주다
  Can you **break** this?
  잔돈 좀 바꿔줄래요?

- **balance the (check) book** 장부를 결산하다
  Katie could never **balance her check book**.
  케이티는 자기 장부를 결산할 수가 없었어.

미드 Situation

Merna: Do you have a **checking account** here? 당좌계좌를 갖고 계시나요?
Dan: Yes, and I'd like to **draw a check** right now. 네, 수표를 발행하려구요.
Merna: But we can't **honor your checks**. 하지만 손님 수표를 지불할 수가 없어요.
Dan: I've never **bounced a check** in my life. 살면서 수표가 돌아온 적 없는데요.
Merna: Yes, but your **bank balance** is zero. 네, 하지만 은행잔고가 없어서요.

성공과 실패 (Success & Failure) 209

065 Do I have to chip in?
돈을 조금씩 갹출해야 돼?

> 십시일반 조금씩 돈을 모아서~

이별파티, 선물 등을 공동으로 할 때 십시일반 돈을 조금씩 내서 하기 마련인데 이 때 쓰는 표현이 chip in 혹은 pitch in이다. 혹은 규모가 좀 크면 donate를 하면 된다. 한편 give till it hurts는 있는 힘껏 기부하라는 철학(?)이 담긴 표현.

12문장으로 미드영어 후다닥 끝내기

☐ **chip in**
돈을 조금씩 갹출하다

Do I have to **chip in**?
돈을 조금씩 갹출해야 돼?

I bet if we all **chipped in**, we could buy him a van.
우리가 모두 돈을 조금씩 내면 걔한테 밴을 사줄 수 있을거야.

☐ **club together**
(영국식) 돈을 공동분담하다

The whole group **clubbed together** their savings.
그룹 전체가 저축을 공동으로 분담했어.

☐ **pitch in**
갹출하다

It would be great if you guys could **pitch in**.
너희들이 돈을 갹출해주면 정말 좋을텐데.

☐ **~pitch in and help~**
돈을 갹출해서 도와주다

They're asking for lawyers to **pitch in and help**.
걔네들은 변호사들에게 돈을 갹출해서 도와달라고 부탁하고 있어.

☐ **pass the hat**
모금하다

Pass the hat for donations at the concert.
콘서트 기부금을 모아.

☐ **donate**
기부하다

We'll **donate** money to charity, that's a good thing too. 우리는 자선단체에 돈을 기부할거야, 그거 역시 참 좋은 일이야.

He wanted to **donate** his organs.
걘 자기 장기를 기부하기를 원했어.

☐ **contribute**
기부하다

Jim's parents **contributed** pretty generously to the church. 짐의 부모는 교회에 꽤 많이 기부하셨어.

☐ **give till it hurts**
가능한 한 많이 기부하다

The preacher urged us to **give till it hurts**.
목사님은 우리에게 있는 힘껏 기부하라고 했어.

☐ **show generosity**
관용을 베풀다

Try to **show generosity** toward the poor.
가난한 사람들에게 관용을 베풀도록 해.

미드 Situation

Dinah: How do we get the others to **pitch in**? 어떻게 다른 사람들이 돈을 내게 하지?
Brad: Let's just **pass the hat** at the party. 파티에서 모금을 하자.
Dinah: You think everyone will **donate**? 다들 기부할거라 생각해?
Brad: We'll tell them to **give till it hurts**. 힘껏 기부해달라고 말하는거야.
Dinah: Hopefully they will **show some generosity**. 걔네들이 관용을 좀 베풀기를 바래야겠네.

물건을 사거나 먹고 계산을 하다

066 Beer is on the house!
맥주는 가게가 공짜로 쏴요!

각자부담할 때는 Let's split이라고 하면 되고 계산을 하다라고 할 때는 put it on one's tab, pick up the tab, foot the bill 등 다양한 표현이 있다. 자주 나오는 It's on me는 내가 낼게, It's on the house는 가게주인이 쏜다라는 표현.

12문장으로 미드영어 후다닥 끝내기

☐ **Let's split (the bill)** 나누어 내자
It's expensive, so let's split the bill.
비싸다, 그래 우리 나누어 내자.

☐ **put it on one's tab** 내 외상장부에 달아놓다
Just put these drinks on my tab.
이 음료값 내 장부에 달아놔요.

☐ **pick up the tab[bill]** 계산하다
The school picked up the tab for our hotel.
학교는 우리 호텔비를 계산했어.

☐ **foot[fill] the bill** 계산서를 지불하다
You'll have to foot the bill for the repair.
넌 수리비를 지불해야 돼.

☐ **be on sb** …가 내겠다
Any place you want, and it's on me.
네가 원하는 곳이 어디든지, 내가 낼게.

☐ **be on the house** 공짜다(가게에서 낸다)
Beer is on the house, guys. Drink fast, get stupid.
여러분, 맥주는 공짜예요. 언능 마시고 흥청망청합시다.

☐ **give ~ bucks for sth** 지불하다
I'd give a million bucks for a cold beer.
시원한 맥주가 있다면 백만달러라도 지불하겠다.

☐ **pay (cash) up front** (현찰로) 선불로 지급하다
Pay cash up front before pumping gas.
가스를 주입하기 전에 선불로 지급하세요.

☐ **money+be due+기간** …까지 내야 한다
The mortgage money is due in a week.
모기지 대출금은 일주일 내에 내야 돼.

☐ **to the tune of+돈** 거금 …을 들여서
It's a bill to the tune of $13,000.
그건 거금 만 3천 달러 계산서야.

☐ **What's the damage?** 가격이 얼마예요?
Alright waiter, what's the damage for the meal?
알았어, 웨이터, 음식값이 얼마예요?

☐ **How much[what] do I owe you?** 얼마예요?
Hey, how much do I owe you?
저기, 얼마예요?

미드 Situation

Pauline: **What's the damage for** dinner? 저녁값이 얼마야?
Devin: It's **to the tune of** $100. 거금 100 달러야.
Pauline: Let's just **put** it **on my tab**. 내 장부에 달아놔.
Devin: I can't let you **foot the bill** alone. 너 혼자 내게 할 수는 없지.
Pauline: Don't worry, **it's on me**. 걱정마, 내가 낼게.

성공과 실패(Success & Failure) 211

수지타산을 맞추다

067 Get him live on a budget.
걔보고 예산에 맞춰 살라고 해.

가장 중요한 것은 돈을 버는 것과 돈이 지출되는 것을 맞춰야(make ends meet, break even) 되는 법. 아니면 적자상태가 된다.(be in the red). 이익을 내려면(turn a profit) 예산을 삭감(budget cut)해야 하는 당연한 말씀.

12문장으로 미드영어 후다닥 끝내기

☐ **make ends meet** 수지타산을 맞추다	Ultimately, they were able to **make ends meet**. 궁극적으로 걔네들은 수지타산을 맞출 수 있었어. It's the only way to **make ends meet**. 그게 수지타산을 맞출 유일한 방법이야.
☐ **budget cut** 예산 삭감	The **budget cuts** will hurt city services. 예산삭감으로 공공서비스가 줄어들거야. I've done what I could considering our **budget**. 예산을 고려하면서 내가 할 수 있는건 했어.
☐ **live on a budget** 제한된 예산으로 살아가다	Most older people must **live on a budget**. 대부부 나이든 사람들은 제한된 예산으로 살아야 돼.
☐ **set one's own budget** 예산을 잡다	Learn to **set your own budget**. 예산잡는 법을 배워봐.
☐ **have[get] a budget for** …의 예산이 있다	Unfortunately, we don't **have a budget for** that. 불행하게도, 우리는 그에 대한 예산은 없어.
☐ **turn a profit** 이익을 내다, 흑자를 내다	I just want to **turn a profit** this year. 금년에는 이익을 내고 싶어.
☐ **cash cow** 돈줄	Maybe we're looking for a **cash cow**. 아마도 우리는 돈이 되는 것을 찾고 있을거야.
☐ **be in the red** 적자이다	The accountant says we're **in the red**. 회계사는 우리가 적자라고 말했어.
☐ **break even** 손익분기점을 맞추다	We didn't **break even** with our investment. 우리는 투자액의 손익분기점을 맞추지 못했어.
☐ **don't grow on trees** 아끼다, 절약하다, 흔치않다	Money **doesn't grow on trees**! 땅파면 돈나오는 줄 알아! Nurses like her **don't grow on trees**. 걔와 같은 간호사는 흔치 않아.

미드 Situation

Clarence: Tina can't **make ends meet**. 티나는 수지타산을 맞출 수가 없어.
Adam: Get her to **live on a budget**. 예산에 맞춰 살라고 해.
Clarence: She doesn't **have a budget** for her lifestyle. 걔는 자기 사는데 맞는 예산이 없어.
Adam: Make her **set her own budget** then. 그럼 걔가 자기 예산을 잡도록 해.
Clarence: Do you think she'll be able to **break even**? 걔가 수지타산을 맞출 수 있다고 생각해?

068 He's a happy hour regular.
갠 할인시간대에 오는 단골손님이야.

물건은 사고 파는데 너무 싸면 be a steal, real bargain, 반대로 너무 비싸다고 할 때는 be too steep이라고 한다. 특히 주점에서 많이 나오는 happy hour는 한가할 때 평소가격보다 싸게 파는 것을 말한다.

12문장으로 미드영어 후다닥 끝내기

be a steal 엄청 싸다(↔ be a rip-off)
Trust me, it **was a steal**.
내 말 믿어요, 거의 거져예요.

real bargain 아주 싼 것
Stocks these days are a **real bargain**.
요즘 주식은 아주 싸.

get ripped off 사기당하다, 도둑맞다
Well, then, you **got ripped off**.
저기, 그럼 넌 사기당한거네.

buy oneself sth 자기가 쓰려고 구매하다
Bonnie **bought herself** a Porsche.
보니는 자기가 쓰려고 포르쉐를 샀어.

be too steep 너무 비싸다
It**'s too steep** for most people to afford.
그건 대부분의 사람들이 사기에는 너무 비싸.

be sold out 다 팔렸다
I really don't think it's going to **be sold out**.
난 정말 그게 다 팔릴거라고 생각못했어.

go on the block 경매에 붙이다
The bankrupt company will **go on the block**.
그 파산회사는 경매에 붙여질거야.

do a roaring trade 빠른 시간내에 많은 제품을 팔다
The new nightclub **is doing a roaring trade**.
새로 생긴 나이트클럽은 잘 나가고 있어.

happy hour 보통가격보다 싸게 파는 할인시간
Tom Peters is a **happy hour** regular.
탐 피터스는 할인시간대에 오는 단골이야.

name one's price 가격을 제시하다
I want to buy it. **Name your price**.
그거 사고 싶은데, 가격을 제시해봐요.

sell like hot cakes 날개 돋친 듯 팔리다
This book is going to **sell like hot cakes**!
이 책은 날개 돋친 듯 팔릴거예요!

cash and carry 현금판매
No credit cards, only **cash and carry**.
신용카드는 안되구요, 현금판매만 가능해요.

미드 Situation

Marv: This new computer looks like **a steal**. 이 새로운 컴퓨터는 거의 거저 같아.
Hyun: The salesman says they **are selling like hot cakes**. 영업사원이 그러는데 불티나게 팔리고 있대.
Marv: They'll **be sold out** very soon. 금방 다 팔릴 것 같은데.
Hyun: I think you'd better buy yourself one. 너 하나 사지 그래.
Marv: I may **get ripped off** if I go to another store. 다른 가게에 가면 뒤집어 쓰질도 몰라.

성공과 실패(Success & Failure) 213

거래 혹은 합의를 하다

069 Let's make a deal.
거래를 하자고.

물건을 사고파는 것보다 좀 더 큰 규모의 사고팔기는 deal이라고 하는데 거래를 하다는 make a deal[bargain]이라고 하며 거래가 안될 때는 ~deal went sour라 한다. 또한 마약 등 밀거래는 traffic in이란 표현을 쓴다.

12문장으로 미드영어 후다닥 끝내기

- ☐ **(There is) No deal**
  합의할 수 없다
  There is no deal with Jill. We're friends.
  질과의 거래는 없어. 우리는 친구인데.

- ☐ **The deal went sour**
  그 거래는 잘 안됐어
  The deal went sour after the argument.
  다툼끝에 거래는 결렬됐어.

- ☐ **make a bargain**
  거래를 하다
  You can't **make a bargain** with Mr. Burns.
  너는 번즈 씨와 거래를 하면 안돼.

- ☐ **make a deal (with)**
  거래하다, 타협하다
  Tell you what. Let's **make a deal**.
  이렇게 하자. 우리 거래를 하자고.
  I'll **make a deal with** you all right? Okay?
  난 너와 거래를 할거야, 맞아?

- ☐ **trade in ~ for~**
  보상판매를 하다
  Linda **traded in** her Honda **for** a new BMW.
  린다는 자기 혼다차를 팔고 BMW 신형으로 바꾸었어.

- ☐ **traffic in**
  밀거래하다
  That young guy **traffics in** illegal drugs.
  저 젊은 친구는 불법 마약을 밀거래하고 있어.

- ☐ **corner the market**
  매점하다
  We **have cornered the market** in silver.
  우리는 은을 매점하고 있어.

- ☐ **deal breaker**
  관계[거래]를 깨트리는 것
  This could be a **deal breaker**.
  이건 거래를 깨트리게 될 수도 있어.
  The **deal breaker**? She wanted to have sex in a coffin. 거래는 깬다고? 걘 너랑 관에서 섹스하고 싶어했어.

- ☐ **play the market**
  주식거래를 하다
  He lost all of his money **playing the market**.
  걘 주식거래를 하다 모든 돈을 다 잃었어.

미드 Situation

Denise: I tried to **trade in** my Kia **for** a new car. 기아차를 주고 신차를 뽑으려고 해.
Merle: So you **made a deal with** the salesman? 영업맨하고 계약을 맺었어?
Denise: Yes, but **the deal went sour**. 어, 하지만 거래가 틀어졌어.
Merle: And **there was no deal** when you finished? 그리고 끝날 때 거래가 없었어?
Denise: Right. The trade in price became the **deal breaker**. 맞아. 가격교환 때문에 거래가 끝난거지.

070 She married for money.
걘 돈 때문에 결혼했어.

돈이면 안되는게 없는 세상을 가장 단적으로 표현한 것이 Money talks. 하지만 Money can't buy~라는 표현을 써서 옹색하게 반격을 한다. 돈때문에 결혼하는 것은 marry for marriage, 돈주고 시키는 것은 pay sb to~ 이다.

12문장으로 미드영어 후다닥 끝내기

- **Money talks** 돈이면 안되는 게 없다
  Money talks, bullshit walks, man.
  돈이면 안되는 게 없는 개판 세상이잖아.

- **throw money at sth** 돈이면 뭐든지 해결된다
  You can't just **throw money at** a problem.
  문제를 해결하기 위해 돈으로 해결하려고만 하면 안돼.

- **show me the money** 돈을 갖고 와라
  Show me the money before I sign.
  내가 사인하기 전에 돈을 갖고 와라.

- **money can't buy~** 돈을 살 수 없는게~
  Money can't buy you love or happiness.
  넌 사랑이나 행복은 돈으로 살 수 없어.

- **marry for money** 돈 때문에 결혼하다
  I think my sister **married for money**.
  내 누이는 돈 때문에 결혼했어.

- **be after one's money** 돈 때문에 사귀다
  The beautiful woman **was after his money**.
  저 아름다운 여인은 남자의 돈 때문에 사귀었어.

- **clean sb out** …의 돈을 다 쓰게 하다
  A con man totally **cleaned her out**.
  한 사기꾼이 그녀의 돈을 다 쓰게 했어.

- **grand** 1,000달러
  We've gotta at least give them ten **grand**.
  우리는 적어도 걔네들에게 만달러를 줘야 돼.

- **money stash** 비상금
  Got a secret **money stash** you can use?
  네가 쓸 수 있는 비상금이 있어?

- **blood money** 피묻은 돈, 범죄와 연관된 돈
  He's using **blood money** to put his kid through college. 걘 피묻은 돈으로 자식을 대학까지 가르쳤어.

- **pay sb to+동사** …에게 돈주고 …하라고 하다
  You **paid** him **to** go out with me?
  너 걔한테 돈주고 나와 데이트하라고 한거야?

- **on whose dime?** 누구 돈으로?
  And this is happening **on whose dime**?
  그리고 이건 누구 돈으로 하는 거야?

미드 Situation

Abbie: I'm sure that Pam **married for money**. 팸은 돈 때문에 결혼하는게 확실해.
Hoff: **Money can't buy** her happiness. 돈으로 행복을 살 수는 없는데.
Abbie: But she can **pay** people **to** make her happy.
하지만 걘 돈으로 사람들이 자기를 행복하게 시킬 수 있잖아.
Hoff: You can't just **throw money at** problems. 문제마다 돈으로 해결할 수는 없지.
Abbie: Maybe. It must be nice to have a **money stash** though.
그럴지도. 그래도 비상금을 갖고 있는게 낫을거야.

성공과 실패(Success & Failure) 215

More Expressions

be off[on] the duty 비번[근무]
step out of the office 사무실에서 나가다, 자리를 비우다
show a lot of promise 가능성이 많다
do or die 죽을 각오로 하다
I built this business on my back. 열심히 해서 이 사업을 일으켰어.
flat butt 열심히 앉아 일해 납짝해진 엉덩이
ply one's trade 열심히 일하다, 장사하다
rain or shine 열심히 하다
last-ditch attempt[effort] 필사적인 시도[노력]
plug away 꾸준히 열심히 일하다
paper 에세이, 시험
have a green thumb 식물이나 원예를 잘한다
open the door …가 …할 기회가 왔다
a chance of a lifetime 절호의 기회
show a lot of promise 가능성이 많다
go down a treat 성공적이다
be batting a thousand 매우 성공하다
from rags to riches 무일푼에서 부자가 되다
self-made 자수성가한
be on one's way 승진이나 성공하는 길에 있다
(major) coup 대성공
rat race 치열한, 혹독한 경쟁
be up by …점 앞서가고 있다
top dog 승자
a winning streak 연승
be whipped 꼼짝 못하고 잡혀살다
pick a winner 우승자를 고르다
stub one's toe 발가락을 차이다, 실수하다
kettle of fish 곤란한 상태
come to a pretty pass 난처한 지경에 이르다
get into a jam 궁지에 빠지다
be in the soup 곤란해 빠지다
court costs 소송비
What's the price? 가격이 얼마예요?
be in the market for~ 사려고 하다
best buy 가장 잘 산 물건
a sweet deal 싼가격에 구입하는 것
give a refund 환불해주다
get a refund 환불받다
charge sth …를 외상으로 달아놓다
Cash, please 현찰로 낼게요.
make a cold call 무작위로 전화하여 판매를 권유하다

buy sth on credit …를 신용카드로 구매하다
Do you carry~? …를 취급하고 있어요?
concession stand 매점
get a dime out of …로부터 돈을 받다
give sb a dime …에게 돈을 주다
leave sb a dime …에게 돈을 남기다
give sb change …에게 잔돈을 주다
advance 가불, 선불
pocket 돈을 착복하다
chicken feed 쥐꼬리만한 돈
feather one's nest 권력과 직위로 부를 축적하다
hit the stand 발매되다
pay through the nose 엄청 많은 돈을 치르다
pay up 도박빛 등의 돈을 갚다
It wasn't for lack[want] of trying
그건 노력이 부족해서가 아니었다
the best thing 최선책
the next best thing 그 다음으로 좋아하는 것
What is the best thing [way] to~ ?
…하는데 최선의 방법은 무엇이야?
to the best of one's ability~
…의 능력이 닿는데까지
as best you can 최선을 다해
the very best~ 최상의
do for all you are worth 최선을 다하다
go to the stake for[over] …을 위해 뭐라도 하다
have a head for …에 재능이 있다
have an easy ride 일이 잘 풀리다
save one's skin 화를 면하게 해주다
turn the corner 고비를 넘기다
have an easy time of it 곤란을 겪지 않다
pin money 소액의 번돈
What a miser[tightwad]! 지독한 수전노군!
rush week 클럽가입주간
get one's bump up the ladder 승진하다
bump up the ladder 승진하다
hold out the possibility …할 가능성을 지니다
put paid to (영국식) 계획 등을 망치다
, or bust 최대한 노력하겠다
pull one's weight 자기 역할을 다하다
nail in the coffin 결정타, 망쳐놓은거
This is where I draw the line 이게 내 한계야.
bum money 받을 생각없이 빌려주는 돈

chapter 6 의사소통(Communication)

001 **How are you keeping?**
잘 지내?

002 **Look who's here!**
아니 이게 누구야!

003 **Could be worse.**
잘 지내고 있어.

004 **Have we met before?**
우리 전에 만난 적이 있나요?

005 **Let's do it again.**
우리 다시 만나자.

006 **Come over to my place.**
우리집에 들러.

⋮

165 **Suck on that!**
약오르지롱!

166 **I will keep to myself.**
내가 행동 조심할게.

167 **I can't take it anymore.**
더 이상 못참겠어.

168 **Suck it up, Chris!**
크리스, 참으라고!

169 **Let go and let God.**
하나님께 맡기라고.

만나서 인사하기

001 How are you keeping?
잘 지내?

미드를 보다 보면 How are you?나 How're you doing?이 인사로만 쓰이지 않는다는 것을 알 수 있을 것이다. 같이 있다가도 상대방이 괜찮은지 물어볼 때도 사용되며, What's up?은 별 의미없이 인사 혹은 진짜 무슨 일인지 궁금해 물어볼 때도 쓴다.

12문장으로 미드영어 후다닥 끝내기

☐ **How're you doing?** 잘 지내?, 괜찮아?	So tell me, how are you doing? 그래 너 잘 지내고 있어?
☐ **How are you?** 안녕?, 괜찮아?	How are you? Do you want to take a walk? 괜찮아? 산보 좀 할까?
☐ **What's going down?** 무슨 일이야?(What's up?)	Hey Charlie, what's going down? 야, 찰리야, 무슨 일이야?
☐ **How's life?** 사는게 어때?	How's life? How are things at home? 어때 사는게? 집에서는 어떻고?
☐ **How's the[your] family?** 가족들 잘 지내?	How's the family doing these days? 요즘 가족들 잘 지내?
☐ **How was your day?** 오늘 어땠어?	How was your weekend? You win the lottery? 주말 어땠어? 로또 당첨됐어?
☐ **How's your first day going?** 첫날 어땠어?	That's right. How's your first day going? 맞아. 첫째날 어땠어?
☐ **What's new[up]?** 어떻게 지내?, 안녕?, 무슨 일이야?	Why are you doing this shit, Nick, what's up? 이것들 뭐하는거야, 닉, 잘 지냈어?
☐ **What's the good word?** 안녕?	There's the man. What's the good word? 저기 남자가 온다. 안녕하세요?
☐ **How are you keeping?** 어떻게 지내?	Hello Jenny. How are you keeping? 야, 제니야. 너 어떻게 지내?
☐ **How's business?** 잘 지내? 하는 일은 어때?	Hey boss, how's business? 저기 사장님, 비즈니스가 어때요?
☐ **How's work with you?** 일은 어때?	How's work with you? You doing OK? 네가 하는 일은 어때? 괜찮아?
☐ **How's by you?** 잘 지내?	Hey Charile, how's by you? 야, 찰리, 잘 지내?

Harry: **How're you doing?** 잘 지냈어?
Nina: I'm good. **How are you?** 좋아, 너도 잘 지내고?
Harry: **How's the family doing?** 가족은 어떻게 지내?
Nina: They're fine. **How's by you?** 잘 지내, 너도 잘 지내고?
Harry: Good, good. **How's your first day going?** 그럼 좋지. 네 첫날은 어땠어?

218 Chapter 6

002 Look who's here!
아니 이게 누구야!

만나는 상황에 따라 인사도 달리해야~

속어로 How they hanging?, How tricks?를, 그리고 What've you been up to?는 인사로도 쓰이지만 뭔가 일을 꾸미고 있냐는 질문으로 쓰이기도 하고 예상치 못한 만남에서는 Look who's here, 의외의 곳에서는 What're you doing here?.

12문장으로 미드영어 후다닥 끝내기

- ☐ **How (are) they hanging?** 어떻게 지내?
  How they hanging? Anything new?
  어떻게 지내? 뭐 새로운 거 없고?

- ☐ **How's my[the] boy?** 잘 지냈어?
  There you are John. **How's my boy?**
  존이 저기 오네. 잘 지냈어?

- ☐ **How's life treating you?** 어떻게 지내?
  So **how's married life treating you?**
  그래 결혼 생활이 어때?

- ☐ **How's tricks?** 잘 지내?
  How's tricks? I haven't seen you for a while.
  잘 지내? 한동안 너를 못봤네.

- ☐ **What's cooking?** 무슨 일이야?
  I saw you run in. **What's cooking?**
  네가 뛰어 들어오는거 봤어. 무슨 일이야?

- ☐ **What've you been up to?** 별 일 있니?
  What've you been up to? Having fun with girls?
  별 일 있었어? 여자애들하고 재미있게 보내고?

- ☐ **Fancy meeting you here!** 이게 누구야!
  Well, sweetheart, **fancy meeting you here**.
  어, 자기야, 이게 누구야.

- ☐ **Look who's here!** 아니 이게 누구야!
  Hey, **look who's here!** Hey, buddies!
  야, 이게 누구야! 어이, 친구들!

- ☐ **Glad I caught you** 못 만날 뻔 했네
  Glad I caught you. So excited about the baby.
  못 만날 뻔 했네. 애기보고 싶어 너무 들뜬다.

- ☐ **What're you doing here?** 여긴 어쩐 일이야?
  Danny, **what are you doing here?**
  대니, 여기 어쩐 일이야?

- ☐ **How are you feeling?** 몸은 좀 어때?
  I missed you at work today. **How're you feeling?**
  오늘 사무실에서 못봤지. 몸은 좀 어때?

미드 Situation

Gary: Hey, **look who's here!** It's Pam. 야, 이게 누구야! 팸이잖아.
Pam: **Fancy meeting you here.** 만나서 너무 반가워.
Gary: **What're you doing here?** 여긴 어쩐 일이야?
Pam: I'm shopping for the party. **What's cooking?** 파티준비 쇼핑하고 있어. 넌 무슨 일이야?
Gary: **Glad I caught you.** I can buy some stuff for your party.
만나서 다행이다. 네 파티에 쓸 것 좀 살게.

의사소통(communication) 219

003 Could be worse.
잘 지내고 있어.

가장 간단히 Likewise(나도 그래)가 미드를 보다보면 많이 들리며 Could be better와 Could be worse는 better와 worse 라는 단어만 보고 판단하지 말고 'Could'가 포인트이니 잘 머리굴려서 생각을 해봐야 정확한 의미를 파악할 수 있다.

12문장으로 미드영어 후다닥 끝내기

- **Can't complain** 아주 좋아
  My health has been bad, but **I can't complain**.
  건강이 안좋았지만 지금은 아주 좋아.

- **Likewise** 마찬가지야
  Likewise. We've all been affected by the tragedy.
  나도. 우리 모두는 그 비극에 영향을 받았어.

- **Nothing special** 별로
  Nothing special. Two people eating and talking.
  별거 없어. 두 사람이 먹고 이야기하고.

- **Not (too) much** 별일 없어(nothing much)
  Not much. How are you?
  별일 없어. 너는 어때?

- **(Just) the usual** 그냥 그래
  Just the usual. Nothing new to report.
  그냥 그래. 뭐 새로 이야기할 게 없어.

- **Same as usual** 여전해
  What have you been up to? **Same as usual**?
  어떻게 지냈어? 늘상 그렇고?

- **Same as always** 맨날 그렇지 뭐
  Same as always. You'll never change.
  맨날 그렇지 뭐. 넌 절대 변하지 않을거야.

- **be plugging along** 잘 지내
  Grandpa just keeps **plugging along** without problems. 할아버지는 문제없이 잘 지내고 계셔.

- **It's been a while** 오랜만이야
  It's been a while, you're looking well.
  오랜만이야, 너 얼굴 좋아졌네.

- **Could be better** 별로야
  It's not bad, but **could be better**.
  나쁘지는 않지만 그냥 별로야.

- **Could be worse** 잘 지내, 괜찮아
  Let me see it. **Could be worse.**
  어디 보자. 잘 지내고 있어.

- **get on (very well)** 잘 지내
  We**'re getting on** the best we can.
  우리는 아주 최고로 잘 보내고 있어.

Situation 미드

Andy: Hello Sharon. **It's been a while.** 안녕, 샤론. 오랜 만이야.
Sharon: I keep **plugging along**. How are you? 난 잘 지내고 있어. 너는 어때?
Andy: I **could be better**. I've had a cold for a while. 별로야. 한동안 감기를 앓았거든.
Sharon: **Likewise.** I keep taking medicine for it. 나도 그래. 감기약을 먹고 있어.
Andy: It **could be worse**. We could have the flu. 그래도 다행야. 독감에 걸릴 수도 있는데.

Chapter 6

004 Have we met before?
우리 전에 만난 적이 있나요?

만남의 이런저런 것들

우연히 만날(run into, come across) 경우도 있고 소개시켜줄(I'd like you to meet~) 때도 있고 또 만난 적이 있는(have me before, see you somewhere)지 기억을 더듬을 수도 있다. 일반적인 만남은 get together, 명사로도 쓰인다.

12문장으로 미드영어 후다닥 끝내기

- [ ] **get together** 만나다 — What do you gals do when you *get together*? / 너희 여자애들은 만나면 뭐해?
- [ ] **run into** 우연히 만나다 — Kate, what a surprise to *run into* you! / 케이트, 널 이렇게 만나다니 놀랍네!
- [ ] **come across** 우연히 마주치다 — That's when he *came across* the body. / 바로 그때 걘 시신과 마주쳤어.
- [ ] **bump into** 우연히 만나다 — I happened to *bump into* you along the way. / 난 우연히 길을 가다 너를 만난거였어.
- [ ] **cross path** 우연히 만나다 — I thought maybe we *crossed paths* there. / 난 우리가 거기서 만날지도 모른다고 생각했어.
- [ ] **I haven't seen you in years** 오랜만이야 — Is that you Susan? *I haven't seen you in years!* / 수잔, 너야? 정말 오랫만에 본다!
- [ ] **I'd like you to meet~** …을 소개시켜주다 — Chris, *I'd like you to meet* my mother. / 크리스야, 내 어머니 소개시켜드릴게.
- [ ] **Who is this?** 이 친구 누구야?, 누구시죠?(전화) — I'm sorry Alicia, but, ah, *who is this?* / 앨리시아, 미안하지만, 어, 이 친구 누구야?
- [ ] **have met before** 전에 만난 적이 있다 — *Have we met before?* You look familiar. / 우리 전에 만난 적이 있나요? 낯이 익은데요.
- [ ] **see you somewhere** 어디선가 보다 — *Haven't I seen you somewhere* before? / 전에 어디서 본적 있지 않나요?
- [ ] **(be) one's pleasure** 천만예요, 반가워요 — *My pleasure.* You want more beer? / 천만에. 맥주 더 먹을테야?
- [ ] **the pleasure is mine** 천만예요, 반가워요 — No problem. *The pleasure is mine.* / 그럼. 내 기쁨인 걸.

미드 Situation

Vera: Hello Darren, **who is this?** 안녕, 대런, 이 사람 누구야?

Darren: This is my friend Brian. I **ran into** him outside. 내 친구 브라이언이야. 밖에서 우연히 만났어.

Vera: I'm sure I**'ve met him before.** 전에 만난 적 있는 것 같은데.

Darren: He was at the **get together** at my house. 우리집 모임에 왔었어.

Vera: I remember. It**'s my pleasure to** see him again. 기억난다. 걜 다시 보게 돼 기쁘네.

의사소통(communication)

헤어질 때 하는 인사들

005 Let's do it again.
우리 다시 만나자.

만났으면 헤어져야 되는 법. 나중에 보자(catch you later, see you again)고 할 수도 있고, 만나서 반가웠다(Good catching up)고 할 수도 있고, 잘 지내(Take care, Have a good one)라고 말할 수도 있다.

12문장으로 미드영어 후다닥 끝내기

☐ **Have a good one** 잘 지내	**Have a good one,** buddy. 친구야, 잘 지내.
☐ **catch sb later** 나중에 만나	I gotta go. **Catch you later.** 나 가야 돼. 나중에 보자.
☐ **Take care!** 조심해!	Okay! **You take care!** 그래! 너 조심히 지내고!
☐ **Don't work too hard** 넘 무리하지 말고	See you. **Don't work too hard.** 안녕, 넘 무리하지 말고.
☐ **Good catching up** 만나서 반가웠어	Great. Well, it's been **good catching up.** 좋아. 어, 만나서 아주 반가웠어.
☐ **Let's do it again** 다시 만나자	**Let's do it again** sometime. I'll give you a call. 언제 우리 다시 만나자. 내가 전화할게.
☐ **Don't be a stranger** 자주 만나	You have a Merry Christmas, OK? **Don't be a stranger!** 성탄절 잘 보내고, 알았지? 자주 보자고!
☐ **wave[say] goodbye to~** 작별[인사]하다	Jill **is waving goodbye to** the last guests. 질은 마지막으로 가는 손님들에게 작별인사를 하고 있어.
☐ **give one's best to~** 안부를 전하다(give one's regards)	**Give my best to** Matthew. 매튜에게 내 안부 전해줘.
☐ **remember me to~** 안부전해주다	Please **remember me to** your mother. 네 어머니께 내 안부 좀 전해드려.
☐ **say hi[hello] to** 안부를 전해주다	You can go, **say hi to** Julie for me. 이제 가봐, 내 대신 줄리에게 안부전해주고.
☐ **see you again** 다시 보자	I hope to **see you again** sometime. 언제 다시 한번 보자.

미드 Situation

Irene: It's **been good catching up with** you Pablo. 파블로, 널 만나서 좋았어.
Pablo: **Let's do it again** sometime soon. 곧 다시 한번 만나자.
Irene: Sure. **Don't work too hard** in the meantime. 좋지. 그때까진 넘 무리하지마.
Pablo: **Say hello to** your sister for me. 네 동생에게 내 안부 전해주고.
Irene: I definitely will. **Take care!** 그렇게, 잘 가!

006 Come over to my place.
우리집에 들러.

 잠시 들러서 놀다가~

주로 미리 사전통보없이 잠시 들른다고 할 때는 stop by, drop by가 가장 많이 쓰이며 일반적으로 들르다, 이리와봐라고 할 때는 come over가 '짱.' 또한 심심치 않게 미드에서 나오는 You have a visitor는 손님이 찾아왔어라는 표현.

12문장으로 미드영어 후다닥 끝내기

☐ **come over** 들르다	**Come over** here for a second, will you? 이리 잠깐 와볼래, 응?	
☐ **come in for** …하려고 들르다	Do you wanna **come in for** some lemonade? 레모네이드 먹으려고 들렸어?	
☐ **drop[stop] by** 잠시 들르다(drop in)	I'll **drop by** your office later. 나 나중에 네 사무실에 잠깐 들를게.	
☐ **make a pit stop** 화장실가려고 잠시 들르다	We had to **make a pit stop**. 화장실에 가려고 잠깐 들려야 했어.	
☐ **look sb up** 들르다(stop by)	She never **looked me up**. 걘 내게 들른 적이 전혀 없어.	
☐ **swing by** 잠시 들르다	I'll **swing by** later. Do you live in this building? 나중에 잠시 들를게. 이 빌딩에 살지?	
☐ **buzz in** 방문객을 들여보내다	Elaine, can you **buzz** George **in**? 일레인, 죠지를 문 열어줄테야?	
☐ **pop in** 잠시 들르다(stop by)	Let's **pop in** to see Mr. Johnson. 잠시 들려서 존슨 씨를 보자고.	
☐ **pay a visit** 방문하다(come and visit)	I never had time to **pay a visit** to Tony. 난 토니를 방문할 시간이 전혀 없었어.	
☐ **have a visitor** 손님이 왔다, 생리가 오다	So, you **have a visitor** tonight. 그래 너 오늘 밤에 손님이 오신다구.	
☐ **have[get] a visit from** 방문을 받다	We **had a visit from** a dangerous man. 우리는 위험인물의 방문을 받았어.	
☐ **I'm here to~** …하려고 오다	**I am here to** take care of you! 난 널 돌봐주려고 왔어!	

미드 Situation

Brendan: Let's **swing by** my cousin's place. 내 사촌 집에 잠깐 들르자.
Sylvia: Is he expecting you to **drop by**? 잠깐 들르는 거 알고 있어?
Brendan: No, but he won't mind if we **drop in**. 아니, 하지만 잠깐 얼굴 비춰도 괜찮을거야.
Sylvia: We've never **paid a visit** there before. 우린 전에 가본 적이 한번도 없잖아.
Brendan: He'll want us to **come in for** some drinks. 걘 우리가 와서 술 몇잔 하기를 원할거야.

의사소통(communication)

> 찾아왔으면 들여보내주고 편안하게~

007　I wouldn't miss it.
꼭 갈게.

초대받아 가겠다고 할 때는 take sb up on, 꼭 가겠다고 결의(?)를 다질 때는 I wouldn't miss it이라 하면 된다. 또 멀뚱하게 있지말고 집좋다고 Nice place you have here라 립서비스도 하지만, 주책없이 wear out one's welcome하면 안된다.

 12문장으로 미드영어 후다닥 끝내기

☐ **I wouldn't miss it (for the world)** 꼭 가겠다	Well, **I wouldn't miss it for the world.** 저기, 절대로 잊지 않고 꼭 갈게.
☐ **Come in and sit a spell** 들어와 놀다가	Michael, **come in and sit a spell.** 마이클, 들어와서 좀 놀아.
☐ **take sb up on sth** (초대, 제안) 받아들이다	I'd like to **take you up on** your offer of a loan. 난 당신이 융자해주겠다는 제안을 받아들일게요.
☐ **Help yourself (to)~** 맘껏 갖다 들어	**Help yourself to** coffee and tea. 편하게 커피와 차를 갖다들 마셔.
☐ **To what do I owe the pleasure?** 어떤 일로 갑자기 오셨어요?	Kimberly, **to what do I owe the pleasure?** 킴벌리, 어떤 일로 이렇게 갑자기 온거야?
☐ **Who's it?** 누구세요?, 누구야?	Oh, my God, he's having an affair. **Who is it?** 오, 맙소사, 걔가 바람을 핀다고. 누군데?
☐ **Who's there?** 계세요?, 누구세요?	**Who's there?** Are you a sex criminal? 누구세요? 성범죄자예요?
☐ **Is somebody in?** 누구 있어요?	Hello? **Is anybody there?** 여보세요? 누구 있어요?
☐ **Nice place you have here** 집이 참 좋네요	This is **a beautiful place you have here.** 여기 참 좋은 집을 갖고 계시네요.
☐ **My house is your house** 내 집같이 생각해요	You're always welcome. **My house is your house.** 언제든지 환영해요. 내 집같이 생각해요.
☐ **wear out one's welcome** 너무 오래 머물러 미움사다	Jim **wore out his welcome** after he got drunk. 짐은 취한 후에 너무 오래 머물러 미움을 샀어.
☐ **courtesy call[visit]** 예의상 방문	This is just **a courtesy call** to check on you. 당신을 확인하기 위해 예의상 방문한 거예요.

미드 Situation

Danny: **Come in and sit a spell.** 들어와 놀다가.
Marie: I wouldn't want to **wear out my welcome.** 넘 오래 머물러 미움받기 싫은데.
Danny: Nonsense. **My house is your house.** 무슨 말을. 내 집같이 생각해.
Marie: It's **a nice place you've got here.** 너 정말 집이 멋지구나.
Danny: **Help yourself to** some refreshments. 맘대로 가벼운 음식물 갖다 먹어.

초대하고 환영하고~

008 It's good to be here.
환영해줘서 고마워.

환영의 가장 기본적인 단어는 welcome. 다시 와서 환영할 때는 Welcome back, 배우자가 퇴근하고 집에 왔을 때도 Welcome home 등 welcome은 여러 상황에서 다양하게 사용된다. 손님이 갈 때는 see[show] out는 잊지 말아야 되고…

12문장으로 미드영어 후다닥 끝내기

- **welcome A into B** 환영하다
  Let's **welcome** Tina **into** our group.
  티나가 우리 단체에 들어온 걸 환영하자.

- **welcome[accept] sb with open arms** 기꺼이 환영하다
  They **welcomed us with open arms**.
  걔네들은 기쁜 맘으로 우리들을 환영했어.

- **give sb a warm welcome** 환대하다
  Let's **give** her **a warm welcome**.
  걔한테 환대를 해주자.

- **welcome home~** 집에 온 걸 환영해
  Hi, honey, **welcome home** from work.
  안녕, 자기야, 일 끝내고 집에 왔구나.

- **honor sb with one's presence** …가 와서 영광이다
  You **honor** our family **with your presence**.
  이렇게 오셔서 우리 가족에게는 영광입니다.

- **show[see] sb out** 배웅하다
  Officer, please **show** this individual **out**.
  경관, 이 분이 나가시도록 배웅하게.

- **make house calls** 가정방문을 하다
  I wasn't aware that judges **made house calls**.
  판사가 가정방문을 할 줄은 몰랐어.

- **outstay one's welcome** 방문한 곳에 너무 오래 머물다
  It's easy to **outstay one's welcome**.
  방문해서 오래 머무르는 경우는 쉬워.

- **get going** 가다, 출발하다
  Well, **we better get going**.
  저기, 우리는 가는게 낫겠어.

- **be good[nice] to be here** 환영해줘서 고마워
  Thank you. **It's good to be here**.
  고마워. 환영해줘서 고마워.

- **pity invite** 측은해서 하는 초대
  So, this is a **pity invite**?
  그럼, 이거 불쌍해서 초대한거야?

- **tag along** 초대받지 않고도 따라가다
  Thanks for letting me **tag along** tonight, you guys.
  얘들아, 오늘 밤 초대도 못받았는데 같이 가게 해줘서 고마워.

미드 Situation

Curt: Did you **welcome** the new employees **to** the office? 사무실에서 신입들 환영했어?
Marlin: Oh yeah, they **got a warm welcome**. 예, 환대받았어요.
Curt: Good, I want them **welcomed with open arms**. 좋아, 따뜻하게 환대해주길 바래.
Marlin: Things **got going** around 9 am. 일이 9시에 시작됐습니다.
Curt: I hope they felt it **was good to be there**. 들어오길 잘했다고 생각했으면 해.

의사소통(communication)

연락하고 지내거나 끊어버리거나

009 I lost touch with her.
난 걔와 연락이 끊겼어.

be in touch with는 연락을 하는 사이라는 말이고 get in touch with는 지금 연락을 하다라는 의미차이가 있다. 연락이 두절되었을 경우에는 lose touch with, be out of touch with를 쓴다. 특히 get a hold of는 무척 많이 나오는 표현.

12문장으로 미드영어 후다닥 끝내기

☐ **keep[stay, be] in touch with** …와 연락하고 지내다	**Are you still in touch with** Angela? 너 아직도 안젤라하고 연락하고 지내?
☐ **get in touch with sb** (지금) 연락하다(contact)	I've been trying to **get in touch with** you all day. 온종일 네게 연락하려고 하고 있었어.
☐ **be out of touch (with)** …와 연락이 끊기다, 안되다	The president **is out of touch with** the people. 사장은 사람들과 연락이 끊겼어.
☐ **lose touch with** 연락이 끊기다	**I lost touch with** many of my old friends. 난 많은 옛친구들과 연락이 끊겼어.
☐ **get (a)hold of sb[sth]** 연락이 닿다	You able to **get a hold of** Hellen? 너 헬렌하고 연락이 돼?
☐ **get back to sb on sth** 나중에 연락하다	He'll **get back to** us **on** the proposal. 걘 나중에 연락해서 그 제안에 대해 얘기할거야.
☐ **reach sb** (전화) …와 연결이 되다	I couldn't **reach** her when I called. 내가 전화했을 때 걔와 연결이 되질 않았어.
☐ **keep sb in the loop** 계속 상황을 알려주다	All right. **Keep me in the loop**. 좋아, 계속 상황을 알려줘.
☐ **You know where to find me** 나 어디 있는지 알지	If you feel like talking, **you know where to find me**. 얘기하고 싶으면 나 어디 있는지 알지.
☐ **drop sb a line[note]** 연락하다	Sam **dropped her a line** about having dinner. 샘은 저녁먹는거에 대해 걔한테 연락했어.
☐ **off the radar** 연락이 끊긴(under the radar 은밀히)	The plan for a new hotel is **off the radar**. 새로운 호텔계획이 쏙 들어갔어.

미드 Situation

Shelly: I **lost touch with** my ex-boyfriend. 내 옛 남친하고 연락이 끊겼어.
Mark: You should try to **drop** him **a line**. 편지나 이멜을 해보지 그래.
Shelly: I don't know how to **get in touch with** him these days. 요즘 걔한테 연락해야 하는지 몰라.
Mark: Hopefully you can find a way to **reach** him. 연락하는 길을 찾기 바래.
Shelly: I'll **keep** you **in the loop** about my efforts. 상황 계속해서 알려줄게.

010 You made my day.
너때문에 오늘 하루가 즐거웠어.

인생은 한번 뿐인데 즐겁게~

즐거운 하루를 보내다는 make a day of it, 그렇게 즐겁게 하루를 만들어줄 때는 make one's day라 한다. 특히 rock and roll이 비유적으로 신나게 놀다라고 쓰이며 have a ball, have a blast 또한 즐겁게 노는 것을 뜻하는 표현들.

12문장으로 미드영어 후다닥 끝내기

☐ **make one's day**
…를 즐겁게 하다, 할테면 해라

Seeing her smile **made my day**.
걔가 웃는 모습을 보면 내 하루가 즐거워져.

Having a good breakfast will **make my day**.
아침을 맛있게 먹으면 하루가 즐거워져.

☐ **make a day of it**
즐겁게 하루를 보내다

We'll go to a ball game, **make a day of it**.
우리는 구기경기를 하러가서 즐겁게 하루를 보낼거야.

☐ **have a swell time**
멋진 시간을 갖다, 맘껏 즐기다

I think everyone **had a swell time** tonight.
다들 오늘밤 즐거운 시간을 보낸 것 같아.

☐ **get a kick out of~**
즐기다

People **get a kick out of it**.
사람들은 그걸 매우 재미있어해.

☐ **rock on[out]**
신나게 놀다

Come on bud, time to **rock on** out of here.
이봐, 친구야. 여기서 신나게 놀아보는거야.

☐ **rock and roll**
신나게 놀다

We wanna **rock and roll** all night.
우리는 밤새 신나게 놀고 싶어.

☐ **go to town (on sth)**
신나게 즐기다(enjoy), 많은 돈을 쓰다

They really **went to town on** the wedding cake.
걔네들은 웨딩케익에 정말 많은 돈을 썼어.

☐ **(out) on the town**
신나게 흥청망청 노는(enjoy much)

It was a blast being **out on the town** in Vegas.
라스베거스에서 흥청망청 노는 것이었어.

☐ **have a ball**
즐겁게 보내다

I hope you two will **have a ball**.
너희 둘 다 즐거운 시간을 갖기를 바래.

☐ **have a blast**
즐겁게 보내다

They sounded like they **were having a blast**.
걔네들은 즐겁게 보냈던 것 같아.

미드 Situation

Craig: The picnic really **made our day**. 피크닉을 가서 우리 너무 좋았어.
Bernie: I'm glad everyone could **make a day of it**. 다들 즐거웠다니 기쁘네.
Craig: Sure. The kids really **had a blast**. 물론. 아이들이 정말 신나게 놀았어.
Bernie: Well, let's **rock and roll** out of here. 그래. 여기서 우리 신나게 놀자고.
Craig: Do you want to go **out on the town** with us? 우리랑 함께 즐기고 싶어?

인생의 목표는 카르페 디엠

011 I loved every minute of it.
한 순간도 놓치지 않고 즐겁게 놀았어.

기분좋게 노는데 표현이 한두가지랴. 매순간순간 즐겁게 노는 것은 love every minute of, live for the moment, 매우 즐기다라고 할 때는 get a bang out of, kick up one's heel, cut loose라고 한다.

12문장으로 미드영어 후다닥 끝내기

☐	**have the time of one's life** 인생에서 최고의 시간을 보내다	**I'm having the time of my life**, thank you. 내 인생 최고의 시간을 보내고 있어, 고마워.
☐	**live it up** 돈을 펑펑쓰며 즐기다	We have to really **live it up**. Carpe diem, baby. 우린 돈을 맘껏 쓰면서 즐겨야 돼. 지금을 즐기라고, 자기야.
☐	**come[go] along for the ride** 재미있게 어울리다	Pete decided to **come along for the ride**. 피트는 재미있게 어울려 놀기로 결정했어.
☐	**send sb to the moon** 즐겁게 해주다	The proposal **sent** her **to the moon**. 그 청혼은 그녀를 뿅가게 만들었어.
☐	**love every minute of~** 매순간을 즐기다, 무척 즐기다	The partiers **loved every minute of** it. 파티에 온 사람들은 한순간도 놓치지 않고 즐겁게 놀았어.
☐	**live for the moment** 그때그때 순간의 즐거움에 맞춰서 놀다	He sold all his belongings and **lived for the moment**. 걘 자기 소지품을 다 팔아치우고 현재의 순간순간을 즐겼어.
☐	**get a bang out of~** 매우 즐기다(enjoy very much)	I **get a bang out of** his crazy behavior. 난 걔의 이상한 행동이 무척 재미있어.
☐	**kick up one's heels** 즐기다	The graduates **kicked up their heels** after the ceremony. 졸업생들은 졸업식 후에 즐겁게 놀았어.
☐	**paint the town red** 신나게 놀다	Come on doll, let's **paint the town red**. 야이, 기집애야, 나가서 신나게 놀자.
☐	**lap sth up** 즐겁게 받아들이다	They **lapped up** his stories about beautiful women. 걔네들은 아름다운 여인들에 관한 이야기를 재미있게 받아들였어.
☐	**cut loose** 신나게 즐기다	You need to take some time to just **cut loose**. 넌 좀 쉬면서 즐길 필요가 있어.
☐	**It's been real** 흥미로웠다	Well boys, **it's been real**. 저기, 남정네들, 정말 즐거웠어.

미드 Situation

Wilbur: Those students **are** really **living it up**. 저 학생들은 돈을 펑펑써대며 살아.
Kate: They**'re kicking up their heels** after classes ended. 수업끝나면 신나게 노는거지.
Wilbur: It's good to **cut loose** from stress. 스트레스에서 벗어나서 좋겠다.
Kate: Wish I could **go along for that ride**. 난 재미있게 어울렸으면 좋겠어.
Wilbur: Well, you and I could **paint the town red**. 저기, 우리도 신나게 놀 수 있지.

012 Let's just hang out here.
그냥 여기서 놀자구.

친구들과 그냥 논다고 할 때 참 많이 쓰이는 표현이 hang out, hang around이다. 수도 없이 나오니 꼭 기억해두어야 하며, club이 party처럼 동사로 클럽에서 즐겁게 놀다라는 의미로 쓰이며, 혼자 놀았다고 play with myself라고 하면 좀…

12문장으로 미드영어 후다닥 끝내기

☐ **hang around with** 시간을 보내다	He doesn't wanna **hang around with** them! 걘 개네들과 함께 시간보내기를 원치 않아!
☐ **hang out with** 함께 시간을 보내다, 같이 놀다	You guys are so much fun to **hang out with**! 너희들은 같이 놀기에 무척 재미있구나!
☐ **let it all hang out** 편하게 시간을 보내다	Jack Black always **lets it all hang out**. 잭 블랙은 항상 느긋하게 시간을 보내.
☐ **play with** 놀다	Why don't you **play with** your roommate? 네 룸메이트하고 놀아.
☐ **kill time** 시간을 때우다	Gina **killed time** in the library this afternoon. 지나는 오늘 오후에 도서관에서 시간을 때웠어.
☐ **pass the time** 시간을 보내다	Computer games aren't a good way to **pass the time**. 컴퓨터 게임은 시간을 보내기에 좋은 방법은 아냐.
☐ **club** 클럽에서 놀다	Jack let his kid go out **clubbing** on a school night? 잭은 그 다음날 학교가는 날인데도 자기 애들이 저녁에 클럽에 가서 노는 것을 허락해?
☐ **let the good times roll** 맘껏 즐기다	Come on baby, **let the good times roll**! 이봐, 자기야, 우리 맘껏 즐기며 놀자!
☐ **be[have] fun ~ing** …하면서 즐겁게 보내다	**I've had a lot of fun** hanging out with you. 나는 너와 함께 놀면서 아주 재미있는 시간을 보냈어.
☐ **have (much) fun** 재미를 보다	**You guys have fun**. Bye. 너희들 재밌게 놀아. 나 간다.
☐ **be having fun** 즐겁게 보내고 있다	**Are we having fun yet**? 다들 즐겁게 지내고 있어?
☐ **be a real joy** 커다란 즐거움이다	**It's real joy** to be here with you. 너와 함께 있는 것은 커다란 즐거움이야.

Ruby: Why **are** you **hanging around with** Jack? 왜 잭하고 어울려다녀?
Buck: We **have fun** when we're together. 함께 있으면 재미있어.
Ruby: Aren't there other ways to **pass the time**? 다른 식으로 시간을 보낼 수도 있지 않아?
Buck: But it**'s a real joy** to be with my buddies. 하지만 내 친구들과 함께 있는게 정말 즐거워.
Ruby: Okay, okay! **Let the good times roll**! 좋아, 좋아! 즐겁게 보내자구!

의사소통(communication) 229

난 파~리 애니멀이 되고 싶어~

013 The party's over.
파티는 끝났어, 좋은 시절은 이제 끝이야.

미드에서 파티 빼면 시체. 나이불문하고 파티, 아니 파~리하면 사족을 못쓴다. 파티를 하다는 throw [hold] a party, give sb a party, 그리고 파티가 잘 되고 있을 때는 be in full swing, 불청객이 와 깽판노는 건 crash라 한다.

12문장으로 미드영어 후다닥 끝내기

- **throw a party** 파티를 열다
  We're gonna **throw a party** for you.
  우리는 너를 위해 파티를 열거야.

- **have a party for sb** …을 위한 파티를 하다
  They're gonna **have a party for** their teacher tonight.
  걔네들은 오늘밤 선생님을 위한 파티를 열거야.

- **give sb a party** …을 위한 파티를 열어주다
  Let's **give** Frank **a retirement party**.
  프랭크의 퇴임파티를 열어주자.

- **hold a party** 파티를 열다
  I have a great place to **hold a party**.
  난 파티를 열만한 멋진 장소가 있어.

- **throw a rager** 대규모 파티를 하다
  Oh yeah, we're going to **throw a real rager**.
  그래, 우리는 정말 대규모 파티를 할거야.

- **be in full swing** 파티가 순조롭게 진행되다
  The party **was in full swing**, with a lot of hotties.
  파티는 많은 섹시녀들과 함께 잘 진행되었어.

- **crash** 초대받지 않은 파티에 가다
  Those jerks **crashed** our wedding.
  저 한심한 놈들은 초대도 안했는데 우리 결혼식에 왔어.

- **be a good mixer** 사교성있는 사람이다
  They say that Cindy **was a good mixer**.
  신디는 사교성 있는 사람이었다고들 해.

- **Party's over** 파티는 끝났다, 좋은 시절 다 갔다
  Well, you're late. **The party's over**.
  저기, 넌 늦었고, 파티는 끝났어.

- **prom party** 프롬파티(prom queen 졸업무도회 퀸카)
  I've never been to a **prom** before, okay?
  난 전에 프롬파티에 가본 적이 없어, 알아?

- **hen party** 여자들만의 파티(↔ stag party)
  The ladies are at a **hen party** right now.
  여성들은 지금 여자들만의 파티에 있어.

- **girls' night** 여자들만의 밤 (sleep over 친구집에서 놀고 자다)
  What do you say we have a **girls' night** out tonight?
  오늘밤 여자들만의 밤을 갖는게 어때?

Situation 미드

Randy: We're throwing a birthday party for Terry. 테리 생일파티를 열거야.
Becky: Are you going to **throw a rager**? 대규모로 할거야?
Randy: No, she just wants a **hen party**. 아니, 걘 여자끼리만 하고 싶어해.
Becky: So you're saying it'll be **girls' night**? 그럼 '여자들만의 밤'이 될거란 말야?
Randy: Yeah, but we're planning on **crashing** it. 어, 하지만 우리는 초대받지 않아도 쳐들어갈거야.

Chapter 6

014 What's up, bestie?
안녕, 친구야?

프렌즈란 미드에서 보듯 친구없이 어떻게 세상을 살아가나? 친구사이면 be friends with, 친구로 사귀면 make friends with, 베프면 bestie라고 하면 그렇게 베프로 지내다는 do bestie라고 하면 된다.

12문장으로 미드영어 후다닥 끝내기

- [ ] **be friends with**
  …와 친구사이이다, 친구로 지내다
  I don't care if you want to **be friends with** Karen.
  네가 카렌과 친구하기를 원한다해도 난 상관안해.

- [ ] **make friends with**
  …와 친구로 사귀다
  I don't want to **make friends with** you.
  난 너랑 친구하기 싫어.

- [ ] **be one's man**
  …의 편이다, 친구이다(be sb's side)
  Yes, Ken **is my man**!
  어, 켄은 내 사람이야.

- [ ] **have friends in high places**
  상류층 친구들이 있다
  She escaped punishment because of **friends in high places**. 걘 높은 사람들 친구가 있어 처벌받지 않았어.

- [ ] **best friend**
  가장 친한 친구(bestie)
  I'm one of Trudy's **best friends**.
  난 트루디의 절친 중 하나야.

- [ ] **do bestie**
  가장 친한 친구로 지내다
  They **do besties** better than anyone.
  걔네들은 다른 누구보다 잘 어울려.

- [ ] **strike up a friendship with**
  …와 친해지다
  I've never **had a friendship with** someone like you before. 난 전에 너 같은 사람하고 친구맺어본 적이 없어.

- [ ] **equal friendship with ~**
  …와 같이들 친구하다
  Carrie had an **equal friendship with** Mary and Angela. 캐리는 메리와 안젤라와 똑같이 친했어.

- [ ] **get along with**
  …와 잘 지내다(go along with 따라가다)
  You've got to **get along with** Flora.
  너는 플로라와 잘 지내야 돼.

- [ ] **get along swimmingly**
  바로 친해지다
  The two old men **got along swimmingly**.
  그 두 노친네는 바로 친해졌어.

- [ ] **have[get] history**
  예전부터 친분이 있다
  You and I got history. We're friends.
  너와 나는 예전부터 친했어. 우린 친구야.

- [ ] **say[ask] sb as a friend**
  친구로서 말하다[물어보다]
  Can I **say** something to you **as a friend**?
  친구로서 뭐 좀 물어봐도 돼?

미드 Situation

Art: Kevin is my main man. 케빈은 내 중요한 친구야.
Karla: I didn't know you **were friends with** him. 네가 걔랑 친구인지는 몰랐어.
Art: Sure. We**'ve got history** together. 그렇겠지. 우린 오랫동안 친구였으니.
Karla: I hope to **make friends with** him some day. 언제 걔와 친구맺고 싶고 바래.
Art: You should, because he's my **best friend**. 그래야지. 걘 나의 절친이잖아.

의사소통(communication) 231

~ 관계를 잘 맺어야 오래 살아 남아요~

015 I want to blend in.
난 잘 어울리고 싶어.

인간관계를 잘 맺어야 이 정글에서 생존을 잘 할 수 있다. 그렇게 잘 녹아 들어간다고 할 때는 blend in, belong with를 쓰며 사람들과 유대감을 표현할 때는 be bonding with, have a bond with를 쓴다. 그래서 male bonding은 남성간의 유대감.

12문장으로 미드영어 후다닥 끝내기

☐ **go way back**
오래전부터 알고 지내는 사이다
Emily's family and ours **go way back**.
에밀리의 가족과 우리 가족은 오래전부터 알던 사이야.

☐ **feel connected**
잘 통하는 사이이다
You don't **seem very connected** to the baby.
넌 그 아이에게 잘 통하는 것 같지 않아.

☐ **blend in**
잘 녹아들다
I don't want to look like an idiot. I want to **blend in**.
바보 멍충이로 보이는 것 싫어. 나도 끼어 들고 싶어.

☐ **on a first-name basis**
친한 사이인
We are **on a first-name basis**.
우리는 서로 야자하는 사이야.

☐ **belong with**
…에 속하다, 어울리다
You don't **belong with** anyone.
넌 누구와도 어울리지 않아.

☐ **be bonding with**
…와 유대감이 좋다
I'm happy you're **bonding with** your mom.
난 네가 네 엄마와 관계가 좋아 기뻐.

☐ **have a bond with**
관계가 있다
Jim **had a strong bond with** his dad.
짐은 아빠와의 유대감이 아주 강했어.

☐ **bond with**
…와 유대감이 있다
She really wants me to **bond with** him too.
걔 정말 내가 그와도 친해지기를 바라고 있어.

☐ **male[female] bonding**
남성[여성]들간의 동료의식
They did some **male bonding** during the trip.
걔네들은 여행하면서 남자들만의 동료의식을 보였어.

☐ **be well in with**
잘 지내다
I'm **well in with** certain celebrities.
난 일부 유명인사들과 잘 지내고 있어.

☐ **be no friend of~**
…와 맞지 않다, 친구가 아니다
Jack **is no friend of** anyone in our group.
잭은 우리 그룹의 누구와도 친구가 아냐.

☐ **be bound to+N**
관계가 얽매여 있다(*be bound to+V 반드시 …하다)
Seamus **was bound to** his home country.
시머즈는 자기 조국과 떨어질 수가 없었어.

미드 Situation

Penny: I notice you're **on a first name basis with** your boss. 너 사장하고 아주 친하더라.
Ryan: Well, it helps me **feel connected** with him. 어, 사장님과 공감대를 형성하는게 도움돼.
Penny: You must **be well in with** him. 사장님을 잘 알겠구만.
Ryan: Yeah, we've **bonded with** each other over the years. 어, 오랫동안 서로 붙어있었거든.
Penny: It's great that you **blend in** at your job. 네가 직장에 어울리는게 대단해.

같이 할래 안할래?

016 You want in?
너 할래?

상대방에게 같이 할거니 안 할거냐라고 물어보거나 혹은 하겠다 안하겠다라고 대답할 때는 want in[out], be in[out], count in[out]을 사용하면 된다. 또한 be a party to에서 party는 파~리가 아니라 당사자라는 의미로 쓰인 경우이다.

12문장으로 미드영어 후다닥 끝내기

- **count sb out[in]**
  …을 빼다[붙여주다]
  I've done enough today already, so count me out.
  난 벌써 오늘 충분히 했으니 난 빼줘.

- **want in[out]**
  같이하다(be in), 빠지다(be out)
  You want in? 20 bucks. 같이 할래? 20 달러야.
  I'm out. You know him better. 난 빠질래. 네가 걜 더 잘 알잖아.

- **be a party to~**
  관여하다, 관련되다
  She doesn't want to be a party to this.
  걘 이거에 관련되는 것을 원치 않아.

- **be a part of**
  …의 일원이다, 참가하다
  I don't want to be a part of this.
  난 이 일에 가담하고 싶지 않아.

- **have sb aboard**
  같은 팀으로 일하게 되다
  Detective, glad to have you aboard.
  형사님, 같이 일하게 되어 기뻐요.

- **Welcome aboard**
  함께 일하게 돼 환영하다
  Welcome aboard. We need your help.
  함께 일하게 돼 환영해. 우린 네 도움이 필요해.

- **get one's feet wet**
  발을 담그다, 새로운 경험을 해보다
  Just take this job to get your feet wet.
  함께 발을 담그려면 이 일을 그냥 맡아.

- **set foot in[on]**
  발을 들여놓다
  You don't set foot in my house without a warrant.
  넌 영장없이 내 집에 발을 들여놓지 못해.

- **do[play] one's part**
  자기 역할을 하다
  I'm happy to play my part.
  난 내 역할을 해서 기뻐.

- **get[enter] into the spirit of~**
  열정적으로 동참하다(join)
  Jimmy really got into the spirit of the party.
  지미는 정말이지 파티에 열정적이었어.

- **be in[out] of the frame (for)**
  참여하다, 참여하지 않다
  I don't see it being in the frame for me.
  그렇게 될 것 같지 않은데.

- **throw in one's hand**
  동참하다(join)
  We hope you'll throw in your hand with our group.
  우린 네가 우리 단체에 동참할거라 희망해.

미드 Situation

Sean: You **want in on** this robbery plan? 너 이 도둑질 같이 할래?
Lynn: I'm not sure I want to **throw in my hand**. 같이 할지 나도 모르겠어.
Sean: Come on, it'll **get your feet wet**. 그러지마, 경험을 쌓게 될거야.
Lynn: Okay, **I'm in**. What can I do? 좋아, 나도 할게. 난 뭐하면 돼?
Sean: I'll train you how to **do your part**. 네가 뭘 어떻게 해야 되는지 교육시켜줄게.

의사소통(communication) 233

017 Let me get in on this.
나도 같이 할게.

 살다보면 나쁜 일에 연루~

뭔가에 연루되다, 관련되다라고 할 때는 주로 안좋은 일에 그런 경우가 많다. 익숙한 get caught in, be mixed up도 있지만, 기본단어로 구성된 get[be] in on을 써도 된다. 감당못할 일에 휘말리면 be in over one's head라 한다.

12문장으로 미드영어 후다닥 끝내기

get[come, be] in on 연루되다, 관련되다	Wait a minute. Let me **get in on** this. 잠깐만, 나도 같이 할게.
get in the middle of 개입하다	I don't want to **get in the middle of** it. 난 거기에 개입하고 싶지 않아.
be [get] caught up in 안좋은 일에 연루되다	I can't believe that we **got caught up in** this. 우리가 이런 일에 연루되다니 믿기지 않아.
be[get] mixed up in[with] 나쁜 일에 연루되다	I think Allan **was mixed up in** some illegal activity. 앨랜은 불법행위에 좀 연루되었던 것 같아.
get dragged into …에 말려들다, 끌려가다	I don't know why I have to **get dragged into** this. 내가 왜 이거에 말려들어야 했는지 모르겠어.
stick one's hand in 손을 집어넣다, 개입하다	Don't **stick your hand into** other's troubles. 넌 다른 사람의 곤경에 개입하지마.
have a[one's] hand in 관련되다(be involved)	Brady **had a hand in** the robbery. 브래디는 그 도둑질에 관련됐어.
be in (too) deep 깊이 개입하다	You're **in too deep** and you can't get out. 넌 너무 깊이 개입되어 빠져나올 수가 없어.
bring[drag] sb into~ 끌어들이다, 연루시키다	It took a lot of money to **bring** Gary **into** this. 게리를 이 일에 연루시키려면 돈이 많이 들어.
be[get] in over one's head 감당못할 일에 말려들다(be in waters way over one's head)	My little brother **got a little in over his head**. 내 동생은 자신도 감당 못할 일에 말려들었어.
get roped 휘말리다	I **got roped into** the scam like everyone else. 난 다른 모든 사람들처럼 그 사기에 휘말렸어.
get caught in the crossfire 나쁜 일에 개입하다	Too many people **got caught in the crossfire**. 너무 많은 사람들이 나쁜 일에 개입을 했어.

Claire: How **did** you **get caught up in** gang life? 어쩌다 갱조직에 들어오게 된거야?
Dale: I **was roped in** by other gang members. 다른 갱조직원들에 의해 휘말렸지
Claire: Do you really want to **be in the middle of** gangsters? 넌 정말 갱조직의 일원이 되고 싶어?
Dale: No, but I've already **got my hand in** it. 아니, 하지만 이미 발을 들여놓은걸.
Claire: So get out before you **get caught in the crossfire**. 그럼 안 좋은 일에 연루되기 전에 빠져나와.

관련 또는 관계가 있을 때

018 Just leave me out of it.
난 그냥 끌어들이지마.

관련이나 관계가 있다고 할 때는 have to do with가 과연 많이 쓰이는데, 관련이 없다고 할 때는 have nothing to do with, 관련이 있다고 할 때는 have something to do with를 쓴다. 반대로 끌어들이지 않는다고 할 때는 leave sb out of it.

12문장으로 미드영어 후다닥 끝내기

- [ ] **have (got) to do with** 관련이 있다
  What does that **have to do with** you?
  그게 너랑 무슨 관련이 있는거야?
  Well, what has that **got to do with** me?
  음, 그게 너랑 무슨 상관이 있는거지?

- [ ] **have nothing to do with** 관련이 없다
  His death **had nothing to do with** you.
  걔의 죽음은 너와 아무 관련이 없어.

- [ ] **have something to do with** 관련이 있다
  You think I **had something to do with** it?
  넌 내가 그것과 관련이 있다고 생각하는거야?

- [ ] **take[have] a part in** 관여하다, 개입하다
  I know she **took a part in** the problem.
  난 걔가 그 문제에 개입한 것을 알고 있어.

- [ ] **get a part in** (연극, 영화) 역을 맡다
  I tried my best to **get a part in** a play.
  난 연극에서 그 역을 맡기 위해 최선을 다했어.

- [ ] **have a stake in sth** …에 이해관계가 있다
  All of you **have a stake in** your community.
  너희들 모두는 너희들이 사는 지역사회와 이해관계가 있는거야.

- [ ] **be related to~** …와 관련이 있다, 연관이 있다
  It's likely she'**s related to** him.
  걔는 그와 관련이 있는 것 같아.

- [ ] **leave sb out of it** 끌어들이지 않다
  I don't care. **Just leave me out of it**.
  난 상관없으니 날 끌어들이지 마.

- [ ] **There is a connection** …관계가 있다
  There is a connection to the flu outbreak.
  독감발생에는 어떤 연관성이 있어.

- [ ] **establish[make] connection** 관계를 만들다
  It wasn't easy to **establish a connection** in Paris.
  파리에 커넥션을 세우는 것은 쉬운 일이 아니었어.

Austin: I think Kara **had something to do with** the bank robbery.
카라가 은행강도와 좀 관련있는 것 같아.

Jesse: No way. She **had nothing to do with** that. 말도 안돼. 걘 아무런 관련도 없어.

Austin: **There is a connection** to her criminal husband. 걔 범죄자 남편과 연관이 있잖아.

Jesse: Maybe, but **leave** Kara **out of it**. 그럴지도 모르지만 카라를 좀 가만히 둬.

Austin: Alright. I'm just trying to **establish a connection**. 그래, 난 그냥 무슨 연관성이 있나 생각해보는거야.

~ 참견 그만하고 네 일이나 잘하세요~

019 I won't butt in.
나 간섭하지 않을게.

남일에 관심이 지대하여 얼굴을 들이대는 사람들을 묘사하여 stick[poke] one's nose into하면 참견하다, 반대로 keep[get] one's nose out of하면 간섭하지 않다. 그밖에 butt in, horn in on, barge in, meddle with 등이 참견하다란 의미.

12문장으로 미드영어 후다닥 끝내기

☐ **stick one's nose into** 참견하다(poke~)	Don't **stick your nose into** my life. 내 인생에 참견 좀 하지마!
☐ **keep one's nose out of** 간섭하지 않다(get~)	**Keep your nose out of** the neighbor's business. 넌 네 이웃의 일에 관심꺼.
☐ **butt in[out]** 참견하다[하지 않다]	I told you not to **butt into** other people's business. 다른 사람들 일에 참견하지 말라고 내 그랬잖아.
☐ **cut sb off** 말을 자르다	I'm sorry, but I need to **cut** you **off**. 미안하지만, 말씀을 그만 끊어야겠네요.
☐ **cut[chime] in** 말을 끊고 끼어들다	You want to **chime in** here? 여기서 내 말을 끊겠다는거야?
☐ **horn in on** (말리는데도) 참견하다, 관련되다	Kevin just **horned in on** the girl I wanted to date. 케빈은 내가 데이트하려던 여자와 데이트하려고 하고 있어.
☐ **barge in** 무례하게 간섭하다, 밀고 들어오다	I'm sorry to just **barge in** like this. 이렇게 밀고 들어와서 미안해.
☐ **meddle with[in]** 간섭하다	Did you decided to **meddle in** my love life? 내 연애생활에 간섭하기로 결정한거야?
☐ **back seat driver** 참견하는 사람	Look, I really hate **back seat drivers**. 이봐, 난 정말 이래라저래라 참견하는 사람이 싫어.
☐ **have a finger in every pie** 모든 일에 간섭하다	The mayor **has a finger in every pie**. 시장은 모든 일에 일일이 간섭하고 있어.
☐ **None of your lip** 참견마	Don't **give** us **any of your lip**! 우리 일에는 일체 참견하지마!
☐ **live and let live** 서로 참견하지 다	Just relax Annie. **Live and let live**. 그냥 맘 편히해, 애니야. 서로 신경쓰지 말고 살면되지.

Emma: I'm sorry I **barged into** your family business. 네 가족일인데 너무 들이대 미안.
Brian: You can't just **horn in on** our lives. 우리 가족일에 끼어들지마.
Emma: I know I **meddled with** things I shouldn't have. 그러면 안되는 일들에 내가 간섭하는거 나도 알아.
Brian: So don't **stick your nose in** our business. 그러니 우리 일에는 참견말라고.
Emma: Chill out, Brian. Just **live and let live**. 진정해, 브라이언. 그냥 참견하지 말고 살자고.

나 관심없거든요 ~

020 It makes no difference to me.
난 상관없어.

친숙한 표현들이 많이 나온다. 관심없다고 할 때는 I don't care를 필두로 좀 더 강조한 I couldn't care less가 있으며, 내가 상관할 문제가 아니라고 딱 잘라 말하는 Not my problem이 있다. 특히 it make no difference to me도 기억해두자.

12문장으로 미드영어 후다닥 끝내기

mind one's own business 상관하지 않다	Look, just **mind your own business**. 이봐, 네 일이나 신경써.
be none of one's business …가 상관할 일이 아니다	Back off, all right? **It's none of your business**. 뒤로라고, 알았어? 네가 상관할 일이 아니잖아.
(That's) Not my problem 내가 상관할 문제가 아니다	I'd help you, but **it's not my problem**. 널 돕고는 싶지만, 내 문제가 아니어서.
I couldn't care less 신경안쓰다	**I couldn't care less** what you think. 네가 뭘 생각하든 난 전혀 신경안써.
I couldn't care less if~ …이든 아니든 상관없어	Personally, **I couldn't care less if** she eats. 개인적으로, 걔가 먹든 말든 상관없어.
I don't care 상관없어	It's fine. **I don't care.** I'm over it. 괜찮아. 상관없어. 난 극복했어.
I don't care about~ …에 상관없어	**I don't care about** him. I'm just doing a job. 난 걔 신경안써. 그냥 내 일을 할 뿐이야.
I don't care if[what~] …이든 아니든 관심없어	**I don't care how** you were living. 네가 어떻게 살아갔던 관심없어.
Who cares! 알게 뭐야!	That may be so. I don't know. **Who cares?** 그럴수도 있지. 난 몰라. 누가 알겠어?
Why[What] do you care? 무슨 상관이야?	**Why do you care?** You're leaving anyway. 무슨 상관이야? 넌 어차피 떠날거잖아.
It makes no difference to~ …에 상관이 없다	I don't really give a damn, **it makes no difference to me**. 난 정말 알바아냐, 나한테는 전혀 상관없는 일인데. Come to sex, don't come to sex, **it makes no difference to me**. 섹스하러 오든 말든 난 상관안해.

Situation

Kathryn: **Why do you care** what happens in politics? 정치일에 뭐 신경을 써?
Luis: It **makes no difference** to you what happens? 넌 어떻게 돌아가는지 신경안쓴단 말야?
Kathryn: **I don't care about** any elections. 선거를 하든 말든.
Luis: So you prefer to **mind your own business**? 그럼 네 일이나 하겠다는거야?
Kathryn: Of course. **Who cares** who becomes president?
물론. 누가 대통령이 되든 누가 신경이나 쓰나?

의사소통(communication)

상관없다니까 왜그래!

021 What's the big deal?
그게 무슨 상관야?

더 강하게 상관없다고 말할 땐 I don't give a damn[shit, fuck]으로 한방 날리고, 반어적으로 What's the big deal?, What the hell? 등을 알아둔다. 특히 What are the odds?는 가능성을 물어보는 표현이지만 문맥에 따라 상관없음을 뜻한다.

12문장으로 미드영어 후다닥 끝내기

☐ **I don't give a damn[hoot]**
상관없어
I don't give a damn about the party.
난 파티에 전혀 신경안써.

☐ **I don't give a shit[fuck]**
상관없어
I don't give a shit, because I'm broke.
알바 아냐. 난 빈털터리인데.

☐ **What's it to you?**
너랑 무슨 상관이야?
Oh, these jeans? **What's it to you?**
어, 이 청바지? 이게 너랑 무슨 상관야?

☐ **What's it got to (do with) you?**
네가 무슨 상관이야?
The affair? **What's it got to do with you?**
불륜? 그게 너랑 무슨 상관인데?

☐ **What's the big deal?**
그게 어때서?
What's the big deal? So I kissed the guy!
그게 뭐 어때? 그래 난 개랑 키스했다!

☐ **be all the same**
상관없다, 똑같다, 늘상 그렇다
It's all the same to me.
난 상관없어.

☐ **It[That] doesn't matter~**
상관없어
It doesn't matter what you believe.
네가 무엇을 믿든 상관없어.

☐ **What does it matter?**
별거 아니구만, 무슨 상관야?
What does it matter? I'm not hurting anyone.
별거 아닌데? 다친 사람도 없잖아.

☐ **Who's counting?**
숫자가 뭐 중요해? 무슨 상관야?
It's fifty nine, but **who's counting?**
59인데, 이게 무슨 상관야?

☐ **What the hell?**
도대체 뭐야?
What the hell? Let's take it one step at a time.
도대체 뭐야? 천천히 해나가자고.

☐ **What are the odds?**
내 알바가 아냐?(I don't give a shit)
She dumped me. **What are the odds?**
걔가 날 찼어. 신경도 안써.

☐ **Screw it!**
무슨 상관야!, 집어쳐!
You know what? **Screw it.** I'm not going.
저기 말야? 엿이나 먹으라고 해. 난 안가.

미드 Situation

Dennis: **What the hell?** Who broke the TV? 이거 뭐야? 누가 TV 망가뜨렸어?
Wendy: **What do you care?** It isn't yours. 뭘 신경써. 네꺼도 아니면서.
Dennis: **I don't give a shit.** I want to watch TV! 그건 알바아니고, 난 TV를 보고 싶다고.
Wendy: Come on, **what's the big deal?** 야, 그게 무슨 대수야.
Dennis: If it**'s all the same** to you, just find someone to fix it.
넌 상관없겠지만 사람불러다 빨리 수리해.

238 Chapter 6

이젠 신경도 좀 써야지요~

022 Oh, don't mind me.
난 신경안쓰니 맘대로 해.

무조건 상관안하고 살 수는 없지요~. 신경을 쓴다고 할 때는 zero in on, split hairs, 그리고 상대방에게 괜찮으니 신경쓰지 말라고 할 때는 Forget it, Never mind를 쓰면 된다. 반전이 있는 didn't bother to~, 그리고 Don't mind me를 주목.

12문장으로 미드영어 후다닥 끝내기

☐ **zero in on** 신경을 집중하다	We have to **zero in on** your problem. 우리는 네 문제에 신경을 집중해야 돼.
☐ **didn't bother to do** 신경쓰지 않았다	**I didn't bother to** tell her goodbye. 걔한테 작별인사하는거 신경도 쓰지 않던데.
☐ **not let ~ bother sb** …때문에 신경쓰지마라	I just decided I was not gonna **let it bother** me anymore. 난 그 때문에 더 이상 신경쓰지 않기로 결정했어.
☐ **Forget (about) it** 신경쓰지마	**Forget it.** I'm not wearing the wig. 신경꺼. 난 가발 쓰지 않을거야.
☐ **Never mind** 괜찮으니 신경꺼	**Never mind.** I'll bring him back tomorrow. 괜찮아. 내일 걔를 데려올게.
☐ **have a lot[enough] on one's plate** 신경쓸게 많다	**I have a lot on my plate** tonight. 난 오늘 밤에 신경쓸 일이 엄청 많아.
☐ **It's no skin off one's nose** 신경쓰지 않다	Do what you want. **It's no skin off my nose.** 하고 싶은데로 해. 난 신경도 쓰지 않을 테니.
☐ **nerve-racking** 안절부절 못하는	Waiting for the exam results was **nerve-racking**. 시험결과를 기다리는 건 정말 초조했어.
☐ **see if I care** 맘대로 신경안쓸테니	**See if I care.** Good luck finding girlfriends! 맘대로 하고. 여친 찾는데 행운을 빌게!
☐ **split hairs** 지나치게 신경쓰다, 시시콜콜 불평하다	Come on Mrs. Stein, don't **split hairs**. 이봐요, 스테인 부인, 너무 지나치게 신경쓰지마요.
☐ **Don't mind me** 난 신경안쓰니 맘대로 해라	**Don't mind me,** you'll barely hear me. 맘대로 해, 아무말 안할게. **Don't mind me,** I'm not even here. 맘대로 해. 난 없다고 생각해.
☐ **not mean anything to~** 별 의미가 없다	It doesn't **mean anything to** me. 그건 내게 별 의미가 없어.

John: Why **is** the teacher **zeroing in on** you? 왜 선생님이 네게 신경을 쓰시는거야?
Eva: I **didn't bother** to do my homework. 숙제도 하지 않았거든.
John: It must be **nerve wracking** to have the teacher watching.
선생님 보는게 죽을 맛 이었겠구나.
Eva: **It's really no skin off my nose.** 나 신경안써.
John: Are you saying it doesn**'t mean anything to** you? 네게 중요하지 않다는 말야?

의사소통(communication) 239

023 What are your interests?
관심있는게 뭐야?

> 좀 더 관심과 흥미를 갖다

관심과 걱정을 할 때는 concern을 관심과 흥미가 있다고 할 때는 interest를 쓰면 되는데 take an interest in, be interested in처럼 명사, 동사로 쓰이는 경우를 눈여겨 본다. 관심끌면 draw one's attention, 눈길끌면 catch one's eye.

12문장으로 미드영어 후다닥 끝내기

☐ **be my concern** 내 관심사야	He and his purpose **are not my concern**. 걔와 걔의 목적은 내 관심사가 아냐.
☐ **voice one's concern** 관심사를 표현하다	Go to your parents and **voice your concerns**. 부모님한테 가서 네 관심사를 말해.
☐ **be concerned about[with]** 관심을 갖다, 우려하다	I'm just a little **concerned about** you. 난 조금 너에 대한 걱정을 하고 있어.
☐ **take[have] an interest in** 관심을 갖다	I'm tickled you **have taken such an interest in** my affairs. 난 네가 내 일에 그렇게 많은 관심을 갖고 있다는 게 기뻤어.
☐ **be interested in** …에 관심이 있다	I'm **not interested in** going back to school. 난 학교로 돌아가는 거에 관심없어.
☐ **What are your interests?** 뭐에 관심있어?	**What are your interests?** Do you have any hobbies? 관심사가 뭐야? 뭐 취미가 있어?
☐ **What interests sb** …가 흥미있는 건~	**What interests** them in our business? 걔네들은 우리 비즈니스 뭐에 흥미가 있대?
☐ **be of interest to sb** 관심이 있다	This information **is of interest to** the FBI. 이 정보는 FBI 관심사항이야.
☐ **draw one's attention** 관심을 끌다	Let me **draw your attention** to this photo. 이 사진에 관심을 가져보세요.
☐ **catch one's eye** 눈길 끌다	She **caught my eye** because she was so beautiful. 걔는 무척 예뻤기 때문에 내 눈길을 끌었어.
☐ **Who asked you?** 난 관심없어	**Who asked you?** Just keep your mouth shut. 난 관심없어. 입이나 다물고 있어.

Situation

Randy: So tell me, **what are your interests?** 그래 말해봐, 넌 뭐에 관심있는데?
Martha: Certain types of artwork **are of interest to** me. 특정한 종류의 공예품에 관심이 가.
Randy: Why did you **take an interest in** our gallery? 우리 화랑에는 왜 관심을 가졌어?
Martha: The interesting paintings really **caught my eye**. 흥미로운 그림들에 눈길이 갔거든.
Randy: Let me **draw your attention** to some very popular artists.
몇몇 매우 유명한 예술가들에 관심을 갖도록 해줄게.

024 Which begs the question.
그래서 이런 의문이 생겨.

궁금하면 물어봐야지 아는 척하고 있다가 그냥 졸로 가는 수가 있다. 기본표현은 ask a question, have a question for, 좀 닥달하듯 질문하는 것은 shoot the questions, grill sb이고 이럴 때 호언지기로 어서 질문해라고 하려면 Fire away!

12문장으로 미드영어 후다닥 끝내기

표현	예문
ask sb a question …에게 질문을 하다	Look, let me **ask you a question**. 저기, 하나 좀 물어볼게.
have a question for 질문이 있다	Boys, **I've got a question for you.** 애들아, 너한테 물어볼게 있어.
It begs the question 의문이 생기다	**It begs the question,** who is responsible? 이런 의문이 생겼어, 누구 책임일까?
grill sb (about, on) (들볶듯이) 닥달하다	My wife just **grilled** me all through dinner about my new secretary. 아내가 저녁먹으면서 내내 새로운 비서에 대해 질문을 쏟아부었어.
put sb on the spot 곤란한 질문으로 곤혹스럽게 하다	You're really **putting** Pam **on the spot**. 너 정말 곤란한 질문으로 팸을 곤경에 빠트리는구나.
give sb three guesses 쉬운 질문을 하다	I met one of your friends. I'll **give** you **three guesses** who it was. 네 친구 중 한 명을 만났어. 그게 누구였는지 3번 알아맞춰 볼 기회를 줄게.
duck a question 질문을 피하다	Answer me. Don't **duck my questions**. 나한테 답해봐. 질문 피하지 말고.
Fire away! 어서 질문해봐! (shoot one's questions 질문던지다)	Ready when you are. **Fire away!** 난 준비됐으니까만 준비되면 돼. 어서 질문해봐!
(That's a) Good question 좋은 질문이야, 그러게나 말야	**Good question.** Why would you care? 좋은 질문야. 네가 왜 신경쓰겠어?
Do I dare ask? 물어봐도 돼요?	Who did you meet? **Do I dare ask?** 너 누굴 만났어? 내가 물어봐도 돼?
Don't ask 모르는 게 나아, 묻지마	I don't know. **Don't ask.** 난 모르겠어. 묻지마.
Don't ask, don't tell 묻지도 말고 말하지도 마	The policy here is **don't ask, don't tell**. 여기 정책은 묻지도 말고 말하지도 말라는거야.

미드 Situation

Ginger: Would you mind if we **grill** you for a while? 잠시 내가 막 물어봐도 돼?
Juan: Sure, **shoot your questions at** me. 물론, 질문해봐.
Ginger: And you won't **duck any questions**? 그럼 질문 피하지 않을거지?
Juan: I'll be honest with you. **Fire away!** 솔직히 답할게. 어서 해봐!
Ginger: Okay, but don't **ask any questions** in return. 좋아, 하지만 반대로 내게 질문하면 안돼.

약속을 잡았으면 지켜야지요~

025 You have my word.
내 정말 약속할게.

우리말로는 다 약속이지만 병원 등에 약속을 잡는 것은 appointment, 그리고 자기가 뭔가 하겠다고 약속을 하는 것은 promise를 쓴다는 점은 꼭 알아두어야 한다. 또한 초대를 담으로 미룰 때는 take a rain check이라 한다.

📺 12문장으로 미드영어 후다닥 끝내기

- [ ] **make an appointment with[at]~** …와 약속을 잡다
  I'm calling the doctor and **making an appointment**.
  난 의사에게 전화해서 약속을 잡을게.

- [ ] **set up an appointment with[at]~** …와 약속을 잡다
  She'd like to **set up an appointment to** meet you for lunch. 당신과 점심먹을 약속을 잡고 싶은데요.

- [ ] **schedule an appointment** 약속일정을 잡다
  I thought you'd **schedule an appointment** later.
  난 네가 나중에 약속일정을 잡을거라 생각했어.

- [ ] **have another appointment** 다른 약속이 있다
  That's right. We **had another appointment**.
  맞아. 우리는 다른 약속이 있었어.

- [ ] **You have[get] my word (on~)** 내 약속할게
  I won't bother you again. **You have my word**.
  널 다시는 괴롭히지 않을게. 내 약속할게.

- [ ] **give sb my word (that~)** 약속하다
  I give you my word. I will always be here.
  내 약속하지만 항상 여기 옆에 있을게.

- [ ] **take a rain check (on~)** (초대거절하며) 약속을 다음으로 미루다
  I'm afraid I'll have to **take a rain check on** dinner.
  저녁식사 약속은 다음으로 미루어야 될 것 같아.

- [ ] **make a pinky-swear** 새끼손가락 걸다
  We **made a pinky swear** never to do that.
  우리는 다시는 그러지 않기로 새끼 손가락걸었어.

- [ ] **Where will I find you?** 어디서 볼까?
  I'm coming. **Where will I find you?**
  가고 있어. 어디서 볼까?

- [ ] **have an understanding (with sb)** 합의[약속]하다
  I thought we **had an understanding**.
  우리 서로 약속된 걸로 알았는데.

- [ ] **show up** 나타나다, 오다
  She didn't **show up** for work today.
  걘 오늘 출근하지 않았어.

- [ ] **turn up** 나타나다
  I'm not sure why she didn't **turn up** at the party.
  걔가 왜 파티에 오지 않았는지 모르겠어.

미드 Situation

Julia: I'd like to **set up an appointment** with Dr. Park. 박 선생님 예약잡으려고요.
Glenn: I can **schedule an appointment** for Thursday morning. 목요일 오전에 예약돼요.
Julia: Sorry, I **have another appointment** then. 미안해요, 그때 선약이 있어서요.
Glenn: Shall we **make an appointment** at 9 on Friday? 금요일 9시로 예약할까요?
Julia: That's fine. I can **show up** then. 좋아요, 그때 갈게요.

Chapter 6

026 A deal's a deal.
약속은 약속이야.

약속이 좀 더 진지해지면 협의, 합의가 된다. pact, deal은 상호합의하에 맺은 약속을 말하며 make a pact하면 약속을 맺다, seal the deal하면 합의를 마무리하다. 약속을 지키라며 약속은 약속이야라고 하려면 A pact is a pact, A deal's a deal.

12문장으로 미드영어 후다닥 끝내기

- **make[have] a pact** 약속을 맺다
  They **made a pact** to get rid of each other's problems. 걔네들은 서로의 문제점을 없애기 위해 약속을 맺었어.

- **break one's pact** 약속을 깨다
  What's wrong with me? **You broke our pact**. 내가 뭐 잘못했어? 네가 우리 약속을 깼잖아.

- **nail sth down** 합의에 도달하다
  Let's **nail down** a time to meet. 만날 시간 합의하자.

- **seal the deal** 합의를 마무리하다
  How'd you like to come over for dinner and **seal the deal**? 저녁하러 와서 계약을 마무리하면 어때?

- **signed, sealed and delivered** 정식으로 서명된
  It's yours, **signed, sealed and delivered**. 네꺼야, 정식으로 서명된거야.

- **touch base with** …와 협의하다
  I sent an e-mail to **touch base with** Gina. 난 지나와 협의하기 위해 이멜을 보냈어.

- **Let's shake on it** 합의를 마무리하다
  Let's shake on it, if you agree. 네가 동의한다면 합의를 마무리하자.

- **A deal's a deal** 약속은 약속이야(A pact is a pact)
  All right, **a deal's a deal.** 좋아, 약속은 약속이야.
  A pack is a pack, you can't go back on it. 약속은 약속야. 물리지마.

- **Deal!** 좋아 그렇게하자, 약속한거야!
  Deal! I'll give you the money right now. 좋아! 지금 바로 돈을 줄게.

- **It's[That's] a deal** 내 약속할게
  It's a deal, let's shake on it. 내 약속할게, 우리 약속의 악수를 하자고.

- **hold sb to (that promise)** 약속지키다
  I will **hold you to that.** 그거 약속지키라고.
  I'm going to **hold you to that promise**. 그 약속지킬거라고 믿을게.

- **still on for** 약속이 유효한
  And your surgery'**s still on for** Thursday? 그리고 네 수술은 목요일에서 변하지 않았어?

Erica: I heard you **made a pact with** Helen. 네가 헬렌과 약정을 맺었다며.
Carter: Yep, we decided to **seal the deal**. 어, 계약을 맺기로 했지.
Erica: She's going to **hold** you **to your promise**. 걔가 네 약속을 믿기로 한거야.
Carter: Of course. **A deal's a deal.** 물론, 약속은 약속인데.
Erica: It doesn't sound like you'll **break your pact**. 네가 약속을 지킬거라는 생각은 든다.

▶ 내 말 믿어줘, 맹세코 정말이야~

027 You bet your ass I do.
맹세코 그렇게 할게.

자기가 말하는 것을 믿으라고 강조할 때 사용하는 것으로 swear라는 단어를 잘 활용하면 된다. 맹세코라고 말하려면 swear to you[God], swear on my life 또는 so help me God이라고 하면 된다. 속어로는 You bet your ass I do가 많이 쓰인다.

📺 12문장으로 미드영어 후다닥 끝내기

☐ **I swear,** 맹세해, 정말야	**I swear,** I will be there in one second. 정말야, 금방 도착해.
☐ **swear that S+V** …라고 맹세하다	**I swear** I'm never going to tell them a thing. 맹세하지만 걔네들에게 아무 말도 하지 않을게.
☐ **I swear to you[God]** [하느님께] 맹세코	**I swear to you,** I did not kill my husband. 맹세코, 난 내 남편을 죽이지 않았어.
☐ **swear on my mother's grave[life]** 정말 맹세하다	**I swear on my mother's life,** I love you but I don't believe you. 엄마걸고 맹세하는데, 난 정말 널 사랑하지만 널 믿지 않아.
☐ **swear on my life** 정말로, 맹세코	**I swear on my life** I didn't rape your wife. 맹세하건대 난 네 아내를 강간하지 않았어.
☐ **honest to God** 정말로	I'm **honest to God** happy with my life. 난 정말로 내 인생에 만족해.
☐ **so help me (God)** 하느님께 맹세코	**So help me God,** I will not get into this with you. 하느님께 맹세코, 난 너와 함께 이걸 하지는 않을거야.
☐ **word of honor** 명예를 건 맹세	I won't cheat, **word of honor**. 명예를 걸고 말하는데 난 바람피지 않을거야
☐ **You bet your life[ass]** 맹세코, 단연코	**You bet your ass** I do. 맹세코 그렇게 할게. If Jack did what she did, **you bet your ass** I would. 잭이 걔가 한 것을 한다면 단연코 나도 할거야.
☐ **Cross my heart and hope to die** 내 맹세컨대	It's true. **Cross my heart and hope to die.** 그건 사실이야. 내 맹세하건대.

🎬 미드 Situation

Ariel: I saw Sheila kiss Jake. **Swear to God.** 쉴라가 제이크에게 키스하는 걸 봤어. 정말야.
Leonard: **So help me,** you better be telling the truth. 맹세코, 넌 거짓말하면 안돼.
Ariel: **Word of honor.** It's what I saw. 명예를 걸고 말하는데, 진짜 봤다니까.
Leonard: I'm divorcing Sheila. **Swear on my life.** 쉴라하고 이혼할거야. 정말야.
Ariel: I'll help you. **Cross my heart and hope to die.** 내 도와줄게. 맹세코.

028 Something's come up.
갑자기 일이 생겼어.

약속은 지켜야하지만~

잘 알려진 표현으로는 약속을 지키는 것은 keep one's promise, 반대는 break one's promise를 쓴다. 함께 알아둘 표현으로는 make good on one's promise(약속을 지키다), 그리고 go back on one's word(약속을 지키지 않다)이다.

12문장으로 미드영어 후다닥 끝내기

- [ ] **make good on one's promise** 약속을 잘 지키다
  You must **make good on your promise** to Fred.
  넌 프레드와의 약속을 잘 지켜야 돼.

- [ ] **keep one's promise** 약속을 지키다(break~ 약속을 안지키다)
  You don't have to **keep your promise**.
  넌 약속을 안지켜도 돼.

- [ ] **honor one's promise** 약속을 지키다
  I'll kill you if you don't **honor your promise**!
  네가 약속을 이행하지 않으면 널 죽일거야!

- [ ] **keep faith with** 약속을 지키다
  Harry **kept faith with** the rest of the artists.
  해리는 다른 예술가들과 약속을 잘 지켰어.

- [ ] **stick by a promise** 약속을 지키다
  It's important to **stick by your promises**.
  약속을 지키는 것은 중요한 일이야.

- [ ] **go back on one's word** 약속을 지키지 않다
  I promised to marry her, but I **went back on my word**. 걔랑 결혼하겠다고 약속했지만 없던 걸로 했어.

- [ ] **come up** (예기치 못한) 일이 발생하다
  Something's come up. We'll talk tomorrow.
  갑자기 일이 생겼어. 우리 낼 얘기하자.

- [ ] **keep sb waiting** …를 기다리게 하다
  Sorry to **keep** you **waiting**, detectives.
  형사님들, 기다리게 해서 미안해요.

- [ ] **What held sb up?** 왜 이렇게 늦은거야?
  She was hours late. **What held her up?**
  걘 몇시간이나 늦었어. 걔가 왜 이렇게 늦은거야?

- [ ] **What's keeping sb?** 뭐 때문에 늦은거야?
  I don't know **what's keeping** her.
  걔가 뭐 때문에 늦었는지 모르겠어.

- [ ] **wait for the other shoe to drop** 맘 졸이며 기다리다
  They live in fear, **waiting for the other shoe to drop**.
  걔네들은 맘 졸이며 기다리면서 두려움 속에 살고 있어.

- [ ] **be counting the minutes** 손꼽아 기다리다(look forward to 학수고대하다)
  I'm **counting the minutes** till I get out of the army.
  제대하길 손꼽아 기다리고 있어.
  Wonderful, **I look forward to it**. 멋지네! 정말 기다렸어.

미드 Situation

Irma: You must **make good on your promise** to help Jane.
넌 제인을 도와주겠다는 약속을 꼭 지켜야 돼.

Janie: **Something's come up**. I can't do it. 갑자기 일이 생겨서 못할 것 같은데.

Irma: But she **kept faith with** you for a long time. 하지만 오랫동안 걘 널 믿어왔잖아.

Janie: Sorry, but I've got to **break my promise**. 미안, 하지만 약속을 깨야 돼.

Irma: No. You aren't allowed to **go back on your word**. 안돼, 없던 일로 하는 건 안되지.

의사소통(communication) 245

상대방의 말에 찬성할 때

029 That makes two of us.
나도 그래.

상대방의 말이나 어떤 것에 찬성이라고 말할 때는 기본적으로 be for, be in favor of, 좀 더 구어적으로 말하려면 be cool with, can't argue with를 쓰면 된다. 또한 That makes two of us는 미드에 많이 나오는 표현으로 나도 그렇다는 의미다.

12문장으로 미드영어 후다닥 끝내기

□ **can't argue with~**
…에 찬성이다

Can't argue with DNA. DNA을 믿어야지.
Can't argue with you there. 그 점에 대해 네게 찬성이야.

□ **be for~**
…에 찬성이다, 좋아하다

I **am for** this country. I love this country.
난 이 나라가 좋아. 이 나라를 사랑해.

□ **be[stay] positive about~**
…에 대해 찬성이다, 긍정적으로 생각하다

Try to **stay positive about** the cancer diagnosis.
암진단에 나온 거에 긍정적으로 생각하도록 해.

□ **be cool with sb[sth]**
…에 동의하다

You're gonna act like **you're cool with it.**
넌 동의하는 것처럼 행동을 해.

□ **be cool with sb ~ing**
…가 …하는 것에 찬성하다

I thought Tom **was cool with** you sleeping with me.
난 탐이 네가 나와 자는 걸 괜찮다고 생각하는 줄 알았어.

□ **be in favor of~**
…에 찬성하다

I'm always **in favor of** the death penalty.
난 항상 사형제도를 찬성해.

□ **All (those) in favor (of~)**
(…에) 찬성하는 모든 사람들

All those in favor of Jim as translator, say yes.
짐을 번역가로 찬성하는 사람들은 예라고 말해주세요.

□ **that makes two of us**
나도 그래

You're in a hurry. **That makes two of us.**
너 서둘러라. 나도 그렇고.

□ **Anytime**
언제든지

You're welcome, boss. **Anytime.**
무슨 말씀을요, 사장님. 언제든지 말씀만 하세요.

□ **Anytime you want**
원하는 언제든지(~ like)

Call me at home. **Anytime you want.**
집으로 전화해. 원하는 언제든지.

□ **The answer is yes[no]**
대답은 긍정[부정]이야

The answer is yes, they are having sex. No question.
대답은 긍정이야, 걔네들은 성관계를 맺고 있어. 의심의 여지없어.

□ **with my blessing**
기꺼이, 그래

The piano lessons began, **with my blessing.**
난 피아노 수업을 받도록 허락했어.

미드 Situation

Wilma: **Are** you **in favor of** gay marriage? 동성간 결혼을 찬성해?
Howard: I'**m cool with** gay people getting married. 게이들이 결혼하는거 찬성해.
Wilma: **That makes two of us. I don't object.** 나도 그래. 나도 반대안해.
Howard: People can get married **anytime they want.** 사람들은 원하면 언제든지 결혼할 수 있어야지.
Wilma: And they can do it **with my blessing.** 내 생각에 동성간 결혼은 괜찮아.

030 All right. You're on.
좋아, 그렇게 하자.

옳소!라고 적극적으로 찬성하기

상대방이 딱 맞았을 경우에는 be right on the money, 상대방이 제대로 생각하고 있을 때는 You're right on, 그리고 상대방이 어떤 제안이나 내기를 걸자고 할 때 선뜻 받을 때는 You're on!이라고 하면 된다.

12문장으로 미드영어 후다닥 끝내기

- [ ] **be right on the money**
  …가 맞아, 바로 그래
  Your suspicion **was right on the money**.
  네가 의심하던거 딱 맞았어.

- [ ] **You're right on**
  찬성이야(You're correct)
  Good guess. **You're right on.**
  잘 맞혔어. 찬성이야.

- [ ] **You are on** (내기[제안] 등에 동의시)
  그래 해보자, 그렇게하자
  All right. **You're on.**
  좋아, 그렇게하자.

- [ ] **(It) Suits me (fine)**
  내 생각에 괜찮아
  The agreement **suits me fine**.
  이 협정은 내 생각에 괜찮아.

- [ ] **(That's a) Good point**
  맞는 말이야
  Good point, I never really thought about it before.
  맞는 말이야. 전에는 이거 생각해본 적 없어.

- [ ] **make a good point**
  말을 효과적으로 설득력있게 하다
  You make a good point. You need proof now.
  말은 설득력있게 잘 했는데, 이제는 증거가 필요해.

- [ ] **Sounds like a plan**
  좋은 생각이다
  That sounds like a plan. Count me in.
  좋은 생각같아. 나도 끼어줘.

- [ ] **see eye to eye (on)**
  의견이 일치하다
  They didn't **see eye to eye on** the project.
  걔네들은 그 프로젝트에 의견일치를 보지 못했어.

- [ ] **be in tune with sb[sth]**
  의견일치하다
  Steve, you're not **in tune with** the rest of the staff.
  스티브, 넌 다른 직원들과는 의견이 달라.

- [ ] **Sure as shooting!**
  그럼!, 물론이야!
  That's right, **sure as shooting**!
  바로 맞아, 물론이지!

- [ ] **Sure enough!**
  물론!
  Sure enough, we'll be over tomorrow afternoon.
  물론, 우리는 내일 오후에 끝날거야.

- [ ] **weigh the pros and cons**
  이해득실을 따져보다
  Give him a day to **weigh the pros and cons**.
  이해득실을 따져보도록 걔에게 하루 더 줘.

Cathy: Do you **see eye to eye** with your boss? 사장과 의견이 일치 돼?
Tony: Not always, but I'**m in tune with** him. 늘 그렇지는 않지만 사장님과 잘 맞아.
Cathy: **You're right on.** People don't always agree. 그래 그거야. 사람들이 항상 의견이 일치되는건 아니거든.
Tony: **That's a good point.** But we try to overcome our differences.
좋은 말이야. 하지만 차이점을 극복하려고 해야지.
Cathy: **Sounds like a plan.** It's good to get along. 좋은 생각이야, 잘 지내면 좋지.

의사소통(communication)

상대방 말에 그러자고 동의할 때

031 Right back at ya.
나도 그래.

상대방의 제안이나 요청 등에 좋아, 알았어라고 할 때는 All right, 하지만 That's right은 상대방의 말이 맞았다는 얘기니 구분해야 한다. 특히 미드적인 표현으로 Right you are, Right back at ya(나도 그래)에 익숙해져야 한다.

12문장으로 미드영어 후다닥 끝내기

☐ **All right** 좋아, 알았어	**All right,** take five, guys. 좋아, 여러분, 5분간 쉬어.
☐ **(That's) Right** 맞아, 그래	**Right.** Still mad at me about that? 맞아. 그 때문에 아직 나한테 화났대?
☐ **Right you are** (제안, 요청에) 좋아, 알았어	**Right you are.** Let's try it your way. 알았어. 네 방식대로 해보자.
☐ **Right back at ya[you]** 나도 그래	**Right back at ya.** So let me ask you something. 나도 그래. 그러니 내가 좀 물어볼게.
☐ **Why not?** 그러지 뭐?	**Why not?** Let's do it. 그러지 뭐. 그렇게 하자.
☐ **I know what you're saying** 나도 그렇게 생각해	**I know what you're saying,** and you're right. 나도 그렇게 생각해, 네가 맞아.
☐ **Sure thing** 물론, 그럼	**Sure thing.** But I want you to tell me the truth first. 물론, 하지만 먼저 네가 나에게 진실을 말해줘.
☐ **Positive** 물론이야, 맞아(↔ Negative)	**Positive.** It was before the dinner rush. 물론이야. 그건 저녁 러시아워 이전이었어.
☐ **Okay** 알았어	**Okay.** Don't say anything. 알았어. 아무말도 하지마.
☐ **Agreed** 동의해(I agree)	**Agreed.** I knew you'd feel that way. 동의해. 너도 그렇게 생각할 거라는 걸 알았어.
☐ **Word** 알았어(I got it)	**Word.** That's exactly how I thought it happened. 알았어. 그게 바로 내가 그 일이 어떻게 일어났는지 생각하는거야.
☐ **have no objection (to)** …에 반대하지 않는다	They **have no objection to** the plan. 걔네들은 그 계획에 반대하지 않아.

미드 Situation

Albert: **All right,** let's go get some coffee. 좋아, 가서 커피 좀 마시자.
Tina: **Right you are.** I need some extra energy. 나도 그래. 기운이 좀 더 필요해.
Albert: **I know what you're saying.** Let's go to Starbucks. 맞는 말이야. 스타벅스에 가자.
Tina: **Agreed.** The coffee is strong there. 그래. 거기 커피는 센대.
Albert: **Word.** We're likely to be working all night. 알아. 밤새 일할 수 있을 것 같은데.

248 Chapter 6

032 I'll be right there with you.
그 점에서 너와 같은 생각이야.

동의하면 제일 먼저 떠오르는 말은 agree이지만 미드에서는 be with를 이용하여, Are you with me?, I'm with you가 많이 쓰인다. 또한 찬성하다라는 뜻의 go along with와 잘 지낸다라는 뜻의 get along with는 헷갈리면 안된다.

12문장으로 미드영어 후다닥 끝내기

☐ **be with** …와 같은 의견[생각]이다	Chris, whatever you decide, **I'm with you.** 크리스, 무슨 결정을 하든, 난 네편이다.
☐ **be right there with sb** 동감이다	**I will be right there with you.** 난 그 점에서 너와 같은 의견일거야.
☐ **agree with (sb 100%)** 전적으로 동의하다	I have to **agree with** Mr. James 120% on this one. 난 이 건에 대해서 제임스 씨와 120% 동의해야 돼.
☐ **agree to+V** …하기로 동의하다	If I **agree to** get tested, would you do it too? 내가 테스트를 받기로 동의하면 너도 그럴테야?
☐ **agree to sth** …에 동의하다	Does she **agree to** the rape kit? 걔가 강간조사를 받기로 했어?
☐ **agree to disagree (on)** 이견이 있다고 인정하다	Why don't we **agree to disagree**? 우리 서로 이견이 있다고 인정하자.
☐ **have a deal** 동의하다	**Do we have a deal**? 우리 그럼 동의한거지?
☐ **That's exactly what S+V** 그게 바로 …야	**That's exactly what** I thought. 그게 바로 내가 생각했던거야.
☐ **fall into line** 동의하다(agree)	Punish him and the others will **fall into line**. 걔를 벌주면 나머지 애들은 따라올거야.
☐ **I hear what you say [you're saying]** 무슨 말인지 알겠어	Okay, fine, **I hear what you're saying**. 그래 좋아, 무슨 말인지 알겠어.
☐ **I have to say~** …하고 할 수 있겠네	**I have to say,** it's really nice to be here. 여기 있는데 정말 좋다고 할 수 있겠어.
☐ **go along with** …에 찬성하다	She's not gonna **go along with** this. 걔 이거에 찬성하지 않을거야.

Paul: **I have to say** that I like the contract. 이 계약서가 맘에 든다고 말해야겠어.
Leah: **That's exactly what** I was thinking. 바로 그게 내가 생각하고 있었던거야.
Paul: Do the other employees **agree or disagree**? 다른 직원들은 찬성야 반대야?
Leah: They plan to **go along with** what you say. 그들은 네 말에 찬성할거야.
Paul: I'm glad everyone **is falling into line**. 다들 따라줘서 기뻐.

033 The same goes for him.
걔도 마찬가지야.

간단히 나도 그래라고 말하기

상대방 말을 받아서 간단히 나도 그래라고 말하는 표현들로 내용이 긍정일 때는 me either, 내용이 부정일 때는 me neither 라고 한다. 물론 So am I, So do I, 그리고 the same goes for~, not a big leap to와 같은 세련된 표현도 알아두자.

12문장으로 미드영어 후다닥 끝내기

☐ **me either**
나도 그래(↔ me neither)

Me either. How's it going?
나도 그래. 어떻게 지내?

Me neither. I don't have a boyfriend.
나도 그래. 나도 남친이 없어.

☐ **Same here.**
나도 그래, 나도 똑같은 걸로.

Same here. Um, so, I gotta work.
나도 그래. 음, 일하러 가야 돼.

Same here. Only difference is, I'll outlast you.
마찬가지야. 유일한 다른 점은 내가 더 오래살거라는거지.

☐ **So am[do] I**
나도 그래

That's great. **So am I.** 아주 좋아. 나도 그래.
So do I and I was here first. 나도 그래. 내가 처음 여기 왔어.

☐ **The same goes for~**
…도 마찬가지야

You have to stay here. **The same goes for** her.
넌 여기 있어야 돼. 걔도 마찬가지이고.

☐ **as did[was]~**
…와 마찬가지로

I became nauseous, **as did** my wife.
난 아내가 그랬듯, 속이 메스꺼워졌어.

☐ **as in**
…와 같은

Did he just say he was leaving? **As in** quitting?
걔 그냥 간다고 말한거야? 그만둔다는 말로?

☐ **like anything else**
다른 것과 마찬가지로

Just be honest, **like anything else.**
다른 일들과 마찬가지로 그냥 솔직해라.

☐ **ditto (for) sth**
(…도) 마찬가지야

Clean the living room, **ditto for** the bathroom.
거실 청소해, 화장실도 하고.

☐ **not a big leap to~**
거의 …와 마찬가지인 셈이다

I was cheating. Is it such **a big leap to** lying?
난 속이고 있었어. 거짓말하는 것과 많이 다르지?

미드 Situation

Curtis: It wasn't **a big leap to** move to New York. 뉴욕으로 이사하는 건 그리 어려운 결정은 아니었어.
Grace: **Ditto for** me. I love living here. 나도 그래. 난 여기 사는게 좋아.
Curtis: **Same here,** although I miss my hometown sometimes. 나도 그래, 가끔 고향이 그립지만.
Grace: **Like anything else,** it takes time to adjust. 뭐든지, 적응하는데 시간이 필요해.
Curtis: And **the same goes for** changing jobs. 직업을 바꾸는 것도 그래.

250 Chapter 6

편들어주거나 안들어주거나

034 We speak for the victims.
우리는 피해자의 입장을 대변해.

살다보면 어느 한 쪽편을 들어줘야(take one's side) 할 때도 많다. 비슷한 표현으로 stick up for, 그리고 지지하다, 옹호하다라는 뜻으로 stand up for, stand behind가 있고, speak for~는 …의 입장에서 말하다라는 요긴한 표현.

12문장으로 미드영어 후다닥 끝내기

- [ ] **be on sb's side**
  …의 편이다
  You have to tell me **what side you're on**.
  넌 네가 누구 편을 드는지 내게 말해야 돼.

- [ ] **take one's side**
  어느 한 쪽 편을 들다
  You thought I'd never lied. So **you took my side**.
  내가 절대 거짓말 안했다고 생각하잖아. 그럼 내 편을 들어.

- [ ] **take sb's part**
  …의 편을 들다(take sb's side)
  You always **take** Katie's **part** in arguments.
  넌 항상 논쟁에서 케이티의 편을 들더라.

- [ ] **side with sb**
  …의 편을 들다
  I've got to **side with** Randy on this party thing.
  이 파티건에 대해서는 랜디 편을 들어야겠어.

- [ ] **talk[speak] the same[one's] language** 이제 말이 통하다, 뜻이 맞다
  You're not even **speaking the same language**.
  너하고는 말도 통하지 않는데.

- [ ] **stick up for**
  옹호하다, 편들다
  If we don't **stick up for** each other, who will?
  우리끼리 서로 편들어주지 않으면 누가 그러겠어?

- [ ] **stand shoulder to shoulder with~**
  지지하다
  My best friend **stood shoulder to shoulder with** me.
  내 절친이 나를 지지해주었어.

- [ ] **carry the torch of**
  …에 대해 지지하다(support)
  Bill **has carried the torch for** Bonnie for years.
  빌은 오랫동안 보니를 지지했었어.

- [ ] **speak up for**
  …의 입장에서 말하다
  Hey, Sam! You don't have to **speak for** me.
  야, 샘! 넌 나의 입장에서 말하지 않아도 돼.

- [ ] **stand up for**
  지지하다
  I just wanted you to **stand up for** me.
  난 단지 네가 나를 지지해주기를 바랬어.

- [ ] **stand behind[by]**
  지지하다
  You might wanna **stand behind** me for this.
  넌 이 문제에 대해 나를 지지해주려 하겠지.

- [ ] **leap to sb's defense**
  옹호[지지]하다
  A lawyer should **leap to your defense**!
  변호사는 너를 변호해야지!

미드 Situation

Vick: Mom**'s on my side** in our argument. 엄마는 우리가 다투면 내편을 들어줘.
Christy: It's not fair. She always **takes your side**! 불공평해. 엄만 늘 네 편이야!
Vick: Well, Dad sometimes **takes up your part**. 저기, 아빠는 가끔 네편 드시잖아.
Christy: No, I always have to **stand up for** myself. 아냐, 난 늘 스스로를 대변해야 돼.
Vick: But someone else always **stands up for** you. 하지만 다른 누군가가 늘 널 편들어주잖아.

의사소통(communication) 251

누가 아니래!라고 강하게 찬성하는 표현

035 Tell me about it.
누가 아니래!

우리말의 누가 아니래!, 그렇고 말고!, 그러게나 말야! 등 상대방의 말에 강한 찬성이나 긍정을 나타내는 표현에 해당되는 미드표현들을 정리해본다. You can say that again!, You said it!, Tell me about it! 등이 유명하다.

12문장으로 미드영어 후다닥 끝내기

- [ ] **You can say that again!**
  그렇고 말고!, 누가 아니래!

  You can say that again. It's true!
  누가 아니래. 정말야!

- [ ] **You said it**
  그러게 말야

  You said it. And you know what I say?
  그러게 말야. 근데 내가 무슨 말하는지 알아?

- [ ] **You're telling me (S+V)**
  누가 아니래, …라고 말하는거야?

  You're telling me. There's no need to go there.
  누가 아니래. 거기 갈 필요없어.

  You're telling me I'm dying? 내가 거짓말하고 있다는거야?

- [ ] **That's what I'm saying**
  내 말이 바로 그거야

  That's what I'm saying. You should go with your instincts. 내말이 바로 그거야. 넌 본능에 따라 행동해야 돼.

- [ ] **That's my point**
  그게 바로 내 말이야

  That's my point. It's all screwed up.
  내 말이 바로 그 말야. 완전히 엿됐어.

- [ ] **That's what I think [thought]** 내 말이 바로 그거야

  I think that's pretty strong, **that's what I think.**
  그게 무척 강할 것 같은데, 그게 바로 내 생각이야.

- [ ] **My sentiments exactly**
  내 말이 그 말이야

  It's an ugly dress. **My sentiments exactly.**
  드레스 한번 못봐주겠다. 내 말이 바로 그거야.

- [ ] **Say no more**
  그만 말해도 알아, 무슨 말인지 알아

  Say no more. I'll get out of your hair.
  그만혀. 폐끼치지 않고 갈게.

- [ ] **the rest is history**
  말안해도 너도 잘알지

  She came into my room without any clothes on. And **the rest is history**. 걘 내 방에 다벗고 왔어. 나머지 말안해도 알지.

- [ ] **take the words right out of one's mouth** 그 말하려고 하다

  You **took the words right out of my mouth**.
  지금 막 그 말을 하려고 했어.

- [ ] **Tell me about it!**
  누가 아니래! 그렇게나 말야!

  Tell me about it. I was so wiped out.
  누가 아니래. 난 완전히 뻗었어.

- [ ] **That's the word**
  맞아, 그 말이야.

  He's going to be fired. **That's the word.**
  걔는 해고 당할거야. 바로 그래.

Thomas: **You're telling me** that he's going to jail? 걔가 감방갈거라고 하는거야?
Liz: **That's what I'm saying.** He was convicted. 내 말이 그 말야. 유죄판결받았어.
Thomas: **Say no more.** He got what he deserved. 알겠어. 죄값을 받는거지.
Liz: **That's what I'm saying.** He's a criminal. 그렇지. 걘 범죄자야.
Thomas: You **took the words right out of my mouth**. 나도 그 말 하려고 했는데.

Chapter 6

036 Whatever turns you on!
너만 좋다면 뭐든지!

상대방이 대장이고 상대방의 말에 무조건 따르겠다는 표현으로 Whatever you ask[say]가 잘 알려져 있으며 You're the boss, You're the doctor 등 재미난 표현도 알아두자. Whatever turns you on은 뭐든 너 좋을대로, 꼴리는대로라는 말.

12문장으로 미드영어 후다닥 끝내기

- [ ] **whatever you ask** 뭐든지
  She said she'd do **whatever you ask**.
  걘 네가 뭘 시키든지 할거라고 말했어.

- [ ] **Whatever you say** 뭐든지 말만해
  Whatever you say, Chris. You're the hero.
  뭐든지 말만해, 크리스. 넌 영웅야.

- [ ] **You're the doctor** 네 말대로 할게
  You're the doctor. I'll follow orders.
  네가 시키는 대로 할게. 지시를 따르도록 할게.

- [ ] **You're the boss** 말만해, 분부대로 할게
  We'll do it your way. **You're the boss.**
  우리는 사장님 방식대로 할겁니다. 분부대로 하지요.

- [ ] **Your wish is my command** 시키는 대로 할게
  Whatever you want. **Your wish is my command.**
  뭘 원하든지요. 시키는 대로 할게요.

- [ ] **Whatever turns you on** 뭐든 좋을대로
  I don't care. **Whatever turns you on.**
  난 상관없어. 너만 좋다면 뭐든지.

- [ ] **You win** 내가 졌다
  It's over. **You win.** 다 끝났어. 내가 졌어.
  You win. I won't go to Boston. 내가 졌다. 보스톤으로 안갈게.

- [ ] **touche** (논쟁) 내가 졌어
  Touche. You get me.
  내가 졌어. 내가 틀렸어.

- [ ] **What sb says goes** …가 하는대로 하다
  What my father **says goes** in our house.
  우리 집에서는 아버지가 왕이셔.

- [ ] **Anything you say** 말씀만 하세요
  Anything you say. We'll get it done.
  말씀만 하시면, 일을 해낼게요.

- [ ] **Anything you say~** 네가 말하는 뭐든지
  Anything you say can be used against you.
  네가 무슨 말을 하든지 너한테 불리하게 이용될 수 있다.

미드 Situation

Daisy: You can't act like **you're the boss**. 네가 대장처럼 행동하지마.
Kramer: **Your wish is my command.** 시키는 대로 합죠.
Daisy: **What** my manager **says goes.** 내 매니저가 시키는대로 해야 돼.
Kramer: Alright, **whatever you say.** 알았어. 뭐든지 할게.
Daisy: It's true. You have to do **whatever he asks**. 사실야. 매니저가 시키는 일은 뭐든지 해야 돼.

037 That's the thing.
바로 그거야.

상대방이 자기 생각과 같은 이야기를 했을 때 "바로 그거야!"라고 맞장구 치는 표현으로 주로 That's the~다음에 몇몇 명사를 넣으면 된다. That's the spirit[ticket, thing, stuff]! 등이다. 또한 게임에서 유래한 Bingo!도 기억해두자.

12문장으로 미드영어 후다닥 끝내기

☐ **That's the spirit!**
바로 그거야

That's the spirit, lower your expectations.
바로 그거야, 기대를 낮추라고.

That's the spirit, Mom, the slightly offensive spirit.
엄마 바로 그거야, 약간 공격적으로 나가는 거 말야.

☐ **That's the ticket!**
바로 그거야!

A good investment plan, **that's the ticket!**
훌륭한 투자 계획야, 바로 그거야!

☐ **That's the thing**
바로 그게 내가 원하는거야

That's the thing. Nothing. She hasn't contacted me.
바로 그거야. 아무 것도. 갠 나와 연락을 끊었어.

That's the thing that bothered me.
바로 그게 나를 괴롭히던 거야.

☐ **That's the stuff**
(칭찬) 잘했어, 바로 그거야

That's the stuff. What do you think?
잘했어. 어때?

☐ **That's the way!**
(칭찬) 바로 그거야

Easy does it. **That's the way!**
진정해. 바로 그렇게 하는 거야!

☐ **That's the idea**
(칭찬) 바로 그거야

That's the idea. You're on the right track.
바로 그거야. 너 지금 제대로 잘 가고 있어.

☐ **It's the point that I'm at**
내 생각이 바로 그거야.

It's not great, but **it's the point I'm at.**
대단하지는 않지만 내 생각이 바로 그거야.

☐ **hit the spot**
바로 그거야, 바로 필요한거야, 적중하다

This beer really **hits the spot.**
이 맥주가 정말 필요한거야.

☐ **Bingo!**
바로 그거야!

Bingo! That's exactly what I was thinking.
바로 그거야! 그게 바로 내가 생각하던거였어.

Lucy: This cake really **hits the spot**. 이 케익 정말 필요한건데.
Nick: Oh yeah, **that's the stuff** alright. 어 그래, 필요한 거였네.
Lucy: A cake, **that's the thing** we should make ourselves.
케익이라, 그건 우리가 만들어야 하는 건데.
Nick: **Bingo.** Let's bake one together. 맞아. 함께 만들자.
Lucy: **That's the idea.** We'll make something delicious. 좋은 생각이야. 맛난거 만들어보자.

038 You did a good job!
너 참 일 잘했어!

잘했어 혹은 잘됐네라고 칭찬해줄 때

복권에 당첨됐으면 Good for you, 일을 잘 처리했으면 Good[Super] job이라고 하면 된다. 하지만 미드족이라면 가끔 스포츠 경기장에서 보이기도 하는 You da man!(넌 너무 잘했어, 최고야)이라는 표현까지는 알고 있어야 된다.

12문장으로 미드영어 후다닥 끝내기

- **Good for you** 잘됐네, 잘했어(Good deal!)
  Good for you. No harm, no foul.
  잘됐네. 피해본 것도 없고, 잘못한 사람도 없고.

- **do a good[nice] job** 일을 잘하다
  You **did a good job**. Thank you for your time.
  일 잘했어. 시간내줘서 고마워.

- **Good[Super] job!** 잘했어!
  That's great! **Good job,** Chris.
  아주 좋아. 잘했어, 크리스.

- **Good[Nice] work!** 잘했어!
  Nice work, everybody. Thank you.
  다들 일 잘했어요. 고마워요.

- **It's a good job S+V** …하는 건 잘됐다
  It's a good job you saved that money.
  네가 돈을 아껴서 아주 잘됐어.

- **You da man!** 넌 최고야!(You're the man!)
  You got with her? **You da man!**
  너 걔랑 섹스했어? 넌 대단하다!

- **(Very) Well done** 잘했어
  Well done. Make him work for it.
  잘했어. 걔보고 그 일하라고 해.

- **(That's a) Nice one!** 정말 좋아!, 잘됐어!
  Good shot! **That's a nice one!**
  아주 잘했어! 아주 좋은데!

- **sb be the nice one** …가 성격이 참 좋다
  You're the nice one in the family.
  넌 가족내에서 참 성격이 좋다.

- **Thumbs up!** 최고다, 좋다!
  Clara turned and **gave a thumbs up** to Robinson.
  클라라는 돌아서서 로빈슨에게 두 손가락을 올렸다.

- **Nice going!** 잘했어! 잘한다!(비꼼)
  Nice going. I hate that ugly thing.
  잘했어. 난 정말 저 지저분한 일은 싫어.

Shawn: You **did a good job** on the decorations. 너 장식 정말 잘했다.
Lisa: Thanks. You **did nice work** getting things set up. 고마워. 내가 먼저 틀업을 잘해놨잖아.
Shawn: So **thumbs up** for us both. 그럼 우리 모두 잘난거네.
Lisa: Absolutely. Everything was very **well down.** 물론이지, 모든 일이 다 잘 됐어.
Shawn: **It's a good job** we worked so well together. 우리가 함께 일한 것은 잘한 일이야.

칭찬을 할 때 그리고 칭찬을 받을 때

039 I'm really flattered.
정말 기분이 좋으네.

flatter는 타동사여서 I'm flattered하면 문맥에 따라 칭찬을 받아 기분이 좋거나, 너무 과찬의 말이다라는 뜻이고, say much for는 주어가 for 이하를 잘 말해주고 있다, 문맥에 따라, 즉 칭찬해주고 있다는 세련된 표현으로 잘 기억해두자.

12문장으로 미드영어 후다닥 끝내기

- [ ] **be (all) for the best**
  당장은 아니지만 그게 잘하는 일이다
  I suppose **that's for the best**.
  지금은 그렇지만 그게 잘하는 일인 것 같아.

- [ ] **make you special**
  너를 특별하게 만들어주다
  I'm sure that will **make you special**.
  그게 널 특별하게 만들어줄거라 확신해.

- [ ] **be flattered (S+V)**
  과찬의 말씀이다
  I'm flattered you like my work.
  내 일이 맘에 든다니 기분이 넘 좋네요.

- [ ] **say much for**
  칭찬하다(praise)
  It says much for Barry's work ethic.
  그건 배리의 직업의식을 잘 말해주고 있어.

- [ ] **put in a good word for**
  칭찬하다, 변호하다
  I told you, I came to **put in a good word for** Betty.
  내가 말했잖아, 난 베티를 변호하러 왔어.

- [ ] **put[get] in a plug for~**
  좋게 이야기하다
  Please **put in a plug for** my little sister.
  제발 내 여동생을 좋게 이야기해줘.

- [ ] **slap sb on the back**
  등을 또닥거려주며 칭찬하다
  He came and **slapped** John **on the back**.
  걘 와서 존의 등을 또닥거려주면서 칭찬했어.

- [ ] **fish for compliments**
  칭찬하게끔 유도하다
  The actress **is** always **fishing for compliments**.
  그 여배우는 항상 칭찬을 유도해내.

- [ ] **clap one's hands**
  …의 손뼉을 치다(give sb a clap)
  The audience **clapped their hands** at the performance's end. 관객들은 공연이 끝나자 박수를 쳤어.

- [ ] **give it up for~**
  …에게 박수를 쳐주다
  Ladies and gentlemen, **give it up for** Tracey.
  신사숙녀 여러분, 트레이시에게 박수를 쳐주세요.

- [ ] **be on one's feet cheering**
  기립박수하다
  The winning goal had us **on our feet cheering**.
  결승골로 우리는 기립박수을 했어.

- [ ] **Let's give a big hand for~**
  …에게 박수를 보냅시다
  Let's give a big hand for our next performer.
  다음 공연자에게 큰 박수를 보냅시다.

미드 Situation

Harry: Did you **put in a plug for** me with the boss? 사장에게 나 좋게 이야기했어?
Jill: Yes, I told him your personality **made** you **special**. 어, 너 성격때문에 특별한 친구라고 했어.
Harry: **I'm flattered** you like my personality. 내 성격을 좋아하다니 과찬이지.
Jill: I tried to **give** you **a slap on the back**. 네 등을 또닥거려주려고 했어.
Harry: I just want you to know **I'm not fishing for compliments**.
난 칭찬받으려 쇼하는 사람이 아니라는 것을 알아주길 바래.

256 Chapter 6

이렇게 하자고 제안할 때

040 Here's a deal.
우리 이렇게 하자.

뭔가 중요한 이야기를 꺼내면서 우리 이렇게 하면 어때, 이렇게 하는거야라는 뉘앙스의 Here's the deal, 역시 좋은 생각이 났을 때 먼저 꺼내는 I'll tell you what은 미드족 필수표현. 여기에 Wouldn't be better~까지 알고 있으면 금상첨화.

12문장으로 미드영어 후다닥 끝내기

☐ **Here's the deal** 이렇게 하자	**Here's the deal,** we're going to throw him a surprise party. 자 이렇게 하자, 걔한테 깜짝 파티를 열어주는거야.
☐ **I'll tell you what** 저말이야, 좋은 생각이 있어	**I'll tell you what.** Stop. Don't do us any favors. 저 말이야. 그만해. 우리에게 어떤 호의도 베풀지 말라고.
☐ **Wouldn't it be better to[if~]** …가 더 낫지 않을까?	**Wouldn't it be better not to** work on this case? 이 사건을 맡지 않는게 더 낫지 않을까?
☐ **Would it be okay if~** …해도 괜찮아?	**Would it be okay if** I stay here tonight? 내가 오늘밤 여기 머물러 있어도 괜찮을까?
☐ **If it's okay with you** 네가 괜찮다면	**If it's okay with you,** I thought I'd wear a wife beater. 네가 괜찮으면 나 나시티 입을 생각이었어.
☐ **bring sth to the table** 제안하다	Let's see what Jerry **brings to the table**. 제리가 무엇을 제안하는지 한번 보자.
☐ **propose[put forward] a motion** 제안[제의]하다	The Congressman rose and **proposed a motion**. 그 의원은 일어서서 발의했어.
☐ **kick around** 의견을 물어보다 제안을 검토하다(ask sb's opinion)	The meeting is just to **kick around** a few ideas. 그 회의는 몇 가지 생각들을 검토하기 위한 거야.
☐ **have a pitch for sb** 좋은 아이디어[제안]을 내놓다(come out a good idea)	These kids **have a pitch for** you to listen to. 이 애들에게 네가 귀기울일 좋은 제안이 있어.
☐ **raise a point** 안건을 제안하다	Pardon me, but I need to **raise a point**. 실례지만 안건을 제안해야겠어요.
☐ **put up[forward] a proposal [case]** 제안[진술]을 내놓다	The opposing lawyer just **put forward a proposal**. 상대측 변호사는 진술서를 제출했어.
☐ **weigh in (with)** 제안 등을 당당히 내놓다	Has the judge **weighed in** on this? 판사는 이것에 대한 제안을 내놓았어?

미드
Situation

Phyllis: **Here's the deal,** we need to get married. 이렇게 하자, 우리 결혼해야지.
Britt: **Wouldn't it be better to** wait a few years? 몇 년 더 기다리는게 낫지 않을까?
Phyllis: **I'm just putting forward a proposal** for you. 짐 너한테 프로포즈하는 건데.
Britt: **If it's okay with you,** I need to think about it. 괜찮으면, 생각 좀 해보고.
Phyllis: That's fine. **Kick it around** for a while. 좋아. 잠시 생각해봐.

의사소통(communication) 257

고민하는 상대에게 …하는게 어때라고 말할 때

041 How about I move to Miami?
내가 마이애미로 이사가는건 어때?

상대에게 제안이나 권유할 때 쓰는 기본표현인 How about~?은 How about 담에 ~ing만 오는 것이 아니라 주어+동사의 문장이 온다는 것도 꼭 기억해두고 뻔질나게 나오는 How[What] would you like~?는 형식별로 아예 문장을 외워두자.

12문장으로 미드영어 후다닥 끝내기

☐ **How about+N[~ing, S+V]?** …하는게 어때?	**How about** I give you my business card? 내 명함을 드릴게요.
☐ **How about that?** 이게 어때?(How about that! 근사한데!)	**How about that?** I did this. 이거 어때? 난 이거 했어.
☐ **How would you like+N~?** …는 어때?, 어떻게 …할거야?	**How would you like** some wine before sex? 섹스하기 전에 와인을 좀 마시는 어때?
☐ **How would you like to~?** …하는게 어때?	**How would you like to** come over to my place tonight? 오늘밤 우리 집에 들리는 게 어때?
☐ **How would you like it if~ ?** (의향, 비난) …한다면 어떻겠어?	**How would you like it if** I moved into your house? 내가 너희집에 들어가 동거하면 어떻겠어?
☐ **What would you like?** 뭘 먹을래? 뭐드시겠어요?	**What would you like** in your hotel room? 호텔 방에서 뭐 드실래요?
☐ **What would you like to~?** 뭘 하고 싶어?	**What would you like to** find out? 뭘 찾고 싶어요?
☐ **What do you want to~?** 뭘하고 싶어?	**What do you want to** know about her? 걔에 대해 뭘 알고 싶어?
☐ **What do you want me to~?** 내가 …할까?	All right. **What do you want me to say?** 좋아. 나보고 뭘 말하라는 거야?
☐ **Why not+동사?** …하지 그래?	**Why not** have an affair with her? 걔하고 바람피지 그래?
☐ **Why don't you~?** …하는게 어때?	**Why don't you** tell me what you did last night? 지난밤 네가 무얼 했는지 말해봐.
☐ **Is it all right if S+V?** …해도 괜찮을까?	**Is it all right if** I go with you to the store? 그 가게에 내가 함께 가도 돼?

미드 Situation

Sonya: **How would you like to** go to Antarctica? 남극에 가는거 어때?
Justin: **Why not** have a vacation right here? 휴가는 여기서 보내지 그래.
Sonya: Let's go to Alaska. **How about that?** 알래스카에 가자. 어때?
Justin: **Why don't you** want to stay here? 여기서 그냥 있지 그래.
Sonya: **Is it all right if** I vacation on my own? 내 맘대로 휴가를 써도 돼?

난 괜찮으니 맘대로 하셔요

042 Fair enough. But be honest.
됐어. 하지만 숨기지 말라고.

상관이 아예 없다는 것이 아니라 그냥 이래도 좋고 저래도 좋고 난 괜찮으니 원하는 대로 하라는 말로 이때는 have no problem with~를 이용하면 된다. 말을 하다만 느낌의 Allow me. 그리고 좋아, 됐어라는 의미의 Fair enough는 필수.

12문장으로 미드영어 후다닥 끝내기

☐ **have no problem with~** …에 문제가 없다, 괜찮다	**I have no problem with it.** Why do you? 난 그거에 아무 문제 없는데 너는 왜?
☐ **have no problem with A ~ing** …가 …하는거 괜찮다	Actually, **I have no problem with** you buying it. 실은 난 네가 그걸 사는거 괜찮아.
☐ **have no problem with how[what~]** …에 아무 문제없다	**He has no problem with what** Sally did. 샐리가 무엇을 했는지 아무 문제없어.
☐ **be allowed to** 허락되다	**I'm allowed to** interview potential witnesses. 잠재적인 증인과의 인터뷰 승인이 떨어졌어.
☐ **Allow me.** 내가 할게, 다가가도 될까요.	This should be taken down. **Allow me.** 이건 내려야하는 건데. 내가 할게.
☐ **allow sb in[out]** 들여보내다[내보내다]	The bouncer won't **allow** me **in**. 클럽기도가 우리를 들여보내주지 않으려고 해.
☐ **okay** 허락하다	I need you to **okay** the C-section. 당신이 제왕절개수술을 허락하는 것이 필요합니다.
☐ **give ~ the okay** 승낙하다	She would never **give** me **the okay** to drive her car. 걘 절대로 내가 자기 차를 운전하는 것을 허락하지 않을거야.
☐ **Fair enough** (제안에) 좋아, 됐어, 알았어	**Fair enough.** Where are you going? 알았어, 어디가는거야? **Fair enough,** now go get ready! 좋아. 이제 가서 준비해!
☐ **Be my guest** (상대방 요청에) 그렇게 해, 좋으실대로	You come back with a warrant? **Be my guest.** 영장갖고 다시 온다구요? 맘대로 하세요.
☐ **with my say-so** 내허락없이	Nothing happens around here **without my say-so**. 내 허락없이는 여기서는 아무 것도 안돼.

Jenny: Would you **allow** me in your home? 댁에 좀 들어가도 되겠습니까?
Chad: I **have no problem with** you coming in. 들어오셔도 문제 없어요.
Jenny: Good. Just **give** me **the okay.** 좋아요. 허락만 해주세요.
Chad: **Be my guest.** Just don't cause any problems. 맘대로 하세요. 문제 일으키지 마세요.
Jenny: **Fair enough.** I'll behave myself inside. 알았어요. 안에서 점잖게 행동할게요.

의사소통(communication) 259

상대방에게 승인[허락]하는 표현들

043 I don't see why not.
그럼, 그렇게 해.

원하는대로 하라며 Do whatever you want를 필두로 반어적인 표현인 I don't see why not, 그리고 좀 더 미드적으로 I wouldn't say no to~, I don't mind if I do, 끝으로 기본표현이지만 많이 쓰이는 by all means를 눈여겨본다.

12문장으로 미드영어 후다닥 끝내기

표현	예문
☐ **Do what you want** 원하는 대로 해라	I don't give a shit. **Do what you want.** 난 알바아냐. 원하는 대로 해.
☐ **Do whatever you want** 원하면 뭐든 해라, 맘대로 해라	You can **do whatever you want** with that. 넌 그거으로 원하는 뭐든 해. You're gonna sue me? **Do whatever you want.** 소송하겠다고? 맘대로 해.
☐ **give sb the green light** 허락하다	I'm ready to start any time, just **give** me **the green light.** 언제든 시작할 준비됐으니 오케이 신호만 보내.
☐ **I don't see why not** 그래	**I don't see why not.** You can touch my breast. 그래. 내 가슴 만져봐.
☐ **I wouldn't say no (to~)** 기꺼이 승낙하다	**I wouldn't say no** to some food. 일부 음식은 내 거절 못할거에요.
☐ **be welcome to~** …해도 좋다	**You're welcome to** join us if you want. 네가 원하면 우리와 함께 해도 좋아.
☐ **I don't mind if I do** 그러면 좋지	Well, thank you, **don't mind if I do.** 저기, 고마워, 그러면 좋지.
☐ **by all means** 물론이지요	Oh, well then, **by all means**, carry on. 어, 그럼, 물론이지, 계속해.
☐ **go ahead** 어서 그렇게 해	**Go ahead,** Jessica. It's okay. 제시카, 어서 해. 괜찮아.
☐ **go ahead and~** 어서 …해라	**Go ahead and** bring a hit man in. 어서 청부살인업자 데려와.
☐ **Very well** (상대방 부탁에) 좋아, 알겠어	**Very well,** then, let's get started. 알겠어, 그럼, 시작하자고.

미드 Situation

Penny: Are you going to **give** me **the green light** to start? 시작하라는 허락을 해줄거에요?
Chad: **I wouldn't say no to** you beginning to work. 일을 시작하는데 기꺼이 승낙하지요.
Penny: **Very well.** Let me show you my plans. 좋아요. 내 계획은 보여줄게요.
Chad: **Go ahead and** put them on the table. 어서 제안해봐요.
Penny: You **are welcome to** ask questions about them. 계획에 대해 뭐든지 질문해요.

Chapter 6

모르겠다고 혹은 아니라고 말하기

044 Speak for yourself.
너나 그렇지.

부정이나 반대를 강조하려면 Not even close를 쓰면 되고 많이 눈에 뜨이는 Not that I know of는 know of만 오는 것이 아니라 Not that I remember, Not that I recall 등 다양하게 올 수 있다는 점에 고정관념을 깨보자.

12문장으로 미드영어 후다닥 끝내기

☐ **be not even close** 어림도 없다	**I'm not even close** to being done. 난 끝내려면 아직 멀었어.
☐ **Not even close** 어림없어, 아직 멀었어	No! I am not okay. **Not even close.** 안돼! 난 싫어. 전혀 어림없어.
☐ **be not having any (of that)** 동의하지 않다(not agree)	She wanted a mink, but her husband **wasn't having any of that**. 걘 밍크를 원했지만 남편에게 전혀 씨알이 먹혀들어가지 않았어.
☐ **not that I know of[saw]** 내가 알기로는 아니다	**Not that I know of.** My dad died of a heart attack when I was a kid. 내가 알기로는 아냐. 아버지는 내가 어렸을 때 심장마비로 돌아가셨어.
☐ **not that I remember[recall]** 내 기억으로는 아니다	**Not that I recall.** Are we almost done? I'm tired. 내 기억으로는 아냐. 이제 다 된거야? 나 피곤해.
☐ **I don't see that[it]** 그런 것 같지 않아	**I don't see it.** Stay away from the family. 그런 것 같지 않아. 가족에 가까이 가지마.
☐ **I don't see that S+V** …가 아닌 것 같아	**I don't see that** I have any choice. 나에게 기회가 없는 것 같아.
☐ **I don't see it that way** 그렇지 않아	**I don't** think the jury will **see it that way**. 배심원이 그렇게 생각할 것 같지 않아.
☐ **(It's) Not that S+V** …한 것은 아니다	**It's not that** I don't appreciate it. 내가 감사를 하지 않은 것은 아냐.
☐ **Speak for yourself** 너나 그렇다는 것이다, 너나 그렇지	**Speak for yourself,** no one else agrees. 너나 그렇지, 동의하는 사람은 아무도 없어.
☐ **No can do** 안되겠는걸	**No can do.** I can't work overtime tonight. 안되겠어. 오늘밤에는 야근할 수가 없어.
☐ **You couldn't (do that)!** 넌 절대 못할걸	**You couldn't do that.** It'd be illegal. 넌 절대 그렇게 못할거야. 그러면 법에 위반되는데.

미드 Situation

Max: **I don't see that** Lisa has helped us. 리사가 우리를 도운 것 같지 않아.
Linda: **You couldn't** do the job that she does. 걔가 하는 일을 넌 할 수 없잖아.
Max: **I don't see it that way.** I can do her job. 그렇지 않아. 나도 할 수 있지.
Linda: **Speak for yourself.** I couldn't. 너나 그렇지. 난 못할거야.
Max: You're not as talented as me. **Not even close.** 넌 나보다 능력이 떨어지잖아. 아주 많이.

의사소통(communication)

절대로 그렇지 않아

045 I'll never ever hurt you.
절대로 너에게 상처주지 않을게.

부정도 상황과 처지에 따라 강도가 달라지기 마련. never ever, never once 등의 기본어로 강하게 부정해보고, 조금 낯설게 보이지만 직역하면 내가 …할 일은 전혀 없다라는 뜻의 far be it from me to~, I'll be damned if~등을 기억해둔다.

12문장으로 미드영어 후다닥 끝내기

☐ **never ever** 결코 …아니다	It's **never ever** okay for me to talk to you like that. 내가 너에게 그렇게 말하는 것은 결코 아니야.
☐ **never once** 한번도 …하지 않다	You have **never once** invited me to your house. 넌 네 집에 단 한번도 초대하지 않았어.
☐ **not have a lick of~** 조금도 아니다(never)	George doesn't **have a lick of** common sense. 조지는 상식이 전혀 없어.
☐ **not ~ a thing** 조금도 아니다	Honey, you didn't eat **a thing**. 자기야, 넌 아무것도 먹지 않았어.
☐ **Not a thing** 전혀, 아무것도	We had nothing. **Not a thing!** 우린 아무 것도 없어. 전혀!
☐ **not ~ for the world** 절대로 …하지 않다	I'd never break up with him, **not for the world**! 난 걔와 절대로 헤어지지 않을거야, 무슨 일이 있어도!
☐ **not a single** 하나도 …가 없는	**Not a single** person even tried to help me. 단 한명의 사람도 날 도와주려고도 하지 않았어.
☐ **far be it from me to~** …할 맘은 조금도 없다	**Far be it from me to** complain. 불평할 생각은 조금도 없어.
☐ **(I'll be, I'm) damned if~** 절대로 …하지 않을거야	**I'll be damned if** I'm gonna be that kind of wife. 난 그런 류의 아내가 절대로 되지 않을거야.
☐ **not (even half) a drop** 조금도 …아니다	There's **not even a drop** of wine left. 와인이 한 방울도 남은게 없어.
☐ **nothing of the sort [kind]** 그런 종류의 것이 아니다	I did **nothing of the sort**. 난 그런 종류의 일을 하지 않았어.
☐ **not think[believe] for one minute** 결코 …라 생각하지 않다	I **don't for one minute think** that Grace is a prostitute. 그레이스가 매춘부라고 결코 생각하지 않아.

Girard: I have **never, ever** dated a beautiful girl. 난 아름다운 여자와 데이트를 해본 적이 없어.
Paula: You are right. **Never once** in your life. 맞아. 평생 한번도 없지.
Girard: **I'm damned if** I'll keep dating ugly girls. 못생긴 여자들하고는 계속 데이트하지 않을거야.
Paula: I **don't believe for one minute** you can date an attractive girl. 난 결코 네가 매력적인 여자와 데이트할 수 있을거라고 생각하지 않아.
Girard: There's **not a single** reason why I can't. 그럴만한 한가지 이유라도 댈 게 있어?

Chapter 6

제안 등에 거절반대하기

046 That's not a good idea.
좋은 생각같지 않아.

직설적으로 turn down이나 shut out를 써서 반대하고 거절해도 되나 후환을 조심해야 하니 좀 조심스럽게 Not for me, not a good idea, don't feel like 등으로 부드럽게 반대의사를 밝혀보자.

12문장으로 미드영어 후다닥 끝내기

☐ **be not good idea for sb to~**
(반대) 좋은 생각이 아니다
I don't think it's a good idea for me to go to the party.
내가 그 파티에 가는 것은 좋은 생각이 아닌 것 같아.

☐ **Not for me**
(거절) 난 싫어(*Not me 나는 그렇지 않아)
Not for me. Thanks, though.
난 싫어. 그래도 고마워.

☐ **It's not that**
그런게 아냐
No, it's not that. I don't care about that much.
아니, 그런게 아냐. 난 그렇게나 신경쓰지 않아.

☐ **have a bone in one's throat**
거절하다
Ms. Prentiss has a bone in her throat over the proposal. 프렌티스 씨는 그 안을 거절했어.

☐ **beg off**
거절하다, 못한다고 하다
I got to beg off, you guys. Got to take my son to school. 여러분, 난 안되겠네요. 아들 학교에 데려다 줘야 돼요.

☐ **don't feel like~**
그러고 싶지 않아
I don't know why, but I don't feel like it. 왠지 모르지만 그러고 싶지 않아.
I don't feel like going to the club. 클럽에 가고 싶지 않아.

☐ **play the devil's advocate**
일부러 반대하다
John is always willing to play the devil's advocate.
존은 항상 기꺼운 맘으로 반대를 위한 반대를 해.

☐ **draw a line (at~)**
반대하다
This is where you draw the line. 여기까지야, 멈출 때를 알아야지.
This is where I draw the line. 여기까지가 내 한계야.

☐ **set oneself against**
…에 반대하다
Don't set yourself against the group.
그 단체에 반대하지마.

☐ **turn down**
거절하다, 소리를 줄이다
You accepted it! You did not turn it down!
네가 받아들였잖아! 넌 거절도 하지 않았어!

☐ **shut sb out**
반대하다, 거절하다, 제외하다
It wasn't right for you to shut me out like that.
네가 나를 그렇게 제외하는 것은 옳지 않았어.

☐ **get shot down**
거절당하다(be rejected)
I got shot down when I asked for a date.
난 데이트를 신청했는데 거절당했어.

미드 Situation

Katrina: **I don't feel like** taking a job in London. 런던에서 일자리를 잡고 싶지 않아.
Brad: You'll **turn down** the chance to live in England? 영국에서 살 수 있는 기회를 거절할거야?
Katrina: I **draw the line** at moving so far away. 그렇게 멀리 이사하는 건 반대야.
Brad: Don't **set yourself against** such a good opportunity. 그런 좋은 기회를 포기하지마.
Katrina: I've made up my mind to **beg off** the job offer. 그 일 제의를 거절하기로 맘먹었어.

의사소통(communication)

노골적으로 부드럽게 거절하기

047 I think I'll pass.
난 안 할래.

서로 좋은 관계라면 거절할 때 부드럽게, 완곡하게 쓰는 게 정상. 공식표현인 I'd like to, but, I wish I could, but, I'm sorry but I can't~는 기본적으로 입에 달고 다니고, I'd have to say no, 혹은 Maybe some other time 또한 알아둔다.

12문장으로 미드영어 후다닥 끝내기

- [ ] **I'd love[like] to, but~** 그렇고 싶지만 안돼
  I'd love to, but now is really not a good time.
  그러고 싶지만 지금은 정말 좋은 때가 아니야.

- [ ] **I wish I could, but~** 그러고 싶지만…
  I wish I could, but I'm not a doctor.
  그러고 싶지만 난 의사가 아니야.

- [ ] **I'm sorry, but I can't~** 미안하지만 난…
  I'm sorry, but I can't talk to you about that.
  미안하지만 너한테 그거 얘기못해.

- [ ] **not ask you to do that** 해달라는 부탁을 안하다
  I couldn't ask you to do that.
  제안은 고맙지만 그러지 않아도 돼요

- [ ] **with all due respect** (반대) 미안한 얘기지만, 그렇다 하더래도
  With all due respect, Mr. Mosby, you have failed.
  미안한 이야기이지만, 모스비 씨 당신은 실패했어요.

- [ ] **I'll pass[I pass]** 난 통과, 난 안할래
  I think I'll pass. Thank you for asking.
  난 안할래. 물어봐줘서 고마워.

- [ ] **pass on** 정중히 거절하다
  I'll have to **pass on** the invitation tonight.
  난 오늘밤 초대를 정중하게 거절할거야.

- [ ] **send one's regrets** (특히 가족의 죽음에) 유감을 표하다
  Send my regrets to your grandmother.
  네 할머니께 내 유감스러움을 전해드려.

- [ ] **I'd have to say no** 안되겠는데
  I'm sorry Mark, but I'm going to **have to say no**.
  마크야, 미안하지만 안된다고 해야 될 것 같아.

- [ ] **Maybe some other time** (공손히 거절) 다음에
  I'm really busy. **Maybe some other time.**
  난 정말 바빠. 다음에 하자.

- [ ] **I've got work to do** 할 일이 너무 많아
  Leave me alone, **I've got work to do.**
  나 좀 놔둬. 할 일이 너무 많아.

- [ ] **won't[wouldn't] hear of it** 듣지 않다, 반대하다
  Vickey **wouldn't hear of it**.
  비키는 그 말을 들으려 하지 않았어.

Situation

Marcia: **With all due respect,** you need to talk to Rick. 미안한 얘기지만, 넌 릭에게 말해야 돼.
Nate: I can't. I just **have to say no** to that. 안돼. 거절해야겠어.
Marcia: I'll **pass on** what you've told me. 네 말을 거절해야겠는데.
Nate: **Send my regrets to** him too. 걔한테 거절해서 미안하다고 말해줘.
Marcia: **I'd like to, but** he's going to be angry. 그러고는 싶지만 엄청 화낼텐데.

Chapter 6

048 Not on your life.
죽어도 안돼.

배째라며 결사반대하기

이번에는 반대로 죽어라 반대하는 경우로, 우리말의 "내 눈에 흙이 들어가기 전까지는 절대 안돼"라는 의미의 Over my dead body, 그리고 기본적인 No way!, 좀 어렵지만, Not by a long shot, Nothing doing까지 머리속에 팍팍~.

12문장으로 미드영어 후다닥 끝내기

☐ **Not on your life** 절대로 안돼	**Not on your life.** We're not going. 죽어도 안돼. 우리 안가는거야.
☐ **be (dead) against~** (절대) 반대하다	You know **I'm dead against** the death penalty. 난 사형제도에는 절대 반대인거 알잖아.
☐ **over my dead body** 내눈에 흙이 들어가기 전까지 안돼	She'll marry him **over my dead body**. 걘 내가 죽는다고 해도 걔랑 결혼할거야.
☐ **No way!** 절대 안돼!	**No way!** They'll pay you for that? 절대 안돼! 뭘하면 돈을 준다고?
☐ **Not that way!** 그런식으론 안돼!, 그런 식은 아니!	You can't fix the computer. **Not that way!** 넌 컴퓨터를 못고쳐. 그런식으로 하면 안돼!
☐ **Not a chance (in hell)** 절대로 안돼	With you? No, **not a chance in hell**. 너랑? 안돼, 절대로 안돼.
☐ **Never happen!** 절대 안돼!	**Never happen.** No way she goes out with Ray. 절대 안돼. 걔가 레이랑 데이트할 수는 없어.
☐ **not by a long shot** 절대로 아냐	This isn't fair. **Not by a long shot**. 이건 불공평해. 절대로 아냐.
☐ **Nothing doing.** (거절) 어림없다	**Nothing doing.** I'd never accept a deal like that. 어림없지. 난 절대로 그런 제안은 받아들이지 않을거야.
☐ **put one's foot down** 결사반대하다	I understand, but I have to **put my foot down**. Okay? 이해는 하지만 반대해야겠어, 알았어?
☐ **not for love or[nor] money** 어떻게 해도 안된다	There was no cake, **not for love or money**. 어떻게 해도 케익을 먹을 방법이 없었어.
☐ **Not in a million [thousand] years** 절대 안돼	**Not in a million years.** She doesn't even like him. 절대로 안돼. 그녀는 걜 좋아하지도 않을거야.

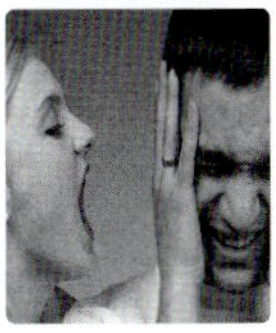

Nicky:	Did your parents **put their foot down**? 네 부모님들이 반대하셨어?
Belinda:	Yes, they **are dead against** me moving in with my boyfriend. 어, 내가 남친과 동거하는데 결사 반대야.
Nicky:	They won't let it happen, **not by a long shot**. 그렇게 놔두지 않으실거야, 절대로.
Belinda:	They have said **no way**! It's so unfair to me. 절대 안돼라고 말했어. 너무 불공평해.
Nicky:	So there's **not a chance** in hell they'll change their minds. 부모님 맘이 바뀔 가능성은 전혀 없는거네.

의사소통(communication) 265

그만두라고 금지할 때

049 You can't do that!
그러면 안되지!

한심한 놈이 한심한 짓을 할 때는 공격적으로 금지해야 한다. You can't do that을 "넌 그것을 할 수 없다"라고, 그리고 You don't want to~를 "넌 그것을 하고 싶어하지 않는다"라고 해석하는 사람은, 참 뭐라고 말해야 하남???

12문장으로 미드영어 후다닥 끝내기

☐ **You can't do that!** 그러면 안 되지!	Don't start doing that. **You can't do that**, Chris. 그거 시작하지마. 크리스, 그러면 안돼.
☐ **Please don't do that** 제발 그러지마	**Please don't do that.** It's forbidden. 제발 그러지마라. 그건 금지된거야.
☐ **Don't ever try to do it** 시도조차 하지마	**Don't ever try to do it** while the boss is here. 사장님이 여기 있을 때는 그럴려고 하지도 마.
☐ **That won't do (to~)** …해서는 안돼	**It won't do to** skip the staff meeting. 직원회의를 빼먹어서는 안돼.
☐ **Don't get me started (on)~** …는 말도 마, …얘기는 꺼내지마	**Don't get me started on** my divorce. 내 이혼이야기는 꺼내지도 마.
☐ **I'm not gonna let A do~** …가 …하지 못하게 하다	**I'm not gonna let** this change me. 이 때문에 내가 변하지 않도록 할게.
☐ **You don't want sth[to~]** …하지마라, 하지 않는게 좋아	**You don't want to** know. 모르는게 나아.
☐ **bar sb from~** …를 …로부터 금지하다	They **barred** Charles **from** the pub. 걔네들은 찰스에게 술집출입을 금지시켰어.
☐ **don't you dare+V ~** 멋대로 …하지 마라	**Don't you dare** do that to me. 멋대로 내게 그렇게 하지마. **Don't you dare** steal that candy! 사탕을 훔치기만 해봐라!
☐ **Don't you dare!** 그러기만 해봐라!	**Don't you dare!** You'll be sorry. 그러기만 해봐라! 후회하게 될거야.
☐ **You wouldn't dare (do~)!** 그렇게는 안되지!	**You wouldn't dare!** 그렇게만 해봐라! **You wouldn't dare to** ruin my weekend! 내 주말을 망치기만 해봐라!
☐ **You know what you can do with it!** 헛소리매, 신경꺼!	Here's your ring. **You know what you can do with it!** 여기 네가 준 반지다. 이제 꼴도 보기 싫으니 꺼져라(신경꺼라)!

미드 Situation

Emit: I'm not going to let Virginia come to my party. 버지니아가 내 파티에 못오게 할거야.
Rosa: **You wouldn't dare** keep her away! 걜 멀리하면 안되지!
Emit: Oh yes! **I've barred** her **from** the ceremony. 그렇고 말고! 졸업식에도 못오게 했어.
Rosa: **You don't want** this problem to get bigger. 이 문제를 더 크게 만들지 마라.
Emit: **Don't get me started with** the problems she's caused. 걔가 만든 문제들 얘기는 꺼내지도마.

050 Would you lay off?
그만 좀 할래?

아씨, 짜증나, 그만두라면 그만둬야지!

말도 안되는 말이나 행동을 해서 짜증날 경우에는 Stop it!, 그리고 엄청 많이 나오는 Come off it!, Knock it off!, 그리고 Cut that out!은 억양까지 따라 연습해보고, 좀 순화해서 말하려면 Do you mind?라고 하면 된다.

12문장으로 미드영어 후다닥 끝내기

☐ **just drop it[the subject]**
그얘기 중단하다
Just drop it. Let's talk about something more fun.
그 얘기 그만해. 더 재미난 이야기를 하자.

☐ **Come off it!**
(상대방의 말도 안되는 말에) 집어쳐!
Come off it. You're not that pretty.
집어쳐! 넌 그렇게 예쁘지 않아.

☐ **Knock it off**
(상대방의 짜증나는 행동에) 그만둬!
Knock it off. You're gonna get us all in trouble.
그만둬. 넌 우리에게 문제만 가져다줄거야.

☐ **Cut it[that] out!**
(상대방 행동을 중지시키며) 그만 둬, 닥쳐
Cut it out, you're bugging me.
그만둬, 너 때문에 귀찮아 죽겠어.

☐ **Cut the~**
…를 그만 둬
Hey, Louis. **Cut the** chit chat, just get back to work.
야, 루이스. 잡담 그만하고 다시 일시작해.

☐ **pull an all-nighter**
밤새우다
Peter says we might **be pulling an all-nighter.**
피터가 그러는데 우리 밤샐지도 모른대.

☐ **lay off**
(상대방을 짜증나게 하는 것을) 그만두다
Please tell Peter to just **lay off,** okay?
피터에게 그만 좀 두라고 말할래, 응?

☐ **Do you mind?**
(짜증나) 그만할래?, (허락) 그래도 돼?
Tom, I am in pain. **Do you mind?**
탐, 나 지금 아파. 그만 좀 할래?
Can I show you something? **Do you mind?**
뭐 좀 보여줘도 돼? 그래도 돼?

☐ **Save it[your breath]**
그만해, 말할 필요없어
Save it, Hellen. I'm not in the mood.
그만해, 헬렌. 나 기분이 안좋아.

☐ **Stop it[that]!**
그만둬라!
Oh, **stop that,** stop that right now.
그만해, 지금 당장 그만 좀 하라고.

☐ **Spare me**
뻔한 얘기 그만둬
I've heard every imaginable joke, so **spare me.**
내 안들은 농담이 없어, 그러니 뻔한 얘기 그만둬.

☐ **Spare me the details**
요점만 말해, 자세히 말하지마
Spare me the details. I don't want to know.
요점만 말해. 알고 싶지 않으니.

미드 Situation

Heather: **Cut the** complaining about the food. 음식 불평은 그만해.
Jerry: **Do you mind?** I'm just expressing my opinion. 그만 좀 해라. 내 의견을 말할 뿐인데.
Heather: **Spare me.** You never like any restaurant food. 그만해. 어떤 식당 음식도 다 싫어하잖아.
Jerry: **Just lay off.** I'll complain if I want to. 그만두자. 내가 하고 싶으면 불평하는거지.
Heather: **Come off it.** No one wants to hear you bitching. 그만해. 아무도 너 짜증내는거 듣기 싫어해.

그만두거나 중단하거나

051 Let's just leave it at that.
우리 그냥 두자.

Give me a break는 두가지 상황에서 쓰이는데 뭔가 목적을 달성하기 위해 애교떨 때 혹은 상대방이 말도 안되는 소리를 할 때 그만 좀 작작하쇼라는 맥락으로 좀 봐달라는 의미로 쓰인다. leave it at that은 그만두다라는 미드적 표현.

12문장으로 미드영어 후다닥 끝내기

☐ **Give[Cut] me a break**
좀 봐줘, 그만 좀 해(give it a break)

Give me a break. I'm still new at this.
좀 봐줘. 나 아직 이거 시작단계잖아.

Give me a break, it's not a disease.
그만 좀 해. 이건 병 아니야.

☐ **Give it a rest**
그만 좀 해라

Give it a rest. We've heard enough.
그만 좀 해. 충분히 들었어.

☐ **Don't say it**
말 안해도 돼, 그만해

Don't say it. You're disappointed in me.
그만 말해. 넌 나한테 실망했잖아.

☐ **Spoiler alert!**
미리 말하지마!

Spoiler alert! The priest is the murderer.
미리 말하지마! 사제가 살인자래.

☐ **Cheese it!**
그만둬!, 꺼져!

Cheese it! Here she comes.
그만해! 걔가 온다.

☐ **come[roll, skid] to a stop**
멈추다

Kate's car **came to a stop** at a traffic light.
케이트의 자동차가 신호등에서 멈추었어.

☐ **come to a rest**
멈추다

The ball **came to a rest** at the bottom of a hill.
공이 언덕 밑에서 멈추었어.

☐ **put a stop to**
중단하다

I have got to **put a stop to** this right now.
난 지금 당장 이걸 멈추어야 돼.

☐ **leave it at that**
더 이상 하지 않다

Let's just **leave it at that**, alright?
이제 그만 두자, 응?

☐ **leave off**
중단하다(stop)

Just **leave off** with the unkind comments.
핀잔을 그만 좀 해.

☐ **put the brakes on**
…에 제동을 걸다

Why don't you **put the brakes on** the investigation?
조사는 그만해라.

미드 Situation

Gale: **Don't say it.** I know I owe you fifty bucks. 그만해. 50 달러 빚진거 알아.
Monique: You know how to **put a stop to** me asking for money.
내가 돈 돌려달라고 하는 걸 못하게 하는 법을 잘 아네.
Gale: Yeah, if I pay you you'll **leave off.** 그래, 내가 갚으면 그만하겠지.
Monique: So give me the money and we'll **leave it at that.** 그럼 돈을 줘 그리고 더 이상 말하지 말자.
Gale: For God's sake, Monique, **give it a rest.** 빌어먹을, 모니크야, 그만 좀 하자.

스스로 그만둘 때는

052 I'll get out of your hair.
너 그만 귀찮게 할게.

자기 스스로 그만둘 때는 pack it in, pack one's bags, 갑자기 그만 둘 때는 pull up short, stop short를 쓰면 된다. 또한 ground sb처럼 쓰이면 부모가 자식들을 교육시키기 위해 외출금지시키는 것을 말한다.

12문장으로 미드영어 후다닥 끝내기

- **get off one's tail** 귀찮게 하지 않다
  Look man, just **get off my tail**!
  이봐, 그만 귀찮게 좀 해라!

- **get[keep] out of one's hair** 폐를 끼치지 않고 그만 가다
  I send her a check once a month to **keep her out of my hair**. 걔한테 폐를 끼치고 싶지 않아 한달에 한번 수표를 걔한테 보내.
  No problem. I'll **get out of your hair**. I'll leave the key.
  물론. 그만 폐끼칠게. 열쇠는 놓고 갈게.

- **pack one's bags** 짐싸서 가버리다
  She **packed her bags**, stole a couple hundred bucks from her mother. 걔 가방을 싸고 엄마한테서 몇 백 달러를 훔쳤어.

- **pull the plug (on~)** 그만두다, 손떼다
  It's time to **pull the plug on** this marriage.
  이제 이 결혼을 그만 둬야 할 때가 된 것 같아.

- **wind up sth** 일 등을 마무리하다, 그만두다, 접다
  Let's **wind up** this picnic.
  이 피크닉은 그만 접자.

- **pack it in** (직장, 일, 행동) 그만두다 (to stop doing an activity or job)
  Pack it in, unless you wanna stay at my place.
  우리 집에 있고 싶으면 그만둬.

- **let up** 그만하다, 멈추다, 약해지다
  I'm sure why, but he wouldn't **let up**.
  이유는 확실히 알겠는데 걔 그만두지 않으려고 해.

- **not sweat the small stuff** 사소한 것에 목숨걸지 않다
  Oh, please, you don't **sweat the small stuff**.
  제발, 사소한 거에 목숨걸지마라.

- **pull[bring] sb up short** 중도에 갑자기 중단하다
  He **pulled up short** of hitting my car.
  걔 갑자기 내 차를 때려부수는 것을 멈췄어.

- **stop short** 갑자기 멈추다
  She **stopped short** of saying I was stupid.
  걔 내가 멍청하다고 말하려다 멈췄어.

- **ground sb** (부모가 자식을) 외출금지시키다
  You boys behave or I will **ground** you both.
  너희들 행동조심하고 그렇지 않으면 너희 둘 외출금지야.

Maim: Why **are** you **packing up your bags**? 왜 가방을 싸는거야?
Shelly: I'**m winding up** my stay in this place. 여기서 그만 머무르려고.
Maim: So you're going to **pack it in** and go home? 그럼 너 그만두고 집에 가는거야?
Shelly: Right. I'll **be out of your hair** soon. 맞아. 그만 불편하게 할게.
Maim: Relax Shelly, **don't sweat the small stuff**. 쉘리, 맘놔. 사소한 것에 목숨걸지 말라고.

053 You stay out of this!
넌 빠져!

말썽이 일어나거나 곤경에 처하기 전에 미리 멀리하여 조심하라고 할 때는 keep out of, stay out of, stay away from을 아주 많이많이 사용한다. 이미 연루되었으면 이제라도 빨리 keep one's hands off라고 재촉하면 된다.

12문장으로 미드영어 후다닥 끝내기

□ **keep off** 멀리하다	**Keep off** the car's hood. 자동차의 후드에서 떨어져.
□ **keep out of~** 멀리하다	**Keep out of** the back yard today. 오늘은 뒷마당에 오지마.
□ **stay out of~** …에 끼어들지 않다, 멀리하다, 간섭하지 않다	**You stay out of this!** 넌 빠져! I told you to just **stay out of it**! 넌 그냥 빠지라고 내 말했잖아!
□ **stay away from** 멀리하다	**You stay away from** him while you're here. 내가 여기 있는 동안 넌 걔한테 오지마.
□ **keep sb[sth] from ~ing** …가 …하는 것 막다, …가 …하지 못하게 하다	Sam's afraid his wife will **keep** him **from** coming. 샘은 자기 아내가 오지 못하게 할까봐 걱정해.
□ **keep[take, get] one's hands off (of)** …에서 손떼다	If I had you in my bed, I'd never be able to **take my hands off** you. 네가 내 침대에 있다면 난 한시도 깔짝대지 않을거야.
□ **back off** 뒤로 물러서다	You know, Linda, could you just **back off**? 저기 말야, 린다, 그냥 좀 뒤로 물러설래?
□ **keep one's nose clean** 휘말리지 않다, 얌전히 지내다	I've made it a point to **keep my nose clean**. 난 다른 일에 휘말리지 않도록 참견하지 않아.
□ **be distant** 거리를 두다, 소원해지다, 신경못쓰다	I'm really sorry I've **been distant** for some time. 한동안 신경 못 써서 정말 미안해.
□ **hold[keep] ~ at arm's length** 적당한 거리를 유지하다	She **kept** me **at arm's length** about things like that. 걘 그런 일에 적당한 거리를 유지하게끔했어.
□ **keep one's distance** 안전하게 거리를 두다(keep sb at a distance)	Kevin was there, but he **kept his distance**. 케빈은 거기 있었지만 안전한 거리를 확보하고 있었어.
□ **give a wide berth** 충분한 거리를 두다	**Give** weird people **a wide berth**. 이상한 사람들과는 거리를 많이 둬.

미드 Situation

Alma: I told you to **stay out of** my room. 내 방에 오지 말라고 했어.
Jerry: I know. I've **kept my distance** from it. 알아. 충분한 거리를 두고 있었어.
Alma: You should **stay away from** my belongings too. 내 물건들에도 가까이 가면 안돼.
Jerry: Fine. I'm **giving** you **a wide berth**. 좋아. 충분한 거리를 두지.
Alma: You'd damned well better **back off** when I say so. 내가 그러라고 할 때 물러서는게 나아.

054 You got any advice for me?
나한테 뭐 조언해줄 거 없어?

충고나 조언해주기

You'd better~는 …해라라는 뉘앙스라는 점을 알아두고, Be advised~는 공식적으로 앞으로 있을 일을 공지할 때 사용하는 표현이고 또한 결혼전의 남녀가 여행가서 한 모텔에 들어갈 때, 씨알도 안 먹히겠지만 Be a good boy라고 할 수 있다.

12문장으로 미드영어 후다닥 끝내기

- [ ] **You don't say no to~**
  …에 아니라고 말하지 마라(advice)
  You don't say no to Mr. Davis.
  데이비스 씨에게 아니라고 말하지마.

- [ ] **watch what you're doing [saying]** 조심해서 행동[말]해라
  Watch what you're saying if you want to stay here.
  여기 남아있으려면 말 조심해.

- [ ] **(You'd) Better+V**
  …해라(You better+V)
  You better hope it doesn't get cold.
  날씨가 춥지 않기를 바래.

- [ ] **advise sb of**
  조언하다(advise sb to~)
  She **advised** me **to** keep a gun in the office.
  걘 나보고 사무실에 총을 두고 있으라고 했어.

- [ ] **Be advised (that)~**
  …을 알고 계세요
  Be advised that some is going to be fired.
  일부 직원이 감원될거라는 것을 알고 계세요.

- [ ] **Be a good boy**
  착하게 행동해라
  Be a good boy and get me a drink.
  착하게 굴고 술한잔 갖고 와라.

- [ ] **be a waste of time [money, effort]** 시간[돈, 노력] 낭비
  Doesn't that seem like **a waste of time**?
  그거 시간낭비같지 않아?

- [ ] **You don't have[need] to~**
  …하지 않아도 돼
  You don't have to worry about that.
  넌 그거 걱정하지 않아도 돼.

- [ ] **get advice from**
  …로부터 조언을 받다
  I can't believe I'**m getting sexual advice from** her.
  내가 걔한테서 섹스에 관한 조언을 받을 줄이야.

- [ ] **So, got any advice?**
  뭐, 조언해 줄 거 없어?
  You got any advice for me?
  나한테 뭐 조언해줄 것 없어?

- [ ] **take one's advice**
  …의 조언을 받다
  I **take my medical advice** from doctors.
  난 의사들로부터 의학적 조언을 받고 있어.

- [ ] **give sb advice (about)**
  …에게 (…에 대해) 조언을 해주다
  Can I **give** you **some advice about** it?
  내가 그거에 대한 조언을 좀 해줄까?

미드 Situation

Doris: **Watch what you're saying to** Mr. Jones. 존스 씨에게 말 조심해서 해.
Scott: I haven't said anything bad to him. 그분한테 아무런 나쁜 말도 안했는데.
Doris: **You'd better** be very nice to him. 잘 받들라고.
Scott: I don't really like him though. 그래도 그 사람이 싫은데.
Doris: **You don't have to** like him, just be nice. 좋아할 필요없어. 그냥 잘 받들어.

의사소통(communication)

말을 안들어도 또 충고해주기

055 Want my advice?
내 조언이 필요해?

wouldn't want to~라고 고집을 펴도 would do well to~, would as soon~이라고 조심스럽게 충고를 해줘 보자. 그리고 watch one's six 혹은 check six는 군대에서 유래된 것으로 6시방향, 즉 자기 뒤를 조심하라는 표현이다.

12문장으로 미드영어 후다닥 끝내기

□ **would (just) as soon+V** 차라리 …하는게 낫겠다	He **would just as soon** skip the conference. 걔는 회의를 빠지는게 낫겠어.
□ **wouldn't want to~** …하려 하지 않다	**I wouldn't want to** do anything to hurt your feelings. 네 감정을 다치게 할 어떤 짓도 난 하려고 하지 않을거야.
□ **sb would do well to+V** …하는 게 나을거야	**You would do well to** forget what you saw. 네가 본 것을 잊어버리는게 나을거야.
□ **watch one's back** 조심하다(check six)	I'm just telling you to **watch your back**. 단지 조심하라고 말해주는거야.
□ **if you know what's good for you** 무엇이 네게 좋은지 안다면	You'll go to bed **if you know what's good for you**. 뭐가 좋은지 알면 잠자야지.
□ **There will be hell to pay** 나중에 몹시 성가시게 될거야	**There will be hell to pay** when I find the thief. 내가 그 도둑과 만나게 되면 고생 꽤나 할텐데.
□ **might[may] as well** …하는 편이 좋을 것 같다	**You might as well** forget it, Tracey. I'm forgetting it too. 트레이시야, 잊는게 낫다. 나도 잊으려하고 있어.
□ **be careful what you wish for** 신중하게 소원을 빌어	**Be careful what you wish for.** It can cause problems. 소원빌 때 신중히 해. 문제가 생길 수도 있어.
□ **want[need, seek] advice** 조언을 구하다	Jessica **needs advice** from her mom. 제시카는 엄마한테서 조언을 구해야 돼.
□ **(You) Want my advice** 내 조언이 필요해?	**Want my advice?** Get yourself a new partner. 내 조언이 필요해? 새로운 파트너를 구해.
□ **give sb a slap on the wrist** 가벼운 비난이나 주의를 주다	Disciplinary committee maybe **gives** me **a slap on the wrist**. 징계위원회는 내게 가벼운 주의만 줄지도 몰라.
□ **not ~ but rather** …하지 말고 차라리 …을 하다	They **aren't** eating, **but rather** watching TV. 걔네들은 먹지 않고 차라리 TV를 보고 있어.

미드 Situation

Eva: You **would do well to** buy some insurance. 보험을 좀 들어놓는게 나을거야.
Morgan: **I'd just as soon not** spend the extra money. 돈을 더 쓰지 않는 편이 나아.
Eva: **There will be hell to pay** if you have an accident. 사고나면 엄청 힘들텐데.
Morgan: I'm usually pretty careful. 평소에 무척 조심하거든.
Eva: But you never know what's going to happen. 하지만 무슨 일이 일어날지는 모르잖아.

수위를 높여 따끔하게 충고하기

056 Don't shit where you eat.
무모한 짓 하지마라.

make no mistake about it이라고 딱 서두를 꺼낸 다음, 정신 못차리고 야동에 빠져 또 다른 세계에 빠져있는 친구에게 Get real 혹은 Get a life라고 따끔하게 한마디 해주고, 그리고 무모한 짓하는 사람에겐 Don't shit where you eat라고 한다.

12문장으로 미드영어 후다닥 끝내기

☐ **Get real** 정신차려	**Get real.** There aren't any criminals here. 정신차려. 여기는 범죄자가 없어.
☐ **Get a life** 정신차려, 철 좀 들어라	I'm not hitting on you. **Get a life.** 너한테 수작거는거 아냐. 꿈깨라고.
☐ **have got another thing coming** 그러다가 큰 코 다칠 수 있어	Sharon thinks she won, but she'**s got another thing coming.** 샤론은 이겼다고 생각하는데 그러다가 큰 코 다칠 수 있지.
☐ **make no mistake (about it)** 내 분명히 말해두는데	**Make no mistake about it,** Cindy. I am a gay man. 내 분명히 말해두는데, 신디야. 난 게이야.
☐ **Don't trouble oneself (to~)** 일부러 …하지 마라	**Don't trouble yourself to** see us out. 일부러 우리 배웅하려고 하지마요.
☐ **Don't shit where you eat** 지금 누리는 것을 망치지마라	Take this business elsewhere. **Don't shit where you eat.** 이 사업은 다른 곳에서 해라. 지금 하는 것도 망치지말고.
☐ **You can't know** 알면 다쳐, 모르는게 나아	**You can't know!** Don't ask me about that. 알면 다쳐! 그것에 대해 네게 말해줄 수가 없어.
☐ **You can't know wh~** 넌 …을 이해못해, 알 수가 없어	**You can't know why** he disappeared. 걔가 왜 사라졌는지는 알 수 없는 노릇이지.
☐ **Mind you (S+V)!** 주의해, 기억해!	**Mind you** it's not exactly illegal but it's not legal either. 그게 꼭 불법은 아니지만 그렇다고 합법적인 것도 아니라는 걸 주의해.
☐ **Get a job!** 그만 게으름을 펴라, 직업을 가져라!	**Get a job!** Stop playing games all day! 그만 게으름피고 일거리 찾아봐라! 종일 게임만 하지 말고!
☐ **Look out!** 조심해!(look out for~ 주시하다, 돌보다)	**Look out** kids, he's coming! 애들아, 조심해, 걔가 온다!
☐ **You listen to me** 명심해	**You listen to me,** I'm no longer a child. 명심하라고, 난 더이상 어린애가 아니야.

미드 Situation

Roy: I need money, **make no mistake about it**. 분명히 말해두는데, 나 정말 돈이 필요해.
Gabriella: So **get a job**! You'll get a salary. 그럼 일을 해! 급여나오잖아.
Roy: No one is going to hire me. 아무도 날 안쓸거야.
Gabriella: **You can't know** that no one will hire you. 고용안될거라는 건 알 수 없는거지.
Roy: But I have no skills for a job. 하지만 직장에 들어가기에는 아무런 기술도 없어.

착각 속에 사는 친구에게

057 Don't even think about it.
그건 꿈도 꾸지마.

그런 친구에게 할 수 있는 말은 꿈깨라(Dream on, In your dreams, You wish)라고 할 수 밖에. 구체적으로…는 꿈에도 생각하지 말라고 할 때는 not even think about~이라고 하면 된다.

12문장으로 미드영어 후다닥 끝내기

☐ **Dare to dream** 꿈에서나 그렇지	Great things can happen if you **dare to dream**. 꿈에서기는 하지만 멋진 일들이 일어날 수 있어.
☐ **Dream on!** 꿈깨!	**Dream on!** You'll never become a doctor! 꿈깨! 넌 의사가 되지 못할거야!
☐ **In your dreams** 꿈도 꾸지마	**In your dreams.** I'm charging you with conspiracy to commit murder. 꿈깨. 살인공모죄로 기소할거야.
☐ **not (even) in your wildest dreams** 그런 건 꿈도 꾸지마	No date, **not even in your wildest dreams.** 데이트 좋아하시네, 그런 건 꿈도 꾸지마.
☐ **You would think that~** (사실이 아니지만) …라 생각하고 싶을거야	**You would think** the concierge would be polite. 안내원이 친절할거라 생각하고 싶을거야.
☐ **You would have thought that~** …라 생각하고 싶었겠지	**You would have thought** it would be more crowded. 사람들이 더 붐빌거라 생각하고 싶었겠지.
☐ **You wish!** 꿈깨!	You are a millionaire? **You wish!** 네가 백만장자라고? 꿈깨!
☐ **not even think about ~ing[sth]** 절대 안되니 헛된 생각마, 꿈도 꾸지마	So, **don't even think about** it. OK? 그래, 그건 꿈도 꾸지마. 알았어?
☐ **Perish the thought** 말도 안돼, 꿈도 꾸지마	I'd never skip church. **Perish the thought.** 난 절대로 교회 빠지지 않아. 꿈도 꾸지마.
☐ **mistake A for B** A를 B로 실수로 착각하다	I **mistook** this ring **for** expensive jewelry. 이 반지를 비싼 보석류로 잘못 알았어.
☐ **Am I on glue?** 내가 뭔가 착각하고 있는 건가?	I thought I could pass. **Am I on glue?** 난 합격할거라 생각했었어. 내가 뭐 착각했나봐?

Situation 미드

Alice: **You would think** that guys would want to date me.
남자들이 나와 데이트하고 싶어할거라 너는 생각하고 있겠지.

Chad: **You wish!** No one wants to date you. 꿈깨! 아무도 너하고 데이트하고 싶어하지 않아.

Alice: A few guys have asked me out. 남자애 몇 명이 데이트 신청했는데.

Chad: **Dream on!** Tell me who asked you out. 꿈깨라! 누구였는지 말해봐.

Alice: That tall guy who came in yesterday asked for a date.
어제 들어온 저 키 큰 친구가 데이트 신청했어.

058 I got a bone to pick with you.
나 너한테 따질게 있어.

불만이 넘쳐날 때

이리해도 저리해도 불만만 쌓여갈 때는 complain about은 기본이고 bitch about이나 beef about를 사용하면 된다. Bite me는 아이들이 쓰는 말이지만 우리도 아이들 말 많이 쓰듯 성인도 많이 쓴다. 배째라, 그래 어쩔래라는 의미.

12문장으로 미드영어 후다닥 끝내기

Bite me 배째, 그래 어쩔래
Bite me. How could you just sit there and let her spy on me? 그래 어쩔래. 어떻게 거기 앉아서 걔가 날 감시하도록 할 수 있는거야?

bitch about[at] 불평하다, 짜증내다
I plan to get drunk and **bitch about** my boss. 술 취해서 사장 욕 좀 할거야.

beef about 매우 불만하다
What do you two **have a beef about**? 너희 둘 뭐가 그렇게 불만야?

whine about 징징대다, 푸념하다
Do you want to **whine about** your teacher? 너 네 선생님에게 투덜대고 싶은거야?

have a bone to pick with~ 좀 따질게 있다
Okay, **I got a bone to pick with** you. 좋아, 너한테 좀 따질게 있어.

mouth off (to, about) 불평하다
Don't **mouth off to** your colleagues. 네 동료들 불평은 하지마라.

complain about~ …불평하다
Are you here to **complain about** your wife?? 네 아내 불평하러 여기 온거야?

have no complaints 불만을 하지 않다
We **have no complaints** and plenty of money. 우리는 불만이 없고 돈이 많아.

make a complaint 불만을 제기하다
I wanna **make a complaint** about him. 난 걔에 대해 불만을 제기하고 싶어.

have something against~ 싫어하다, 불만을 갖게 하다
You have something against her dating me? 넌 걔가 나와 데이트하는게 불만이지?

be such a nag 불평하고 짜증내는 사람
Stop! **Don't be such a nag**! 그만! 못살게 좀 굴지매!

rain on 불평하다(complain)
She chose today to **rain on** my dreams. 걘 오늘 내 꿈에 초치기로 했나봐.

have a chip on one's shoulder 비난하다, 불만갖다
I'm overly ambitious, I **have a chip on my shoulder**. 난 지나치게 야망이 많아서 불만도 많아.

미드 Situation

Russell: **I have got a bone to pick with** Ray. 레이에게 따질게 있어.
Pearl: Why **are** you always **complaining about** Ray? 넌 늘상 레이에게 불만인거야?
Russell: I don't like him. He bothers me. 걔가 싫고, 신경에 거슬려.
Pearl: Don't **whine about** him. He's nice. 걔 투덜대지마. 좋은 애야.
Russell: No he isn't. He's always **mouthing off** when I'm around. 아냐. 주변에 있을 때 말을 함부로 해.

의사소통(communication)

골칫거리, 구제불능

059 You never learn.
넌 구제불능야.

아무리 충고를 하고 불만을 제기해도 해결안되는 골칫거리나 그런 사람들이 있다. 그럴 때는 pain in the ass, loose cannon, time bomb, 그리고 be impossible[hopeless]이라고 하면 된다. 치욕적인 You never learn 또한 같은 의미.

12문장으로 미드영어 후다닥 끝내기

☐ **pain in the ass[neck]** 골칫거리	My ex is such a big **pain in the ass**. 내 전 남편은 정말 골칫거리야.
☐ **thorn in the flesh[side]** 골칫거리	Jason has been a real **thorn in my side**. 제이슨은 정말 골치덩어리야.
☐ **be a headache** 골칫거리이다	This whole project **is a headache**. 이 프로젝트 전과정이 아주 골칫거리야.
☐ **have a monkey on one's back** 골칫거리, 마약중독이다	Drugs **have been a monkey on Carl's back**. 칼은 마약에 중독되어 있어.
☐ **pet peeve** 정말 혐오하는 것	This is one of my biggest **pet peeves**. 이건 내가 가장 혐오하는 것 중의 하나야.
☐ **You never learn** 넌 발전이 없을거야, 구제불능야	It's the same as always. **You never learn**. 늘상 똑같네. 넌 구제불능야.
☐ **Sb be impossible** 못말리다, 구제불능이다	Don't ask Lisa. **She's impossible**. 리사에게 물어보지마. 걘 구제불능야.
☐ **You're hopeless** 넌 구제불능야	I'm always lending you money. **You're hopeless**. 난 항상 네게 돈을 빌려주잖아. 넌 구제불능야.
☐ **loose cannon** 구제불능	Jody was known at the office as a **loose cannon**. 조디는 사무실에서 구제불능으로 찍혔어.
☐ **time bomb** 구제불능	That guy is a **time bomb**. 저 친구는 구제불능야.
☐ **powder keg** 구제불능	I'm afraid our little town's a bit of a **powder keg**. 우리 사는 작은 동네는 개판 5분전인 것 같아.
☐ **hell on wheels** 귀찮은 존재	I'm telling you, she was **hell on wheels**. 정말이지, 걔는 성가신 존재야.

미드 Situation

Max: You're acting like you **have a monkey on your back**. 너 뭐 힘든 문제가 있는 것처럼 행동해.
Julie: It's the work project. It's a real **pain in the ass**. 프로젝트야. 정말 골칫덩어리야.
Max: What's the problem with your project? 네 프로젝트에 뭐가 문제인데?
Julie: My boss **is impossible**. He sets short deadlines.
사장이 구제불능야. 마감날짜를 아주 짧게 주더라고.
Max: I know that guy. He's a **loose cannon**. 나 그 사람알아. 구제불능 맞아.

276 Chapter 6

060 You make me sick.
너 때문에 정말 질린다.

이젠 질리다 못해 역겹기까지 할 때

질리다고 할 때는 be sick of, be fed up with라는 유명한 문장이 있다. 하지만 미드에서는 creep이란 단어에 주목해야 한다. 소름끼치다라는 말로 creep sb out, give sb the creeps가 많이 쓰인다. 역겹다할 때 빠질 수 없는 단어는 gross, nasty.

 12문장으로 미드영어 후다닥 끝내기

☐ **be[get] fed up with~** 질리다	You know what? **I got so fed up with** you. 저기 말야, 나 너한테 질렸어.	
☐ **be[get] sick of~** 진절머리나다	**I got sick of** everything. I wanted to go anywhere. 만사가 나 짜증났어. 어디 다른 곳으로 가고 싶었어.	
☐ **be sick and tired of~** 지긋지긋하다	I'**m sick and tired of** you complaining all the time. 난 네가 늘상 불평만 해대는 게 지긋지긋해.	
☐ **It[That] is sick** 말도 안돼, 역겹다	Don't try and justify this. **This is sick.** 이걸 합리화하려고 하지마. 말도 안돼.	
☐ **make me sick** 나를 화나게 하다, 역겹게 하다	Just get off me! Both of you! You **make me sick**! 저리가! 너희 둘 다! 역겨워!	
☐ **gross ~ out** …를 역겹게하다	The vomit on the floor **grossed** us **out**. 바닥의 구토물이 역겨웠어.	
☐ **be gross** 역겹다	Can we please get out of here? This place **is gross**. 우리 여기서 나갈까? 여기 역겨워.	
☐ **be nasty to** 악랄하게 굴다	You two **are** just too **nasty to** each other. 너희둘 서로에게 너무 지독하게 군다.	
☐ **Gross![Nasty!]** 역겨워!	Is that your blood on the table? **Gross!** 테이블위 저거 네피야? 역겨워!	
☐ **creep sb out** 오싹하게 하다	You're really starting to **creep** me **out**. 너 땜에 정말 소름끼치기 시작해.	
☐ **give sb the creeps** …을 소름 끼치게 하다	Are we done here? This place **gives** me **the creeps**. 다됐지? 여기 소름끼친다.	
☐ **make one's flesh creep** 소름끼치게 하다	Being around Dick **makes my flesh creep**. 딕 주변에 있으면 소름이 끼쳐.	
☐ **give sb goose bumps** 소름이 돋다	The ghost stories **gave** the campers **goose bumps**. 그 유령이야기로 캠퍼들이 소름이 돋았어.	
☐ **It shouldn't happen to a dog!** 생각만 해도 지긋지긋하다!	That treatment **shouldn't happen to a dog**! 저런 대우는 생각만해도 지긋지긋하다!	

Tina: Mr. Johnson really **gives** me **the creeps**. 존슨 씨는 정말 소름끼쳐.
Sam: Me too. His behavior really **makes me sick**! 나도 그래. 걔 행동은 정말 역겨워.
Tina: Does he always stare at you too? 그 사람 너도 그렇게 빤히 쳐다봐?
Sam: Yeah! The way he treats me **shouldn't happen to a dog**. 에! 그가 날 대하는 것 지긋지긋해.
Tina: So what should we do about it? 그래 우리 어떻게 할까?

의사소통(communication) **277**

이젠 참지말고 비난하기

061 I'm not judging you.
난 널 비난하는게 아냐.

참으면 병되니 욕먹을 각오하고 비난할 때는 get sb down을 이용하고, 또한 judge가 판단하다라는 의미를 확장해서 남을 비판한다는 의미로 많이 쓰인다는 점에 주목한다. 강조하려면 jump all over, jump down one's throat라고 하면 된다.

12문장으로 미드영어 후다닥 끝내기

☐ **Don't blame me (for~)** …에 대해 날 탓하지마	**Don't blame** Raura **for** your daughter's death. 네 딸의 죽음에 대해 로라를 탓하지마.
☐ **find a way to blame sb** …에 대해 비난의 꼬투리를 잡다	Finally, she will **find a way to blame** this on me. 마침내, 이걸로 날 비난할 꼬투리를 잡으려고 해.
☐ **get you down** 기죽이다, 비난하다	You can't let the boss **get** you **down**. 사장 때문에 기죽지마.
☐ **run ~ down** 비난하다	Mr. Carlson spent twenty minutes **running** me **down**. 칼슨 씨는 20분 동안 날 비난했어.
☐ **take the cake** 뻔뻔하다, 잘하는 짓이다	This incident really **takes the cake**. 이 사건은 정말 잘하는 짓이다.
☐ **lash[dish] out** 비난하다	You just can't **lash out** whenever you get angry. 넌 화날 때마다 비난할 수 없어.
☐ **take a pop at sb** 공개적으로 비난하다(take a swing)	And then John **took a pop at** the dude. 그럼 존은 그 친구를 대놓고 비난한거네.
☐ **judge sb** 부당하게 비난하다	**Don't judge me,** I'm only human! 날 비난하지마! 나도 인간일 뿐이야! **I'm not judging you.** 널 비난하는게 아니야.
☐ **be judgmental** 남에 대한 비판적이다	Don't **be so judgmental**. 그렇게 비판적이지마.
☐ **have a go at sb** 비난하다(go on at)	My girlfriend **had a go at** one of the women. 내 여친은 그 여자들 중 한 명을 비난했어.
☐ **jump all over sb** 몹시 비난하다	Hey, hey, **don't jump all over me!** 이봐, 날 그렇게 까지 말라고!
☐ **jump down one's throat** 비난하다, 추궁하다	If you tell Dad, he'll **jump down your throat**. 아버지에게 네가 말하면 걔가 널 잡아먹으려 할걸.

미드 Situation

Tia: You are late again. This really **takes the cake**. 너 또 늦었네. 참 잘하는 짓이다.
Kurt: I'm sorry. Don't **jump all over** me. 미안. 너무 그러지마.
Tia: But you're always late. You're too lazy. 하지만 넌 항상 늦잖아. 너무 게을러.
Kurt: Now you're **being** too **judgmental**. 너무 뭐라하는거 아냐.
Tia: No, I'm only telling you the truth. 아니, 난 단지 사실을 말하고 있을 뿐이야.

062 This totally sucks!

이거 정말 재수없다!

순도 120%의 미드표현으로 뭔가 재수없거나, 밥맛일 때는 This sucks!, You suck!이라고 하면 된다. 또한 이해하기 어렵지만 반어적으로 Talk about~이라고 하면 비아냥거리면서 …라면 따라갈 사람이 없다라고 하는 표현.

12문장으로 미드영어 후다닥 끝내기

You suck!
재수없어!, 밥맛이야!

This is unforgivable. In fact, you suck!
이건 용서가 안돼. 사실, 넌 밥맛이야!

do it again
또 그러다

You know what, you're doing it again.
저기 말야, 너 또 그런다.

Talk about~
…얘기는 말도 마, …치고 최고군

What about you, having those babies for your brother? Talk about selfish!
너는 어떻고, 네 오빠의 아기들을 갖는다고? 정말 이기적이군!

tear[rip]~ to shreds[pieces]
완전히 망쳐놓다, 비난하다

Her apartment was torn to shreds.
걔 아파트는 완전히 들쑤셔 엉망이 되었어.

That defense attorney is gonna rip her to shreds.
저 피고측 변호인은 너를 완전히 망쳐놓을거야.

point the finger of blame [suspicion] 비난[의혹]의 손가락질하다

This points the finger of blame toward Orenthal.
이건 오렌탈을 향해 비난의 손가락질을 하고 있어.

point a[the] finger at~
…에게 손가락질을 하다, 비난하다

He didn't point the finger at his girlfriend.
걘 자기 여친을 비난하지 않았어.

be[come] under fire
맹비난을 받다(get a lot of reprimand)

The politicians came under fire for their activities.
정치가들은 자신들의 행동으로 맹비난을 받았어.

be gunning for sb
비난할 기회를 노리다

Watch out. Someone is gunning for you.
조심해. 누가 널 비난할 기회를 노리고 있어.

rap sb on[over] the knuckles
…을 비난하다

The report is a real rap on the knuckles.
그 기사는 정말이지 신랄해.

trash~
비난하다(criticize), 엉망으로 만들다

The critic trashed the movie in his review.
그 비평가는 비평에서 그 영화를 비난했어.

rot in hell
고생하다, 고통받다

You ruined my life, you sick bastard! I hope you rot in hell! 넌 내 인생을 망쳤어, 이 개자식아! 네가 고통받길 원해!

미드 Situation

Darien: You know, Larry is gunning for you. 저기, 래리가 널 노리고 있어.
Brenda: Why the hell is he upset with me? 뭐 때문에 나한테 화났대?
Darien: He says that you trashed the conference room. 네가 회의실을 엉망으로 만들었다고 하던데.
Brenda: Well, he can go rot in hell! 저기, 걘 고생이나 하라고 해!
Darien: Do you mean you didn't trash the room? 그럼 네가 회의실 망쳐놓지 않았단 말야?

비난은 계속 되어야 한다!

063 Don't give Chris shit.
크리스를 모욕하지마.

이번에는 좀 치사하게 허점을 잡아 비난하거나(pick holes in), 곤경에 처한 사람을 비난하다(kick sb when sb are down), 그리고 과거의 일로 비난하는(throw sth in one's face) 경우. 그리고 모욕할 때는 give sb shit라고 하면 된다.

12문장으로 미드영어 후다닥 끝내기

- [ ] **take a poke at** 비난하다
Don't even think about **taking a poke at** me.
날 비난할 생각은 하지도 마.

- [ ] **pick holes in** 허점잡아 비난하다
The lawyer **picked holes in** our case.
변호사는 우리 사건에서 허점을 잡아 비난했어.

- [ ] **not pull any[your] punches** 노골으로 비난하다
When Kelly spoke, she **didn't pull any punches**.
켈리가 말할 때 걘 노골적으로 비난하지는 않았어.

- [ ] **bag[rag] on sb** 장난으로 놀리다, 화나 비난하다
Stop **ragging on** the crippled kid.
그 장애를 장난으로 놀리지마.

- [ ] **give sb shit** 비난하다, 모욕하다
The police always **give** Nate **shit**.
경찰은 항상 네이트를 비난해.

- [ ] **shit on sb[sth]** 비난하다, 상관도 안하다
It's OK if you don't like Estelle, but don't **shit on** her.
네가 에스텔을 싫어해도 괜찮지만 비난은 하지마.

- [ ] **kick A when A are down** 곤경에 처한 사람을 비난하다, 공격하다
It's easy to **kick** people **when they're down**.
힘든 상황에 놓인 사람을 비난하기는 쉽지.

- [ ] **throw sth (back) in one's face** 과거일로 비난하다
Oh sure, **throw** that **back in my face**!
어, 그래, 옛날 일로 날 비난하겠다는거야!

- [ ] **boo** 야유[비난]하다, 야유
As far as I understand, he doesn't know **boo**.
내가 이해하고 있는 한, 걘 야유를 몰라.

- [ ] **throw cold water on** 비난하다, 방해하다
The man **threw cold water on** his son's plans.
그는 아들의 계획에 찬물을 끼얹었어.

Tim: I heard you **were giving** your ex-boyfriend **shit**. 네가 전 남친을 욕했다며.
Lenore: I **take a poke at** him when I get a chance. 기회가 있을 때 뭐라 한거지.
Tim: Is he really such a bad guy? 걔가 그렇게 안좋은 애야?
Lenore: He treated me like dirt when we were together. 같이 다닐 때 날 우습게 대하더라고.
Tim: I don't think you should **kick** him **when he's down**. 걔가 힘들 때 그래도 비난은 하지마.

Chapter 6

064 You can't do this to me!
나한테 이러면 안되지!

답답한 상대방에 미칠 때

이게 무슨 짓이야라고 What have you done?은, 비아냥거리면서 Look what you've done과 사돈 남말하네로 잘 알려진 Look who's talking은 미드기본. 나한테 이러면 안되지 할 때는 You can't do this to me.

12문장으로 미드영어 후다닥 끝내기

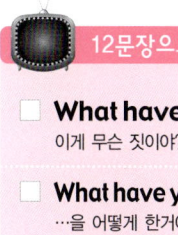

- [ ] **What have you done?** 이게 무슨 짓이야?
  Everything is a mess. **What have you done?**
  다 엉망이네. 무슨 짓을 한거야?

- [ ] **What have you done to~ ?** …을 어떻게 한거야?
  What have you done to my son?
  내 아들에게 무슨 짓을 한거야?

- [ ] **not know what A has done** …가 한 짓을 모르다
  The lawyer **doesn't know what** his client **has done**.
  변호사는 의뢰인이 무슨 짓을 했는지 모르고 있었어.

- [ ] **Look what you've done** (멍청한 실수) 참 잘하는 짓이다
  Look what you've done! You burned our food!
  참 잘하는 짓이다! 음식을 태웠잖아!

- [ ] **You can't do this to me** 나한테 이러면 안 되지
  It's not fair! **You can't do this to me!**
  공평하지 않아! 나한테 이러면 안되지!

- [ ] **Why did you do this [that]?** 왜 이런 일을 한거야?
  Oh, my God. **Why did you do that?** Why?
  맙소사. 왜 그런거야? 왜?

- [ ] **Why are you doing this to me?** 왜 나한테 이러는 거야?
  Why are you doing this to me? I get good grades.
  왜 나한테 이러는 거야? 점수도 잘 받았는데.

- [ ] **He's done for!** 그 사람 죽었어!
  Forget Dave. **He's done for.**
  데이브는 잊어. 걔 죽었어!

- [ ] **Is this sb's idea of a joke?** 이게 넌 재미있다고 생각하는거야?
  What the hell? **Is this** somebody's **idea of a joke?**
  이게 뭐야? 너 이게 농담이라고 생각하는거야?

- [ ] **Why must you~ ?** 꼭 …해야만 하니?
  Why must you guys freak me out on a daily basis?
  너희들은 왜 매일 날 놀래켜야만 하니?

- [ ] **Look who's talking** 사돈 남말하네, 누가 할 소리를
  Look who's talking. You do the same stuff.
  누가 할 소리를. 너도 마찬가지이잖아.

- [ ] **be just fooling oneself** (비난) 놀고 있네
  You're just fooling yourself!
  너 참 잘 놀고 있네!

- [ ] **What's so funny?** 뭐가 웃기다는거야?
  What? **What's so funny?** I just called you a stupid jerk. 뭐라고? 뭐가 웃기다는거야? 난 널 멍청한 놈이라고 했는데.

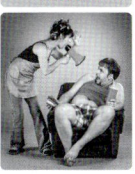

Wendy: **What have you done to** my office? 내 사무실 어떻게 한거야?

Hugh: I cleaned it up and threw out some papers. 정리하고 서류들 좀 버렸는데.

Wendy: You threw out all my work! **You can't do this to me!** 내 일을 버렸다고! 내게 이러면 안되지!

Hugh: Hey, I'm helping you. Now you don't have to work. 널 도우는거야. 이제 일 안해도 되겠네.

Wendy: **Is this your idea of a joke?** 너 그걸 말이라고 하냐?

065 What do you want from me?
나더러 어쩌라고?

개념이 없는 놈같으면 What was he thinking?, 착각하지 말라고 할 때는 You think you're~, 그리고 나더러 어쩌라고하면서 강력하게 어필할 때는 What do you want from me?라고 하면 된다.

12문장으로 미드영어 후다닥 끝내기

- **What was he thinking?** 걘 뭘 생각하고 있었던거야?
  - I can't believe Angie did this. I mean, **what was she thinking?** 앤지가 이랬다는게 안 믿겨져. 내 말은 걘 뭔 생각을 하고 있었던거야?

- **You think you're~** 네가 …라고, 넌 …라고 생각한다
  - **You think you're** such a great lawyer? 넌 네가 그렇게 훌륭한 변호사라고 생각하는거야?

- **You're the devil** 네가 나쁜 놈이야
  - **You're the devil.** All you do is cause problems. 너 참 나쁜 놈이다. 네가 하는 것은 문제를 일으키는 것뿐이야.

- **Don't you see (that)?** 그것도 모르겠어?
  - **Don't you see?** We're all getting exactly what we want. 그것도 모르겠어? 우리는 우리가 원하는 것을 얻고 있어.
  - **Don't you see** what she's doing? She's trying to break us up. 걔 뭘 하는지 모르겠어. 걔는 우리를 떨어트리려고 하고 있어.

- **How can you say~?** 어떻게 그런 말을 하는거야?(How could~)
  - **How can you say** that? You screwed up the case. 어떻게 그런 말을 하는거야? 네가 이 사건을 망쳤어.
  - **How can you say** that it doesn't matter? 어떻게 그게 중요하지 않다고 말하는거야?

- **What do you want (from me)?** (나더러) 어쩌라고?
  - I don't get it! **What do you want from me?** 이해가 안돼! 나보고 어쩌라는거야?

- **What does that prove?** 그래서 어쨌다고?, 그게 무슨 의미라도 있어?
  - Why? **What does that prove?** 왜? 그래서 어쨌다는거야?

- **What is sb trying to prove?** 도대체 뭐하자는거야?
  - Why did Sara do it? **What is she trying to prove?** 새라가 왜 그런거야? 걔 도대체 뭐하자는거야?

- **It's not like you to+V** …는 너답지 않아
  - **It's not like** you **to** have a one-night stand. 하룻밤 섹스를 하는 것은 너답지 않아.

- **How could you not tell sb?** 어떻게 …에게 말하지 않을 수 있어?
  - **How could you not tell** me Tony has a girlfriend? 토니에게 여친이 있다는 것을 어떻게 내게 말하지 않을 수 있어?

- **How could you do this (to~)?** 어떻게 그럴 수가 있니?
  - You son of a bitch. **How could you do this to me?** 이 개자식, 어떻게 내게 그럴 수 있어?

미드 Situation

Melisa: Look Clayton, **what do you want from me?** 이봐, 클레이튼, 나보고 어쩌라는거야?
Clayton: I want you to admit you were wrong. 네가 틀렸다는 것을 인정하라고.
Melisa: Why? **What does that prove?** 왜? 그게 무슨 의미라도 있어?
Clayton: It proves that I'm smarter than you. 내가 너보다 똑똑하다는 걸 말해주지.
Melisa: **Don't you see** that it doesn't prove anything? 그게 아무런 의미도 없다는 것을 모르겠니?

Chapter 6

066 Don't sell yourself short.
너무 자기비하 하지마.

스스로 자책해보기

다 네탓이라고 우기는 세상에 다 내탓이라고 하는 사람은 별로 없겠지만 그 소수를 위해서… blame oneself, be hard on oneself를 사용하고 sell oneself short은 자기비하하다, Just my luck은 내가 하는 일이 그렇지 뭐라고 자책하는 표현.

12문장으로 미드영어 후다닥 끝내기

☐ **be hard on oneself** 자책하다	**Don't be so hard on yourself.** It could happen to anybody. 너무 자책하지마. 누구나 그럴 수 있어.
☐ **beat oneself up (about) ~** …에 대해 자책하다	**Don't beat yourself up.** He'll be fine. 자책하지마. 걔 괜찮아질거야. Chris, **don't beat yourself up** over this. 크리스, 이 문제로 자책하지마.
☐ **kick oneself (for)** 자책하다(beat oneself)	I could **kick myself for** not going to the meeting. 회의에 가지 않아서 자책할 수도 있어.
☐ **Stop torturing yourself** 그만 자학해	**Stop torturing yourself** about the past. 과거에 대해서는 그만 자책해.
☐ **sell oneself short** 자기 비하하다	**Don't sell yourself short.** Or is it too late for that? 자기비하를 하지마. 아니면 그러기에는 너무 늦은거니?
☐ **just my luck** 내가 하는 일이 그렇지 뭐	**Just my luck** that she's not at home. 내게 무슨 운이 있다고 그녀가 집에 있겠어.
☐ **get down on oneself** 자책하다	Come on Mark, **don't get down on yourself.** 이봐, 마크. 자책하지마.
☐ **put oneself down** 자신을 낮추다	Don't **put yourself down.** You're a very brave woman. 너무 자기비하하지마. 넌 아주 용감한 여자야.
☐ **blame oneself** 자책하다	You can't really **blame yourself** for that. 넌 그것 때문에 너무 자책하지마. You can't **blame yourself** for what he did. 걔가 한일로 해서 네가 자책은 하지마.

Trudy: My younger sister **has always been hard on herself**. 내 여동생은 늘상 자책해.
Mitch: Is she still going to dental school? 아직 치대다녀?
Trudy: Yeah, and she b**eats herself up about** her grades. 어, 그리고 성적 때문에 자책을 해.
Mitch: But she's always been a good student. 하지만 걘 언제나 우등생이었잖아.
Trudy: I know, but she really **gets down on herself**. 그래. 하지만 걘 정말이지 자신을 질책하고 있어.

어떻게 비난하냐고 반박하기

067 How can you think that?
어떻게 그런 생각을 할 수 있는거야?

비난과 공격을 하는 상대방에게 반격을 시작하는 경우로 "이거 뭐하자는거야?"라고 하려면 What do you think you're doing?, "그게 어쨌단 말이야?"라고 하려면 What of it?, "어떻게 그런 생각을"이라고 반문할 땐 How can you think that?

12문장으로 미드영어 후다닥 끝내기

- **What do you think you're doing?** 도대체 이게 무슨 짓야?, 뭐하자는거야?
  Are you crazy? **What do you think you're doing?**
  너 미쳤어? 도대체 이게 뭐하는 짓이야?

- **What do(es) sb want with ~?** (…을) 뭐하려고?, 어떻게 하려고?
  She's not yours! **What do you want with her?**
  걔는 네 소유물이 아냐! 걔를 어떻게 하려고?

- **What do you want with me?** 날 어떻게 하려고?
  What do you want with me? Leave me alone.
  내가 어떻게 하라고? 날 좀 가만히 둬.

- **What is it going to take to~?** 따끔한 맛을 봐야 …하겠니?
  What is it going to take to change your behavior?
  따끔한 맛을 봐야 네 행동을 바꾸겠니?

- **What is the world coming to?** 세상이 어떻게 되려고 이러는 거야?
  Two murders? **What is the world coming to?**
  살인이 두 건이야? 세상이 어떻게 돌아가는거야?

- **What now?(Now what?)** 이제 어쩔려고?
  So **what now?** What are we supposed to do?
  그래 이제 어쩔려고? 우리는 어떻게 해야 되나?

- **What of~** …가 어떻게 되었니?
  What of the extra cash we had? 우리 여유자금은 어떻게 된거야?

- **What of it?** 그게 어쨌단 말이야?
  Yes, we took the jewels. **What of it?**
  그래, 우리는 보석을 가져갔어. 그게 어쨌단 말이야?

- **Where did you get that idea?** 어떻게 그런 생각을 하게 된거야?
  I cheated on you? **Where did you get that idea?**
  내가 바람폈다고? 어떻게 그런 생각을 하게 된거야?

- **What's the big idea?** 어떻게 된거야?, 어쩔 셈이야?
  What's the big idea of causing problems?
  문제들을 만들어내다니 어떻게 된거야?

- **How can you think about[of] ~ing?** 어떻게 …라고 생각할 수 있는거야?
  How can you think about eating again?
  어떻게 다시 먹을 생각을 할 수 있는거야?

- **How can you think that S+V?** 어떻게 …라고 생각할 수 있는거야?
  How can you think that this is not a good idea?
  어떻게 이게 좋은 생각이 아니라고 생각할 수 있는거야?

- **How can you think that?** 어떻게 그런 생각을?
  I can't believe you. **How can you think that?**
  널 믿을 수가 없어. 어떻게 그런 생각을?

Louise: People are starving in Africa. **What is the world coming to?**
아프리카의 사람들이 굶주리고 있어. 세상이 어떻게 돌아가는거야?

Bill: **What of it?** We can't do anything to help them. 그게 어째서? 그들을 돕기 위해 아무 것도 할 수 없잖아.

Louise: Really? **How can you think that?** 정말? 왜 그렇게 생각하는거야?

Bill: Hey, I'm just being realistic about it. 이봐, 난 그냥 현실적으로 말하는거야.

Louise: **What's it going to take to** make you a nicer person? 너 좀 따끔한 맛을 봐야 좀 나은 사람이 되겠니?

068 Don't talk down to me.

그렇게 무시하는 태도로 말하지마.

말이 안통하면 무시할 수 밖에

not think much of라는 평이한 표현도 있지만 미드에서는 go over sb's head, fly in the face of, 그리고 leave sb out in the cold, give sb the cold shoulder 등을 쓰면 된다.

12문장으로 미드영어 후다닥 끝내기

표현	예문
go over one's head 무시하다	You deliberately went over my head, Tim. 넌 고의적으로 날 무시했어, 팀.
fly in the face of~ 무시하다, 맞서다	This completely flies in the face of my master plan! 이건 전적으로 내 마스터 플랜에 맞서는거야!
walk all over sb 함부로 대하다, 무시하다	He's gonna walk all over you if you let him. 걘 네가 그냥 놔두면 멋대로 행동할거야.
talk down to sb 무시하는 태도로 말하다	Don't ever talk down to me. 내게 그렇게 무시하는 태도로 말하지마.
snap one's fingers 경멸하다, 주의를 끌다	I had to snap my fingers to get our waiter's attention. 난 웨이터의 주의를 끌기 위해 손가락으로 소리를 내야 했어. Vicky snapped her fingers at Tom when he looked at her butt. 비키는 탐이 자기 엉덩이를 쳐다보자 경멸을 했어.
give sb the cold shoulder 냉대하다	I'm with you. I will give Lisa the cold shoulder. 난 네편이야. 리사에게 차갑게 대할게.
leave sb out in the cold 따돌리다	Pam's one of my besties. I can't leave her out in the cold. 팸은 내 절친중 하나야. 걜 따돌릴 수가 없어.
play fast and loose with 대충 대하다	You sure are playing fast and loose with me. 넌 분명히 날 적당히 대충 대하고 있어.
give sb a dirty look 업신여기다, 화난 표정을 짓다	I turned around and gave her a dirty look. 나는 뒤돌아서 걔한테 화난 표정을 지었어.
not think much of 대수롭지 않게 생각하다	She didn't think much of my old car. 걘 내 오래된 차를 무시했어.
blow sb off 무시하다	Adam was a nice guy. I didn't want to blow him off. 아담은 착한 애였고 난 걜 무시하기 싫었어.
give sb the silent treatment 무시하다	So you're giving me the silent treatment? 그래서 넌 날 상대도 안하는거야?

 미드 Situation

Kerri: I don't trust my manager. 난 매니저를 못 믿겠어.
Guy: Does he **talk down to** the employees? 직원들에게 함부로 말해?
Kerri: No, but he **plays fast and loose with** money. 아니, 하지만 돈에 대해서 꼼꼼하지 않은 것 같아.
Guy: So what are you going to do about it? 그래 넌 어떻게 할건대?
Kerri: I'm going to **go over his head** and speak to his boss. 매니저는 무시하고 사장한테 말하려고.

의사소통(communication)

무시해도 성에 안차면 꺼지라고 외쳐대기

069 Go fuck yourself!
꺼져버려!

화가 치밀어 그만 꺼지라고 할 때는 Get out!, Get out of here!, Go away!가 가장 대중적이며, 한 단계 올리면 Get lost!, Beat it!, Go to hell! 그리고 Go fuck yourself!가 있다.

12문장으로 미드영어 후다닥 끝내기

- ☐ **Beat it!**
  빨리 꺼져!, 비켜!

  Beat it! You don't belong here.
  꺼져! 넌 여기 있으면 안돼.

- ☐ **Go to hell**
  꺼져, 그만 좀 놔둬

  Go to hell. Both of you.
  꺼져. 둘 다 모두.

- ☐ **Get lost!**
  꺼져!

  You know who I am? **Get lost!**
  내가 누군지 알아? 꺼져!

- ☐ **Get out!**
  꺼져!(Get out of here!)

  Get out of here! Don't you touch me!
  꺼져! 내게 손대지마!

- ☐ **Go away!**
  꺼져!

  Go away! I'm not going back without Kate.
  꺼져! 난 케이트 없이는 돌아가지 않을거야.

- ☐ **get out of one's face**
  사라지다

  Get out of my face or I'll kick your ass!
  내 앞에서 사라지지 않으면 쫓아낼거야!

- ☐ **Go fuck[screw] yourself!**
  꺼져라!

  Go fuck yourself! You're nothing to me.
  꺼져버려! 넌 내게 아무 의미도 없어.

- ☐ **Fuck off!**
  꺼져라!, 엿먹어라!

  Fuck off! I'll kick your ass if you ever come back.
  꺼져라! 다시 돌아오면 가만 두지 않을거야.

- ☐ **Screw you!**
  꺼져버려!

  Screw you, Danny. You're a coward and a bastard.
  꺼져버려, 대니. 넌 겁쟁이에다 개자식야.

- ☐ **Buzz off!**
  꺼져!, 가!

  Buzz off, there's a hot chick coming over here.
  꺼져, 예쁜 걸이 이리고 오고 있잖아.

- ☐ **Take a hike**
  꺼지다, 사라지다

  Take a hike. We're busy.
  꺼져주라. 우리 바빠.

- ☐ **Take a powder!**
  꺼져 버려!

  So he had to **take a powder** for a while.
  그래 걘 한동안 사라져야 했어.

미드

Situation

Lundy: **Take a hike.** I don't want you around here. 꺼져라. 네가 옆에 있는 게 싫어.
Jamie: What's your problem? I'm not doing anything. 왜 그러는데? 난 가만 있는데.
Lundy: **Beat it!** I'm just about to kick your ass! 꺼지라고! 쫓아낼거야!
Jamie: **Go screw yourself!** I'm staying. 너나 꺼져라! 나 여기 있을거야.
Lundy: Well, I guess you'll have to fight me then. 그럼 넌 나와 한판 붙어야 될거야.

286 Chapter 6

가래도 안가면 내쫓아야지

070 So you kicked her out?
그래서 걜 내쫓았어?

내쫓다의 기본표현은 kick out, boot out. 짐싸서 보내다(해고하다)는 send sb packing, 그리고 탈퇴시키다는 take sb off the books라고 하면 된다. 끝으로 제대로 하지 않으면 나가라라고 할 때는 Shape up or ship out이라고 한다.

12문장으로 미드영어 후다닥 끝내기

☐ **kick sb off sth**
내쫓다, 손떼게하다
Mike was right to **kick** me **off** the case.
마이크가 나보고 그 사건에서 손떼게 한 건 잘 한 거였어.

☐ **kick out**
내쫓다
They can't **kick** you **out** of school for this, can they?
이 때문에 널 퇴학시킬 수는 없지, 그지 않아?

☐ **boot out[off]**
강제적으로 내쫓다
Tim **was booted out** of the dance club.
팀은 댄스클럽에서 강제적으로 쫓겨났어.

☐ **send sb packing**
짐싸서 보내다, 해고하다
He **was sent packing** when he stole items.
걘 물건들을 훔쳤을 때 해고됐어.

☐ **flush sb[sth] out**
숨어지내던 곳에서 쫓아내다
The police **flushed** the killer **out** of the apartment.
경찰은 아파트에서 킬러를 쫓아냈어.

☐ **banish the devil**
악령[악마]을 추방하다
They **banished the devil** from the premises.
그들은 그 구역에서 악마(같은 인간)를 추방했어.

☐ **Shape up or ship out**
제대로 하지 않으려면 나가라
Listen buddy, you better **shape up or ship out**.
내말 들어봐, 친구야. 제대로 하지 않으려면 그만 나가라.

☐ **take[get] sb off the books**
탈퇴시키다, 내보내다
The best part is we can finally **get** Sam **off the books**. 가장 좋은 부분은 마침내 샘을 내보낼 수 있다는거야.

☐ **give sb the slip**
…을 따돌리다
I tried following him home, but he **gave** me **the slip**.
난 걜 집까지 따라가려고 했는데 날 따돌렸어.

☐ **make a break for (it)**
빨리 뛰어가다, 도망치다, 탈주하다
Sally decided to **make a break for it** tonight.
샐리는 오늘밤에 도망치기로 결심했어.

미드 Situation

Alan: What happened to the drunk guy? 저 취한 사람 어떻게 된거야?
Hillary: The bus driver told him to **shape up or ship out**.
버스기사가 얌전히 있던지 아니면 내리라고 했어.
Alan: I would **have sent** him **packing**. 나라도 쫓아냈을거야.
Hillary: Well, the driver **kicked** him **off** the bus. 저기, 기사가 버스에서 내려보냈어.
Alan: I'll bet that made him even more angry. 저 친구 더 열 받겠는데.

의사소통(communication)

남 괴롭히기

071 Get off my back!
그만 좀 괴롭혀!

여기서는 주로 등에 올라타거나 거시기가 들어간 표현들을 알아보자. be on one's back하면 등에 올라타듯 괴롭히는 것이고 반대로 get off one's back하면 괴롭히지 않다가 된다. 또한 bust[grab] one's balls하면 알만한 사람은 알겠지요…

12문장으로 미드영어 후다닥 끝내기

☐ **get off one's back** 괴롭히지 않다	Please **get off my back**, and stop talking like this. 그만 좀 괴롭히고, 그런 식으로 말하지마.
☐ **get A off one's back** …가 귀찮게 구는 것을 그만두게 하다	Can you **get** the boss **off my back**? 사장이 나 좀 그만 괴롭히게 해줄래?
☐ **be on one's back** …의 등살에 못살겠어	She**'s always on my back** about something. 걘 항상 뭔가로 날 귀찮게 해.
☐ **bust one's balls** …를 혹독하게 괴롭히다	I thought you didn't come here to **bust my balls**. 난 네가 날 곤혹스럽게 할려고 오지 않았다고 생각했어.
☐ **grab one's balls** 꼼짝 못하게 하다	Did he **grab your balls** during the attack? 걔가 공격 중에 널 꼼짝 못하게 했어?
☐ **didn't bother sb** …를 괴롭히지 않다	It's okay, Mom. **It didn't bother me.** 괜찮아, 엄마. 난 괜찮아요.
☐ **be sorry to bother you** 폐를 끼쳐서 죄송하다	I**'m sorry to bother you.** I'm just looking for Sally. 폐를 끼쳐 죄송하지만 샐리를 찾고 있는데요.
☐ **be bothering sb** …를 괴롭게 하다	**Is this bothering you?** 이것 때문에 귀찮니?
☐ **stop bothering** 괴롭히는 것을 그만두다	**Stop bothering** me about it and let me do it by myself. 그걸로 나 좀 그만 괴롭히고 내 스스로 하게 가만 놔줘.
☐ **Sorry to be a bother[pest]** 귀찮게 해서 미안해	**Sorry to be a bother,** but I've got something to ask you. 귀찮게 해서 미안하지만 물어볼 게 있어.
☐ **get[be] on one's case** 비난하다, 괴롭히다	I**'ll be on her case** until she changes. 걔가 변할 때까지 걜 괴롭힐거야.
☐ **get harassed** 괴롭힘을 당하다, 시달리다	You verbally **harassed** the wife of a murder victim. 넌 살인피해자의 부인을 말로 괴롭혔어.

Situation

Jeremy: You always wear the weirdest clothes. 넌 항상 이상한 옷을 입더라.
Brook: Would you stop **busting my balls**? 그만 좀 닥달할래?
Jeremy: I thought my criticism **didn't bother** you. 내 말에 거슬리는지 몰랐어.
Brook: It does. You **are always on my case**. 그래. 항상 나에게 뭐라고 하잖아.
Jeremy: Hey man, **sorry to be a bother**. 야, 친구야, 귀찮게 해서 미안해.

Chapter 6

072 There's a girl bullying me.

괴롭히고 못살게 굴다

날 못살게 구는 여자애가 있어.

못살게 굴고 괴롭힌다고 할 때 미드에서는 일반적으로 pick on, bully sb, give sb hell이라고 하면 된다. 이렇게 시달리는 것은 be racked by라 하고 이를 너무 고통스럽게 받는 것은 take it too hard라 하면 된다.

12문장으로 미드영어 후다닥 끝내기

pick on sb 부당하게 괴롭히다	Why do you always **pick on** me? 넌 왜 늘상 날 괴롭히는거야?
push sb around 괴롭히다	Stop **pushing** that kid **around**! 저 아이 좀 그만 괴롭혀!
bully sb 괴롭히다	I think Scott's just trying to **bully** us. 내 생각에 스캇은 단지 우리를 겁주려는 것 같아.
rub one's nose in it 안좋은 과거를 상기시켜 괴롭히다	You came here to **rub my nose in it**? 내 과거를 들춰내 괴롭히러 여기 온거야?
give sb hell 못살게 괴롭히다	She **gave** her boyfriend **hell** over the other woman. 걘 다른 여자문제로 남친을 못살게 굴었어.
be racked by[with] …에 시달리다	I'm not **racked with** grief, I'm just moving on. 난 슬픔에 시달리지 않고 그냥 잊었어.
take it too hard 몹시 괴로워하다	He **took it too hard** and killed himself. 걘 몹시 괴로워하다 자살했어.
pester sb for[to~] …에게 …해달라고 성가시게 하다	Look, don't **pester** me **for** money. 이봐, 돈달라고 나 좀 그만 괴롭혀.
hit (a little) close to home 가슴에 와닿다, 아픈 곳을 찌르다	Those threats **hit a little too close to home**. 저 협박이 내 가슴 아픈 곳을 좀 찔러.
That hurts 아프다	Do you understand how much **that hurts**? 그게 얼마나 아픈지 알겠어?

미드 Situation

Julie: The school has a problem with students **bullying** each other. 학교는 학생들이 서로 괴롭히는 걸로 골치를 앓아.
Earl: It's not nice to **pick on** weaker kids. 약한 아이들을 괴롭히는 것은 못된 짓이지.
Julie: I know. Something has to change. 알아, 뭔가 변해야 돼.
Earl: My son **gets bullied** too. 내 아들도 괴롭힘을 당했어.
Julie: Gee, that **hits a little close to home**. 이런, 맘이 좀 아프구만.

의사소통(communication)

073 He was really pissed off.
걘 정말 화가 났었어.

화에 관련해서는 angry, mad, upset이 독과점이지만 미드에서는 be pissed off, get bent out of shape, be miffed at, 그리고 좀 어렵지만 get sb, get to sb를 눈여겨 봐두어야 한다. 또한 temper는 성깔이라는 의미가 이미 들어있는 단어.

12문장으로 미드영어 후다닥 끝내기

- [ ] **be pissed off** 열받다
  You just **seem a little pissed off** about it.
  넌 그 때문에 좀 열받은 것 같아.

- [ ] **get bent out of shape** …에 대해 화를 내다, 열받다
  I **was just all bent out of shape** about being a good mother. 난 좋은 엄마가 되는 거에 대해 그냥 열받았어.

- [ ] **be miffed at sb[about sth]** 좀 화를 내다
  She **remained miffed at** her sister for years.
  걘 동생에게 오랫동안 화를 냈어.

- [ ] **get sb** 화나게 하다
  It really **gets** me that my ex-wife kept our house.
  내 전처가 우리 집을 소유하고 있다는 게 열받게 해.

- [ ] **sth get to sb** 열받게 하다(sb get to sb 영향력을 끼치다)
  The noise **was getting to** everyone.
  소음 때문에 다들 열이 받았어.

- [ ] **take offense at sth** (상대방 말에) 화내다, 성내다
  Please don't **take offense at** these comments.
  제발 이 말에 화를 내지마.

- [ ] **lose one's cool** 흥분해 화내다
  Sorry about the other day, kinda **lost my cool**.
  그날 미안했어, 내가 좀 흥분해가지고.

- [ ] **lose one's temper** 성질을 내다
  I **lost my temper**. I take full responsibility.
  내가 성질을 부렸어. 내가 다 책임질게.

- [ ] **have a (quick, short) temper** 성깔있다, 성질 드럽다(be short tempered)
  I **was a little short tempered with** you.
  내가 너한테 성깔 드럽게 행동했지.

- [ ] **be[get] mad about[at]** 화내다(*~about sb 사족못쓰다)
  You're still mad about that?
  너 아직 그 때문에 화났어?

- [ ] **be angry with[at/about/over]** …에게 화내다
  She **was angry with** me because I stayed out so late.
  내가 너무 늦게 돌아와서 걔가 내게 화를 냈어.

- [ ] **be[get] upset with** 화나다
  When he left, he **was pretty upset with** Paige.
  걔가 떠났을 때 걘 페이지에게 화가 나 있었어.

미드 Situation

Penn: Why **was** Ron **all bent out of shape**? 론은 왜 그렇게 열받았어?
Farah: His computer has another virus. 컴퓨터가 또 바이러스에 걸렸나봐.
Penn: He **has a very short temper**. 걔 성깔 드럽던데.
Farah: Yeah, he**'s always getting mad about** something. 그래, 걘 항상 뭔가 열받아 있잖아.
Penn: Let's stay clear until he calms down. 걔가 진정할 때까지 가까이 가지 말자.

074 She came off as bitter.
갠 엄청 화난 듯 보였어.

이번에는 다들 좀 어렵게 느껴지는 표현들. bite[take] one's head off를 기본적으로 알아두고 get the hump, fling sth at, 그리고 snap at까지는 꼭 알아둔다. 물론 come off as bitter를 빼놓으면 정말 화낼 수도…

12문장으로 미드영어 후다닥 끝내기

☐	**bite one's head off** 무턱대고 화내다	Why **are** you **biting my head off**? 넌 왜 나한테 무턱대고 화를 내는거야?
☐	**take one's head off** 다른 사람에게 화를 내다	I'm sorry for **taking your head off**. 너한테 화를 내서 미안해.
☐	**get the hump** 화나다(give sb the hump 화나게하다)	She **gave** everyone at work **the hump**. 갠 직장동료들 모두에게 화를 냈어.
☐	**sb kill sb** 매우 화나다	No way. You **were killing** me in the car. 말도 안돼. 넌 차에서 날 엄청 화나게 했잖아.
☐	**be shook up** 동요되다, 화나다	She's fine. She'**s just a little shook up**. 걔는 괜찮아. 그냥 좀 동요된 것 뿐이야.
☐	**be cheesed off** 화가 나다(be upset)	I **was totally cheesed off** by the argument. 난 다툼으로 완전히 열이 뻗쳤어.
☐	**fling sth at sb** 화나서 말하다	There's no need to **fling that at** us. 우리에게 화내며 그걸 말할 필요가 없어.
☐	**in a fit of anger[rage]** 홧김에	Kim broke the plates **in a fit of rage**. 킴은 홧김에 그릇들을 깼어.
☐	**be in the rage** 화내다	Mom **was totally in a rage** this morning. 엄마는 오늘 아침 완전히 꼭지가 돌았어.
☐	**come off as bitter** 화난 사람처럼 보이다	The old actress **came off as bitter**. 그 노배우는 화난 사람처럼 보였어.
☐	**snap at sb** 화를 내다(snap at sth 기회잡다)	I'm so sorry that I **snapped at** you tonight. 오늘밤에 화를 내서 미안해.
☐	**be[feel] hard done by** 화가 나서	She **was hard done by** her boyfriend. 걘 남친 때문에 화가 무척 났어.

미드 Situation

Amber: Just leave me alone right now! 그만 나 좀 가만히 둬.
Allan: Hey, don't **snap at** me! 야, 나한테 화내지마.
Amber: Sorry, I didn't mean to **come off as bitter**. 미안, 화내려고 했던 것은 아닌데.
Allan: You need to be nicer to everyone. 넌 모두에게 좀 착하게 굴어야 돼.
Amber: I shouldn't have spoken **in a fit of anger**. 화나서 말하는게 아니었는데.

화가 엄청 났을 때

075 She went off at deep end.
걘 갑자기 화를 벌컥 냈어.

미칠 정도로 열받을 때는 go nuts, go spare, 입에 거품물 정도로 화나면 be foaming at the mouth, 근거없이 화를 낼 때는 go off at the deep end, 화를 벌컥내고 나갈 때는 storm out of~이라고 하면 된다.

12문장으로 미드영어 후다닥 끝내기

- **go[be] nuts** 무척 화나다, 미치다
  - I'm not doing great. **I'm going nuts**.
    난 제대로 못하고 있어. 미치겠어.
  - She wants to be sure **I'm not nuts**.
    걘 내가 미치지 않았다는 걸 확인하고 싶어해.

- **be on the warpath** 잔뜩 화를 내다
  - He's **on the warpath** right now, but he'll calm down soon. 걘 지금 무척 화를 내고 있지만 곧 수그러들거야.

- **go spare** 무척 화를 내다
  - We decided to **go spare** with our decorating.
    우리는 장식 때문에 화를 내기로 했어.

- **be foaming at the mouth** 입에 거품 물 정도로 엄청 화내다
  - Calm down, stop **foaming at the mouth**.
    진정해, 입에 거품 물 정도로 화내지 말라고.

- **go off (at) the deep end** 별 근거없이 버럭 화내다
  - He **went off the deep end** and did this terrible selfish thing. 걘 무턱대고 그냥 화를 버럭 내고 이 끔찍한 이기적인 일을 했어.

- **get hot under the collar** 매우 화내다
  - The driver **got hot under the collar** during rush hour.
    기사는 러시아워 때 엄청 화를 냈어.

- **storm out (of~)** 화를 벌컥 내고 나가다
  - I'd **storm out of** here right now if I had some money.
    내가 돈이 좀 있더라면 지금 당장 화를 벌컥 내고 나갈텐데.

- **fly into a rage[temper]** 버럭 화를 내다
  - The murderer **flew into a rage**, and killed the couple.
    그 살인자는 버럭 화를 내고는 그 커플을 죽였어.

- **fit to be tied** 매우 화난
  - I was **fit to be tied** when my phone broke.
    내 전화기가 고장났을 때 엄청 화났어.

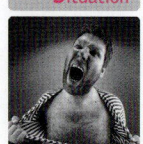

Lance: Jim **flew into a rage** at the casino. 짐은 카지노에서 엄청 열받았어.
Chandra: Was he doing poorly at the card games? 카드게임에서 많이 잃었어?
Lance: Yeah, he ended up **losing his shirt**. 어, 알거지 됐지.
Chandra: I'll bet he's **fit to be tied** right now. 지금 엄청 열받아 있겠구만.
Lance: He is incredibly upset. 열받아 방방 뛰고 있지.

076 Don't blow up at me.

내게 화를 내지마.

다시 한번 화를 엄청내보기

열받는다는 의미로 be steamed up, 뚜껑 열리는 것처럼 화를 낼 때 hit the roof[ceiling]이란 표현이 있으며 피가 솟구치면 get one's blood up이라고 하면 된다. 좀 어렵지만 go postal, flip out까지 함께 알아둔다.

12문장으로 미드영어 후다닥 끝내기

- **be steamed (up)** 화나 열받다
  Pete **was steamed** over being fired.
  피트는 해고돼서 엄청 열받아 있어.

- **raise the roof** 화를 벌컥내다, 신나게 놀다
  Let's **raise the roof** tonight!
  오늘 신나게 놀아보자구!

- **hit the roof[ceiling]** 격노하다
  Uncle Brad will **hit the roof** when he sees this.
  브래드 삼촌은 이걸 보면 화를 엄청 내실걸.

- **blow up** 매우 화를 내다
  Don't **blow up at me**, man.
  이봐, 나한테 화를 내지 말라고.

- **have[get] one's blood up** 화를 내다
  The situation really **has my blood up**.
  이 상황이 날 열뻗치게 하네.

- **go postal** 격분하다, 몹시 화내다
  Linda **went postal** when her shoes were stolen.
  린다는 신발을 도둑맞고 몹시 화를 냈어.

- **flip out** 무척 화를 내다
  He **flipped out** and demanded a divorce.
  걘 화를 내더니 이혼을 요구했어.

- **flip one's lid (about)** 엄청 화내다
  Don't **flip your lid** about small things.
  사소한 일에 화를 너무 내지마.

- **stare daggers at sb** 무척 화나 …를 노려보다
  That woman **has been staring daggers at** you.
  저 여자는 무척 화가나 너를 노려보고 있어.

- **raise one's voice to~** …에게 언성을 높이다
  Children shouldn't **raise their voices to** parents.
  아이들은 부모님께 언성을 높여서는 안된다.

- **hopping mad** 매우 화난
  The baseball player **was hopping mad**.
  그 야구선수는 매우 화가 났어.

미드 Situation

Carmen: Dad is going to **hit the roof** when he sees this. 아빠는 이걸보면 화를 엄청 내실텐데.
Scott: I didn't mean to wreck his car. 아빠 차를 망가트릴려고 했던게 아닌데.
Carmen: Well, he's totally going to **go postal**. 음, 완전히 핑 도실거야.
Scott: It scares me when he **flips out**. 아빠가 화내면 나 겁나.
Carmen: Me too. I'm getting out of here. 나도 그래. 나 갈래.

반대로 상대방을 화나게 했을 때

077 Don't take it out on me!
내게 화풀이하지마!

기본적으로 make sb angry, piss sb off 등은 바로 이해가 된다. 또한 blow one's cool[top] 또한 단어 하나하나 보면 바로 알 수 있다. 중요한 표현은 take it out on sb로 …에게 화풀이 하다라는 의미로 아주 많이 쓰이는 미드표현이다.

12문장으로 미드영어 후다닥 끝내기

표현	예문
☐ **make[get] A angry** …을 화나게 하다	I did something that **makes you angry**. 내가 너 화나게 할 일을 했어.
☐ **blow one's cool[stack, top]** …를 화나게 하다	Never, ever, **blow your cool**. 절대로, 꼭 화를 내지마.
☐ **tick sb off (at)** 화나게 하다(be ticked off 열받다)	A lot of employees **are ticked off** at the boss. 많은 직원들이 사장에게 열받아 있어.
☐ **take it out on sb** …에게 화풀이하다	She's looking for a surrogate to **take it out on**. 걘 화풀이를 할 희생양을 찾고 있어.
☐ **piss sb off** 열받게 하다	You don't want to **piss me off** today. 넌 오늘 날 화나게 하지마.
☐ **be out of sorts** 몸이 안좋다, 기분이 안좋다	I'm sorry, I'**m just out of sorts**. 미안, 내가 좀 기분이 안좋아.
☐ **stick in one's craw** …를 화나게하다	What he said just **sticks in my craw**. 걔가 한말에 내가 화가 났어.
☐ **set sb on fire** 열받게 하다, 들뜨게 하다	The new music just **set us on fire**. 그 새로운 음악에 우리는 신났었어.
☐ **put sb into a rage** 격노케하다	The poor service **put** Michael **in a rage**. 형편없는 서비스에 마이클은 격노했어.
☐ **push[press] one's buttons** 성질을 건드리다	I know how they can **push your buttons**. 걔네들이 네 성질을 어떻게 건드리는지 알아.
☐ **put one's nose out of joint** 화나게 하다	Rude people **put my nose out of joint**. 무례한 사람들은 날 화나게 해.
☐ **burn sb up** …를 열받게 하다	Oh, his stupid lies **burn me up**. 오, 걔의 한심한 거짓말이 날 열받게 해.

Nita: Getting all this spam **burns me up**. 이 모든 스팸메일 때문에 열받아.
Tyrone: I know, but don't **take it out on** me. 알아, 하지만 내게 분풀이 하지는 마.
Nita: I'm not blaming you. You don't **put me in a rage**. 너를 탓하는 게 아냐. 날 화나게 한게 없잖아.
Tyrone: I'm glad to hear you say that. 그말 들으니 기쁘네.
Nita: I guess I'll have to change my e-mail settings. 이메일 설정을 바꿔야겠어.

화내도 안될 때는 혼찌검을 내야

078 I will give her what for.
아주 심하게 걜 혼내줄거야.

머리속에 연상해보면 되는 kick sb's ass[but], 반대로 혼나다는 get one's ass kicked라 한다. 또한 많이 봐온 teach sb a lesson이 있으며 좀 어려운 take sb down, give sb what for 등이 있다.

12문장으로 미드영어 후다닥 끝내기

☐ **kick (one's) ass[butt]**
…를 혼내다, 물리치다

I will drag you outside and **kick your ass**.
널 밖으로 끌고나가 혼내야겠어.

☐ **get one's ass kicked**
혼쭐나다

I **got my ass kicked** every day.
난 매일 혼나고 있어.

☐ **take sb down**
혼내다

You can try. I'd have to **take you down**.
해봐. 널 혼낼 테니.

☐ **teach sb a lesson**
버릇을 가르치다, 혼내다

You're right, Mike. We should **teach** him **a lesson**.
네 말이 맞아, 마이크. 우리는 걔 버릇을 가르쳐줘야돼.

☐ **stick a foot in one's ass**
혼내주다(*put one's foot in sb's ass 때리다)

Do that again and I'll **stick my foot in your ass**.
또 그러면 혼내줄거야.

☐ **give sb a kick in the pants**
혼내주다

Give Andy **a kick in the pants**. He didn't show up today. 앤디 좀 혼내줘. 걔 오늘 나오지도 않았어.

☐ **burn one's fingers**
혼나다

You'll **burn your fingers** if you mess with him.
네가 걔한테 장난질 했다가는 혼쭐날거야.

☐ **give sb what for**
아주 심하게 꾸짖다

When Helen gets here, **I'll give her what for**.
헬렌이 여기 오면 아주 심하게 꾸짖을거야.

☐ **play[come, do, act] the heavy**
엄하게 굴다, 꾸짖다

I'll be nice, and you **play the heavy**.
난 착하게 굴테니 네가 엄히 꾸짖어.

☐ **knock some heads together**
혼쭐내다

The sergeant **knocked some soldiers' heads together**. 하사는 일부 병사들을 혼쭐냈어.

☐ **knock one's heads together**
머리를 서로 부딪히며 혼내다

Leave, before I **knock your heads together**.
가라, 내가 너희들 혼내기 전에.

 미드 Situation

Noreen: I heard you're going to **kick Derrick's ass**. 네가 데릭을 혼낼거라며.
Jessy: You heard right. I'm going to **teach** him **a lesson**. 맞아, 버릇을 고쳐놓을려고.
Noreen: But you're not as strong as him. 하지만 너 걔보다 약하잖아.
Jessy: Yes I am. I'm pretty tough. 그렇지만 내가 꽤 터프하거든.
Noreen: You know, I think he's going to **take you down**. 저기, 내 생각에 걔가 너를 박살낼 것 같은데.

의사소통(communication)

좀 더 혼내보자

079 What is it you've done?
무슨 일을 저지른거야?

come down on, chew sb down 등이 있으며 이렇게 혼날 짓을 한 게 뭐냐고 물어볼 때는 What is it you've done?이라고 한다. 단 크게 혼나지 않을 경우에는 get off easy, 아예 처벌을 받지 않을 경우에는 get off with라 한다.

📺 12문장으로 미드영어 후다닥 끝내기

☐ **get off easy** 가벼운 꾸지람으로 끝나다	That wasn't bad. **We got off easy**. 그렇게 나쁘지 않았어. 우리는 쉽게 넘어갔어.
☐ **get off with** 처벌받지 않다	Elka **got off with** a light sentence. 엘카는 가벼운 형벌도 받지 않았어.
☐ **get away with murder** 죄를 짓고도 벌받지 않다	Some pretty girls **get away with murder**. 어떤 예쁜 걸들은 죄짓고도 벌받지 않아.
☐ **What is it you've done?** 무슨 일을 저지른거야?	So tell us, **what is it you've done?** 그래 말해봐, 대체 무슨 짓을 저지른거야?
☐ **throw the book at sb** …을 호되게 혼내다(punish)	The judge is going to **throw the book at** Peterson. 판사는 피터슨을 호되게 혼낼거야.
☐ **Who died and made you king?** 네가 뭐 얼마나 잘났냐?	What? **Who died and made you king?** 뭐? 네가 뭐 얼마나 잘났는데?
☐ **chew sb out** …를 야단치다	The manager **chewed** us **out** after we screwed up. 매니저는 우리가 일을 그르친 후에 야단을 쳤어.
☐ **Go to your room!** 방으로 가라!	Enough of your cursing. **Go to your room!** 그만 좀 돌아다니고 방으로 가!
☐ **come down on** 심하게 혼내주다	The president had to **come down on** his staff. 사장은 직원들을 심하게 혼내줘야 했어.
☐ **pick sb up on sth[it]** 혼내다, …로 체포하다	They **picked** James **up on** a minor charge. 경찰은 제임스를 가벼운 죄로 체포했어.
☐ **make sb smart (for~)** (…로) …를 꾸짖다, 혼내다	The paddle is going to **make** your ass **smart**. 패들로 너희들 혼날 줄 알아.
☐ **I wish I was dead** 나 죽었다, 죽는게 낫겠어	I'm so ashamed. **I wish I was dead**. 너무 창피해. 죽는게 낫겠어.

Fergie: Did you get pulled over by the police? 너 경찰에 연행됐어?
Maura: Yeah, I **got off with** a speeding ticket. 어, 속도위반으로 풀려났어.
Fergie: Just a ticket? You **got off easy**. 그냥 딱지로? 가볍게 끝났네.
Maura: I know. They could have **come down hard on** me. 알아. 심하게 할 수도 있었는데.
Fergie: You've always been a lucky girl. 넌 항상 운이 좋은 애라니까.

혼내고 처벌하다

080 Don't put her in a corner.
걔 너무 다그치지마.

심하게 처벌하는 것으로는 nail sb to the wall, put sb in a corner, 그리고 좀 으시으시하지만 skin sb alive 등이 있다. 이렇게 죄를 짓고 당연한 처벌을 받았다고 할 때는 get what's coming to, justice has been done이라고 한다.

12문장으로 미드영어 후다닥 끝내기

☐ **How many times have I told you to[that~]?** 도대체 몇번이나 말해야겠니?
How many times have I told you not to look at porn sites? 포르노 보지말라고 내 몇번이나 말해야겠니?

☐ **get[take] what's coming to sb** 당연한 벌을 받다
In time, Brandon will **get what's coming to** him. 시간이 되면 브랜든은 당연한 벌을 받을거야.

☐ **nail sb to the wall [cross]** 심하게 벌하다, 처벌하다
Hey, you cops are trying to **nail** me **to the wall**. 저기, 경찰나리들 나를 심하게 처벌하려는 거잖아.

☐ **justice has been done [served]** 당연한 처벌을 받았다, 정의가 실현되다
Justice has been done for the victim. 그 피해자에 대한 정의가 실현되었어.

☐ **let sb off** 가벼운 처벌로 끝내다
I'm going to **let** you **off** this time with a warning. 이번에는 경고로 가볍게 끝내줄게요.

☐ **You tell him!(You tell?)** 단단히 야단 좀 쳐!
Jen dumped Bob? **You tell him!** 젠이 밥을 찼어? 단단히 야단 좀 쳐!

☐ **skin sb alive** 무척 혼내다
If I catch the person who broke this, I'll **skin** him **alive**. 이걸 깬 사람을 잡으면 혼쭐을 내줄거야.

☐ **put~ in a corner** 누구를 혼내주다
Don't **put** the witness **in a corner**. 증인을 다그치지 마세요.

☐ **dress sb down** …를 혼내다
She **dressed** me **down** on national TV. 걔 전국방송 TV에서 날 깎아내렸어.

미드 Situation

Wade: My friend Simon got arrested for theft. 내 친구 사이먼이 절도죄로 체포됐어.
Eleanor: **How many times have I told** you not to hang out with him? 걔랑 어울리지 말라고 몇번이나 말해야 알아듣겠니?
Wade: The cops are probably going to **let** him **off**. 경찰들이 아마 가볍게 처벌할거야.
Eleanor: I hope that he **gets what's coming to** him. 받을 벌은 당연히 받길 바래.
Wade: Why have you always hated Simon? 왜 그렇게 사이먼을 싫어하는거야?

무섭게 하여 겁먹게 하다

081 You scared me to death.
너 땜에 놀래서 죽는 줄 알았어.

무섭게하다는 scare이 거의 독점상태. scare the hell[shit] out of~라고 하면 되고 무서워 겁먹고(get cold feet) 꽁무니를 빼고 도망칠 때는 chicken out이라고 하면 된다. Don't call me a chicken이라는 유명한 영화대사를 기억해두길.

12문장으로 미드영어 후다닥 끝내기

- **scare the hell out of sb** 죽을 정도로 무섭게하다
  You scare the hell out of me, baby.
  자기야, 나 간떨어질 뻔 했어.

- **scare the shit out of sb** 겁나게 하다
  Did your agent scare the shit out of you?
  네 에이전트가 너를 겁나게 했어?

- **scare the pants off sb** 아주 무섭게 하다
  The noise scared the pants off Pam.
  그 소음으로 팸이 아주 무서워했어.

- **scare[frighten] the life out of~** 혼비백산 무섭게하다
  Jesus, you scared the life out of us!
  맙소사, 너 때문에 무서워 죽는 줄 알았어.

- **You're scaring me** 너 때문에 무서워져
  Dad, what happened to you? You're scaring me.
  아빠, 무슨 일이예요? 아빠 때문에 무서워져요.

- **You scared me** 너 땜에 놀랬다.
  You scared me to death.
  너 때문에 놀래 죽는 줄 알았어.

- **be scared of[that~]** …을 무서워하다, 겁내하다
  You're just scared of getting hurt again.
  넌 단지 다시 다칠까봐 무서워하는거잖아.

- **fuck with one's head** 무섭게하다
  Stop fucking with my head!
  그만 나를 무섭게 하라고!

- **get[have] cold feet** 겁먹다, 주눅들다
  Look Sofia, getting cold feet is very common.
  저기 소피아, 겁나는 것은 다들 그래.

- **be frozen with fear** 두려움에 사로잡히다
  Jim was frozen by fear during the fight.
  짐은 싸움 중 두려움에 사로 잡혔어.

- **chicken out** 겁먹고 꽁무니 빼다
  I'm sure she's gonna chicken out.
  걘 분명 꽁무니를 뺄거야.

- **level sb with one's eyes** 눈을 마주치고 기를 죽이다
  She leveled me with her eyes last night.
  걘 지난 밤에 나를 빤히 쳐다보면서 기를 죽였어.

Situation

Jade: This place is supposed to be haunted. 이 집은 유령이 출몰한다는 곳이야.
Carol: I'm not going to go inside then. 그럼 안으로 들어가지 않을래.
Jade: Come on Carol, don't **chicken out**. 그러지마, 캐롤, 꽁무니 빼지 말라고.
Carol: Honestly, I'm **frozen with fea**r. 솔직히 말해서 나 지금 엄청 무서워.
Jade: Stop it Carol, **you're scaring me**. 그만해, 캐롤, 너 때문에 나도 무서워지잖아.

말다툼도 하고 화해도 하고

082 You have a problem with this?
너 이거에 뭐 불만 있어?

말다툼하다는 argue with이고 미드에서는 have a beef with, go into a beef with를 쓴다. 또한 뭐 문제있냐고 따지면서 have a problem with를 활용해서 많이 쓴다. 화해할 때는 make up with, bury the hatchet 등을 쓰면 된다.

12문장으로 미드영어 후다닥 끝내기

☐ **have[get] a beef with** …와 불만이 있다, 다투다
Did Tina **have a beef with** anyone then?
그럼 티나는 모두에게 다 불만이 있었어?

☐ **get into a beef with** …와 다투게 되다
He **got into a beef with** the supervisor.
걘 관리인과 다투게 되었어.

☐ **argue with[about, over]** …에 대해 말다툼을 하다
Please don't **argue with** me, Trudy!
트루디, 제발 나와 말다툼하지마!

☐ **have an argument with** …와 논쟁을 하다, 다투다(get into~)
I **got into an argument with** Fanny about Gale.
난 게일에 관해 패니와 다투었어.

☐ **Do you have a problem with sb[sth]?** 뭐 불만이세요?
You have a problem with interracial couples?
인종간 커플에 뭐 불만있어?
Why? **You have a problem with** this? 왜? 너 이거에 불만이야?

☐ **make a stink** 강하게 불평하다
Please don't **make a stink** in the meeting room.
회의실에서는 너무 강하게 불평하지마요.

☐ **be at each other's throats** 심하게 다투다
The newlyweds **were always at each other's throats**.
신혼부부는 늘상 서로 죽어라 싸워댔어.

☐ **be on the outs (with sb)** 다투다, 사이가 나쁘다
I'm **on the outs with** my best friend.
난 내 절친하고 사이가 나빠.

☐ **make up with sb** …와 화해하다
I went over to Mike's to **make up with** him.
난 화해하려고 마이크의 집에 갔었어.

☐ **turn the other cheek** 관대하게 용서하다
We can convince Jack to **turn the other cheek**.
우리는 잭을 설득해서 관대하게 용서하라고 할 수 있어.

☐ **bury the hatchet** 화해하다
You boys need to **bury the hatchet**. 너희들 화해해야 돼.

☐ **make peace with~** …와 화해하다
She's trying to hang on to **make peace with** her son.
걘 아들과 화해하기 위해 최선을 다하고 있어.

☐ **deal with all one's problems** 화해하다
Find a way to **deal with your problems**.
네 문제들을 해결할 방법을 찾아봐.

미드 Situation

Althea: **Do you have a problem with** Eunice? 너 유니스와 뭐 문제있어?
Velda: Yes. She doesn't treat me with respect. 어, 걘 날 존중해주지 않아.
Althea: Don't **make a stink** at our Christmas party. 크리스마스 파티에서는 너무 불평하지 마라.
Velda: I'm not going to say a word to her. 걔한테 말도 하지 않을거야.
Althea: You'd better not **be at each other's throats**. 서로 달려들지 않는게 낫겠어.

의사소통(communication)

~ 말로 안되면 패야지~

083 I'll knock his head off.
내 그자식 흠씬 패줄거야.

그러면 안되겠지만 미드에서 많은 불행과 범죄의 시작은 폭행. 패다는 beat, kick, smack를 생각하면 된다. 개패듯이 팬다고 할 때는 kick the shit out of, rip one's nuts off 등을 애용한다. 특히 약자를 패는 것은 beat up on이라고 한다.

12문장으로 미드영어 후다닥 끝내기

beat (sb) to death …를 죽도록 패다	I'm gonna take the stone and beat you to death with it. 돌을 집어들고 그걸로 널 죽도록 패줄거야.
beat the living daylights out of …를 심하게 패다	I'm gonna beat the living daylights out of you. 난 너를 아주 심하게 패줄거야.
beat sb up …를 흠씬 패다	She beat me up and tried to kill me. 걔는 날 흠씬 패고 날 죽이려고 했어.
beat up on sb 어리거나 약한 사람을 패다	I don't even beat up on weaker kids. 난 약한 애들은 때리지 않아.
smack sb (around) 때리다	Tony smacked her around for no particular reason. 토니는 아무 이유없이 걔를 때렸어.
get slapped 뺨을 맞다(give sb a slap)	He got slapped for touching Mary's ass. 걘 메리의 엉덩이에 손을 댔다가 뺨을 맞았어.
knock one's head[block] off 호되게 때리다	If I find him, I'll knock his head off. 걜 찾으면 죽도록 때려줄거야.
kick the shit out of …을 개패듯이 패다	The gang kicked the shit out of the old man. 그 갱들은 그 노인네를 개패듯이 팼어.
not lay a finger on 패다	I never laid a finger on her. 난 절대로 걜 때린 적이 없어.
rip one's nuts off 심한 폭력을 쓰다	Come near my sister and I'll rip your nuts off. 내 누이에게 와봐, 널 작살낼테니.
take a swing at~ 후려 패다	You just wanted to take a swing at me, hmm? 넌 단지 날 후려 패주고 싶은 거지, 응?
take sb out at the knee 무릎으로 한 대 치다, 멈추게 하다	You're gonna take Louis out at the knee? 넌 루이스가 더이상 못하게 할거지?

미드 Situation

Morris: Some thugs **kicked the shit out of** David. 어떤 깡패들이 데이빗을 늘씬 팼어.
Cindy: Did he **take a swing at** them first? 걔가 먼저 깡패들에게 덤빈거야?
Morris: No, they came up and started the fight. 아니, 걔네들이 다가와서 싸움이 시작됐어.
Cindy: Well, I'll **knock their heads off** if I find them. 어, 눈에 띄면 두들겨 팰텐데.
Morris: Me too. I'll kill the son of a bitches! 나도 그래. 그 개자식들 죽여버릴거야.

300 Chapter 6

드디어 싸움이 시작되다.

084 He put up a good fight.
걔 그래도 잘 싸웠어.

영화제목으로 잘 알려진 bring it on은 덤비다, want a piece of~는 한번 붙다, come at~는 달려들다라는 의미. 특히 put up a good fight는 그런대로 잘 싸우다, 선전하다라는 표현이다.

12문장으로 미드영어 후다닥 끝내기

bring it on
덤비다
- **Bring it on,** you fucking slut.
  덤벼봐, 이 걸레 같은 년아.

want a piece of sb
…와 한번 붙어보다, 원하다(of sth)
- **You want a piece of me?** Is that what you want?
  나랑 붙어보겠다고? 이게 네가 원하는거야?

throw a punch
펀치를 날리다
- We arrested the guy that **threw the punch**.
  우리는 주먹을 날린 놈을 체포했어.

strike out at sb
폭력으로 비난하거나 공격하다
- The angry man **struck out at** everyone.
  화가 치민 남자는 아무에게나 들이댔어.

come at sb
…에게 달려들다, …에게 덤벼들다
- I was surprised when Brian **came at** me.
  브라이언이 내게 덤벼들었을 때 깜짝 놀랐어.

let sb have it
공격하다
- When I count to three, **let** him **have it**.
  내가 셋을 세면 걜 공격해.

take a beating
참패하다, 두들겨 맞다
- The victim **took a beating** in his home.
  그 피해자는 집에서 두들겨 맞았어.

put up a good fight
잘 싸우다
- It looks like the poor woman **put up a good fight**.
  그 불쌍한 여자가 잘 싸운 것 같아.

start with sb[sth]
성질 돋구다
- Hey, **don't start with me.** We're backed up.
  야, 성질 돋구지마. 우리 뒤에 지원군이 있다고.

sb started it!
싸움을 먼저 걸다
- Jenna **started it**! It wasn't me.
  제나가 싸움을 먼저 걸었어! 나 아니야.

You want to go?
한판 붙을래?, 갈래?
- **You want to go?** Let's take it outside.
  한판 붙을래? 밖으로 나가자.

square off
싸울 준비가 되다
- The boxers **squared off** in the ring.
  복서들은 링에서 싸울 준비가 되었어.

미드 Situation

Violet: Have you ever **squared off** against anyone? 다른 사람하고 싸워본 적 있어?
Kendal: No way. I've never **thrown a punch** in my life.
아니 전혀. 지금까지 살면서 주먹을 날려본 적이 없어.
Violet: What would you do if someone **came at** you? 누가 너에게 덤벼들면 어떻게 할건데?
Kendal: I'd run away as fast as I could. 죽어라 도망쳐야지.
Violet: You'd really be as cowardly as that? 너 정말 그 정도로 비겁해질 수 있어?

이판사판 한번 붙어봐?

085 We almost came to blows!
우린 거의 치고 받을 뻔했어!

세상살다보면 싸울 일이 많으니 그에 따른 표현도 많을 수밖에. 필사적으로 싸우는 것은 fight tooth and nail, fight like cats and dogs, 그리고 mix it up with는 어떻게 엮여서 싸우거나 경쟁하는, 그리고 make something of는 한판 붙다.

12문장으로 미드영어 후다닥 끝내기

☐ **fight tooth and nail** 필사적으로 싸우다	We pled your case and we **fought tooth and nail**. 우리는 네 사건을 변호했고 필사적으로 싸웠어.
☐ **fight like cats and dogs** 심하게 싸우다	The two sisters **fight like cats and dogs**. 그 두 자매는 미친듯이 싸워댔어.
☐ **fight a losing battle** 질게 뻔한 싸움을 하다	The small army **was fighting a loosing battle**. 그 작은 군대는 질게 뻔한 싸움을 하고 있었어.
☐ **just lie down and take it** 당하고만 있다	You shouldn't **just lie down and take it**. 넌 가만히 당하고만 있으면 안돼.
☐ **take on** 맞서다	You're going to **take on** a corporation? 넌 회사에 대항해 맞설거야?
☐ **come to blows** 주먹다짐을 하다	The men **came to blows** over the insult. 남자들은 모욕을 받고 주먹다짐을 했어.
☐ **step outside** 나가서 한판 붙다	Let's **step outside** and settle this. 나가서 한판 붙고 해결하자.
☐ **duke it out** 끝장날 때까지 싸우다	Are you planning to **duke it out** with him? 넌 걔랑 끝장날 때까지 싸울 생각이야?
☐ **lock horns with sb** 다투다, 싸우다	I've **locked horns with** the committee many times. 난 수없이 그 위원회와 다투었어.
☐ **make something of it** 한판 붙다	Really? Do you want to **make something of** it? 정말? 너 한판 붙어보겠다는거야?
☐ **mix it up with sb** …와 싸우다, 경쟁하다	Sam **mixed it up with** a local tough guy. 샘은 그 동네의 터프가이와 경쟁을 했어.
☐ **play off sb[sth]** 서로 싸우게 하다	Shelia **played** her two boyfriends **off** each other. 쉴라는 자기의 두 남친을 서로 싸우게 했어.

Cat: Jonas is going to go to jail for a long time. 조나스는 오랫동안 감빵에 들어갈거야.
Woody: His lawyer **is fighting tooth and nail** to keep him free.
변호사가 풀어주려고 죽어라 싸우고 있지.
Cat: I understand he**'s locked horns with** the judge. 판사하고도 한판 붙었잖아.
Woody: The judge doesn't like him at all. 판사는 걜 전혀 좋아하지 않아.
Cat: Then Jonas **is fighting a losing battle** in the courtroom. 그럼 조나스는 법정에서 지는 게임을 한거네.

Chapter 6

086 Don't you give up!
포기하지마!

fighting a losing battle 할 필요없이 눈치봐서 안되면 언능 포기하는 것도 하나의 방책. 가장 기본표현은 give up, 저항없이 포기하는 건 go down without a fight, 희망을 접을 땐 give up on, 자신없을 땐 cop out, wimp out이라 한다.

12문장으로 미드영어 후다닥 끝내기

- **go down without a fight** 저항없이 항복하다
  I'll tell you what. I'm not going down without a fight.
  할 말이 있는데, 난 저항없이 항복하지는 않을거야.

- **knuckle under** 항복하다
  We had to knuckle under because of their lawyer.
  우리는 걔네들 변호사 때문에 항복해야 했어.

- **throw up one's hands** 좌절해 포기하다
  Her parents threw up their hands over her behavior.
  걔 부모님은 걔의 행동에 좌절해 포기했어.

- **give up** 포기하다
  I give up. Do whatever you want.
  난 포기한다. 네 멋대로 해라.

- **give up on sb[sth]** …에 대한 기대나 희망을 접는다
  I know you won't give up on him. Don't let him give up on you.
  네가 걔에 대한 희망을 포기하지 않을거라는 걸 알아. 걔가 널 포기하도록 하지마.

- **give[cave] in (to)** (…에) 항복하다, 포기하다
  You can't give in to your curiosity.
  너 호기심에 끌려다니지마.

- **give sb up for dead** 죽은 것으로 포기하다
  After five years, I gave Gina up for dead.
  5년 후, 난 지나가 죽은 것으로 단념했어.

- **give up all thought of** …할 생각을 다 포기하다
  She gave up all thought of returning home.
  걔는 집으로 돌아올 생각을 포기했어.

- **poop out (on)** 포기하다
  Don't poop out on our party plans.
  우리 파티계획을 포기하지마.

- **wimp out** 자신없어 손떼다
  Scott always wimps out during fights.
  스캇은 항상 싸우는 도중에 손을 빼드라.

- **cop out** 겁나서 손떼다
  Tell me if you are planning to cop out.
  무서워 도망갈거면 말해.

Sofia: The gangsters want us to pay them money. 그 갱단이 우리보고 돈을 상납하래.
Ronny: There's no way I'm going to **knuckle under** to them. 난 절대로 걔들에게 항복하지 않을거야.
Sofia: But it's safer just to pay them. 하지만 돈을 주는게 안전해.
Ronny: If we **cave in to** their demands, they'll expect more money.
우리가 걔네들 요구에 굴복하면 더 많은 돈을 요구할거야.
Sofia: I think it's better if we **wimp out** this time. 이번에는 우리가 물러서는게 좋을 것 같아.

이제 침착하고 진정해야지

087 I was trying to play it cool.
침착하게 굴려는 거였어.

진정하다는 calm down이 유명하며 또한 Easy does it, take it easy 등이 있지만, 여기서는 쿨한 단어인 cool을 이용한 표현들을 알아보자. 멋지다는 뜻 외에도, cool down, cool it, keep cool, play it cool 등 다양하게 진정하다라는 의미로 쓰인다.

12문장으로 미드영어 후다닥 끝내기

☐ **Easy does it**
살살해, 천천히 해
Easy does it. You're going to crash.
살살해. 부딪히겠어.

☐ **Go easy (on)**
진정해, 살살해
All I'm saying is I think we should **go easy**.
내가 하고자 하는 말은 우리가 좀 천천히 가야한다는거야.

☐ **keep[stay] cool**
진정하다
She's coming with us. So just **stay cool**.
걔도 우리와 함께 왔으니 진정하라고.

☐ **cool down**
진정하다
Okay, let's everybody just **cool down**.
좋아, 자 다들 진정하자고.

☐ **cool it[off]**
진정해, 침착해
You know what? I'm gonna go **cool off**.
저기 말야. 나 좀 진정하려고.

☐ **play it cool**
침착하게 굴다
No. I was trying to **play it cool**.
아니, 나 침착하게 굴려는 거였어.

☐ **hold[keep] one's nerve**
진정하다
It was so hard to **keep my nerve** last night.
지난 밤에 참는게 너무 힘들었어.

☐ **calm one's nerves**
진정시키다
I took a few pills to **calm my nerves**.
약을 몇알 먹고 맘을 진정시켰어.

☐ **calm down** 진정하다
Calm down, son. That's not helping. 아들, 진정해. 그건 도움안돼.

☐ **chill out**
열을 풀다, 진정하다
I just need to **chill out** for the next few days.
난 앞으로 며칠간 머리를 식혀야겠어.

☐ **take a (deep) breath**
진정하다
Now all you have to do is **take a deep breath**.
이제 네가 해야 할 일은 진정하는거야.

☐ **catch one's breath**
숨 좀 돌리다
I'm fine. I just need to **catch my breath**.
난 괜찮아. 그냥 숨 좀 돌려야겠어.

☐ **get one's breath back**
숨을 고르다
Take a few minutes. **Get your breath back**.
잠시동안 쉬면서 숨을 골라.

미드 Situation

Tyree: The fucking neighbor won't turn down his music! 저 염병할 옆집 사람이 음악소리를 안줄이네!
Sienna: **Calm down.** I can go talk to him. 진정해. 내가 가서 얘기해볼게.
Tyree: He's not going to listen to you. 네 말 듣지도 않을거야.
Sienna: **Stay cool.** It's not that bad. 침착해. 그렇게 나쁘지도 않은데.
Tyree: I'm not going to **play it cool**! I'm mad! 난 침착못해! 화가 치밀어 오른다구!

304 Chapter 6

088 Keep your pants on!
진정해!

서두르지 말라고 할 때

slow down은 속도를 천천히하다라는 뜻도 있지만 비유적으로 맘을 진정하다라는 뜻도 있으며 그밖의 표현들로는 keep your pants on, keep a grip on~ 등이 있다. 또한 다양한 의미로 쓰이는 settle down, sort oneself out 등도 있다.

12문장으로 미드영어 후다닥 끝내기

☐ **keep your pants[shirt] on** 침착하다, 진정하다	Try to **keep your pants on**. We're coming now. 진정하라고. 지금 우리가 가니까.
☐ **keep a grip on you** 잡다, 진정하다	He'd do anything to **keep a grip on** you. 걘 널 잡기 위해서는 무슨 짓이든 할거야.
☐ **slow (things) down** 속도를 늦추다, 진정하다	Nick, **slow down**. You're not making any sense. 닉, 진정해봐. 넌 말도 안되는 얘기를 하고 있어.
☐ **sort oneself out** 진정하다	I need time off to **sort myself out**. 난 좀 진정할 시간이 필요해.
☐ **get oneself sorted out** 진정하다	Just go home and **get yourself sorted out**. 집에 가서 맘을 진정시켜봐.
☐ **take a chill pill** 진정하다, 참다	He'll be here OK? **Take a chill pill.** 걔가 이리로 올거야, 알았어? 진정해.
☐ **when the dust settled** 사태가 진정되면	**When the dust settled,** everything had changed. 사태가 진정되면 모든 게 바뀌었을거야.
☐ **What's the rush?** 천천히 해라	Hey, hey, **what's the rush?** 야, 야, 천천히 좀 해라.
☐ **There's no rush** 서두를 것 없다	**There's no rush.** You can take your time. 서두를 거 없어. 시간갖고 천천히 해.
☐ **settle down** 맘 가라앉히고 진정하다, 정착하다	I need a place where I can really **settle down**. 내가 맘을 진정할 수 있는 곳이 필요해. **Settle down,** you're making a fool of yourself. 진정하라고, 넌 웃음거리가 되고 있어.
☐ **mellow out** 진정해	Let's all just **mellow out**. 다들 진정하자고.

미드 Situation

Will: Have you **got yourself sorted out**? We have to leave. 맘 좀 진정시켰어? 우리 출발해야 돼.
Harriet: **Take a chill pill.** I'm almost ready. 진정해. 거의 준비됐어.
Will: But we're already thirty minutes late. 하지만 벌써 30분 늦었는데.
Harriet: **Just settle down.** Things will be fine. 진정해. 괜찮을거야.
Will: I can't **mellow out** when we're this late. 이렇게 늦었는데 난 진정할 수가 없어.

의사소통(communication) 305

~ 멍청하면 평생을 고생혀~

089 You had it coming!
네가 자초한거야!

머리를 쓴다고 하면서 스스로에게 해를 끼치는 못난이들이 있다. 이런 사람들에게 어울리는 가장 유명한 표현으로 You had it coming!이 있으며 You asked for it, You asked for trouble, 그리고 재미난 shoot oneself in the foot 등이 있다.

12문장으로 미드영어 후다닥 끝내기

☐ **have sth coming (to you)** 스스로 자초하다	I understand you **have** something **coming to you**. 네가 스스로 자초하는게 이해돼. **You had it coming!** 네가 자초한거야!
☐ **asked for it** 스스로 자초하다	Come on, **you asked for it**. 이봐, 네가 스스로 자초한거야.
☐ **bring it on oneself** …을 자초하다	You must've **brought it on yourself**. What did you say to her? 네가 자초한 것임에 틀림없어. 걔한테 뭐라고 할테야?
☐ **cut off one's nose to spite one's face** 해끼치려다 손해보다	Don't **cut your nose off to spite your face**. 화났다고 되려 손해보는 짓은 하지마.
☐ **what comes around goes around** 주는 대로 받는 법	It's karma. **What comes around goes around**. 그건 카르마야. 주는 대로 받는 법이지.
☐ **put the nail in the one's (own) coffin** 자기 무덤을 파다	His article **put the nails in his coffin**. 걔의 기사는 스스로 무덤을 판셈이 되었어.
☐ **shoot oneself in the foot** 제 발등을 찍다	I **shot myself in the foot** by doing that. 난 그렇게 함으로써 제 발등을 찍고 말았어.
☐ **let it happen** 자초하다, 놔두다	He did nothing to get her treatment. **He let it happen!** 걘 그녀를 치료하는데 방임했어. 그냥 놔뒀다고!
☐ **dig one's own grave** 스스로 무덤을 파다	Go ahead, but you're **digging your own grave**. 맘대로, 하지만 넌 스스로 무덤을 파는 셈이야.
☐ **ask[head] for trouble** 화를 자초하다	Driving without a license **is asking for trouble**. 자격증도 없이 다이빙하는 것은 화를 자초하는거지.

Megan: Dickson lost all of his money. 딕슨은 가진 돈을 다 잃었어.
Vince: With his actions, he **brought it on himself**. 걔 행동으로 봐서 스스로 자초한거지.
Megan: His investments were poorly planned. 걔의 투자는 마구잡이였어.
Vince: I know. He **put the nails in his own coffin**. 알아. 스스로 무덤을 판 셈이지.
Megan: Making risky investments **is just asking for trouble**. 위험한 투자를 하는 것으로 화를 자초하는거야.

어려울 때는 도와달라고 해야

090 I'll see what I can do.
어떻게 해볼게.

언젠가 한번 씩은 어려움이 닥치기 마련이다. 그때는 부탁을 해야 하는데 ask sb a favor, do sb a favor 등이 기본표현이고 감사한 것처럼 위장했지만 실제로는 부탁표현인 I'd appreciate it if you would~ 등을 잘 활용해 도움을 받아보자.

12문장으로 미드영어 후다닥 끝내기

☐ **do sb a favor (and+V)** 부탁인데 …해주라	Will you **do me a favor and** call me a cab? 부탁인데 택시 좀 불러주라.
☐ **ask sb for a favor** 호의를 부탁하다	Carrie, I need to **ask you for a favor**. 캐리, 부탁 좀 하나 들어주라.
☐ **I'll see what I can do** 어떻게 해볼게	All right, **I'll see what I can do**. 그래, 내 어떻게 해볼게.
☐ **I'd appreciate it if you~** 네가 …해주면 고맙겠어	**I'd appreciate it if you** didn't get high around the kids. 아이들 앞에서 약에 취하지 않으면 고맙겠어.
☐ **Do you mind ~ing[if~]?** …해도 될까요?(Would you mind~)	**Do you mind if** I grab your breast? 내가 네 가슴을 움켜 잡아도 괜찮겠어?
☐ **Is that[it] too much to ask for [to/if~]?** …를 요구하는게 지나친거니?	**Is it too much to ask** for you to help me move? 이사하는 거 도와달라는 게 너무 지나친거니?
☐ **Would you please?** 그래 줄래? (if you please 괜찮다면)	Get her out of my face, **would you please?** 꺼져줄래, 제발.
☐ **~what I want you to~** 내가 너한테 원하는 것	Alright Jimmy, here is **what I want you to** do. 좋아, 지미, 이게 내가 네가 해줬으면 하는거야.
☐ **plead for** 간청하다(plead with sb to~)	You made them **plead for** their lives? 넌 걔네들이 목숨을 살려달라고 간청하게 했어?
☐ **I beg of you** 제발(I'm begging you 부탁해)	Please shave that moustache, **I beg of you**. 수염 좀 깎아, 제발.
☐ **you name it** 말만해	I've seen abused children defend their parents. **You name it,** I've seen it. 학대받는 아이들이 자신들의 부모를 보호하는 것을 봐왔어. 말만해. 쭉 봐왔다니까.
☐ **All I ask for is that S+V** 네게 부탁하고 싶은 것은…	**All I ask is that** she leave him alone. 내가 부탁하고 싶은 것은 걔가 그를 괴롭히지 않는거야.

미드 Situation

Dennis: **Would you mind** doing me a favor? 부탁 좀 들어줄테야?
Emma: **You name it.** I'll help you out. 말만해. 도와줄게.
Dennis: **I'd appreciate if you** could grab me a donut and some coffee.
　　　도넛과 커피 좀 갖다주면 고맙겠어.
Emma: Do you want cream or sugar in your coffee? 커피에 크림을 탈까 아니면 설탕을 넣어?
Dennis: **All that I ask is** that you bring it quickly. 내가 원하는 건 그냥 빨리 갖다 달라는거야.

의사소통(communication) | 307

도움주고, 도움을 거절하는 흐뭇한 사회

091 I got your back.
내가 도와줄게.

도와주고(give a hand) 뒤를 봐주고(get sb's back) 그래서 상대방이 도움을 받고(get help) 그러면 더할 나위 없겠지만 사기꾼(con man)도 많고 아니면 계속 도움만 청할 수도 있으니 이럴 때는 거절하기도(turn one's back on) 해야 한다.

 12문장으로 미드영어 후다닥 끝내기

☐ **get one's back** …의 뒤를 봐주다, 도와주다	I'm here for you, man. **I got your back.** 내가 여기 있잖아, 널 위해서. 내가 도와줄게.	
☐ **get[be] behind sb** 지원하다, 도와주다	The whole town **got behind** Fanny. 동네 전체가 패니를 지원해줬어.	
☐ **give sb a hand (with)** 도와주다	Can you **give** me **a hand with** all this stuff? 이 모든 것 좀 도와줄래야?	
☐ **get help** 도움을 받다	I'm the one who needs to **get help**, not you. 도움을 받을 사람은 나야, 네가 아니고.	
☐ **bail sb out** 경제적 지원을 해주다	My friends would be there to **bail** me **out**. 내 친구들이 나를 경제적으로 도와줄거야.	
☐ **go to bat for sb** 도와주러가다	Are you willing to **go to bat for** Sean? 너 션을 도와주러 갈거야?	
☐ **help sb out** 어려움에 처한 …을 도와주다	Tom, why didn't you **help** me **out** there? 탐, 왜 그거 날 끝까지 도와주지 않은거야?	
☐ **support sb (~ing)** 지원하다, …가 …하는 것을 돕다	All right, then I **support** you one hundred percent. 좋아, 그럼 전적으로 널 도와줄게.	
☐ **turn one's back on~** …의 도움을 거절하다	How can I **turn my back on** that? 어떻게 내가 그걸 외면할 수 있겠어?	
☐ **not know where to turn** 어려운 처지에서 어떻게 해야할지 모르다	The sum of it all is that you **don't know where to turn**. 넌 어떻게 해야 될지를 모르고 있다는 것으로 모든 게 귀착돼.	
☐ **call in a favor[favors]** 도움줬던 사람에게 도움을 청하다	You should **call in a favor** from your police detective pal. 네 형사 친구에게 도움을 청해봐.	
☐ **Do you need help with[~ing]?** …하는데 도움이 필요해?	**Do you need help** bringing in the rest of your stuff? 네 나머지 물건 들여오는데 도움이 필요해?	

미드 Situation

Shelby: **Do you need help** moving to your new apartment? 새로운 아파트로 이사가는데 도움이 필요해?
Zane: Yeah, I'm going to have to **call in a few favors**. 어, 도와달라고 부탁들 좀 해야 돼.
Shelby: I'll **give** you **a hand** with all of that. 내가 그거 다 도와줄게.
Zane: You are really a good friend to me. 넌 정말 내게 좋은 친구야.
Shelby: Hey man, I've always **got your back**. 야, 이 친구야, 난 항상 널 도와주잖아.

308 Chapter 6

092 Thanks. I owe you one.
고마워. 내 신세졌어.

별 도움이 안되는 경우도 많아

도움이 되서(do some good, It helps~) 고마울 때 신세졌다(I owe you one)고 인삿말을 해야 된다. 하지만 존재자체가 도움이 되지 않은 경우에는 be not helping, do nothing for 등의 표현을 쓰면 된다.

 12문장으로 미드영어 후다닥 끝내기

do some good 도움되다	Now prove to us it will finally **do some good**. 그게 결국 도움이 될 거라는 것을 증명해봐.
That[It] helps +V [S+V, sb ~ing] 도움이 되다	**That helps** explain how these 3 women came together. 그건 어떻게 3명의 여자가 함께 왔는지 설명하는데 도움이 되네.
It won't help ~ 그래봤자 도움이 안되다	Your testimony **won't help** the case. 네 증언은 이 사건에 도움이 되지 않아.
be not helping~ 별 도움이 안되다	Hey, guys, this **is not helping**, okay? 야, 얘들아, 이건 별 도움이 안되지, 그지?
be a great help 도움이 많이 되다	I appreciate it. **You've been a great help**. 고마워. 넌 정말 많은 도움이 되었어.
be supportive of 도움이 되다	I want to **be supportive of** that. 난 그거에 도움이 되고 싶어.
a shot in the arm 도움되는거	The donations were **a real shot in the arm**. 기부금은 정말 도움이 많이 되는거였어.
I owe you one 신세졌어	Thanks. **I owe you one**. 고마워. 내가 신세졌어.
It (would) pay sb to~ …하는 게 …에게 도움이 될거야	**It would pay** to do the repairs yourself. 스스로 수리를 하는데 도움이 될거야.
do nothing for …에 도움이 되지 않다	It **does nothing for** your promotion. 그건 네 승진에 아무런 도움이 되질 않아.
~what it will do for~ …에 도움이 되다	Imagine **what it will do for** our school. 무엇이 우리 학교에 도움이 될 것인가 생각해봐.
come in handy 필요할 때 도움이 되다	I guess it would **come in handy**. 그게 도움이 될 것 같은데.

Isaac: I hope this medicine will **do some good**. 이 약이 도움이 될거야.
Lauren: It helps people sleep through the night. 사람들이 밤새 푹 자는데 도움이 돼.
Isaac: It's been difficult for me to sleep well. 잠이 오지 않아서 힘들었어.
Lauren: I think the medicine will **come in handy** for that. 이 약이 그럴 때 도움이 될거야.
Isaac: Me too. I'll give it a try tonight. 나도 그래. 오늘밤에 나도 먹어봐야지

감사할 때

093 I don't know what to say.
고마워 뭐라 해야될 지 모르겠어.

You're welcome, Don't mention it은 기본이고 can't thank you enough~, I don't know what to say 등 말을 꼬아서 감사하는 맘을 맘껏 표현해야 한다. 그리고 appreciate로 감사한 맘을 더 전해보고, Big ups for~ 등의 미드적 표현도 알아둔다.

 12문장으로 미드영어 후다닥 끝내기

- [ ] **can't thank you enough**
  뭐라 감사해야 할지 모르겠다
  I can't thank you enough for agreeing to help me.
  나를 도와주는데 동의를 해줘서 뭐라 감사해야 할지 모르겠어.

- [ ] **I don't know what to say**
  뭐라 해야할지 모르겠다
  I don't know what to say to him.
  걔한테 뭐라 감사해야 할지 모르겠어.

- [ ] **appreciate sth**
  …에 대해 감사하다
  I appreciate your concern.
  걱정해줘서 고마워.

- [ ] **appreciate it[this]**
  감사하다
  We really appreciate that.
  우린 정말 그거에 감사하고 있어.

- [ ] **appreciate sb ~ing**
  …가 …을 해준데 대해 감사하다
  I appreciate you looking out for my schedule.
  네가 내 일정을 봐줘서 정말 고마워.

- [ ] **(That[This, It] is) Good(nice) of sb to~** 감사하다
  Tony, it's so good of you to stop by.
  토니, 네가 들러줘서 정말 고마워.

- [ ] **big up(s) to[for] sth**
  …에 감사하다
  Big ups for all the help you've given.
  네가 해준 모든 도움에 감사해.

- [ ] **(You're) Welcome**
  무슨 말을, 별 말씀을
  You're welcome. I mean it, thank you for everything.
  언제든지, 정말이지 여러모로 고마워.

- [ ] **It's the least I can do**
  최소한 성의예요, 이건 기본이죠
  It's the least I can do for my partner.
  내 파트너에게 할 수 있는 최소한의 성의이지.

- [ ] **Don't mention it**
  천만에요
  Don't mention it. I'm here to help.
  천만에. 도울려고 여기 온건대.

- [ ] **That's so sweet**
  고맙기도 해래(That[It]'s very sweet of sb)
  It's very sweet of you to come over and talk to me.
  들러서 나와 얘기해줘서 정말 고마워.

- [ ] **What would I have done without you?** 너 없었더라면 어쩔뻔했어?
  It's been so difficult. What would I have done without you? 정말 힘들었어. 너 없었더라면 내가 어쩔뻔 했겠어?

미드 Situation

Anthony: This new car is just for you. 이 새로운 차는 네꺼야.
Brooke: I can't thank you enough for buying it. 이거 사줘서 뭐라 고맙다고 해야 할지 모르겠어.
Anthony: Don't mention it. I was glad to do it. 천만에. 그렇게 해서 내가 기쁜 걸.
Brooke: I'm so shocked, I don't even know what to say. 정말 놀랬어. 뭐라고 말해야 할지도 모르겠어.
Anthony: It's the least I can do for my girlfriend. 여친에게 최소한 이 정도는 해야지.

무슨 문제가 있어보일 때

094 What is it all about?
이게 다 무슨 일이야?

무슨 문제나 안좋은 일이 있어 보일 때는 숙달된 What's the problem?, What's wrong with you?외에 What is with, What is it with~, What's the deal? 그리고 What gives? 등과 같은 좀 미드냄새 팍팍나는 표현들을 써보자.

12문장으로 미드영어 후다닥 끝내기

☐ **What is with~?**
…가 무슨 일야?, 왜그래?

What is with you guys and this uniform?
너희들 그리고 이 유니폼이 왜 그래?

☐ **What is it with~?**
도대체 …가 왜그래?

What is it with my son and that girl?
내 아들과 저 여자가 도대체 왜 그러는거야?

☐ **What is up (with~)?**
…에 무슨 문제가 있는거야?

What is up with the bank manager? We've been waiting forever. 은행지점장에게 무슨 문제있어? 기다린지가 언제인데.

☐ **What's the problem?**
무슨 일이야? 왜그래? 뭐가 문제야, 어디 아파요?

Wish I knew. **What's the problem?**
알면 나도 좋게. 뭐가 문제야?

☐ **What's wrong (with you)?**
뭐 잘못됐어?

What's wrong with your hand?
네 손이 어떻게 된거야?

☐ **What gives?**
왜 그래? 뭐 안좋은 일 있어?

I've found what I'm looking for. Come on. **What gives?** 내가 찾는 걸 발견했어. 왜, 무슨 일 있어?

☐ **What's going on?**
무슨 일이야?

Now who's going to tell me **what's going on**?
자 무슨 일인지 누가 말할거야.

☐ **What's that[it] about?**
도대체 무슨 일이야?, 뭐에 관한거야?

You're not coming to my party? **What's that about?**
파티에 못온다고? 무슨 일인데?

I love this music. **What's it about?** 이 음악 좋아해. 뭐에 관한거지?

☐ **What's it[this] all about?**
이게 다 무슨 일이야?

What's it all about? Who sent you?
이게 다 무슨 일이야? 누가 널 보낸거야?

☐ **What's the matter with you?**
무슨 일이야? 도대체 왜그래? 넌 뭐가 문제야?

What the hell's the matter with you? Get off me.
도대체 이게 무슨 일이야? 꺼져버려.

☐ **What's the[one's] deal?**
…의 문제가 뭐야?, 무슨 일이야?, 왜그래?

So, dude, **what's the deal with** Jessica?
그래, 친구야, 제시카하고 무슨 문제야?

☐ **What is it now?**
(짜증) 또 무슨 일이야?

What is it now? You want me to drop out of high school?
또 무슨 일이야? 나보고 학교를 그만두라고?

미드 Situation

Reba: OK, Lizzy, **what is it now?** 좋아, 리지, 또 무슨 일이야?
Lizzy: I need to borrow some more money. 돈 좀 더 빌려야겠어.
Reba: You're broke again? **What's the matter with you?** 또 빈털터리야? 도대체 왜그래?
Lizzy: I need to pay off the bills I have. 내야 될 청구서들이 있어.
Reba: **What is it with you** spending all your money? 도대체 네 돈은 어떻게 다 쓰는거야?

의사소통(communication) 311

~ 무슨 일이야~

095 What's got into you?
도대체 왜 그러는거야?

뭔놈의 표현이 이리도 많은지~^^. 여긴 쉬운게 별로 없어 보인다. What's got into you?, What are you getting at?, What's come over you? 그리고 What you have got going on? 등 고급미드표현들을 만나보자.

12문장으로 미드영어 후다닥 끝내기

- **What's got into you?** 뭣땜에 그래?, 도대체 왜그래?
  Hey, stop it! **What's got into you?**
  야, 그만해! 도대체 왜 그러는거야?

- **What're you getting at?** 무슨 말을 하려는거야?
  What's this? **What are you getting at?**
  이게 뭐야? 무슨 말을 하려는거야?

- **What's been bothering you?** 왜 힘들었어?
  I know **what's been bothering you** about us.
  우리 때문에 뭐가 힘들었는지 알고 있어.

- **What's the drill?** 무슨 일이야?
  I'm new. **What's the drill?**
  나 새로왔는데, 무슨 일이야?

- **What's come over you?** 대체 왜 이러는 거야?
  Come on Ethan, **what's come over you?**
  이것봐, 이단, 도대체 왜 그러는거야?

- **What's eating you?** 무슨 걱정거리야?
  You look sad. **What's eating you?**
  슬퍼보이네, 무슨 걱정거리가 있어?

- **What you have got going on?** 짐 무슨 일이야?, 어떻게 된거야?
  Hey Susan, **what have you got going on?**
  수잔, 무슨 일이야?

- **What do we have here?** 무슨 일이야?(What (do) you got?), 이게 누구야?
  Well, well, darling, **what do we have here?**
  이런, 이런, 자기야, 이게 누구야?

- **What's the scoop?** 뭐 새론 소식없어?
  I heard something happened. **What's the scoop?**
  무슨 일이 일어 났다며? 새로운 소식은 없구?

- **What's your story?** 너 왜 그런거야?
  What's your story? You look upset.
  너는 무슨 일인데? 화나 보여.

- **What's the[sb's] game?** 도대체 왜그래?, 어찌 된거야?
  What's Ted's game? He's up to something.
  테드가 도대체 왜 그러는거야? 뭔가 꿍꿍이가 있는 것 같아.

미드 Situation

Rick: **What's got into you?** You're acting strange. 너 왜 그래? 행동이 좀 이상해.
Barb: I've got some problems in my life. 인생문제가 좀 있어.
Rick: Oh really? **What's the scoop?** 정말? 뭔데?
Barb: First my boyfriend said he loved me, then he wanted to break up.
처음에 남친이 날 사랑한다고 한 후 헤어지기를 원했다고 했어.
Rick: That's strange. **What's his game?** 이상하다. 도대체 왜 그러는거야?

312 Chapter 6

잘못했으면 빨리 사과를 해야

096 I apologize for the delay.
지체돼서 정말 미안해.

sorry보다 좀 더 미안한 맘을 표현하려면 apologize를 써보고, 고맙다고 할 때처럼 말을 꼬아서 미안함을 강조할 수 있다. not believe how sorry, want you to know how sorry~ 등이 그것이고 사과받아줄게는 Apology accepted라 한다.

12문장으로 미드영어 후다닥 끝내기

- **(I'm) Sorry to say (that~)**
  미안한 말이지만…
  I'm sorry to say you're not husband material.
  미안한 말이지만 넌 남편감은 아니야.

- **not believe how sorry~**
  뭐라고 사과해야 할지 모르겠다
  You won't believe how sorry I was.
  내가 얼마나 미안해 했는지 넌 믿지 못할거야.

- **want you to know how sorry~**
  무척 미안하다는 걸 알아주다
  I just want you to know how sorry I am.
  내가 무척 미안해 한다는 것을 알아주길 바래.

- **apologize (to sb) for sth**
  …에게 …에 대해 사과하다
  I again apologize for just showing up last night.
  다시한번 지난밤에 내가 나타나서 미안해.

- **owe sb an apology**
  …에게 사과하다
  I know I owe you an apology but can it wait?
  내가 네게 사과해야 된다는 것을 알지만 좀 있다 해도 돼?

- **want an apology**
  사과를 요구하다
  I want an apology from you.
  나 너한테서 사과를 받아야겠어.

- **accept an apology**
  사과를 받아들이다
  He needs you to accept his apology and come to his party. 걔 네가 자기 사과를 받아들이고 파티에 오기를 원해.

- **accept sth as an apology**
  …을 사과로 받아들이다
  I'm going to accept that as an apology for my laundry. 난 내 세탁물 망쳐놓은거에 대한 사과로 받아들일려고.

- **skip the apology**
  사과를 건너뛰다
  Can we just skip the apology and go straight to the forgiving? 사과는 그냥 건너뛰고 바로 용서해줄까?

- **take an apology back**
  사과한걸 물리다
  Oh, well, then I take the apology back.
  오, 그래 그럼 내 사과한 건 물리지.

- **apology accepted**
  사과받아줄게(no apology necessary[needed])
  All right. Apology accepted. Let's go.
  좋아. 사과는 받아줄게. 함께 가자고.

- **spare me the apology for~**
  사과는 필요없다
  Spare me the apology for being so bitch.
  그렇게 못되게 굴었다고 사과할 필요는 없어.

미드 Situation

Goodman: You **would not believe how sorry** I am for getting drunk. 내가 취해서 정말이지 미안했어.
Rolanda: **Spare me the apology for** your behavior. 네가 그런거 사과는 필요없어.
Goodman: No, really. **I owe you an apology.** 아냐, 정말야. 내가 사과해야지.
Rolanda: You behaved very badly, you know. 정말 못되게 굴거 알지.
Goodman: I know, I know. Please just **accept my apology.** 알지, 알아. 제발 내 사과를 받아줘.

의사소통(communication) 313

미안하다는 표현

097 I won't let it happen again.
다시는 그러지 않도록 할게요.

뭔가 부탁하기 전에 미안하다고 할 수도 있고, 다시는 그러지 않겠다(not let it happen again)는 말로 미안함을 사죄할 수도 있다. 또한 Pardon my French는 프랑스어를 써서 미안한게 아니라 욕을 해서 미안하다는 말씀. 백년전쟁을 생각해보면…

12문장으로 미드영어 후다닥 끝내기

☐ **If it's not too much trouble** 큰 폐가 안된다면
Can you do me one favor, **if it's not too much trouble**? 큰 폐가 안된다면 부탁하나 들어줄래?

☐ **I'm sorry to trouble you, but~** 폐를 끼쳐서 미안하지만
I'm sorry to trouble you, but we need help. 귀찮게 해서 미안하지만 우리는 도움이 필요해.

☐ **not let it happen again** 그렇지 않도록 하다
I promise **I won't let it happen again**. 다시는 그렇지 않도록 약속할게.

☐ **pardon me for interrupting [asking, saying]** 방해해서 미안해
I was scared. **Pardon me for caring.** 난 무서웠어. 신경쓰게 해서 미안해.

☐ **pardon me for breathing [living]** (비난받고 혹은 조크) 면목없어
Alright! Geez, **pardon me for breathing!** 좋아, 에그머니, 쥐구멍이라도 들어가고 싶네!

☐ **pardon me** 실례해요, 뭐라고 하셨죠?
Pardon me. Would you like to dance, Charlotte? 실례지만 샬롯, 춤추실래요?

☐ **Pardon (me)?** 용서해줘?(Forgive me)
Pardon, I didn't see you standing there. 미안, 네가 거기 서있는 것을 못봤어.

☐ **pardon my French** 욕해서 미안해
What a shithead, if you'll **pardon my French**. 상스러운 말 써서 미안한데, 참 돌대가리네.

☐ **pardon the expression [language]** 이런 말 써도 될지 모르겠지만
Some people are assholes, if you'll **pardon the expression**. 이런 말 써서 미안하지만, 어떤 인간들은 정말 멍청한 녀석이야.

☐ **You're forgiven** 내 용서할게
You're forgiven. Let's not talk about it. 내 용서할 테니 그건 말하지 말자고.

☐ **That doesn't excuse any of it** 그걸로 모두 용서받을 수는 없어
I understand, but **that doesn't excuse any of it**. 이해하지만 그렇다고 모두 용서받을 수는 없지.

미드 Situation

Cheri: **I'm sorry to trouble you, but** we don't allow smoking. 번거롭게 해서 미안하지만 금연인데요.
Brett: There aren't any signs posted. 아무런 표지판도 없던데요.
Cheri: Yes, but **that doesn't excuse any of it**. 그렇다고 피셔도 된다는 말은 아니거든요.
Brett: Alright, I **won't let it happen** again. 알았어요, 다시 그러지 않을게요.
Cheri: Thanks. We'd appreciate it. 고마워요. 감사드려요.

098 I'm worried sick about him.
걔 때문에 걱정이 정말 많이 돼.

특이하게도 I'm worried about[that~], I worry about[that~] 모두 걱정하다는 표현이며, 미드족이 되려면 have sb worried, be worried sick[stiff] 그리고 걱정땜에 잠못이루는 lose sleep over도 알아두어야 한다.

12문장으로 미드영어 후다닥 끝내기

I'm worried about[that~] …이 걱정된다
I'm worried about losing my wife.
내 아내를 잃을까봐 걱정이 돼.

I worry[worried] about[that~] 걱정하다
I worry about children taking such strong medicine so frequently. 난 아이들이 너무 자주 그렇게 강한 약을 먹는게 걱정돼.

What[That] worries me is~ 내가 걱정하는 것은
What worries me is that she never came home.
내가 걱정되는 것은 걔가 집에 다시는 오지 않는 것이었어.

have A worried …때문에 …가 걱정하다
The price of food **has** many people **worried**.
음식가격 때문에 많은 사람들이 걱정을 하고 있어.

be worried sick (about~) 속이 타들어갈 정도로 걱정하다
Where have you been? We've **been worried sick about** you! 어디갔었어? 너 때문에 걱정 엄청 하고 있었잖아!

be worried stiff 몹시 걱정하다
We **were worried stiff** that you'd had an accident.
네가 사고 나지 않았을까 걱정을 무척 했어.

be the least of one's worries 걱정이라고 할 수도 없다
They're **the least of my worries**.
그것들은 내 걱정 축에 들지도 못해.

be out of one's mind with worry 무척 걱정하다
Your mom **is out of her mind with worry**.
네 엄마는 걱정하느라 정신이 없으셔.

lose sleep over~ 걱정 때문에 잠 못이루다
Don't **lose sleep over** one bad test.
시험 잘 못봤다고 잠 못자고 그러지는마라.

What concerns sb 걱정되는 건 …이다
What concerns me is his attitude.
내가 걱정되는 건 걔의 태도야.

stress and strains 근심걱정
Life will always hold **stress and strains** for you.
인생은 네게 항상 근심걱정을 주고 있지.

weigh on (one's mind) 걱정스럽게 만들다, 맘에 걸리다(worry)
The argument **has been weighing on Tom's mind**.
그 다툼은 탐의 맘에 계속 걸렸었어.

미드 Situation

Abby: I worry that my money could be lost. 내 돈을 잃을까봐 걱정돼.
Perez: Money problems **have** everyone **worried**. 돈문제 때문에 다들 걱정이지.
Abby: Yes, it would suck to have no money. 맞게, 돈이 없으면 엉망이 될텐데.
Perez: Look, try not to **lose sleep over** it. 이봐, 그 때문에 밤새 걱정은 하지마.
Abby: It's difficult to put up with the **stress and strains** of life.
인생의 근심걱정을 참는게 정말 힘드네.

걱정많은 이에게 걱정말라고 안심시키기

099 Don't sweat it.
걱정하지마.

걱정하는 상대방에게 걱정말라고 할 때는 No problem[sweat], Don't worry, Not to worry 등을 필두로, 별일 아니라는 맥락에서 No biggie, not give it a second thought 등의 표현으로 상대를 안심시켜줄 수 있다.

12문장으로 미드영어 후다닥 끝내기

☐ **Don't sweat it!**
걱정마!

Don't sweat it. You'll do better next time.
걱정마! 넌 다음 번에는 더 잘할거야.

☐ **No sweat**
걱정마(No problem)

No sweat. It'll happen today.
걱정마. 오늘 그렇게 될거야.

☐ **no biggie**
별일아냐

Okay, I was just asking. **No biggie.**
그래, 그냥 물어본거야. 별일 아냐.

☐ **take one's mind off**
걱정하지 않다(get[keep] one's~)

You just need something to **take your mind off** of it.
걱정에서 벗어나기 위해서는 넌 뭔가 필요해.

☐ **take a weight off one's mind** 한시름 놓다

The results **took a weight off his mind.**
그 결과로 걔 한시름 놓았어.

☐ **No problem**
문제없어(No stress), 괜찮아, 그럼

No problem. I just need a few more minutes.
괜찮아. 난 단지 몇 분만 필요한거야.

☐ **not give it a another thought**
걱정하지 않다, 신경쓰지 않다

Don't give it another thought.
그만 생각해.

☐ **not have a care in the world**
전혀 걱정하지 않다

You left here **without a care in the world.**
넌 아무런 걱정도 없이 여기를 떠나갔어.

☐ **Don't worry (about)**
걱정마

Don't worry about it, I'm fine.
걱정마, 난 괜찮으니.

☐ **Not to worry**
걱정하지 않아도 돼

Not to worry. He'll be dead before he can kill anybody. 걱정하지 않아도 돼. 걘 누굴 죽이기 전에 먼저 죽게 될거야.

☐ **Rest assured (that~)**
걱정마, 맘푹놔

Rest assured. Your secrets are safe.
맘푹놔. 네 비밀은 꼭 지켜질 테니까.

Claude: How can I **take my mind off** my problems? 어떻게 내 문제들을 신경쓰지 않을 수 있겠어?
Sandra: **Don't sweat it.** Let's go exercise together. 걱정마. 함께 운동하러 가자.
Claude: And that's going to make me relax? 나보고 긴장을 풀라고?
Sandra: **Rest assured** you'll be too tired to worry. 너무 피곤해서 걱정 못할 테니 걱정마.
Claude: So I'm going to be totally exhausted? 그럼 난 완전히 녹초가 되겠네?

Chapter 6

상대방이 감사, 미안, 걱정할 때

100 I can live with that.
나는 괜찮아.

상대방이 감사[미안]하거나, 혹은 걱정할 때 난 괜찮다고 하는 착한 표현들. be all right with, be cool 등을 알아두고 be fine도 기본이나 be fine 다음에 by를 많이 쓴다는 점을 익혀둔다. 그리고 상상력을 발휘해야 하는 can live with도 있다.

12문장으로 미드영어 후다닥 끝내기

- [ ] **can live with that**
  받아들일 수 있다, 괜찮다
  If she chooses to let me go, I can live with that.
  걔가 날 보내기로 결정한다면, 받아들일 수 있어.

- [ ] **be cool**
  잘 지내다, 멋지다, 괜찮다
  And she's cool with that?
  그리고 걔는 그거 괜찮대?

- [ ] **not that[so] bad**
  그리 나쁘지 않다(not half bad)
  Oh honey that's not so bad. That's cute!
  자기야, 그거 그리 나쁘지 않아. 귀여운데!

- [ ] **be (gonna be) all right**
  괜찮다, 괜찮을거야
  I hear your patient's gonna be all right.
  네 부모님 괜찮을거라며.

- [ ] **sb all right with~**
  …가 괜찮다
  You all right with that?
  넌 그거에 괜찮아?

- [ ] **That's all right**
  괜찮아, 됐어
  Oh, that's all right. I can wait.
  어, 괜찮아. 난 기다릴 수 있어.

- [ ] **That's enough for now**
  당분간은 괜찮아
  I think that's good enough for now.
  당분간은 괜찮을 것 같아.

- [ ] **be fine by[with]**
  괜찮아, 좋아
  If you want a party, it's fine by me.
  네가 파티를 원한다면, 난 괜찮아.

- [ ] **You can't go wrong with~**
  전혀 문제없다, 괜찮다
  You can't go wrong with a new suit.
  네 새로운 정장은 전혀 문제없어.

- [ ] **That'll be good (for~)**
  좋을거야, 괜찮을거야
  It'll be good for both of us.
  우리 둘 모두에게 다 좋을거야.

- [ ] **No harm (done)**
  괜찮다
  It's fine. No harm done.
  괜찮아. 아무런 피해도 없는데.

- [ ] **be all well and good**
  좋다, 문제없다
  It's all well and good to open a restaurant.
  식당을 여는 것은 아무 문제없어.

Archie: Oh my God, I forgot about our homework. 맙소사, 나 숙제 잊어버렸어.
Olivia: **That's all right.** I'll help you out. 괜찮아. 내가 도와줄게.
Archie: You don't mind giving me a hand? 도와줘도 괜찮겠어?
Olivia: Of course not. I'm fine with that. 물론이고 말고, 난 괜찮아.
Archie: Alright, I **can live with that** too. 좋아, 그럼 나도 좋지.

의사소통(communication) 317

서로의 의사소통이 중요해

101 That explains it.
그럼 이해가 되네.

소통이란 쌍방향이어야 한다. 그러기 위해서는 상대방의 말이나 상황을 이해하고 알아들어야 한다. 자기 생각을 정확히 전달하는건 make oneself understood, make oneself clear, 그리고 이해시키다는 get through to를 사용한다.

12문장으로 미드영어 후다닥 끝내기

□ **figure out** 이해하다, 생각해내다	He's trying to **figure out** if he can nail Sally. 걘 샐리와 한번 할 수 있을지 궁리를 짜내고 있어.
□ **get it figured out** 생각해내다	It took years, but **I got it figured out**. 수년이 걸렸지만 난 그것을 생각해냈어.
□ **Enough said** 알아들었어	**Enough said,** let's get started. 알아들었으니, 이제 시작하자고.
□ **I can see that (~)** (…을) 알겠어	**I can see that,** but it's rude to say it, isn't it? 알겠지만, 좀 말하기에는 무례하지, 그렇지 않아?
□ **make oneself understood** 자기 생각을 제대로 전달하다	If you're late again, you're fired. **Am I making myself understood?** 또 늦으면 넌 해고야. 제대로 알아들었어?
□ **make oneself clear** …의 말을 이해시키다	I thought **I made myself clear**. 내 의사를 분명히 전달했다고 생각했는데.
□ **That explains it** 그럼 말이 되네, 아 그래서 이런 거구나	Oh, it's Halloween. **That explains it.** 어, 할로윈이지. 그럼 설명이 되네.
□ **catch one's drift** 진의를 이해하다(follow~)	Isabelle has had many boyfriends, if you **catch my drift**. 이사벨은 남친이 많았어, 내말이 무슨 말인지 안다면 말야.
□ **get through to sb** …에게 이해시키다(get through on 이해시키다)	Someone needs to **get through to** him before it's too late. 너무 늦기 전에 누가 걔한테 이해를 시켜야 돼.
□ **come[get] to grips with~** 이해하다, 직면하다	They couldn't **come to grips with** Christine's death. 걔네들은 크리스틴의 죽음을 이해할 수가 없었어.
□ **I know[see] what you mean** 무슨 말인지 알겠어	I'm sorry, Jack. **I don't know what you mean.** 미안, 잭. 네 말 뜻을 이해 못하겠어.
□ **follow sb** …의 말을 이해하다(not catch 이해못하다)	I'm sorry. **I don't follow you.** 미안하지만 네 말을 이해못하겠어.

Grant: Did you **figure out** the puzzle? 퍼즐을 풀었어?
Ellen: Yes. These pieces fit here. 어, 이 조각들은 여기가 맞아.
Grant: **That explains it.** Good job! 그럼 설명이 되는구만. 잘했어!
Ellen: I'm glad I **made myself understood**. 내가 설명을 제대로 해서 기쁘네.
Grant: You have a talent for puzzles. 넌 퍼즐푸는데 일가견이 있어.

Chapter 6

102 I take your point!
네 말 알아들었어!

상대방의 진의를 알아듣는 get the point, see one's point, 반대로 이해되도록 말을 해보라고 할 때는 Get your point라고 하면 된다. 좀 어려워보이지만 know where you stand with~는 …에 대한 너의 입장을 알다라는 표현이다.

12문장으로 미드영어 후다닥 끝내기

- **get the point (of)** (…의) 설명을 알아듣다, 이해하다
  - **You get the point**, right? 너 알아들었어, 맞아?

- **get one's point** …의 말을 이해하다
  - All right. Okay. **I got your point**. 좋아. 그래, 네 말을 알아들었어.

- **Get your point** 이해되도록 말해봐
  - She said she didn't **get your point**. 걘 네 말뜻을 이해하지 못했다고 말했어.

- **see one's point** 다른 사람의 의견을 이해하다
  - I do it all the time. Hmm, **I see your point**. 난 항상 그래. 음, 네 말의 요점을 알겠어.

- **take one's point** …의 말을 이해하다
  - Stop talking! **I take your point!** 그만 말해! 네 말 알아들었다구!

- **know where you stand with** (…에 대해) 어떤 기분인지 상태를 이해하다
  - It's not easy to **know where you stand with** this. 네가 이것에 어떤 생각인지 아는 것은 쉽지 않아.

- **be given to understand~** …을 이해하게 되다(this is how I understand it)
  - The crowd **was given to understand** the concert was cancelled. 사람들은 컨서트가 취소되었다는 것을 알게 되었어.

- **see sth for what it is [they are]** 본모습을 보다
  - After it went bankrupt, she **saw** the company **for what it was**. 회사가 파산한 후 그 본모습을 봤어.

- **be how I take it** (말, 상황) 그렇게 이해하다
  - Believe it or not, **that's how I take it**. 믿던지 말던지, 난 그렇게 이해하고 있어.

- **I don't blame you (for~)** 그럴 수도 있지, 이해해
  - **I don't blame you for** not returning my phone calls. 내 전화한거 보고도 내게 전화해주지 않을 수도 있지.

- **do all the giving here** 이해하다, 너그러이 받아주다
  - Your grandmother **does all the giving here**. 네 할머니는 너그럽게 이해해주셔.

- **feel[know]~in one's bones** 직감으로 느끼다
  - Kevin **felt** the tragedy **in his bones**. 케빈은 비극을 직감으로 느꼈어.

Janet: I don't **get the point of** this class. 난 이 수업을 이해하지 못하겠어.
Keith: I think the teacher is trying to interest us in history. 선생님이 역사에 대한 관심을 심어주시려는 것 같아.
Janet: So he wants us to learn about the past? 그럼 우리가 과거에 대해 배우기를 원하는거야?
Keith: Yes, **that is how I take it**. 어, 난 그렇게 이해했는데.
Janet: **I don't blame you for** falling asleep. 네가 잠자는 것도 이해가 된다.

103 Get the message?
알겠어?

> 서로 이해하고 이해했는지 확인해보고

get the picture하면 이해하다라는 상당히 그래픽한 표현이고 get in touch with 다음에 사람이 아니라 사물이 오면 연락하다(contact)가 아니라 이해하다라는 뜻이 된다는 점에 주목하자. 또한 속어로 You dig?하면 알겠어?라는 말이 된다.

12문장으로 미드영어 후다닥 끝내기

- **get a fix on** 위치를 확인하다, 상황을 이해하다
  We need to **get a fix on** the killer.
  우리는 살인범의 위치를 확인해야 돼.

- **get the picture** 상황을 이해하다
  I think I'm beginning to **get the picture**.
  상황이 이해되기 시작하는 것 같아.

- **paint a picture of~** 이해하다, 설명하다
  Let me just **paint a picture of** what could maybe happen. 일어날 수도 있는 일에 대해 내가 설명을 해줄게.

- **can't get it through one's thick skull** 떨떨해 이해못하다
  The boss **can't get it through his thick skull**.
  사장은 떨떨해 그것을 이해하지 못해.

- **be out of your depth** 이해못하다, 능력밖이다
  Face it Joe, **you're out of your depth**.
  현실을 직시하라고, 조, 넌 이해못해.

- **You dig?** 알겠어?(I dig it 알겠어)
  There's no place for gays in either one, **you dig**?
  두군데 어디에도 게이들을 위한 장소는 없어, 알겠어?

- **click** 갑자기 이해하다(click with 서로 마음맞다)
  Keep studying. **It will click**.
  계속 공부해. 그럼 깨닫게 될거야.

- **get the message** 메시지받다, 이해하다
  All right, **I get the message**.
  좋아, 알아들었어.

- **appreciate** 중요성을 이해하다, 가치를 인정하다
  I try to remind myself to **appreciate** the moment.
  난 그 순간의 중요성을 이해하려고 나 스스로 상기시키려고 해.

- **fall into place** 분명히 이해하다
  After years of hard work, things **fell into place**.
  몇 년간 열심히 일한 후, 상황들이 이해가 되었어.

- **read sb (loud and clear)** (잘) 들리다, 분명히 알아듣다
  This is a radio check. **Do you read me**?
  무선통신확인입니다. 제 말 들립니까?

- **get in touch with sth** …을 이해하다
  You just need to **get in touch with** your own feelings.
  넌 네 자신의 감정을 이해해야 돼.

미드 Situation

Anita: **You're out of your depth** dating Jill. 질하고 데이트하는 걸 넌 이해못하고 있어.
Bradley: I can't **get a fix on** what she wants from me. 걔가 내게 뭘 원하는지 이해할 수가 없어.
Anita: She just wants your money. **Get the message?** 단지 네 돈을 원하는거야. 알겠어?
Bradley: I **appreciate** you being honest with me. 솔직히 말해줘서 고마워.
Anita: I don't want you to **get hurt**. 네가 상처받는걸 원하지 않아.

알아들었냐?고 물어볼 때

104 Point taken.
알아 들었어.

상대방 말을 이해했을 땐 I get it, 반대는 I don't get it, 그리고 You got it은 문맥에 따라 네 말이 맞았다, 혹은 알겠어라는 의미. You heard me는 직역하면 안되고 "내말대로 해"라는 뜻. 간단히 Understood(?)하면 알겠어(?)라는 표현이 된다.

12문장으로 미드영어 후다닥 끝내기

☐ **I get it**
이해하다(I don't get it 이해못하다)

I get it. I get what you're doing.
알았어. 네가 뭘하는지 알았어.

☐ **You got it**
맞아, 알겠어

You got it, boss. 알겠습니다, 사장님.
You got it. That's what I'm talking about.
맞아. 내 말이 바로 그거야.

☐ **You got it[that]?**
이해했어?

You're not going anywhere. **You got that?**
너 아무데도 못가. 알겠어?

☐ **You see[know] what I mean?**
내말 알았지?, 이해했어?

It's broken. **You see what I mean?**
그게 고장났어. 내말 알아들었어?

☐ **You know what I'm saying?**
무슨 말인지 알겠어?

I'm just trying to have a good time. **You know what I'm saying?** 난 단지 즐거운 시간을 보내려는거야? 무슨 말인지 알겠어?

☐ **Is that clear?**
(통명, 지시) 알아들었냐?

No one is allowed inside. **Is that clear?**
아무도 안에 들어오면 안돼. 알아들었어?

☐ **You heard me**
(명령조) 내가 말했지, 내말대로 해

You heard me. I want a hot chick.
내가 말했잖아. 섹시한 여자를 데려오라고.

☐ **Need I say more?**
더 말안해도 알지?

It was a disaster. **Need I say more?**
그건 완전 재앙이었어. 더 말 안해도 알지?

☐ **(Is that) Understood?**
(강압적 느낌) 알아들었냐?

Do anything to keep the guy talking. **Understood?**
어떻게 해서라도 저 자식 계속 말하게 해. 알았어?

☐ **Understood**
알겠어, 그렇게 할게

Understood. So, what'd you say back then?
알겠어. 그럼 그때에는 넌 뭐라고 했어?

☐ **Now you're talking**
이제야 알아듣는구만, 그렇지

Now you're talking! I hadn't sex in months.
그렇지! 섹스안 한지가 오래됐어.

☐ **Point (well) taken**
무슨 말인지 잘 알겠어

Okay, fine. Fine. **Point taken.**
그래 좋아, 좋아. 무슨 말인지 알겠어.

Ozzie: We need a vacation. **You know what I mean?** 휴가가 필요해요. 무슨 말인지 알죠?
Marlene: **I got it.** We should get out of town for a while. 알았어. 우리 잠시 시내를 벗어나자고.
Ozzie: Where do you think we should go? 어디 가는게 좋을까?
Marlene: Somewhere cheap. We're broke. 돈 많이 안드는데. 우린 돈이 없잖아.
Ozzie: **Point taken,** Let's go camping. 무슨 말인지 알겠어. 캠핑가자고.

의사소통(communication) 321

상대방 말의 진의를 다시 파악할 때

105 What's your point?
무슨 말을 하려는거야?

상대방의 진의파악이 되지 않거나 상대방이 황당해서 재차 물어볼 때 사용하는 표현들로 What do you mean~?을 시작으로 What are you saying?, What's your point? 등을 기억해둔다.

12문장으로 미드영어 후다닥 끝내기

☐ **What's that supposed to mean?** 그게 무슨 말(뜻)이야?
What is that supposed to mean? My son was a victim here. 그게 무슨 말이야? 내 아들은 피해자였다고.

☐ **This isn't what's supposed to~** …하기로 되어 있던게 아니다
This wasn't what was supposed to happen today. 이건 오늘 하기로 되어 있던게 아니었어.

☐ **What's your point?** 무슨 말을 하려는거냐?
It's always been this way. **What's your point?** 늘상 이런 식이었어. 무슨 말을 하려는거야?

☐ **What's the point?** 말의 요점이 뭐야?, (비관적) 무슨 소용야
He didn't even want to see her so **what's the point?** 걘 그녀를 보고 싶어하지도 않았어. 그래 말의 요점이 뭐야?
You want me to go? But **what's the point?** 가라고? 그래봐야 뭔 소용야?

☐ **What's the point in[of] ~ing [if]?** …하는 이유가 뭐야?, …할 필요가 있어?
Well, **what's the point of** my seeing it? 그래, 내가 그걸 볼 필요가 있어?

☐ **What are you saying?** (확인, 당황) 그게 무슨 말이야?
What are you saying? She's already dead. 그게 무슨 말이야? 걘 이미 죽었는데.

☐ **What are you talking about?** (단순히 모르거나 이해안돼) 무슨 소리야?
Step down? **What are you talking about?** 그만 내려오라고? 너 무슨 소리하는거야?

☐ **What do you mean by ~ing?** (확인, 진의파악) …는 무슨 뜻이죠?
What do you mean by "Oh my God!"? "맙소사"라는 말이 무슨 뜻이죠?

☐ **What do you mean (S+V)?** 무슨 말이야?
What do you mean she's not your type? 그녀가 네 스타일이 아니라는 말이 무슨 뜻이야?

☐ **What does that mean?** (확인, 놀람) 이게 무슨 뜻이야?
What does that mean? You're giving up? 그게 무슨 뜻이야? 포기한다고?

☐ **How do you mean?** 무슨 말이야?
Change the design? **How do you mean?** 디자인을 바꾼다고? 그게 무슨 말이야?

☐ **Is there a point in this?** 요점이 뭐야?
You've talked for an hour. **Is there a point in this?** 한 시간 동안 말했는데. 요점이 뭐야?

미드 Situation

Willis: **Is there a point in this?** 요점이 뭐야?
Charlene: We're trying to get you fixed up. 너를 좀 뜯어고치려고.
Willis: Really? **What's that supposed to mean?** 정말? 그게 무슨 말이야?
Charlene: You need to be more mature and get married. 너 좀 더 성숙해지고 결혼도 해야 돼.
Willis: **What do you mean** I need to be more mature? 내가 더 성숙해져야 된다는 게 뭔 말?

322 Chapter 6

알고 있다고 말하기

106 I know where it's at.
그게 뭔지 알고 있어.

상대방의 의도나 어떤 상황이나 요령 등을 알고 있다고 할 때는 get the idea, know the details, know the ropes, know the answer to~라고 하면 된다. 어떤 단서나 감을 잡았다고 할 때는 get a clue를 쓰면 된다.

12문장으로 미드영어 후다닥 끝내기

- **get the idea** 알다
  He **got the idea** after we explained it.
  걘 우리가 그걸 설명해주고 나서야 알아들었어.

- **You get the idea** 너도 이제 알겠지
  He was an addict. **You get the idea.**
  걘 중독자였어. 너도 이제 알겠지.

- **get a clue** 알다, 감잡다
  Nobody here'**s got a clue**.
  여기 아무도 감잡은 사람 없어.

- **have the answer to~** …의 답을 알다
  I don't **have the answer to** that. I'm sorry.
  난 그거 해결책을 몰라. 미안.

- **know the details** 세부적인 것을 알다
  I have to **know the details** of your story.
  네 이야기를 세부적으로 알아야겠어.

- **know the drill** 올바른 방법을 알다, 어떻게 하는지 알다
  I know the drill, so keep it up.
  내가 방법을 알고 있으니 계속 해.

- **know[learn] the ropes** …에 대해 잘 알다, 요령을 알다
  John **knows the ropes**. He's been here forever.
  존은 하는 방법을 잘 알고 있어. 오랫동안 여기 있었거든.

- **show sb the ropes** …하는 법을 알려주다
  I thought your dad could **show** me **the ropes**.
  네 아버지가 나한테 방법을 알려주실거라 생각했었어.

- **know the score** 사정을 알고 있다
  Introduce me to someone who **knows the score**.
  사정을 잘 알고 있는 사람에게 나 좀 소개시켜줘.

- **know the tricks** 요령이나 비결, 묘책을 알다
  Do you **know the trick** to get this computer to work?
  이 컴퓨터가 작동하는 요령을 알고 있어?

- **I know where it's at** 핵심이 뭔지 알아
  I've been there. **I know where it's at.**
  나도 그런 적이 있었어. 그게 뭔지 알고 있어.

- **see what's about to happen** 앞으로 무엇이 일어날지 알다(know~)
  Certainly you can **see what's about to happen**.
  분명 넌 무슨 일이 일어날지 알고 있어.

미드 Situation

Tasha: Do you **know the trick** to making spaghetti? 스파게티를 만드는 요령을 알고 있어?
Daniel: Can't you just boil water and throw the noodles in? 그냥 물을 끓이고 면을 넣으면 되잖아?
Tasha: I have to **know all of the details**. 자세한 것을 알아야 돼.
Daniel: Call Mom. She can **show** you **the ropes**. 엄마한테 전화해. 방법을 알려주실거야.
Tasha: I think she's at church right now. 지금 교회에 계시는 것 같은데

의사소통(communication) 323

> 알긴 알지만 아주 잘 알고 있을 때

107 I know what I'm saying.
알고 하는 말이야.

그냥 아는 것이 아니라 낱낱이 잘 알고 있다고 말할 때는 know it backwards and forwards, know it all from A to Z, know a thing or two, 그리고 be hip to, be up on, be hot on 등의 상큼한 표현까지 알아둔다.

12문장으로 미드영어 후다닥 끝내기

☐ **I know it backwards and forwards** 낱낱이 잘 알고 있어	**I know** that guest list **backwards and forwards**. 난 손님명단을 잘 알고 있어.
☐ **I know it all from A to Z** 처음부터 끝까지 다 알아	Don't worry, **I know it all from A to Z**. 걱정마, 내가 낱낱이 잘 알고 있어.
☐ **be[get] hip to sth** 잘 알고 있다, …에 통달하다	You'd better **get hip to** the facts real fast. 년 빨리 그 사실들을 잘 숙지하고 있으라고.
☐ **be well up in[on] sth** …에 대해 아주 잘 알고 있다	His lawyer **is well up** on his case. 걔 변호사는 그 사람 사건을 아주 잘 알고 있어.
☐ **be up on sth** 잘 알고 있다	**Are you up on** this new band? 이 새로운 밴드에 대해 잘 알고 있어?
☐ **be hot on sth** …을 잘 알다	**We're hot on** these guys' trail. 우리는 이 용의자의 흔적을 잘 알고 있어.
☐ **I've been there** 나도 그랬어, 충분히 이해해	I don't blame you. **I've been there** several times. 이해해. 나도 여러 번 그런 적이 있어.
☐ **I know what I'm doing [saying]** 나도 아니까 걱정하지마	You have to trust me. **I know what I'm saying**. 년 날 믿어야 돼. 내가 알고 하는 말이니 걱정말라고.
☐ **know sth[sb] like the back of your hand** (장소, 사실) 정확히 알다	You **know** the boss **like the back of your hand**. 년 네 사장을 속속들이 잘 알고 있지.
☐ **sb wrote the book on~** …에 전문가이다	He **wrote the book on** sex therapy. 걘 섹스상담 전문가야.
☐ **read sb like a book** …의 마음을 책 보듯 훤히 알다	Tom's wife can **read** him **like a book**. 탐의 아내는 탐을 훤히 꿰뚫고 있어.
☐ **know a thing or two about** 남들보다 많이 알고 있다	**I know a thing or two about** dreaming. 난 꿈에 대해 남들보다 더 많이 알고 있어.

미드 Situation

Rachel: **Are** you **up on** the law school entrance exam? 로스쿨 입학시험에 대해 잘 알고 있어?
Luke: Totally. I **know** it **backwards and forward**. 당근이지. 속속들이 다 알고 있어.
Rachel: So you can recite the section on judicial law? 그럼 사법권 부분 암기하고 있어?
Luke: Hey, how do you know about judicial law? 야, 네가 사법권에 대해 뭘 안다고?
Rachel: I **know a thing or two about** being a lawyer. 변호사 되는 것에 남들보다 많이 알고 있지.

108 You got me there.
나 모르겠어.

반대로 "난 몰라"라고 말하기

I don't know, I have no idea와 같은 평범한 표현에서부터 Beats me, Search me 그리고 I'll bite와 같은 표현들을 눈여겨 봐둔다. 특히 You got me (there)은 날 잡았다라는 말로 알아차렸네, 나 (그거) 몰라라는 의미로 쓰이는 정말 미드같은 표현.

12문장으로 미드영어 후다닥 끝내기

- [ ] **Beats me**
  내가 어떻게 알아, 몰라, 내가 어찌 알아

  Beats me, why don't you ask your father?
  나도 몰라, 네 아버지한테 물어봐.

- [ ] **Search me**
  나도 몰라

  Search me. He never said anything.
  나도 몰라, 걘 전혀 아무런 말도 하지 않았어.

- [ ] **I'll bite**
  모르겠어, 어디 들어보자, 좋아, 말해봐

  I'll bite. Why did they break up?
  그래 말해봐, 걔네들 왜 헤어진거야?

- [ ] **I have no idea (wh~)**
  (…을) 몰라

  He **has no idea what** a great girl he's missing out on.
  걘 얼마나 멋진 여자를 놓치고 있는지 모르고 있어.

- [ ] **I didn't know that (S+V)**
  몰랐어

  I didn't know that Kim had gone home for the day.
  난 킴이 퇴근했는지 몰랐었어.

- [ ] **I don't know about that**
  잘 모르겠어

  I don't know about that. You may be wrong.
  잘 모르겠어. 네가 틀릴 수도 있어.

- [ ] **not know what to do with [about]** …를 어떻게 할지 모르다

  I don't know what to do about it.
  그걸 어떻게 해야 할 지 모르겠어.

- [ ] **not know what to do with oneself** 어떻게 해야할 지 모르다

  I don't know what to do with myself.
  내가 어떻게 해야 할지를 모르겠어.

- [ ] **not know the meaning of**
  …의 의미를 모르다

  I don't know the meaning of the phrase, "a cougar."
  '쿠거' 라는 단어의 의미를 모르겠어.

- [ ] **not see the point (of) ~ing**
  …하는 이유나 목적을 모르겠다

  I don't see the point of you working on the case.
  네가 이 사건을 맡아야 하는 이유를 모르겠어.

- [ ] **Now there you have me**
  모르겠어, 내가 졌어

  Now there you have me. I really don't know.
  내가 졌다. 정말 나 모르겠어.

- [ ] **You got me**
  나몰라, 내가 졌어, 알아차렸네

  Would you stop, **you got me**, I'm dating you.
  그만 좀, 아이 들켰군, 난 너랑 데이트하고 있는거야.

- [ ] **You've got me there**
  모르겠어, 내가 졌어

  You're right. **You've got me there.**
  네 말이 맞아. 난 모르겠어.

미드 Situation

Simon: **I didn't know that** Steve left for China. 스티브가 중국으로 떠난 줄 몰랐었어.
Jessica: Yes he did. But why would he choose China? 어, 그랬지. 하지만 왜 중국을 선택한거야?
Simon: **You got me.** I thought he was going to Europe. 몰라. 걘 유럽으로 가고 싶어하는 거로 알았는데.
Jessica: He **doesn't know the meaning of** living a boring life. 걘 아주 재미나게 살아.
Simon: You're right. He's always off traveling somewhere. 맞아, 걘 항상 여행을 많이해.

의사소통(communication)

하나도 모른다고 강조하기

109 I don't know a thing about it.
나 그거에 대해 아무 것도 몰라.

전혀 모른다고 강조할 때는 not have a clue, not know a thing, not know the first thing about과 같은 비교적 평이한 표현에서부터 Hell if I know, Your guess is as good as mine과 같은 수준높은 표현까지 눈에 담아두자.

  12문장으로 미드영어 후다닥 끝내기

- [ ] **not have a clue**
  하나도 모르다
  If they don't have kids, they **don't have a clue**.
  걔네들 아이들이 없으면 하나도 모를거야.

- [ ] **not know a thing**
  아무 것도 모르다(not know the shit)
  I **don't know a thing about** it.
  난 그거에 대해 아무 것도 몰라.

- [ ] **not know sb from Adam**
  전혀 …를 모르다
  They **didn't know me from Adam**.
  걔네들은 날 전혀 몰랐어.

- [ ] **not know the first thing about**
  …에 대해 아무 것도 모르다
  You **don't know the first thing about** running a bar.
  넌 바를 운영하는거에 대해 아무 것도 모르잖아.

- [ ] **Hell if I know**
  내가 어떻게 알아, 정말 몰라
  Hell if I know. We only met once.
  나 정말 몰라. 우린 딱 한번 만났어.

- [ ] **Fucked if I know**
  죽어도 몰라, 정말 몰라
  Fucked if I know. It's none of my business.
  정말 몰라. 내가 상관할 일이 전혀 아니거든.

- [ ] **be all Greek to sb**
  …에게 전혀 이해가 되지 않다
  This is all Greek to me. Can you help me with it?
  이거 난 전혀 모르겠어. 좀 도와줄테야?

- [ ] **You don't know where it's been**
  어디서 굴러다니던 건지도 모르잖니
  Take it out of your mouth. **You don't know where it's been.** 입에서 빼. 뭔지도 모르잖아.

- [ ] **one's guess is as good as mine**
  나도 모르긴 매한가지야
  Your guess is as good as mine. Jane Doe, no I.D.
  나도 모르긴 마찬가지야. 신원불명의 여자이고 신분증도 없어.

- [ ] **(not) know what it's like to~**
  …하는 것이 뭔지 모른다
  You **don't know what it's like to** lose a job.
  넌 실직한다는게 뭔지 몰라.

- [ ] **Don't ask me**
  (무관심) 나한테 묻지마, 나도 몰라
  Don't ask me. Go ask Jack over there.
  나도 몰라. 저기 잭에게 가서 물어봐.

- [ ] **Who can tell?**
  누가 알겠어?, 즉 아무도 모른다
  Who can tell? It's been here for years.
  누가 알겠어? 그거 오랫동안 여기 있었는데.

 **미드 Situation**

Mel: Who was the man who said hello to you? 너한테 인사한 사람 누구였어?
Vera: **Don't ask me.** I never saw him before. 나도 몰라. 전에 본 적이 없는데.
Mel: You **didn't know him from Adam**? Why'd he say hi?
전혀 몰랐던 사람이라고? 근데 왜 인사를 했지?
Vera: **Who can tell?** Men do that all the time. 누가 알겠어? 남자들은 늘 그렇게 하잖아.
Mel: I guess it's because you're an attractive woman. 네가 매력적인 여자라 그런 것 같아.

아무도 모른다고 말하기

110 You can never tell.
아무도 알 수 없는 노릇이지.

역시 아무도 모른다고 강조하는 표현들로 특히 누가 알겠어?라는 반어적 표현들을 정리해본다. Who knows?, Who can say~?처럼 인간계 표현과 신이 주연으로 등장하는 God know what~, Heaven knows! 등의 표현들이 있다.

12문장으로 미드영어 후다닥 끝내기

be anybody's guess 아무도 모른다	Cause of death **is anybody's guess**. 사인은 아무도 몰라.
Who knows? 누가 알겠어? (God (only) knows!, Nobody knows!)	**Who knows?** It might even be fun. 누가 알겠어? 재미있을 수도 있잖아.
Lord[Heaven, Christ] knows! 누가 알겠어!	That's something to think about, **lord knows**. 그건 좀 생각을 해봐야 되는데, 누가 알겠어.
Who knows what [where~]? 누가 …을 알겠어?	**Who knows where** Jennifer is? 재니퍼가 어디 있는지 누가 알겠어?
God[Lord] knows what~ 누가 …을 알겠어	**God knows what** he's doing to them right now. 그가 지금 개네들에게 어떻게 하는지 누가 알겠어. They'll be off doing **God knows what**. 뭣짓하러 갔는지 누가 알겠어.
Who's to say that~? …을 누가 알겠어?	**Who's to say that** that book isn't his? 저 책이 걔것이 아니라고 누가 알겠어?
Who can say~? 누가 알겠냐?	**Who can say** we don't deserve it? 우리가 그럴 자격이 없다는 걸 누가 알겠어?
You can never tell. 알 수 없다	**You can never tell.** No one knew she was a killer. 진짜 아무도 모를 일이야. 아무도 그 여자가 살인범이라는 것을 몰랐어.
Don't be so sure 너무 확신하지마, 그거야 모르는거지	**Don't be so sure.** No one knows what will happen in the future. 너무 확신하지마. 아무도 미래의 일은 모르는거야.
You have no idea what~ (섭섭, 답답) 네가 …를 모를거야	**You have no idea what** she did the last time. 넌 걔가 지난번에 뭘 했는지 모를거야.
There's no telling wh~ …은 알 수가 없어	**There's no telling how** long it will last. 그게 얼마나 지속될지는 알 수가 없어.
There's no way that [to~] …할 방법이 없다, …일 수는 없다	**There's no way that** Mike doesn't know. 마이크가 모를 리가 없어.

미드 Situation

Reed: It**'s anybody's guess** who will win the race. 누가 경쟁에서 이길 지는 아무도 몰라.
Henrietta: Most people think Kira is the fastest runner. 대부분 사람들은 키라가 가장 빠른 주자라 생각해.
Reed: **Don't be so sure.** She looks tired today. 확신마. 걔 오늘 피곤해보이는데.
Henrietta: Was she up late last night? 걔 어젯밤에 늦게까지 안잤어?
Reed: **There's no telling what** she was up to. 걔가 무엇을 했는지는 알 수 없지.

의사소통(communication)

어떻게 할 줄 몰라 헤매일 때

111 How should I know?
내가 어떻게 알아?

이번에는 모르는 것이나 어떤 어려운 상황에서 내가 어떻게 알겠냐, 내가 어떻게 해야 하느냐라고 답답한 탄식을 하는 표현. What can I say?, How should I know?, How can I tell? 등의 표현으로 문맥에 따라 다양하게 쓰이는 점을 기억해두어야 한다.

12문장으로 미드영어 후다닥 끝내기

- **What can I say?** 난 할 말 없네, 나더러 어쩌라고?, 뭐랄까? | **What can I say?** Apparently I'm a bitch. 뭐랄까? 누가봐도 난 못된 년이야.
- **What (else) can I do?** 내가 (달리) 어쩌겠어? | **What can I do?** I love kids. 내가 어쩌겠어, 난 아이들을 사랑해.
- **What should[do] I do (with)?** 어떻게 해야 하나? | **What should I do with** this? 내가 어떻게 해야 될까?
- **How should I know?** (짜증) 내가 어떻게 알아? | **How should I know?** He's your dad. 내가 어찌 알아? 그 사람은 네 아빠잖아.
- **(I) Wouldn't know (N/if~)** 내가 (그걸) 어떻게 알겠니 | Without you **I wouldn't know** what to do, I'd be lost. 네가 없더라면 내가 어떻게 해야 할 줄 모르고 방황했을거야.
- **How can I tell?** 내가 어떻게 알아?, 어떻게 말을 하지? | Is my wife alive? **How can I tell?** 내 아내가 살아있다고? 내가 어떻게 알아?
- **How can you tell?** 왜 그렇게 생각하는데?, 어떻게 아는데? | **How can you tell?** This place is a mess. 어떻게 아는데? 이 곳은 엉망진창인데.
- **How can you tell S+V?** …을 어떻게 알아? | **How can you tell** he took your shoes? 걔가 네 신발을 가져간 줄 어떻게 알아?
- **How would I know?** 내가 어떻게 알겠어? | **How would I know?** I'm just a boy. 내가 어떻게 알겠어요? 난 그냥 소년일 뿐인 걸요.
- **How do I know?** 내가 어떻게 알아?, 내가 어떻게 알 수 있을까? | **How do I know?** I'm not gay. 내가 어떻게 알 수 있을까? 난 게이가 아닌데.
- **How did I know that[wh~]?** …을 내가 어떻게 알았겠어? | **How did I know** he felt comfortable here? 걔가 여기서 편하다는 걸 내가 어떻게 알았겠어?
- **How was I to know?** (변명) 내가 어떻게 알 수 있었겠니? | **How was I to know** it would rain all day? 온종일 비가 내릴거라는 걸 내가 어떻게 알 수 있었겠어?

미드 Situation

Wally: **What should I do with** these old coins? 이 낡은 주화를 어떻게 해야 되지?
Lenora: Keep them. They might be valuable. 갖고 있어. 값어치가 나갈 수도 있지.
Wally: **How can I tell if** they are worth money? 그것들이 돈이 될지 내가 어떻게 알아?
Lenora: **I wouldn't know how** to do that. 내가 그것을 어떻게 알겠니.
Wally: Well, maybe I'll take them to a coin shop. 그래, 동전판매점에 가지고 가봐야겠어.

앞으로 어떻게 해야 돼?

112   Where does he go from here?
걔 이제 어떻게 한대?

어떻게 해야 될지 모를 때는 not know what to do라는 기본표현이 있지만 미드적인 표현을 알려면 비유적인 표현인 Where does A go from here?, not know what to make of it 등까지 알아두어야 한다.

12문장으로 미드영어 후다닥 끝내기

☐ **What do I have to~?**
내가 무엇을 …해야 돼?

Oh come on. **What do I have to do?**
이봐. 내가 무엇을 해야 돼?

☐ **Where does~go from here?**
(힘든 상황에서) 앞으로 어떻게 하지?

Where does he go from here?
걔 이제 어떻게 한대?

Where does the relationship **go from here?**
관계가 앞으로 어떻게 될까?

☐ **Where does that leave~?**
그렇게 되면(that) sb는 어떻게 되는거야?

Well, okay, so **where does that leave me?**
그래, 좋아, 그럼 그렇게 되면 나는 어떻게 되는거야?

Where does that leave our victim?
그럼 우리 피해자는 어떻게 되는거야?

☐ **be tearing one's hair out**
무척 걱정하거나 화내다

Mom'**s tearing her hair out** over Mark's behavior.
엄마는 마크의 행동에 화가 나 머리를 쥐어 뜯고 계셔.

☐ **not know what to make of it**
어떻게 해야 할지 모르다, 뭔지 잘 모르겠다

I saw the device, but **I don't know what to make of it**.
난 그 도구를 봤는데 어떻게 해야 할지 몰랐어.

☐ **I don't know what to do**
어떻게 해야 할지 모르겠어

They'll all hate me. **I don't know what to do.**
걔네들이 날 다 싫어해. 난 어떻게 해야 할지 모르겠어.

☐ **I don't see why[how~]**
왜[어떻게] …할지 모르겠어

I don't see why he wouldn't do it again.
난 걔가 왜 그걸 다시 하지 않으려는지 모르겠어.

☐ **Now what?(What now?)**
이번엔 또 뭐야? 이제 어떻게 하지?

You know her better than I do. **Now what?**
넌 나보다 걔를 더 잘 알잖아. 이번에 또 뭔데?

☐ **what will you do~**
어떻게 할건지

I'm gonna be gone every night. **What will you do** then?
나 매일 저녁 외출할거야. 그럼 넌 어떻게 할거야?

What will you do when you find it? 그거 찾으면 어떻게 할거야?

미드 Situation

Sandy: **I don't know what to do** with my son. 내 아들을 어떻게 해야 될지 모르겠어.
Leon: **Now what?** Is he causing trouble again? 또 뭔데? 또 사고친거야?
Sandy: The teachers have thrown him out of school. 선생님들이 걜 내쫓았어.
Leon: So, what do you plan to do about it? 그래, 어떻게 할 계획인데.
Sandy: I'**ve been tearing my hair ou**t trying to find a solution.
묘안을 찾느라고 머리를 쥐어짜고 있어.

의사소통(communication)   329

113 How can I say this?
이걸 어떻게 말하지?

풀어설명하는 것은 break it down, 상세히 설명하는 것은 elaborate on, give specifics, go into specifics, 그리고 spell it out for 등이 있다. 그리고 과정 등을 상세히 말해줄 때는 walk sb through라는 표현을 쓴다.

12문장으로 미드영어 후다닥 끝내기

☐ **break it down**
(복잡한 내용을) 풀어 설명하다
Break it down for me guys, and don't be afraid to be honest. 얘들아, 쉽게 풀어 설명해주고, 두려워하지 말고 솔직해져라.

☐ **put it this way**
달리 표현하자면(put it another way)
How should I **put it**? 뭐라고 말을 해야 할까?
Let's just **put it this way**. 이렇게 표현해보자고.

☐ **put into words**
말로 표현하다
I will try to **put into words** how I feel.
내 감정을 말로 표현해볼게.

☐ **How can I say this?**
이걸 어떻게 말하지?
How can I say this? I hate you.
이걸 어떻게 말하지? 네가 정말 싫다.

☐ **elaborate on**
…에 대해 더 자세히 말하다
Could you **elaborate on** that?
그거에 대해 자세히 말해줄테야?

☐ **give specifics**
자세하게 설명하다
Describe her room, and **give specifics**.
걔 방을 묘사하고 자세하게 설명을 해봐.

☐ **go into specifics**
세세하게 들어가다
I don't like to **get into specifics**.
세세하게 들어가는 것은 난 싫어.

☐ **spell it out for**
자세히 설명하다
What do we have to do, **spell it out for** you?
우리보고 어쩌라고, 널 위해 자세히 설명하라고?

☐ **do all the talking**
상황 설명을 하다
Let me do **all the talking** to the husband and the boyfriend. 내가 남편하고 남친에게 상황설명을 할게.

☐ **reason with sb**
논리적으로 설명하다
Leave Peter to me, I'm going to **reason with** him.
피터를 내게 맡겨, 내가 걔한테 논리적으로 설명할게.

☐ **song and dance about**
…에 대해 판에 박은 설명[해명]을 하다
Don't give your dad a **song and dance about** being late. 아빠에게 늦은 귀가에 대해 뻔한 해명은 하지마라.

☐ **walk sb through sth**
(과정, 방법) 상세히 …에게 알려주다
The manager **walked** the police **through** the offices.
매니저는 경찰에게 사무실에 대해 상세히 알려줬어.

미드 Situation

Lauren: We need to **go into specifics** about our schedule. 우리 일정에 대해 세부적으로 들어가야 돼..
Stan: Can you **walk** me **through** the set up? 준비과정을 상세히 내게 알려줄테야?
Lauren: It's easier if we **break it down** on paper. 서류에 상세히 풀어 설명하는게 더 쉬울거야.
Stan: So you'll let me know what's going to happen? 그럼 어떻게 진행되는지 알려줄테야?
Lauren: Yeah, I'll make it simple to understand. 그럼, 이해하기 쉽게 할게.

내말을 다시 한번 정리할 때

114 This is what it's all about.
이게 다 그것에 관한거야.

오해방지, 혹은 추가설명 등을 위해 자기 말을 다시 정리해줄 때 쓰는 표현들. I mean,~이 가장 많이 쓰이며 What I'm saying is~, What I'm trying to say is that~ 그리고 I'm just saying~ 등이 있다. 다들 평이한 표현들.

 12문장으로 미드영어 후다닥 끝내기

□ **I mean,~**
내 말은
I mean, there's something wrong.
내 말은, 뭔가 잘못 되었다는거야.

□ **I mean (that) S+V**
…라는 말이야
I mean this could change everything.
이게 모든 것을 변화시킬 수도 있다는 뜻이야.

□ **(I'm sorry,) I meant to say**
미안한 말이지만
Yeah, **I meant to say** that, I just forgot.
어, 미안한 말이지만, 그냥 깜박했어.

□ **what I mean(t) to say**
내가 하려는 말은
What I meant to say is that I'm just happy to be looking at you. 내 말은 너를 바라다보고 있어 행복하다는거야.

□ **What I'm saying~**
내가 말하려는 것은 …이다
What I'm saying is Jack likes you.
내가 하려는 말은 잭이 널 좋아한다는 거야

□ **What I'm trying to say is~**
내가 말하려는 것은 …이다
What I'm trying to say is that you're a great guy
내 말하려는 건 네가 멋지다는 거야

□ **We're[I'm] talking (about)**
우린[난] …을 말하고 있는거야
I'm talking about me having a baby.
내가 임신했다는 이야기야.

□ **You're talking about~**
넌 지금 …을 말하고 있는거야
You're talking about me, aren't you?
너 지금 내 얘기하는거지, 그지 않아?

□ **I'm just saying (that~)**
내 말은 단지 …라는 거야
I'm just saying we should do something to cheer him up. 내 말은 단지 우리가 걔를 기운나도록 뭔가 해야 된다는거지.

□ **This is about sb ~ing**
이건 …에 관한거야
This is not about me being jealous of you! This is about you being a brat!
이건 내가 너를 시샘하고 있다는 것이 아냐! 이건 네가 철부지라는거야!

□ **This is what it's all about**
이게 다 그거에 관한거야, 그 내용은 이런 것이야
Be honest. **This is what it's all about.**
솔직해져. 이게 다 그거에 관한거야.

□ **That[which] brings me to the main point** 그게 …을 말해주는거야
That brings me to the main point, making money.
그게 내게 핵심을 말해주고 있어, 돈을 버는 것.

 미드 Situation

Arlene: You really want to fight Carl? 너 정말 칼과 싸우고 싶어?
Virgil: **What I'm saying is** that Carl made me very mad. 내 말은 칼이 나를 무척 화나게 했다는거야.
Arlene: **You're talking about** hitting him, though. 그래도 걜 때린다고 말하고 있잖아.
Virgil: **I'm just saying** I need to teach him a lesson. 버릇 좀 고쳐주겠다는 말이지.
Arlene: Well, remember that you could get hurt. 음, 너도 다칠 수 있다는 걸 명심해.

의사소통(communication)   331

내 말 좀 믿어봐

115 I don't buy it.
난 그말을 안 믿어.

내말을 믿으라고 할 때 Believe me, Trust me처럼 동사 believe, trust를 쓰는 게 기본. 하지만 미드에서는 buy가 믿는다라는 의미로 I don't buy it, I don't buy your story 등으로 쓰이고, 또한 take my word for it하면 내말을 믿으라고 할 때 쓴다.

12문장으로 미드영어 후다닥 끝내기

Believe (you) me 날 믿어, 정말이야	**Believe you me,** I'm fine either way. 정말이야, 난 아무래도 상관없어.
Believe me when I say~ 내가 …라고 하면 믿어	**Believe me when I say** I don't miss Tokyo. 내가 도쿄가 그립지 않다고 말하면 그런 줄 알아.
buy one's story …의 이야기를 믿다	You're very good at getting everybody to **buy your story**. 모든 사람에게 네 이야기를 믿게 하는데 재주가 있네.
not buy it …을 믿지 않다	Sorry. **Don't buy it.** You're making it up. 미안. 안 믿어. 네가 지어낸 이야기잖아.
buy into that shit 그런 한심한 걸 믿다	Your girl will never **buy into that shit**. 네 여친은 그런 허접한 걸 믿지 않을거야.
give sb the benefit of the doubt 선의로 믿어주다, 무죄추정하다	No one's gonna **give** us **the benefit of the doubt**. 아무도 우리를 무죄라고 믿어주지 않을거야.
Trust me 내 말을 믿어	**Trust me.** Everything's gonna be okay. 내 말을 믿어. 모든게 다 좋아질거야.
You can trust me 나는 믿어도 된다	I told you before, **you can trust me**. 전에도 말했잖아, 넌 날 믿어도 돼.
put one's trust in~ …을 믿다, 신뢰하다	Tony **put his trust in** his best friend. 토니는 자기 절친을 신뢰했어.
take sth on trust 그냥 믿다	Sometimes you've got to **take** things **on trust**. 때때로 넌 일들을 그냥 믿어야 돼.
take my word 내 말 믿다	You have just got to **take my word for** it. 넌 그냥 내 말을 믿기만 하면 돼.
take your word 네 말을 믿다	I'm just supposed to **take your word for** it? 내가 네 말을 믿어야 되는거야?

Alicia: Chris says that her parents are rich. 크리스가 걔 부모님이 부자라고 그래.
Russell: I don't **buy her story** at all. 걔 이야기는 전혀 믿지 않아.
Alicia: You should **take her word for** it. 걔말을 믿으라고.
Russell: But it's a lie. It's just not true. 하지만 그건 거짓말이야. 사실이 아니라고.
Alicia: **Believe me,** that girl has a lot of money. 정말야, 걔 정말 돈이 많아.

Chapter 6

116 Take it from me.
내 말을 믿어.

한번 더 내 말을 믿어줘

비슷하게 take it from me도 많이 쓰이며, 신뢰한다고 할 때는 have faith in을 사용한다. 특히 fancy oneself as나 be under the impression은 실제로는 아닌데 …라고 믿다라는 좀 특이한 표현이다.

12문장으로 미드영어 후다닥 끝내기

☐ **have faith in** …을 믿다	That's good. It's good to **have faith in** people. 좋아. 사람들을 믿는 것은 좋은거지.
☐ **lose faith in** 믿지 않다	I kind of **lost faith in** the whole idea. 난 그 생각 전반에 믿음을 잃었어.
☐ **restore one's faith in** …에 대한 신뢰를 회복하다	It **has restored my faith in** the human race. 그건 인류에 대한 나의 신뢰를 되찾아주었어.
☐ **put one's faith in~** …에 신념을 두다, …을 믿다	I don't **put my faith in** you. I don't trust you. 난 너에 대해 신뢰를 하지 않아. 난 너를 믿지 않아.
☐ **fancy oneself (as)~** 실은 아닌데 …라고 믿다	He **fancies himself as** a famous writer. 걘 자기가 유명작가라는 환상을 갖고 있어.
☐ **be under the impression** (실은 아닌데) …라고 믿다	We **were under the impression** she would be here this evening. 우리는 오늘 밤 걔가 여기 올거라는 생각을 하고 있어.
☐ **take it from me** 내말을 믿다	**Take it from me.** She doesn't love you. 내 말을 믿어. 걘 널 사랑하지 않아.
☐ **It is believed that[to~]** …라고 믿어진다	**It's believed that** he kept over 30 million U.S. dollars 걘 미화 3천 달러를 가지고 있다고 믿어지고 있어.
☐ **trust sb to~** …하기를 신뢰하다	You don't **trust** me **to** do my job? 넌 내가 내 일을 하지 않을거라고 생각하는거야?
☐ **I believe so** 그런 것 같아	**I believe so.** I'll drop the lawsuit. 그런 것 같아. 소송을 취하할거야.
☐ **give a reason** 설명하다	I don't have to **give a reason**. 난 설명을 할 필요가 없어.
☐ **have all the answers** 다 아는 것같이 행동하다	You always **have all the answers,** don't you, Jack? 넌 언제나 다 아는 것처럼 행동해, 그렇지 않아, 잭?

미드 Situation

Carrie: I **put a lot of faith in** my friends. 난 내 친구들을 많이 믿었어.
Ryan: **I believe so.** You really trust them. 그런 것 같아. 넌 정말 걔네들을 믿었지.
Carrie: I'm under the impression you don't feel the same way. 년 그렇게 믿는 것 같지 않다.
Ryan: No, it's difficult to **trust** anyone **to** take care of me.
아냐. 누가 날 신경써준다는게 믿기 어려워서 그래.
Carrie: Ryan, you have to trust someone. 라이언, 사람 좀 믿어봐.

의사소통(communication) 333

못믿거나 그정도로 놀랄 때

117   I don't believe this!
이건 말도 안 돼!

믿어지지 않거나 그럴 정도로 놀랐을 때는 I can't believe it, I can't believe that S+V를 쓰면 된다. 그리고 뜻밖의 말도 안되는 이야기를 할 때는 I don't believe it이나 I don't believe this를 쓰면 된다.

12문장으로 미드영어 후다닥 끝내기

☐ **I can't believe it** 설마, 이럴 수가	**I can't believe it.** He looks so much better already. 이럴 수가. 걘 이미 훨 나아보여지는데.
☐ **I can't believe S+V** …가 믿어지지 않다, 말도 안 돼	**I can't believe** you went out with Chris. 네가 크리스하고 데이트했다는게 믿기지 않아.
☐ **I don't believe it** (놀람, 짜증) 뜻밖이네, 이럴 수가	**I don't believe it.** This is an absolute betrayal of our friendship. 이럴 수가. 이건 우리 우정을 완전히 배신한거야.
☐ **I don't believe this!** (원치않는 방향) 이건 말도 안돼!	**I don't believe this.** Why am I the last to know? 이건 말도 안돼. 왜 내가 맨 나중에 알게 돼?
☐ **Would you believe me if~?** …라면 믿겠어?	**Would you believe me if** I said "yes"? 내가 "응"이라고 하면 믿겠어?
☐ **I'll believe it when I see it** 직접 봐야 믿겠어	You're getting divorced? **I'll believe it when I see it.** 너 이혼한다고? 직접 봐야 믿겠어.
☐ **not trust sb an inch** 조금도 믿지 않다	No way. **No one trusts** Jack **an inch**. 말도 안돼. 아무도 잭을 전혀 믿지 않아.
☐ **I don't believe so** 그렇지 않은 것 같아	**I don't believe so,** but I can't be sure. 안 그런 것 같지만 잘 모르겠어.
☐ **will never guess what~** (충격, 놀람) 짐작도 못할거야	**You'll never guess what** just happened. 무슨 일이 있었는지 넌 짐작도 못할거야.
☐ **have not seen anything yet** 지금까진 아무것도 아니었다	Just wait, **you haven't seen anything yet.** 잠깐만, 아직까지 아무 것도 아니었어.
☐ **Don't tell me!** 설마, 말도 안돼(Never tell me!), 말하지마	**Don't tell me!** I don't buy what you're saying. 말도 안돼! 네 말을 못 믿겠어.
☐ **Don't tell me that~** …라고 말하지마, 설마 …는 아니겠지?	**Don't tell me that** nothing's going on! 아무 일도 없다는 말은 아니겠지!

미드 Situation

Kyle: **I can't believe this!** It's snowing like crazy outside. 말도 안돼! 밖에 폭설이 내리네.
Bernice: **Don't tell me that.** I have to drive to Philadelphia tonight.
설마. 오늘밤에 필라델피아로 운전해서 가야 돼.
Kyle: There's no way you're going to make it. 절대로 그렇게 못할거야.
Bernice: **Would you believe me if** I said I'm still going to try? 그래도 내가 가려한다면 믿겠어?
Kyle: No, I'll **believe it when I see** it. 아니, 봐야 믿지.

118 I doubt it.
그렇지 않을 걸.

의심하다하면 doubt, suspect가 가장 유명한데, doubt이 그렇지 않을거라고 부정적으로 의심하는 것인 반면 suspect는 그럴거라고, 즉 긍정적으로 의심한다는 차이가 있다.

12문장으로 미드영어 후다닥 끝내기

- **arouse suspicion** 의혹을 불러일으키다
  The man walking around the bank aroused suspicion. 은행주변을 서성거리는 저 남자가 의심이 들어.

- **beyond belief** 믿기 어려운
  It's almost beyond belief. 그건 정말 믿기 어려울 정도야.

- **I doubt it** 그렇지 않을걸
  I doubt it. You haven't seen her since she was 10. 그렇지 않을걸. 넌 걔를 10살 이후로 보지 못했잖아.

- **I doubt if[that]~** …가 아닐까라 의심하다(don't think)
  Tim is very capable. I doubt he'll be making any tragic mistakes. 팀은 매우 능력있어. 걔가 끔찍한 실수를 하고 있지는 않을거야.

- **I suspect that~** …일꺼라 의심하다(think)
  I suspect it temporarily weakened the toxin. 그게 일시적으로 독을 약화시킬거라고 생각해.

- **as I suspected** 의심하던대로
  As I suspected, it's not what killed her. 의심대로, 그게 그녀를 죽인 것은 아냐.

- **have no doubt[that~]** …를 의심하지 않는다, 의심의 여지가 없다
  I have no doubt she told my husband about it. 걔가 그것에 대해 내 남편에게 분명 말했을거야.

- **if[when] (you're) in doubt** 의심이 나면
  If in doubt, throw the food out. 의심이 되면 음식을 내다 버려.

- **have one's doubts (about)** 믿지 않는다
  I'm starting to have my doubts about you. 난 너를 믿지 않기 시작했어.

- **doubting Thomas** 증거없으면 뭐든지 의심하는 사람
  Come with us and stop being a doubting Thomas. 우리와 함께 가자 그리고 그만 좀 작작 의심하고.

- **That's easy for you to say** 말하기는 쉽지
  That's easy for you to say. You've already have done threesome. 너 말하기는 쉽지. 너 쓰리섬을 해본 적이 있잖아.

미드 Situation

Roxanne: **As I suspected,** that woman tried to steal something.
내 의심대로, 저 여자가 뭔가 도둑질을 하려고 했어.

Brady: What **aroused your suspicion** about her? 무엇 때문에 걜 의심한거야?

Roxanne: I **had my doubts** when she kept staring at the gold rings. 걔가 금반지를 빤히 쳐다볼 때 의심 들었어.

Brady: How did you catch her stealing them? 걔 훔치는 걸 어떻게 잡았어?

Roxanne: She tried to stuff three rings in her pocket. 걔가 주머니에 반지 3개를 쑤셔넣으려고 했어.

~ 너 농담하는거지!

119 You can't mean that.
진심 아니지.

상대방이 믿기지 않는 말이나 이해할 수 없는 말을 할 때 던지는 표현들로 이때는 kid라는 동사를 사용한 표현들을 주로 쓴다. 그중에서도 No kidding!은 농담하냐!라는 뜻도 되지만 그걸 이제야 알았냐고 비아냥거릴 때도 사용할 수 있다.

12문장으로 미드영어 후다닥 끝내기

☐ **You're kidding!**
농담매, 장난하는거지!, (놀람) 정말야!

You're kidding! I spent three years in New York.
농담매! 나 뉴욕에서 3년을 지냈어.

☐ **You've got to be kidding (me)**
(놀람) 웃기지마, 농담말아

You've got to be kidding me. She contaminated the scene. 농담말아. 걘 현장을 오염시켰어.

☐ **You must be kidding!**
농담매!

You must be kidding. We considered that.
농담이겠지. 우리 그렇게 생각해.

☐ **Are you kidding (me)?**
농담하는거야?, 무슨 소리야?

Are you kidding? He's gonna love it.
농담하는거야? 걘 그걸 좋아할거야.

☐ **No kidding!**
(놀람, 확인) 설매, 농담하네!, (핀잔) 그걸 이제야 안거야!

No kidding? So why are you out here?
농담혀? 그럼 년 여기 왜 있는데?

☐ **(Do) You mean that?**
(놀라 확인) 정말야?, 진심야?

Really? **You mean that?** You wouldn't mind?
정말? 진심이야? 상관없겠어?

☐ **for real**
(놀람, 충격) 진짜의, 진심의, 실제의

Are you **for real**? 너 진심이야?
Have you ever fantasized about kissing a girl **for real**? 여자애에게 키스하는 것을 실제로 상상해본 적 있어?

☐ **No shit**
진짜?, 젠장, 그것도 몰랐냐, 웃기지마라

There going to make a movie here? **No shit?**
여기서 영화를 촬영할거라고? 웃기지마라?

☐ **Is that so?**
정말 그래?(So what? 그래서 뭐 어쨌다고?)

Is that so? I never heard that.
정말 그래? 난 전혀 들어본 적이 없는데.

☐ **Is that a fact?**
그게 정말야?

Eating too much meat causes cancer? **Is that a fact?**
고기를 많이 먹으면 암을 유발한다고? 그게 정말야?

☐ **You don't[can't] mean that**
그말 진짜 아니지, 농담이지

We're finished? **You can't mean that.**
우리관계가 끝났다고? 그말 진심아니지.

미드 Situation

Angel: I'm sorry, the subway is closed for the night. 미안하지만, 오늘밤 전철은 끝났습니다.
Butch: **You must be kidding.** It's only nine. 농담마요, 이제 겨우 9시인데요.
Angel: It's **for real**. Service stopped a few minutes ago. 정말예요. 운행이 몇분 전에 끝났어요.
Butch: **You can't mean that** I have to stay in town tonight.
오늘밤에 시내에 있어야 된다는 말은 아니겠죠.
Angel: You can always take a taxi home. 언제든 택시타고 갈 수 있잖아요.

120 I don't mean maybe.
농담이 아니라 진심이야.

정말이라고 말할 때는 I'm not kidding, I kid you not, 그리고 유명한 I'm serious를 사용하면 된다. 좀 더 미드적으로 보이려면 I don't mean maybe라고 해도 된다. 또한 God know what이 아니라 God knows that하면 정말 …이다라는 뜻.

12문장으로 미드영어 후다닥 끝내기

☐ **I'm not kidding**
정말야, 진짜야
I certainly am not kidding. This is serious.
단언코 정말이지. 이건 정말 심각해.

☐ **I'm telling you (S+V)**
정말이야, 있잖아, 누가 아니래
I'm telling you, I was going crazy.
누가 아니래, 나 정말 미칠 것 같았어.

☐ **mean it[that]**
정말야, 진심야
I mean it, John, get away from here!
정말야, 존, 여기서 가줘!

☐ **I couldn't have said it better**
정말야, 바로 그거야, 말 잘했어
Couldn't have said it better myself, even if you'd let me. 네가 정말 말 잘했어.

☐ **I'm serious**
정말야
I'm serious, man. Playboy, don't do it.
정말야, 이 친구야. 바람둥이야, 그러지마.

☐ **I'll say**
(동감) 정말이야, 그럼, 맞아
I'll say. That was the best day of my life.
정말이야. 그때가 내 인생의 가장 전성기였어.

☐ **That's my word**
내가 한 얘기야, 정말이야
That's my word. I stand by it.
정말이야. 난 그것을 지지해.

☐ **Don't I know it**
정말이야
Don't I know it. It works fine.
정말이야. 나한테는 잘 돼.

☐ **I promise you**
정말이야
I promise you I will never come back.
정말이지 난 정말 절대 돌아오지 않을거야.

☐ **I don't mean maybe**
농담이 아니라 진심이다
You will be here at 6 am, and **I don't mean maybe.**
넌 여기 오전 6시까지 있을거야, 농담이 아니라 진심이야.

☐ **I kid you not**
농담아니야
He'll kick your ass. **I kid you not.**
걘 널 혼낼꺼야. 농담아냐.

☐ **God[Lord] knows that~**
정말이지 …하다
God knows that I'm innocent.
정말이지 난 무죄야.

Situation

Jason: **I'm telling you,** I saw a UFO. 정말이지, 나 UFO 봤다니까.
Betty: **God knows** you tell some crazy stories. 정말이지 너 황당한 이야기하는구나.
Jason: **I kid you not.** It flew right over me. 농담아냐. 내 위로 날라갔다니까.
Betty: That's total bullshit. I don't believe it. 말도 안되는 소리. 안 믿어.
Jason: I have a video I can show you of it. 그거 찍은 비디오 보여줄 수 있어.

틀림없이 확실해

121 No doubt about it.
확실해, 틀림없어.

자기말이나 어떤 사실이 틀림없이 확실하다고 말할 때는 No doubt~, No question about~ 등을 필두로 You'd better believe it을 사용한다. 특히 and make no mistake는 확실히, 정말이라는 뜻으로 미드에서 자주 들을 수 있는 표현.

12문장으로 미드영어 후다닥 끝내기

☐ **I could've sworn that~** 맹세할 수도 있다, 틀림없이 …했단 말이야	**I could've sworn that** I was here before. 틀림없이 전에 여기 왔었단 말야.
☐ **You had better believe it** 틀림없어, 정말야	I won the game. **You had better believe it.** 난 게임에서 이겼어. 틀림없어.
☐ **You'd better believe that~** …가 정말이야, 틀림없어	**You'd better believe that** he will be back. 걔가 돌아올거라는 것은 틀림없어.
☐ **and make no mistake** (자기 말 강조) 확실히, 정말	**And make no mistake,** we are in trouble. 확실히 우리는 곤경에 처했어.
☐ **I'm positive (that~)** …를 확신하다	**I'm positive** that Sam stole my wallet. 샘이 내 지갑을 훔쳐간게 확실해.
☐ **There's no mistaking that~** …가 확실하다, 틀림없다	**There's no mistaking that** Mom made this dinner. 엄마가 이 저녁을 준비하신게 틀림없어.
☐ **No two ways about it** 틀림없다, 확실하다(There are~)	**No two ways about it,** we are finished. 이견의 의지가 없어, 우리는 끝났어.
☐ **beyond (all) reasonable doubt** 조금도 의심할 여지가 없이	Prove **beyond a reasonable doubt** that I have broken the law. 내가 법을 어겼다는 것을 조금도 의심할 여지없이 증명해봐.
☐ **No question about it[that~]** 의문의 여지가 없다, 확실하다(There's~)	**No question about it.** The COD is strangulation. 의문의 여지가 없어. 사인은 교살이야.
☐ **(There is) No doubt (about it)** (동의) 물론이지, 확실해	Chris is having affair with her secretary. **No doubt about it.** 크리스는 자기 비서하고 불륜을 저지르고 있어, 확실해.

미드 Situation

Hillary: **I could've sworn** I saw your sister yesterday. 정말이지 어제 너희 누나를 봤어.
Duffy: But my sister is away on a trip. 하지만 나의 누나는 여행중인데.
Hillary: I know, but **I'm positive** she was downtown. 알아, 하지만 확실히 시내에 계셨어.
Duffy: **There are no two ways about it,** she's out of town.
 동시에 두군데에 있을 수는 없잖아, 누나는 시내에 없어.
Hillary: Well, this woman looked exactly like her. 그럼, 내가 본 여자는 누나와 아주 닮은 여자겠구나.

내 장담하는데 정말 확실해

122 I'll bet you did.
네가 그랬음에 틀림없어.

자기 말의 확실성을 강조할 때는 주로 돈을 걸 정도로 확실하다고 한다. 그래서 주로 쓰이는 단어가 bet. I'll bet (you) S+V, I'll bet+돈 등으로 표현한다. 또한 뭔가 확실하게 하라고 할 때는 make it clear를 쓰면 된다.

12문장으로 미드영어 후다닥 끝내기

- ☐ **be[get] clear on** …에 대해 확실[명확]하다
  Can I **be clear on** something here?
  여기 뭐 좀 확실히 좀 할 수 있을까요?

- ☐ **make it clear (that)** …를 확실하게 해두다
  I want to **make it clear**. I had no knowledge of the law. 이건 확실히 해두고 싶은데, 난 법을 알지 못했어.

- ☐ **make it clear to~** …를 확실히 하다
  How do I **make it clear** to my girlfriend?
  어떻게 내 여친에게 그걸 확실히 하지?

- ☐ **This is hands down the+최상급** 의심의 여지없이 …하다
  This is hands down the most important exam.
  의심의 여지없이 가장 중요한 시험이야.

- ☐ **put (one's) money on~** (내기) 돈걸다
  You can **put your money on** our corporation.
  넌 우리 회사에 돈을 투자해도 돼.

- ☐ **I'd put (one's) money on~** (돈 걸만큼) 확실하다
  I'd put money on finishing before you.
  내가 너보다 빨리 끝냈다는데 돈이라도 걸 수 있어.

- ☐ **my money's on~** 돈을 …에 걸다, (강조) 난 …에 걸게
  My money's on the redhead.
  난 붉은 머리의 여자에게 걸거야.

- ☐ **~bucks says S+V** …라고 장담하다, …가 확실하다
  Fifty bucks says we find something.
  우리는 확실히 뭔가 찾을거야.

- ☐ **My bet is that~** 내 생각으로는 반드시…하다
  My bet is that he loses all his money.
  내 생각으로는 걘 돈을 모두 잃은 것 같아.

- ☐ **I('ll) bet S+V** …는 확실해, 장담해
  I bet it doesn't look that bad.
  그건 그렇게 나빠 보이지 않는게 확실해.

- ☐ **I bet you that S+V** …라는 걸 장담해, …가 확실해
  I bet you he's made some mistakes.
  걔가 좀 실수를 저지른 것 확실해.

- ☐ **I'd bet my last dollar that~** …라는 건 확실해
  I'd bet my last dollar that she's still angry.
  걔가 여전히 화나 있다는 것은 확실해.

미드 Situation

Mitch: Can we attend the staff meeting? 우리 직원회의에 참석하는거야?
Hilda: No, Mr. Craig **made it clear** that we weren't allowed.
아니. 크레그 씨가 우린 참석말라고 확실히 하셨어.
Mitch: **I'll bet** that other employees can go. 다른 직원은 참석하는 것 확실하겠네.
Hilda: Yes, but they are more important than us. 그럼, 하지만 그들이 우리보다 더 중요직에 있잖아.
Mitch: **This is hands down** the worst job I've had. 이건 의심의 의지없이 내가 해본 직업 중 최악야.

의사소통(communication)

네가 돈을 걸 정도로 확실해

123 Don't bet on that.
그거 믿지마.

이번에는 내가 돈을 거는게 아니라 상대방이 돈을 걸 정도로 확실하다고 말하는 법. 물론이지라는 의미의 You bet을 시작으로 You bet S+V, You can bet S+V, You bet your ass 등 다양하게 쓸 수 있다. be on sb[sth] 역시 강하게 믿는다라는 표현.

12문장으로 미드영어 후다닥 끝내기

☐ **I'll bet** 틀림없어, 확실해 (빈정) 그래, 알았어	**I'll bet.** I'm sure he's out there somewhere trying to find his mother. 틀림없어. 걔 어딘가에서 엄마를 찾으려고 헤매고 다니는게 확실해.
☐ **You bet** (상대방에게 베팅해) 그만큼 확실해, 물론이지, 그럼	**You bet.** I had dreams, you know. I was gonna be famous. 물론이지. 나도 꿈이 있었지. 내가 유명해지는 거말야.
☐ **You bet S+V** ···은 확실해	**You bet** he was sick of getting beat at golf. 걔는 골프에서 항상 지는 거에 짜증나는게 확실해.
☐ **You can bet S+V** 틀림없이 ···이다	**You can bet** she's gonna screw up our relationship. 걔는 우리 관계를 망치려는게 확실해.
☐ **You bet your ass** 물론이지, 당근이지	**You bet your ass** I'll take the job. 내가 그 직업을 갖는거 물론이지.
☐ **You bet your sweet ass[life]** (강조) 정말 틀림없이 ···해	**You bet your sweet ass** I am. 내가 그런 것은 틀림없지.
☐ **bet one's life on sth** (목숨 걸 정도로) ···가 확실해	**I'd bet my life** that Pete will be fired. 피터가 해고될거라는 것은 확실해.
☐ **bet (sth) on sth** (···에 걸다) ···를 장담해	It's not illegal to **bet on** a pool game in Nevada. 네바다 주에서는 당구게임에서 내기를 거는 것은 불법이 아냐.
☐ **bet on sb** (사람에게 베팅건다) ···를 강하게 믿는다(trust)	**I'd bet on** Sharon to do a good job. 샤론이 일을 잘 할거라는 것을 강하게 믿어.
☐ **don't bet on it** ···에 걸지마, ···가 아닐거야	**Don't bet on that,** buddy. 친구야, 거기에 걸지마.
☐ **You can't mistake sb[sth]~** ···을 잘못 알아볼 리가 없다	**You can't mistake** Rick for his brother. 네가 릭을 네 형으로 잘못 알아볼 리가 없어.
☐ **It's a good[safe] bet S+V** ···하는 게 제일 안전해	**It's a safe bet** he lives in South Brookline. 걔가 사우스 브룩클린에서 사는게 제일 안전해.

 미드
 Situation

Trent: **It's a good bet** Shelia will win the beauty contest. 쉴라가 미인대회에서 우승하는게 제일 좋지.
Blake: She sure is beautiful, unlike her sister. 걘 동생과 달리 정말 예뻐.
Trent: **You can't mistake** Shelia for her ugly sister. 넌 쉴라와 그 못생긴 동생과 착각하는 것은 아니지.
Blake: **Don't bet on it.** She'd look good too if she used more make up.
그럴리가. 걘 화장을 떡칠해야 좀 봐줄만할거야.
Trent: I don't think they look anything alike. 걔네들이 조금도 닮은 것 같지 않아.

선택한 것을 끝까지 고수하다

124 We stick to the plan.
우리는 계획대로 밀고 나간다.

뭔가 고집에 관련된 표현으로 stick과 hold를 이용한 표현들의 주종을 이룬다. stick은 stick by, stick to, stick with, 그리고 hold는 hold fast, hold on to 등으로 사용된다. 좀 어렵지만 get hung up on, won't budge 또한 고집스런 표현들.

 12문장으로 미드영어 후다닥 끝내기

☐ **stick by sb**
…에 끝까지 충실하다(be faithful)

I know it's tough, but **stick by** me.
어렵다는 것을 알지만 나를 따라줘.

☐ **stick to sth**
…을 계속하다, 고수하다

We've all got to **stick to** the plan.
우리 모두는 그 계획에 집중해야 했어.

☐ **stick to it**
고수하다

Just make a decision and **stick to it**. And no more lying. 일단 결정하고 고수해. 더 이상 거짓말을 하지 말고.

☐ **stick to one's story**
(사실이 아니어도) 자기 얘기를 고수하다

You just **stick to your original story**.
넌 원래 하던 얘기를 계속 고집하네.

☐ **stick with sth**
고수[선택]하다(~with sb 도와주다)

She's my teacher, so I think I'll **stick with** the professor. 저분은 내 선생님이야, 그래서 교수님을 선택해야할 것 같아.

☐ **hold fast**
고수하다, 유지하다

The politicians **are holding fast** to their positions.
정치가들은 자기 자리를 유지하려고 집착을 하지.

☐ **hold on to**
고수하다, 끝까지 매달리다

Don't listen to him. You **hold on to** your virginity.
걔말을 듣지 마라. 넌 네 순결을 지키라고.

☐ **hold one's own**
자기 입장을 고수하다, 남에게 지지 않고 버티다

Pam is small but she can **hold her own**.
팸은 자그마하지만 걘 자기 입장을 고수할 수 있어.

☐ **sit tight**
잠자코있다, 고수하다

Ten four, **sit tight** till he calls in.
알았다, 걔 전화올 때까지 계속 있어.

☐ **like a dog with a bone**
고집이 센, 집요한

You know how she is, she's **like a dog with a bone**.
넌 걔가 어떤지 알잖아, 고집이 엄청 세.

☐ **get[be] hung up on~**
…에 매달리다, (남녀관계)집착하다

I **got too hung up on** the money
난 돈에 너무 집착했어.

☐ **~won't budge**
…가 꼼짝도 하지 않다

Well, it'll have to wait. The Feds **won't budge**.
그래, 기다려야 돼. 연방관리들은 꼼짝도 하지 않아.

 미드 Situation

Tess: We've been lost in the woods for an hour now. 우리는 한시간동안 숲에서 길을 잃었어.
Ricky: **Stick with** me and I'll get us out of here. 나를 따라와 여기서 벗어나게 해줄게.
Tess: I'd rather **sit tight** and wait for help. 여기 앉아서 도움을 기다리는게 낫겠어.
Ricky: I'm sure we can find the road if we keep walking. 계속 걸어가면 도로를 찾을 수 있을거야.
Tess: You can go ahead, but I **won't budge**. 너는 가, 난 여기 있을게.

의사소통(communication) 341

멈출수가 없어, 계속해야 돼~

125 Let's just get on with it.
우리 계속하자고.

멈추거나 쉬지 않고 계속한다는 것으로 carry on, carry on with, can't stop ~ing, stop oneself from ~ing는 평이한 수준의 표현들이다. go on, get on with도 빠트리지 말고 익숙해지도록 한다.

12문장으로 미드영어 후다닥 끝내기

표현	예문
☐ **carry on (N/~ing)** …를 계속하다	You let some girl from Brooklyn **carry on** our legacy? 브루클린 출신 여자애가 우리 전통을 이어받게 할거야?
☐ **carry on with** 계속하다, 불륜을 저지르다	Don't **carry on with** your neighbor's wife. 네 이웃의 아내와 불륜을 계속 저지르지마라.
☐ **get the ball rolling** …일을 계속[진행]하다(keep~)	I just thought I'd stop by and see her before **I get the ball rolling**. 내가 일을 계속 하기에 앞서 걔한테 들러서 잠깐 볼까 생각했었어.
☐ **can't stop ~ing** 계속 …할 수밖에 없다	**I can't stop** thinking about you. Please give me another chance. 네 생각을 하지 않을 수가 없어. 한번만 기회를 더 줘.
☐ **stop oneself (from ~ing)** (…하는 것) 멈출 수가 없다	I started shooting, and I couldn't **stop myself**. 난 총을 쏘기 시작했고 멈출 수가 없었어.
☐ **go on (with/to~)** 하던 일을 계속하다	You can **go on with** what you're doing. 넌 네가 하던 일을 계속해라.
☐ **go on like this** 계속 이런 식으로 가다	How long can she **go on like this**? 얼마나 오랫동안 걔가 이런 식으로 할 수 있을까?
☐ **get on with** 다루다, 계속하다, 진척되다	We were there to get past him, to **get on with** our lives. 우리는 그곳에서 걔를 잊어버리고 우리 삶을 계속 이어 나갔어.
☐ **get on with it** (남들이 고사하는 일 시작해서 계속하다)	So **let's just get on with it**, shall we? 그럼 우리 시작할까?
☐ **hold out** 계속 지속되다, 손을 내밀다	Well, we'll just see how long you can **hold out**. 그럼, 우리는 네가 얼마나 오랫동안 계속 할 수 있는 지 볼테야.
☐ **last for** …동안 지속하다	It was one of those fights that **last for** hours. 그건 수시간동안 계속되는 싸움들 중의 하나였어.
☐ **all along** 계속 …하고 있는	He hasn't been killing **all along**, has he? 걘 계속 살인을 하지 않고 있었지, 그지?

미드 Situation

Rupert: Brian **can't stop** talking about you. 브라이언은 계속 네 얘기만 해.
Blanch: We had a nice date. It **lasted for** hours. 우린 멋진 데이트를 했거든. 오랫동안.
Rupert: I think he's liked you **all along**. 걔가 너를 무척 좋아하는 것 같아.
Blanch: He has always tried to flirt with me. 항상 나에게 들이댈려고 했었잖아.
Rupert: So when are you planning to go out again? 그럼 언제 다시 데이트할거야?

영향력을 끼칠 때

126 You just rocked my world.
너한테서 많은 영향을 받았어.

다른 사람[일]에 영향을 주거나 주지 못한다고 할 때는 다양한 표현이 있다. 특히 pull (some) strings는 영향력을 행사하다는 의미이나 pull the[one's] strings하면 배후조종하다라는 다른 뜻이 된다. 또한 rock sb's world는 성적인 표현으로도 쓰인다.

12문장으로 미드영어 후다닥 끝내기

☐ **pack a (hard/strong) punch** 강한 영향력을 끼치다(pack a wallop)
This vodka **packs a strong punch**.
이 보드카 엄청 세다.

☐ **pull (some) strings** 영향력 행사하다(*pull the[one's] strings 배후에서 조종하다)
He could **pull strings** here and get the best treatment. 걔가 연줄을 활용해 영향력을 행사해서 최고의 대접을 받을 수 있어.

☐ **throw one's weight around** 권력남용하다
Murdoch tends to **throw his weight around**.
머독은 자기 힘을 남용하는 경향이 있어.

☐ **rock one's world** …에게 큰 영향을 끼치다, 정신없이 섹스하다
You just **rocked my world**. 너한테서 큰 영향을 받았어.
Is he going to **rock your world** in bed?
걔가 널 침대에서 뿅가게 해줄거야?

☐ **the thin edge of the wedge** 나중에 나쁜 영향을 미치는 조그마한 발단
When I helped her once, that was **the thin edge of the wedge**. 내가 일단 걜 한번 도와주면 그건 계속 도와줘야되는 시작의 발단일거야.

☐ **be a bad influence** 나쁜 영향을 끼치다
I think I've **been a bad influence** on you, Lisa.
난 리사, 너에게 나쁜 영향을 끼친 것 같아.

☐ **cast a shadow over[on]** 그림자를 드리우다, 나쁜 영향을 미치다
Her death **cast a shadow over** the gathering.
그녀의 죽음은 모임에 나쁜 영향을 끼쳤어.

☐ **cut no ice with** 효과가 없다, 영향을 주지 못하다(no influence)
That excuse **cuts no ice with** me.
그 변명은 내게 아무런 효과가 없어.

☐ **get sb wrapped around one's little finger** 통제하다, 영향력을 발휘하다
She **had** every guy in the room **wrapped around her finger**. 그 여자는 방안의 모든 남자를 매료시켰어.

☐ **work on sb** …에게 영향을 끼치려하다, 먹히다
That look doesn't **work on** me anymore.
그 표정은 더 이상 내게 먹히지 않아.
There is no way that's going to **work on** Justin.
저스틴에게 영향을 끼칠 방법이 없어.

미드 Situation

Donna: I can't believe I got arrested. It's **rocked my world**. 내가 체포되다니. 충격적이야.
Jay: Maybe my uncle could **pull some strings** for you. 아마 내 삼촌이 힘을 쓰실 수도 있어.
Donna: Your uncle? How could he help me? 네 삼촌이? 어떻게 날 도우실 수가 있어?
Jay: He's in the mafia. He could **throw his weight around**. 마피아이시거든. 힘을 좀 쓸 수 있지.
Donna: No, thanks. He sounds like **a bad influence**. 고맙지만 됐어. 나쁜 영향을 끼치는 사람같은데.

의사소통(communication) 343

그럴줄 알았어~

127 You didn't see that coming?
너 그럴 줄 몰랐어?

내 그럴줄 알았어라는 뉘앙스에 해당되는 표현으로 I knew it, What did I say?, What did I tell you? 그리고 See, I told you 등의 표현이 있으며, 좀 더 심하게 잘난 척을 하려면 Who's you daddy?라고 하면 된다.

12문장으로 미드영어 후다닥 끝내기

☐ **see that coming**
그럴 줄 알았다
What? You didn't see that coming?
뭐라고? 그럴 줄 몰랐다고?

☐ **What did I tell you?**
내가 뭐라고 했니?, 거봐?
Do not trust anybody, Scott. **What did I tell you?**
아무도 믿지마라, 스캇. 내가 뭐라고 했니?

☐ **What did I tell you about~?**
(질책) …하면 어떻게 된다고 했어?
What did I tell you about touching my stuff, huh?
내 물건들 손대면 어떻게 된다고 했어, 어?

☐ **I knew it** 그럴 줄 알았어
My theory is correct. **I knew it.** 내 이론이 맞았어. 그럴 줄 알았어.

☐ **See, I told you**
거봐, 내가 뭐랬어, 내 말이 맞잖아
See, I told you. All beautiful women are bitches.
거봐, 내 말이 맞잖아. 예쁜 여자들은 다 못되쳐먹었어.

☐ **I told you that**
내가 말했잖아(I told you so)
We don't have sex. **I told you that.**
우리는 섹스를 안해. 내가 말했잖아.

☐ **I told you that S+V**
…하고 말했잖아
I told you that I would be here for you.
널 위해 내가 여기 있을 수도 있다고 말했잖아.

☐ **Who's your daddy?**
나한테 못당하지?, 내가 너보다 낫지?
That's right baby! **Who's your daddy?**
맞아, 자기야! 내가 너보다 낫지?

☐ **That[It] figures**
당연하다, 그럴 줄 알았다
That figures. All right, I'll have CSU comb the place.
그럴 줄 알았어. 좋아, CSU보고 이 곳을 이잡듯이 뒤지라고 할게.

☐ **I thought as much**
그럴 줄 알았어
She left last night. **I thought as much.**
걘 어젯 밤에 나갔는데, 그럴거라는 것을 알고 있었어.

☐ **What did I say?**
내가 뭐랬니?, 내가 뭐라고 했는데?
Are you offended? **What did I say?**
기분 상했니? 내가 뭐랬는데?

☐ **Didn't I tell you to~?**
…하라고 하지 않니?
Didn't I tell you to move out?
방빼라고 내가 말하지 않았어?

☐ **You'll see**
두고 보면 알아(We'll see 두고 보자고)
It'll all work out. **You'll see.** 다 잘 될거야. 두고보면 알아.
We'll see. I don't know if I want to get married.
두고보자고. 내가 결혼하고픈지 모르겠어.

 미드 Situation

Eddie: Andrea broke up with me yesterday. **It figures.** 앤드리아가 어제 나랑 헤어졌어. 당연해.
Maggie: **What did I tell you about** her? She's no good. 내가 걔 뭐라고 했니? 안좋은 애라니까.
Eddie: I know, but I really was in love with her. 알아, 하지만 난 정말 걔하고 사랑에 빠졌어.
Maggie: There are other women out there. **You'll see.** 쎄고 쎈게 여자야. 두고 보면 알아.
Eddie: I know, but I feel really lonely now. 알아, 하지만 지금은 정말이지 넘 외로와.

설득해서 …하게 하기

128 He put me up to this.
걔가 부추겨서 이걸 하게 했어.

설득하면 persuade가 떠오르지만 그것보다는 설득해서 …을 하게 하다는 talk sb into~, 반대로 설득해서 …하지 못하게 한다고 할 때는 talk sb out of이라고 하면 된다. 또한 put sb up to는 부추겨서 …하게 하다라는 뜻으로 많이 나오는 표현.

12문장으로 미드영어 후다닥 끝내기

☐ **talk sb into~**
설득해 …하도록 하게 하다
You think you can talk me into leaving?
네가 날 설득해서 떠나도록 할 수 있을 것 같아?

☐ **talk sb out of~**
설득해 …하지 못하게 하다
Do you want me to talk him out of this?
내가 걔를 설득해서 이걸 못하게 하라고?

☐ **talk one's way out of~**
나쁜 짓하고 말로 면피하다
You can't talk your way out of this. You're gonna be put in jail. 넌 말로 이것에서 벗어날 수 없어. 넌 감방에 갈거야.

☐ **put sb up to sth**
부추겨 어리석은 짓하게 하다(put sb up to+V)
Your mom didn't put me up to this.
네 엄마가 날 부추겨서 이것을 하게 하지 않았어.

Are you kidding me? Did someone put you up to this? 장난해? 누군가 널 부추겨서 이짓을 했단 말야?

☐ **egg sb on**
…를 부추기다, …를 꼬득이다
Stop it, don't egg Mike on.
그만해, 마이크를 부추기지마.

☐ **make a[one's] pitch (for~)**
(…을 얻으려고) 설득해서 …하다, 찬성하다
They made a pitch for the account.
걔네들은 설득해서 그 고객을 맡았어.

☐ **touch sb for sth**
(설득해) 돈 등을 빌려달라고 하다
My son keeps touching me for money.
내 아들은 계속해서 내게 돈을 빌려달라고 해.

☐ **hit sb up for[to~]**
설득해 …하다
Faith hit me up to give clothes to charity.
신앙으로 난 의류들을 자선단체에 기부하고 있어.

☐ **put the squeeze on sb (to)**
설득해 …하게 하다
This economy put the squeeze on my family.
지금의 경제상황은 가족들을 쥐어짜고 있어.

☐ **sell sb on the idea (of~)**
…에게 …하자는 설득을 하다
I haven't sold my girlfriend on the idea of living together. 난 여친을 꼬득여 동거하자고 하지 않았어.

☐ **sell sb**
…을 확신시키다
No, he didn't sell anyone on the plan.
아니, 걘 그 계획을 아무에게도 확신시키지 못했어.

미드 Situation

Drake: How did you end up on this bus trip? 넌 어떻다 이 버스여행을 하게 되었어?
Roberta: Mike **talked** me **into** it last night. 마이크가 어젯밤에 부추겨서.
Drake: Really? How did he **sell** you on it? 정말? 어떻게 걔가 그걸 네게 확신시켰는데?
Roberta: He said we'd have a lot of fun together. 걘 함께 가면 무척 재미있을거라고 했어.
Drake: And you couldn't **talk your way out of** going? 그리고 넌 가지 않겠다고 설득할 수 없었구?

의사소통(communication) 345

조롱하거나 놀릴 때

129 You're putting me on.
너 날 갖고 노는구만.

그러면 안되겠지만 상대방을 놀리거나 골탕먹일 때는 make a mockery of, pull one's leg, put on 그리고 만우절 빈출표현인 play tricks on 등이 많이 쓰인다. screw with, mess around 등은 워낙 다양하게 쓰이니 조심해서 써야 한다.

12문장으로 미드영어 후다닥 끝내기

- [ ] **make a mockery of~**
  비웃다, 놀리다
  They're **making a mockery of** our religion.
  걔네들은 우리 종교를 비웃고 있어.

- [ ] **poke fun at**
  놀리다
  Don't **poke fun at** the crippled kid.
  장애아를 놀리지마라.

- [ ] **pull one's leg (about)**
  골탕먹이다, 놀리다, 장난치다
  My uncle **is always pulling my leg**.
  내 삼촌은 언제나 날 골탕먹여.

- [ ] **screw with sb[sth]**
  놀리다, 화나게하다
  You do not wanna **screw with** me.
  넌 나 놀리지 마라.

- [ ] **put sb on**
  …을 갖고 장난치다
  You're putting me on.
  네가 날 갖고 노는구나.

- [ ] **play tricks on**
  놀리다, 장난치다
  Sorry, my eyes **are playing tricks on** me.
  미안, 내 눈이 너를 놀리고 있네.

- [ ] **mess around with**
  장난치다(play tricks), 부적절한 성관계 맺다
  Who the hell **is messing around with** my desk?
  누가 내 책상에서 장난을 치는 거야?

- [ ] **make a monkey (out) of~**
  …을 웃음거리로 만들다
  Kelly's boyfriend **made a monkey out of** her.
  켈리의 남친은 걔를 웃음거리로 만들었어.

- [ ] **yank one's chain[crank]**
  …을 놀리다, 조롱하다
  Come on, you're **yanking my chain**.
  이봐, 넌 날 놀리고 있는거야.

- [ ] **take a dig at**
  빈정대다
  The president **took a dig at** his foes.
  사장은 자기 적들을 빈정댔어.

- [ ] **get a rise out of~**
  약올리다
  I just said it to **get a rise out of** the girls.
  난 여자애들을 약올릴려고 그 말을 한거야.

Keith: Why are you dressed as a ghost? 왜 유령처럼 옷을 입은거야?
Patricia: I'm **screwing with** the girls at the slumber party. 파자마 파티에서 여자들을 놀리고 있어.
Keith: Did you **get a rise out of** them? 걔네들을 놀려줬어?
Patricia: Oh yeah. They were terrified when they saw me. 그럼. 날 보더니 무서워했어.
Keith: It's really not nice to **play tricks on** them. 정말이지 걔네들 놀리는 것은 좋은 짓은 아니야.

130 I'm fucking with you.
장난친거야.

심심한데 장난이나 쳐볼까나

농담하다는 make a joke, 농담을 받아들이는 건 take a joke. 이런 장난이나 농담에 재밌다고 맞장구칠 때는 That's a good one이라고 한다. 또한 fuck with는 장난치다라는 속어. 그거하다고 쓰일 때는 단도직입적으로 fuck sb.

12문장으로 미드영어 후다닥 끝내기

fuck with sb …를 가지고 놀다, 장난치다
- **Don't fuck with me.** 나 갖고 놀지마.
- **I'm fucking with you.** 장난친거야.

kid sb …을 놀리다, 약올리다
- You should never **kid yourself**. 넌 절대로 착각해서는 안돼.

make a game of 놀리다
- They **made a game of** tripping her up. 개네들은 걔를 넘어트리면서 놀려댔어.

That's a good one (상대의 농담에) 그거 좋다, 그거 재미있네
- **That's a good one.** I like that. 그거 좋다. 맘에 들어.

(That) Sounds like fun 재미있는 것 같다
- Okay, whatever, **it sounds like fun**. 좋아, 그게 뭐든, 재미있는 것 같아.

do sth for kicks 장난삼아하다
- I do that sometimes, Jack. **I do it just for kicks**. 잭, 난 가끔 그래. 그냥 장난삼아 그래.

just for the fun[hell, heck] of it 재미삼아(just for fun)
- You're just playing **for the fun of it**. 넌 재미삼아 플레이를 하고 있어.

be a prank 장난이다(prank call 장난전화)
- Let's hope this **was just a prank**. 장난이었다고 바라자고.

I'm just kidding 그냥 농담야, 농담 한번 해본거야
- **I'm just kidding.** I love your show. You're terrific. 농담야. 네 쇼가 좋아. 넌 정말 대단해.

take a joke 농담을 받아들이다(make a joke[jokes] 농담하다)
- You should laugh when **I make a joke**. 넌 내가 농담을 하면 웃어야지.

if that's your idea of joke 그게 네 농담이라면
- **If that's your idea of a joke,** it's pathetic. 그게 네 농담이라면, 참 한심하다.

shit on my face 장난치다, 엿먹이다
- Look man, you can't just come here and **shit on my face**. 이것봐, 네가 그냥 이리 와서 날 엿먹이지 못하지.

미드 Situation

Heath: Hey Belinda, there's some shit on your pants. 야, 벨린다, 네 바지에 똥이 묻어있네.
Belinda: Look, stop! Don't **fuck with** me. 그만해! 날 갖고 놀지마.
Heath: But **I'm just kidding you**. It's not serious. 그냥 장난친거야. 농담인데.
Belinda: **If that's your idea of a joke,** it sucks. 그게 네 농담이라면, 정말 재수없네.
Heath: Come on, don't get so upset. 아야, 그렇게 화내지마.

131 I'm not being flip.
농담이 아냐.

> 농담이 아니라 진지할 때

재미가 없거들랑 not funny, 농담이 아니라 진지한 상황이면 be serious, No joke, 그리고 미드족이 되려면 get heavy with~와 take sth seriously, 그리고 be not being flip까지 알아두어야 한다.

12문장으로 미드영어 후다닥 끝내기

☐ **It's not funny** 웃지마, 재미없거든	Why are you saying that? **It's not funny.** 왜 그런 말을 하는거야? 재미없거든.
☐ **be not serious** 진지하지 않다, 농담이다	I suppose **I'm not serious about** her at all. 난 걔한테 전혀 진지하지 않은데.
☐ **be serious about sth** …에 대해 심각하다, 장난이 아니다	She **was too serious about** the whole thing. 걘 모든 일에 너무 진지했었어.
☐ **take sth seriously** …을 심각하게 받아들이다	She wants us to **take it seriously.** 걘 우리가 그것을 심각하게 받아들이기를 원해.
☐ **be not being flip** 농담이 아니라 진지하다	I can only hope you**'re not being flip.** 난 네가 농담이 아니기를 단지 바랄 뿐이야.
☐ **(see~) the depths of~** …의 심각성을 파악하다	This will help the audience **see the depths of** the problem. 이건 청중들의 그 문제의 심각성을 파악하는데 도움을 줄거야.
☐ **get heavy with sb** …에게 뭔가 심각해진다	Brett **is getting heavy with** Sandra. 브렛은 샌드라와 점점 심각해지고 있어.
☐ **lighten up** 긴장을 풀어보라고 할 때	**Lighten up.** It'll be good for your blood pressure. 긴장을 풀어봐. 네 혈압에 좋을거야.
☐ **be no laughing matter** 웃을 일이 아니다	Politics **are no laughing matter** for us. 정치는 우리에게 웃을 일이 아냐.
☐ **This is no joking matter** 농담할 일이 아냐	Stop smirking. **This is no joking matter.** 기분나쁘게 웃지마. 이건 농담이 아니란 말야.
☐ **(This is) No joke** 농담 아냐, 심각한 문제다	Get up everyone! **This is no joke!** 다들 일어나! 심각한 상황이야!

미드 Situation

Owen: Don't say you love me. **That is no joke.** 날 사랑한다고 말하지마. 농담할 문제가 아냐.
Penny: **I'm not being flip.** That's how I feel about you. 농담아냐. 내가 네게 느끼는 감정야.
Owen: Then this relationship **is getting heavy with** us. 그럼 우리 관계가 진지해지잖아.
Penny: You bet it is. I always want to be with you. 물론이지. 난 항상 너와 함께 하고 싶어.
Owen: I hope that you really mean that. 네 말이 진심이기를 바래.

132 Don't take it personally.
기분나쁘게 받아들이지마.

상대가 오해할까 걱정할 때는 빨리 No offense라고 하고 이를 들은 상대방은 None taken이라고 하면 화기애애한 세상이 되지요… 그밖에 유명표현으로 No hard feelings, didn't mean to, 그리고 Nothing personal 등이 있다.

12문장으로 미드영어 후다닥 끝내기

- [ ] **No offense**
  (상대가 오해할까봐) 악의는 없었어, 오해마
  No offense, but are you coming on to me?
  기분나빠하지마, 너 나 유혹하는거니?

- [ ] **none taken**
  (No offense의 대답) 오해 안해
  None taken. You're doing a good job.
  오해 안해. 넌 일을 아주 잘하고 있어.

- [ ] **no hard feelings (on my part)**
  악의가 아니었어
  You can say no and **there'll be no hard feelings**.
  넌 아니라고 말해도 되고 악감정은 없을거야.

- [ ] **no hard feelings about**
  악의는 없다, 기분빠하지마
  There's **no hard feelings about** you dumping me.
  네가 날 찬것에 대해 악감정은 없어.

- [ ] **didn't mean to**
  (용서구하며) …하려고 한 건 아니었어
  I'm so sorry. **I didn't mean to** hurt you.
  미안하지만 널 다치게 하려는 것은 아니었어.

- [ ] **don't mean to~**
  …할 생각은 없다, …하려는 의도는 아니다
  I don't mean to be rude, but I must go to the men's room. 실례하려는 건 아니지만 남자화장실에 가야겠어.

- [ ] **didn't[don't] mean it[that]**
  일부러 그런게 아냐
  He didn't mean it. I know he didn't mean it.
  걘 일부러 그런게 아냐. 걔가 일부러 그런게 아니라는 것을 내가 알아.

- [ ] **didn't mean any offense**
  (오해풀기) 기분상하게 하려는게 아니었어
  I'm so sorry, **we didn't mean any offense.**
  정말 미안해, 우리는 기분상하게 하려는게 전혀 아니었어.

- [ ] **That's not what I mean(t)**
  (오해방지) 그런 뜻이 아니었어
  That's not what I meant. Is he okay?
  난 그런 뜻이 아니었어. 걔 괜찮아?

- [ ] **(It's) Nothing personal**
  개인적 감정 땜에 그러는게 아냐
  I don't mean to play bad cop. **It's nothing personal.**
  나쁜 경찰노릇하려는 것은 아냐. 전혀 개인적 감정때문이 아냐.

- [ ] **not take it personally**
  (오해방지용) 기분나쁘게 받아들이지 않다, 오해마
  Don't take it personally, but you are not a $10,000-a-night girl.
  기분 나쁘게 받아들이지마, 하지만 넌 하룻밤에 만달러하는 여자는 아니잖아.

미드 Situation

Kolb: Why are people avoiding me today? 오늘 왜 사람들이 날 피하는거야?
Talia: **No offense,** but you really stink. 기분나빠하지마, 너 정말 냄새 지독해.
Kolb: **None taken.** I didn't realize I smelled so much. 오해안할게, 내가 그렇게 냄새나는지 몰랐어.
Talia: You do. But please don't **take it personally.** 정말 그래. 하지만 개인적인 감정으로 받아들이지마.
Kolb: I guess it's time to take my weekly shower. 주 1회하는 샤워가 할 때가 된 것 같으네.

의사소통(communication) 349

133 Don't get me wrong.
오해하지마.

가장 유명한 Don't get me wrong이 있으며 get it all wrong은 잘못 알고 있다, 그리고 내 말은 그런 뜻이 아니었다고 오해를 풀게 하려면 That's not what I said, That's not how I mean it이라고 하면 된다.

12문장으로 미드영어 후다닥 끝내기

- **Don't get me wrong, (but~)** 오해하지마
  Don't get me wrong. I mean, I'm glad you did it.
  오해하지마. 내 말은 네가 그래서 기뻐.

- **get it all wrong (where, how)** 잘못 알고 있다
  Wait! She's got it all wrong.
  잠깐! 걔 다 잘못 알고 있어.

- **Don't take this wrong** 오해하지 말라
  Don't take this wrong, but I think you've gained weight. 오해는 하지마, 너 살이 찐 것 같아.

- **get one's wires crossed** 혼동되어 오해하다
  The new system got our wires crossed.
  새로운 시스템이 우리를 혼동시켰나봐.

- **mean well** (결과는 나빠도) 선의에서 그랬다
  Oh, sweetie. I know you meant well.
  오, 자기야. 네가 선의에서 그랬다는 것을 알아.

- **not mean any harm** 일부러 그런게 아니다(mean no harm)
  She meant no harm. She was just trying to help me.
  걘 일부러 그런게 아냐. 나를 그냥 도와주려는거였어.

- **set[put] the record straight** 기록을 바로잡다, 오해를 풀다
  I'm gonna set the record straight right now.
  지금 당장 오해를 풀어야겠어.

- **I thought S+V** …라고 생각했다, …한 줄 알았는데 아니다
  You let me down. I thought I could trust you.
  너한테 실망했어. 넌 믿을 수 있다고 생각했는데.

- **I would think~** …라고 생각했는데
  (I would have thought …라고 생각했는데)
  I would think that you'd be charming. 네가 매력적일거라 생각했는데.
  Someone from France, I would think. 프랑스사람일거라 생각했는데.

- **Why do you think I~?** 왜 내가 …을 했다고 생각하니?
  Why do you think I became a stripper?
  내가 왜 스트리퍼가 되었다고 생각하는거야?

- **That's not what I said** 내 말은 그런게 아냐
  Anyway, that is not what I said. She twisted it.
  하여간, 내말은 그런 뜻이 아냐. 걔가 말을 꼬았어.

- **That's not how I mean it** 그런 뜻이 아니야
  Believe me, that's not how I meant it.
  정말야, 그런 뜻이 아니야.

- **It doesn't mean that~** 그렇다고 …라는 의미는 아니다
  It doesn't mean you're not a good doctor.
  그렇다고 네가 좋은 의사가 아니라는 말은 아냐.

미드 Situation

Avril: **I thought** your cousin was coming to visit this week. 네 사촌이 이번주에 온다고 들었는데.
Huey: He **got his wires crossed** and couldn't make the trip. 원가 일이 꼬여서 여행을 할 수 없었대.
Avril: Are you disappointed by that? 실망했겠구나?
Huey: Yes, but **it doesn't mean that** I don't want to see him. 어, 하지만 그렇다고 걔 안보고 싶다는 말은 아냐.
Avril: Sure. You guys have always been close. 물론. 너희 둘 언제나 친했잖아.

134 That is such a lame excuse.
참 구차한 변명이다.

어설픈 변명은 아예 하지마

먹고살자니 혹은 인간성 자체가 좀 더러워 책임을 지지않으려고 변명을 할 때가 부지기수. 변명하다는 make one's excuses, 말도 안되는 변명하지마는 That's no excuse. 하지만 미드족이라면 역시 trot out, cop out까지는 알아야…

12문장으로 미드영어 후다닥 끝내기

☐ **make one's excuses (for)** 변명하다	I **made my excuses for** leaving early. 난 일찍 자리를 뜬거에 대해 변명을 했어.	
☐ **make[have] no excuse (for)** 변명의 여지가 없다	He **made no excuse for** breaking the law. 걘 법을 어긴거에 대해 변명의 여지가 없었어.	
☐ **run out of excuses** 변명거리가 떨어지다	This time Tammy **has run out of excuses**. 이번에는 태미가 변명거리가 떨어졌어.	
☐ **run out of things to say** 더 이상 변명의 여지가 없다	Marc never seems to **run out of things to say**. 마크는 전혀 변명의 여지가 없는 것처럼 보이지 않았어.	
☐ **There is no excuse for sth [for sb ~ing]** 변명의 여지가 없다	**There is no excuse for** me having sex with your wife. 내가 네 아내하고 섹스한 것은 변명의 여지가 없어.	
☐ **That's no excuse** 말도 안되는 변명마	You're probably right, but **that's no excuse** to lie to me. 네가 맞을 수도 있지만 그건 날 속이려는 말도 안되는 변명야.	
☐ **lame excuse** 구차한[뻔한] 변명	That is such a **lame excuse**! That's not the reason she's not inviting me! 구차한 변명야! 날 초대하지 않은 이유가 되질 않아!	
☐ **What have you got to say for yourself?** 너 뭐라고 변명할거야?	That was awful. **What have you got to say for yourself?** 끔찍했어. 너 뭐라고 변명할거야?	
☐ **not have a leg to stand on** 변명의 여지가 없다, 정당한 근거가 없다	Well, she **doesn't really have a leg to stand on**. 저기, 걘 정말 변명의 여지가 없어.	
☐ **trot sth out** 뻔한 변명하다, 뻔한 이야기하다	Brenda **trotted out** the same old story. 브렌다는 뻔한 이야기를 해댔어.	
☐ **sth doesn't[won't] wash with~** …에게 먹혀들지 않다	Forget it, **that doesn't wash with** anyone. 잊어버려, 그건 아무한테도 먹히지 않아.	
☐ **in one's defense** …의 변명을 하자면, …의 입장에서는	But **in my defense**, he was kind of annoying. 하지만 내 입장에서는 걘 좀 짜증나는 인간이었어.	
☐ **cop out** 발뺌하다 (cop-out 변명)	I forbid you to **cop out** on us now. 이제 우리에게 발뺌하는 것은 금지야.	

미드 Situation

Ames: **There's no excuse for** not paying us on time. 제 때에 돈을 지급하지 않는 것은 변명이 안돼.
Stephen: I'm sorry. When I went to the bank it was closed. 미안. 은행가니까 문을 닫았더라구.
Ames: **That just doesn't wash with** us anymore. 그건 우리에게 더 이상 먹히지 않아.
Stephen: But it's just a little mistake that I made. 하지만 그건 나의 사소한 실수인데.
Ames: I am so sick of your **lame excuses**. 난 너의 구차한 변명이 지겨워.

의사소통(communication) 351

135 Don't give me that!
그런말 마!

> 너 진짜 웃긴다!

진짜 웃긴다는 You make ma laugh, 말도 안되는 소리를 해서 웃길 때는 be ridiculous, talk nonsense, 그리고 Don't give me that!을 쓰면 된다. 또한 cover one's ass는 거짓으로 발뺌하다, shove it은 말도 안되는 소리(hogwash)하다.

12문장으로 미드영어 후다닥 끝내기

You make me laugh 너 진짜 웃긴다, 웃기고 있네
One of the reasons I came back here Mark, you make me laugh.
마크, 내가 여기 돌아온 이유중의 하나는 네가 내게 웃음을 줘서 그래.

That's a laugh 웃기지마
You won a beauty contest? That's a laugh.
네가 미인대회에서 우승했다고? 웃기지마라.

be ridiculous 말도 안되다
That is ridiculous and I'll tell you why.
그건 말도 안되고 내가 그 이유를 말해줄게.

cover one's ass 거짓으로 발뺌하다
You want to cover your ass in case we don't bust this guy. 넌 우리가 이 자식을 잡지않을 걸 대비해서 거짓으로 발뺌하고 싶은거지.

(Is this) some kind of joke? (놀람, 짜증) 뭐 장난하는거야?
What is this, some kind of joke?
이게 뭐야, 장난치는거야?

dog ate one's homework 말도 되지 않는다
Don't tell the teacher the dog ate your homework.
그 선생님에게 말도 안되는 말은 하지도 마라.

talk nonsense 말도 안되는 얘기하다
She's crazy! She's talking absolute nonsense.
걘 미쳤어! 정말 말도 안되는 이야기를 하고 있어.

Don't give me that 그런말 마
Don't give me that. We've known each other too long. 그런 말 하지마. 우린 서로 너무 길다는 것을 알고 있잖아.

Don't give me that look 그렇게 쳐다보지마
I moved on, so don't give me that look.
난 잊었으니 그런 표정으로 날 쳐다 보지마.

pull the other one 말도 안되는 말 하지마
It's not time to pull the other one.
말도 안되는 말을 할 때가 아니야.

shove it 말도 안되는 소리를 하다
You can take this crappy job and shove it!
(화내며) 너나 해라 난 그만둔다.

Situation

Holly: I've decided to make my own movie. 내 영화를 찍기로 결정했어.
Barney: **That's a laugh.** You can't make a movie. 웃기지마. 넌 영화찍을 줄도 모르잖아.
Holly: I can. My brother is going to help me film it. 할 수 있어. 형이 영화찍는거 도와줄거야.
Barney: Stop **talking nonsense.** It can't be done. 말도 안되는 소리 그만혀. 그렇게 안될거야.
Holly: Well you can just **shove it**! You'll see when we're done. 너나 말도 안되는 소리매! 내가 그게 잘못됐다는 걸 증명할테니.

인정할 것 인정하고 삽시당~

136 You gotta hand it to her.
넌 걔한테 두 손 들어야 돼.

뭔가 인정할 때는 I admit it. 자기 잘못을 인정할 때는 cop to, eat one's words 그리고 I'll give you that과 stand corrected를 쓰면 된다. 상대방의 능력이 뛰어나 두손 들고 인정할 때는 hand it to sb를 즐겨 사용한다.

12문장으로 미드영어 후다닥 끝내기

☐ **cop to**
(잘못) 인정하다
I'll **cop to** it. But I'm not copping to it alone.
잘못을 인정하지만 나 혼자 인정하는 것은 아냐.

☐ **It's a fair cop**
잘못한 것을 인정하다
Yeah, I think **it's a fair cop**.
그래, 내가 잘못한 것을 인정할게.

☐ **eat one's words**
(자기 말이 틀렸음을) 인정하다
I'll make you **eat your words** if it takes me forever.
시간이 얼마나 걸리던지 네 말이 틀렸음을 인정하도록 할거야.

☐ **hand it to sb**
난 두손 들었다, 네가 이겼다
Well, you gotta **hand it to** her, she's a born entrepreneur.
저기, 넌 걔한테 두손 들어야 돼, 걘 타고난 기업가야.

☐ **I'll give you that**
네가 맞았어
It wasn't one of us. OK. **I'll give you that**.
우리들 중 한 명이 아니었어. 그래. 네가 맞았어.

☐ **If the shoe[cap] fits, wear it**
사실이면 인정해, 맞으면 인정해
She looks slutty. **If the shoe fits, wear it**.
걘 좀 헤퍼보여. 맞으면 인정해.

☐ **sell sb short**
…의 능력[재능] 인정하지 않다
Don't **sell** your family **short**.
네 가족의 능력을 평가절하하지마.

☐ **stand corrected**
자기가 잘못한 것을 인정하다
I stand corrected and it's been a real pleasure chatting with you. 내 잘못 인정하고 너와 얘기나눈 거 정말 즐거웠어.

☐ **That's (very) me**
그게 나야, 나 원래 그런놈야, (호명에) 접니다
That's me. How can I help you? 전데요. 뭘 도와드릴까요?
I know it's pretty selfish, but **that's me**. 정말 이기적이지만 그게 나야.

☐ **You gotta admit~**
…을 인정해야 돼(I have to admit~인정해야만 해)
You gotta admit, it's been a pretty good trip.
인정하라고, 그건 정말 멋진 여행이었어.

☐ **I admit it**
내 인정할게(Admit it! 인정해!)
I admit it. I can't go back and change it.
내 인정할게. 난 돌아가서 그걸 바꿀 수가 없어.

☐ **climb down**
자기 잘못을 인정하다
Brian refuses to **climb down** from his statements.
브라이언은 자기가 한 말의 잘못을 인정하기를 거부했어.

Agnes: My client decided to **cop to** the robbery. 내 고객이 강도질을 인정하기로 했어요.

Craig: **That's a fair cop,** but what about the assault? 자기 잘못을 인정한거지만 폭행은요?

Agnes: He never assaulted anyone. That was someone else. 아무도 폭행을 하지 않았대요. 다른 사람이었을 겁니다.

Craig: I **stand corrected**. Anything else you want to mention?
내 잘못을 인정하죠. 거론할 다른 사람이 있어요?

Agnes: No, nothing. Do we have a deal on the charge? 아뇨, 아무 것도요. 기소건에 대해 그럼 합의된건죠?

의사소통(communication)

머리속에 떠오르는 기억들

137 Does that ring a bell?
뭐 기억나는 거 없어?

미드에서 수사관들이 심문하면서 참 많이 쓰는 표현중 하나가 ring a bell이다. 그리고 과거의 기억을 일깨우다는 job sb's memory, trigger a memory, refresh sb's memory를 기억해둔다. if I remember it right하면 내 기억이 맞다면.

12문장으로 미드영어 후다닥 끝내기

☐ **ring a bell** 문득 떠오르다, 기억나다	**Does that ring a bell**? 뭐 기억나는거 없어? Any of those names **ring a bell**? 저 이름들 중 기억나는거 없어?
☐ **jog one's memory** 과거의 기억을 일깨우다	Maybe some pictures will **jog your memory**. 아마 일부 사진들이 너의 기억을 일깨워줄지도 몰라.
☐ **trigger a memory** 옛 기억을 일깨우다	The strong smell **triggered an old memory**. 저 강한 냄새가 옛 기억을 일깨웠어.
☐ **refresh one's memory** …의 기억을 되살리다	Take some time to **refresh her memory**. 걔의 기억을 되살리기 위해 시간을 좀 가져봐.
☐ **if (my) memory serves (me correctly)** 내 기억이 맞다면	**If memory serves,** they don't let you in if you're late. 내 기억하는 바로는, 네가 늦으면 널 들여보내지 않아.
☐ **if I remember correctly** 내 기억이 맞는다면	**If I remember correctly,** you found a way to rectify the problem. 내 기억이 맞다면 넌 그 문제를 바로잡을 방법을 찾았어.
☐ **if I remember it right** 내 기억이 맞다면	**If I remember it right,** you didn't go to college. 내 기억이 맞다면, 넌 대학교에 가지 않았어.
☐ **be remembered as** …로(서) 기억되다, …로 유명하다	He will **be remembered as** a jerk. 걘 한심한 놈으로 기억될거야.
☐ **wipe sth from one's mind [memory]** 기억에서 지워버리다	The injury **wiped the accident from his mind**. 그 배심원은 기억속에서 그 사건을 지워버렸어.
☐ **recall sth** 기억하다	I don't **recall** ever hearing that name before. 난 그 이름을 전에 들어본 기억이 없어.

미드 Situation

Adele: The smell of that bakery **is really triggering memories**.
저 빵냄새가 정말 기억들을 일깨워주네.

Jonah: Oh? Are you **recalling** eating some type of food? 그래? 어떤 종류의 음식을 먹은 기억이 나는데?

Adele: **If I remember correctly,** it smells like bread I had in France.
내 기억이 맞다면, 프랑스에서 먹었던 빵 냄새같아.

Jonah: How nice. I've always loved French food. 멋져라. 난 항상 프랑스 음식을 좋아했었어.

Adele: Me too, especially the type they serve at bistros. 나도 그래, 특히 비스트로에서 먹을 때말야.

기억이 나거나 나지 않거나

138 That reminds me.
그러고보니 생각이 나네.

노화의 가장 큰 핵심은 기억. 기억을 못하면 You don't remember?라고 하고, 기억을 해내려고 머리를 쥐어 짜내는 rack one's brains라고 한다. 그러고보니 생각이 나네라고 하려면 That reminds me (of)라고 하면 된다.

12문장으로 미드영어 후다닥 끝내기

☐ **get one's memory back** 잃었던 기억을 되찾다	Did she **get her memory back**? 걔가 기억을 되찾았어?
☐ **rack one's brains** 기억해내려고 애쓰다, 깊이 생각하다	**I've been racking my brains**, trying to remember. 난 기억하려고 머리를 쥐어 짜내고 있어.
☐ **can't put a name to~** 기억못하다	The lawyer **can't put a name to** the witness. 변호사는 증인의 이름을 기억하지 못했어.
☐ **That reminds me** 그러고보니 생각이 난다.	**That reminds me.** I have to get condoms. 그러고 보니 생각이 나는데, 난 콘돔이 있어야 돼.
☐ **That reminds me of~** 저걸 보니 …가 생각난다	**That reminds me of** our last trip overseas. 저걸 보니 우리의 마지막 해외여행이 기억나.
☐ **You remember that?** 너 그거 기억나?	How about Monday night, **you remember that?** 월요일 저녁은 어때, 너 그거 기억나?
☐ **Do you remember?** 너 기억해?	You were in an accident. **Do you remember?** 넌 사고가 났어. 기억나?
☐ **~, remember?** 기억나?	We kind of had a plan tonight, **remember?** 우리 오늘 저녁에 계획이 좀 있었잖아, 기억나?
☐ **You don't remember?** 기억안나?(Don't you remember?)	**You don't remember?** We got married. 기억안나? 우리 결혼했잖아.
☐ **You remember what~?** 그게 뭔지 기억나?	**You remember what** Louis told the cops? 루이스가 경찰에 뭐라고 했는지 기억나?
☐ **be on the tip of one's tongue** 지금 잊었지만 곧 기억날거야	Her name **is on the tip of my tongue**. 걔 이름이 혀끝에서 맴돌며 기억이 안나네.
☐ **have a good[poor] memory** 기억력이 좋대[나쁘다]	You must **have a good memory**. 너 기억력이 좋은게 틀림없어.

미드 Situation

Andre: Have I met that woman in the red dress before? 저 붉은 드레스 입은 여자를 전에 내가 본 적이 있나?
Nelly: **You don't remember?** I introduced you a few months ago.
기억안나? 몇 달 전에 소개시켜줬잖아.
Andre: **I've been racking my brain** trying to think of her name. 걔 이름을 기억해내려고 하는데.
Nelly: It's Mary. I can't believe you forgot already. 메리야. 네가 벌써 잊었다니 믿기지 않네.
Andre: I'm sorry. I **have a poor memory**. 미안. 나 기억력이 안좋아.

의사소통(communication) 355

잊지말고 명심하다

139 I'll keep that in mind.
명심하도록 할게.

잊지말고 꼭 기억해두라고 할 때는 remember를 써서 You gotta remember~, forget을 써서는 Don't forget to~, ~and don't (you) forget이라고 하면 된다. 이렇게 명심한다고 할 때는 keep[bear]~ in mind라 한다.

12문장으로 미드영어 후다닥 끝내기

☐ **You gotta remember~**
년 기억을 해야 돼, 잊지 말고 명심해
→ **You gotta remember** she just got here.
걔가 여기 왔다는 것을 명심해.

☐ **Remember S+V**
잊지 말고 꼭 기억해둬라
→ **Remember** when I suggested moving in together?
내가 동거하자고 제안했을 때 기억나?

☐ **~and don't (you) forget it**
괜찮지, 잊지마
→ He's still your boss, **and don't you forget it**.
그 사람은 아직 네 사장야, 그리고 그걸 잊지마.

☐ **Don't forget to+V**
잊지 말고 …하라
→ **Don't forget to** sign the guest book.
잊지말고 방명록에 사인해.

☐ **keep one's memory alive**
잊지 않도록 하다
→ The whole family **keeps Grandma's memory alive**.
가족 전체는 할머니의 기억을 잊지 않고 있어.

☐ **keep[bear] ~ in mind (that)**
명심하다
→ **I'll keep that in mind**. Well, I should go.
그걸 명심하도록 할게. 저기, 나 가야되겠어.

☐ **bear in mind**
명심하다
→ **Bear in mind** that you're under oath, Mr. Martin.
선서했다는 것을 명심하세요, 마틴 씨.

☐ **never forget**
절대로 잊지 않다
→ **I will never forget** what I did to Tony.
내가 토니에게 한 짓은 절대 잊지 못할거야.

☐ **put[set] one's mind to it**
…을 잊지 않다, …에 마음먹다
→ When you **put your mind to it**, you can really hurt someone. 네가 맘만 먹으면, 넌 정말 누군가를 해칠 수 있어.

☐ **How should I forget?**
어떻게 잊겠어?
→ Forget it? **How should I forget it?**
잊어? 내가 그걸 어떻게 잊겠어?

Aileen: I've got to leave to go home now. 이제 출발해서 집에 가야겠어.
Oliver: **Don't forget to** take your bag with you. 가방 잊지 말고 가져가.
Aileen: I **never forget** my bag anywhere. 난 절대로 어디서든 가방을 잊지 않아.
Oliver: **Bear in mind** that a lot of women forget bags. 많은 여자들이 가방을 잊는다는 걸 명심해.
Aileen: How could I forget it? It has my phone and keys in it.
내가 그걸 어떻게 잊겠어? 핸드폰과 키가 그 안에 있는데.

140 Would you let it go?
그냥 잊어버릴테야.

아픈 기억은 빨리 잊어버려야

미드계에서 잊다를 forget 하나로 해결하려면 지나친 욕심. get past을 위시하여, let it go, let it slide, let it rest 등 let it~ 시리즈가 많이 쓰인다. 또한 get over it, hug it out까지 알아두면 미드가 편해질 것이다.

12문장으로 미드영어 후다닥 끝내기

- ☐ **let it go**
  잊어버려, 놔둬

  Would you let it go? It's not that big a deal.
  그냥 잊어버릴테야? 그렇게 큰 일도 아니잖아.

- ☐ **let it go at that**
  그쯤 해두다, 더 이상 문제삼지 않다

  Just give up the money and **let it go at that**.
  그냥 돈 포기하고 더 이상 문제삼지마.

- ☐ **let it slide**
  넘어가주다, 개선하지 않고 그냥 넘어가다

  We'd probably **let it slide**, but it's a rape and homicide. 그냥 넘어갈 수도 있겠지만 그건 강간에다 살인이야.

- ☐ **let it rest**
  더 이상 얘기하지 말자

  Let it rest for a while, sweetheart.
  자기야, 잠시 더 이상 얘기하지 말자.

- ☐ **hug it out**
  (속상한 일) 잊어버리다, (격려) 안다

  You two come here and **hug it out**.
  너희 둘 이리와서 서로 안아라.

- ☐ **get over it**
  잊다, 극복하다

  I just want to **get over it**.
  난 그냥 잊어버리고 싶어.

- ☐ **lose track of~**
  …를 잊다, 놓치다, 소식이 끊기다

  Your alibi only proves you **lost track of** him.
  네 알리바이는 네가 걔와 소식이 끊겼다는 것을 말할 뿐이야.

- ☐ **keep track of~**
  …을 파악하고 있다, …을 잊지 않고 있다,

  We just wanted to **keep track of** each other.
  우리는 단지 서로를 잊지 않고 있기를 원했어.

- ☐ **lose track of time**
  시간가는 줄 모르다

  I'm sorry, I **lost track of** time.
  미안, 내가 시간가는 줄 몰랐네.

- ☐ **get past**
  지난간 일이나 사람을 잊어버리다, 지나치다

  Okay, well, we have to **get past** this!
  좋아, 저기, 우리는 이거 잊어버리자!

미드 Situation

Gabriel: Our son failed math this semester. **We can't let that slide.**
우리 아들이 이번 학기에 수학낙제야. 그냥 넘어갈 수가 없어.

Belle: No. I think we need to **keep track of** the work he's doing. 그래, 걔가 공부를 어떻게 해왔나 잘 봐봐.

Gabriel: What should we say to him? 걔한테 뭐라고 하지?

Belle: No more computer games or TV until his grades improve.
성적이 오를 때까지는 컴퓨터 게임이나 TV를 금지해.

Gabriel: Good idea. I guess we can **let it go at that**. 좋은 생각이야. 그쯤 해두면 될 것 같아.

의사소통(communication)

141 It slipped my mind.
내가 깜박 했어.

> 잊었으면 다음 단계로 넘어가야줘~

move on만큼 미드에서 많이 나오는 동사구도 없을거다. 다음 단계로 넘어가다라는 의미로 주로 뭔가 잊어버리고, 그만 생각하고 다음 단계로 나아가자는 뉘앙스가 담긴 표현이다. 깜빡 잊다는 slip one's mind, put sth behind는 …을 잊다.

12문장으로 미드영어 후다닥 끝내기

☐ **move on** 잊다, 다음 단계로 가다	People can't **move on** before they're ready. 사람들은 준비되기 전까지는 잊을 수가 없어. It took her a long time to **move on**. 잊는데 많은 시간이 걸렸어.
☐ **It's time to move on (to~)** 과거를 잊고 다음 단계로 넘어가다	Maybe **it's time to move on**. 이제는 그만 잊어버려야 할 때인가봐.
☐ **slip one's mind** 깜박 잊다	I'm so sorry. **It slipped my mind**. 정말 미안해. 내가 깜박 잊었어. The dental appointment **slipped Jane's mind**. 제인은 치과예약을 깜박 잊었어.
☐ **사물+go (right/clean) out of one's mind** 잊다	The information **went clean out of my mind**. 그 정보를 내가 정말이지 깜박 잊었어.
☐ **be water under the bridge** 다 지나간 일이다	**It's water under the bridge**. Just forget it. 그건 다 지난간 일이야. 그냥 잊어버려.
☐ **fall through the cracks** 잊혀지다, 간과되다	We go to where nothing ever **falls through the cracks**. 우리는 어떤 것도 절대로 잊혀져서는 안되는 단계로 가고 있어.
☐ **put ~ behind sb** …를 잊다	I want to help you **put it behind you**. 난 네가 그걸 잊는 걸 도와주고 싶어.
☐ **put sb[sth] out of one's mind** …을 머릿속에서 지우다(get~)	I can't **get** my ex-husband **out of my mind**. 내 전 남편을 머릿속에서 지울 수가 없어.
☐ **put ~ to the back of your mind** …을 맘속 깊은 곳으로 밀어넣다	Look, **put** the trial **to the back of your mind**. 이봐, 재판은 아주 그냥 잊어버리고 있어.
☐ **get[put] ~ out of one's head** …을 잊다, …을 머릿속에서 지우다	I haven't been able to **get** her **out of my head** all winter. 난 겨울내내 걔를 머릿속에서 지울 수가 없었어.
☐ **lose one's train of thought** 무슨 말을 하려다가 잊다, 하려던 말을 잊다	This is where I always **lose my train of thought**. 내가 하려던 말을 잊는 부분이 바로 여기야.

Leonard:	It's been difficult for me since my parents died. 부모님이 돌아가신 후에 힘들었어.
Bessy:	I'm sorry. It **slipped my mind** that they'd passed away. 안됐네. 부모님이 돌아가셨다는 것을 잊었어.
Leonard:	Yes. I just can't **get** them **out of my mind**. 그래. 마음 속에서 지울 수가 없어.
Bessy:	Leonard, you need to find a way to **move on**. 레너드, 잊을 방법을 찾아야 돼.
Leonard:	I know. But how will I do that? 알아. 하지만 어떻게 그렇게 할 수 있겠어?

142 You're so full of shit.
넌 거짓말 투성이야.

우리말 뻥치다에 해당되는 단어가 bluff. 과장하여 허풍떤다고 할 때 이 bluff를 많이 사용한다. 이렇게 거짓말만 일삼으면 be full of shit[crap]이라고 하고, 이런 허튼 소리를 하다는 shoot the crap, 그만하라고 할 때는 cut the crap이라 한다.

12문장으로 미드영어 후다닥 끝내기

call one's bluff
(상대방 허풍에) 한번 해볼테면 해보다, 증명해봐라

I threatened him, but he called my bluff.
걔 윽박질렀는데 해볼 테면 해보라고 하네.

be bluffing
허풍치다

You were bluffing. She knew you were bluffing.
너 뻥친거였지. 걘 네가 뻥이라는 걸 알았어.

Don't do it. She's bluffing. 그러지마. 걔 지금 뻥치고 있는거야.

bluff one's way out of
거짓으로 나아가다, 성공하다

You can't bluff your way out of this.
넌 뻥으로 이거에서 벗어날 수 없어.

bluff sb into~
허세부려 …하게 하다

We were bluffed into remaining at the hotel.
우리는 바람이 들어 호텔에 계속 머물렀어.

talk through one's hat
허풍치다, 큰소리치다

Shut up, you're talking through your hat.
닥쳐, 넌 허풍치고 있잖아.

be full of shit
거짓말만 일삼다(be full of it)

You are so full of shit. I never said I wasn't.
넌 거짓말만 일삼아. 난 그렇지 않다고 절대 말한 적 없어.

be full of crap
헛소리 투성이다(a load of bull 헛소리)

I'm full of crap.
쓰잘데 없는 이야기만 했네.

That's a load of crap. 그건 엉터리 얘기야.

shoot the crap[shit]
허튼 소리를 하다

James stopped for a while to shoot the crap.
제임스는 잠시 멈추더니 헛소리를 해댔어.

cut the crap[shit]
바보 같은 소리마, 쓰잘데없는 얘기 그만두다

Cut the crap. I had my hair done this morning.
바보 같은 소리마. 오늘 아침에 머리했거든.

We can just cut the crap. I saw him kill Vicky.
쓸데없는 얘기 그만하자. 난 걔가 비키를 살해하는 걸 봤어.

give sb crap
안 좋은 말을 하다

Look, don't give me crap this morning.
이봐, 오늘 아침에는 헛소리말라구.

미드 Situation

Aden: I know Brad Pitt and he invited me here. 난 브래드 피트와 아는 사이고 걔가 여기로 날 초대했었어.
Clara: You're full of shit. You don't know him. 이 뻥쟁이. 넌 걜 알지도 못하잖아.
Aden: I do too. I'm not trying to bluff my way in. 안다니까. 뻥쳐서 들어가려는게 아냐.
Clara: You'd better cut the crap and leave before I call the cops. 잡소리 그만하고 경찰부르기 전에 꺼져.
Aden: You'll be sorry you didn't let me into this party. 이 파티에 안들여보내주면 당신 후회할거야.

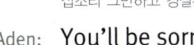

헛수고하다

143 Let's not beat a dead horse.
지나간 일을 거론하지 말자.

아무 보람도 없이 헛수고를 했을 경우에는 wild goose chase, spin one's wheels라 한다. 또한 죽은 말보고 어찌라고 쓸데없이 beat a dead horse하면 이 역시 헛물켜다라는 뜻이 된다.

12문장으로 미드영어 후다닥 끝내기

- [ ] **draw a blank** 헛수고하다, 전혀 기억못하다
  He said he drew a blank during the test.
  걘 시험시간에 전혀 기억이 안났대.

- [ ] **wild goose chase** 헛수고
  I'm sorry we had to involve everyone in this wild goose chase. 우리가 이 헛탕친 일에 다들 끌어들여야만 해서 미안해요.

- [ ] **spin one's wheels** 시간을 낭비하다, 헛수고하다
  Go home. You're only spinning your wheels.
  집에 가라. 넌 시간만 낭비하고 있잖아.

- [ ] **beat a dead horse** 이미 지난 일을 거론하다, 헛물켜다
  Let's not beat a dead horse, it's over, I'm sorry.
  지난 일을 거론하지 말자, 다 끝났어, 미안해.

- [ ] **flog a dead horse** 헛수고하다
  Quit flogging a dead horse.
  헛수고 하지마.

- [ ] **send sb on a fool's errand** 헛걸음시키다
  It turned out we were on a fool's errand.
  우리가 헛걸음친거라 판명났어.

- [ ] **go back to square one** 원점으로 다시 돌아가다
  Without the confession, we're back to square one.
  자백이 없으면 우린 다시 원점이야.

  Which leaves us at square one.
  그러면 우리가 다시 원점으로 돌아가는데.

Oliver: Did you find our missing man? 실종자 찾았어?
Birdie: The whole thing was just a **wild goose chase**. 전부다 헛탕이었어.
Oliver: Our investigation seems to **be spinning its wheels**. 우리 수사가 헛도는 것 같아.
Birdie: So should I check at the other police stations? 다른 경찰서에 가서 확인해야될까?
Oliver: No, that'd just **be sending you on a fool's errand**. 아니, 그건 또 헛걸음질일거야.

360 Chapter 6

144 Don't be coy with me.

내숭떨지마.

진심과 달리 …척을 잘해야

먹고 살려면 맘과 달리 …하는 척을 잘해야 한다. 기본적인 표현으로는 act like, make believe가 있으며, 내숭떤다고 할 때는 be coy with, 태연한 척하다는 put on a brave face, 그리고 keep a straight face는 아무일 없다는 표정을 짓다가 된다.

12문장으로 미드영어 후다닥 끝내기

- □ **be coy with** 내숭을 떨다
  Don't be coy with me. I know you know the whole thing. 내게 내숭 떨지마. 네가 다 알고 있다는 걸 알고 있어.

- □ **play dumb** 모른 척하다
  시치미를 떼다(play dead 죽은 척하다)
  Don't play dumb with me. 날 바보로 보지마.

- □ **put on a show of** …의 연기를 하다, 속이려고 …인 척하다
  You make up a story, you play your roles, and **put on a show**. 넌 이야기를 지어내고, 연기를 하고 그리고 쇼를 하고 있어.

- □ **put on a brave face** 당당한 척하다, 태연한 척하다
  Helena **put on a brave face** after her husband's death. 헬레나는 남편이 죽은 후에도 당당한 척하고 있었어.

- □ **act like** …처럼 행동하다
  Just **act like** a normal human being. 정상적인 사람처럼 그냥 행동해.

- □ **make believe** …인 척하다
  You don't have to **make believe** you're a gentleman. 넌 신사인 척 할 필요가 없어.

- □ **make like** …인 척하다(pretend)
  He **made like** he had been invited. 걘 자기가 초대된 것처럼 행동했어.

- □ **go through the motions of** 마지못해 …하는 척하다
  I **went through the motions of** applying for a job. 난 마지못해 구직하는 척 했어.

- □ **shut one's eyes[ears] to~** 보고도 들어도 모른 척하다
  Don't **shut your eyes to** the criminal behavior. 범죄행위를 보고도 못본 척하지마.

- □ **drop the act** …하는 척을 그만두다
  I just wish my dad would **drop the act**. I don't need it. 난 아버지가 쇼 좀 안했으면 해. 필요없거든.

- □ **throw sb a bone** 환심을 사려고 하다, 돕는 시늉만 하다
  Come on bro, **throw me a bone**! 이봐, 형제, 나 좀 도와달라고!

- □ **keep a straight face** 아무일 없는 듯 태연한 표정을 짓다
  Jack is having a very difficult time **keeping a straight face**. 잭은 아무일 없는 듯한 표정을 짓고 있는데 힘들었어.

Situation 미드

Allie: Look, don't **be coy with** me. 야, 내숭떨지마.
Trey: But I swear, I've never dated anyone but you. 정말야, 너외엔 데이트해본 사람이 없어.
Allie: You can **drop the act**. I saw you with another woman. 쇼 그만해. 다른 여자랑 있는거 봤어.
Trey: No way. I have not been with any other woman. 말도 안돼. 어떤 다른 여자하고도 있질 않았어.
Allie: How can you **act like** you haven't cheated on me?
어떻게 바람피지 않은 것처럼 행동할 수 있는거야?

의사소통(communication) 361

~ 자랑하고 싶어 미치겠대요~

145 Don't flatter yourself.
너무 잘난 척하지 마라.

자랑하다하면 떠오르는 표현은 show off, brag about. 한단계 더 나아가 put on airs, strut one's stuff, make a show of, 그리고 flatter oneself까지 알아두면 좋다.

12문장으로 미드영어 후다닥 끝내기

☐ **brag about** 자랑하다	I just forgot to **brag about** it before! 난 전에 그걸 자랑하는 걸 잊었어.
☐ **put on airs** 뽐내다	Brooke isn't popular when she **puts on airs**. 브룩은 잘난 척할 때 인기가 없어.
☐ **strut one's stuff** 기량을 뽐내다, 과시하다	Get out there and **strut your stuff**. 나가서 기량을 뽐내봐.
☐ **be a credit to sb[sth]** …의 자랑이다	Rob **is a credit to** his university. 랍은 걔 대학의 자랑거리야.
☐ **blow[toot] one's own horn** 자화자찬하다, 스스로 자랑하다	I didn't mean to **toot my own horn**. 난 스스로 자랑하려는 것은 아니었어.
☐ **get[have] a big head** 뽐내다, 젠체하다	Michael **got a big head** after becoming successful. 마이클은 성공을 한 후에 엄청 뽐냈었어.
☐ **show off** 자랑하다, 과시하다	Tina came to **show off** her engagement ring. 티나는 약혼반지를 자랑하러 왔어.
☐ **get too big for one's boots** 잘난 체하다	Look buddy, you**'ve gotten too big for your boots**. 이봐 친구, 너 너무 잘난 척한다.
☐ **make a show of** …과시하다, 자랑하다	The teacher **made a show of** punishing Kenny. 선생님은 케니 혼내신 걸 자랑하셨어.
☐ **be flattering** 으쓱하게 하다	That's very **flattering**, but, I don't think that's necessary. 기분은 무척 좋지만 꼭 필요하다고 생각하지 않아.
☐ **flatter oneself** 착각하다, 잘난 척하다	Don't **flatter yourself**. You scream like a girl. 잘난 척마라. 넌 계집애처럼 소리지르잖아.
☐ **know it all** 너무 잘난 척하다	She's nothing but a damned **know-it-all**. 걘 빌어먹을 잘난 척하는 애에 불과해.

미드
Situation

Gayle: Cary **has been putting on airs** lately. 캐리가 최근 잘난 척하고 다녀.
Slim: She and her husband **have gotten big heads** since getting rich.
걔네 부부가 부자가 된 이후로 우쭐하고 다니지.
Gayle: I hate how they **make a show of** their wealth. 걔네들이 부자인 걸 자랑하는 방법이 맘에 안들어.
Slim: Me too. It makes me dislike them very much. 나도 그래. 나도 싫어하게 되더라구.
Gayle: She came over this afternoon just to **brag about** her new car.
걔가 자기 새차 자랑하러 오늘 오후에 들렀어.

362 Chapter 6

146 Who ran a scam on them?
누가 걔네들 사기친거야?

사기치고 속이고

사기하면 deceive 뿐만 아니라 cheat, scam, con을 잘 알아야 미드족이라 할 수 있다. con은 명사로도 쓰이지만 동사로도 쓰여, con sb, con sb into~ 등으로 사용된다. scam 역시 scam sb into~, get scammed(사기당하다) 등 다양하게 쓰인다.

12문장으로 미드영어 후다닥 끝내기

- [ ] **cheat sb out of~** …을 속여서 …를 빼앗다
  Someone **cheated** my family **out of** a fortune.
  누군가가 우리 가족을 사기쳐서 돈을 빼앗아갔어.

- [ ] **con sb** …에게 사기를 치다
  (con sb out of sth 사기쳐 돈뺏다)
  You **conned** Cindy by appealing to her humanity.
  넌 신디에게 걔 인간성에 호소해서 돈을 갈취했어.

- [ ] **con sb into ~ing** 사기쳐 …하도록 하다(get conned into ~ing)
  She **conned** me **into** going to Jack's crazy anniversary party.
  걘 날 속여서 잭의 미친 기념파티에 가도록 했어.

- [ ] **con one's way in[into]** 속여서 …하다
  Pam **conned her way into** a job.
  팸은 속여서 취직을 했어.

- [ ] **be[get] conned** 사기를 당하다
  I already **was conned** by Patricia once.
  난 패트리샤에게 한번 이미 사기를 당했어.

- [ ] **be cheated out of victory** 사기로 승리를 빼앗기다
  Their Olympic team **was cheated out of victory**.
  걔네들 올림픽 팀은 사기로 승리를 빼앗겼어.

- [ ] **sb has been had** 사기당하다, 속다(be deceived)
  Sorry to say this ma'am, but you **were had**.
  부인, 이런 말씀드려 죄송하지만 사기당하셨어요.

- [ ] **run the scam (on)** 사기치다
  The con artists **ran a scam on** my grandparents.
  그 사기꾼은 내 조부모님에게 사기를 쳤어.

- [ ] **pull[be] out of the scam** 사기치는 거에서 벗어나다
  Not wanting to be put in jail, **I pulled out of the scam**.
  감방에 가는게 싫어서, 사기치는 거에서 빠졌어.

- [ ] **get scammed** 사기를 당하다(scam 사기치다)
  We **got scammed** while visiting New York City.
  우리는 뉴욕을 방문하는 도중에 사기를 당했어.

- [ ] **scam sb into ~ing** …을 사기쳐서 …하게 하다
  I **scammed** you **into** doing the dishes.
  난 너를 사기쳐서 설거지하게 했어.

- [ ] **scam one's way into~** 사기쳐서 …하다
  You've already **scammed your way into** one of my daughter's lives.
  넌 이미 사기를 쳐서 내 딸이 너와 관계를 맺게 했어.

미드 Situation

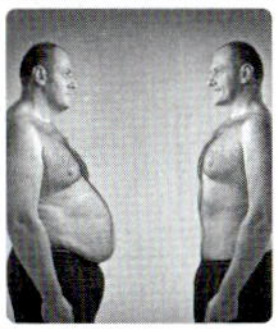

Anita: Someone **cheated** the old couple next door **out of** a lot of money. 누가 옆집 노부부를 사기를 쳐서 거액을 뺐었대.

Serge: That's awful. Who **ran a scam on** them? 끔찍해라. 누가 사기를 친거야?

Anita: They **were conned into** paying for house repairs. 속아서 주택보수비로 돈을 냈다는거야.

Serge: And was the repair work done improperly? 그리고 보수작업은 제대로 안되었고?

Anita: No, **the con men** just took the money and left. 응, 사기꾼이 그냥 돈갖고 날랐대.

사기치고 사기당하고

147 Don't be taken in by it.
그거에 사기당하지마.

사기치고 속이다라고 할 때는 fool sb, sleep[put] one over on, pull a fast one, 그리고 반대로 사기당하다라고 할 때는 be taken in, be sucked in이라는 표현들을 알아두면 된다.

12문장으로 미드영어 후다닥 끝내기

- **get in through the back door** 부정하게 뭔가 이루다
  Erin got into Harvard through the back door.
  에린은 하버드 대학을 부정하게 들어갔어.

- **be taken in** 사기당하다
  Don't be taken in by it.
  그거에 사기당하지 마라.

- **under false pretenses** 허위로, 사기행위로
  This money was obtained under false pretenses.
  이 돈은 사기행위로 얻어진거야.

- **be[get] sucked in(to)~** …에 연루되다, 사기당하다
  Do not get sucked in! This is craziness!
  연루되지마! 이건 미친짓이야!

- **pull a fast one (on)** 속이다
  Damn it, did he pull a fast one?
  빌어먹을, 걔가 속인거야?

- **play[act] the fool** 바보짓하다, 속이다
  Man, I never play the fool.
  휴, 난 절대로 바보짓을 하지 않아.

- **play games (with sb)** (…을) 속이다, 가지고 놀다
  Matthew wanted to play games with my son's life.
  매튜는 내 아들의 목숨을 갖고 수작을 부리고 싶었어.

- **put one over on sb[sth]** 속이다, 놀리다
  We'll put one over on your family.
  우리는 네 가족을 속일거야.

- **pull the wool over one's eyes** 속이다
  Don't try to pull the wool over my eyes.
  날 속이려 하지마.

- **lead sb down the garden path** 의도적으로 속이다
  That bitch led me right down the garden path.
  저 못된 년이 의도적으로 날 속였어.

- **slip one over on sb** 속이다, 놀리다
  How did you slip one over on our teacher?
  너 어떻게 우리 선생님을 속인거야?

- **fool sb** 속이고 사기치다
  Do not try to fool me. I know what's going on.
  날 속이려고 하지마. 무슨 일인지 나도 알아.

미드 Situation

Perry: Mr. Surrey said he could double my money. 서레이 씨는 내 돈을 두배로 굴려줄 수 있다고 해.
Brigit: Don't **be taken in**. He's leading you down a garden path.
속아넘어가지마. 걔는 너를 의도적으로 속이고 있는거야.
Perry: Really? He's trying to **slip one over on** me? 정말? 날 속이려 한다는 말야?
Brigit: That's right. He gets money **under false pretenses**. 맞아. 걘 거짓행위로 돈을 받는거야.
Perry: I guess I'd better be careful around him then. 그럼 개하고는 조심해야겠구만.

한번만 더 사기칠래

148 Don't use your tricks on me.
내게 농간부리지마.

좀 미드냄새 팍팍나는 표현들로 make a sucker of는 완전히 속여먹다, do a snow job on하면 감언이설로 속이다. 그리고 do a number on하면 속여먹다, 비난하다라는 뜻이 된다.

12문장으로 미드영어 후다닥 끝내기

☐ **make a sucker of~**
…을 완전히 속이다(sucker 잘 속는 사람)
She's **made a sucker of** many different guys.
걔는 많은 다양한 사람들을 완전히 속였어.

☐ **use one's tricks**
농간부리다(use tricks)
Did you **use your tricks** to score these tickets?
이 티켓을 얻기 위해 농간을 부린거야?

☐ **trick sb into ~ing**
속여서 …하게 하다
You **tricked** me **into** falling in love with you.
넌 나를 속여서 널 사랑하게 만들었어.

☐ **trick sb out of ~ing**
속여서 …하지 못하게 하다
That guy **tricked** me **out of** charging him for the items. 저 친구는 나를 사기쳐서 공짜로 물건을 사갔어.

☐ **do a snow job on sb**
감언이설로 속이다
It's not the first time he **did a snow job on** us.
걔가 우리를 감언이설로 속인게 이게 처음이 아니야.

☐ **do a number on sb**
…를 비난하거나 속이거나 구타하다
That guy **did a number on** her.
저 자식은 그 여자를 속여먹었어.

☐ **get hustled**
속다
I trusted my advisor, but I **got hustled**.
난 내 조언자를 믿었는데 난 당했어.

☐ **deceive**
속이다, 사기치다
You **deceived** your husband for six months?
넌 6개월동안 남편을 속인거야?

☐ **take sb for a ride**
사기치다(be taken for a ride 사기당하다)
Sounds to me like you're being **taken for a ride**.
네가 사기 당하고 있는 것처럼 들리는데.

☐ **get burned**
사기당하다, 상처받다
When you love someone, you could **get burned**.
누군가를 사랑할 때는 상처받을 수 있지.

Dixie: You are the most handsome guy I've ever seen.
넌 지금까지 내가 본 사람 중에서 가장 핸섬해.

Leonard: Don't **use your tricks** on me. I don't believe you. 농간부리지마. 안믿으니까.

Dixie: But it's true. I'm not trying to **deceive** you. 하지만 사실이야. 널 속이려는게 아냐.

Leonard: A girl told me that before, and I **got hustled**. 어떤 여자가 전에 그런말 했고 난 당했지.

Dixie: Oh Leonard, I'm not going to **take** you **for a ride**. 오, 레너드, 난 널 속이지 않을거야.

의사소통(communication) 365

~ 배반[배신]을 빼면 인간계가 아니지요~

149 You sold me out!
넌 날 배신했어!

뒤통수치는게(be behind one's back) 인간의 가장 큰 특징 중 하나. 배신하다는 sell sb out, sell sb down the river, turn traitor to를 많이 쓰며, 이렇게 배신하면 밀고하는 것은 rat out, rat on sb라 한다. 배신당해 괴로운 맘은 feel cheated.

12문장으로 미드영어 후다닥 끝내기

☐ **sell sb down the river** 배신하다, 사기치다	I never expected him to **sell** his brother **down the river**. 난 걔가 자기 형을 배신할 줄 전혀 예상 못했어.
☐ **sell sb out** 배신하다, 배반하다	**You sold me out**, didn't you? 네가 날 배신했지, 그렇지 않아?
☐ **go[be] behind one's back** …의 뒤통수를 치다	How dare you **go behind my back**? 어떻게 네가 내 뒤통수를 칠 수가 있어?
☐ **bite the hand that feeds~** 은혜를 원수로 갚다	Mama always said not to **bite the hand that feeds you**. 엄마는 늘 은혜를 원수로 갚지 말라고 하셨어.
☐ **double-cross** (불법적인 일) 배신하다	He's in jail because of a **double cross**. 걔는 배신을 해서 감방에 들어갔어.
☐ **drop a dime** 밀고하다, 배반하다	Just **drop a dime** on your partner and you'll be free. 파트너를 배신만 해 그럼 넌 자유야.
☐ **rat out** 배신하다 (rat sb out to~…에게 일러바치다)	I'm a total whore, but please don't **rat** me **out to** Fanny. 난 정말 걸레지만 패니에게는 일러바치지마.
☐ **rat on sb** 배반하다, 고자질하다	Technically, I did not **rat on** Robinson. 엄밀히 말해서, 난 로빈슨을 배반하지 않았어.
☐ **You rat!** 배신자! (be a rat 배신자[배반자]이다)	I think you're a liar and **a rat**. 난 네가 거짓말쟁이고 배신자인 것 같아.
☐ **step out on sb** …를 배신하다, 배반하다	Can you believe Karen **stepped out on** her husband? 카렌이 자기 남편을 배신했다는게 믿겨져?
☐ **turn[be] traitor (to~)** (…을) 배반하다, 배신하다	Now you're **a traitor to** your country. 이제 넌 조국을 배신한 놈이야.
☐ **feel cheated** 배반이나 배신당했다고 느끼다	I couldn't just let someone **get cheated** like that. 누군가 저렇게 배신당했다고 느끼게 놔둘 수가 없었어.

미드 Situation

Myron: What started the fight between you and your partner? 너와 파트너가 뭐 때문에 싸웠난거야?
Emma: He **sold** me **out**. He got me sent to jail. 날 배신하고 날 감방에 처넣었어.
Myron: So you **feel cheated** by him? 그럼 걔한테 배신감을 느끼겠네.
Emma: Yes I do. He **went behind my back** to talk to the cops about me.
그렇지. 경찰에 가서 내얘기를 하며 내 뒤통수를 친거지.
Myron: That sounds like a nasty **double cross**. 추잡한 배신처럼 들리네.

오늘 하루는 어떻게~

150 It's just one of those days.
그냥 그런 날이야.

have a+형용사+day의 형태로 오늘 하루를 어떻게 보냈는지 표현할 수 있다. 일진이 안좋으면 have a bad day, have a bad hair day, 힘든 하루는 have a long[rough] day, 바쁜 하루를 보냈을 때는 have a hectic day라 한다.

12문장으로 미드영어 후다닥 끝내기

☐ **have a bad day**
일진이 좋지 않다
It's not a big deal. **I was having a bad day**.
뭐 큰 일은 아니지만 난 일진이 안좋았어.

☐ **have a big day**
중요한 날이다
You got a big day tomorrow.
오늘 아주 중요한 날이잖아.

☐ **be not one's day**
일진이 좋지 않다
It's just not your day, is it?
오늘 일진 사납지, 그지?

☐ **bad hair day**
운수 나쁜 날
Forgive my appearance, **I'm having a bad hair day**.
몰골이 말이 아니네, 오늘 좀 운수가 안좋아서.

☐ **have a long day**
힘든 하루다
I know **she'll be having a long day** at work.
걔가 직장에서 힘든 하루를 보낸 걸 알고 있어.

☐ **have a rough day**
힘든 하루를 보내다
Actually I did it for you 'cause **you had such a rough day**. 실은 네가 힘든 하루를 보냈기에 그렇게 한거야.

☐ **have a hectic day**
바쁜 날을 보내다
The students **had a hectic first day**.
학생들은 바쁜 첫날을 보냈어.

☐ **It's (just) one of those days**
좋지 않은 날이다, 잘못 되어가는 것 같다
What can I say? **It's just one of those days**.
뭐라고 해야 되나? 그냥 그렇고 그런 날야.

Allan: Did you **have a hectic day** at work? 직장에서 바빴어?
Jessie: Yeah, I guess **it was just one of those days**. 어, 그렇고 그런 날이었어.
Allan: Sometimes you have to deal with problem. 때론 넌 문제점들을 해결해야 돼.
Jessie: Oh, there were a ton of problems today. 어, 오늘 정말 많은 문제들이 있었어.
Allan: I hope you won't **have a bad day** tomorrow. 내일은 좀 좋은 날이 되기를 바래.

의사소통(communication) 367

힘든 하루를 보냈으면 좀 쉬어야지

151 Go get some rest.
가서 좀 쉬어.

take a break, take five는 잠깐 쉬다, take a day off는 하루를 쉬다. get some time off, take a leave of absence는 휴가를 갖다, 그래서 휴가중이면 be on leave가 된다. 또한 일반적으로 좀 쉬라고 할 때는 get some rest가 많이 쓰인다.

12문장으로 미드영어 후다닥 끝내기

☐ **get some rest** 쉬다	Why don't you go **get some rest**, sweetheart? 자기야, 가서 좀 쉬어.
☐ **take[have] a day off** 하루를 쉬다	He **took a day off** of work in the middle of the week? 걔가 주중에 하루를 쉬었단말야?
☐ **need a day off** 하루를 쉬어야겠다	You look like you **need a day off**. 하루 쉬어야 될 것 같아 보이는데.
☐ **get[take] (some) time off** 휴가를 갖다, 휴식을 취하다	You told me that I should maybe **take some time off**? 내가 좀 쉬어야되겠다고 말했지?
☐ **kick back** 느긋하게 쉬다(relax)	I mean, summer's the time to hang out and **kick back**. 내말은, 여름은 놀면서 느긋하게 쉬는 때야.
☐ **sit back and~** 편히 앉아 …하다 (sit back and relax 앉아서 편히 쉬다)	Just **sit back and** let me drive. 편히 앉아 쉬어 내가 운전할 테니.
☐ **sit on one's ass** 아무 것도 안하다	You're **sitting on your ass** staring at the photos. 넌 사진만 보면서 아무 것도 하지 않네.
☐ **take five** 잠깐 쉬다(take five-minute break)	What say we **take five**? Get some coffee. 5분 쉬는게 어때? 커피 좀 가져와라.
☐ **take[have] a rest** 쉬다	You can **take a rest** in our spare bedroom. 넌 빈 침실에서 좀 쉬어.
☐ **take a leave of absence** 휴가 등을 가다(take the leave 벗어나다)	Carly applied to **take a leave of absence**. 칼리는 휴가신청을 냈어.
☐ **be on leave** 휴가중이다(be on vacation)	**You're on leave**. You get some personal time. 넌 휴가중이야. 개인적인 시간을 가지라고.
☐ **take a break** 잠시 쉬다(break time 쉬는 시간)	Why don't you **take a break**? 잠시 좀 쉬어.

미드 Situation

Pedro: Damn, I really need to **take a day off**. 젠장헐, 정말 하루 쉬어야겠네.
June: Can't you just **take a leave of absence** for a while? 잠시 휴가를 낼 수 없어?
Pedro: No, I can't afford to stop working. 응, 일을 중단할 여유가 없어.
June: You're looking very tired these days. 요즘 너무 피곤하게 보여.
Pedro: I know, but there isn't time to **take a rest**. 알아, 하지만 쉴시간이 없어.

양보하고 물러서다

152 You stick to your guns.
너 억지부린다.

양보하거나 물러선다고 할 때는 give an inch, give ground, lose ground, make room for 등을 쓰고 양보하지 않고 억지를 부릴 때는 stick to one's guns, dig in one's heels 등의 표현을 쓰면 된다.

 12문장으로 미드영어 후다닥 끝내기

☐ **give an inch** (부정, 의문문) 양보하다, 물러서다	Neither party in the divorce would **give an inch**. 이혼의 어느 한쪽도 물러서려 하지 않고 있어.
☐ **give ground** 양보하다, 후퇴하다	We've got to force our opponents to **give ground**. 우리는 상대편에게 양보하게끔 해야 돼.
☐ **make room for~** 양보하다, …할 여지를 만들다	Do you **make room for** the possibility that she was shaken? 걔가 흔들렸을 가능성의 여지를 만들고 있어?
☐ **stick to one's guns** 억지부리다, 양보하지 않다	You **stick to your guns**, and don't you dare go to that wedding. 또 억지부리네, 그 결혼식에 갈 생각 죽어도 하지마.
☐ **You first** 당신 먼저, 먼저 하세요	I'll jump in the water, but **you first**. 내가 물에 점프할게, 하지만 네가 먼저 해.
☐ **dig in one's heels** 자기 입장을 양보하지 않다	Look, don't **dig in your heels** on this. 이봐, 이거에 대해 네 입장을 양보하지마.
☐ **step away from~** …로부터 한발 물러서다, 떨어지다	Police. Stand up, **step away from** your computers. 경찰이다. 일어서, 컴퓨터에서 떨어져.
☐ **step aside** 옆으로 비키다, 사직하다	Now **step aside**, or I'll have these officers restrain you. 자 옆으로 비켜, 그렇지 않으면 이 경찰들이 너를 제지하게 만들거야.
☐ **back away from** …로부터 물러서다	Put your hands up and **back away from** the counter. 두손 들고 카운터에서 물러나.
☐ **back out on sb[sth]** …한테서 발을 빼다, 물러서다	My partner **backed out on** our agreement. 내 파트너가 우리가 협의한데서 발을 뺐어.
☐ **lose ground** 기반을 잃다, 물러서다	They **lost ground** when the economy crashed. 걔네들은 경제가 무너지자 기반을 잃었어.

Aurora: Did the other side **give any ground** in the negotiations?
상대측이 협상에서 좀 양보를 했어?

Dominic: No, they **aren't giving an inch** to me. 아니, 걔네들이 내게 조금도 양보하지 않아.

Aurora: What is going to happen next then? 그럼 다음에는 어떻게 되는데?

Dominic: They may **back out on** the planned merger. 걔네들이 예정된 합병에서 물러설 수도 있지.

Aurora: Oh no! We'll get fired if that happens. 그럼 안돼! 그러면 우리가 잘릴 수도 있잖아.

혼란과 혼동스러워

153   It's just a mix-up.
그건 단순한 혼동이야.

혼란하면 뭐니뭐니해도 mix. get ~mixed up은 혼동하다, mix sb up with 역시 …와 혼동하다라는 의미. 명사형으로 mix(-)up하면 혼동, 그로인한 실수를 말한다. 좀 길지만 not know if sb is coming or going하면 혼란스럽다라는 의미.

12문장으로 미드영어 후다닥 끝내기

☐ **make someone's head spin** 혼란스럽게 하다	I am not kidding. It will **make your head spin**. 장난 아냐. 그 때문에 너 머리가 혼란스러워질 수도 있어.
☐ **mix-up** 혼동해서 하는 실수	Don't worry about it. **It's just a mix-up**. 그거 걱정마. 단순한 혼동야.
☐ **not know whether[if] one's coming or going** 여러 일로 혼란스럽다	She's so fucked up she **doesn't know if she's coming or going**. 걔는 완전히 망쳐서 일이 어떻게 돌아가는지 모르고 있어.
☐ **What gets me~** 나를 혼란스럽게[화나게] 하는 것은	**What gets me** is that he doesn't even care. 내가 화나는 건 걘 신경도 쓰지 않는다는거야.
☐ **get ~ mixed up** 혼동하다	She was the one that **got** her **mixed up** in all this. 걔는 이 모든 거에서 혼동하고 있는 사람이었다는거지.
☐ **mix sb up with** …와 혼동하다	Sorry, I **mixed** you **up with** a friend of mine. 미안, 널 내 친구와 혼동했어.
☐ **be[get] (all) mixed up** 뒤섞이다, 연루되다	When I was young, I **got mixed up** in some really bad stuff. 내가 젊었을 때 난 좀 안좋은 일에 연루되었어.
☐ **mistaken identity** 사람을 잘못보다, 신원을 오인하다	Do you know what this is? This is a case of **mistaken identity**. 이게 뭔지 알아? 신원을 오인한 사건이야.
☐ **a trick of the mind** 맘이 혼란스러운 것, 이해하기 힘든 것	It seems real, but it's **a trick of the mind**. 그럴 듯하지만 이해하기 힘든거야.
☐ **mix business with pleasure** 공과사를 혼동하다	The boss never **mixes business with pleasure**. 사장은 절대로 공과사를 혼동하지 않아.

미드 Situation

Emma: Where are your suitcases at? 네 짐가방 어디에 있어?
Jude: There was a **mix-up** and the airlines lost them. 뒤죽박죽되어서 항공사가 잃어버렸대.
Emma: What a pain. It's enough to **make your head spin**. 이럴 수가. 머리가 빙빙 돌겠구만.
Jude: **What gets me** is that they didn't even apologize.
화가 나는 건 그들이 사과조차 하지 않았다는거야.
Emma: Are they planning to pay for the lost luggage? 분실한 가방에 대해서는 보상을 할거래?

Chapter 6

소란과 법석을 떨다

154 Don't make a fuss.
소란피지마.

익숙한 표현으로는 make a scene, 그리고 raise hell이나 all hell broke loose하면 야단법석을 떨다라는 의미로 hell이 들어간 재미난 표현. 미드에서는 특히 fuss란 단어를 많이 쓰는데 make a fuss over, kick up a fuss의 형태로 쓰인다.

12문장으로 미드영어 후다닥 끝내기

☐ **raise hell** 소동피다	Fran got drunk and **raised hell** in the bar. 프랜은 취해서 바에서 소동을 피웠어.
☐ **all hell broke loose** 아수라장이 되다, 야단법석이다	The parents found out about it, and **all hell broke loose**. 부모님은 그것에 대해 알게 되었는데, 야단법석이었어.
☐ **rock the boat** 난동이나 소동을 피우다	Trust me, it's a bad idea to **rock the boat**. 내 말 믿어, 소동을 피우는 것은 좋은 생각이 아냐.
☐ **be not fussed about** 호들갑을 떨지 않다	That behavior **is not fussed about** here. 저 행동은 우리를 화나게 하는 행동은 아니야.
☐ **make a fuss over** 야단법석을 떨다(fuss over)	The parents **make a fuss over** the two of them. 부모님은 걔네들 중 2명에 대해 야단법석을 떨었어.
☐ **kick up a fuss** 소란피다	Sit down, shut up and don't **kick up a fuss**. 앉아서 입다물고 있고 소란피지마.
☐ **No muss, no fuss** 혼란스럽거나 소란스럽지 않다	Just snap it off, **no muss, no fuss**. 그냥 해버려, 간단하잖아.
☐ **hold it down** 조용히 하다, 소란피우지 않다	Can you guys **hold it down** in there? 너희들 거기서 좀 조용히 할래?
☐ **pipe down** 소란피지 않다	He might not have told anyone, so **pipe down**. 걔는 아무한테도 말하지 않았을 수도 있으니 소란피지마.
☐ **make a scene** 큰 소란을 피우다, 난리피우다	You didn't want me to **make a scene**? 넌 내가 소란피우길 원치 않았지?
☐ **be on a tear** 야단법석이다	**She is on a tear,** so this is for your protection. 걔가 야단법석이야 그래서 널 보호하기 위해 그런거야.

Dana: **All hell broke loose** at my apartment last night. 어젯밤에 내 아파트가 아수라장이 됐어.
Edna: Oh my God, what happened there? 맙소사, 무슨 일이었는데?
Dana: My brother is home from the army, and he got drunk and **raised hell**. 형이 휴가왔는데 취해서 난리를 폈어.
Edna: How embarrassing. What did the neighbors say? 당황했겠구나. 이웃들은 뭐라고 하고?
Dana: They knocked on the door and asked us to **hold it down**. 찾아와서 조용히 해달라고 했지.

의사소통(communication)

야단법석을 또 한번 떨어보자

155 Don't make trouble for me.
나한테 문제 일으키지마.

앞의 rock the boat처럼 make waves 또한 소동을 일으키다라는 표현. 특히 문제나 말썽을 피운다고 할 때는 make trouble, cause trouble을 쓰면 된다.

12문장으로 미드영어 후다닥 끝내기

☐ **make trouble** 문제나 말썽, 소란을 피우다	You **made trouble** for me, going where you don't belong. 넌 가야되서는 안될 곳에 가면서 날 아주 곤란하게 했어.
☐ **cause (sb) trouble** (…에게) 문제나 말썽을 일으키다	I didn't mean to **cause** Bart **trouble**. 난 바트에게 문제를 일으킬 의도는 아니었어.
☐ **buy trouble** 사서고생하다	This action will only **buy trouble** for you. 이 행동은 단지 네게 고생만 가져다 줄거야.
☐ **see all the fuss over** …에 대한 소란이나 호들갑을 보다	Mom can't **see all the fuss over** the new cell phones. 엄마는 새로운 핸드폰에 대한 호들갑을 알지 못해.
☐ **make a federal case of** 호들갑 떨다	Look man, they're **making a federal case out of** it. 이봐, 걔네들은 아주 호들갑을 떨고 있어.
☐ **hustle and bustle** 혼잡함	Let's avoid the **hustle and bustle** of downtown. 시내의 혼잡함을 피하자.
☐ **make a big thing of [about, out of]** 야단법석을 떨다	Let's support our candidates and just not **make a big thing of** it. 우리 후보들을 지원하되 야단법석을 떨지는 말자.
☐ **make feathers[fur] fly** 소동이 일어나다	Their arguments **made fur fly**. 걔네들의 논쟁으로 소동이 일어났어.
☐ **make waves** 말썽이나 소동을 일으키다	We can't afford to **make waves** here. 우리는 여기서 말썽필 여유가 없어.

미드 Situation

Ahmed: Your actions have **made trouble** for everyone. 네 행동으로 모든 사람이 곤경에 처했어.
Sadie: I'm sorry. Don't **make a federal case of** it. 미안. 너무 호들갑을 떨지는마.
Ahmed: Why can't you learn not to **make waves**? 너 왜 말썽을 피지 않는 것을 못배우냐?
Sadie: I don't see why all **the fuss** about my being late. 내가 늦었다고 왜 다들 난리인지 모르겠어.
Ahmed: You were supposed to be home at midnight, and you got here at 7am!
자정까지는 집에 왔어야지, 그리고 넌 오전 7시에 왔잖아!

Chapter 6

방해하고 훼방놓고

156 Get out of my way!
방해하지 말고 비켜!

방해하다고 할 때 가장 많이 쓰이는 표현은 be[get, stand] in the way이며, 반대로 방해하지 않다고 할 때는 get out of one's way라 하는데, get 대신에 keep, stay를 써도 된다. 또한 get off one's case는 방해하다, 간섭하다라는 의미.

12문장으로 미드영어 후다닥 끝내기

- [ ] **get off one's case**
  간섭하다, 괴롭히다, 잔소리하다
  Oh, my God, would you just **get off my case**?
  맙소사, 방해좀 하지 말아요?

- [ ] **jam**
  전파신호를 의도적으로 방해하다
  She'**s jamming** every radio signal in the area.
  걘 지역의 모든 무선 신호를 방해하고 있어.

- [ ] **be jammed**
  걸리다, 막히다
  Well, DNA'**s jammed**. 저기, DNA가 걸렸어.
  The door must **be jammed**. 문이 막힌게 틀림없어.

- [ ] **throw cold water on~**
  (다른 사람의 계획 등) 훼방놓다(put~)
  My parents **threw cold water on** my future plans.
  부모님은 내 미래의 계획에 찬물을 끼얹었어.

- [ ] **splash some cold water on~**
  찬물을 끼얹다
  Go to the bathroom, **splash some cold water on** your face. 화장실에 가서 얼굴에 찬물을 끼얹어라.

- [ ] **sorry to disturb you, but**
  방해해서 미안하지만…
  Sorry to disturb you, but have you happened to see this person? 방해해서 미안하지만 이 사람 보셨나요?

- [ ] **Do not disturb**
  방해하지마세요
  Don't disturb me when I'm at work.
  내가 일할 때는 방해하지마.

- [ ] **get in one's[the] way**
  …의 방해가 되다(be[stand]~)
  You always let your emotions **get in the way**.
  넌 항상 감정 때문에 일에 방해를 받더라.

- [ ] **get in one's own way**
  스스로 문제를 일으켜 곤란에 빠지다
  You're so slow you **get in your own way**.
  넌 너무 느려서 스스로 곤란에 빠져.

- [ ] **get out of one's way**
  비키다, 방해하지 않다
  Get out of my way, you son of a bitch.
  비켜, 이 개자식아.

- [ ] **stay out of one's way**
  비켜, 방해하지마(keep~)
  We'll **stay out of your way**. You just do your job.
  우린 너 근처에도 가지 않을 테니 네 일이나 해라.

미드 Situation

Mariana: You'd better **keep out of my way** today. 오늘 날 방해하지마라.
Caleb: **Get off my case**. I've never harmed you. 잔소리 좀 그만해. 너한테 피해준 거 없잖아.
Mariana: You are always causing problems for me. 넌 늘상 문제를 일으키더라.
Caleb: I don't mean to **throw cold water on** your lifestyle. 너 사는데 찬물을 끼얹으려는 것은 아냐.
Mariana: Just stay off to the side. If I see you, I'm going to hurt you.
방해하지 말고 비켜. 널 보면 패버릴거야.

의사소통(communication) 373

맘속에 꽁꽁 담아두기

157 He won't hold it against you.
갠 너한테 원한을 갖지 않을거야.

복수하다 되갚다라는 말로 pay sb back, get even with가 대중적이다. 미드에서는 많이 보이는 표현은 hold it against, get back at, 그리고 settle a score, 달리 표현한 have a score to settle은 꼭 알아두기로 한다.

12문장으로 미드영어 후다닥 끝내기

☐ **pay sb back** 빌린 돈을 갚다, 복수하다	I don't want to **pay** you **back**. I just wanna get away from you. 난 네게 보복을 하고 싶지 않아. 그냥 너에게서 벗어나고 싶어.
☐ **even the score (with)** 복수하다, 보복하다	The wife is doing something to **even the score**. 아내는 보복을 하기 위해 뭔가 꾸미고 있어.
☐ **get even with sb** 복수하다, 앙갚음하다	I need to think of a way to **get even**. 난 복수할 방법을 생각해야 돼.
☐ **get one's own back on** 보복하다	Go out there and **get your own back**. 가서 보복을 해라.
☐ **get back at[on]** 복수하다	Look, you really want to **get back at** him? 이봐, 너 정말 걔한테 보복하고 싶어?
☐ **settle a score (with)** 앙갚음하다, 보복하다	Perry still wants to **settle a score with** his brother. 페리는 아직도 형에게 보복을 하고 싶어해.
☐ **have a score to settle** 갚아줄게 있다	You mean you **have a score to settle**? 네 말은 보복을 할 게 있다는 말야?
☐ **give sb a tit-for-tat** 보복하다	Jane always insists on **giving** others **a tit-for-tat**. 제인은 항상 다른 사람에게 보복을 하려고 고집하고 있어.
☐ **give as good as sb get** 당한만큼 갚아주다	I make it a policy to **give as good as I get**. 내 방침은 당한 만큼 갚아주는 것이야.
☐ **sb have it in for~** …에게 앙심을 품다	I'm starting to think someone really **has it in for** me. 난 누군가가 정말 내게 앙심을 품고 있다는 생각을 하기 시작했어.
☐ **hold it[that] against~** …에게 원한을 갖다, 맘속에 꽁하니 담아두다	I hope that you don't **hold it against** me. 네가 나한테 원한을 갖고 있지 않기를 바래.

Skylar: I'm pretty sure Moe **has it in for** me. 모가 내게 앙심을 품고 있는게 확실해.
Isobel: I thought you helped him with his school work. 난 네가 걔 학교 숙제를 도와줬던 걸로 생각했는데.
Skylar: Yes, but I did it wrong. He failed and he **held it against** me.
어, 하지만 내가 잘못해서 낙제했고 내게 앙심을 품고 있어.
Isobel: I see. So he plans to **even the score**? 그렇구만. 그럼 걔가 보복할 계획이야?
Skylar: Yes, but I can **give as good as I get**. 어, 하지만 나도 당한 만큼 갚아줄 수 있지.

374 Chapter 6

분노는 살아가는 힘

158 How dare you!
네가 감히 어떻게!

말도 안되어가는 세상에서 분노는 어떻게 보면 살아가는 동력이 될 수도 있다. 이런 분노를 터뜨리는 것을 blow off steam, be up in arms라고 한다. 특히 How dare~ 형태로 분노의 감정을 표현하는데 그렇다고 throw a fit까지 하면 자기만 손해.

12문장으로 미드영어 후다닥 끝내기

be up in arms (about)
반기를 들다, 분개하다
Everyone **is up in arms about** the new taxes.
모든 사람들이 새로운 세금에 대해 분개하고 있어.

How dare you+V?
어떻게 감히 …할 수가 있나?
How dare you accuse me of that!
어떻게 감히 나를 고소할 수 있어!
How dare you talk to my wife behind my back?
어떻게 감히 나 몰래 내 아내에게 말을 하는거야?

How dare you!
네가 뭔데!, 네가 감히!
How dare you! That is a vicious lie.
네가 뭔데! 그건 정말 사악한 거짓말이야.

have[throw] a fit
(분노와 충격) 졸도하다
Calm down, don't **have a fit**.
진정해, 쓰러지지마.

blow[let] off steam
분노나 노여움을 발산하다
Me and my buddies **were blowing off steam**.
나와 내 친구들은 분노를 발산하고 있었어.

make it personal
개인적인 것으로 만들다
Speak your mind, but don't **make it personal**.
네 마음을 말하는데 너무 사적인 감정은 배제하고.

get personal
사적인 감정이 생기다, 친해지다
People don't **get personal** with you.
사람들은 너랑 친해지기 싫어해.

go fuck oneself
나가 뒈져
Tell Jerry he can **go fuck himself**!
제리에게 나가 뒈지라고 말해!

jealous rage
아주 격한 질투심으로 화가난 상태
She killed him in a **jealous rage**.
걘 격한 질투심으로 걜 죽였어.

in a rage
화를 내며, 격노하여(with rage)
Whoever ripped the necklace off Katie did it **in a rage**. 케이티의 목걸이를 채간 사람은 누구든지 무척 격한 상태에서 했어.

Hailey: What **are** you **up in arms about** now? 뭘로 그렇게 분개하는거야?
Darnell: My friend stole my cell phone. He can **go fuck himself**!
내 친구가 핸드폰을 훔쳐갔어. 나가 뒈지라고해!
Hailey: Don't be **in such a rage**. Isn't that your phone on the table?
너무 화내지마, 테이블에 있는게 네 핸드폰아냐?
Darnell: Uh, yeah. I guess I made a mistake. 어, 그래. 내가 실수를 했나보네.
Hailey: Next time look more carefully before you **throw a fit**. 다음부터는 화를 내기 전에 신중히 둘러봐.

편하게 살려면 아첨을 잘해야~

159 She told me to kiss her ass.
걘 내게 자기한테 잘 보이라고 했어.

아첨하다는 안좋은 의미로 영어표현 또한 적나라하다. kiss sb's ass, lick sb's boots 그리고 suck sb's cock만 봐도 그렇고, 이런 아부꾼은 brown-noser라 하는데 이는 하도 kiss sb's ass를 해서 그런 것. 또한 suck up to가 많이 쓰인다.

📺 12문장으로 미드영어 후다닥 끝내기

☐ **kiss one's ass**
···에게 아첨하다
And then she told me to **kiss her ass**.
그리고 나서 그녀는 나보고 자기한테 아부하라고 했어.

☐ **Kiss my ass!**
젠장헐!(Fuck you!)
Kiss my ass! I never did like you.
빌어먹을! 널 좋아한 적이 없어.

☐ **lick one's boots**
아첨하다(ass licker 아첨꾼)
Satisfy your boss, but don't **lick his boots**.
네 사장을 만족시켜줘 그렇다고 아부하지는 말고.

☐ **suck one's cock**
아부하다
Did you really have to **suck his cock**?
너 정말 걔한테 아부해야 했어?

☐ **give sb a big head**
···에게 과도하게 아부하다
The promotion **has given** Dale **a big head**.
승진된 후 데일은 무척 건방져졌어.

☐ **take one's lips off my butt**
아부를 그만하다
Look Nelson, **take your lips off my butt**.
이봐 넬슨, 그만 좀 내게 아부해.

☐ **brown-noser**
아첨꾼
God, I hate **brown nosers** in class.
맙소사, 수업시간에 아첨하는 놈들은 실혐.

☐ **curry favor (with)**
비위맞추다, 아부하다
The vacation was arranged to **curry favor with** the senator. 휴가는 상원의원의 비위를 맞추기 위해 일정이 잡혔어.

☐ **butter up[away]**
아부하다, 환심을 사다
You don't think you're the first babe he **buttered up**, do you? 네가 걔한테 환심을 사려고 한 첫여자라고 생각하는 것은 아니겠지, 그지?

☐ **suck up (to sb)**
비위를 맞추다, 아부하다, 아부꾼
You go up there and you **suck up to** the boss.
넌 거기 가서 사장에게 비위를 맞춰.

I hate Chris. I think he's a brown-nosing **suck up**.
크리스가 정말 싫어. 걘 정말 지독한 아부꾼이야.

미드 Situation

Abel: Did you try to **curry favor with** Mrs. Thompson? 톰슨 부인의 비위를 맞추려고 했어?
Jade: Yes, I tried to **butter** her **up** for a while. 어, 한동안 그녀의 환심을 사려고 했어.
Abel: So what happened when you did it? 그럼 그랬을 때 무슨 일이 일어난거야?
Jade: People started saying I was a **brown noser**. 사람들이 나보고 아부꾼이라고 말하기 시작했어.
Abel: There's not much respect for a person who uses flattery.
아부하는 사람은 시답지 않게 보게 되지.

160 You can't quit on me.
나 저버리면 안돼.

비겁해지면 인생이 편해져~

편해지긴 하지만 동시에 더러워지는 것도 부정할 수 없는 노릇. 상대방이 어려울 때 저버리는 skip out on, hang sb out to dry, quit on sb, run out on 등은 알아만 두고 실행은 하지 말자. 그리고 chalk it up to나 hit a sore spot도 하지 말 것.

12문장으로 미드영어 후다닥 끝내기

- ☐ **skip out on**
  (도움을 뿌리치고) …을 저버리다
  We thought maybe you **skipped out on** us.
  우리는 네가 우리가 힘들 때 저버릴 수 있다고 생각했어.

- ☐ **hang sb out (to dry)**
  (자기살자고) …의 도움을 외면하다
  She's gonna **hang** me **out to dry** in front of the jury.
  걔는 배심원 앞에서 자살자고 나를 도와주지 않을거야.

- ☐ **quit on sb**
  (sb가 힘들어지자) 도와주지 않다
  Please, you can't **quit on** us now.
  제발, 이제와서 우리를 버리면 안돼잖아.

- ☐ **run out on sb**
  …를 방치하고 달아나다
  So he **ran out on** his wife and child?
  그럼 걔는 처자식버리고 달아난거야?

- ☐ **chalk it up to**
  …의 탓으로 돌리다
  Chalk it up to her personal problems.
  걔의 개인적인 문제로 돌려.

- ☐ **not lift[raise] a finger**
  손하나 까딱하지 않다
  Honey, you're not gonna have to **lift a finger**.
  자기야, 넌 손하나 까딱하지 않을거지.

- ☐ **shoot the messenger**
  엉뚱한 사람에게 화풀이하다(blame~)
  Look, you can't **shoot the messenger**.
  이봐, 엉뚱한 사람에게 화풀이하지마.

- ☐ **dump sth on sb**
  …에게 …를 떠넘기다
  Great, you come in here and just **dump** this **on me**.
  잘했어, 넌 이리와서 이걸 우리에게 넘기라고.

- ☐ **hit[touch, strike] a nerve**
  아픈 곳을 건드리다
  Did I **strike a nerve**?
  내가 아픈 곳을 건드렸나?

- ☐ **hit a sore spot**
  아픈 곳을 건드리다
  Your criticism really **hit a sore spot**.
  너의 비판은 정말 아픈 곳을 건드렸어.

미드 Situation

Casey: Why'd you **skip out** when you owed me money? 내게 돈을 빚지고 왜 도망가버린거야?
Patrick: I was broke. I couldn't **pay** you **back**. 돈이 한푼도 없었어. 갚을 수가 없었어.
Casey: Well, you really **hung me out to dry**. 그럼 넌 정말 나살자고 나를 외면한거네.
Patrick: Sorry. I can see I **hit a sore spot**. 미안. 내가 아픈 곳을 건드린 것 같으네.
Casey: That's it, I'll never trust you again. 바로 그거야, 널 다시는 믿지 않을거야.

비열한 짓하는 놈들이 너무 많아

161 It was a cheap shot.
그건 정말 비열한 짓이었어.

더러운 짓(dirty work)을 하고 치사하게 행동하고(be a cheap shot), 비열한(low blow) 짓거리를 일삼는 사람들이 너무 넘쳐나고, 남의 불행이 나의 행복이란 모토하에 밀고하는(tell on, put the finger on, fink on)게 넘 많아지는게 걱정이다.

12문장으로 미드영어 후다닥 끝내기

- **do one's dirty work** 비열한 짓[협잡]을 하다
  You paid David to **do the dirty work**.
  넌 데이빗에게 돈을 주고 비열한 짓을 하게 했어.

- **dirty trick[job]** 비열한 짓[계략]
  It's a dirty job, but someone had to do it.
  이건 비열한 짓이지만 누군가 해야 해.

- **sth is a dirty word** …는 금기어이다
  Government agencies **are a dirty word** around here.
  정부기관들은 여기서는 입에 담아서는 안되는 말이야.

- **be a cheap shot** 비열하다, 치사하다, 부당하다
  Take that back. **It was a cheap shot**.
  취소해. 정말 비열했어.

- **low blow** 비열한 행동(cheap shot)
  Calling her a slut was a **low blow**.
  걔를 잡년이라고 부르는 것은 정말 부당한 행동였어.

- **play dirty** 부정한 반칙을 하다
  You tried to **play dirty** at the contest.
  넌 경쟁에서 부정한 반칙을 저지르려고 했어.

- **come in** 들어오다, (돈, 정보 등)을 받아보다
  The info **came in** through a secret source.
  비밀정보원으로부터 정보가 들어왔어.

- **put words into one's mouth** …가 하지도 않은 말을 했다고 말하다
  Stop trying to **put words into her mouth**.
  걔가 하지도 않은 말을 했다고 하려고는 하지마.

- **fink on sb** 당국에 …을 일러바치다
  I never expected you to **fink on** me.
  난 네가 나를 당국에 일러바칠거라 예상은 전혀 못했어.

- **put the finger on** 밀고하다
  The witness **put the finger on** Jamil Johnson.
  증인은 자밀 존슨을 밀고했어.

- **tell on sb** …에 관한 비밀을 고자질하다
  All right, good-bye. **Did you tell on me?**
  좋아, 잘가. 너 나 고자질했어?

미드 Situation

Jolene: Politics is just full of **dirty tricks**. 정치는 온통 비열한 짓뿐이야.
Kolby: I know. Politicians get elected after delivering **low blows**.
  알아. 정치가는 비열한 행동을 해야 당선되잖아.
Jolene: Did you hear that our president is a traitor? 우리 대통령이 반역자라는 말 들었어?
Kolby: It's not true, that's just a **cheap shot** from his opponent.
  사실이 아냐, 상대편에서 나온 정말 비열한 짓이야.
Jolene: I think it would be better if they were just honest. 그들이 좀 더 정직했으면 좋을텐데.

378 Chapter 6

162 Ken has your number.
켄은 네 속셈을 알고 있어.

사람들 속셈을 간파해야

다들 겉과 달리 속셈이 따로 있게(have an ax to grind) 마련이어서 그 진의나 속셈을 잘 알아 차려야 한다. get wise to, have an inkling, 그리고 be on to 등을 활용한다. get one's number는 속셈을 알아차리는 것외에 전번받다라는 뜻이기도 하다.

12문장으로 미드영어 후다닥 끝내기

- **drive at**
  …를 말하려고 의도하다
  I can't figure out what he's driving at.
  난 걔가 무슨 말을 하려는 건지 모르겠어.

- **get[be] wise to sb[sth]**
  뭔가 속셈을 알아차리다
  It took some time to get wise to her schemes.
  그녀의 속셈을 알아차리는데 시간이 좀 걸렸어.

- **have an ax to grind**
  딴 속셈이 있다
  Do you still have an ax to grind with us?
  넌 아직도 우리에게 딴 속셈이 있어?

- **have an inkling**
  눈치채다
  We never had an inkling anything was wrong.
  우리는 뭔가 잘못되고 있다는 것을 전혀 눈치채지 못했어.

- **What's the scam?**
  무슨 일이야, 무슨 속셈이야
  This can't be real. What's the scam?
  이건 사실일 리가 없어. 무슨 속셈이야?

- **be on to sb**
  …의 속셈을 알다
  I'm onto you. Watch your step.
  난 네 속셈을 알아. 조심하라고.

- **get one's number**
  전화번호를 받다, …의 의중을 알아채다
  Ken has your number. You can't beat him.
  켄은 네 속셈을 알고 있어. 걔한테 넌 못이겨.

- **read one's mind**
  …의 마음 속을 읽다
  When he read your mind, did it take him very long?
  걔가 네 맘속을 간파했을 때 시간이 많이 걸렸어?

- **read one's face**
  상대방의 의중을 파악하다
  The old woman was able to read your face.
  그 노부인은 네 의중을 파악할 수가 있었어.

- **read between the lines**
  진의를 읽다
  Anything between the lines, Chris?
  진의가 뭔지 파악했어, 크리스?

- **catch on**
  눈치채다
  He isn't starting to catch on, is he?
  걔가 눈치채기 시작한 것 아냐, 그지?

Situation

Dwight: I don't **have an inkling of** what Dave wants. 난 데이브가 뭘 원하는지 눈치 못챘어.
Kiana: **I'm on to him**. He's up to something bad. 걔 속셈을 알고 있어. 뭔가 나쁜 짓을 꾸미고 있어.
Dwight: Interesting. So what's the scam this time? 흥미롭군, 그럼 이번에 무슨 속셈이야?
Kiana: **Read between the lines.** He's asking people to invest money.
진의를 파악하라고, 걘 사람들보고 투자하라고 하고 있어.
Dwight: And you think that he's going to steal it? 넌 걔가 그걸 갖고 튈거라 생각하는거지?

163 You made it up!
네가 지어낸거야!

바꾸고 조작되었다고 할 때는 tamper with, be staged, cook, make up, 이 네가지를 주로 사용한다. cook은 요리하듯 원래 있던 모습을 바꾼다는 것이고 make up이 화장하다라는 뜻으로 쓰이듯 실제와 다르게 만들다라는 의미로 쓰인다.

12문장으로 미드영어 후다닥 끝내기

- [ ] **tamper with** 조작하다, 함부로 고치다
  You were helping him **tamper with** evidence.
  넌 증거를 조작하는데 걔를 도왔어.

- [ ] **(be) staged** 조작된
  The crime scene **was** pretty elaborately **staged**.
  그 범죄현장은 정교하게 조작된거야.

- [ ] **cook sth** …를 조작하다
  I think your lawyer **cooked** the evidence.
  네 변호사가 증거를 조작한 것 같아.

- [ ] **cook the books** 장부를 조작하다
  The accountant went to jail for **cooking the books**.
  회계사는 장부 조작죄로 감방에 갔어.

- [ ] **cook up** (변명) 조작하다, 요리를 준비하다
  You **cooked up** the whole plot.
  넌 모든 계획을 조작했어.

- [ ] **make up** (핑계,변명) 지어내다
  You **made it up!** How did you **make it up**?
  네가 지어낸거야! 어떻게 지어낸거야?

- [ ] **make up a story** 이야기를 만들어내다
  This is **the story** you **made up** about who you are.
  이건 네가 누구인지 만들어낸 이야기잖아.

- [ ] **make stuff up** 일을 지어내다
  Dude, you can't just **make stuff up**!
  야, 그냥 일을 지어내면 안되지!

- [ ] **fudge** 바꾸다
  I **fudged** a few of the details.
  내가 세부사항 조금 바꿨어.

Ariana: This crime scene **was** definitely **tampered with**. 이 범죄현장은 분명 조작됐어.

Reggy: You think the victim was murdered? 피해자가 살해됐다고 생각하는거야?

Ariana: It wasn't a suicide. That **was staged** for the cops.
자살이 아니었어. 경찰들에게 그렇게 보이도록 조작된거야.

Reggy: Who would **make up** a fake suicide? 누가 자살로 위장했을까?

Ariana: A murderer who wants to get away with his crime. 자기 죄를 처벌받기 싫은 살인자겠지.

좌지우지 손아귀에서 갖고 놀다

164 She gets into his head.
걘 그의 행동을 좌지우지하고 있어.

힘없고 약점잡히면 다른 사람의 손아귀에 놀아나는 수밖에. 특히 앞서 구분하면서 언급했던 pull the[one's] strings를 눈여겨봐두고, 손아귀에 놀아나서 그런지 be under the thumb of, play into sb's hands처럼 손이 나오는 표현을 연상기억한다.

12문장으로 미드영어 후다닥 끝내기

be under the thumb of~ …의 손에 놀아나다	Jerry **is under the thumb of** his chubby wife. 제리는 뚱뚱한 아내 손에 놀아나고 있어.
cop off 놀아나다	He **copped** a few dollars **off** his friends. 걘 돈 조금으로 친구들을 갖고 놀았어.
be eating out of one's hand …의 손에 놀아나다	In ten minutes, they **were all eating out of my hand**. 10분 후에, 걔네들은 나의 손에 놀아났어.
get into one's head …의 행동[사고]을 통제하거나 영향주다	I don't know how, but she **gets into his head**. 방법은 모르겠지만 걘 그의 행동을 통제하고 있어.
let sb get in one's head …에게 좌지우지 되다	Be careful. Don't **let** Regina **into your head**. 조심해. 레지나에게 좌지우지 되지 말라고.
play sb …를 갖고 놀다	**You played us. You played me.** 우릴 갖고 놀았구만. 나를 갖고도 놀고.
play into one's hands …의 손아귀에 놀아나다	The defense team **has played into our hands**. 변호인단은 우리 손에 놀아났어.
pull the[one's] strings 배후에서 조종하다	I expect Tony to **pull my strings**. 난 토니가 날 배후에서 조종한다고 생각하고 있어.
be in one's pocket …에 조종받다, 통제되다	The judge **is in the mafia's pocket**. 그 판사는 마피아의 조종을 받고 있어.
mess sb around …을 갖고 놀다	My ex-boyfriend really **messed** me **around**. 내 전 남친은 정말 날 갖고 놀았어.
have a lot of pull 연줄이 많다	Justin **has a lot of pull** in Chicago. 저스틴은 시카고에 정말 연줄이 많아.
well-connected 연줄이 있는	My goal is to become **well connected** here. 내 목표는 여기에 연줄을 많이 만들어 놓는거야.

미드 Situation

Chad: Rachel really **played** me. I believed everything she said. 레이첼이 정말 날 갖고 놀았어. 난 걔말을 다 믿었어.

Miranda: Take it easy. Don't **let** her **get into your head**. 진정하고. 걔 손아귀에 놀아나지마.

Chad: But I **was eating right out of her hand**. 하지만 걔한테 놀아났어.

Miranda: I know, but we all make mistakes. 알아, 하지만 우리 모두 실수하잖아요.

Chad: I feel pretty stupid for placing my trust in her. 걔를 믿었던게 정말 바보같이 느껴져.

의사소통(communication) 381

나도 어쩔 수 없어

165 Suck on that!
약오르지롱!

자기 힘이나 능력으로는 어쩔 수 없을 때, can't help oneself, can't help ~ing 등 친숙한 표현이 많지만 미드에서는 get out of hand, get out of one's hand 그리고 원하지는 않지만 어쩔 수 없는 경우를 뜻하는 suck on that이 많이 나온다.

12문장으로 미드영어 후다닥 끝내기

☐ **can't help oneself**
어쩔 수 없다(can't be helped)

See, I can't help myself.
봐, 나도 어쩔 수가 없어.

☐ **can't help it**
어쩔 수가 없어

I can't help it. I'm obsessed.
어쩔 수가 없어. 내가 푹 빠졌거든.

☐ **can't help ~ing[N]**
…하지 않을 수 없다(can't help but~)

I can't help but notice that you're pouting.
네가 불만이라는 것을 어쩔 수 없이 알게 됐어.

☐ **get out of hand**
통제불가능한 상태가 되다

You know, sometimes things get out of hand.
저 말이야, 때때로 상황이 통제불가능할 때가 있어.

☐ **get out of one's hands**
나도 어쩔 수 없다(get out of hand가 더 많이 쓰임)

The crazy party got out of our hands.
이 열광적인 파티는 내 통제가 안돼.

☐ **suck on that[it]**
네가 원치않지만 어쩔 수 없다

Suck on that! 약오르지!
You get to turn to the losers and say, "Suck on it!"
패자들을 향해 "약오르지!"라고 말해.

☐ **there's nothing you can~**
도저히 어쩔 수 없다

There's nothing you can do about that.
네가 그거에 대해 할 수 있는 것은 아무 것도 없어.

☐ **You can't win**
어쩔 수가 없다

Just give up. You can't win.
그냥 포기해. 어쩔 수가 없어.

☐ **be just one of those things**
어쩔 수 없는 일이다

It didn't work out, Nick. It's just one of those things.
닉, 그게 해결되지 않았어. 어쩔 수 없는 일이야.

☐ **force of habit**
습관이라 어쩔 수 없는

He lit a cigarette by force of habit.
걘 습관상 담배에 불을 붙였어.

☐ **one's hands are tied**
…도 어쩔 수가 없다

I really would help you, but my hands are tied.
정말 널 돕고 싶은데, 나도 꼼짝할 수가 없어.

☐ **What do you want me to say?**
나보고 어쩌라고?

What do you want me to say? You want me to lie to him? 나보고 어쩌라고? 걔한테 거짓말을 하라고?

Dexter: You shouldn't date guys who are so wild. 너무 거친 남자와는 데이트하지마라.
Josie: **What do you want me to say?** I like tough guys. 나보고 어쩌라고? 난 터프가이가 좋아.
Dexter: So it's **force of habit**? How about dating someone nice? 그럼 어쩔 수 없다고? 좀 착한 사람하고 데이트해봐?
Josie: Nice guys are boring and I'm not interested. **I can't help it.**
착한애들은 지루하고 흥미도 없어. 나도 어쩔 수 없어.
Dexter: **There's nothing I can** do to help you then. 그럼 나도 널 도와줄 방법이 없네.

Chapter 6

예의지키고 눈치깔줄 알아야

166 I will keep to myself.
내가 행동 조심할게.

behave oneself는 귀에 이가 박혔을 것이고 keep to oneself를 새롭게 배워본다. 그리고 말함부로 하는 사람에게는 watch your mouth라고 하고, 버릇없이 행동하거나(get fresh with), 까불면(get cute with) Where's your manners?라 일침.

12문장으로 미드영어 후다닥 끝내기

☐ **keep to myself** 행동조심하다	Don't worry. **I will keep to myself**. 걱정마, 내 행동 조심할게.
☐ **behave oneself** 행실을 바르게 하다	You have to **behave yourself** at the meeting. 너 회의시간에 행동을 바르게 해야 돼.
☐ **do sb the courtesy of~** …에게 예의를 지키다(give~)	Can you at least **do** me **the courtesy of** saying hello? 적어도 내게 인사하는 예의를 지켜줄래?
☐ **have the courtesy to** …할 정도의 예의는 있다	You didn't even **have the courtesy to** tell me. 넌 내게 말을 걸 정도의 예의도 지키지 않았어.
☐ **as a courtesy** 의례상	My client's here **as a courtesy**. 내 고객은 의례상 여기 있는 겁니다.
☐ **mind [watch] one's manners** 예의지켜야지(mind your P' and Q')	**Mind your manners** while at Grandma's house. 할머니 댁에서는 예의를 지켜야지.
☐ **Where're your manners?** 예의를 지켜야지(remember one's manners)	**Where are your manners?** Use a hankerchief. 예의를 지켜야지. 손수건을 사용해라.
☐ **watch one's mouth [tongue]** 말조심하다	You **watch your mouth**, you fool! 말 조심해라, 이 멍충아!
☐ **be on your best behavior** 근신중이다, 행실을 잘하는 중이다	**I wasn't on my best behavior**. I admit it. 난 행실이 좋지 않았어, 인정해.
☐ **honor code** 사교상의 예법(code of honor)	They've got a strict **code of honor**. 아주 엄격한 사교상의 예법을 지켜야 돼.
☐ **clean up one's act** 나쁜 버릇을 고치다	I'm going to **clean up my act**. 난 내 나쁜 버릇을 고칠거야.
☐ **be[get] fresh with** 버릇없이 굴다	I'll beat you up if you **get fresh with** me. 나한테 까불면 두들겨 패줄거야.
☐ **get cute with~** 까불다	Never, ever **get cute with** the police. 절대로, 경찰에서 까불대지 마라.

미드 Situation

Ashanti: Stop swearing. **Watch your mouth** while we're here! 욕그만해. 여기있을 땐 말 조심해.
Hunter: I don't have to **be on my fucking best behavior**. 내 빌어먹을 행실을 고쳐야 되는데.
Ashanti: Just **have the courtesy to** show respect to our hosts. 초청한 사람들에게 예의를 보여주기만해.
Hunter: I don't even like them. I don't need to **behave myself**.
좋아하지도 않는데, 바르게 행동할 필요도 없어.
Ashanti: You're hopeless. You **have no manners** at all. 구제불능이구만. 넌 예의가 전혀 없어.

의사소통(communication)

참거나 참지 못하거나

167 I can't take it anymore.
더 이상 못참겠어.

참다는 bite the bullet, have the patience with, stomach 등이 있지만 도저히 참을 수가 없을 때는 That's the last straw, I can't stand~ 를 주로 많이 사용한다. 물론 I can't take it을 빼놓으면 섭섭.

12문장으로 미드영어 후다닥 끝내기

☐ **That's the last straw** 이게 마지막이야, 더 이상 못참겠어	**That was the last straw.** I left my family. 더 이상 못참겠었어. 난 가족을 떠났어.
☐ **bite one's tongue** 말을 꾹 참는다	**Bite your tongue.** Just keep quiet. 말을 꾹 참고 그냥 조용히 있어.
☐ **bite sth back** 참다	Allen **bit back** on the urge to complain. 앨런은 불평하고 싶은 충동을 꾹 참고 있었어.
☐ **bite the bullet** 싫어도 해야 되는 것을 이를 악물고 참다	Maybe we should just **bite the bullet** and go to Boston. 혹 우리가 싫어도 보스톤에 가야 될지도 몰라.
☐ **can't bear sth[sb]** …을 참을 수가 없다	I just **can't bear** it when you're not here. 네가 여기 없을 때 난 참을 수가 없어.
☐ **can't bear to~** 차마 …하지 못하겠다	I **can't bear to** have hurt someone the way I hurt you. 내가 너에게 상처를 준 것처럼 다른 사람에게 상처를 주지 못하겠어.
☐ **I can't stand sb[sth,~ing]** …을 참지 못하겠다	I **can't stand** all these jokes about me crying. 나를 울게 만든 이 모든 농담을 참지 못하겠어.
☐ **I can't stand sb ~ing** …가 …하는 것을 참지 못하다	I **can't stand** both of you making out in my room. 너희 둘이 내 방에서 사랑놀이하는 것을 참을 수가 없어.
☐ **can't stand the sight of~** …의 모습[꼴]을 참지 못하다	He **can't stand the sight of** blood. 걘 피가 나는 모습을 볼 수가 없어.
☐ **can't take it anymore** 더 이상 못참겠다, 더 이상 못견디겠다	I just **can't take it anymore**. What's going on? 더 이상 못 참겠어. 무슨 일이야?
☐ **can[can't] take it** 참을 수 있다[없다], 견딜 수 있다[없다]	I **can't take it** when you do that! 네가 그러면 난 참을 수가 없어!
☐ **have the patience** 인내심을 갖다	I just don't **have the patience** for these people. 난 그냥 이 사람들 참을 수가 없어.
☐ **stomach** 참다, 탈나지 않고 먹다	It's difficult to **stomach** their behavior. 걔네들 행동참는 것은 힘들어.

미드 Situation

Sherman: That's the last straw. I'm getting ready to quit. 더 이상 못 참겠어. 그만 둘 준비됐어.
Siena: Just **bite the bullet** for another year. 1년만 더 참아봐.
Sherman: My boss is an ass, and it's very hard to **stomach**. 사장이 지랄같아서 참기가 너무 힘들어.
Siena: But you're going to retire soon. 하지만 곧 퇴직할거잖아.
Sherman: I may retire, or I may tell my boss off and leave this place. 퇴직하거나 사장에게 한마디하고 떠나거나.

168 Suck it up, Chris!
크리스, 참으라고!

다시 한번 참아야 하는데 그게…

참고(suck it up) 기다리면(hang in there) 좋겠지만 한계점에 다다른 경우에는 have had it, have had it up to here, have had enough~ 등의 표현을 잘 활용해보고, 좀 어렵지만 That does it, That tears it 같은 표현도 알아둔다.

12문장으로 미드영어 후다닥 끝내기

- **That does it** 화를 더는 못참아, 이제 그만, 도저히 못참아
  - **That does it.** We're out of here! 도저히 못참아. 우리 간다!
- **That tears it!** 더 이상 못참아!
  - **That tears it!** I quit! 더 이상 못참아! 나 그만둔다!
- **suck it up** 참고 견디어내다, 참고 힘내다
  - You got to **suck it up** and be a man about this. 넌 참고 견디어내고 이 부분에서 남자답게 행동해.
- **hang in there** 참고 기다리다
  - **Hang in there.** I'm not done with you yet. 참아. 널 포기한게 아냐.
- **That's the limit** 더는 못참아
  - **That's the limit.** We're completely finished. 못참아. 우리 완전히 끝났어.
- **be at[near] the end of one's rope** 더 이상 못참겠어, 속수무책이다
  - Mom **was at the end of her rope** at that time. 엄마는 그때 속수무책이었어.
- **keep at it** 포기않고 끝까지 하다
  - **Keep at it** and you'll succeed. 포기말고 끝까지 하면 성공할거야.
- **You never know** 그야 모르잖아, 그야 알 수 없지
  - **You never know.** We both might learn something. 알 수 없는 노릇이지. 우리 둘다 뭔가 배울 수도 있잖아.
- **You never know S+V** …는 알 수 없는 노릇이지
  - **You never know** when this kind of thing might happen again. 이런 종류의 일이 다시 일어날 지는 아무도 모르는 일이지.
- **stick with it** 포기하지 않다
  - Do you think I should **stick with it**? 포기말고 계속해야 될까?
- **stick it out** 참다, 참고 견디다
  - Can you **stick it out** for another week? 한 주 더 참고 견딜 수 있어?
- **have had it[enough]** (화나서) 더 이상 못참고 뭔가 변화를 줘야겠다
  - I **have had it**. Get out. Both of you. 참을만큼 참았다. 나가, 너희 둘 다.
- **have had it with** …을 더 이상 못참겠어
  - **I've had it with you.** You are unteachable! 너 더 이상 못참겠다. 넌 진짜 가르칠 수가 없애야!
- **have had it up to here with** 아주 참을 만큼 참았다
  - **I've had it up to here with you.** Get out of here! 너 참을 만큼 참았어. 꺼져라!
- **have had enough (of~)** …에 질렸다
  - **I've had enough of** your advice, and your help. 네 조언과 네 도움에 이제 질렸어.

미드 Situation

Kendal: I think Kelly **is at the end of her rope**. 켈리는 속수무책인 것 같아.
Natasha: Marriage is tough. Tell her to **stick with it**. 결혼은 힘든 거야, 개보고 참으라고 해.
Kendal: She says she**'s had enough of** her husband. 걔가 남편한테 질렸대.
Natasha: She can't hang in there anymore? 더 이상 참을 수가 없대?
Kendal: No. Lately he's been getting drunk and hitting her. 어. 최근에는 취해서 때리기까지 했대.

의사소통(communication) 385

169 Let go and let God.
하나님께 맡기라고.

God bless you!는 축복해줄 때 혹은 상대방이 재채기를 했을 때 사용하는 표현. say grace는 식전기도를 말하며 let go and let God는 근심걱정 다 털어버리고 하나님께 맡기라는 표현.

12문장으로 미드영어 후다닥 끝내기

☐ **(God) Bless you!** 하나님의 축복이 있으시길	You have been so helpful. **God bless you!** 너 참 도움을 많이 주는구나. 하나님 축복이 있기를!
☐ **bless sb[sth]** …을 축복하다	**Bless her for** remembering my birthday. 내 생일을 기억해준 걔한테 축복이 있기를.
☐ **be blessed by** …로부터 축복을 받다	The children **were blessed by** the priest. 아이들이 사제로부터 축복을 받았어.
☐ **have one's blessing** 축복해주다	If you ever want to go out with Julie, **you have my blessing.** 네가 줄리와 데이트를 하고 싶다면 내가 축복해주마.
☐ **It's a blessing that~** …은 축복이다	**It's a blessing** Chris died young. 크리스가 젊어서 죽은 것은 축복이야.
☐ **May God bless sb** …에 축복내리다	**May God bless** all of the travelers. 모든 여행자들에게 신의 축복이 내리시기를.
☐ **(The) Same to you** 너도, 당신도요	Thank you for your kind words, and **the same to you.** 칭찬해줘서 고맙구요, 당신도 마찬가지예요.
☐ **answer to one's prayers** …의 기도내용을 들어주다	Sometimes, **their prayers are answered.** 때때로, 그들의 기도는 응답을 받는다.
☐ **pray for~** …을 위해 기도하다	Our son is a pervert. I'm just gonna go **pray for** him. 우리 아들은 변태야. 난 걔를 위해 기도를 할거야.
☐ **pray for ~ to~** …가 …하도록 기도하다	I went to church every day, and I **prayed for** it to stop. 난 교회에 매일 갔어 그리고 그게 멈추기를 기도했어.
☐ **pray to God that~** 하나님께 기도하다	**Pray to God that** we find a way out of this mess. 이 혼란에서 벗어날 길을 찾을 수 있도록 하나님께 기도해.
☐ **blessing in disguise** 전화위복	The storm damage was a **blessing in disguise.** 폭풍의 피해가 전화위복이었어.
☐ **let go and let God** 주님께 맡기다	Calm down. **Let go and let God.** 진정하고 주님께 맡기라고.

Molly: **It's a blessing** you came by to help me. 당신이 들러서 날 도와준건 정말 축복이예요.
Dwayne: I saw you were injured and needed assistance. 다친걸 보고 도움이 필요한 것을 봤을 뿐인데요.
Molly: Sir, **God bless you for** being so kind. 선생님, 친절을 베푸시는데 신의 축복이 있으시길요.
Dwayne: It's nothing really. I just wanted to give you a hand. 정말 아무것도 아녜요. 단지 도움을 드리고 싶었어요.
Molly: I'm going to **pray for** you from now on. 지금부터 당신을 위해 기도를 할게요.

More Expressions

take effect 발효하다, 시행하다
put sth into effect …을 발효시키다
house guest 묵고 가는 손님
guilty pleasure 죄의식갖고도 즐거움 때문에 하는 것
distance oneself 연루되지 않다, 거리를 두다
be bound up in …에 연루되다
put one's hand up 질문 등의 이유로 한 손을 들다
keep your hands to yourself 손대지 마시오
out of step with 의견 불일치
tie-up with 의견일치
have no bearing on …와 상관이 없다
learn to say no 거절하는 걸 배우다
be off limits 금지구역이다
restricted area 금지구역
Hold on (a second, a minute])! 잠깐만요!
prior warning 사전경고
My ears are burning. (남이 험담하는 것 같아) 귀가 가렵다.
speak ill of 비난하다, 험담하다
blank sb 무시하다
be laughed out of court 무시되다
insult one's intelligence …의 지능을 무시하다
shortchange 무시하다
beyond contemptible 경멸할 가치도 없는
out of the corner of one's eye 곁눈질로, 힐끗하여
Get out of town! 말도 안되는 소리 말고 그만하고 꺼져!
take a running jump 꺼지다
go ballistic 화를 벌컥 내다
Gag me! 열받아!
gag me with a spoon 역겹다, 지겹다
give A a good scolding 꾸짖다
fight fire with fire 받은대로 그대로 앙갚음하다
fight one's way 싸우며 나아가다
catfight 여자들끼리 소리지르며 하는 싸움
sorry for the disturbance 소란펴서 미안하다
domestic disturbance 가정불화, 집안싸움
be fighting for one's life 필사적으로 싸우다
Breathe again! 진정해!
now now 진정해(calm down, be patient)
stop and smell the flowers 인생을 즐기다
adjourn to somewhere 쉬기 위해 다른 장소로 간다
stiff sb 속이다, 식당 등에서 팁을 떼먹다
poopy cock 말도 안되는 소리(nonsense, bullshit)
two faced 위선적인 사람

larger than life 허풍떠는, 호들갑을 떠는, 과장된
full of bull 과장된, 허풍으로 가득한
big talker 허풍쟁이
double bluff 이중 속임수
put aside 잊어버리다, 무시하다, 제쳐놓다, 저축하다
That's history 그건 다 지난 이야기이다
sb's memory lives on …의 기억이 살아있다
remember wrong 잘못기억하다
have no memory of~ …을 기억못하다
lose one's memory 기억력을 잃다
serve as a reminder …을 기억나게 해주다
can't place sb[sth] …을 기억하지 못하다
bring[call] sth to mind 떠올리다
I wasn't thinking~ 그럴 생각이 아니었다
Tag, you're it! 잡았다, 네가 술래야!
a gag gift 웃기려고 주는 작고 우스꽝스러운 선물
give sb a wedgie 똥침을 놓다
glib with sb 말장난하는
for (more) pleasure 그냥 재미로
trick or treat 추수감사절에 아이들이 집집을 돌아다니면서 과자안주면(treat) 장난칠거예요(trick)라는 전통, 그런 장난을 치다
Truth or Dare 상대방 질문에 사실대로 말하거나(Truth) 아니면 상대방이 시키는대로 하는(Dare) 진실게임을 말한다.
be a hoot 무척 재미있다(to be very funny or amusing)
be hilarious 재미있다
horse around 거칠게 야단법석을 떨면서 놀다
be such a trip 아주 재미있는 사람
for your information (너한테) 참고로 말하자면
The penny (has) dropped. 이제 알겠어.
be none the wiser 설명을 해도 이해를 못하거나 남이 못된 짓을 해도 모르다
think as much 그럴거라 생각하다, 그럴 줄 알다
wake up to~ 어떤 생각[위험]을 이해하고 깨닫다, 잘 알다
come to one's attention …의 주의를 끌다
stake up 지원하다
wingman 지원군, 바람잡이
start sb off …를 도와주다
owe it to sb …의 덕택이다
drum up support 많은 지지를 받다
do sb a good turn …에게 도움이 되다
to[for] the benefit of …에게 유익하게
with the benefit of~ …의 혜택과 함께
(a little) goes a long way 작은게 큰 효과를 가져오다

More Expressions

attend to sb[sth] ···를 돕다, ···일에 신경을 쓰다
have a part to play in 도울 수 있다
learner's permit 임시운전면허증
work permit 취업허가증
ask away 얼마든지 물어보다
nothing in the world 조금도 아닌
Cut the comedy! 웃기지 마!
make an[no] apology for sth 사과(안)하다
write[leave] an apology 사과편지를 쓰다
on bended knee 무릎 꿇고, 열심히 설득하는
be at a loss for words 당황해서 말문이 막히다
be at sea 어찌할 바를 모르다
be at one's wits' end 속수무책이다, 어쩔 줄 모르다
shed[cast] light on 밝히다, 해명하다
tried and trusted 확실히 믿을 수 있는
(You) just watch 두고 봐라, 지켜봐
I thought I said that~ 내가 ···라고 말한 것 같은데
put up with crap 헛소리를 참다
try it on with sb 버릇없이 굴다
a flush of anger 치솟는 분노
rush of anger 치밀어 오르는 분노
Go chase your tail! 썩 꺼져!(Go chase yourself!)
tear sb off a strip 호통치다
battle it out 승자가 나올 때까지 싸우다
peace out 그만 가봐야 돼
put in an appearance 잠깐 얼굴을 내밀다
potluck party 각자 음식가져오는 파티
muscle in ···에 끼어들다
take a back seat 중요하지 않은 자리에 있다
Read[Watch] my lips 내말 잘 들어보세요
true to one's word 약속대로
miss an appointment 약속을 지키지 못하다
Let's shake on it 합의후 악수하자
sing sb's praises ···을 칭찬하다, 칭송하다
hardly ever 거의 ···하지 않는다
slam the door in sb's face 일언지하에 거절하다
Here! 그만해! 그만하면 됐어!
last-minute advice 막바지에 해주는 조언
sour puss 늘 불만인 사람, 불평불만
find a way to blame 비난의 꼬투리를 잡다
old stomping ground 아지트, 잘 가던곳
do a slow burn 조금씩 화나다
walk on eggshells 상대방이 화나지 않도록하다

get one's goat ···를 화나게하다, 짜증나게하다
be running scared 패닉상태에 빠지다
knock sb for six 큰 타격을 주다
pack a punch 강펀치를 날리다
raid on 급습하다
throw in the towel 중도에 포기하다
deep-six 포기하다, 폐기하다
be beyond help 도와줘도 소용없다
What's shaking? 무슨 일이야?, 어떻게 돼가?
Neat! 괜찮은데!
shed[cast] light on 밝히다, 해명하다
Scout's honor 정말야, 맹세해
(as) sure as hell 확실히, 의심할 여지없이
all the while ···하는 동안 쭉, 계속, 처음부터 끝까지
ever since ···한 이래로 계속[줄곧]
have effect on ···에 영향이 있다
mockingly 조롱하듯이
for sport 재미삼아, 장난삼아
say grace 식전 감사기도를 드리다
My advice to you is to~ ···에 대한 나의 조언은 ···이다
difference of opinion 의견 불일치
go on forever 영원히 계속되다
tease 놀리다, 집적대다
beg to[for] ···에게[을] 구걸하다, 애원하다
once in a while 종종
coy (about) 수줍은, 순진한 체하는
play at 장난삼아 ···하다
with one's support ···의 도움으로
hustle 소란, 법석
a history of scams 사기이력
parade sb[sth] 공개적으로 자랑하다
clean forget 완전히 잊다
a reminder 독촉장, 메모장
fun and games 장난이나 즐거운 놀이
public apology 공개사과
hold tight 꽉잡다
be bitten by the~ ···에 물리다라는 표현.
How (are) you feeling? 몸은 좀 어때?
be of service (to) (···에게) 도움이 되다
Hands on your head 두 손 들어
keep your hands in sight 두 손 보이게 해
death blow 치명타
hogwash 말도 안되는 소리

chapter 7   생각하다(Think)

001   I don't see it that way.
난 그렇게 생각하지 않아.

002   It didn't even cross my mind.
그건 생각조차 나지 않았어.

003   It's not what you think!
네가 생각하는 그런게 아냐!

004   Do the math.
생각을 해봐.

005   I tried to draw him out.
걔 속내이야기를 얘기하게 하려했어.

006   Does it work for you?
너는 그게 괜찮아?

⋮

113   Curiosity killed the cat.
호기심이 신세를 망쳤어.

114   I get that a lot.
나 그런 소리 많이 들어.

115   Don't push your luck.
너무 욕심부리지마.

116   That's the odd thing.
거참 이상한 일이네.

117   That's all there is to it.
그리고 그게 다야.

생각 좀 하고 살아야지

001 I don't see it that way.
난 그렇게 생각하지 않아.

우리말과 같다. 생각좀하다는 do some thinking, …을 생각 좀 해보다는 give ~ some thought, 그리고 생각을 좀 해보다는 get some thoughts on을 쓰면 된다. 그리고 if you ask me는 내 생각에는, see it that way는 그렇게 생각하다란 뜻.

12문장으로 미드영어 후다닥 끝내기

☐ **do some thinking** 생각을 좀 하다	After I left the motel, I **did some thinking** about us and our sex life. 모텔을 나선 후, 난 우리와 우리 성생활에 대해 생각을 좀 했어.
☐ **give sth some thought** …을 생각 좀 해보다(give thought to)	You should **give it some thought**. 넌 그것 좀 생각을 해봐.
☐ **get some thoughts on[to]** 생각이 좀 있다, 생각을 …에게 전하다	Oh, I **got some thoughts on** that. 어, 난 그거에 대해 생각이 좀 있어.
☐ **clear one's head[mind]** …의 생각[마음]을 가다듬다	I decided to walk to **clear my head**. 난 생각을 가다듬기 위해 걷기로 했어.
☐ **spare a thought for** …도 생각을 해보다	Please, **spare a thought for** your old mother. 네 나이드신 어머니도 좀 생각을 해봐.
☐ **get to thinking about** 생각하기 시작했다	I **got to thinking about** days gone by. 난 지나간 세월들을 생각하기 시작했어.
☐ **if you ask me** 내 생각은, 내 생각을 말한다면	**If you ask me,** it's a pretty crappy thing to do. 내 생각에는, 그건 정말 하기에는 좀 형편없는 일이야.
☐ **in my book** 내 생각으로(=in my opinion)	Uh, yeah, **in my book**, that's pretty much a deal breaker. 어, 내 생각에는 그건 더 협상을 깨는거야.
☐ **see[think] fit (to~)** …하는게 좋다고 생각하다	I will gladly take any sentence you **see fit**. 당신이 좋다고 생각하는 어떤 형이라도 기꺼이 받아들이겠습니다.
☐ **put sth into sb's head** …을 생각하게 하다	Why did you **put that into my girlfriend's head**? 넌 왜 그것을 여친에게 생각하게 한거야?
☐ **be one's idea of** …의 생각, 의견이다	I mean, **is this your idea of** romance? 내 말은, 이게 네가 생각하는 로맨스라는거야?
☐ **see it that way** 그렇게 생각하다	I don't think Dan will **see it that way**. 댄이 그렇게 생각할 것 같지 않아.

미드 Situation

Myrtle: **Is this your idea of** a gift? 선물은 네 생각이었어?
Zack: I thought you'd like a gold necklace. 네가 금목걸이를 좋아할거라 생각했어.
Myrtle: **If you ask me,** this fashion is for old people. 내 생각에는 이건 나이든 사람에게 유행이야.
Zack: I really don't **see it that way**. 난 정말 그렇게 안보는데.
Myrtle: Could we just exchange it for something nicer? 좀 더 멋진 것으로 교환할 수 있어?

문득 생각이 떠오르다

002 It didn't even cross my mind.
그건 생각조차 나지 않았어.

뭔가 좋은 생각이나, 아니면 잊고 있는 생각이 불현듯 떠오를 때는 생각나는거+pop into one's head, cross one's head, come to one's mind라 하고, 생각나는 걸 좀 길게 쓰려면 It dawned on me that~, It hit me that~이라 하면 된다.

12문장으로 미드영어 후다닥 끝내기

- **pop into one's head**
  생각이 떠오르다(come into one's mind)
  Listen to the music, and see what **pops into your head**. 그 음악을 듣고, 머릿속에 뭐가 떠오르는지 생각해봐.

- **It dawned on me (that)~**
  …라는 생각이 떠오르다
  It dawned on me that we weren't heading home.
  우리가 집으로 향하고 있지 않다는 생각이 문득 들었어.

- **It hit me that~**
  문득 떠오르다(hit on sth 생각해내다)
  It hit me how I was gonna get back at her.
  어떻게 걔한테 복수할 지 방법이 떠올랐어.

- **Something tells me~**
  …라는 생각이 들다
  Something tells me he wasn't planning on returning it.
  걘 그걸 돌려줄 생각이 없었다라는 생각이 들어.

- **cross one's mind**
  생각이 떠오르다(come into one's mind)
  That didn't even **cross my mind**.
  그건 생각조차 못했어.

- **come to mind**
  생각이 나다
  It was just the first name that **came to mind**.
  생각이 났던 건 이름뿐이었어.

- **spring to one's mind**
  갑자기 생각하다
  Your name was the first that **sprang to his mind**.
  걔가 첨으로 생각해낸 것은 네 이름이었어.

- **shoot from the hip**
  경솔하게 행동하다
  Peter's from the mean streets where they **shoot from the hip**. 피터는 '불량하게 행동들하는 허접한 동네출신이야.

- **be seen[held] as**
  …로 생각되다 (be considered as)
  Rob **is seen as** a joker by his friends.
  친구들은 랍을 농담질하는 친구로 생각하고 있어.

- **A penny for your thoughts?**
  무슨 생각을 그렇게 해?
  There you are. **Penny for your thoughts?**
  또 그러네. 무슨 생각을 그렇게 하는거야?

- **have a thought**
  새로운 생각을 해내다
  I have a thought. Well, it's a little bit controversial.
  새로운 생각이 났는데 그게 좀 논쟁의 여지가 있어.

- **I don't see A as B**
  A를 B라고 생각하지 않다
  I don't see you as an office worker.
  네가 사무직하는 사람으로 보이지 않는데.

미드 Situation

Roland: **It dawned on me that** Jill may be having an affair. 질이 바람피는 것 같다는 생각이 들어.
Michelle: Really? That had never **crossed my mind**. 정말? 난 전혀 생각도 못했는데.
Roland: She's out every night with a male friend. 남자 친구와 매일 밤에 외출해.
Michelle: **I don't see her as** a cheating spouse. 걔가 남편두고 바람필 사람으로 보이지 않아.
Roland: You'd be surprised if you knew what she was up to.
걔가 뭘 하고 있는지 안다면 넌 놀래 자빠질거야.

생각하다(Think) 391

생각이 같다 다르다

003 It's not what you think!
네가 생각하는 그런게 아냐!

사람들 모습이 제각각이듯 생각 또한 다 다른 법. 생각이 다르다고 할 때는 beg to differ, 그런 것 같지 않다고 말할 때는 I don't think so를 쓰면 된다. 미드에 많이 나오는 표현은 It's not what you think로 상대방의 생각이 틀렸다고 말하는 문장.

12문장으로 미드영어 후다닥 끝내기

☐ **be like sb** …와 같은 생각이다	You **are just like** your grandmother. 너는 네 할머니와 같은 생각이로구나.
☐ **beg to differ** 생각이 다르다	The dead guy from the garage might **beg to differ**. 차고에서 죽은 저 사람은 아마 생각이 다를거야.
☐ **great minds think alike** (유머) 위대한 사람은 같은 생각을 한다	It's true that **great minds think alike**. 위대한 사람은 생각도 같다는 말이 맞는 것 같아.
☐ **I don't think A, rather B** …라기 보다 …라고 생각하다	**I don't think** he'll succeed, **rather** he's going to have problems. 걔가 성공하기보다는 많은 문제를 갖게 될거라 생각해.
☐ **think the opposite** 반대로 생각하다	Melissa wanted to stay, but her husband **thought the opposite**. 멜리사는 머물고 싶었지만 남편은 생각이 반대였어.
☐ **I don't think so** 그런 것 같지 않은데	**I don't think so.** I think she's trying to protect me. 그런 것 같지 않아. 난 걔가 날 보호하려는 것 같아.
☐ **I hate to think~** …라 생각하기 싫지만	**I hate to think** how lonely he was when he died. 난 걔가 죽었을 때 얼마나 외로웠는지 생각하기 싫어.
☐ **think better of it** 생각을 바꿔 다른 선택을 하다	We scheduled a picnic for tomorrow but **thought better of it**. 내일 피크닉가기로 했지만 다른 거 하기로 했었어.
☐ **That's not what I have in mind** 이건 원래 내가 생각했던게 아냐	**That's actually not what I have in mind.** I'm making a documentary. 그건 사실 내가 생각하던게 아냐. 난 다큐멘터리를 만들고 있어.
☐ **That is what you think** 그건 네 생각이야	**That is what you think.** We don't agree though. 그건 네 생각이야. 그래도 우리는 동의하지 않아.
☐ **It's not what you think** 그게 아니야, 네 생각과 달라	I hugged your wife. But **it's not what you think!** 난 네 아내를 안았지만 네가 생각하는 그런게 아냐!
☐ **Is that what you think?** 너 이렇게 생각하는거야?	Can you see it? **Is it what you think?** 너 이제 알겠어? 너 이렇게 생각하는거야?

미드 Situation

Gary: **You are just like** your mom. 넌 네 엄마랑 똑같아.
Lana: **Is that what you think?** But why? 네 생각이 그래? 하지만 왜?
Gary: You're always trying to tell people what to do. 늘상 사람들에게 뭘할지 지시하잖아.
Lana: **I beg to differ.** I'm not pushy. 난 생각이 달라. 난 강요하지 않는데.
Gary: I'll bet your mom doesn't think she's pushy either.
 네 엄마도 강요하지 않는다고 생각하시는게 틀림없어.

생각에 사로잡히다

004 Do the math.
생각을 해봐.

보면 알 수 있는 think long and hard부터 시작해서 sleep on it, chew on sth 등의 표현이 많이 쓰인다. 반대로 생각이 사람을 사로잡는다고 할 때는 eat sb up이라고 하고 미드초보도 많이 들었을 Do the math는 계산해봐라, 생각해봐라란 뜻.

12문장으로 미드영어 후다닥 끝내기

표현	예문
dwell on[upon] …를 곰곰이[깊이] 생각하다	I guess you just can't **dwell on** things. 난 네가 깊이 생각하지 못하는 줄로 알았어.
be lost[deep] in thought 생각에 빠져 있다	She looks as though she'**s deep in thought**. 걘 깊은 생각에 빠져 있는 것처럼 보였어.
think long and hard 시간을 두고 신중하게 생각하다	If I were you I would **think about it long and hard**. 내가 너라면 그건 시간을 두고 신중하게 생각할거야.
take a (long) hard look at 자세하게 관찰하다	We need to **take a long hard look at** your finances. 우리는 너의 재정상태를 면밀히 뒤져봐야겠어.
get sth into one's head …을 많이, 깊이 생각하다	Aunt Patty **got it into her head** that she wants to buy a new house. 패티 숙모는 새집을 사는 거에 대해 깊이 생각하고 계셔.
sleep on it 신중하게 생각하다	Please promise me you'll **sleep on it**. 신중하게 생각할거라고 약속해줘.
have sth on the brain 머릿속에 온통 …뿐이다	You **have sex on the brain** day and night. 넌 낮이나 밤이나 온통 머릿속에 섹스생각뿐이야.
put one's thinking cap on …에 대해 곰곰이 생각하다(get~)	It's time to **put your thinking caps on** and get to work. 이제 곰곰히 생각하고 일을 시작할 때야.
chew on sth …를 신중히 생각해보다	**You chew on that.** I'll see you at the hearing tomorrow. 잘 생각해봐. 내일 청문회에서 보자고.
eat sb up 생각 등에 사로잡히다	It's hard. This job will **eat you up** if you let it. 그거 어려워. 이 일을 네가 하게 하면 넌 그 때문에 아무것도 못할거야.
look before you leap 행동전에 잘 생각해보다	Learn to **look before you leap** when investing. 투자를 할 때에는 실행하기 전에 신중하게 생각하는 법을 배우라고.
Do the math 계산해봐, 생각해봐	**Do the math,** she has to be the killer. 생각해봐, 걔가 살인자임에 틀림없어.

Situation

Janis: Pippy looks **lost in thought** today. 피피가 오늘 뭔가 생각에 사로잡혀 있는 것 같아.
Madlyn: She's been fighting with her best friend. 걔가 절친하고 싸우는 중야.
Janis: She shouldn't **dwell on** problems like that. 그런 문제는 너무 깊이 생각하지 말아야 하는데.
Madlyn: I know, but it'**s eating her up** inside. 맞아, 근데 계속 맘속에서 생각을 떨쳐내지 못하는 것 같아.
Janis: I'm going to go talk to her. 내가 걔하고 얘기해볼게.

생각하다(Think)

다양한 생각들

005　I tried to draw him out.
걔 속내이야기를 얘기하게 하려했어.

생각해내기 위해 머리를 쥐어짜내는 것은 beat one's brains out, 과장해서 생각하는 것은 make a big deal out of~ 그리고 다시 생각해보는 것은 give it a second thought, have a second thoughts라 쓰면 된다.

12문장으로 미드영어 후다닥 끝내기

□ **so the theory goes** 대부분 그렇게 생각해	Next we'll make money, or **so the theory goes**. 다음에는 우리가 돈을 벌거나 돈을 버는 것으로 되어 있어.
□ **think only of oneself** 자기만을 생각하다(think only of)	You know what? You**'re thinking only of yourself** for now. 저 말이야? 넌 당장은 너만 생각을 해.
□ **think straight** 논리적으로 생각하다	I'm so stressed out. **I can't think straight.** 난 너무 지쳤어. 제대로 생각을 할 수가 없어.
□ **I want you to think~** 네가 …라 생각해봐라	**I want you to think** about your dad. 넌 네 아빠에 대해 생각을 해봐.
□ **be somewhere else** 정신이 딴 데 팔려 있다, 딴 생각하다	We sat and we had coffee, but she **was somewhere else** the whole time. 우리 앉아 커피를 마셨지만 걘 내내 딴 생각을 하고 있었어.
□ **be in one's thoughts** 좋은 쪽으로 많이 생각하고 있다	You may be far away, but **you're always in our thoughts**. 넌 멀리 떨어져 있을지 모르지만 늘 우리를 좋게 생각하잖아.
□ **beat one's brains out** 뭔가 이해하기 위해 짜내다	Get out of here before someone **beats your brains out**. 누가 알아내기 전에 여기서 나가라고.
□ **make a big deal out of** …을 과장하여 생각하다	I don't want to **make a big deal out of** it. 난 그걸로 난리치고 싶은 생각이 없어.
□ **draw sb out** 개인적인 생각들을 말하게 하다	It takes a while to **draw** Katie **out**. 케이티의 속내를 말하게 하는데는 시간이 꽤 걸려.
□ **have second thoughts about** …을 다시 생각하다, 재검토하다	Well, so you**'re having second thoughts**. 저기 그래서 너는 재검토를 하고 있잖아.
□ **on second thought** 다시 생각해보니	**On second thought,** it's not that funny. 다시 생각해보니, 그렇게 재미있지 않아.
□ **give it a second thought** 재고하다	We wouldn't **give it a second thought**. 우리는 그 문제에 대해 재고하지 않을거야.
□ **think for oneself** 독립적으로 생각하다	I can't **think for myself** anymore. 난 더 이상 독립적으로 생각할 수가 없어.

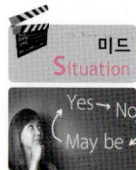
미드 Situation

Cookie: Why do people **make a big deal about** celebrities? 사람들은 왜들 셀럽에 난리야?
Seth:　They're dumb. They can't **think for themselves**. 바보들야. 자기 생각들도 없는 멍충이들이야.
Cookie: Wow, you have a low opinion of others. 야, 너 다른 사람들을 아주 우습게 보는구나.
Seth:　I think people should pay attention to their own lives. 자기들 삶에 더 신경을 써야 된다는 생각야.
Cookie: OK, but movie stars **are often in my thoughts**. 그래, 하지만 영화스타들이 내 맘속에 있어.

네 생각은 어떠니?

006 Does it work for you?
너는 그게 괜찮아?

상대방의 생각을 물어보는 것으로 What do you think (of~)?, What are your thoughts~ 같은 기본 표현외에 Does it work out for you?라는 아주 중요한 표현을 익혀둔다. 이 표현은 특히 약속잡을 때 아주 유용하게 사용된다.

12문장으로 미드영어 후다닥 끝내기

☐	**What are your thoughts?** 네 생각은 어때?	You saw the proposal, **what are your thoughts?** 너 그 제안서 봤지, 네 생각은 어때?
☐	**What are your thoughts on~?** …에 관한 네 생각은 어때?	So, Danny **what are your thoughts on** same sex marriage? 그래, 동성간의 결혼에 대한 네 생각은 어때?
☐	**Does it[that] work for you?** 네 생각은 어때?, 괜찮아?	He'll be arriving Sunday morning at six o'clock. **Does that work for you?** 걘 일요일 아침 6시에 도착할거야. 너는 괜찮아?
☐	**Tell me what you think~** 내게 네 생각을 말해봐(Tell me what you're thinking)	I know, but **tell me what you think** I should do. 그래 하지만 내가 뭘 해야 되는지 네 생각을 말해봐.
☐	**What do you think?** 네 생각은 어때?, (핀잔) 그걸 말이라고 해?	I don't know! **What do you think?** 나 몰라! 네 생각은 어때?
☐	**What do you think of~?** …을 어떻게 생각해?(~think about~)	**What do you think about** moving in with me? 나랑 같이 동거하는거 어떻게 생각해?
☐	**Have you thought about~?** … 생각해 본 적 있어?(~about+N/S+V)	Well, **have you thought about** not doing that? 저기, 그걸 하지 않는 거에 대해 생각해봤어?
☐	**I'm thinking of[about] ~ing** …하는 것을 고려중야	**I'm thinking of** hitting you again. 난 다시 널 팰까 생각중이야.
☐	**I'm planning to~** …할 생각이야	**I'm already planning to** say nice things about you. 난 이미 너에 대한 칭찬을 할 생각을 하고 있어.
☐	**Is that who I think it is?** 내가 생각하는 그 사람 맞지?	**Is that who I think it is?** Jim? 저 사람 내가 생각하는 그 사람 맞지? 짐?
☐	**You know what I'm thinking?** 내가 무슨 생각하는지 알아?	Nina, **you know what I'm thinking of?** Doing a threesome. 니나야, 내가 뭐 생각하는지 알아? 쓰리섬하는거.
☐	**if that's what you think** 그게 네 생각이라면	**If that's what you think,** then you're wrong. 그게 네 생각이라면, 네가 틀렸어.

미드 Situation

Allison: **What are your thoughts on** leaving at 7 am? 오전 7시에 출발하는거 어때?
Benny: It's too early. I want to sleep in. 너무 일러. 늦게까지 자고 싶어.
Allison: **You know what I'm thinking?** 내가 뭐 생각하는지 알아?
Benny: No. **What do you think?** 아니, 뭐 생각하는데?
Allison: **I'm thinking of** waiting until tomorrow to leave. 내일까지 기다렸다 출발할까 생각중야.

생각하다(Think)

독창적 생각만이 생존 할 수 있어

007 Think out of the box!
창의적으로 생각을 해봐!

새로운 생각을 한다고 할 땐 come up with, 가끔 상자밖으로 생각한다고 번역해서 보는 사람 난감하게 하는 think out of the box가 자주 쓰인다. 그리고 어떤 생각이 나서 이렇게 하자로 할 때는 Here's the plan[a thought, the thing]이라 한다.

12문장으로 미드영어 후다닥 끝내기

- **think out of[outside] the box** 독창적 사고를 하다
  The firm dedicated itself to **thinking outside of the box**. 회사는 독창적인 사고를 하는데 전념했어.

- **It's[That's] a thought!** 좋은 생각이야, 그냥 생각이야(It was just a thought 그냥 해본 말야)
  We could start a business. **It's a thought.**
  우리는 사업을 할 수도 있지. 그냥 생각이야.

- **Now there's a thought!** 좋은 생각이야!
  Now there's a thought. We should consider it.
  거 좋은 생각이다. 한번 고려해보자.

- **I know what!** 좋은 생각이 있어!
  I know what! He can buy some flowers for her.
  좋은 생각이 있어! 걘 그녀에게 꽃을 좀 사주는거야.

- **come up with** …을 고안해내다, …을 생각해내다
  I didn't think you'd be able to **come up with** anything. 네가 뭐가 생각해낼 수 있을 줄 몰랐어.

- **It gives sb the idea** (좋은) 생각이 떠올랐다
  It gave her the idea that someone stole the money.
  그것으로 걔는 누가 돈을 훔쳤다는 생각이 떠올랐어.

- **Here's the plan** 우리 이렇게 하자
  Here's the plan, we buy a little restaurant.
  우리 이렇게 하자, 작은 식당을 사는거야.

- **Here's a thought** 좋은 생각이 있어, 이렇게 해봐
  Here's a thought. Why don't we talk about Jerry?
  이렇게 해보자. 제리에 대해서 얘기해보자.

- **Here's the thing** 그게 말야, 실은 말야, 내가 말하려는 건
  Here's the thing, we haven't got a hotel room.
  실은 말야, 우리는 호텔방을 잡아놓은게 없어.

- **The thing is (that)~** 중요한 건 …야, 문제의 요점은 …야
  The thing is that I like someone else.
  문제는 내가 다른 사람을 좋아한다는거야.

- **Here's what's what** 자초지종은 이래, 상황이 이렇게 된거야
  Here's what's what, the exam is in a few hours!
  상황을 말하자면, 시험이 몇 시간 후에 있을거야!

- **toss out** 밖으로 내던지다, 아이디어를 내놓다
  Everyone can **toss out** some suggestions.
  누구든지 제안을 할 수 있어.

미드 Situation

Carlee: We need to **come up with** a plan. 계획을 하나 생각해내야 돼.
Bill: **Here's a thought,** let's use the Internet for ideas.
좋은 생각이 있어, 인터넷을 이용해 아이디어를 구하자고.
Carlee: No, no. We need to **think outside the box.** 안돼, 창의적으로 생각해야 돼.
Bill: Alright, how should we **come up with** ideas? 좋아, 어떻게 아이디어를 생각해내지?
Carlee: Let's just concentrate for a while. 잠시 집중 좀 하자.

008 It's not what I bargained for.

그건 내가 예상했던게 아냐.

고려하거나 예상할 때

뭔가 판단을 하기 앞서 고려하고 참작할 때는 when it comes down to it, all things considered, all in all 등을 주로 사용하며 예상과 다를 때는 be not what you bargained for라는 표현을 많이 사용한다.

12문장으로 미드영어 후다닥 끝내기

- [ ] **when it comes (right) down to it** 모든 점을 고려해볼 때
  When it comes down to it, she is getting bored.
  모든 점을 고려해볼 때, 걘 점점 지루해하고 있어.

- [ ] **all things considered** 모든 것을 감안할 때
  All things considered, we did very well.
  모든 것을 감안해볼 때 우리는 매우 잘했어.

- [ ] **make light of~** 가볍게 생각하다, 소홀히 하다
  Don't **make light of** a serious situation!
  진지한 상황을 소홀하게 다루지마!

- [ ] **see about sb** 시간을 두고 사람을 평가[알아]하다
  Let me **see about** our weekend plans.
  우리 주말 계획을 천천히 확인해보자.

- [ ] **see about sth** 어떻게 될지 모른다, 두고봐야 한다
  Well, **we'll see about that,** won't we?
  저기, 어떻게 될지 몰라, 그렇지 않을까?

- [ ] **weigh sth** 결정 전에 신중히 고려하다
  Henry needs some time to **weigh** his options.
  헨리는 자기의 선택권을 고려할 시간이 필요해.

- [ ] **when[after] all is said and done** 모든 일[것]을 종합[고려]해볼 때
  After all is said and done, she has always been my true friend. 모든 것을 종합해볼 때, 걘 항상 나의 진정한 친구였어.

- [ ] **get more than you bargained for** 협상[예상]했던 보다 많이 얻다
  You're gonna **get a lot more than you bargained for.**
  넌 예상했던 것보다 많은 것을 얻을거야.

- [ ] **be not what you bargained for** 원래 예상했던 것이 아니다
  This deal **is not what we bargained for.**
  이 합의는 우리가 원래 예상했던 것이 아냐.

- [ ] **sooner than you think** 예상보다 빠를거야
  I'm going to be out. **Sooner than you think.**
  난 빠질게. 예상보다 빠를거야.

- [ ] **not surprised** 충분히 예상했던 일이고 뻔하다
  I'm disappointed in you. But **not surprised.**
  너한테 실망했어. 하지만 충분히 예상했던 일이야.

- [ ] **It's all over your face** 뻔하다
  I can see you lied. **It's all over your face.**
  네가 거짓말한게 뻔히 보여. 네 얼굴에 다 쓰여있어.

- [ ] **all in all** 모든 것을 고려해볼 때
  But **all in all,** it wasn't a problem. 모든 걸 고려해볼 때, 그건 문제가 되지 않았어.

미드 Situation

Paul: This job **is not what I bargained for.** 이 일은 내가 예상했던게 아냐.
Deena: **All things considered,** it's not bad though. 모든 것을 종합해볼 때, 그래도 괜찮아.
Paul: Yes, but it's really boring work. 어, 하지만 정말 지겨운 일이야.
Deena: You sound like you are unhappy. 행복하지 않은 것 같아.
Paul: I'm going to **see about** finding another job. 다른 일을 찾을 수 있는지 알아보려고.

생각하다(Think) 397

앞으로 일어날 예정이나 예약

009 I'm due in court!
나 법정에 가야 돼.

be supposed to는 그냥 기본으로 넘어가고 be due to+동사가 나오면 예정을 말하는 표현이 된다. 이 due란 단어는 뜻도 많고 표현법도 다양하여 영어공부하는 사람들 괴롭히는 단어들 중 하나. squeeze sb in은 억지로 예약을 끼워달라는 표현.

12문장으로 미드영어 후다닥 끝내기

□ **be due to do** …할 예정이다	The **library was closed due to** the holiday. 도서관은 휴일이어서 문을 닫았어.
□ **be due in[on, at]** …예정이다	**I'm due in** court. I don't have time to talk to you now. 나 법정에 가야 돼. 지금 너랑 이야기할 시간없어.
□ **When be ~ due?** …가 언제 예정이냐?	**When is** the next train **due** to get here? 다음 열차가 언제 도착할 예정이야?
□ **due date** 예정일	My **due date** is in one week! 나의 예정일은 일주일 후야!
□ **be supposed to** …하게 되어 있다, …할 예정이다	No, Clara**'s supposed to** be at home. 아니, 클라라는 집에 있을거야.
□ **be bound to+동사** …할 예정이다	She**'s bound to** show up there sooner than here. 걔는 여기에 앞서 거기에 나타날 예정이야.
□ **I think I'll~** …할 생각이다, …할까봐	**I think I'll** perhaps go back to the hospital. 병원에 다시 가볼 생각이야.
□ **be slated for[to~]** 예정되어 있다	This old building **is slated for** destruction. 이 낡은 빌딩은 해체가 예정되어 있어.
□ **be programmed to~** …하도록 되어져 있다	You**'re biologically programmed to** have feelings for him. 넌 생물학적으로 그 사람한테 마음이 가도록 되어 있어.
□ **squeeze sb in** 예약을 억지로 끼워서 해주다	Do you think you could maybe **squeeze me in**? 예약 좀 넣어줄 수 있을 것 같아?
□ **be booked solid** 예약이 꽉 차다	Oh, no, the place **is booked solid**. 이런, 이 곳이 예약이 꽉 찼네.
□ **make a reservation for~** 예약하다	Chris **has a reservation for** tonight. 크리스는 오늘 밤 예약을 해놨어.

Situation 미드

Abel: **When is** our English report **due**? 영어레포트 언제까지야?
Rindy: The **due date** is Friday of next week. 다음주 금요일이 예정일이야.
Abel: **I think I'll** work on it tonight. 오늘 밤에 할 생각이야.
Rindy: Me too. Have you done any research? 나도, 조사 좀 했어?
Abel: I picked up a few books at the library today. 오늘 도서관에서 책 몇 권 대출하려고.

…인 것 같아

010 It's not like that.
그런게 아냐.

seem[look] like도 많이 쓰이지만 It's like~나 It's not like~가 특히 자주 사용된다. 또한 It strikes me that~란 형태로 …라는 생각이 든다라는 표현도 무척 많이 나온다.

12문장으로 미드영어 후다닥 끝내기

- **I guess that means~**
  그건, …인 것 같다, …한 모양이구나

  I guess that means we can score this as a victory, right? 우리가 승리하면 이걸 얻을 수 있는 모양이구나, 그지?

- **I'm guessing~**
  …인 것 같아(I guess~)

  I'm guessing you did take a couple extra Vicodin. 네가 추가로 바이코딘을 몇 알 더 먹은 것 같아.

- **It's like~**
  …하는 것 같아, …하는 것과 같은 셈야

  It's like he's playing some kind of game. 걔한테는 일종의 게임을 하는 것 같은 셈야.

- **It's not like~**
  …처럼인 것은 아니다, 꼭 …는 아니다

  It's not like there was really anything to steal there. 그곳에 정말 뭐 훔칠게 있었던 것 같지는 않아.

  It's not like that. Justin's a really good guy. 그런게 아냐. 저스틴은 정말 좋은 친구야.

- **It seems[looks] that way**
  그런 것 같아

  It just seems that way because you can't think of an answer. 네가 대답을 생각해내지 못하니 그런 것 같아 보이네.

- **It strikes me that~**
  …라는 생각이 든다, 뭔가 떠올랐어

  It strikes me that you didn't ever pay me back. 네가 내게 돈을 갚은 적이 없었던 것 같아.

- **It looks like~**
  …처럼 보이다, …인 것 같다

  It looks like Sam is breaking up with her. 샘이 걔와 헤어지는 것 같아.

- **a shot in the dark**
  가망없는 시도, 억측

  I think Martin did it, but that's just **a shot in the dark**. 마틴이 그런 것 같은데, 추측일 뿐이야.

- **stand to+동사**
  …할 것 같다

  I am so angry. I can't even **stand to** look at you. 난 너무 화가나서 널 쳐다볼 수도 없을 것 같아.

- **come across as**
  …처럼 보이다

  He **came across as** a devoted family man. 걘 헌신적으로 가족에 충실한 사람으로 보였어.

- **I suppose S+V**
  생각[추측]하다(I suppose 그런 것 같아)

  I suppose I should say thank you. 너한테 고맙다고 해야 될 것 같아.
  You watching porn again, **I suppose**. 너 또 야동보지, 그런 것 같아.

미드 Situation

Larry: **It strikes me that** Kyle is kind of crazy. 카일이 좀 미친 것 같아.
Bonita: **I suppose** he acts strangely sometimes. 간혹 좀 이상하게 행동은 해.
Larry: Yesterday he started screaming at us. 어제는 우리에게 소리를 질러댔어.
Bonita: **I'm guessing** he was just upset about something. 뭐 때문에 엄청 화가 나 있었던 것 같아.
Larry: Maybe, but I don't like that behavior. 그럴수도 있지만, 그런 행동은 맘에 안들어.

생각하다(Think)

추측하고 직감따르기

011 I think I have a hunch.
느낌이 오는 것 같아.

추측하다는 take[make] a guess 및 Let me guess의 형태를 알아두어야 한다. 예감이 든다고 할 때는 have a hunch, 직감으로 행동할 때는 play a hunch. 그리고 직감이 든다고 할 때는 get a gut feeling을 쓴다.

12문장으로 미드영어 후다닥 끝내기

☐ **take[make] a guess** 짐작하다, 추측하다	You don't know? **Just take a guess!** 모른단 말야? 추측해봐!
☐ **hazard a guess** 억측하다	I'll **hazard a guess** you've been drinking. 네가 술을 마시고 있었다고 생각을 할거야.
☐ **take a wild[rough] guess** 대충 맞추다	**I'll take a wild guess.** The guy never had sex before. 대충 맞춰볼게. 그 친구는 전에 섹스를 해본 적이 없어.
☐ **let me guess** 가만있자, 추측해보건대, 말 안해도 알아	**Let me guess.** He burned to death. 가만있자. 걔는 불에 타 죽었어.
☐ **There must[have to] be a reason** 뭔가 이유가 있을거야	**There's got to be a reason for that.** 거기에는 뭔가 이유가 있을거야.
☐ **have a sixth sense** 직감이 있다, 육감이 있다	**I have a sixth sense** about those two breaking up soon. 걔네들 둘 곧 헤어질거라는 직감이 들어.
☐ **I have a hunch about[that~]** …하는 예감[느낌]이 든다(sb's hunch is that~)	**I have a hunch** that pretty soon, he's gonna have to rethink that. 곧, 걔가 그걸 재고해야 될거라는 예감이 들어.
☐ **have a hunch (about~)** (…)에 예감이 들다	**I think I have a hunch.** 느낌이 오는 것 같아. **I've got a hunch about** that ring. 그 반지에 대한 예감이 들어.
☐ **(It's a) Just a hunch** 그냥 예감이야, 그냥 그런 생각이 들어	Anthony, **it was just a hunch.** 앤소니, 그건 그냥 감이었어. **Just a hunch.** Don't feel bad, Tom. 그냥 예감야. 기분나빠하지마, 탐.
☐ **be more than a hunch** 그냥 감이 아냐, 사실이야	Please tell me it **was more than a hunch.** 그냥 느낌 이상이었다고 말해줘.
☐ **on a hunch** 직감에 따라	**On a hunch,** I ran a bank trace on him. 직감으로, 은행계좌흐름을 추적했어.
☐ **play a[one's] hunch** 직감으로 행동하다(follow a hunch 직감을 따르다)	Why'd you come? **To play a hunch?** 왜 왔어? 직감에 따라?
☐ **get a gut feeling~** 직감이 있다	**I've got a gut feeling** it's the same perv. 동일범이라는 직감이 들어.

미드 Situation

Norman: **I've got a gut feeling** we know the murderer. 우리가 아는 살인자라는 직감이 들어.
Ella: Is that so? Do you want to **hazard a guess**? 그래? 과감하게 추측해보는거야?
Norman: I'll bet it was the next-door-neighbor. 틀림없이 이웃집 사람이었을거야.
Ella: Hopefully that **is more than a hunch.** 직감 이상이기를 바래.
Norman: There is plenty of evidence to back me up. 내 말의 근거가 될 많은 증거가 있어.

012 I'll see if I can find her.
내가 갤 한번 찾아볼게.

돌다리도 두드리고 확인해야

확인하다라고 하면 뭐니뭐니해도 check out과 make sure. 기본적이면서도 미드에 무지무지 많이 나온다. 특히 make sure~는 …를 확실히 하도록 하다라는 뉘앙스이며, Check it out!은 이것 좀 봐봐!에 해당되는 느낌이다.

12문장으로 미드영어 후다닥 끝내기

☐	**Just to be clear** 혹시나 하는데	**Just to be clear,** I haven't agreed to anything. 혹시나 해서 그러는데, 난 아무거에도 동의하지 않았어.
☐	**Let me make sure~,** …을 확인해볼게(I wanna make sure~)	**Let me make sure** you didn't screw it up. 네가 그걸 망치지 않았다는 것을 확인해볼게.
☐	**Make sure that S +V[to~]** 반드시 …하도록 해라, …을 꼭 확인해	**Make sure that** carpet is replaced perfectly. 반드시 카펫이 완벽하게 교체되도록 해.
☐	**I'd like you to make sure~** …을 확인해라(I want you to ~)	**I want you to make sure** he gets a vegetable to go with it. 걔가 그것과 함께 야채를 먹도록 확인해줘.
☐	**run a check** 확인하다	Let's **run a check** on the first suspect. 첫번째 용의자를 확인하자.
☐	**I'll see if I can~** …할 수 있는지 확인해볼게(Let me see if~)	I can talk to him, **see if I can** get your job back. 내가 걔하고 얘기해서 내가 널 재고용할 수 있는지 알아볼게.
☐	**check out** 점검하다, (도서관) 책을 빌리다	You guys **check out** her place. 너희들 걔 집을 점검해봐. I'll go **check it out.** 내가 가서 확인해볼게.
☐	**Check this out!** 이것 좀 봐!	Look over here. **Check this out!** 이리와 봐. 이것 좀 봐.
☐	**double check** 재확인하다	I'll have her **double check** the information. 걔보고 그 정보를 재확인해보라고 할게.
☐	**Go figure** 설명해봐, 확인해보다	No one thought she was the killer. **Go figure.** 아무도 걔가 살인범이었다고 생각하지 않았어. 확인해봐.
☐	**see to it (that~)** 반드시 …되도록 하겠다	I can **see to it that** you get fair compensation. 네가 정당한 보상을 반드시 받도록 할게.
☐	**Let me get this straight** 이건 분명히 해두자구, 얘기를 정리해보자고	**Let me get this straight.** You found your dead son? 이건 분명히 하자구요. 당신에 죽은 아들을 발견했다는거죠?
☐	**make a positive ID** 신원확인을 하다(card 신분증 요구하다)	She will ask you to **make a positive ID.** 걔는 너에게 신원확인을 해달라고 할거야.

미드 Situation

Laura: **I want to be sure** Marlene is going to meet us. 마를렌이 우리 만나는 것을 확실히 하고 싶어.
Baptista: **I'll see if I can** reach her on the phone. 전화로 연결되는지 알아볼게.
Laura: Tell her we'll be at McCarthy's Bar. 맥카시 바에 있을거라고 해.
Baptista: **Let me get this straight,** she should come to the bar? 분명히 하자고, 걔가 바로 오는거야?
Laura: Yeah. We're going there after the movie finishes. 어, 영화가 끝나면 그리로 갈거야.

생각하다(Think)

> 확인은 여러번 해도 좋아~

013 How did it go?
그거 어떻게 됐어?

상대방의 의외의 말에 확인하는 표현으로 You don't mean to say, 자신의 의견이 상대방과 같은지 확인하는 wouldn't you say?, 가볍게 이런 식으로라는 Like this?, 그냥 그렇게라고 말하려면 Just like that이라고 하면 된다.

12문장으로 미드영어 후다닥 끝내기

- [ ] **You don't mean to say~**
  …라 말하는게 진심은 아니지

  You don't mean to say your wife is gay.
  네 아내가 게이라고 말하는 건 아니지?

- [ ] **Am I right?**
  내 말맞지? 그렇지?(Is that correct?)

  You can't put a price tag on beauty. **Am I right?**
  아름다움에 가격표를 매길 수 없어. 그렇지?

- [ ] **~ wouldn't you say?**
  안 그래?, 그렇지 않아?

  Well, that's a bit of an overreaction, **wouldn't you say?** 음, 저건 좀 과잉반응인데, 그렇지 않아?

- [ ] **Is that it?**
  그런 거야?, 내말이 맞는거야?

  You don't want me to go there! **Is that it?**
  내가 거기 가는 걸 원치 않지! 그런 거야?

- [ ] **What did ~ say[tell you]?**
  결과가 어떻게 나왔어?

  What did the rape kit **say?** 강간검사결과가 어떻게 나왔어?
  What did the CT scan **tell you?** CT 결과가 어떻게 나왔어?

- [ ] **How did it go (with)~?**
  어떻게 되었어?

  How did it go? 어떻게 됐어?
  How did it go with the hot chick? 그 섹시걸하고는 어떻게 됐어?

- [ ] **(Do) You mean~ ?**
  …라는 말인가?, 네 말은 …라는 거니?

  You mean, you're not going to the party?
  네 말은 파티에 가지 않겠다는거야?

- [ ] **Like this?**
  이렇게?

  You mean **like this**?
  네 말은 이렇게라는거야?

- [ ] **No, not like that**
  아니 그렇게 말고(Yes, like that 어 그렇게)

  What? No. **It's not like that.** 뭐? 아니, 그렇게 말고.
  It's not like that. You know how kids are. 그런게 아냐. 애들 알잖아.

- [ ] **Like what?**
  예를 들면, 어떤 거?

  Like what? Vanessa leaving you?
  예를 들면? 바네사가 너를 떠난거?

- [ ] **Just like that?**
  그냥 그렇게?

  Just like that? You don't have to interview anybody else? 그냥 그렇게? 다른 사람은 인터뷰할 필요도 없고?

- [ ] **Any+명사?**
  뭐 좀 …?

  Hey, how's the party going? **Any** cute guys?
  야, 파티 어땠어? 귀여운 애들도 좀 있었어?

미드

Situation

Luke: Jimmy looks kind of drunk, **wouldn't you say?** 지미는 좀 취해보여, 안 그래?
Gladys: **You mean** he's acting strangely? 행동이 좀 이상하다는 말야?
Luke: No, but his face is red and he's talking loud. 아니, 하지만 걔 얼굴이 붉고 큰 소리로 말하잖아.
Gladys: **Any** problems with him acting that way? 걔가 저렇게 행동하는데 뭐 문제있어?
Luke: No, he **seems to** be enjoying himself. 아니, 걔가 즐겁게 놀고 있는 것 같아서.

상대방의 의견이 어떤지...

014 What do you make of this?
이거 어떻게 생각해?

범죄현장에서 들을 수 있는 표현인 What do you make of this?, 상대방에게 …하자고 제안할 때 물어보는 How do you like that[to~]? 그리고 What do you say?는 단순히 어때, What would you say?는 그렇다면 넌 뭐라고 할래라는 차이가 있다.

12문장으로 미드영어 후다닥 끝내기

☐ **What do you make of this?**
(범죄현장) 어떻게 생각해?, 뭐 알아낸 것 있어?

Grissom, **what do you make of this?**
그리썸, 이거 어떻게 생각해요?

☐ **How do you like that(this)?**
(의견)어때?, 황당하지 않아?, (벌)맛이 어때?

How do you like this? I'm not going to the movie with you. 이건 어때? 난 너랑 영화보러가지 않을거야.

☐ **How would you like to[~ing]?**
…하는 건 어때?

How would you like to go upstairs and let me see your tits? 이층에 가서 네 유두를 보여주는 건 어때?

☐ **How was it?**
어땠어?

So, **how was it?** Was it fun?
그래, 그거 어땠어? 재미있었어?

☐ **Did you like it?**
어땠어?

Did you like it? Did everything go as planned?
어땠어? 다 계획대로 됐어?

☐ **What's your feeling about~?**
…에 대한 네 의견은 어때?

What's your feeling about having a baby?
애기갖는거에 대한 네 의견은 어때?

☐ **What do you say?**
(의견) 어때?

What do you say? Marry me. 어때? 나랑 결혼하자.
She could be innocent. **What do you say?**
걔는 무죄일 수도 있어. 어때?

☐ **What do you say to that?**
그거 어떻게 생각해?

Sam slapped me. **What do you say to that?**
샘이 내 뺨을 때렸어. 그거 어떻게 생각해?

☐ **What do you say to~ [~ing]?**
…하는 건 어때?

What do you say going for a drink tonight?
오늘밤에 술한잔하러 가는 건 어때?

☐ **What do you say (if) ~?**
…하면 어때?

What do you say we go have sex?
우리 가서 섹스하는 건 어때?

☐ **What would you say?**
(의견) 그러면 넌 뭐라고 할래?

What if she asked you out? **What would you say?**
걔 너한테 데이트 신청하면? 넌 뭐라고 할래?

☐ **What would you say if~**
…한다면 어떨까, 뭐라고 할거야

What would you say if I told you not to do that?
내가 그거 하지 말라고 한다면 넌 뭐라고 할거야?

미드 Situation

Noreen: **What do you make of this?** 이거 어떻게 생각해?
Moses: Is that the new Apple phone? 그거 새로 나온 아이폰이야?
Noreen: **What would you say if** I told you I bought it yesterday? 어제 샀다고 말하면 뭐라 할거야?
Moses: It looks awesome. **Do you like it?** 멋지다. 맘에 들어?
Noreen: I really love its sleek design. 날렵한 디자인이 정말 맘에 들어.

상대방 의견 물어보기

015 What's your take on that?
그거 어떻게 생각해?

미드족이라면 What's you take on~?, ~where A stand on와 같은 아주 미드적인 표현에 익숙해져야 하며 또한 How's that for~?가 …에 대해 어떻게 생각해?라는 의미라는 것까지 알아두어야 한다.

12문장으로 미드영어 후다닥 끝내기

☐ **How's that for sth~?**
…를 어떻게 생각해?

How's that for optimism? 낙천주의에 대해 어떻게 생각해?
How's that for her dumping you?
걔가 널 버린 것에 대해 어떻게 생각해?

☐ **How does that sound?**
…가 어때?

How does that sound? Does that sound good?
그거 어떤 것 같아? 괜찮은 것 같아?

☐ **What happened?**
어떻게 된거야?

What happened? Did everything go okay?
어떻게 된거야? 다 괜찮은거야?

☐ **What happened to[with]~?**
…가 어떻게 된거야?, 무슨 일이야?

What happened to your hand? 네 손 어떻게 된거야?
What happened to standing up for ourselves?
우리를 지지한다는거 어떻게 된거야?

☐ **What happened to+V[~to A~ing]?**
어떻게 (…가) …한게 된거야?

What happened to make you so cold?
어떻게 네가 그렇게 냉정하게 된거야?

☐ **What's happening (to)?**
상대방에게 무슨 일이냐?, (인사) 잘 지내?

Sit down on the chair. **What's happening?**
의자에 앉아. 무슨일이야?
What's happening to my son? 내 아들에게 무슨 일이야?

☐ **How[What] about you?**
네 생각은 어때?

Dead end. **How about you?**
막다른 골목길이야. 네 생각은 어때?

☐ **run it[that] by (me) again**
(의견, 허락) 상담하다, 확인해보다

We'll do it right after we **run it by** House.
우리는 하우스에게 의견을 구한 바로 직후 그렇게 할거야.

☐ **one's take on~**
…에 대한 …의 의견

Your take on this is you're the victim?
이거에 대한 네 의견은 네가 피해자란 말이지?

☐ **What's your take on~?**
…에 대해 어떻게 생각하나?

What's your take on that? 그거에 대해 어떻게 생각해?
I'm dying to know **what your take on** ethics **is**.
윤리에 대한 네 입장을 꼭 듣고 싶어.

☐ **where sb stands on~**
…대한 …의 의견 (opinion)

I don't know **where** my husband **stands on** abortion.
낙태에 대한 내 남편의 의견이 뭔지 나도 몰라.

미드 Situation

Danielle: **What happened with** Steve getting fired? 스티브가 해고되다니 어떻게 된거야?
Newton: The boss said he wasn't doing enough work. 사장말로는 걔가 일을 게을리했었대.
Danielle: I see. **What's your take on it?** 그래, 네 생각은 어때?
Newton: The boss always hated Steve and wanted him gone.
사장은 늘 스티브를 싫어했고 그만두기를 바랬잖아.
Danielle: **How's that for** a lousy boss to have? 그런 형편없는 사장 밑에서 일하는게 어때?

404 Chapter 7

016 I second that.
동의합니다.

의견을 피력하다

이번에는 자기 의견을 개진하는 것으로 put in my two cents, pass judgement on, 그리고 I, for on,~ 이라는 표현 등이 있다. 특히 I second that은 회의 등에서 쓰는 표현으로 동의합니다라는 뜻.

12문장으로 미드영어 후다닥 끝내기

- [ ] **put in my two cents** 의견을 말하다
  Anyway, just wanted to **put in my two cents**.
  어쨌든, 내 의견을 말하고 싶었어.

- [ ] **pass judgment on** …에 대한 판결을 내리다, 뭐라다
  I never **passed judgment on** any of your habits.
  난 네 습관들 어떤 것에도 뭐라고 한 적이 없어.

- [ ] **have a change of heart** 의견을 바꾸다(change one's mind 마음을 바꾸다)
  But then I **had a change of heart**. 하지만 난 마음을 바꿨어.
  Change your mind? 마음을 바꿨어?

- [ ] **have a voice** 의견이 있다, 직감이 들다
  Let your sister **have a voice** in this discussion.
  네 누이가 이 토론에서 의견을 말하도록 해.

- [ ] **give voice to~** 의견을 토로하다, 표현하다
  The law **gave voice to** the new immigrants.
  법은 새로운 이민자들에 대한 의견을 표현했어.

- [ ] **circle back** 나중에 토의하다
  We'll **circle back** before closing the meeting.
  회의를 끝내기 전에 나중에 토의합시다.

- [ ] **bounce sth off[around]** 의견을 듣고 결정하다
  I need to **bounce** some ideas **off** you.
  너에게서 의견을 좀 듣고 결정해야겠어.

- [ ] **I second that** (회의) 동의하다, 재청하다
  I second that. Brad is exactly right.
  동의합니다. 브래드가 한 점 틀림이 없습니다.

- [ ] **second a motion[proposal]** 동의[제안]에 찬성하다
  Does anyone wish to **second the motion**?
  누구 그 동의에 찬성하는 사람있어요?

- [ ] **give sb a piece of my mind** (부정의견) 거리낌없이 말하다, 따끔하게 한마디 해주다
  I might as well **give** this old bastard **a piece of my mind**. 난 이 날탱이 영감에게 따끔하게 한마디해주는 게 낫겠어.

- [ ] **I, for one, V~** 나 자신은 …이다
  I, for one, just can't wait to see what they do next.
  나 자신은 걔네들이 다음으로 뭘할지 무척 알고 싶어.

미드 Situation

Perry: Do you care to **put in your two cents** on gay marriage? 게이결혼에 대한 네 생각을 말해볼래?
Jess: I'm not one to **pass judgment on** others. 난 남들을 재단하는 사람은 아니야.
Perry: I feel it's really not my business either. 나랑 상관없는 일이라고 생각해.
Jess: **I second that.** It's a personal matter. 그럼. 그건 개인들의 문제지.
Perry: I wonder why some people get so upset about it.
일부 사람들이 왜 그렇게 열을 내는지 모르겠어.

나의 입장은 어떨까~

017 Where are we on the case?
이 사건 어떻게 돼가고 있는거야?

의견과 같은 맥락의 표현으로 stand가 추상적으로 어떤 입장을 취하다라는 뜻으로 stand on the issues, take a stand on an issue 등으로 쓰이며 speak for는 …의 입장에서 말하다, 즉 대변하다라는 뜻이다.

12문장으로 미드영어 후다닥 끝내기

☐ **stand on the issues** 입장을 취하다	Where does she **stand on the issue**? 그 문제에 대해 걔의 입장은 뭐야?
☐ **take a stand on an issue** 신념에 따라 행동을 취하다	Finally the neighbors **took a stand on the issue**. 마침내, 동네사람들이 행동을 취했어.
☐ **nail one's colors to the mast** 공개적으로 자기 입장을 밝히다	Alright, it's time to **nail your colors to the mast**. 좋아, 공개적으로 네 입장을 밝힐 때야.
☐ **speak for sb** …를 위해 말하다, …의 입장에서 말하다	**I speak for** the dead and I'm not done. 난 죽은자를 대변하는데 아직 안 끝났어.
☐ **where we are[stand] on the case** (평서문) 사건에서의 우리 입장	The DA wants to know **where we are on the case**. 검사는 이 사건에서의 우리 입장을 알고 싶어해.
☐ **where we are[stand] on the case?** (의문문) 뭐 진척된게 있어?	I want to know, **where are we on the case?** 뭐 진척된 게 있는지 알고 싶어.
☐ **be in one's shoes** …의 입장이 되어보다	**Put yourself in my shoes.** 너도 내 입장이 되어봐.
☐ **the shoe is on the other foot** 입장이 바뀌었다, 상황이 역전되다	She was in control, but **the shoe is on the other foot**. 걔는 통제가 되었었는데, 상황이 역전됐어.
☐ **play hardball** 세게 나오다, 강경자세를 취하다	**You're playing hardball with** me, aren't you? 세게 나오겠다 이거구만, 그렇지 않아?
☐ **get[find] one's bearings** …의 처지[입장, 분수]를 알다	It'll take a few days to **get your bearings**. 네 처지를 아는데 며칠 걸릴게다.
☐ **be sitting pretty** 유리한 입장에 있다	I **was sitting pretty** after landing the job. 난 직장을 잡는데 유리한 입장에 있었어.
☐ **change one's tune** 입장을 바꾸다	Smitty refused to talk first, but he **changed his tune**. 스미티는 먼저 말하는 것을 거부했지만 입장을 바꿨어.
☐ **have one's differences** 입장[의견]의 차이가 있다	I like Rick, but we **have our differences**. 난 릭을 좋아하지만 의견차이가 있어.

Sam: **Where does** the senator **stand on the issues?** 그 상원의원은 그 문제에 대한 입장이 뭐야?
Opal: I'm not allowed to **speak for** him. 난 그 사람 입장에서 말하기가 그렇지.
Sam: I heard he disagrees with the president. 그 상원의원은 대통령과 의견이 다르다며.
Opal: It's true. They **have their differences.** 맞아, 의견차이가 있어.
Sam: Do you think he'll be re-elected? 그가 재선될 것 같아?

자기 주장을 말할 때~

018 You've made your point.
네가 무슨 말하려는지 알았어.

자기 주장을 말할 때는 case와 point가 즉효. make a case는 정당성을 주장하다, make one's point는 자기 주장을 알리다, 알아듣게 하다라는 말로, Make you point!하면 네가 말하고자 하는 요점을 말해봐라는 미드필수문장.

12문장으로 미드영어 후다닥 끝내기

☐ **make a case** 정당성을 주장하다	He'll stay out there until we can **make a case**. 우리가 정당성을 주장할 때까지는 걔는 개입하지 않을거야.
☐ **make a case for[against]** …의 옹호론[반대론]을 펴다	I want you to know, I **made a strong case for** you. 알아줬으면 하는데, 난 널 위해 강한 주장을 했어.
☐ **file a false claim[report]** 허위 신고나 주장을 하다	You know, he used the break in to **file a false claim**. 저기, 주거침입을 이용하여 허위보험신고를 했어.
☐ **hold[stand] one's ground** 자신의 주장을 고수하다	Be tough, **hold your ground** till tomorrow. 강인해지라고, 내일까지 네 주장을 고수해.
☐ **make one's point** 자기 주장을 밝히다, 남들에게 자기 주장을 알아듣게 하다	Apparently I didn't **make my point** clearly enough. 명백히, 난 내 주장을 충분히 밝히지 않았어.
☐ **You've made your point** 무슨 말인지 알겠어, 네 뜻을 알겠어	All right, **you've made your point.** 알았어, 네 뜻이 뭔지 알았어.
☐ **Make your point** 그래 요점이 뭐야	**Make your point** then sit down and shut up. 요점이 뭔지 말하고 앉아서 입닥쳐.
☐ **press sth home** 자기주장을 밀어붙이다	Let's **press home** the criminal charges. 형사기소로 밀어붙이자.
☐ **prove a[one's] point** 자신의 주장이 옳음을 증명하다	Maybe she was just trying to **prove a point**. 아마도 걘 단지 자신의 주장이 옳음을 증명하려고 했었어.
☐ **stake (out) a claim to** …의 권리를 주장하다	Jason **staked a claim to** the chairman's job. 제이슨은 의장직에 대한 권리를 주장했어.
☐ **stand one's ground** 자기 주장을 고집하다, 고수하다	He'll get you if you don't **stand your ground**. 네 주장을 고집하지 않으면 걘 너를 쓸거야.
☐ **One could argue that~** 누구든 …라 주장할 수 있어	**One could argue that** we're already practicing polygamy in this country. 누구든 이미 이 나라에서 일부다처제를 하고 있다고 주장할 수 있어.
☐ **outrageous claims** 말도 안되는 주장, 터무니없는 거짓말	No one will believe her **outrageous claims**. 누구도 걔의 터무니없는 주장을 믿지 않을거야.

Adrian: The prisoner made some **outrageous claims**. 죄수는 말도 안되는 주장을 했어.
Chris: What are you talking about? 무슨 말이야?
Adrian: He **filed a false report** claiming abuse. 자기가 학대당했다고 거짓주장을 했어.
Chris: One could argue that he may have been abused. 누구든 학대당했다고 주장할 수 있지.
Adrian: No, he was always treated very fairly. 아냐, 걘 항상 공평하게 대접을 받았어.

어리석은 사람들 때문에~

019 It doesn't make sense.
그건 말이 안돼.

분별력과 양식만 좀 더 있더라도 세상이 이렇게 어수선하지는 않을텐데… 말이 되다, 안되다할 때는 make sense를 무척 많이 쓴다. what's what은 명사로 진상이라는 뜻이고 put the cart before the horse하는 사람들 의외로 참 많지요…^^

12문장으로 미드영어 후다닥 끝내기

☐ **(not) make any sense** 말도 안되다(make no sense)	Garcia, that doesn't make any sense. 가르시아, 그건 말도 안돼.
☐ **have the sense to~** …할 만한 양식이 있다	You will have the sense to stay out of my way this time. 이번에는 날 방해하지 않을 양식은 있겠지.
☐ **I sense that S+V** …을 느꼈다, 알아챘다	I sense that's no longer an option. 더 이상 선택권이 없다는 것을 느꼈어.
☐ **have the wit to~** …할 분별력은 있다	He didn't have the wit to entertain us. 걘 우리를 즐겁게 할 분별력도 없었어.
☐ **know what's what** 진상을 잘 알고 있다, 분별력이 있다	Let me know what's what, if you don't mind. 괜찮다면 진상을 알고 싶어.
☐ **go[be] beyond (all) reason** 전혀 이치나 사리에 맞지 않다	What the prisoner said goes beyond all reason. 그 죄수가 말하는 것은 전혀 말도 안돼.
☐ **have one's head screwed on straight** 빈틈없다, 분별력이 있다	That kid really has his head screwed on straight. 저 아이는 정말 분별력이 있어.
☐ **come in out of the rain** 정신 똑바로 차리다	It's time you guys came in out of the rain. 너희들 정신 똑바로 차릴 때야.
☐ **There is no sense in ~ing** …하는 것은 무분별한 일이다	There's no sense hating your ex-husband now. 이제와서 네 전 남편을 증오하는 것은 별 의미가 없어.
☐ **listen to reason** 이성에 따르다, 사리에 맞게 행동하다	I tried to talk to her, but my sister won't listen to reason. 난 누이랑 얘기를 시도했지만 벽에다 대고 이야기하는 것 같았어.
☐ **put the cart before the horse** 앞뒤순서가 맞지 않게 행동하다	Stop it. We're putting the cart before the horse. 그만해. 우리는 지금 일의 선후를 뒤바꿔서 하고 있는거야.
☐ **run before you can walk** 어리석게 행동하다	Some foolish people attempt to run before they can walk. 일부 멍청한 사람들은 어리석게 행동하려하지.

미드 Situation

Sonny: What you are saying does **not make any sense**. 네 말은 이치에 닿지 않아.
Cher: But I'm sure people should get jobs before going to college.
하지만 대학가기전에 일을 할 수 있다고 생각해.
Sonny: Come on, **you're putting the cart before the horse**. 야야, 넌 지금 본말을 전도하고 있는거야.
Cher: **There's no sense in** studying without having worked. 일해보지도 않고 공부만하는 것은 의미가 없어.
Sonny: But you can't get a good job without an education. 하지만 교육받지않고는 좋은 직장을 구할 수도 없잖아.

틀린 것은 바로잡자

020 It's not about that.
그건 그렇게 아냐.

분별력없는 사람들 때문에 잘못된 것을 바로 잡을(right a wrong) 때는 right와 straight를 잘 활용해본다. keep it straight, make it right은 바로잡다라는 뜻으로 무척 많이 나오는 표현.

12문장으로 미드영어 후다닥 끝내기

keep it straight
제대로 바로잡다

If you lie a lot, you won't be able to **keep it straight**.
거짓말을 많이 하면, 제대로 바로잡을 수가 없을거야.

make it right
비정상적인 걸 제대로 바로잡다

Why don't we give him a chance to **make it right**?
걔한테 바로 잡을 수 있는 기회를 주자.

You helped bring Jude in and you **made it right**.
넌 주드를 영입해서 일을 제대로 잡는데 도움이 되었어.

set[put] sb straight[right]
…생각을 바로 잡아주다

Can the school's principal **set** the students **straight**?
학교 교장이 학생들을 바로 잡아줄 수 있을까?

set[put] sth straight
바로잡다, 제대로 고치다

I fucked it up and couldn't **set it straight**.
내가 그걸 망쳐놔서 바로 잡을 수가 없었어.

put things right
상황을 개선하다, 실수를 바로잡다

It's time you two **put things right**.
너희 둘이 상황을 개선할 때야.

right a wrong
잘못을 바로잡다

Chris was willing to expose his secret to **right a wrong**. 크리스는 잘못된 것을 바로잡기 위해 자기 비밀을 기꺼이 내놓았어.

It's not about that
그렇게 아니야

You know **it's not about that**.
그렇게 아니라는 건 너도 알잖아.

It's not about that. She said I tried to rape her.
그렇게 아냐. 걔는 내가 자기를 강간하려고 했다는거야.

straighten out
똑바로 하게 하다, 바로잡다

She's trying to help him **straighten out** his life.
걔는 그를 도와 그의 삶을 바로 잡아주려고 하고 있어.

I had a little problem I had to **straighten out**.
난 바로 잡아야만 하는 작은 문제들이 있었어.

미드 Situation

Erika: I'd like to **straighten out** the problem we had. 난 우리의 문제를 바로 잡고 싶어.
Greg: Are you going to give me the money you borrowed? 네가 빌려간 돈을 돌려줄거야?
Erika: Yes, but **it's not about that**. I want to apologize. 어, 하지만 그게 아니고, 사과를 하고 싶어.
Greg: I appreciate you taking time to **right a wrong**. 네가 시간을 내서 잘못된 것을 바로 잡아줘서 고마워.
Erika: I'm sorry that I didn't pay you back earlier. 좀 더 일찍 갚지 못해서 미안해.

생각하다(Think) 409

~ 용기있는 자만이 욕먹어~

021 Keep your chin up!
기운을 내!

용기, 참 좋은 말이지만, 요즘 같은 세상에서는 섣불리 용기를 냈다(have the guts[balls])가는 한번에 골로 가는 수가. 그래도 용기를 잃지 않으려면 턱을 좀 들고(keep one's chin up), 나아가 좀 뻔뻔해지려면 have got a nerve to~해야 한다.

12문장으로 미드영어 후다닥 끝내기

- **get[have] the guts to**
  …할 배짱이 있다
  He **has the guts to** come over here and tell the truth.
  걘 이리로 와서 진실을 말할 용기가 없어.

- **have[get] the balls**
  배짱이 있다
  They **got the balls to** crow about it online.
  걔네들은 온라인상에 그걸 떠벌일 배짱이 있어.

- **It takes balls to~**
  …하려면 배짱이 요구된다, 필요하다
  It takes balls to try to steal from the mafia.
  마피아로부터 훔치려면 배짱이 필요해.

- **chin up**
  기운내다(perk up)
  Chin up. This isn't something you learn overnight.
  기운내. 이건 네가 하룻밤에 배울 수 있는게 아냐.

- **keep one's chin up**
  용기를 잃지 않다
  I know you're sad, but **keep your chin up.**
  네가 슬픈 건 알겠지만 용기를 잃으면 안돼.

- **not have the heart to~**
  …할 용기가 없다
  I didn't have the heart to tell her to stop that.
  난 걔한테 그걸 그만두라고 할 용기가 없었어.

- **work[get] up the nerve (to~)**
  (…할) 용기를 내다
  Maybe she just **got up the nerve to** ask him out.
  아마 걔는 그에게 데이트하자고 할 용기를 냈을거야.

- **have got a nerve (to~)**
  …할 용기[배짱]가 있다, 뻔뻔스럽다
  You have got some nerve telling me to shut up.
  나보고 입다물라고 하다니 너 참 뻔뻔스럽다.

- **lose one's nerve**
  배짱을 잃다, 기가 죽다
  I wanted to ask Mary out but **lost my nerve**.
  난 메리에게 데이트신청을 하려고 했으나 용기를 잃었어.

- **put[lay] one's life on the line**
  목숨걸고하다
  He **put his life on the line** for his principles.
  걘 자기 원칙에는 목숨을 걸어.

- **ride the storm out**
  (곤경) 용감히 맞서다
  Let's **ride the storm out** in a safe place.
  폭풍을 이겨내고 안전한 곳으로 가자.

- **ride it out** 어려운 상황을 이겨내다
  We just have to just **ride it out**. 우리는 어려운 상황을 잘 이겨내야 해.

- **cowboy[man] up**
  남자답게 용기있게 행동하다
  Michael's going to **cowboy up**. We set sail tomorrow.
  마이클은 남자답게 행동할거야. 우리는 내일 항해시작해.

Opie: Did Brian ever **work up the nerve to** ask you out? 브라이언이 용기를 내서 네게 데이트신청했어?
Bea: No. He came up to me, but he **lost his nerve**. 아니, 내게 다가왔지만 말할 용기를 못냈어.
Opie: Would you go out with him? 걔랑 데이트할거야?
Bea: I **wouldn't have the heart to** tell him no. 거절할 용기를 내질 못할거야.
Opie: You are a really kind person. 너 정말 착하구나.

Chapter 7

핵심을 팍 찔러야

022 That's where it's at.
그게 바로 핵심이야.

바쁜 세상 에두르지(beat around the bush) 말고 핵심을 바로 말해야(get right down to~)한다. come to the point도 같은 의미. 좀 쉬운 말로 어렵게 말하려면 where it's at이라고 하면 된다.

12문장으로 미드영어 후다닥 끝내기

☐ **get right down to** 요점[핵심]을 말하다	Why don't you stop lying? Let's just **get down to** it. 그만 좀 뻥까. 핵심을 말하라고.	
☐ **be an issue** 중요한 문제, 주제, 쟁점	I don't think money will **be an issue**. 돈이 중요한 문제가 될거라고는 생각되지 않아.	
☐ **the real issue is~** 진짜 문제는 …이다	**The real issue is** you're an ex-con. 진짜 문제는 네가 전과자라는거야.	
☐ **Where's the juice?** 요점이 뭐야?(What's your point?)	I hear what you're saying, but **where's the juice?** 너 말하는 것을 알겠는데, 근데 요점이 뭐야?	
☐ **come to the point** 단도직입적으로 말하다, 요점을 말하다	I don't have the time. **Please come to the point.** 시간이 없어. 요점만 말해줘.	
☐ **when[if] it comes to the point** 막상 때가 되면	I'll leave **if it come to the point** she's unhappy. 막상 때가 되서 걔가 불행해지면 난 떠날거야.	
☐ **bottom line** 결론, 핵심	**The bottom line is** that he wants me to call him back. 핵심은 걔는 내가 자기에게 전화를 다시 해달라는거야.	
☐ **boil down to** 핵심[결론]은 …이다, …로 귀착이 되다	It all **boils down to** a tense relationship. 그게 모두 다 긴장감있는 관계로 귀착이 돼.	
☐ **be half the battle** 고비	Getting your degree **is only half the battle**. 네 학위를 받는 것은 겨우 고비를 넘은거지.	
☐ **the name of the game** 핵심, 본질	That's right, friend, **that's the name of the game.** 맞아, 친구야, 그게 핵심이야.	
☐ **the fact of the matter is~** 사건의 진상[핵심] …이다	**The fact of the matter is** you'll never be president. 사건의 핵심은 넌 절대로 사장이 될 수 없다는거야.	
☐ **where it's (all) at** 핵심	I'm telling you, **that's where it's at.** 정말이지, 그게 핵심이야.	
☐ **Where's the beef?** 핵심이 뭐야?, 알맹이는 뭐냐?	**Where's the beef?** There's nothing of substance here. 핵심이 뭐야? 여기 알맹이는 아무것도 없잖아.	

미드 Situation

Truman: **Let's come to the point,** if we can. 가능하면 본론을 말하죠.
Ruth: **The bottom line is** I won't sell for $500,000. 핵심은 50만 달러에는 팔지 않을거예요.
Truman: **The fact of the matter is** that's my best offer. 문제의 핵심은 그게 나의 최선의 제안예요.
Ruth: Then I am going to reject it. 그럼 거절할게요.
Truman: The high price you want is going to **be an issue**. 당신이 원하는 고가는 문제가 될거예요.

생각하다(Think) 411

일은 중요한 것부터

023 It's the thought that counts.
중요한 건 마음이야.

쉬운 표현으로는 mean a lot, matter to~가 있다. 미드적인 표현으로 sth be all about~, come first, 그리고 sth counts가 있는데 이는 특히 It's ~ that counts의 형태로 중요한 것은 바로 …이다라는 의미로 쓰인다.

12문장으로 미드영어 후다닥 끝내기

☐ **be all about** …가 제일 중요하다	Jessica thinks it's **all about** gut instinct. 제시카는 직감적인 본능이 가장 중요하다고 생각해.
☐ **come first (sb, sth)** …가 우선이다	This is about our marriage, you and I **come first**. 이건 우리 결혼에 관한거야, 너와 내가 우선이야.
☐ **mean a lot to sb** 매우 중요(소중)하다	I care because you **mean a lot to** me. 넌 내게 아주 소중하기 때문에 난 신경을 쓰지.
☐ **mean a lot to me if you~** 네가 …한다면 정말 고맙겠다	It would **mean a lot to me if** you gave her a chance. 네가 걔한테 기회를 준다면 정말 고맙겠어.
☐ **be[mean] everything (to~)** (…에게) 가장 중요[소중]하다	My family **means everything to** me. 내게는 가족이 가장 소중해.
☐ **sth counts** …가 중요하다	All right, so **that doesn't count**. 좋아, 그럼 그건 중요하지 않은거다.
☐ **It's the thought that counts** 마음이 중요한거야, 중요한 건 마음이야	You know what? **It's the thought that counts.** 그거 알아? 중요한 건 마음이야.
☐ **It's ~ that counts** 중요한 건 …이다	The narcissist believes **he's** the only one **that counts**. 나르시스트는 가장 중요한 건 오직 자기라고 생각해.
☐ **make all the difference** 중요한 영향미치다(make a[the] difference 차이나다)	Preparation **makes all the difference**, Jimmy. 지미야, 준비를 하는게 가장 중요하단다.
☐ **It matters to sb** …에게 중요하다	Well, **it matters to me**! 저기, 그게 내게는 중요해!
☐ **All that matters is~** 가장 중요한 것은…	**All that matters is** what it looks like. 가장 중요한 것은 어떻게 보이냐야.
☐ **that's all that matters to~** 그게 바로 가장 중요한 것이다	**That's all that matters to** me right now. It's all I got. 지금은 그게 내게 가장 중요한거야. 내가 가진 전부야.

Marie: This divorce **is all about** the husband's cheating. 이혼에서 핵심은 남편의 바람이야.
Harris: He only cheated with one woman. 걘 오직 한 여자하고만 바람폈는데.
Marie: I know, but **that still counts**. 알아, 하지만 그래도 그게 중요하지.
Harris: **All that matters is** he should be forgiven. 가장 중요한 것은 용서를 받았느냐지.
Marie: I am sure that the wife will not do that. 그 부인이 그렇게 하지 않을거야.

412 Chapter 7

중요한 건 아무리 말해도 지나치지 않아~

024 This can't wait.
이건 기다릴 수가 없어.

have other fish to fry는 사실 읽어보면 유추할 수도 있지만, sth tell~ much나 sth doesn't say much for~ 등은 사실 미리 알고 있지 못하면 두리뭉실 뜬구름상태에서 마치 알고 있는 듯 착각하고 넘어가기 쉬운 표현.

12문장으로 미드영어 후다닥 끝내기

표현	예문
I have other fish to fry 더 중요한 일이 있어	That's alright, **I have other fish to fry.** 괜찮아, 난 더 중요한 일이 있어.
sth tell sb (much) …을 보여주다, …에게 중요하다	**This blood tells us** the victim was stabbed here. 이 피는 피해자가 여기를 찔렸다는 것을 보여주고 있어.
sth doesn't say much for …를 말해주는게 별로 없다	Your report **doesn't say much for** your work ethic. 네 보고서는 너의 직업윤리가 별로 없다는 것을 말해주고 있어.
count for nothing 쓸모없다	All the years you worked here **count for nothing**. 네가 여기서 일한 모든 세월은 꽝이야.
This can't wait 중요해서 급히 해야 한다(↔ This can wait)	It's nothing that **can't wait** until tomorrow. 내일 기다리지 못할 정도로 중요한 것은 없어. **This can wait** two minutes. 이건 좀 기다려도 돼.
second only to sth …을 빼면 첫째이다, …에 버금가다	It's **second only to** Las Vegas in the number of hotel rooms. 호텔 방수로는 라스베가스에 버금가.
come second 둘째이다, 첫째만큼 중요하지 않다	Family **comes second** to many medical students. 많은 의대생들에게 가족은 첫째가 아니야.
take second place (to~) …에 비해 덜 중요하다, …다음에 오다	I think I**'ve been taking second place** in your life. 난 네 인생에서 차지하는 비중이 적었다고 생각해.
one thing that we have to remember is that~ 한가지 기억해 두어야 할 것은 …이다	**One thing we have to remember is that** she's not coming back. 한가지 기억해두어야 할 중요한 것은 걔는 돌아오지 않는다는거야.
the last thing I remember is~ 마지막으로 기억해두어야 할 것은 …이다	**That was the last thing I remembered** that night. 그건 그날 밤 내가 마지막으로 기억하는 것이야. **The last thing I remember is** I was in the shower, naked. 마지막으로 기억하는 것은 난 나체로 샤워중이었다는거야.

Arnie: Something tells me we won't meet the president. 왠지 모르겠지만 우리는 사장을 못만날것 같아.
Rosa: Of course not. **He has bigger fish to fry.** 당연히 그렇겠지. 다른 더 큰 할 일이 있잖아.
Arnie: But we can try to make an appointment. 하지만 우리는 약속일정을 잡을 수는 있지
Rosa: A meeting with us will **come second to** other business. 우리와의 미팅은 다른 비즈니스 다음이지.
Arnie: I guess he may have a full schedule already. 이미 일정이 꽉 찼을 것같아.

아직도 중요한게 많이 남아 있어

025 It's a big deal to me.
그건 내게 중요한 일이야.

이번에는 the big deal과 point를 사용하면 중요하다고 말하는 법을 알아본다. 또한 많이 알려진 First things first(중요한 것부터 하자)와 be out of the picture(중요하지 않다)는 꼭 알아두기로 한다.

12문장으로 미드영어 후다닥 끝내기

☐ **the big deal (to~)** (…에게) 중요한 일	**It's a big deal to** me. 그건 내게 중요한 일이야.
☐ **The point is that~** 요점은 …라는거야	**The point is that** the kid wants his face fixed! 요점은 아이가 자기 얼굴을 뜯어고치기를 원한다는거야?
☐ **The whole point (of~) is to~** (…의) 진짜 목적은 …하는 것이다	**The whole point is to** keep my heart beating. 진짜 목적은 내 심장이 계속 뛰게끔 하는거야.
☐ **stress that point** 그 점을 강조하다	**Stress the point** that we can't afford to lose. 우리는 질 여유가 없다는 것을 강조해라.
☐ **stress the importance[need] of** …의 중요성[필요성]을 강조하다	Dad **stressed the importance of** a good career. 아빠는 좋은 경력의 중요성을 강조했어.
☐ **First thing we have to do is~** 우선적으로 해야 할 일은 …이다	**First thing we have to do is** call 911. 우선적으로 우리가 해야 할 일은 911에 전화하는거야.
☐ **First things first** 중요한 것부터 먼저 하자	All right, girls, **first things first**. 좋아, 아가씨들, 중요한 것부터 먼저하자고.
☐ **be out of the picture** 관련이 없다, 중요하지 않다	He'll **be out of the picture** soon enough. 걘 곧 바로 사라질 인물이야.
☐ **carry no weight** 말발이 안먹히다, 중요하지 않다	Convince her otherwise. My words **carry no weight**. 달리 걜 설득해봐. 내 말발이 먹히지 않아.
☐ **give weight to sth** …을 중요시하다, 무게감을 주다	The pictures **gave weight to** her claims. 그 사진들은 그녀의 주장에 무게감을 더 주었다.
☐ **neither here nor there** (여기저기도 아닌) 중요하지 않다	My arrest record is **neither here nor there**. 내 체포기록은 중요하지도 않아.

미드 Situation

Eunice: You gambled away all of our savings! 너 우리가 저축한 돈 다 도박으로 날렸지!
Preston: **The point is that** I was trying to win extra money. 요점은 난 돈을 더 벌려고 했다는거지.
Eunice: **That's neither here nor there.** We're broke! 그건 중요하지 않아. 우린 빈털터리야!
Preston: Hey, come on, forget about it. 아, 그만해, 잊어버리자고.
Eunice: I'm not going to forget about it. **This is a big deal.** 난 잊지 않을거야. 중요한 문제니.

Chapter 7

일단 시작했으면 전념해야

026 You're so into science.
넌 과학에 너무 빠져있어.

몰두[전념]한다고 할 때는 commit을 주로 사용하며, 나아가 set one's mind on, give oneself over to~ 등의 표현을 사용하면 된다. 또한 get carried away는 많이 나오는데 멀리 가져갔다는 말로 뭔가에 빠지거나 몰두하는 것을 말한다.

12문장으로 미드영어 후다닥 끝내기

- [ ] **commit oneself to**
  …에 약속하다, 몰두[전념]하다
  I can't **commit myself to** joining the army.
  군입대하는데 전념하지 못하겠어.

- [ ] **be committed to**
  전념하다, (감방, 병원) 수용되다
  She's made her decision. She'**s committed to it**.
  걘 결정을 했어. 그거에 전념하기로 했어.

- [ ] **make a commitment to**
  …에 헌신[전념]하다
  She **made a commitment to** a new life with her husband. 걘 남편과 새로운 삶에 헌신하기로 했어.

- [ ] **give oneself over to~**
  몰두하다
  Leo decided to **give himself over to** God.
  레오는 하나님께 헌신하기로 결정했어.

- [ ] **fling oneself into**
  몰입하다
  She was depressed and **flung herself into** her work.
  걘 기분이 꿀꿀해서 일에 몰입했어.

- [ ] **sb be into sb[sth]**
  …에게 빠져 있다, 몰입하다
  I'**m so into** Sally being a lez. 난 샐리가 레즈가 되는 일에 폭 빠져있어.
  It's because you'**re so into** science. 네가 과학에 깊이 빠져있기 때문야.

- [ ] **get in the zone** …에 빠져있다
  I just get so in the zone. 난 그냥 몰입해있어.

- [ ] **keep one's mind on~**
  …에 마음을 두다, 전념하다(have[set]~)
  She **set her mind on** something else.
  걘 다른 거에 전념했어.

- [ ] **be wired into~**
  …에 연결되어 있다, …에 열중하다[빠져있다]
  Some of my friends **are wired into** Apple products.
  일부 내 친구들은 애플제품에 빠져있어.

- [ ] **sink one's teeth into**
  …에 정신팔리다, 열중하다
  She **sank her teeth into** her teacher's life.
  걘 자기 선생님의 삶에 정신이 팔렸어.

- [ ] **be[get] carried away**
  흥분하다, 지나칠 정도로 몰입하다
  John **got carried away** with talking to the baby.
  존은 아기와 얘기하는데 정신없었어.

- [ ] **be wrapped up in~**
  …에 몰두[열중]하다
  I **get so wrapped up in** work.
  난 일에 너무 몰두하고 있어.

- [ ] **be given to**
  주어지다, …에 몰두하다, 곧잘 …하다
  It'**s only given to** organ-transplant patients.
  이건 오직 장기이식환자에게만 주어지는거야.

미드 Situation

Nora: Terry **is really wrapped up** in his church. 테리는 정말 교회에 전념하고 있어.
Kenneth: He **gets carried away** with his religious feelings. 자기 종교적 열정에 빠져있어.
Nora: So you think he's sincere about this? 그래 넌 걔가 진지하다고 생각하는거야?
Kenneth: He says that he'**s given himself over to** God. 걘 하나님께 몰두하고 있다고 말해.
Nora: I guess he must be a true believer. 걘 정말 진정한 신자인 것 같아.

생각하다(Think) 415

027 You deserve what you get.
너 마땅히 자격이 돼.

자격과 공을 말하려면 deserve와 credit을 알아야 한다. 그래서 deserve을 이용한 표현들을 보면 알겠지만, credit를 활용한 give sb a credit to~는 …가 …의 공을 했다고 믿어주는 것이고, take credit for는 …에 대한 공을 차지하는 것을 말한다.

12문장으로 미드영어 후다닥 끝내기

- **deserve all[everything] you get** 마땅히 모든 걸 누릴 자격이 있다
  You're a bastard and **you deserve everything you get**. 넌 나쁜 자식이고 모든 걸 당해도 싸다.

- **deserve what sb get** …가 마땅히 가질만하다, 자업자득이다
  You deserve what you get. 넌 마땅히 가질 만해.

- **deserve better** 보다 나은 대접을 받아야 한다
  Hal's not worth it. **You deserve better.** 할은 그럴 가치가 없어. 네가 더 나은 대접을 받아야 해.

- **deserve a rest[attention]** 쉴[주목받을] 자격이 된다
  You deserve a more attention. 넌 더 주목을 받아야 돼.

- **You deserve to+V** 넌 …할 만해, 너는 …할 자격이 있다
  I won the day. **I deserve to** be rewarded. 나 이겼어. 보상받을 자격이 있어.

- **You deserve it** 넌 그래도 돼, 넌 그럴 자격이 있어, …해도 싸다
  They sent you a limo. **You deserve it.** 그들이 네게 리무진을 보냈어. 넌 그럴 자격이 있어.

- **You call yourself~** (비난) 소위 …라는 사람이…
  You call yourself a professional wrestler? 소위 프로레슬러란 사람이 고작 이거야?

- **fine one to talk (about~)** (…에 대해) 말할 자격이 없다
  Tim **is a fine one to talk** about cheating husbands. 팀은 바람피는 남편들에 대해 말할 자격이 없어.

- **put oneself out there** 자신있게 나서다
  I've spent my whole life **putting myself out there**. 난 전면에 자신있게 나서는데 평생을 보냈어.

- **give sb credit (for)** …를 믿어 주다, …에게 (…의) 공을 돌리다
  Do not **give me credit for** that. 내게 그거의 공을 돌리지마.

- **give credit where credit is due** 마땅한 사람에게 공을 돌리다
  I gotta **give credit where credit is due**. Chris did all this. 공을 받을 만한 사람에게 주어야지. 크리스가 이 모든 것을 했어.

- **take credit for** …의 공을 차지하다
  I got to **take credit for** his best ideas. 난 걔의 뛰어난 아이디어에 대한 공을 차지해야했어.

- **be credited to~** …의 공[덕분]이다
  The telephone's invention **is credited to** Edison. 전화기발명은 에디슨의 공이다.

미드 Situation

Terri: Ron has been sentenced to ten years in jail. 론은 10년 형을 받았어.
Joseph: He shouldn't **have put himself out** there as a thief. 걘 자기가 도둑이라고 나서면 안되는거였는데
Terri: **You call yourself** a friend of his? 걔의 친구라는 사람이…
Joseph: I was his friend, but I don't like his actions. 걔 친구지만 걔의 행동이 맘에 안들어.
Terri: He's going to be lonely in jail. 외롭게 감방에 가겠구만.

028 That's all I ask.
내가 바라는 것은 그뿐이야.

된다는 믿음을 갖고 희망을 가져야~

많은 희망을 품을 때는 have high hopes for, 희망을 저버리지 않을 때는 hope against hope, 그리고 가능한 잘되기를 바란다고 할 때는 hope for the best라 한다. 단지 바라는 것은 그것 뿐이야라고 말할 때는 That's all I ask라 한다.

12문장으로 미드영어 후다닥 끝내기

have high hopes for~ 많은 기대를 품고 있다	We had high hopes for Jessica. 우리는 제시카에게 많은 기대를 했어.
pin (one's) hopes on~ 희망을 걸다	Mom pinned her hopes on her only son. 엄마는 외아들에게 희망을 걸었어.
could use (a hand) (도움을) 얻었으면 좋겠다	I could use a hand getting ready. 도움이 준비되었으면 좋겠어.
jones[jonesing] for 간절히 바라다(crave for)	I think she's jonesing for sympathy sex. 내 생각에 걘 동정해서 해주는 섹스를 간절히 바라는 것 같아.
hope against hope 희망을 버리지 않다	The parents hoped against hope their kids would be OK. 부모들은 자기 자식들이 괜찮을거라는 희망을 버리지 않았어.
hope for the best (힘든 상황) 가능한 잘되기 바란다	I'm just hoping for the best at this point. 이 시점에서 난 가능한 잘되기를 바래.
be sb's last[only, best] hope …의 마지막[유일한, 최상의] 희망이다	I knew I'd failed, and you were my last hope. 난 실패할 줄 알았어, 그리고 넌 나의 마지막 희망이야.
I would prefer it+V …했으면 좋겠어	I would prefer it tighten quickly. 빨리 단단히 했으면 좋겠어. I thought that you'd prefer it be me. 네가 날 선택하길 더 바랄거라 생각했어.
I would prefer it if~ …한다면 더 좋겠어	I would prefer it if you didn't bring Jack. 네가 잭을 데려오지 않으면 더 좋겠어.
That's all I ask 바라는 건 그뿐이야	Just put out your cigarette. That's all I ask. 담배꺼. 바라는 건 그뿐이야.
wouldn't wish sth on~ …에게 일어나지 않기를 바라다	I wouldn't wish it on both of you. 난 그게 너희 둘 모두에게 일어나지 않기를 바래.
would sooner do sth (than~) 차라리 …하고 싶다	I would sooner die than take this necklace off. 난 이 목걸이를 풀기보다는 차라리 죽을래.
I'm hoping to[that~] …하기를 바래	I'm hoping you'll come and be with me. 난 네가 와서 나와 함께 하기를 바래.

미드 Situation

Manual: **I would prefer it if** we ate soon. 우리가 곧 식사를 했으면 더 좋겠어.
Connie: I can stop at the next restaurant we see. 다음 보이는 식당에 들어가자.
Manual: Thank you. **That's all I ask.** 고마워. 내가 바라는 건 그뿐이야.
Connie: Is there a specific type of food you'd like? 특별히 더 좋아하는 음식있어?
Manual: **I'm hoping to** get a hamburger and a Coke. 햄버거와 콜라를 먹었으면 해.

하고 싶어 몸이 근질근질해

029 He's itching to get out.
갠 나가고 싶어 죽을려고 해.

몹시 하고 싶다고 할때는 be dying[eager] to, can't wait to가 많이 알려져 있다. 여기에 be itching to도 함께 익혀둔다. 그리고 would like to의 강조표현인 would very much like to~ 또한 요긴하게 써먹어보자.

12문장으로 미드영어 후다닥 끝내기

☐ **have[get] a mind to~** …할 맘이 있다, …하고 싶다	**I have a mind to** quit right now. 난 지금 당장 그만 두고 싶은 맘이 있어.	
☐ **have half a mind to~** 할까말까 망설이다	**I have half a mind to** call her and tell her that. 걔한테 전화해서 그 얘기를 할까말까 망설이고 있어.	
☐ **can't wait to[for]~** 몹시 …을 하고 싶다(can't wait for sb ~ing)	**Can't wait to** hear the whole story. 이야기 전말을 몹시 듣고 싶어.	
☐ **be itching to[for~]** 좀이 쑤실 정도로 …하고 싶다	Looks like **he's itching to** get out. 걘 나가고 싶어 좀이 쑤시는 것 같아.	
☐ **have an itch to~** …하고 싶어 몸이 근질근질하다	Helen **has an itch to** see her old boyfriend. 헬렌은 옛 남친이 보고 싶어 근질근질해.	
☐ **be down for** …를 하고 싶다, 당기다	**I'd be down for** a big pizza. 큰 피자한판 먹고 싶어.	
☐ **hanker after[for, to~]** 강하게 원하다(not common)	He **was hankering after** a bottle of cold beer. 걘 찬 맥주 한 병을 꼭 먹고 싶었어.	
☐ **have a hankering for** …하고 싶다, …가 당기다	I know I should, but I don't **have a hankering for** it. 그래야 된다는 것을 알지만, 난 그걸 하고 싶지 않아. I **have a hankering to** eat out tonight. 오늘 밤 외식하고 싶어.	
☐ **feel like ~ing[N]** …을 하고 싶다	I don't really **feel like** talking right now. 지금은 정말이지 얘기하고 싶지 않아.	
☐ **ache for[to+V]** 몹시 …하고 싶다	Lisa **ached for** his touch while he was away. 리사는 걔가 없을 때 걔의 터치를 몹시 그리워했어.	
☐ **be tempted to~** …하고 싶어지다(be tempting 끌리다)	**I'm tempted to** employ Ben's strategy. 난 벤의 전략을 적용하고 싶어졌어.	
☐ **would very much like to~** 몹시 …하고 싶다	**I'd very much like to** see you naked. 난 너의 벗은 몸을 꼭 보고 싶어.	

Situation

Morris: **I feel like** having a rich dessert. 디저트를 많이 먹고 싶어.
Rita: Me too. **I am dying for** a piece of chocolate cake. 나도 그래. 초콜릿 케익 한조각 먹고 싶어.
Morris: Have you got any cake in the fridge? 냉장고에 케익하나도 없어?
Rita: No. I haven't got dessert of any kind. 없어. 디저트는 아무 것도 없어.
Morris: **I have half a mind to** order a chocolate cake from a deli.
델리에서 초콜렛 케익을 주문할까말까 망설여지네.

또 하고 시퍼~

030 I could go for a bite.
난 좀 먹고 싶어.

I could go for~는 좀 낯설게 보이지만 I'd like to~와 같은 의미로 많이 쓰이는 표현. 좀 더 강렬하게 하고 싶다고 할 때는 be hell bent on~이라고 쓴다.

12문장으로 미드영어 후다닥 끝내기

☐ **That's what I wanted (to~)**
바로 그게 내가 항상 원했던거야
Actually **that's what I wanted to** talk to you about.
실은 그게 바로 내가 너와 함께 얘기 나누고 싶었던거야.

☐ **All I wanna do is~**
내가 하고 싶은 건 …뿐이야
All I wanna do is just sit at this desk and write an email. 내가 하고 싶은 것은 그냥 책상에 앉아서 이멜을 쓰는거야.

☐ **V+what I want to do**
내가 원하는 것, 내가 하고 싶은 것
I don't know **what I want to do** with my life.
인생에서 내가 뭘 하고 싶은지 모르겠어.

☐ **I could[would] go for~**
…을 하고 싶다(would like sth[to~])
I could go for a little hair of the dog myself.
나 혼자 해장술을 좀 먹으러 갈 수도 있었어.

Maybe **we could go for** a walk. Talk a little bit.
우리 산책을 할 수도 있어. 조금만.

☐ **Not if I can help it**
그건 안하고 싶어, 그럴 수만 있다면
No pain ever again. **Not if I can help it.**
고통은 다시는 싫어. 그럴 수만 있다면.

☐ **to die for**
정말 갖고 싶은, 정말로 …하고 싶은
You look wonderful! That dress is **to die for**.
너 멋져 보여! 그 옷 정말로 탐난다.

☐ **can't be bothered**
…할 마음이 내키지 않는다, 굳이 …하고 싶지 않다
You **couldn't even be bothered** to kiss me goodnight.
너 오늘밤 내게 작별키스를 하고 싶은 맘이 내키지 않을 수도 있어.

☐ **have a craving for~**
…를 열망[갈망]하다
I **have a craving for** chocolate tonight.
오늘밤에 초콜렛을 정말이지 먹고 싶어.

☐ **(be) (hell) bent on sth[~ing]**
…하는데 필사적이다, …하려고 작정하다
Jim **was hell bent on** returning to his hometown.
짐은 고향으로 돌아가려고 작정을 했어.

☐ **long to[for]**
열망하다, 갈망하다(longing 갈망)
It's like she's **longing for** faith.
걔가 신앙을 갈망하는 것처럼 보여.

☐ **what I could do with**
…가 있으면 좋을텐데
What I could do with a car like this.
이런 차가 있으면 좋을텐데.

Marva: Whew, I'm glad that today is over. 휴, 오늘 일이 끝나서 넘 좋아.
Ned: **All I wanna do is** go home and have a few beers. 집에 가서 맥주 몇 잔 마시고 싶을 뿐야.
Marva: **I could go for** a nice meal too. 멋진 저녁을 먹을 수도 있지.
Ned: Cook one if you want to. **I can't be bothered.** 원하면 네가 해. 난 하기 싫어.
Marva: Can we stop at the supermarket on the way home? 집에 가는 길에 슈퍼마켓에 들를까?

생각하다(Think) 419

~ 할 수 있다면 뭐든지 하겠다

031 I'll do whatever it takes.
어떻게 해서라도 할게.

여러 표현이 있지만 다들 그렇게 어려워 보이지는 않는다. I'd give anything, would kill for~, do whatever it takes 등이 자주 모습을 드러내며, 특히 wouldn't be caught dead는 절대로 …하지 않겠다는 강조표현.

12문장으로 미드영어 후다닥 끝내기

☐ **would give anything to~**
뭐든지 하겠다(~give one's right arm to)
I'd give anything to take that back.
어떻게 해서라도 그걸 돌려받을거야.

☐ **would give the world to~**
뭔가 기필코 하겠다
She would give the world to get famous.
걘 유명해지려면 뭐든지 할거야.

☐ **do anything (in the world) to~**
…을 하기 위해서는 무슨 짓이든 하겠다
I will do anything to get her back, anything.
무슨 짓을 해서라도 걔를 다시 뺏어올거야.

☐ **will[could] do anything for sb**
…에게 뭐든지, 원가를 해주다
I'd do anything for you, you know that.
너를 위해 뭐든지 해줄게, 너 알잖아.

☐ **would kill for+N[to~]**
뭐든지 하겠다
Most women would kill to look like you.
대부분의 여자들은 너처럼 보이기 위해 뭐든지 할거야.

☐ **wouldn't be caught dead~**
절대 …하지 않겠다
I wouldn't be caught dead at a strip club.
난 스트립클럽에 절대로 가지 않을게.

☐ **do whatever it takes**
뭐든지 하다
I'm ready. I'll do whatever it takes.
난 준비됐어. 난 뭐든지 할게.

☐ **do whatever it takes to~**
어떻게 해서라도 …을 하다
Do whatever it takes to prove Jerry is innocent.
어떻게 해서라도 제리가 무죄라는 걸 밝힐게.

☐ **will[would] stop at nothing to~**
…하기 위해 무슨 일이든 하다
Hank would stop at nothing to get rich.
행크는 부자가 되기 위해서 무슨 일이든 할거야.

☐ **(even) if it kills me**
죽어도 (하겠다)
I'll finish the marathon, even if it kills me.
난 죽더라도 마라톤을 완주할거야.

☐ **I'll be hanged (if)!**
절대 …하지 않다, 결코 …하지 않겠다
I'll be hanged if I let her tell me what to do.
난 결코 걔가 내게 지시하도록 하지는 않을거야.

☐ **know[have] one's own mind**
자기 소신을 굽히지 않다
A strong person knows his own mind.
강인한 사람은 자기 소신을 굽히지 않아.

☐ **know one's way around**
사정을 훤히 알고 있다, 자기 할 일을 잘 알고 있다
He definitely knew his way around this hotel.
걘 분명히 이 호텔 사정을 훤히 알고 있어.

미드 Situation

Cara: I can't believe you're working as a garbage man. 네가 청소부로 일을 하고 있다니 믿기지 않아.
Seth: I have to **do whatever it takes** to make money. 돈벌기 위해서는 뭐라도 해야 돼.
Cara: Wouldn't you rather do something else? 차라리 다른 일을 해보지 않을테야?
Seth: Sure, **I'd give anything to** work in an office. 좋아, 사무직을 할 수 있다면 뭐라도 할거야.
Cara: Why don't you apply for some different jobs then? 그럼 다른 직업에 지원해봐.

032 I'll take the blame for it.

자기가 했으면 책임을 져야~

내가 그에 대한 책임을 질게.

face the music은 부담스러워도 당당히 책임을 지겠다는 관용표현이고, do one's share는 자기 몫을 하다, take the blame for는 …에 대한 책임을 지다라는 의미. 또한 pay one's dues는 회비를 내다, 즉 자기 책임은 다했다라는 표현.

12문장으로 미드영어 후다닥 끝내기

- **take over** 남일을 넘겨받다, 책임지고 떠맡다
  I'll take over from here.
  여기서부터는 내가 맡을게.

- **face the music** 당당히 자기 잘못에 책임지다
  When it's time to face the music, he concocts a story that gets him sympathy.
  걘 잘못에 책임질 때는 동정심을 유발하는 얘기를 지어내.

- **do one's share** 자기 몫을 하다
  Each person is expected to do his share.
  각 사람은 자기 몫을 해야 한다.

- **carry the world on one's shoulders** 많은 책임을 떠맡다
  Trisha seems to carry the world on her shoulders.
  트리샤는 많은 책임을 떠맡고 있는 것 같아.

- **take the blame for** 책임을 지다(accept[get]~)
  You have to take the blame for what happened.
  너는 일어난 일에 대해 책임을 져야 해.

- **share the blame for** …에 대해 공동책임지다
  We shared the blame for the broken dishes.
  우리는 접시 깨진 거에 같이 책임을 졌어.

- **have oneself to blame** …의 잘못이다, …가 책임져야 한다
  I have no one but myself to blame.
  나를 탓할 수 밖에 없네.

- **~only have oneself to blame** …말고는 책임질 사람이 없다
  You have only yourself to blame for the accident.
  너 말고는 그 사고를 책임질 사람이 없어.

- **hold up one's end (of the bargain)** 책임을 다하다, 자기 몫을 다하다
  I was not able to hold up my end of the bargain.
  난 내 몫을 다 할 수가 없었어.

- **let oneself in for sth** 책임을 짊어지다
  You've just let yourself in for a world of trouble.
  넌 고통스런 세상에 네 책임을 졌어.

- **pay one's dues** 빚을 갚다, 대가를 치루다
  The actress never paid her dues in the business.
  그 여배우는 그 사업에서 자신의 빚을 절대로 갚지 않았어.

- **put one's money where one's mouth is** 자기 말에 책임을 지다
  Come on Pam, put your money where your mouth is.
  이것봐, 팸, 네가 한 말에 책임을 지라고.

- **be one's department** …의 일이다, …의 분야이다
  That's my department. So tell me all about the bum.
  그것은 내 일이니 그 부랑자에 대해 말해봐.

미드 Situation

Pippa: Trista never **does her share** of the work. 트리스타는 절대로 자기 맡은 일을 하지 않아.
Franz: Have you told her to work harder? 좀 더 열심히 하라고 말했어?
Pippa: I can't. **That's not my department.** 할 수 없었어. 내가 할 일이 아니잖아.
Franz: **You only have yourself to blame for** her laziness. 걔 게으름에 너 말고는 책임질 사람이 없네.
Pippa: I don't want her to get angry at me. 난 걔가 나한테 화내는 걸 원치 않아.

033 It's all yours!
네 맘대로해!, 네가 책임져!

좀 어렵게 책임을 지려면 hold sb responsible이 많이 쓰이며, take the hit, take the fall for 등이 있다. 비유적으로는 be one's funeral, be all yours 등이 있다.

12문장으로 미드영어 후다닥 끝내기

- **hold sb responsible**
  책임을 묻다(be held responsible 책임이 있다)
  You guys got held responsible. You understand me?
  너희들에게 책임이 있어. 알아듣겠어?

- **take the hit**
  책임을 지다
  Somebody will have to take the hit for this mess.
  누군가 이 혼란에 대한 책임을 져야 될거야.

- **take the fall for**
  …을 대신해 책임지다
  My father took the fall for me and went to jail.
  아버지가 내 대신해 책임을 지고 감방에 가셨어.

- **can answer for sb**
  …에 대해 책임지다, 장담하다
  Who can answer for the stolen money?
  누가 도둑맞은 돈에 대해 책임을 질 수 있을까?

- **carry the ball**
  책임을 지다
  You'll have to carry the ball while I'm away.
  내가 없는 동안 네가 책임을 져야 할거야.

- **show (sb) who's boss**
  …에게 누가 책임자인지 보여주다
  The new manager showed everyone who was the boss. 새로운 매니저는 누가 책임자인지 모두에게 보여줬어.

- **be on the hook for~**
  …에 대한 책임을 지고 비난받다
  I'm on the hook for obstruction of justice.
  난 법집행을 방해했다고 비난을 받고 있어.

- **it's one's funeral**
  …가 책임져야지, 그날로 넌 끝이야
  Go ahead and do it. It's your funeral.
  어서 해봐. 그걸로 넌 끝이야.

- **be all yours**
  네가 원하는 대로 하라, …의 책임이다
  Yeah, it's all yours! Here are the keys.
  그래, 너 원하는대로 해라! 여기 열쇠.

- **run the show**
  앞장서 꾸려나가다, 책임지고 이끌다
  Who the hell is running the show in this joint?
  도대체 이 술집의 책임자가 누구야?

- **take sb in hand**
  …를 지도하거나 책임지고 다루다
  Take Frank in hand and show him the rules.
  프랭크를 책임지고 다루고 룰을 알려주라고.

- **share the responsibility**
  책임을 공유하다
  We shared responsibility while teaching together.
  우리는 함께 가르치면서 책임을 공유했어.

Oliver: Was the car accident your fault? 그 차사고 네 책임이야?
Diane: No, but the other driver is holding me responsible.
아니, 근데 다른 운전자가 내가 책임이라는거야.
Oliver: You can't take the fall for someone else. 다른 사람 책임을 뒤집어쓸 수는 없지.
Diane: He says he won't share responsibility for what happened. 걘 사고 같이 책임지지 않겠대.
Oliver: Then you're going to have to take him to court. 그럼 법으로 하자고 그래.

034 You can't walk out on her.
걔 그냥 두고 가버리면 안돼.

책임을 면해주는 건 take ~ off one's hands, leave~ holding the bag이 많이 쓰인다. 포카에서 유래한 pass the buck은 책임을 회피하다, put one's mistake on은 책임을 전가하는 것이고, walk out on은 책임지지 않고 그냥 가버리는 것.

12문장으로 미드영어 후다닥 끝내기

☐ **be out of one's hands**
…의 책임이 아니다

The decision **is out of your hands**.
이 결정은 너의 책임이 아니다.

☐ **take ~ off one's hands**
…을 …에게서 면해주다, …을 떠맡다

She could **take** a few patients **off your hands**.
걔는 너에게서 환자 몇 명을 빼줄 수 있을거야.

☐ **be not one's keeper**
…의 책임자가 아니다

I'm not your keeper. I have no responsibility for you.
난 너를 책임지는 사람이 아냐. 난 너에 대한 책임이 없어.

☐ **leave ~ holding the bag**
…한테 뒤집어 씌우다(hold the bag 혼자 뒤집어 쓰다)

Look how he **left** Helen **holding the bag**.
걔가 어떻게 헬렌에게 책임을 뒤집어 씌우는 지 봐봐.

☐ **wash one's hands of**
더 이상 책임지지 않다, 손을 떼다

I thanked God for allowing me to **wash my hands of** it.
내가 그거에서 손을 떼게 해주셔서 하느님께 감사해.

☐ **pass the buck**
책임을 돌리다, 회피하다

Don't **pass the buck** when you have problems.
네가 문제가 있을 때는 책임을 돌리지마.

☐ **drop~ in one's lap**
…가 책임지도록 맡기다(dump~)

You trying to **drop** that **in my lap**?
내가 책임지도록 하려는거지?

☐ **try to duck out of it**
책임을 피하려고 하다, 빠져나오다

I **tried to duck out of** the ceremony early.
난 기념식에서 일찍 빠져나오려고 해썽.

☐ **put one's mistake on**
책임전가하다

Don't ever try to **put your mistake on** me.
네 잘못을 내게 책임전가하려고 하지마.

☐ **shift[place] the blame on~**
…에게 책임을 돌리다(lay[put]~)

I can't believe she **placed the blame on** her mom.
걔가 자기 엄마에게 책임을 전가하다니 믿기지 않아.

☐ **through no fault of one's own**
…의 책임이 아닌데도, 불가항력으로

I'm unemployed, **through no fault of my own**.
나는 어쩔 수 없이 실업자야.

☐ **walk out on~**
책임지지 않고 버리다, 떠나다

Did you **walk out on** your family?
넌 네 가족을 버리고 떠났다는거야?

Jean: Can you **take** these kids **off my hands** for a while? 잠시 이 아이들 좀 봐줄테야?
Lee: No. I'm sorry, but **I'm not their keeper.** 아니, 미안하지만, 내가 책임지는 사람은 아니잖아.
Jean: You'd **walk out on** me when I need you? 내가 널 필요로 할 때 나 외면하겠다는거야?
Lee: You know that I don't even like kids. 나 애 싫어하는 것도 알잖아.
Jean: Thanks a lot! You're a lousy friend! 참 고맙네! 너 참 못된 친구구나!

흩어진 정신을 모아모아 기운내다

035 Get a hold of yourself.
정신차려.

기운내거나 집중해서 정신차리다라는 표현들로 pull it[oneself] together, get one's act together, get oneself together 등에서 보듯 흩어진 맘을 모은다는 의미에서 together가 쓰인다. 또한 deal with it, snap out of it도 함께 알아둔다.

12문장으로 미드영어 후다닥 끝내기

☐ **pull it together** 목표달성하다
(사물주어) …을 취합하여 하나로 만들다
We've got to **pull it together** for this final event.
우리는 이 마지막 이벤트를 위해 집중해야 돼.

☐ **pull oneself together** 정신차리다, 기운차리다
I'm gonna give you a few days to **pull yourself together**. 며칠 시간줄 테니 정신차리라고.

☐ **deal with it** 정신차리다
Well, we're having a kid, so **deal with it**!
저기, 우리에겐 아이가 있다고, 그러니 정신 좀 차려!

☐ **get one's act together** 정신차리다, 기운내다
You've had many chances, but you didn't **get your act together**. 넌 기회가 많았는데 정신을 차리지 못했었어.

☐ **be not oneself** 제정신이 아니다(Be yourself! 정신차려!)
I'm telling you, **she's not herself**.
정말이지, 걔는 제정신이 아냐.

☐ **get a hold of oneself** 진정하다, 정신차리다
Get a hold of yourself, man.
야, 정신차려.

☐ **talk some sense into~** …에게 얘기해서 정신차리게 하다(knock~)
We need to get them in a room and **talk some sense into** them. 걔네들을 방으로 데리고가서 정신차리게 해야 돼.

☐ **get it together** 뭔가 잘해내다, 정신을 가다듬다
Dan is meeting his actual mother tonight. **Get it together**. 댄은 오늘밤에 실제 엄마를 만날거야. 정신차려.

☐ **get oneself together** 침착하게 맘을 정리하다
Give me a few minutes to **get myself together**.
내가 맘을 정리하게 몇 분만 시간을 줘.

☐ **snap out of** …에서 벗어나다, (몽상에서) 벗어나다, 정신차려
Did she suddenly **snap out of** it for no apparent reason? 걔가 아무런 명백한 이유도 없이 갑자기 기분이 좋아졌어?

☐ **get one's mind out of the gutter** 좋은 쪽으로 생각하다, 정신차리다
You better **get your mind out of the gutter**, you jerk.
이 한심한 놈아, 이제 정신차려야지.

☐ **break the spell** 환상에서 벗어나 온정신으로 되돌리다
Is there anyone to help Aurora **break his spell**?
누구 오로라를 도와서 걔를 온정신으로 만드는데 도와줄 사람있어?

☐ **bang one's heads together** 정신차리게 하다
I'm going to **bang your heads together** if you don't shut up. 너희들 입닥치지 않으면 정신차리게 할거야.

미드 Situation

Daniel: My God, I'm so tired tonight. 맙소사, 오늘밤 너무 피곤해.
Kris: **Pull yourself together.** You can't fall asleep now. 기운내. 지금 잠들면 안돼.
Daniel: **I'm not myself.** How long before we can leave? 나 지금 제정신이 아냐. 얼마있다 출발하는거야?
Kris: We still have three hours. You have to **snap out of it**. 아직 3시간 남았어. 정신차려야지.
Daniel: I'm not sure I can do that without a nap. 낮잠을 안자고 그렇게 될지 모르겠어.

424 Chapter 7

036 Don't give me that attitude.

내게 그렇게 대하지마.

태도가 글러 먹으면 안돼

태도하면 attitude가 독보적인 단어로 문맥에 따라 단어자체가 좀 불량한 태도라는 뜻을 담고 있다. 그래서 attitude problem하면 태도에 문제가 있는 경우를 뜻할 때 사용한다.

12문장으로 미드영어 후다닥 끝내기

- **can-do attitude** 적극적인 태도(can-do spirits 할 수 있다는 정신)
  I appreciate the **can do attitude**.
  적극적인 태도에 감사드립니다.

- **gung-ho attitude** 용맹한 태도
  I love your **gung-ho attitude**.
  너의 용맹한 태도가 맘에 들어.

- **take the attitude** 태도를 취하다
  Well, you don't have to **take that attitude**.
  저기, 넌 그런 태도를 취할 필요가 없어.

- **attitude problem** 태도에 문제가 있는 거
  My brother was sent to detention for his **attitude problem**. 내 형은 태도문제 때문에 방과후에 남게 되었어.

- **get an attitude** 어떤 (나쁜) 태도를 취하다
  Don't **get an attitude** with me, young man.
  젊은 친구, 내게 못되게 굴지마.

- **give me an attitude** 고집스러운 나쁜 태도를 보이다
  Don't **give me that attitude**, Caroline.
  캐롤린, 내게 그런 식으로 하지마.

- **have a bad[good] attitude** 태도가 나쁘대[좋다]
  Christina, you **have a bad attitude**.
  크리스티나, 넌 좀 태도가 불량해.

- **have a positive[negative] attitude** 긍정적[부정적] 태도를 갖다
  It's not good that you **have a negative attitude**.
  네가 부정적인 태도를 갖는 것은 좋지 않아.

- **flip-flop** (의견, 태도) 갑자기 바꾸다 (do a flip-flop, *flip-flops샌들)
  Politicians **flip-flop** on their stances.
  정치인들은 자신들의 입장을 갑자기 바꾸곤 하지.

- **sing a different tune** 태도를 바꾸다
  You better get her **singing a different tune** by tomorrow. 걔가 내일까지는 태도를 바꾸도록 해.

- **with~ attitude** …태도로는
  You won't find a job **with that attitude**.
  넌 그런 태도로는 직장을 구할 수 없을거야.

- **not like one's attitude** …의 태도를 싫어하다
  I don't like your attitude.
  난 네 태도가 싫어.

미드 Situation

Julie: This place sucks. I hate everything about it. 여기 별로야. 난 다 맘에 안들어.
Stephen: You know, **I really don't like your attitude.** 저 말야, 난 정말 네 태도가 맘에 안들어.
Julie: Are you saying that you **have a good attitude**? 넌 그럼 행실이 좋다는 말이야?
Stephen: Every day I come to work with a **can-do attitude**. 매일 난 적극적인 자세로 출근해.
Julie: That may be true, but I think you are a fool. 그럴 수도 있지만 난 네가 바보같아.

생각하다(Think)

조심해서 나쁠 게 있나요

037 I'm gonna play it safe.
신중하게 할거야.

조심 또는 신중을 기하다는 play it safe, use caution, 반대로 조심하지 않을 때는 throw caution to the wind라고 한다. 또한 check one's six라는 표현이 있는데 군대에서 유래한 표현으로 뒤를 확인해라, 즉 조심하다라는 의미.

12문장으로 미드영어 후다닥 끝내기

play it safe 조심하다, 신중을 기하다	I'm gonna **play it safe** and show up with a gift. 난 조심해서 선물을 가지고 나타날거야.
keep one's head up 조심하다(Heads up! 조심하고 위를 봐!)	**Keep your head up** when you walk around the site. 공사장 주변을 걸을 때는 조심해.
throw caution to the wind 앞뒤가리지 않고 행동하다	Let's **throw caution to the wind** and get married. 앞뒤 가리지 말고 우리 결혼하자.
use (extreme) caution (극도의) 주의를 기울이다, 신중을 기하다	I warned you to **use extreme caution**. 극도의 신중을 기하라고 내가 경고했잖아.
err on the side of caution 신중한 쪽으로 행동하다	For that reason, I'd like to **err on the side of caution**. 그런 이유로, 난 신중하게 행동하려고 해.
look[stare] over one's shoulder 뒤돌아보다, 걱정하다	You **looked over your shoulder**, and said, "You know what? That's not for me." 넌 돌아보고, 말했지, "그거 알아, 그거 내꺼 아냐."
check [watch] one's six 뒤를 조심하다(Behind you! 뒤를 봐!)	You better **check your six**, bro. 친구야 뒤를 조심해야 돼.
tread carefully 조심히 말하다, 신중을 기하다	**Tread carefully** when you're around that old bitch. 저 나이든 못된 년 옆에 있을 때는 신중하라고.
draw[pull] in one's horns 조심하다, 소극적이 되다	Everybody calm down and **pull in your horns**. 다들 진정하고 조심하라고.
be the soul of discretion 신중하다	Marge **is the very soul of discretion**. 마지는 매우 신중한 사람이야.
think before you speak [act] 신중히 행동하다	It's best if you **think before you speak**. 네가 신중히 행동하는게 최선이야.
watch oneself 피해주지 않도록 조심하다, 다치지 않도록 조심하다	I'm going down. **Watch yourself**. 내가 내려가니까 조심해.
watch out for sb[sth] 주의깊게 지켜보다(watch out 조심하다)	**Watch out for** my wife. She's on a tear. 네 아내를 잘 지켜봐. 난리치고 있어.

미드 Situation

Gavin: Do you care to invest in this fund? 이 펀드에 투자하고 싶어?
Dorothy: No. I've always been one to **play it safe**. 아니. 난 항상 안전한 쪽으로 가는 사람이야.
Gavin: I plan to **throw caution to the wind,** myself. 난 그냥 질러버릴 생각이야.
Dorothy: **Watch out for** people who deal in stocks and other funds. 주식, 펀드들 다루는 사람 조심하라고.
Gavin: Are you saying that they are dishonest people? 걔네들이 부정직하다고 말하는거야?

426 Chapter 7

좋은 경험 나쁜 경험 다해보다

038 Let it be a lesson to you.
그걸 교훈으로 삼아라.

go through는 경험하다, get through는 어떤 어려운 상황을 경험하고 이겨내는 것을 말한다. 경험을 통해서 learn one's lesson하게 되며, 교훈을 삼아라라고 할 때는 let it be a lesson to~라 하면 된다.

12문장으로 미드영어 후다닥 끝내기

- **get through** 어려운 상황을 이겨내다(go through 경험하다)
  How did you **get through** your first breakup?
  너의 첫 이별을 어떻게 이겨냈어?

- **Have you ever been to~?** …에 갔다 온 적이 있어?
  Chris, **have you ever been to** Niagara Falls?
  크리스, 나이아가라 폭포에 갔다 온 적이 있어?

- **I have been[gone] to~** …에 갔다 온 적이 있어
  I've been to 20 doctors in the last three years.
  지난 3년간 의사 20명에게 갔어.

- **put it down to experience** 경험으로 삼다
  Just let it go. **Put it down to experience.**
  그냥 잊어버려. 경험으로 삼고.

- **have one's share of~** 내몫의 …가 있다, …을 경험해봤다
  I've had my share of bad reviews.
  난 혹평을 받을 만큼 받아봤어.

- **Have you tried+N[~ing]?** …하려고 해봤니?
  Have you tried taking a shower with him?
  걔하고 샤워해보려고 해봤어?

- **learn one's lesson** (나쁜 경험을 통해) 교훈을 깨우치다
  Look, **I learned my lesson**, okay?
  이봐, 나 교훈을 얻었어, 알았지?

- **let that[this] be a lesson to~** 그것으로 교훈삼다
  Let it be a lesson to all of you.
  그것을 너희들 모두에게 교훈으로 삼아.

- **be around the block a few times** 그 분야에 경험이 많다
  The old guy **has been around the block a few times**.
  그 나이든 사람은 그 분야에 경험이 많아.

- **in one's experience** 내 경험상
  In my experience, innocent people do not prepare alibis. 내 경험상, 죄가 없는 사람들은 알리바이를 준비하지 않아.

- **have much[a tons of] experience** 경험이 많다
  It's never easy, no matter how **much experience you have**. 얼마나 경험이 많건 간에 그건 쉽지가 않아.

- **have more experience with** 더 많은 경험을 하다
  You **have more experience with** criminal defense.
  넌 형사변호에 더 많은 경험이 있잖아.

- **put through** 경험하다, 겪다
  Why put me through this? 왜 내가 이것을 겪게 만드는거야?

미드 Situation

Scott: **Have you ever been to** the US? 미국에 가본 적이 있어?
Ursula: Yeah, I've visited LA and New York. 어, LA와 뉴욕에 간 적이 있어.
Scott: How did you **get through** the visa process? 어떻게 비자를 발급받았어?
Ursula: **In my experience,** you need a lot of money in the bank. 내 경험상 은행에 돈이 많아야 돼.
Scott: It sounds like I won't be able to get a visa. 난 비자를 받지 못할 것 같네.

생각하다(Think)

~ 해볼 가치가 있다

039 What's it worth to you?
네게는 무슨 가치가 있는데?

뭔가 할 가치가 있다고 할 때는 be worth~ 형태를 사용하면 이때 worth 다음에는 명사나 ~ing를 이어 쓰면 된다. 본전을 뽑을 가치가 있는 것은 bang for the buck, 그리고 무슨 가치가 있냐고 물어볼 때는 What's it worth to~ 라 한다.

12문장으로 미드영어 후다닥 끝내기

- **be worth a shot[try]** 해볼 가치는 있다(be worth it[~ing])
  She's right. **It was worth a shot**.
  걔말이 맞어. 그건 해볼 만한 가치가 있었어.

- **be worth every penny** 그만한 가치가 있다(every penny count)
  Three years of misery, but **worth every penny**, don't you think? 3년간의 비참한 생활, 하지만 그만한 가치가 있어, 그렇게 생각하지 않아?

- **be not worth a damn** 한 푼의 가치도 없다
  Men not knowing how to fuck **aren't worth a damn**.
  섹스할 줄도 모르는 남자들은 한푼 가치도 없어.

- **be not worth the effort[trouble]** 굳이 그렇게 까지 할 필요가 없다
  The hottie **is worth the effort**. You go flirt with her.
  저 섹시한 여자는 노력을 해볼만 하지. 가서 작업걸어봐.

- **be worth waiting for** …가 기다릴 만한 가치가 있다
  I hope your sweetheart **is worth waiting for**.
  네 여친은 기다릴만한 가치가 있다고 생각해.

- **bang for the buck** 본전은 뽑을 만한 가치
  This sports car offers the most **bang for the buck**.
  이 스포츠카는 본전을 뽑을 만한 가치가 있어.

- **get a bigger[better] bang for your buck** 돈쓴 것보다 더 많은 걸 건지다
  You'll **get a bigger bang for your buck** shopping here. 여기서 쇼핑하면 쓴 것보다 더 많은 것을 건질거야.

- **What's the good of~ ?** …해야 무슨 소용야?
  What's the good of working a job you hate?
  네가 싫어하는 일을 해봤자 무슨 소용이 있어?

- **What's it worth (to you)?** (너한테) 무슨 가치가 있어?
  I have the package. **What's it worth to you?**
  난 소포가 있는데. 너한테는 무슨 가치가 있어?

- **What price~?** 무슨 가치가 있겠냐?(What's the use of~)
  What price leading that sort of lifestyle?
  그런 종류의 삶을 사는게 무슨 가치가 있겠어?

- **not worth the paper it is printed on** 서류 등이 전혀 의미없다
  This contract **isn't worth the paper it's printed on**.
  이 계약서는 전혀 의미가 없어.

- **sth be wasted on sb** …가 누리기에 아깝다
  Love **is wasted on** me?
  내가 사랑을 누리기에는 아깝다고?

- **not put a price on~** 소중하다, 돈으로 환산할 수 없다
  You **can't put a price on** a good education.
  양질의 교육은 돈으로 환산할 수 없어.

미드 Situation

Alana: Do you like the new car you got? 새로 산 자동차 맘에 들어?
Bernie: **It was great bang for the buck.** Worth every penny. 본전은 뽑았지. 그만한 가치가 있어.
Alana: I haven't got my driver's license yet. 난 아직 면허증이 없어.
Bernie: **What's the good of** having a car without a license? 면허증이 없으면 차가 있어도 무슨 소용야?
Alana: It would be no good at all, **not worth a damn** really. 아무 소용없지, 정말 전혀 쓸모없지.

필요해 필요없어

040 I could do with some drinks.
술 좀 마시고 싶어.

굳이 …할 필요가 없다고 할 때는 don't bother to~, …할 필요가 있다고 할 때는 could do with~를 사용한다. 내가 필요한 것을 강조해 말할 때는 That's all I need~라고 하면 된다.

 12문장으로 미드영어 후다닥 끝내기

☐ **bother to+V** 굳이 …하느라 애쓰다	You ever **bother to** read it? 그거 읽어보려고는 했어?
☐ **Don't bother to+V[~ing]** 굳이 …할 필요 없다	**Don't bother to** take your clothes off for sex. 섹스를 하기 위해서 굳이 옷을 벗을 필요는 없어.
☐ **could do with sth** …할 필요가 있다(I'd like sth)	**I could do with** some drinks. 술 좀 마시고 싶어. Boy, what **I could do with** a car like this. 야, 이런 차 있다면 멋지게 해볼텐데.
☐ **could do without** …없이 지내다	**We could do without** the loud music. 우리는 시끄러운 음악없이 지낼 수 있어.
☐ **All I need (to do) is~** 그저 …개(하는게) 필요해	**All I need is** the bullet you pulled from him. 내가 필요한 건 그 사람한테서 뽑은 총알이야.
☐ **if need be** 필요하다면	**If need be,** I'll come to your apartment. 필요하다면 네 아파트로 갈게.
☐ **need sth like a hole in the head** …는 전혀 필요가 없다	I **need** a boat **like a hole in the head**. 나는 보트가 전혀 필요없어.
☐ **That's all I need (to~)** 내가 필요한 건 그게 다야	**That's all I need to know.** Let's go, guys. 내가 알고 싶은 건 그게 다야. 가자, 애들아.
☐ **There's nothing to+V** 전혀 …할 필요가 없다	Tell her **there's nothing to** worry about. 걔한테 전혀 걱정할 것 없다고 해.
☐ **Who needs it[them]?** 누가 저걸 필요로 하겠어?	All this extra stuff, **who needs it?** 이 모든 여분의 것들, 누가 저걸 필요로 하겠어?
☐ **Will that be all?** 더 필요한건요?	Here is your order. **Will that be all?** 주문하신거요. 더 필요하신 건 없구요?
☐ **everything but the kitchen sink** 필요이상으로 많은	My wife packed **everything but the kitchen sink**. 내 아내는 필요이상으로 많은 것을 챙겼어.

미드 Situation

Cathy: **Don't bother to** turn on the TV. 굳이 TV를 틀려고 하지마.
Dustin: You don't want to watch anything right now? 지금 아무 것도 보고 싶지 않아?
Cathy: **There's nothing** I want to watch tonight. 오늘밤에는 보고 싶은 게 없어.
Dustin: How about we turn on the radio? 라디오를 틀면 어때?
Cathy: **If need be,** you can turn on some music. 원한다면 음악 좀 틀어.

생각하다(Think) 429

대단히 멋진

041 Isn't it amazing?
대단하지 않아?

뭔가 대단하다고 말할 때는 의외로 something이나 somebody를 쓴다. 이는 문맥에 따라 잘 구분해서 이해해야 한다. 또한 bitchin'은 의외로 대단한, 멋진이란 속어로 쓰인다. 물론 대단하다고 할 때 amazing을 빼면 섭섭.

12문장으로 미드영어 후다닥 끝내기

That's really[quite] something 뭔가 대단하다, 멋지다	Be sure you get this. **It's really something** to see. 이거 반드시 놓치지마. 정말 대단한 볼거리야.
be somebody[someone] 대단한 사람이다, 어떤 사람이다	Jill has worked hard to **be somebody**. 질은 대단한 사람이 되려고 열심히 일했어.
be something else 대단하다, 정말 물건[별종]이다	Jesus, Ray, **you are really something else**. 맙소사, 레이, 넌 정말 물건이야.
be something of a+사람명사 …가 사람명사하다	Everyone in love **is something of** an idiot. 사랑에 빠진 사람은 다 바보가 돼.
Some friend you are! 대단한 친구구맨, 너 참 못된 친구다!	How could you leave? **Some friend you are!** 어떻게 떠날 수 있어? 너 참 대단한 친구다!
bitchin' 멋져(awesome)	He's got a **bitchin'** stereo system. 걘 아주 멋진 스테레오 시스템을 갖고 있어.
Isn't it amazing? 대단하지 않아?(This is amazing! 놀라워!)	I know, **isn't it amazing?** 알아, 대단하지 않아? Wow, **this is amazing.** God I'm jealous. 와, 대단하다. 정말 부러워.
You're amazing! 넌 대단해!(You look amazing! 너 멋져 보여!)	You didn't fail anybody. **You're amazing!** 넌 아무도 실망시키지 않았어. 넌 참 대단해!
Big thrill! 거 참 대단하군!, 별것도 아니구먼!	**Big thrill!** We went there when I was eleven. 거 참 대단하군! 11살 때 우리 거기 갔었지.
Fucking A 굉장하군, 물론이지	**Fucking A!** That's what I'm talking about! 당근이지! 내 말이 바로 그거야.
Love you! 당신 멋져!, 대단해!	**Love you!** Can't wait to see you again. 당신 멋져! 빨리 다시 보고 싶어 죽겠어.
an ass that won't quit (무례) 아주 멋진 여자	His girlfriend has **an ass that won't quit**. 걔 여친은 아주 죽여줘.

미드 Situation

Dennis: Look at the girl I had a date with last night. 어젯밤에 데이트한 여자 좀 봐.
Bernadette: That's quite a picture. **She's really something.** 멋진 사진인데. 정말 근사한데.
Dennis: I know. She **has an ass that won't quit.** 알아, 걔 죽여줘.
Bernadette: **You are something else.** You only care about her ass.
너 참 대단하다. 여자 엉덩이에만 관심을 갖네.
Dennis: The shape of a girl's ass is very important to me. 여자 엉덩이 생김새가 내겐 매우 중요해.

역시 대단해

042 Your new car is shit hot!
너 새로 뽑은 자동차 기똥차다!

big deal은 중요한 것 그래서 문맥에 따라 대단한 것으로도 사용된다. 특히 hot shit은 몸에서 나온 신상으로 비유적으로 거물, 대단한 사람을 말하며, 두단어를 바꿔써서 shit hot하면 역시 이 또한 기똥찬이라는 표현이 된다.

12문장으로 미드영어 후다닥 끝내기

☐	**The big deal is~** 대단한 점은 …이다	**The big deal is** I run a diner. 중요한 건 내가 식당을 운영한다는거야.
☐	**know what the big deal is~** 뭐가 대단한 일인지 알다(see[tell]~)	I'll **tell you what the big deal is**. 뭐가 중요한 일인지 말해줄게.
☐	**the picture of health** …의 화신, 무척 …한	Yeah, my grandpa **is the picture of health**. 그래, 내 할아버지는 건강의 화신이야.
☐	**to good[great] effect** 좋은, 대단한	The experiment was done **to good effect**. 그 실험은 아주 근사하게 행해졌어.
☐	**~will go down in history** 역사에 남을 만한 일을 하다	This discovery **will go down in history**. 이 발견은 역사에 길이 남을거야.
☐	**make history** 역사에 남을 만한 대단한 일을 하다	We're about to **make history**. 우리는 역사에 남을 일을 하려는거야.
☐	**hot shit** 잘했어, 대단한 사람, 거물	My new boss is such a **hot shit**. 새로운 사장은 정말 대단한 사람이야.
☐	**shit hot** 기똥찬, 기똥차다	Your new car is **shit hot**. I envy you. 네 새 차는 정말 기똥차다. 네가 부러워.
☐	**Tough shit!** (고소해하며) 참 안됐다!	**Tough shit.** You'll do what you're told. 안됐구만. 넌 시키는대로 하라고.
☐	**bang-up** 아주 훌륭한	You and Chris really did a **bang-up** job. 너와 크리스는 정말 아주 멋진 일을 했어.
☐	**be the bomb** 멋지다, 훌륭하다(fantastic)	That new dress **is the bomb**! 저 새로운 드레스는 정말 멋지다!

미드 Situation

Adrian: I'd like to **know what the big deal is** about a BMW. BMW의 뭐가 대단한지 알고 싶어.
Becky: That car **is the bomb**. Everybody wants one. 저 자동차는 끝내줘. 다들 원하지.
Adrian: **So the big deal is** that they're popular? 그럼 대단하다는 게 많이들 타서 그렇다는거야?
Becky: No, no. They are **shit hot** because they're really expensive. 아니, 아니. 정말 비싼차이기 때문에 정말 기똥차.
Adrian: I guess I'll have to buy one to impress people. 나도 하나 사서 사람들 놀래줄까.

043 That's far out!
그거 끝내준다!

대단한 그리고 대단하지 않은

난 대단히 …한 사람은 아니라고 할 때는 I'm not much of~를, No big deal은 대단하지 않은, 즉 별거 아니라는 표현. 그 밖에 대단하다고 할 때는 be quite a~, ~and a half 등의 표현을 사용하면 된다.

12문장으로 미드영어 후다닥 끝내기

- **I'm not much of** …하는 편은 아니야, 대단한 …는 아니야
  It's okay, I'm not much of a gentleman.
  괜찮아, 난 그렇게 신사적인 사람은 아냐.

- **That's not saying much** 별로 특별하지 않다, 대단치 않다
  He is religious, but that's not saying much.
  걔는 종교적이지만 그게 뭐 특별한 것은 아니지.

- **(That's, It's) No big deal** 별거 아니다, 대수롭지 않다(No biggie)
  I was just stressed out. It's no big deal.
  그냥 지쳤어. 별 일 아냐.
  No biggie. I'm fine. 별 일 아냐. 나 괜찮아.

- **B.F.D.[Big Fucking Deal!]** 참 대단하군!
  So you're a millionaire. B.F.D.
  그럼 너 백만장자네. 참 대단하군.

- **not see what the big deal is** 별일 아니다(not get[know]~)
  I don't get what the big deal is.
  뭐가 그렇게 큰 일인지 모르겠네.

- **be quite a~** 대단히 …하다
  He was quite a man, my father.
  그 사람, 나의 아버지는 대단한 사람이었어.

- **~ and a half** 굉장한, 특별한
  That is a motorcycle and a half. It's beautiful.
  저건 굉장한 오토바이야. 정말 멋져.

- **take one's breath away** 숨넘어갈 정도로 멋있다, 멋지다
  So? Did I take your breath away?
  그래서? 나 때문에 뿅갔어?

- **That's far out!** 정말 멋지다!
  That's far out. Where did you get it?
  정말 멋지다. 어디서 난거야?

- **class act** 탁월하거나 뛰어난 재능있는 사람[행동]
  Yeah, the teacher is real class act.
  그래, 그 선생님은 정말 뛰어난 사람이야.

- **be no great shakes** 대단치않다
  The new band is no great shakes.
  그 새로운 밴드는 신통치 않아.

- **off the charts** 차트에서 벗어난, 정상을 뛰어넘는
  My cholesterol's off the charts!
  내 콜레스테롤 수치가 정상이 아니야!

미드 Situation

Anita: They say that the new principal is **a real class act**. 새로운 교장선생님은 정말 뛰어나신 분이래.
Miles: I've met her. Really, she**'s no great shakes**. 난 만난 적이 있는데 정말이지 별로야.
Anita: She graduated from Harvard. She has **quite a** resume. 하버드 출신에 이력서가 대단하던데.
Miles: B.F.D. Her university doesn't matter. 대단하라고 그래. 출신학교가 뭔 상관야.
Anita: It sounds like you are jealous of her. 너 샘내는 것처럼 들린다.

044 I can't beat that.
난 정말 못 당하겠어.

난 당할 수가 없어, 네가 최고야

긍정문으로 be the best~라고 해도 되지만, 반어적으로 can't beat[top]의 표현을 써서 주어가 …을 당할 수가 없다, 즉 주어가 최고다라는 동적인 표현을 사용한다. Never better, Couldn't be better도 같은 맥락의 표현.

12문장으로 미드영어 후다닥 끝내기

☐ **You can't beat[top] sth** …을 당해낼 수 없다
You can't do that. **You can't beat them!**
넌 그렇게 안돼. 걔네들을 당해낼 수가 없다.

☐ **I can't beat that** 난 못당하겠어
His offer was five thousand. **I can't beat that.**
걔의 제의는 5천 달러였어. 난 정말 못 당하겠어.

☐ **Nothing beats sth** …가 최고야
Nothing beats a home cooked meal.
집에서 요리한 음식이 최고야.

☐ **(I) Couldn't ask for more** 최고야, 더 이상 바랄게 없어
They gave me a contract, and **I couldn't ask for more.** 내게 계약서를 줬는데 더 이상 바랄게 없어.

☐ **have never been better** 최고야
Actually, **we have never been better.**
사실은 이렇게 좋았던 적이 없어.

☐ **Never Better** 최고야
Never better. But you might want to hurry.
최고야. 하지만 너 좀 서둘러야 돼.

☐ **couldn't be better** 더 이상 좋을 수 없어, 최고야
Your explanation **couldn't be better.**
네 설명이 더 이상 좋을 수 없을 정도로 최고야.

☐ **What could be better (than) sth?** …보다 더 좋은게 뭐가 있겠니?
What could be better? 더 좋은게 있을 수 있겠어?
What could be better than this? 이보다 더 좋은게 뭐가 있겠어?

☐ **What more could you ask for?** 뭘 더 바랄 수 있겠는가?
It's super! **What more could you ask for?**
짱이야! 뭘 더 바랄 수 있겠어?

☐ **You are the best (that I've ever had)** 네가 최고다
You are the best manager **I have ever known.**
넌 내가 겪은 최고의 매니저야.

☐ **~the best (+N) ever** 최고의…
She's **the best** roommate **ever**! 걘 지금까지 중 최고의 룸메이트야.

☐ **It's the best (+N) we got** …는 가진 것 중에 최고야
It's the best wine **we've got.**
우리가 가진 것 중에 최고의 와인야.

☐ **It's the best+~+have ever+pp** …해본 것 중에 최고야
She got so excited, **it was the best sex we ever had.**
걘 정말 흥분했었어. 우리가 한 섹스 중 최고의 섹스였어.

미드 Situation

Clark: **This is the best** hotel room **we've ever had.** 우리가 묵었던 호텔 중 최고야.
Paula: I know it. It **couldn't be better.** 알아. 더 이상 좋을 수가 없어.
Clark: Do you want to get a massage before we go downstairs? 내려가기 전에 마사지를 받을래?
Paula: Yes! **What more could you ask for?** 에! 그럼 짱이지.
Clark: I'll have them send a masseuse up here. 여자 안마사를 올려보내라고 할게.

생각하다(Think) 433

역시 최고야~

045 This place kicks ass!
여기 물좋다!

좀 속어적으로 말하려면 ~rocks, ~kick (ass)를 쓰면 되는데 이는 주어가 짱이야라는 의미. 역시 bar none이란 표현도 최고라는 의미이고 icing on the cake하면 금상첨화라는 뜻.

12문장으로 미드영어 후다닥 끝내기

☐ **sb[sth] rocks** 아주 멋지다, 최고다	Wow. **This stuff rocks.** 와우. 이거 기똥차다.
☐ **(That place) kicks (ass)!** (거기 물) 좋다!	I've been to that club. **That place kicks ass!** 저 클럽에 가봤는데. 거기 정말 물좋아.
☐ **go[be] through the roof** 급등하다, 최고에 달하다	Your mortality rate is gonna **go through the roof**. 당신의 사망가능성이 점점 올라갈 겁니다.
☐ **There's nothing like~** …만큼 좋은 것은 없다	**There's nothing like** meeting up with old friends. 옛친구들을 만나는 것만큼 좋은 것도 없지.
☐ **bar none** 더 나은 것이 없다, 최고이다	He's the best lawyer in town, **bar none**. 걔는 최고의 변호사야, 더 나은 사람이 없어.
☐ **icing on the cake** 금상첨화	The raise in salary is just the **icing on the cake**. 급여인상은 금상첨화지.
☐ **be up-and-coming~** 전도유망한 …이다	Jenny **is our up and coming** new intern. 제니는 전도유망한 신입 인턴이야.
☐ **be the cream of the crop** 알짜인 사람[것], 최고[최상]이다	The firm only hires **the cream of the crop**. 회사는 최고의 사람들만 뽑으려고 해.
☐ **rise to the top** 정상에 오르다, 최고가 되다	It'll take years for you to **rise to the top**. 네가 정상에 오르는데는 시간이 걸릴거야.
☐ **rise to the rank of~** …의 반열에 오르다	Dave **rose to the rank of** sergeant in the police force. 데이브는 경찰에서 경사의 반열에 올랐어.
☐ **God's gift to~** …에 신이 내린 선물, …에는 자신이 최고	I think Chris is **God's gift to** women. 크리스는 여성들에게는 신이 내리신 선물이라고 생각해.
☐ **be as good as it gets** 이보다 더 좋을 수는 없다	Living in Malibu **is as good as it gets**. 말리부에서 사는 것보다 더 좋을 수는 없지.
☐ **the pick of the bunch** 최고(the pick of sth 최고의)	The dog breeder offered John **the pick of the bunch**. 개 사육사는 존에게 최고의 것을 제공했어.

미드 Situation

Jan: Your graduation party **rocks**. Thanks for the invite. 네 졸업파티 끝내준다. 초대해줘서 고마워.
Chris: I have a feeling it's going to **go through the roof** tonight. 오늘밤 최고일 것 같은 생각이 들어.
Jan: And all the girls seem to like you. 그리고 모든 여자들은 널 좋아하는 것 같아.
Chris: Of course. **I'm God's gift to** women. 물론. 난 여자들에게는 신이 내린 선물인걸.
Jan: Geez, you must have had too much beer! 어휴, 너 맥주 너무 마셨나보다!

046 Do you really mean it?
너 정말 진심이야?

진심이야라고 하려면 mean it, mean business를 써도 되지만 I'd be lying if I said~처럼 반어적으로 써서 자기의 진심을 표현할 수 있다. 상대방에게 진심이냐고 물어보려면 You mean to tell me~라고 하면 된다.

12문장으로 미드영어 후다닥 끝내기

- **I'd be lying if I said~** 내가 …라고 한다면 거짓이겠지
  I'd be lying if I said I didn't make a pass at her.
  내가 걔한테 들이대지 않았다고 한다면 거짓말이겠지.

- **mean business** 진심이다
  Stay out of his way. **He means business.**
  걔 일에서 빠지라고. 걘 진심이야.

- **mean it** 진심이다
  Do you really **mean it**, Peter?
  너 정말 진심이야, 피터?

- **You mean to tell me~?** 너 그말 진심이니?
  You mean to tell me you wanna break up with me?
  너 나랑 헤어지고 싶다는게 정말 진심이니?

- **~heart is in the right place** …의 맘은 진심에서 나온 것이다
  It seems like **your hearts are in the right place**.
  너는 진심인 것 같아.

- **set one's mind at rest** 맘을 편하게 해주다, 편히하다(put~)
  Call your mom and **set her mind at rest**.
  네 엄마에게 전화해서 맘을 편히 해드려.

- **win the hearts and minds of~** …의 마음을 사로잡다
  The ad campaign is to **win the hearts and minds of viewers**. 그 광고는 시청자들의 마음을 사로잡으려는거야.

- **worm one's way into~** 교묘하게 환심사다, 교묘하게 점차 파고들다
  Brandon **wormed his way into** the new job.
  브랜든은 교묘하게 새로운 직업에 적응했어.

- **one's mind is not on sth** 맘이 딴데 가 있다
  Sorry, **my mind is not on** work today.
  미안, 오늘 내가 일에 집중을 하지 못하겠네.

- **with all one's heart (and soul)** 진심으로, 충심으로
  I loved her **with all my heart and soul**.
  난 걔를 진심으로 사랑했어.

- **from the bottom of one's heart** 충심으로, 진심으로
  The Valentine card was **from the bottom of her heart**. 발렌타인 카드는 진심에서 우러나온 것이었어.

Rita: I didn't like Sam, but he **wormed his way into** my heart.
난 샘을 싫어했지만 걘 서서히 나도 모르게 내 맘을 파고들었어.

Bruce: He loves you **with all his heart and soul**. 걘 진정으로 널 사랑하잖아.

Rita: **You mean to tell me** he's in love with me? 걔가 나와 사랑하고 있다고 말하는거야?

Bruce: That's what he's been saying. 걔가 그렇게 얘기하고 다니는데.

Rita: I'm a little surprised to hear that. 그런 얘기를 듣다니 좀 놀랍네.

마음에 새겨두다

047 She ripped my heart out.
걔가 내 맘을 찢어놓았어.

진심이 들어가는 그밖의 표현으로는 맘을 찢어놓는다는 rip one's heart out, 맘속에 담아두는 것은 keep sth bottled up, 그리고 비교가 안된다라고 할 때는 eat sb's heart out이라고 한다.

12문장으로 미드영어 후다닥 끝내기

- ☐ **keep on the right side of~**
  …의 마음에 들게 행동하다
  You'd better **keep on the right side of** your boss.
  넌 사장의 마음에 들게 행동해라.

- ☐ **carry a burden to~**
  마음에 걸리다, 부담을 주다
  You can always **carry your burden to** me.
  언제든지 내게 와서 네 문제들을 얘기해도 돼.

- ☐ **It bothers me that[when]~**
  …한 것이 마음에 걸리다
  It bothers me when he lies to us.
  걔가 우리에게 거짓말한 것이 마음에 걸려.

- ☐ **It kills me**
  마음에 걸리다, 죽겠어
  It kills me that I'm putting you through this.
  네가 이런 일을 겪게해서 마음이 넘 아파.

- ☐ **take sth to heart**
  …을 마음에 새기다
  Jane **took** the Bible lessons **to heart**.
  제인은 성경공부를 마음에 새겼어.

- ☐ **rip one's heart out**
  마음을 찢어놓다
  Okay, you **ripped the woman's heart out**.
  그래, 넌 그 여자의 맘을 찢어놓았어.

- ☐ **in one's heart of hearts**
  …의 마음 깊숙한 곳에, 남몰래
  In my heart of hearts, I hope to meet her again.
  내 맘속 깊은 곳에서 난 그녀를 다시 만나길 바라고 있어.

- ☐ **there's a little part of sb that~**
  …의 마음 한 구석에 …가 있다
  There's a little part of ex-wife that he can't forget.
  걔의 맘 한 구석에는 잊을 수 없는 옛 아내에 대한 생각이 있어.

- ☐ **No part of you~**
  넌 조금도 …하지 않는다
  She said that she wants **no part of you** here.
  걔는 널 조금도 원치 않는다고 말했어.

- ☐ **keep sth bottled up**
  마음 속에 담아두다
  It's not healthy to **keep** something like that **bottled up**. 그런 것을 맘속에 담아두면 건강에 좋지 않아.

- ☐ **be the last thing on one's mind**
  머릿속에 들어오지도 않다
  Eating dinner **was the last thing on our minds**.
  저녁 먹는 것은 생각하지도 못한 것이었어.

- ☐ **eat one's heart out**
  (비교우위에서) 저리 가라고 하다, 비교가 안되다
  I'm a success, so **eat your heart out**.
  난 성공한 사람이니 넌 비교가 안돼.

- ☐ **find it in one's heart to~**
  …할 마음이 나다
  I **find it in my heart to** forgive you for kissing another guy. 네가 딴놈에게 키스한 것을 용서할 맘이 생겼어.

미드 Situation

Maddy: **It kills me** to have to stay so late at work. 직장에서 그렇게 늦게까지 야근해야 하니 죽겠어.
Dean: I know, but we have to **keep on the right side of** Mr. Suh. 알아, 하지만 서씨 맘에 들게 행동해야지.
Maddy: **In my heart of hearts**, I want to own my own business. 정말이지 사업을 하고 싶다는 생각이 들어.
Dean: What sort of business would you like to set up? 한다면 어떤 사업을 하고 싶은데?
Maddy: I guess a store or a dress boutique would be nice. 가게나 옷가게가 좋을 것 같아.

도대체 왜 그러는거야?

048 Why would you say that?
왜 그렇게 말하는거야?

서로 다른 사람끼리 살면서 이해되는 일보다는 안되는 일이 더 많은게 세상살이. 그럴 때마다 상대방 말이나 행동의 이유를 물어볼 때 사용하는 표현들. How come은 특히 Why와 같은 의미로 How come 다음에 그냥 S+V를 이어주면 된다.

 **12문장으로 미드영어 후다닥 끝내기**

☐ **What makes you tick?** 뭣 때문에 그래?, 왜 그러는거야?	Just trying to figure out what makes you tick. 뭣 때문에 그러는지 생각해봐.	
☐ **That's what made sb+V** 그래서 …가 …했다	That's what made you think of your boring class in college. 그것 때문에 네가 학창시절의 따분한 수업시간을 생각나게 했구나.	
☐ **How come (S+V)?** 어째서?, 왜?	You have to leave, now? How come? 지금 가야 돼? 왜? How come you didn't go to work today? 오늘 왜 일하러가지 않았어?	
☐ **Why not+명사?** 왜 …는 안되는거야?	I mean, why not especially you and me? 내 말은, 왜 너하고 나만은 안되는거야?	
☐ **Why would[do] you say that?** (의혹, 비난, 이유) 왜 그런 말을 하는거야?	You said that? Why would you say that? 네가 그랬어? 왜 그런 말을 한거야?	
☐ **Why would[do] you say that~?** 왜 …라 말하는거야?	Why would you say that I'm eating for two? 내가 왜 2인분을 먹냐고 말하는거야?	
☐ **What's it[that] for (~)?** 무슨 이유에서(~)?	Look at this. What's it for? 이것 좀 봐. 뭣 때문이지?	
☐ **What do ~ for?** 뭐 때문에 …한거야?	What do you eat yogurt for? 뭐 때문에 요구르트를 먹는거야?	
☐ **What for?[For what?]** 왜요?	What for? I don't have a case. 뭐 때문에? 난 맡은 사건도 없는데. You're proud of me? For what? 날 자랑스러워한다고? 왜?	
☐ **What the hell for?** 도대체 뭣 때문에?	What the hell for? What did I do? 도대체 뭣 때문에? 내가 뭘 어쨌길래?	

Cindy: **How come** you left early? 왜 그렇게 일찍 갔어?
Randall: The hosts asked me to go home. 주최한 사람들이 집에 가라고 했어.
Cindy: **What for?** What did you do wrong? 뭐 때문에? 뭘 잘못했는데?
Randall: They thought I was dressed too casually. 내가 너무 캐주얼하게 입었대.
Cindy: **Why not** come out for some food with me right now? 지금 나랑 뭐 좀 먹으러 나올래?

생각하다(Think) 437

왜 그렇게 말하는거야?

049 Where does it come from?
왜 그러는거야?

come from은 고향물어볼 때 쓰는 표현으로만 알고 있으면 어리둥절할 Where does it come from?과 자기 행동은 모르고 왜 나만갖고 그러냐고 따지는 악동들이나, 불운이 겹치는 사람이 하소연하면서 할 수 있는 Why me? 등이 있다.

12문장으로 미드영어 후다닥 끝내기

☐ **Where does that come from?** 왜 그렇게 말해[행동]하는거야?	Your anger, where does that come from? 네 분노는, 뭐 때문에 그러는거야?
☐ **What brings you here?** 무슨 일이니?(What brought you here?)	What brings you here on this busy day? 이런 바쁜 날에 무슨 일로 여기를 온거야? And what brought you here tonight? 그리고 오늘 밤에 무슨 일로 여기 온거야?
☐ **What makes you say that?** 왜 그렇게 말하는거야?	What makes you say that? 왜 그렇게 말하는거야?
☐ **What makes you so sure~?** (이유, 불만) 무슨 근거로 …을 확신하냐?	What makes you so sure a judge will go for it? 어느 판사라도 그거에 찬성할거라 무슨 근거로 확신하는거야? What makes you so sure it's going to rain? 무슨 근거로 비가 올거라 확신하는거야?
☐ **What makes you think~?** 왜 그렇게 생각하니?	What makes you think she killed him? 왜 그녀가 걔를 살해했다고 생각하는거야? What made you think he was right? 왜 걔가 옳았다고 생각한거야?
☐ **What makes you think so?** 왜 그렇게 생각해?, (부정) 꼭 그런건 아니잖아?	Barry is the killer? What makes you think so? 배리가 살인자야? 왜 그렇게 생각해?
☐ **Why me?** 하필 왜 나야?, 왜 나만 그래?	Why me? I don't deserve this. 왜 나야? 난 이거 받을 자격이 없어.
☐ **Why ask why?** 이유는 왜 묻는 거야?	It's all over. Why ask why? 다 끝났어. 이유는 왜 묻는거야?
☐ **due to** …에 기인한(due in part to부분적으로 …에 기인한)	Death was due to strangulation. 사망은 교살에 기인한거였어.

Maude: Hi Bernie. **What brings you here?** 안녕, 버니. 여기 어쩐일이야?

Bernie: I'm visiting you **due to** some bad news. 좀 안좋은 소식 때문에 온거야.

Maude: Is someone in my family in trouble? 내 가족 식구 중 곤경에 처한 사람이 있는거야?

Bernie: **What makes you so sure** someone is in trouble?
무슨 근거로 곤경에 처한 사람이 있다고 확신하는거야?

Maude: You have a troubled look on your face. 네 얼굴에 걱정스런 표정이 있어서.

050 What's the deal?
무슨 일이야?

이유를 모르거나 이유를 말해줄 때

I don't see why~에서 see는 know이며, Seeing as~는 이유를 말하는 표현으로 무척 많이 쓰인다. 그밖에 which gives reason to~, there's a reason that~, 그리고 the only reason that~ 등을 활용하여 이유를 말할 수 있다.

12문장으로 미드영어 후다닥 끝내기

표현	예문
I don't see why S+V ···한 이유를 모르겠다	**I don't see why** you've got a problem with that. 네가 그거에 왜 문제가 있는지 모르겠어.
I don't see why 이유를 모르겠어	She skipped class today. **I don't see why.** 걔가 오늘 수업에 빠졌어. 이유를 모르겠어.
seeing as how[that] S+V ···하기 때문에	**Seeing as** she's dead, I say I did the right thing at the time. 걔가 죽었기 때문에, 난 그 때는 제대로 일을 한거죠.
What's the deal? 무슨 일이야?	You're not dressed. **What's the deal?** 너 옷을 안 입고 있네. 무슨 일이야?
Which is why~ 이것이 바로 ···한 이유이다	**Which is why** I don't think she killed her son. 그래서 그녀가 자기 아들을 죽이지 않았다고 생각하는 이유야.
That's why S+V 그래서 ···하다 (That's because~ 그건 ···때문이다)	**That's why** you did it. 그래서 네가 그랬구나. **That's because** you're dating Scott. 그건 네가 스캇하고 데이트하기 때문야.
That's why! 그게 이유야	Because you're freaking me out, **that's why!** 네가 날 놀래켰기 때문이야, 그게 이유라고!
have no reason to~ ···할 이유가 전혀 없다 (There's no reason to~)	You **have no reason to** be nervous. 네가 초조해할 이유가 없어. I know you **have no reason to** trust me. 네가 날 믿을 이유가 없다는 걸 알아.
which gives reasons to~ 그래서 (···가) ···할 이유가 되다	**Which gives** Bette **a reason to** visit us. 그래서 베트가 우리를 방문한거구만.
There's a reason that~ ···에는 이유가 있다	**There's a reason** he chose these victims. 그가 이 피해자들을 선택한 거에는 이유가 있어.
the (only) reason that~ ···하는 (유일한) 이유는···	**The only reason that** he came in was to shut his wife up. 그가 들어온 유일한 이유는 자기 아내 입을 다물게 하기 위해서야.

미드 Situation

Miranda: **What's the deal?** The grocery store should still be open. 어떻게 된거야? 식료품점은 아직 문을 열어야 되잖아.
Bobby: **There's a reason that** the store closed early. 문을 일찍 닫은 이유가 있겠지.
Miranda: If you know why, please tell me. 이유를 알면, 말해줘.
Bobby: The owners are going on vacation. 주인들이 휴가중이래.
Miranda: Oh, okay. **Which is why** no one is here. 어, 그래. 그래서 아무도 없는거구만.

생각하다(Think) 439

모든 일에는 근거가 있기 마련

051 Where does it say that?
무슨 근거로 그런 말을 하는거야?

근거하면 ground를 이용해 On what grounds?란 표현이 많이 나오며 또한 have no grounds, be grounded on 등이 쓰인다. 또한 미드족이라면서 Where does it say that?를 어디서 그말을 하는거냐고 이해하면 좀~.

12문장으로 미드영어 후다닥 끝내기

- **judging from sth** …로 미루어보아, …로 판단하건대
  - **Judging from** the MO, the motive was personal. 범행방식으로 미루어보아, 범행동기는 개인적인 거였어.

- **On what grounds?** 무슨 근거로?
  - Easy to say, but **on what grounds?** 말하기는 쉽지만, 무슨 근거로?

- **have no grounds to~** …할 이유, 근거가 없다
  - You **got no grounds to** kill her. 너 그녀를 살해할 근거가 없었어.

- **be grounded on** …을 근거로 하다
  - The charges **were grounded on** what the victim said. 이 기소는 피해자가 말한 것을 근거로 한거야.

- **Where does it say that?** 무슨 근거로 그런 말을 하는거야?
  - **Where does it say that?** You better show us. 왜 그런 말을 해? 우리에게 근거를 보여주라고.

- **have reason to believe~** …라고 믿을 만한 근거가 있다
  - We **have reason to believe** that Tom was working with a partner. 탐은 파트너와 함께 일하고 있었다고 믿을 만한 근거가 있어.

- **there's no reason to believe~** …라고 믿을 만한 근거가 없다
  - **There's no reason to believe** that this woman is dangerous. 이 여자가 위험하다고 믿을만한 근거는 없어.

- **hang one's hat on** …에게 의지하다, …을 근거로 하다
  - It's not a story you can **hang your hat on**. 이건 네가 근거로 할 만한 이야기가 아냐.

- **base A on B** A를 B에 근거하다
  - Mom **bases** her beliefs **on** the Bible. 엄마는 신앙을 성경에 근거해.

- **be based on** …에 기초하다
  - The key relationships in my life **are based on** communication and trust. 내 인생에서 중요한 관계는 소통과 신뢰에 근거를 하고 있어.

- **broadly-based** 많은 것이나 사람들을 토대로 한
  - McDonalds is a **broadly based** restaurant chain. 맥도날드는 광범위하게 자리를 잡은 체인점이다.

- **on the basis of** …을 기본으로
  - They will be judged **on the basis of** content, strategy, and style. 그것들은 내용, 전략 그리고 스타일을 기준으로 판단될거야.

미드 Situation

Neil: **Judging from** the sky, it's about to rain. 하늘을 보니 비가 내릴 것 같아.
Jackie: **I have no reason to believe** it'll rain soon. 비가 곧 내릴 것같지 않은데.
Neil: Come on, look at those dark clouds. 아야, 저 먹구름 좀 봐봐.
Jackie: You can't **base** your beliefs **on** clouds. 구름만 보고 그렇게 말하면 안돼.
Neil: Yes I can. Look! It's starting to rain right now. 왜 안돼. 봐! 비내리기 시작하네.

Chapter 7

당연해 놀랍지도 않을 때

052 I wouldn't put it past them.
그러고도 남는 놈들이야.

may well, serve sb right, it's no wonder 등을 기본으로, every를 활용한 have every reason, have every right 등의 표현에 익숙해지고, 한 단계 나아가, that will teach~, I wouldn't put it past~ 등까지 알아두면 쏘~굿!

12문장으로 미드영어 후다닥 끝내기

☐ **That'll teach someone!**
그래도 싸지!, 당연한 대가야!
She got a ticket for speeding. **That'll teach her!**
걘 속도위반 딱지를 받았어. 걘 그래도 싸!

☐ **That will teach sb to~**
그 덕에 …가 …하려고 할거야
That will teach you **not to** trust anyone.
그 덕에 넌 아무도 믿지 않게 될거야.

☐ **What's (there) to know?**
뻔한거 아냐?
What's to know? He preyed on young boys.
거 뻔한거 아냐? 걘 젊은 남자들을 먹잇감으로 했어.

☐ **I wouldn't put it past sb (to~)**
…해도 전혀 놀랍지 않다, 그러고도 남는 놈이다
I wouldn't put it past them. 걔네들 그러고도 남는 놈이야.
I wouldn't put it past them to steal that, too.
걔네들이 그것도 훔쳤다해도 전혀 놀랍지 않아.

☐ **have every reason to~**
…하는 건 당연하다
I**'ve given you every reason to** hate me.
네가 날 싫어하는 것은 당연하지.

☐ **have every right to~**
…할 만하다, …하는 게 당연하다
Ron, you **have every right to** be angry.
론, 네가 화낼 만해.

☐ **It stands to reason that~**
당연하다, 사리에 맞다, 이치에 맞다
It stands to reason that the two were connected somehow. 저 두개가 어떤 식으로든 관련되어 있었다는 건 당연해.

☐ **be all the more reason to**
그러니까 더 …해야지, …하는 것은 당연하다
That would **be all the more reason to** check your engine. 그러니까 더 네 차 엔진을 확인해야지.

☐ **It's no wonder that~**
당연하다, …할 만도 하다
It's no wonder suicide rates skyrocket this time of year. 이 맘때에 자살율이 급증할 만도 해.

☐ **may[might] well**
그럴 수도 있다, …하는 것도 당연한 일이다
We **may as well** just go home.
우리는 그냥 집에 가는게 나아.

☐ **serve sb right (for~)**
인과응보다, 꼴 좋다, 고소하다, 쌤통이다
It **serves you right for** cheating on your wife.
네 아내몰래 바람피더니 쌤통이다.

☐ **and how!** 그렇고 말고!(old expression)
The plan succeeded, **and how!** 그 계획은 성공했어, 그렇고 말고!

미드 Situation

Mitch: I am so angry that we were robbed. 강도짓을 당해서 너무 열받아.
Brenda: **You have every right to** be upset about that. 열받을 만도 하지.
Mitch: I hope the cops will catch the thief. 경찰이 도둑을 곧 잡겠지.
Brenda: **And how!** A long sentence in jail would be great. 그렇고 말고! 감방에서 오래 썩었으면 좋겠네.
Mitch: It would **serve him right for** taking my stuff. 내 물건을 강도질을 했으니 그래도 싸지.

공평하고 정당하게

053 Don't play games with me.
날 갖고 수작부리지마.

공평하면 fair가 기본이고, play the game하면 여러 뜻이 있지만 어떤 사회에서 정당하게 통용되는 룰에 따르다, 반면 play games하면 수작부리다라는 의미. 특히 justice를 사용한 do one justice, do justice to~ 표현을 눈여겨보자.

12문장으로 미드영어 후다닥 끝내기

- [ ] **play the game** 게임하다, 옳고 그름을 떠나 사회룰에 따르다
  Go in there and socialize. You know, **play the game**.
  거기 가서 잘 어울려. 알지, 룰에 따르라고.

- [ ] **play games (with)** 게임하다, 수작부리다, 갖고 놀다
  Don't **play games with** me. 날 갖고 수작부리지마.
  How many hours a day do you **play games**?
  하루에 몇시간 게임을 해?

- [ ] **play it straight** 정직하게 대하다, 행동하다
  You'd better **play it straight** with my parents.
  넌 내 부모님에게 정직하게 대해야 돼.

- [ ] **That's not even** 공평하지 않다
  My share is $3,000,000 out of ten million? **It's not even**. 천만 달러중에서 내 몫이 3백만 달러라고? 그건 공평하지 않지.

- [ ] **even out** 고르게 안정되다, 공평해지다
  And I also believe things **even out**.
  그리고 나는 또한 상황들이 안정될거라 믿고 있어.

- [ ] **level out** 공평해지다, 정상으로 회복되다(return to normal)
  Things will **level out** after you start your job.
  네가 일을 시작하면 상황이 정상으로 회복될거야.

- [ ] **fair and square** 정정당당하게
  I'm sorry you lost your money, but I won it **fair and square**. 네가 돈을 잃어서 안됐지만 난 정당하게 딴거야.

- [ ] **do one justice** 제대로 안 나오다, …에 부족하다
  The pictures don't **do Chris justice**.
  크리스는 사진발이 안좋아.

- [ ] **do justice to sb[sth]** 정당하게 취급하다
  I hope the memorial speech **did justice to** your dad.
  추도사가 네 아버님에 대해 충분히 표현됐기를 바래.

- [ ] **Fair's fair!** 공정하게 하자!
  Not going to hold that against you. **Fair's fair**.
  너한테 앙심을 갖지 않을거야. 공정하게 하자.

- [ ] **be not fair** 공평하지 않다
  It's not fair that this happened to her.
  이런 일이 걔한테 일어나다니 공평하지 않아.

- [ ] **without fear and favor** 공정하게
  It was all done **without fear and favor**.
  그것은 공정하게 행해졌어.

Situation

Samantha: You lost a ton of money in there. 너 거기서 돈 엄청 잃었지.
Tracy: Yeah, but I **played it straight**, I didn't cheat. 그래. 하지만 정직하게 했어, 속이지 않았어.
Samantha: That's even worse. You're a terrible gambler. 못봐주겠네. 넌 도박꾼으로는 꽝이야.
Tracy: But **it's not fair**. I lost all my money. 하지만 불공평하잖아. 난 돈을 다 잃었는데.
Samantha: **Life isn't fair**. You shouldn't have bet it all. 인생은 공평하지 않아. 거기에 돈을 다 걸지 말았어야지.

054 He's very much like our son.
걘 우리 아들과 꼭 빼닮았어.

자식이 부모를 닮아서 좋을 때도 있지만 괴로울 때도 많지요.^^ take after 정도는 복습하고, chip off the old block, spitting image of one's father 등과 같은 재미난 표현들에 재미붙여보자.

12문장으로 미드영어 후다닥 끝내기

☐ **two of a kind** 아주 비슷한	You and your brother are **two of a kind**. 너와 네 형은 아주 비슷해.
☐ **be a chip off the old block** 아버지를 꼭 닮은 사람	Little Joe **is a chip off the old block**. 리틀 조는 아버지를 꼭 닮았어.
☐ **the apple doesn't fall far from the tree** 아이는 부모를 닮는다	**Apple doesn't fall far from the tree**, does it? 애들은 부모를 닮아, 그지?
☐ **get one's good looks** 부모닮아서 멋지다	Shelia **gets her good looks** from her mom. 쉴라는 엄마를 닮아서 한 외모해.
☐ **be the perfect image of one's father** 아버지를 빼닮다	Jamie, **you're the perfect image of your father**. 제이미, 넌 네 아빠를 빼닮았어.
☐ **be the spitting image of one's father** 아버지를 빼닮다	People say **he's the spitting image of his father**. 사람들은 걘 자기 아버지를 쏙 빼닮았어.
☐ **bear a resemblance** 닮다	You **bear a resemblance** to an old classmate. 넌 옛 반친구와 닮았어.
☐ **take after** …을 닮다	She **takes after** her mother. 걘 엄마를 닮았어.
☐ **be very much like~** …와 대동소이하다, 거의 비슷하다	She's a little girl, **very much like** our daughter. 걔는 어린 여자애이고 우리 딸과 너무 닮았어.
☐ **You don't look like~** …와 닮지 않다	**You don't look like** a doctor. 넌 의사같지 않아.
☐ **You don't look like S+V** …처럼 보이지 않다	**You don't look like** you were mugged! 너는 강도를 당한 것처럼 보이지 않아!

미드 Situation

Sophia: Zack and his dad are **two of a kind**. 잭과 걔 아버지는 꼭 닮았어.
Jacob: I agree. He**'s a chip off the old block**. 그래, 붕어빵이야.
Sophia: Does Zack's sister look similar to him? 잭의 누나도 닮았어?
Jacob: No, she **isn't very much like** him. 아니, 걘 아버지를 닮지 않았어.
Sophia: Hmm, I guess she must **look like** her mom. 음, 엄마를 닮았나보구나.

생각하다(Think)

~ 실제와 다른 경우

055 That's a different story.
그건 다른 이야기이야.

실제와 많이 다르다고 표현할 때는 익숙한 be far from, be a far cry from 등이 익숙하며, 뭔가 상황이 바뀌었거나 문제가 발생했을 때는 another story나 different story를 즐겨 쓴다.

12문장으로 미드영어 후다닥 끝내기

☐ **be another story** 별개의 이야기이다, 사정이 다르다	Convicting him of rape **is another story**. 걔를 강간으로 기소하는 것은 별개의 이야기야.
☐ **be different story** 또 다른 이야기이다	We dated once, but **that's a different story**. 우리가 한번 데이트를 했지만 그건 다른 이야기야.
☐ **tell a different story** 전혀 다른 이야기를 하다	Well, your sperm **tell a different story**. 음, 네 정자는 전혀 다르게 이야기하고 있는데.
☐ **far from sth[~ing]** …와(…하는 것과) 전혀 다른	And his wound **is far from** life threatening. 그리고 걔의 상처는 목숨에 전혀 위협적이지 않아.
☐ **be[look] nothing like~** …와 아주 다르다, 전혀 다르다(seem~)	No. **It's nothing like that.** 아니. 그건 그거와 전혀 달라.
☐ **be nothing like sb** …와 다르다(be like sb같다)	He **looks nothing like** the boy you brought in. 걘 네가 데려온 아이와 전혀 다르게 생겼어.
☐ **not anything like[near]** 전혀 …아닌	I've never done **anything like** this before. 난 전에 이런 것을 해본 적이 없어.
☐ **be a far cry from** …와 거리가 멀다, …와 전혀 다르다	This hotel **is a far cry** from luxurious. 이 호텔은 럭셔리하고는 거리가 멀어.
☐ **It depends on~** 상황에 따라 다르다	**It depends on** how you answer the question! 그건 네가 대답을 어떻게 하냐에 따라 달라!
☐ **It depends** 상황에 따라 다르다	Well, **it depends.** There are different kinds. 어, 그건 상황에 다르지. 다른 종류들이 있거든.
☐ **Things have changed** 상황이 바뀌다, 예전과 다르다	No one was supposed to get hurt, but **things have changed**. 아무도 다치지 않을거였는데, 상황이 바뀌었어.

Situation

Mason: We **are far from** being finished. 아직 끝낼려면 멀었어.

Isabel: You wasted a lot of time, but **that's a different story.**
너 시간낭비를 많이 했어. 그럼 그건 이야기가 좀 다르게 되지.

Mason: How did I waste time here? 내가 무슨 시간을 낭비했다는거야?

Isabel: You were using the Internet for hours. 오랫동안 인터넷을 했잖아.

Mason: I used it for research. **It's a far cry from** wasting time. 자료검색을 한거지. 시간낭비한게 아냐.

부족함이 없이 넘치고 넘칠 때

056 That should do it.
그 정도면 됐어.

'충분' 하면 enough로 enough가 들어간 표현들이 많이 보이며, 그밖에 이제 충분하니 됐다는 의미의 That will do it, That should do it까지 알아두기로 한다.

12문장으로 미드영어 후다닥 끝내기

☐ **(Not) Good enough!** 충분하다, 그만하면 됐어	**Good enough!** Our work here is finished. 그만 됐다! 우리 일은 끝났어.
☐ **Sth be (not) good enough for~** …하기에는 (부)족하다	**That's good enough for me.** 내게는 그만하면 충분해. But **this is not good enough for** an ID. 하지만 이걸로는 신원확인하는데 부족해.
☐ **Sb be (not) good enough for~** …하기에는 (부)족하다	She said that **you're not good enough for** Helen. 걔가 헬렌이 너한테는 너무 아깝다고 했어.
☐ **That's (quite) enough** 충분히 했으니 이제 됐어, 그쯤 해둬	**That's enough.** Now, calm down, take a seat. 이제 됐어. 자, 진정하고 자리에 앉아.
☐ **Enough is enough** 더 이상은 안돼, 그만하면 됐다	It's not that I don't appreciate what he's done, but **enough is enough**. 걔가 한 일을 인정하지 않는게 아니지만 그만하면 됐어.
☐ **That will do (it)** 이제 그만, 이제 됐어	One more hour, and **that will do it**. 한 시간만 하면 충분할거야.
☐ **Will that do (it)?** 충분하지?	Ten thousand dollars, **will that do it?** 만달러면 충분하지?
☐ **That should do it** 그 정도면 됐어	**That should do it.** I should go. 그 정도면 됐어. 나 갈게.
☐ **go far enough** 충분하다, …할 정도로 멀리 가다	You can't stop me, I've let this **go far enough**. 넌 날 막을 수 없어. 난 이게 훨씬 더 하도록 했거든.
☐ **get enough to go around** 모든 이에게 돌아갈 정도로 풍부하다	God knows you've **got enough to go around**. 정말 모든 사람들에 돌아갈 정도로 풍족하네.
☐ **That's close enough** 그 정도면 돼	It's not exact, but **it's close enough**. 꼭 맞는 것은 아니지만 그 정도면 됐어.
☐ **be gone on long enough** 충분히 오래 됐다, 이제 그만 멈춰져야 돼	This **has gone on long enough**. 이건 이제 그만해도 돼.

미드 Situation

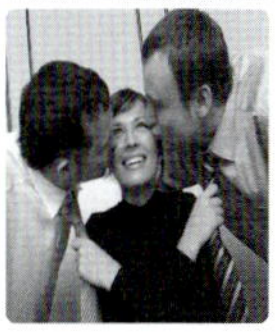

Emma: Do we **have enough food to go around**? 모든 사람에게 돌아갈 정도로 음식이 충분해?
Billy: We only have a few pizzas left. 피자 몇 개만 남았는데.
Emma: **That's not quite enough for** everyone. 모두에게 돌아가기에는 턱없이 부족한데.
Billy: Okay, I'll order a delivery of some extra food. 알았어, 추가로 음식을 좀 더 주문할게.
Emma: Oh, great! **That should do it** then. 좋아! 그럼 그렇게 해줘.

생각하다(Think) 445

부족하고 모자를 때

057 He's still short of breath.
걘 아직도 호흡이 가빠.

run[be] short of, fall short of, run[be] out of 등은 기본숙어. 이밖에 won't cut it, fresh out of~ 를 눈여겨보는데, 특히 shy는 '수줍은'이라는 뜻이외에 '수줍은 듯' 약간 모자르거나 뭔가 하지않는 상태를 비유적으로 말하는데 사용된다.

12문장으로 미드영어 후다닥 끝내기

- [ ] **fall+수+shy of~**
  모자라다

  The team **fell five wins shy of** making the playoffs.
  그 팀은 플레이오프에 가는데 승수가 5개 모자라.

- [ ] **be shy of[about] ~ing**
  …까지는 하지 않다

  Don't **be shy about** taking some pie.
  맘 편하게 파이 좀 먹어.

- [ ] **be short of[on]~**
  …이 부족하다(be short of …의 약자이다)

  She's still **short of** breath. 걘 아직도 호흡이 가빠.
  LMAO **is short of** Laugh My Ass Off.
  LMAO는 엄청웃겨라는 말의 약어야.

- [ ] **be running short of[on]**
  모자라다

  The stores **are running short of** food.
  가게들은 음식이 부족했어.

- [ ] **come up short**
  부족하다

  We tried to get tickets but **came up short**.
  우리는 표를 구하려고 했지만 부족했어.

- [ ] **fresh out of sth**
  …에서 갓나온, …가 떨어진[부족한]

  I realized I'm **fresh out of** milk. 난 내가 우유가 떨어진 것을 알았어.
  I'm **fresh out of** rehab! 난 재활센터에서 바로 나왔어!

- [ ] **run out[short] of~**
  부족하다, 모자르다

  You gotta be prepared, in case we **run out of time**.
  우리가 시간이 부족할 것을 대비해서 네가 준비해야 돼.

- [ ] **fall short of**
  (목표 등에) 모자라다, 미흡하다

  Don't **fall short of** the time limit.
  제한시간에 맞추도록 해.

- [ ] **get[be, run] low**
  모자르다, 다 떨어져가다

  I think we're **running low** on milk.
  우유가 다 떨어져가는 것 같아.

- [ ] **not nearly enough**
  훨씬 많이 부족한

  I **haven't** seen **nearly enough** of them naked.
  난 걔네들의 벗은 모습을 충분히 보지 못했어.

- [ ] **not cut it**
  …하기에 충분하지 않은

  Another meal of bread and water just **won't cut it**.
  또 빵과 물로 한끼 식사를 하는 것은 충분하지 않을거야.

- [ ] **not have enough~**
  …가 충분치 않다

  I'm worried we **don't have enough** chicken for dinner tonight. 난 오늘 밤 저녁으로 닭이 부족할까 걱정돼.

Olivia: How did Bridget's exam turn out? 브리짓의 시험결과가 어땠어?
Jayden: She was five points **shy of** getting the top score. 최고점수에 5점 모자랐어.
Olivia: She's going to **fall short of** the grades she needs. 필요한 학점이 부족하겠네.
Jayden: I know, and that **won't cut it** with her parents. 그래, 그리고 걔네 부모님도 만족못하지.
Olivia: Her dad will be very unhappy about this. 걔 아빠가 무척 실망하실거야.

준비 다 마치고 뭔가 시작할 때

058 Let's get this started.
그래 이걸 시작하자.

get down to business, get right on 등에서부터 시작해서 Let's roll, set out for 등의 표현을 익혀두며, 특히 get started 는 뭔가 시작한다는 표현이지만 get sth started의 형태로 시작하는 것을 가운데 넣어줄 수도 있다는 것을 알아둔다.

12문장으로 미드영어 후다닥 끝내기

☐ **Let's roll** 시작하다	It's time to do what we do best, people. **Let's roll.** 여러분, 우리 일에 최선을 다할 때가 왔습니다. 자 시작합시다.
☐ **get started (with, on)** 일을 바로 시작하다	Nothing, I just want to **get started.** 아무 것도 아냐. 단지 그냥 일을 바로 시작하고 싶어서.
☐ **get sth started** …을 시작하다	OK. **Let's get this started.** 그래. 이제 이걸 시작하자.
☐ **get cracking (on)** 서둘러 일을 시작하다	You'd better **get cracking on** your assignment. 네가 맡은 일을 빨리 하는게 좋을거야.
☐ **get down to business** 일을 본격적으로 시작하다	We'll have some coffee before we **get down to business**. 일을 본격적으로 시작하기 전에 커피 좀 마시자.
☐ **get right on~** 바로 시작하다, 착수하다	I'm gonna **get right on** that. 바로 이 일을 시작할게.
☐ **get (right) to it** …을 바로 시작하다, 말하다(get right to the point)	Look, I'm gonna **get right to the point**. 그래, 핵심을 바로 말할게.
☐ **get the show on the road** 시작하다, 런칭하다	Tell Frank to **get the show on the road**. 프랭크에게 일을 시작하자고 말해.
☐ **make a move** 이동[시작]하다 (make the first move 먼저 행동 시작하다)	They don't **make a move** without Jack's say so. 잭이 허락하지 않으면 걔네들은 시작하지 않아.
☐ **set out for** …를 하기 시작하다(set out on[to])	At 5 am the group **set out for** the temple. 오전 5시에, 그 사람들은 사원으로 출발했어.
☐ **set[put] sth in motion** 시동을 걸다, (회의, 계획) 시작하다	It will take a lot of money to **set it in motion**. 그것을 시작하기에는 많은 돈이 들기 시작할거야.
☐ **make a start** 착수하다, 시작하다	Dad says we have to **make a start** soon. 아빠는 우리가 곧 시작해야 한다고 하셔.

미드 Situation

Ava: Where **are** you **setting out for** this morning? 오늘 아침에 어디로 향하는거야?
Noah: **I'm making a move to** California. 캘리포니아로 이사가.
Ava: Weren't you going to wait another month? 한달 더 기다리기로 하지 않았어?
Noah: Yeah, but I decided it's time to **get the show on the road**.
어, 하지만 이제 실행해야 될 때라 결정했어.
Ava: I hope that everything goes well for you there. 거기서 모든 일이 다 잘 되기를 바래.

생각하다(Think) 447

특히 뭔가 다시 시작할 때

059 Let's take it from the top.
처음부터 다시 시작하다.

특히 뭔가 잘못되거나 문제가 생겨 처음부터 다시 시작한다고 할 때는 start all over again, take it out from the top, 그리고 많이 쓰이는 get back to the drawing board를 꼭 알아두어야 한다.

12문장으로 미드영어 후다닥 끝내기

- **start all over again** 처음부터 다시 시작하다(start afresh)
  Oh, great! Now I have to start all over again.
  좋지! 이제 나 처음부터 다시 시작해야 돼.

- **take it out from the top** 처음부터 다시 시작하다
  Once more. Let's take it from the top.
  다시 한번 더. 처음부터 다시 시작하자.

- **start at the bottom of the ladder** 밑바닥부터 시작하다
  Mr. Baldwin started at the bottom of the ladder.
  볼드윈 씨는 밑바닥부터 다시 시작했어.

- **get back into the grind** 일을 다시 시작하다
  I am not able to get back into the grind.
  난 일을 다시 시작할 수 없어.

- **be back to where you started** 일이 실패해 다시 원점으로 오다
  You were a success, but now you're back where you started. 넌 성공했었지만 이제는 안돼서 다시 원점으로 돌아왔어.

- **go back to the drawing board** 처음부터 다시 시작하다
  Folks, we need to go back to the drawing board.
  여러분, 우리는 처음부터 다시 시작해야 해요.

- **go[come] in cold** (계획, 도움) 뭔가 시작하다
  No one helped, so we went in cold.
  아무도 도와주지 않아서 우리는 홀로 시작했어.

- **start up** 시작하다, 시동켜다 (start up a business 사업시작하다)
  I heard you plan to start up a restaurant.
  너 식당을 시작할거라며.

- **get off the ground** 순조롭게 시작하다
  There's no way you'll get that plan off the ground.
  네가 그 계획을 순조롭게 시작할 수가 없어.

- **shake a leg** 빨리 시작하다 서두르다(shake the lead out)
  Shake a leg. We're already late.
  빨리 서둘러. 우리 이미 늦었어.

- **pick up where we left off yesterday** 어제 그만둔데서부터 시작하다
  Okay everyone, we'll pick up where we left off yesterday. 좋아요, 여러분, 어제 그만둔 곳부터 시작하죠.

 미드 Situation

Martin: I screwed this program up. It'll never **get off the ground**.
내가 이 프로그램을 망쳤어. 절대로 순조롭게 돌아가지 않을거야.

Emily: That sounds bad. What'll you do? 안됐네. 너 어떻게 할건대?

Martin: I have no choice. I have to **start all over again**. 선택이 없어. 처음부터 다시 시작해야 돼.

Emily: You'd better **shake a leg**. The deadline is Friday. 서둘러야 돼. 마감일이 금요일이야.

Martin: I know. I'm feeling really stressed. 알아. 난 정말 스트레스 많이 받았어.

어디로 출발하거나 향할 때

060 Let's hit the road.
자 출발하자고.

비교적 많이 알려진 hit the road는 출발하다. 참고로 hit은 재미있게 hit the book하면 공부하다, 술집에서 hit me하면 한잔 더달라는 표현이 된다. 다시 출발하다로 와서 Off we go, take[be, shove, get] off 등 off가 많이 쓰인다는 점에 주목하자.

12문장으로 미드영어 후다닥 끝내기

☐ **hit the road** 출발하다	Yeah, Jim and I decided to **hit the road**. 그래, 짐과 나는 출발하기로 결정했어.
☐ **Off we go** 이제 그만하고 가자	**Off we go.** We'll see you soon. 이제 그만하고 가자. 우리 곧 다시 보자.
☐ **pack up** 떠나기 위해 짐싸다 (time to pack 뭔가 끝내고 출발)	All right. I'll go **pack up** my things. 좋아. 난 내 짐을 싸고 떠날거야.
☐ **shove off** 떠나다, 출발하다, (화나서) 꺼져	We'll **shove off** in a few hours. 우리는 몇 시간내로 출발할거야.
☐ **take off** 출발하다, 가다	Don't you **take off** without telling Mommy. 엄마한테 말도 하지 않고 가지는 마라.
☐ **make[take] a fresh start** 새롭게 출발하다	You **get a fresh start** where nobody knows you. 아무도 너를 모르는 곳에서 새롭게 출발해.
☐ **break new ground** 신기원을 열다	They **broke new ground** in their research. 걔네들은 자신들 연구에서 신기원을 열었어.
☐ **clean slate** 새로운 출발(clean sheet)	After today, we all start with a **clean slate**. 오늘 이후로, 우리 모두는 새롭게 출발하는거야.
☐ **be off (to)** …로 가다, 출발하다	I'**m off to** meet Cindy's friend. How do I look? 난 신디 친구 만나러가는데 내 모습 어때?
☐ **be headed** …로 향하다 (head over to …로 출발하다)	Randy **was headed to** the grocery store. 랜디는 식료품점으로 출발했어.
☐ **get off** 출발하다, 그만두다, 퇴근하다	Just let me know where you **get off**. 네가 어디서 출발하는지 알려줘.
☐ **go on one's way** 자기 길을 가다, 출발하다	I'll **go on my way** when she leaves. 난 걔가 떠나면 내 길을 갈거야.

미드 Situation

Abby: Come on, Ethan, let's **hit the road**. 야야, 이단, 출발하자고.
Ethan: It's early. Are you sure you want to **take off**? 이른데. 정말 출발하고 싶어?
Abby: I've got a busy day tomorrow. 내일은 정말 바쁠거야.
Ethan: So you **are headed** straight home? 그럼 곧장 집으로 향할거야?
Abby: Of course. I need a full night's sleep. 물론. 밤새 아주 푹 자야 돼.

생각하다(Think)

 재기하다

061 Time to get back in the game.
다시 뛰어들 때야.

건강이 안좋았거나, 사업이 실패하였거나 등 안좋은 상황하에서 다시 재기하거나(get back on one's feet, pick up the pieces), 제자리로 돌아와(get back on track), 다시 활동하는 것(get back in the game[saddle])을 말할 때 쓰는 표현들.

📺 12문장으로 미드영어 후다닥 끝내기

- ☐ **be[get] back on one's feet**
  (안좋은 상태에서) 회복하다

  He'll act as chief of surgery until I'm **back on my feet**. 내가 다시 회복될 때까지 걔가 과장자리를 맡을거야.

- ☐ **be[feel] one's old self**
  상태가 좋다, 회복되다

  I'm **not quite my old self** yet.
  난 아직 예전의 모습이 아니야.

- ☐ **be back to one's old self**
  (부정적) 또 저짓이군, 예전모습으로 돌아오다

  It'll take months before Ernie **is back to his old self**. 어니가 예전의 모습으로 돌아오는데 몇 달 걸릴거야.

- ☐ **go back out there**
  다시 시작하다(get back in the game)

  You **go back out there** and you seduce her till she cracks! 다시 뛰어들어서 걔가 무너질 때까지 걜 유혹해봐!

- ☐ **get a[one's] second wind**
  새로운 활력을 찾다, 기력을 회복하다

  Danny, it's time to **get your second wind**.
  대니, 다시 기운을 낼 때야.

- ☐ **pick up the pieces**
  몸과 맘을 추스르다, 재기하다

  You have to **pick up the pieces** of your broken heart. 마음의 상처를 넌 추스려야 돼.

- ☐ **stage a recovery**
  회복세를 보이다

  You'd better make time to **stage a recovery**.
  넌 다시 회복하기 위한 시간을 내야 돼.

- ☐ **get back on track**
  제자리로 돌아오다

  We're together. Our marriage **is back on track**. Life is good. 우린 함께잖아. 우리 결혼생활은 다시 정상이 되었고 인생이 너무 좋아.

- ☐ **get sb[sth] on track**
  …을 정상으로 돌려놓다

  Trying to **get** my promotion **back on track**.
  난 내 승진건을 정상화시켜놓으려고 하고 있어.

- ☐ **get back in the game**
  난관극복하고 다시 삶에 뛰어들다(be[want]~)

  It's time for you to shake off the rust and **get back in the game**. 넌 난관은 다 털어내고 다시 삶에 뛰어들어야 할 때야.

- ☐ **get[be] back in the saddle**
  다시 복귀[활동]하다(get back on the horse)

  Didn't take him long to **get back in the saddle**.
  걔가 다시 활동을 재기하기까지 시간이 많이 걸리지 않았어.

- ☐ **be out and about**
  (아픈 후에) 다시 일[활동]하다(up and about)

  It's wonderful to have you **up and about**, again.
  네가 다시 일을 시작하니 정말 좋다.

Alex:	**Is** your mom **back on her feet** yet? 네 엄마 회복하셨어?
Madison:	No, **she's not quite her old self** right now. 아니, 아직 예전모습이 아냐.
Alex:	Is she still staying in the hospital? 아직도 병원에 계셔?
Madison:	No. She was able to come home yesterday. 아니, 어제 집으로 오셨어.
Alex:	I hope she'll **be up and about** soon. 빨리 다시 활동하시기를 바래.

450 Chapter 7

062 You're up next.
다음이 네 차례야.

차례를 지켜야지 착한 아이죠~

차례나 순서를 말할 때는 turn과 line을 활용하면 된다. be in line하면 …할 차례이다라는 뜻으로 be up과 같은 의미. get in line은 줄서다, cut in line은 새치기하다. 그 유명한 take turns ~ing는 교대로 …을 하다라는 의미.

12문장으로 미드영어 후다닥 끝내기

표현	예문
sb be up 깨어나다, …의 차례다 (be up (for) next 다음 차례이다)	You're up next. Be ready. 다음이 네 차례야. 준비해.
be[stand] in line to[for~] …할 차례이다, 차례를 기다리다	I'm also in line for a promotion. 내가 승진할 차례야. He stood in line to inherit the old man's fortune. 걘 아버지의 재산을 유산받을거야.
be next in line (to) 다음으로 …를 할 것이다	Jin waited next in line for his turn. 진은 다음인 자기 차례를 기다리고 있었어.
get in line 줄서다(cut in line 새치기하다)	Yeah, well, get in line behind all the other ladies! 그래, 어, 다른 여성들 뒤에 가서 줄서라고!
be one's turn (to~) (…할) 차례이다	It's my turn to talk now, sweetie. 자기야, 이제 내가 말할 차례야.
get one's turn …의 차례가 오다	You'll get your turn for revenge. 너는 복수할 차례가 올거야.
take turns (in) ~ing 교대로 …을 하다	They took turns covering him up. 걔네들은 교대로 그를 커버해주고 있어.
take it in turns to~ 교대로 …하다	We took it in turns to share the work. 우리는 교대로 일을 함께 했었어.
Whose turn is it? 누구 차례야?	Whose turn is it? Does anyone know? 누구 차례야? 누구 아는 사람있어?
Next up is~ 담 차례는 …이다(Next up! 담으로 넘어가자)	Next up is a popular singer. 담 차례는 유명가수야.
wait one's turn 자기 순서나 차례를 기다리다	You'll have to wait your turn to eat. 넌 네가 먹을 차례를 기다려야 돼.
be the wrong way round 순서가 틀리다	This chart is the wrong way round. 이 차트는 순서가 틀렸어.

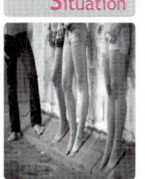

Situation

Daniel: Did you **get your turn** to see the doctor? 진료받을 차례가 왔어?
Stephen: I'**m next in line to** go in the exam room. 다음에 내가 진찰실에 들어갈 차례야.
Daniel: **Whose turn** is it right now? 지금은 누구 차례야?
Stephen: An old lady is in with the doctor. 한 노부인이 진찰받고 있어.
Daniel: You'd better relax. It could be a long wait. 긴장풀어라, 한참 기다려야 될지 몰라.

생각하다(Think) 451

급하면 서둘러야 되고

063 Get a move on.
자 서둘러.

make it fast, pick up the pace, get a move on 등 단어만 보고 감이 잡히지만, hop to it, snap to it, make real good time처럼 좀 어려운 표현도 있고 또한 Where's the fire?, haven't got all day처럼 생각하면 답이 나오는 표현도 있다.

12문장으로 미드영어 후다닥 끝내기

☐ **Hop(jump) to it** 서둘러
Clean this up. **Hop to it!** 이거 치워. 서둘러!

☐ **Snap to it!** 더빨리 움직여
(snap sth up 빨리 …을 모으거나 사다)
Snap it up. We're already late.
서둘러. 우리는 이미 늦은 상태야.

☐ **Make it snappy!**
서둘러!(snappy 경쾌한, 빠른)
Give me some food, and **make it snappy!**
음식 좀 줘, 빨리.

☐ **Where's the fire?**
왜 그렇게 서둘러?
Hold on now, **where's the fire?**
진정해, 어디 불났어?

☐ **make real good time**
예정보다 빠르다(ahead of schedule)
Jessica **made real good time**.
제시카는 정말 예정보다 빨라.

☐ **make it fast**
서두르다
So, the clock is ticking. **Make it fast.**
그래, 시간이 가고 있어. 빨리 서둘러.

☐ **pick up the pace**
속도를 내다
I'm not kidding! **Pick up the pace** right now.
농담아냐! 당장 속도를 내라고.

☐ **Get a move on!** 서둘러!
Come on. **Get a move on.** Come on. 자, 서둘러! 어서.

☐ **haven't got all day**
바빠 그럴 시간이 없다(not have all day)
Just hurry up! We **haven't got all day** for this.
서둘러! 바빠서 종일 이 일만 할 수 없다고.

☐ **Punch it!**
서둘러!, 빨리해!
Punch it! We need to get there fast.
서둘러! 우리는 거기에 빨리 도착해야 돼.

☐ **Look alive!** 빨리 움직여!
Look alive! Our boss is coming. 빨리 움직여! 사장이 오고 있어.

☐ **get the lead out** 빨리하다
서두르다(shake the lead out = hurry)
Get the lead out, you lazy bastard.
빨리 서둘러, 이 게을러 빠진 자식아.

☐ **get on the stick** 서두르다
Get on the stick and do your homework. 빨리 서둘러 숙제해.

☐ **Come along!** 서둘러!, 함께 가다
It was your choice to **come along**. 함께 가는 건 네가 선택한 거였어.

미드 Situation

Anthony: Get this room cleaned up. **Snap to it!** 이 방 깨끗이 청소해. 서둘러!
Liz: **Where's the fire?** Our friends aren't coming until tonight.
왜 이리 서둘러? 친구들은 오늘 밤에나 올거야.
Anthony: I know, but this place is just disgusting. 알아, 하지만 여기가 너무 지저분하잖아.
Liz: I'll **get on the stick** in an hour or two. 한 두시간 후에 서두를게.
Anthony: Why do you always wait until the last minute to do things? 넌 왜 항상 닥쳐서 일을 하는거야?

452 Chapter 7

천천히 하라고 할 때

064 You should take your time.
서두르지 말고 천천히 해.

반대로 시간을 갖고 천천히 하라는 표현으로는 take it easy, take one's time, take it slow, take it one day at a time 등 take시리즈를 바탕으로 hold your horses, ease up까지 알아둔다.

12문장으로 미드영어 후다닥 끝내기

- **take one's time** 천천히 하다
  (take one's sweet time 여유부리다)
  You're buying a car. You should take your time.
  네가 차를 산다면 서두르지 말고 천천히 해.

- **take it easy**
  걱정마, 좀 쉬어, 잘 지내
  Take it easy. Try not to kill any plants.
  천천히 해. 다른 식물들 죽이지 않도록 해.

- **take it slow**
  천천히 하다, 신중히 하다
  You're going to want to take it slow.
  넌 천천히 하기를 원하게 될거야.

- **take it one day at a time**
  그때그때 해결하다(take each day as it comes)
  Taking it one day at a time still makes the most sense to me. 닥칠 때마다 해결하는게 내겐 가장 합리적인 것 같아.

- **hold your horses**
  (결정) 서두르지 말고 천천히 하다
  Hold your horses. Don't be so impatient.
  천천히 해. 다급해하지 말고.

- **Don't rush me** 몰아붙이지마
  Don't rush me, I'm nearly finished. 몰아붙이지마. 거의 끝냈어.

- **Not so fast**
  너무 서두르지마
  Not so fast. We've only been going out for two weeks.
  너무 서두르지마. 우리는 이제 데이트한지 겨우 2주 된걸.

- **(There's) No hurry**
  천천히 해(be in no hurry)
  No hurry. Probably nothing we can do at this point anyway. 천천히 해. 어쨌든 이 시점에서 우리가 할 수 있는 일은 없는 것 같아.

- **what's (all) the hurry?**
  왜 이렇게 서둘러?(Don't hurry)
  What's the hurry? Where is everyone going?
  왜 이렇게 서둘러? 다들 어딜 가는거야?

- **ease up**
  천천히 하다
  Ease up on the schedule. Everyone is getting stressed. 일정을 좀 천천히 잡아. 다들 스트레스 받고 있잖아.

- **slow[quick] off the mark**
  상황대처가 느리거나 빠르다
  I'm sorry, my brother is a little **slow off the mark**.
  미안, 내 형은 아직도 상황에 대처하는게 느려.

- **force sb's hand**
  더 빨리 …하게 하다
  We'll **force their hand** with this offer.
  우리는 이 제안을 하고 나서 그들에게 협상을 하게끔 할 수 있어.

미드 Situation

Matthew: **You're kind of slow off the mark** today. 너 오늘 좀 느려터졌다.
Ella: I'm trying to **ease up** and enjoy life more. 천천히 하면서 인생을 좀 더 즐기려고.
Matthew: How is that working out for you? 너 그렇게 해도 되는거야?
Ella: People don't like it when I **take my time**. 내가 느긋하게 하면 다들 싫어하지.
Matthew: Sure, they probably think you're being lazy. 당연하지, 네가 게으르다고 생각할거야.

생각하다(Think) 453

룰과 규칙에 따라야

065 They don't play by the rules.
걔네들은 규칙대로 하지 않아.

답답하고 맘에 안들 때도 있지만 다른 사람들과 같이 살려면 know the rule해서 play by the rules, stick to the rules해야 한다. 반대로 step out of line, bend the rules하면 살기 불편해지니 toe the line 해야 한다.

12문장으로 미드영어 후다닥 끝내기

- [ ] **play by the rules** 규칙[원칙]대로 하다
  Playing by the rules makes everybody else happy.
  원칙대로 하면 다른 모든 사람들이 만족하지.

- [ ] **know the rule** 규칙을 알고 있다
  It's a school night, and you **know the rules**.
  내일 학교가는 날이야, 그럼 어떻게 해야 하는지 알지.

- [ ] **stick to the rules** 규칙에 따르다(follow the rules)
  Stick to the rules and keep out of trouble.
  규칙에 따르고 문제에 휘말리지마.

- [ ] **make the rule** 규칙을 만들다
  I will **make the rules** in this courtroom.
  내가 이 법정에서 규칙을 만들겠어.

- [ ] **toe the line** 규칙을 지키다
  You'd better **toe the line** in the military.
  넌 군대에서는 규칙을 따라야 돼.

- [ ] **step out of line** 지시[규칙] 어기고 못되게 행동하다
  You'll **step out of line** again, and when you do, your ass is mine. 네가 다시 또 규칙을 어기고, 그렇게 되면 넌 작살날 줄 알어.

- [ ] **bend the rules** 규칙을 어기다
  I **bend the rules** a little, so what?
  난 규칙을 좀 어기는, 그게 뭐 어때서?

- [ ] **follow the rules** 규칙을 따르다
  It'd be a hell of a lot easier for me to **follow the rules**. 내가 규칙을 따르는게 훨씬 더 쉬울거야.

- [ ] **keep regular hours** 규칙생활하다, 시간 정확히 지키다
  My aunt doesn't **keep regular hours**.
  숙모는 생활을 규칙적으로 하지 않아.

- [ ] **make a point of ~ing** 습관적으로 …하다, 애써 …을 강변하다
  I may have said that but I **wasn't making a point of** saying that. 내가 말했을 수도 있지만 일부러 애써 그렇게 말한 것은 아니었어.

- [ ] **dos and don'ts** 주의사항, 규칙
  Patty will teach you the **dos and don'ts** of working here. 패티가 여기서 일할 때의 주의사항을 알려줄거야.

- [ ] **steady hand** 침착하게 반응하다, 규칙적으로 하다
  It takes a **steady hand** to run things.
  일을 운영하려면 침착하게 하는 것이 필요해.

Addy: Greg could never **follow the rules**. 그렉은 규칙을 지키는 법이 없다니까.
Eli: Did he get into trouble again? 걔가 또 어려움에 처했어?
Addy: Oh yeah. He can't **toe the line** at his new job. 어. 걘 새로운 직장에서도 룰을 따르지 못하겠대.
Eli: I'll bet his boss is upset with him. 사장이 열받았겠네.
Addy: He **made a point of** telling Greg he'd be fired. 해고될 수도 있다고 그렉에게 말했대.

454 Chapter 7

066 That's where you're wrong.

맞았거나 틀렸다고 말하기

바로 그 부분에서 네가 틀린거야.

have (got) a point there나 you got that right은 상대방 말이 맞았다고 하는 말로 미드족이라면 이정도는 기본으로 알고 있어야 하며, 틀린 부분을 언급할 때는 where sb be wrong을 쓰는데 여기서 where는 물리적 장소가 아니라는 걸 기억해두자.

12문장으로 미드영어 후다닥 끝내기

- [ ] **have it right** 맞다(be correct)
  I **have it right** here on the inventory report.
  재고보고서의 이 부분은 내가 맞아.

- [ ] **be right about** 판단이 맞다
  (That's right 진위여부가 맞다)
  You may **be right about** that. 그것에 대한 네 말이 맞을 수도 있어.
  That's right. He wasn't. I made it up. 맞아. 걘 안 그랬어, 내가 지어낸거야.

- [ ] **have (got) a point (there)** 네 말이 일리가 있다, 네 말이 맞다
  You got a point there, Chris. Yeah.
  크리스, 네 말이 일리가 있어. 그래.

- [ ] **make sense** 일리가 있다, 말이 되다
  Does that **make sense** if it was a suicide?
  그게 자살이었다고 하면 말이 돼?

- [ ] **That's not (quite) right** 틀리다, 맞지[옳지] 않다
  I have to tell you, **that's not quite right.**
  그건 전혀 맞지 않다고 말해야겠네.

- [ ] **You got that right** 네 말이 맞아(You're right)
  You got that right. Everyone knows it.
  네 말이 맞아. 다들 그것을 알고 있어.

- [ ] **correct me if I'm wrong** 내가 틀렸으면 얘기해봐
  Correct me if I'm wrong, but I believe it's protocol to brief everyone. 내가 틀렸다면 말해봐. 모두에게 브리핑하는게 절차라 생각해.

- [ ] **have the right[wrong] idea** (생각, 판단) 맞았다, 틀렸다
  See, **she's got the right idea.**
  봐, 걘 생각이 맞았다고.

- [ ] **be off base** 완전히 틀리다(be all wet)
  You two **are both way off base.** 너희 둘은 완전히 틀렸어.
  Your ideas **are all wet.** 네 생각들은 완전히 틀렸어.

- [ ] **where sb be wrong** …가 어디서 틀렸는지
  That's where you're wrong.
  바로 그부분에서 네가 틀린거야.

- [ ] **can't very well+V** …하는 것은 옳지 않다
  We **can't very well** go around violating a defendant's Eighth Amendment right to face his accuser.
  피고인의 헌법 제 8수정조항권리를 어기고 고소인과 대면하게 하는 것은 옳지 않은 일이야.

- [ ] **Guilty (as charged)** (조크) 네 말이 맞아, 내가 그랬어
  Yeah, **guilty as charged.**
  어, 맞아. 내가 그랬어.

미드 Situation

Jermaine: The newspaper **has it right** on the economy. 신문은 경제에 대해 맞는 이야기를 했어.
Donna: No, no, they **are way off base** with their comments. 아냐, 전혀 틀린 이야기를 했어.
Jermaine: This article says the economy is getting better. 이 기사는 경제가 좋아진다고 하고 있어.
Donna: **Correct me if I'm wrong,** but aren't you unemployed? 내가 틀렸다면 말해봐. 너 백수아냐?
Jermaine: Yes I am, but I expect to get a job soon. 맞아, 하지만 곧 일자리를 구할거라 기대해.

067 They're a perfect match.
그것들은 완벽히 일치해.

상호 일치한다는 의미로 match는 DNA 검사 일치에서 뿐만 아니라 사람들끼리의 어울림에도 쓰인다. 중요한 표현으로 직업 등이 …에게 적합하지 않다고 말하는 be not cut out for[to]는 꼭 기억해두기로 한다.

12문장으로 미드영어 후다닥 끝내기

☐ **~match**
일치하다, 맞다

No, they're a perfect **match**.
아니, 그것들은 완벽하게 일치해.

☐ **match up with~**
…와 조화를 이루다, 잘 어울리다

We decided to **match** you **up with** Jeff.
우리는 네가 제프와 잘 어울리게 하기로 결정했어.

☐ **make a (perfect) match**
완벽하게 일치한다, 어울리다

Rick and his wife **make a perfect match**.
릭과 아내는 정말 완벽하게 어울려.

I think you both **make a perfect match**.
난 너희들이 완벽하게 어울린다고 생각해.

☐ **fit the bill**
딱 들어맞다(fit sb like a glove)

Get some items that will **fit the bill**.
딱 들어맞을 물건들을 가져와라.

☐ **be fit for~** …에 어울리다
(fit for a king[queen])

This meal **is not fit for** a king.
이 음식은 전혀 어울리지 않아.

☐ **fit in**
자연스럽게 어울리다, 들어맞는다

How **is** Jen **fitting in** at her new school?
젠은 어떻게 새로운 학교에 어울리고 있어?

☐ **be consistent with**
…와 일치[부합]하다

None of that **is consistent with** the M.O.'S of the other robberies. 그 어떤 것도 다른 강도짓의 범행방식과 일치하지 않아.

☐ **be not cut out to[for]**
(직업, 일에)…에 적합하지 않다, …에 맞지 않다

You're **not cut out to** be a model.
넌 모델이 되기에는 적합하지 않아.

I **wasn't cut out for** the Marine Corps.
나는 해병대에 적합하지 않았어.

☐ **be suited to**
…에 적합한, 어울리는

I've found a more experienced director more **suited to** the project. 난 그 프로젝트에 더 적합한 경험있는 이사를 찾았어.

We're more **suited to** just being friends.
우리는 그냥 친구로 있는게 더 잘 어울려.

미드 Situation

Natalie: Should we **match** Phil **up with** Beth? 필을 베스와 어울리게 해줘야할까?
Josh: Phil would never **fit in** with Beth's friends. 필은 베스의 친구들과 전혀 어울리지 않을거야.
Natalie: Come on, they'd **make a perfect match**. 그러지마, 걔네들 아주 잘 어울릴거야.
Josh: You're wrong. They just **aren't suited to** each other. 네가 틀렸어. 걔네들은 서로 어울리지 않아.
Natalie: Well, we need to find some kind of girl for Phil to date.
그럼, 필이 데이트할 다른 여자애를 찾아야겠네.

거만하거나 선을 넘어 지나칠 때

068 Chris, you went too far.
크리스, 네가 너무 심했어.

거만하거나(be really stuck up) 좀 세게 행동하다(come on strong) 보면 지켜야 될 선을 넘어(cross the line), 지나치게 행동하는(go to far, be out of line) 사람들이 꼭 있게 마련이다. 어렵지 않으면서도 많이 나오는 표현들이다.

12문장으로 미드영어 후다닥 끝내기

☐ **come on strong**
대담하게 행동하다, 과격하다
He **came on strong** while we were at the bar.
우리가 바에 있을 때 걘 아주 세게 나왔어.

☐ **be really stuck up**
정말 거만하다(be arrogant), 더 잘나다
The student from Yale **is really stuck up**.
그 예일대 학생은 정말 거만해.

☐ **be on one's high horse**
뻐기다, 거만하게 굴다(get~)
Watch out, Nancy **is on her high horse**.
조심해, 낸시가 아주 거만하게 뻐기고 있어.

☐ **be arrogant**
거만하다
She's **just too arrogant**. She acts like I'm some trophy she's already won. 걘 넘 거만해, 날 자기가 얻은 트로피 정도로 행동해.

☐ **hold up one's head**
당당하게 행동하다(hold one's head high)
Always **hold your head up**, even if it's difficult.
힘들다 할지라도 항상 당당하게 행동해.

☐ **put sb in one's place**
…의 콧대를 꺾다, 기죽이다
I had to **put** my ex-boyfriend **in his place**.
난 내 옛 남친의 콧대를 꺾어야만 했어.

☐ **go overboard** 지나치다
Okay, I **went a little overboard**. 좋아, 내가 좀 지나쳤어.

☐ **be out of line**
선을 넘어 지나쳤다, 도가 지나치다
I'm sorry, your Honor. I **was way out of line**.
죄송합니다, 재판장님. 제가 도를 지나쳤네요.

☐ **cross the line**
도가 지나치다, 경우를 벗어나다
If you go with him now, you're gonna **cross the line**.
네가 지금 걔랑 간다면, 넌 경우를 벗어나는거야.

☐ **Sb[Sth] go too far**
너무 심했다, 멀리가다
Chris, you **went too far**. 크리스, 네가 너무 심했어.
Things **went too far**? 상황이 너무 심해졌어?

☐ **take[carry] sth too far**
도를 지나치게 하다
You've **taken** it **too far** this time.
넌 이번엔 너무 도가 지나쳤어.

☐ **to a fault** 잘못된 정도로 지나치게
The man was generous **to a fault**. 그 남자는 넘 관대했어.

☐ **overdo it**
지나치게 하다(out of bounds 지나친)
I just don't want her to **overdo it**.
난 걔가 너무 지나치질 않기를 바래.

미드
Situation

Liam: Lonnie is pretty, but she**'s really stuck up**. 로니는 예쁘지만 너무 뻐겨.
Steph: A lot of men treat her very well. 많은 남자들이 떠받들잖아.
Liam: They **overdo it**. She has become conceited. 너무 지나치니 걔가 거만해졌어.
Steph: And you think someone should **put** her **in her place**?
넌 누가 걔 콧대를 좀 꺾어야 된다고 생각해?
Liam: I sure do. The way she acts is **out of bounds**. 물론이지, 걔 행동이 너무 지나치잖아.

상황이 나아지다

069 This is gonna work out well.
상황이 좋아질거야.

모든 사람의 희망사항. pick up이 주로 주어로 things를 받아 get better의 의미로 쓰이며, 바닥을 치고 벗어나 조금씩 좋아지고 있다고 할 때는 bottom out, bounce back을 쓰면 된다. 짜증나지만 꼭 알아야 하는 work out도 빼놓으면 안된다.

 12문장으로 미드영어 후다닥 끝내기

☐ **(things) pick up** 상황이 좋아지다, 나아지다(get better)	We hope **things will pick** up next year. 내년에는 상황이 좋아질거라 바라고 있어.
☐ **bottom out** 바닥을 치고 나아지다	I made money for a while, but then it **bottomed out**. 한동안 돈을 벌었는데 지금은 바닥을 치고 좋아지고 있어.
☐ **bounce back** 곤경에서 벗어나다 기분이 좋아지다, 이멜이 돌아오다	I'm not sure if Chandler can **bounce back** from the scandal. 챈들러가 스캔들에서 벗어났는지 모르겠어.
☐ **(Things, It) work out (for~)** (문제, 곤경) 점점 나아지다, 해결되다	Honest. I am really glad it **worked out** this way. 정말야. 난 그게 이렇게 해결되어서 정말 기뻐.
☐ **(Things, It, This) work out well** 상황이 좋아지다	This is gonna **work out well**. 상황이 좋아질거야.
☐ **shape up** 좋은 쪽으로 나아지다, 향상시키다(get better)	Things better **shape up** or we're in trouble. 상황이 좋아지거나 아니면 곤경에 처해질거야.
☐ **be an improvement** 예전보다 발전하다, 나아지다	I think that's **actually an improvement**. 실은 그것은 한단계 발전된거라 생각해.
☐ **make some improvements** 진전이 있다, 고치다	I need to **make some improvements** to my house. 집은 좀 고쳐야겠어.
☐ **show improvement** 나아진 모습을 보여주다	This **shows improvement**, but still reeks of you. 나아진 모습을 보여주긴 했지만 여전히 네 냄새가 나.
☐ **look up** 상황이 나아지다	The doctor's diagnosis **is looking up**. 그 의사의 진단은 좋아지고 있다는거야.
☐ **knock ~ into shape** 제대로 나아지게 하다, 향상시키다, 정돈하다	The personal trainer **knocked** Gina **into shape**. 개인 훈련사가 지나를 나아지게 했어.
☐ **take a turn for the better** 상황이 더 좋아지다	The economy needs to **take a turn for the better** soon. 경제가 빨리 좋은 상황으로 바뀌어야 돼.

 미드 Situation

Lily: Look at all of these stores going out of business. 폐업한다는 이 이야기들을 봐봐.
Richard: Things **bottomed out** and no one had money to spend.
상황이 바닥을 쳤고 소비할 돈을 갖고 있는 사람이 없어.
Lily: Do you think things will **take a turn for the better**? 상황이 좋은 쪽으로 바뀔거라고 생각해?
Richard: Yeah, I think we'll **see some improvement** soon. 어, 곧 더 나아진 모습을 보게 될거야.
Lily: I hope you're right about that. 네 말이 맞기를 바래.

458 Chapter 7

070 It doesn't look good.

상황이 좋지 않아.

상황이 나빠지다, 안좋아보이다

살다보면 이런 경우가 더 많은게 사실. go bad, be worse off 등과 같은 필수표현은 기본이고, 미드를 보려면 take a turn for the worse, get ugly, go to pot 정도까지는 알아야 보청기^^의 필요성을 줄일 수 있다.

12문장으로 미드영어 후다닥 끝내기

표현	예문
□ **take a bad turn** 악화되다	Things **have taken a bad turn** for your grandma. 네 할머니 상태가 악화되었어.
□ **take a turn for the worse** 상황이 더 악화되다	Things at ballet class **have taken a turn for the worse**. 발레수업에서의 상황이 더 악화되었어.
□ **get ugly** 상황이 안 좋아지다, 추해지다	It's gonna **get ugly**. That's why I'm gonna come with you. 상황이 안 좋아질거야. 그래서 나는 너랑 함께 갈거야.
□ **It doesn't look good** 보기 안좋다, 바람직하지 않다	He's still in surgery. **It doesn't look good.** 걘 아직 수술중이고 그리 안좋은 상황이야.
□ **That doesn't look good for you** 네게는 안좋아 보여	You gotta help us out here. **It doesn't look good for you.** 너 이거 우리 좀 도와줘야 돼. 네게도 좋아보이지 않아.
□ **when[if] push comes to shove** 사태가 나빠지면, 악화되면	**When push comes to shove,** we'll be there. 사태가 나빠지면, 우리가 그리로 갈게.
□ **when[if] things go wrong** 상황이 나빠지면, 사태가 잘못되면	And **when things go wrong,** I get hurt. 그리고 상황이 나빠지면, 내가 다칠거야.
□ **There's nothing worse than~** …보다 더 나쁜 것은 없다	**There's nothing worse than** losing a child. 아이를 잃는 것보다 더 최악인 것은 없어.
□ **go bad** …가 나빠지다	Well, I can see why the marriage **went bad**. 어, 그 결혼이 왜 나빠졌는지 알겠어.
□ **go from bad to worse** 설상가상이다	The situation **went from bad to worse**. 상황이 갈수록 나빠졌어.
□ **be worse off** 상황이 더욱 나쁘다	I don't know where I'd be without you. I'd **be worse off**, I know that. 네가 없으면 난 어떻게 될지 모르겠어. 더 나빠질거야, 내가 알아.
□ **go to pot** 관계가 망했다, 악화되다	The house **went to pot** when the owner died. 그 집은 주인이 죽자 상황이 더 악화됐어.

Andrew: They arrested me near the crime scene. 그들은 범죄현장 근처에서 나를 체포했어.
Grace: **That doesn't look good for** you. 네게는 불리한 상황이네.
Andrew: They also found the murder weapon near me. 또 살인무기를 내 주변에서 찾았어.
Grace: If things **go bad,** you'll go to jail. 상황이 나빠지면 넌 감옥에 가게 될거야.
Andrew: I know. Everything **has really gone to pot.** 알아. 모든게 정말 엉망이 됐어.

생각하다(Think)

역시 나쁜 상황이 더 많아

071 Why does it come to this?
어쩌다 이렇게 된거야?

나쁜 상황은 한번에 끝낼 수가 없는게 현실. 특히 설상가상은 add fuel to the fire, add insult to injury, add salt to the wound 등으로 표현하고, 아주 안좋은 상황에 처한 사람에게는 Why does it come to this?라 할 수 있다.

12문장으로 미드영어 후다닥 끝내기

☐ **Why does it come to this?** 어쩌다 이 지경에 이르렀냐?	You killed her? **Why did it come to this?** 걔를 죽였어? 어쩌다 이렇게 된거야?
☐ **be at odds with~** …와 뜻이 안맞다, …와 사이가 나빠지다	A head juror **is at odds with** the rest of the jury in a high profile case. 관심이 큰 한 사건에서 배심장이 다른 배심원들과 의견이 틀려.
☐ **get worse** 상황이 더 악화되다 나빠지다(be getting worse)	The infection **is getting worse**. 감염은 점점 더 악화되어가고 있어.
☐ **be none the worse for~** …에도 (불구하고) 더 나빠지지 않았다	The old suitcase **is none the worse for** the trip. 그 낡은 여행용가방은 여행 후에도 더 나빠지지 않았어.
☐ **none the worse for wear** 조금도 변하지 않은, 여전한	You'll be **none the worse for wear** when you finish. 네가 끝낼 때 너는 조금도 변하지 않을거야.
☐ **add fuel to the fire [flame]** 사태를 악화시키다	Your comments only **add fuel to the fire**. 너희 의견은 오히려 사태를 악화시키고 있어.
☐ **add insult to injury** 일을 더 악화시키다	Let's not **add insult to injury** for us. 우리에게 일이 더 악화되지 않도록 하자고.
☐ **to add insult to injury** 설상가상으로	Then, **to add insult to injury,** I was electrocuted. 그럼, 설상가상으로, 나는 감전사고를 당했어.
☐ **add salt to the wound** 불난데 부채질하다	Of course, we don't have to **add salt to the wound**. 물론, 우리는 불난데 부채질할 필요는 없어.
☐ **to top[cap] it all (off)** 설상가상으로	And t**o top it all off,** he broke my TV. 설상가상으로, 걘 내 TV를 망가트렸어.
☐ **(That's) Not good** 그건 심했다, 안좋다	So **it's not good**. Even for cancer, it's not good. 그래 그건 안 좋은데. 암이라 감안해도, 좋지가 않아.
☐ **be stuck with sb[sth]** 억지로 사귀거나, 싫은 일을 하다	It's too bad you**'re stuck with** me. 네가 나와 억지로 사귀게 돼 안됐네.

Samantha: Wilma's ex-husband took all of their money. 윌마의 전 남편이 돈을 다 가져갔어.
Jimmy: Not good. She won't be able to survive. 안됐네. 걔는 살아남을 수가 없을거야.
Samantha: And **to add insult to injury,** he sold their house. 그리고 설상가상으로 남편이 집을 팔아버렸대.
Jimmy: At least she**'s not stuck with** him anymore. 적어도 더 이상 그놈하고 억지로 같이 있지 않아도 되네.
Samantha: I know. What a jackass! 그래. 참 개자식이야!

072 I don't see that happening.
그러지는 않을거야.

어떤 일이 일어나거나~

have yet to come, come up 등의 표현도 있지만 미드를 보다보면 단골로 등장하는 make it happen, see~happening을 꼭 문맥과 함께 숙지해야 하는데 이는 happen이 얼마나 자연스럽게 쓰이는지 몸으로 느껴야 된다는 말씀.

12문장으로 미드영어 후다닥 끝내기

- **make it happen** 그렇게 되도록 하겠다, 이루다, 성공하다
  Just figure out what she wants and **make it happen**.
  걔가 뭘 원하는지 알아내서 원하는대로 해줘.

- **not see~ happening** 그런 일이 일어나지 않을거다
  I don't **see that happening** soon.
  그런 일이 곧 일어나지는 않을거야.

- **(It) will be happening** 응 알았어, 그렇게 할게
  It will be happening as soon as I free up some time.
  내가 시간을 좀 내는데로 그렇게 할게.

- **be coming up** 곧 일어나다, …가 곧 다가오다
  I know they have that big intern exam **coming up**.
  난 걔네들이 곧 대규모 인턴시험을 치를거라는 것을 알아.

- **It's coming at you** 곧 뭔가 일어날거야(comes at sb 달려들다)
  Oh, my God, angry lesbian'**s coming at** you!
  맙소사, 열받은 레즈비언이 너를 공격할거야!

- **sth be in the wind** 뭔가 일이 바로 일어날거다(sb be in the wind 달아나다)
  If Darnell knows we're after him, he'll **be in the wind**.
  다넬이 우리가 쫓는 것을 안다면, 달아날거야.

- **be in the air** …이 곧 일어날 것 같다
  There was violence **in the air** before the fight.
  싸움이 붙기 전에 폭력이 꼭 일어날 것 같았어.

- **come one's way** 어떤 일이 닥치다, …을 이용가능하다
  A bunch of money is due to **come his way**.
  많은 돈을 걔가 이용하게 될거야.

- **if these walls could talk** 많은 일이 일어났었다
  If these walls could talk, you wouldn't believe it.
  많은 일이 일어났는데, 넌 믿지 못할거야.

- **look down the barrel of** 위험한 일을 목전에 두다
  And then he **was looking down the barrel of** a gun.
  그리고 나서 걘 위험한 일에 직면하게 되었어.

- **pop up** 갑자기 불쑥 나타나다
  Something **popped up**. 갑자기 무슨 일이 생겼어.
  Sounds like the wrong name **might've just popped up**.
  틀린 이름이 불쑥 튀어나왔을 것 같아.

- **have[be] yet to come** 곧 일어날거다
  The worst part **is yet to come**.
  곧 최악의 사태가 일어날거야.

미드 Situation

Avery: How'd you like to go on a date with me? 나랑 데이트해볼래?
Kristin: I really don't **see that happening**. 그런 일은 정말 없을거야.
Avery: But my birthday **is coming up** soon. 하지만 내 생일이 바로 앞인데.
Kristin: Even on your birthday, **it won't be happening**. 생일이라도, 그럴 일은 없을거야.
Avery: Gee, why won't you go out with me? 씨, 왜 나랑 데이트 안할려는건데?

> 봐도 못보는 사람, 안봐도 보는 사람

073 Jill has always had class.
질은 언제나 세련됐어.

누가 세상을 공평하다고 하는가! 두눈, 혹은 네눈을 가져도 다 같은 눈이 아니다. 멋지고 세련된 것을 보는 사람들이 있는데, 이럴 때는 have a good nose[eye, taste], have a taste라 하고 이런 사람들은 have class, have style할 수 밖에 없다.

12문장으로 미드영어 후다닥 끝내기

- **have a (good) nose for~** …을 보는 눈이 있다, 능력이 있다
  He's got a nose for these things.
  걘 이런 것들을 보는 눈이 있어.

- **have an(a good) eye for~** …을 볼 줄안다
  Yep. I got an eye for dress sizes.
  그래. 난 드레스 사이즈를 볼 줄 알아.

- **have (got) good taste** 안목과 감각이 있다
  Chris has good taste in movies and music.
  크리스는 영화와 음악에 대한 안목이 좋아.

- **have a taste for~** …을 좋아하다, …을 보는 눈이 있다
  Your father has got a taste for naked pictures.
  네 아버지는 벗은 사진을 무척 좋아해.

- **be a good[bad] judge of character** 사람보는 눈이 있대[없다]
  Trust me, I'm a really good judge of character.
  날 믿어, 난 정말 사람보는 눈이 있다니까.

- **have[show] class** 품위나 기품이 있다
  Bonnie has always had class.
  보니는 언제나 기품이 있어.

- **give~a touch of class** …을 고급 스타일로 만들다
  These decorations give the room a touch of class.
  이 장식들은 방을 한층 고급스럽게 하고 있어.

- **be classy** 고급이다 세련되다(be classic 훌륭한, 고전의)
  That Armani suit is really classy.
  저 아르마니 옷은 정말 세련됐어.

- **Classic!** 훌륭해!
  You hid the teacher's glasses? Classic!
  네가 선생님 안경을 숨겼다고? 잘했어!

- **have style** 멋지다, 품위가 있다, 최신유행을 따르다
  Brad has always been known for having style.
  브래드는 언제나 최신 유행을 따르는 것으로 유명해.

- **in fine style** 솜씨있게
  We'll return to my hometown in fine style.
  우리는 멋지게하고 고향으로 돌아갈거야.

- **have sth styled** 미장원에서 머리를 손보다(be styled)
  It'll take a few hours to get your hair styled.
  손님 머리를 손보는데 몇 시간이 걸릴거예요.

Situation

David: Your decorations **give** this place **a touch of class**. 너의 장식들이 이 곳을 아주 멋지게 해.
Penny: Thanks. I **have a taste for** expensive items. 고마워. 내가 고급품을 보는 눈이 있어.
David: These Egyptian scrolls are wonderful too. **Classic.** 이 이집트산 두루마리 장식 또한 멋져. 훌륭해.
Penny: I found those at a boutique downtown. 시내 가게에서 찾은 것들이야.
David: Everyone says you **have a unique style**. 다들 네 스타일이 독특하다고들 해.

Chapter 7

074 It never goes out of style.
그건 절대로 유행에 뒤처지지 않아.

유행하면(be the craze, be hip) 사족을 못쓰는 사람이라면 반드시 get with it, move with the times해야지 그렇지 못하면 곧 go out of style하게 되고 급기야는 has-been이 되기 때문이다.

12문장으로 미드영어 후다닥 끝내기

get with it 유행에 뒤처지지 않고 따라오다	**Get with it** and stop being so stupid. 유행을 뒤처지지 말고 바보같이 좀 그만 굴어.
be the craze …가 유행이다 (the latest craze 최신유행)	Purple scarves **are the craze** these days. 자주색 스카프가 요즘 유행야.
catch on 유행하다, 이해하다	I also thought the metric system would **catch on**. 나 또한 미터체계가 유행할거라 생각했었어.
out of date 구식의, 시대에 뒤진	The calendar in the office is **out of date**. 사무실의 달력은 구닥다리야.
be all the rage 매우 인기가 있다(be the craze[fad, hip])	Fortune tellers **are all the rage**. 점쟁이들이 매우 인기가 있어.
be hip 매우 인기가 있다	Some people spend a fortune to **be hip**. 일부 사람들은 유행에 뒤지지 않기 위해 많은 돈을 써.
be the order of the day 유행이다	New uniforms **are the order of the day**. 새로운 유니폼이 유행이야.
move over+(old famous place) …야 비켜라 새롭게 …가 나가신다	**Move over** McDonalds, Subway is becoming more popular. 맥도날드는 비켜라, 서브웨이가 더 유행하고 있다.
move with the times 시류를 따르다	You've got to **move with the times,** bro. 친구야, 넌 시류에 따라야 돼.
go out of style 유행이 지나다, 유행에 뒤떨어지다	And it still fits. It never **goes out of style**. 그리고 그건 아직 맞어. 그건 절대 유행에 뒤처지지 않아.
has-been 유행에 뒤처진 사람, 한물 간 사람	He was a popular actor, but now he's a **has-been**. 걘 유명한 배우였으나 지금은 한물 간 사람이다.
might-have-beens 이름을 날리지 못한 사람	I don't want to be a **might-have-been** in the future. 난 미래에 이름을 남기지 못한 사람은 되고 싶지 않아.

Situation

Sophia: That shirt you're wearing **has gone out of style**. 네가 입고 있는 옷은 한물간거야.
Ben: But I paid a lot for it last year. 하지만 작년에 돈 많이 주고 샀는데.
Sophia: **Get with it,** you need some new clothes. 유행에 뒤처지지마. 새로운 옷 좀 사라.
Ben: It's hard to know what**'s hip** these days. 요즘 유행하는게 뭔지 알기가 어려워.
Sophia: Come on, I'll take you on a shopping trip. 야, 널 데리고 쇼핑가줄게.

방법이 있거나 없거나

075 That's the easy way out.
그게 편한 방법이야.

세상에는 어떻게든 항상 길이 있다고(there's gotta be another way) 하지만, 아무리 해도 어떻게 헤쳐나갈 방법이 없을 (there's no other way, be no way around it) 때도 있기 마련이다.

12문장으로 미드영어 후다닥 끝내기

☐ **There is another way to~** …할 다른 방법이 있다	**There is another way to** narrow it down. 그 범위를 좁혀갈 다른 방법이 있어.
☐ **There is no other way to~** …할 방법이 달리 없다	**There was no other way to** witness the moment. 그 순간을 목격할 다른 방법이 없었어.
☐ **Is there another way to~?** 달리 …할 방법이 있을까?	What? **Is there another way to** say it? 뭐라고? 달리 그것을 말할 방법이 있을까?
☐ **There has to be another way to~** …할 방법이 꼭 있을거다	**There's gotta be another way to** diagnose it. 그것을 진단할 다른 방법이 꼭 있을거야.
☐ **This is the only way to go** 이 방법이 유일한 방법이다	For us, **it was the only way to go.** 우리에게는, 이게 유일한 방법이야.
☐ **Is there any way to [wh~]?** …할 방법이 있어?	**Is there any way** you could set up a meeting? 네가 회의를 준비할 수 있는 다른 방법이 있어?
☐ **It's the only way to~** …하는게 유일한 방법이다(That's~)	Sometimes **it's the only way to** get reliable information. 때론 그게 믿을만한 정보를 구하는 유일한 방법이야.
☐ **have a way to~** …할 방법이 있다.	I **got a way to** help you with your problem. 네 문제를 도와줄 방법이 내게 있어.
☐ **There's nothing for sb to~** …가 …을 할 수밖에 없다	**There's nothing for** us **to** talk about. 우리가 얘기를 나눌 수밖에 없어.
☐ **Your best bet is~** 가장 좋은 방법은 …이다	I think that's probably **your best bet**. 난 그게 아마도 가장 좋은 방법일거라 생각해.
☐ **take the easy way out** 쉬운 길[방법]을 택하다	**That's the easy way out.** 그게 편한 길[방법]이다
☐ **be no way around it** 달리 방도가 없다	**There's no way around it,** Jack. You have to accept that. 잭, 달리 방도가 없어, 네가 그걸 받아들여야 해.
☐ **figure[find] a way to** …할 방법을 찾아내다	I'm pretty sure that I could **find a way to** keep her from moving. 내가 걔가 이사가는 걸 막을 방법을 찾을 수 있다고 확실해.

미드 Situation

Aubrey: Do you **have a way for** me to get an A in English? 내가 영어 A학점을 받을 수 있는 방법이 있어?
Logan: You must study, **there's no way around it.** 열심히 하는 수밖에 달리 방도가 없어.
Aubrey: Some of my friends have cheated in class. 내 친구들 중 어떤 애들은 컨닝을 해.
Logan: You can't **take the easy way out.** You have to learn this stuff. 쉬운 방법 찾지마, 이런 것들 배워야 돼
Aubrey: But it's hard to learn so much information. 하지만 너무 많은 것들을 배우는게 힘들어.

Chapter 7

일이 어떻게 되는 방식

076 That's not how it works.
그렇게 하는게 아냐.

핵심은 어떤 일이 행해지는 것인데 이는 how it goes, how it works, how it's done이라 표현하면 된다. That is what it is 는 그게 바로 그런거야, That's where it's at은 상황이 바로 그래라는 의미. 어떻게 해서든지는 whatever it takes라 한다.

12문장으로 미드영어 후다닥 끝내기

- **see how it goes[things go]** 어떻게 되어가는지 보다
  Why don't we just date, **see how it goes**?
  우리 데이트하자, 어떻게 돼가는지 보자고?

- **be not how it works** 그렇게 하는게 아니다
  You will know. **That is not how it works.**
  넌 알게 될거야. 그렇게 하는게 아냐.

- **show[know] how it works** 어떻게 하는지 알려주다
  I don't **know how it works** in a lez relationship.
  난 레즈비언들 관계에서는 어떻게 하는 건지 몰라.

- **be how it's done** 그건 이렇게 하는거다
  And **that's how it's done!**
  그리고 그건 이렇게 하는거야!

- **show them how it's done** 어떻게 하는건지 보여주다
  Can you **show them how it's done**?
  그걸 어떻게 하는 건지 알려줄래?

- **see how it's done** 어떻게 하는 건지 알다
  When you **see how it's done**, it really takes the magic out of it.
  내가 어떻게 하는 건지 알려주면 넌 더이상 흥미를 느끼지 않을거야.

- **the way things work** 일이 돌아가는 방식
  That's the way things work here.
  여기서는 그렇게 일이 돌아가.

- **That is what it is** 그게 바로 그런거야
  Look pal, **it is what it is.**
  이봐, 친구야. 그게 바로 그런거야.

- **That's where it's at** 상황[핵심]이 바로 그런거야
  All the kids say **that's where it's at.**
  아이들 말에 따르면 요즘 그게 대세래.

- **That's how we roll** 우린 이런 방식으로 해
  We don't do fat chicks, and **that's how we roll.**
  예외없이 뚱뚱한 여자와는 데이트안하는게 우리 방식이야.

- **Whatever it takes** 무엇이 필요하든지, 어떻게 해서든
  Whatever it takes to get you out of here.
  널 여기서 빼내는데 무엇이 필요하던지.

- **show sb another way to~** 다른 방식을 알려주다(see another way 다른 방법을 알다)
  We don't **see another way to** do this.
  우리는 이것을 할 다른 방법을 알지 못해.

미드 Situation

Christopher: **Show me how** this computer **works.** 이 컴퓨터 사용법 좀 알려줘.
Brooke: It's easy, just hit this button to start it. 쉬워, 그냥 버튼만 누르면 시작돼.
Christopher: It didn't work. Can you **show me another way to** turn it on?
그렇게 안됐어. 켜는 다른 방법을 알려줄래?
Brooke: It will come on. Just **wait and see.** 켜질거야. 기다려봐.
Christopher: You're right. It's starting up right now. 네가 맞았어. 지금 시작된다.

생각하다(Think) 465

제대로 돌아가거나 고장나거나

077 It doesn't work!
효과가 전혀 없어!

제대로 돌아가지 않을 때는 out of whack, on the blinks. 특히 미드필수표현인 It works!, It doesn't work!는 각각 뭔가 제대로 되거나 안되거나, 효과가 있다, 없다라는 말로 꼭 기억해둔다. 제대로 돌아가게 한다고 할 때는 make it[things] work.

12문장으로 미드영어 후다닥 끝내기

☐ **make things work** 일을 제대로 돌아가게 하다	We were engaged. I just had to try to **make things work**. 우리는 약혼했어. 난 그냥 일이 제대로 돌아가게 해야 했어.
☐ **make it[this] work** 작동하게하다, 잘 돌아가게 하다	Tell him I'll **make it work**. 내가 돌아가게 할거라 말해. We're just gonna **make this work**. 우리는 이걸 돌아가게 할거야.
☐ **be in working [running] order** 좋은 상태이다, 잘 작동되다[돌아가다]	The bus **was in perfect working order**. 그 버스는 완벽하게 잘 돌아가고 있어.
☐ **keep sb[sth] going** 움직이게 하다, 작동하게 하다	How long do you think you'll be able to **keep** this **going**? 얼마동안 이걸 돌아가게 할 수 있을 것 같아?
☐ **keep running** 계속 돌아가다 (keep ~ running 계속 돌아가게 하다)	Your job will be to **keep** things **running**. 네 일은 일이 계속 돌아가게끔 하는거야.
☐ **kick in** 효과가 있다	It takes a little time for it to **kick in**. 효과가 나타나는데 시간이 좀 걸려.
☐ **on the blink[fritz]** 고장난(out of order)	So either his heart's **on the fritz**, or he's got cancer. 그럼 그 남자의 가슴이 고장났거나 암인거야.
☐ **out of whack** 제대로 동작되지 않는, 좀 아픈, 정상이 아닌	The promotion of this thing is **out of whack**! 이 것의 홍보는 제대로 되지 않았어!
☐ **up and running** 제대로 작동하다, 효과적으로 돌아가다	Will they be **up and running** by then? 그것들이 그때까지는 제대로 작동할까?
☐ **It works** 작동되다, 어떤 효과를 가져오다	There's a reason that everybody lies. **It works**. 다들 거짓말하는 데는 이유가 있어. 먹히기 때문이지.
☐ **It doesn't work** 효과가 없다, 제대로 돌아가지 않다	I have tried to make nice, **it doesn't work**. 멋지게 보이려고 노력했지만, 효과가 없어.
☐ **be firing on all cylinders** 잘 돌아가다	The party appears to **be firing on all cylinders**. 파티는 제대로 잘 되는 것같이 보였어.

미드 Situation

Lillian: This copy machine is **out of whack**. 이 복사기가 고장났어.
Joseph: It's been **on the blink** for at least a week. 적어도 일주일동안 고장나 있었어.
Lillian: Is there any way to get it **up and running**? 제대로 돌아가게 할 방법이 없는거야?
Joseph: It's too expensive to **get back into good working order**. 다시 제대로 돌아가게끔 고치려면 돈이 넘 많이 들어.
Lillian: I guess we need to junk this one and buy a new machine. 이건 버리고 새로운 복사기를 사야되겠네.

미리 대비하고 조심하기

078 Consider it done.
그렇게 할게.

피해를 최소화하기 위해 대비한다고 할 때는 cover one's ass[back], 어떤 조치를 할 때는 take action, take positive step을 쓰면 된다. 또한 consider it done은 좀 낯설지만, 그렇게 할게[조치할게]라는 의미.

12문장으로 미드영어 후다닥 끝내기

- [ ] **cover one's ass**
  (위험, 비난, 손해) 대비하다, 조심하다
  Look, I was trying to **cover your ass**.
  이봐, 난 널 위해 대비하려고 했었어.

- [ ] **cover one's back**
  대책을 세우다, 엄호해주다
  I hope someone will be there to **cover my back**.
  누가 거기서 나를 위해 대책을 세워주면 좋겠어.

- [ ] **consider it done**
  된 걸로 생각해, 조치할게, 당연해
  Consider it done. So where are you going?
  그렇게 할게. 그럼 넌 어디로 가는거야?

- [ ] **do nothing to stop~**
  ···을 막기 위해 아무 조치도 하지 않다
  They **did nothing to stop** him from killing her.
  그들은 걔가 그녀를 살해하는 걸 막기 위한 아무런 조치도 하지 않았어.

- [ ] **follow up** 후속 조치를 하다
  (follow(-)up 후속조치)
  We'll have Chris and Jill **follow up**.
  크리스하고 질보고 후속조치를 하라고 할게.

- [ ] **follow up on**
  ···대해 추가적 조치를 하다
  Did the uniforms **follow up on** the suspect's complaint? 경찰이 용의자가 불평하는 것에 대해 조사했어?

- [ ] **take positive step**
  적극적인 조치를 밟다
  I hope she'll choose to **take some positive steps**.
  걔가 좀 적극적인 조치를 밟기를 바래.

- [ ] **get tough with sb**
  ···을 엄히 다스리다(be very strict)
  The police **are getting tough with** Carl's behavior.
  경찰은 칼의 행동에 대해 엄히 다스리고 있어.

- [ ] **take action** 어떤 조치를 취하다
  행동을 취하다(take step)
  It's time to **take action** on these projects.
  이 프로젝트에 대한 행동을 취할 때야.

- [ ] **crack the whip**
  엄히 다스리다, 강하게 다루다
  The teacher will **crack the whip** in class.
  그 선생님은 수업시간에 엄하실거야.

- [ ] **get it fixed**
  ···을 수리하다(fix up 수리하다)
  It just happened, we're gonna **get it fixed**?
  어쩌다 그렇게 됐는데, 우리가 수리할거야?

- [ ] **tune sb up**
  사람의 버릇을 고치다(old expression)
  The gangsters **tuned him up** when he wouldn't pay.
  갱단은 걔가 돈을 지불하지 않으려자 버릇을 고쳐놨어.

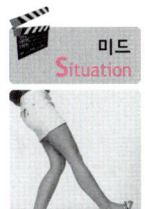
미드 Situation

Jackson: Did the cops **follow up** with the main suspect? 경찰들이 주용의자에 대한 후속조치를 했어?
Victoria: They **did nothing to stop** him from getting out of jail.
감방에서 나오는 걸 막는데 아무런 조치도 하지 않았어.
Jackson: They'll need to **get tough with** him. 세게 밀어붙여야 하는데.
Victoria: I know. Otherwise he'll commit more crimes. 알아. 그렇지 않으면 더 범죄들을 저지를거야.
Jackson: You'd better let them know it's time to **take action**. 이제 행동을 취할 때라는 것을 알려주라고.

생각하다(Think) 467

득실득실 가득찼을 때

079 The place is crawling with cops.
이 곳은 경찰들로 득실거려.

익숙한 be full of와 같은 의미로 미드에서는 be crammed with, be cramped, be crawling with, 그리고 가방에 짐을 싸서 꽉차듯, ~be packed라는 표현을 쓰면 된다. 시험시간에 많이 듣는 fill in the blanks는 비유적으로 상상으로 채우다.

12문장으로 미드영어 후다닥 끝내기

표현	예문
☐ **be crammed with** …로 가득 차다	The place **was crammed with** people tonight. 이 곳은 오늘 밤 사람들로 가득찼어.
☐ **be cramped** 비좁다	These quarters **are very cramped**. 이 지역은 너무 비좁아.
☐ **be crawling with** 바글바글대다, 우글우글대다	The place **is crawling with** cops. 이곳은 경찰들로 득실거려.
☐ **~be packed** …로 가득하다, 북적거리다, 꽉차다	The garage **is packed** with liquid explosives. 차고에는 액체폭발물로 가득찼어.
☐ **keep~packed with** …을 …로 계속 꽉 채우다	You have to **keep** your party **packed with** hot chicks. 넌 파티에 핫걸들을 계속 채워넣어야 돼.
☐ **be heavy with~** …으로 가득차다	They **are heavy with** drug usage. 걔네들은 약물복용으로 중독됐어.
☐ **fill in the blanks** 빈칸을 채우다, 상상으로 채우다	They **fill in the blanks** with whatever they want to believe. 걔네들은 걔네 믿고 싶은 대로 맘대로 상상을 해.
☐ **fill A B** A안에 B를 가득채우다	It was a night **filled with** surprises. 놀라운 소식들로 가득한 밤이었어. You **filled** Dan's head **with** lies to keep him away from his mother. 넌 댄이 엄마 생각을 못하도록 거짓말을 잔뜩 댄에게 늘어놨어.
☐ **There's no room to breathe** 숨쉴 수 있는 공간도 없어	**There's no room to breathe** in the tiny apartment. 조그만 아파트에서 숨쉴 공간도 없어.
☐ **There's not enough room to swing a cat** 공간이 무척 좁다	**There's not enough room to swing a cat** in this park. 이 공원은 공간이 무척 좁아.

미드 Situation

Evelyn: **There's no room to breathe** in this place. 여기는 숨길 공간도 없어.
Gabriel: Sorry, my apartment **is crammed with** extra stuff. 미안, 내 아파트는 쓸데없는 물건들로 가득차서.
Evelyn: You're going to need to get rid of some of it. 그것 좀 일부는 버려라.
Gabriel: I know. A lot of things **are packed** and ready to move. 알아. 많은 물건들을 이동하려고 포장해놨어.
Evelyn: So let's call some people to help you move it. 그럼 그거 치우는데 도와줄 사람 좀 부르자.

어떤지, 어떻게 할건지

080 What if you're wrong?
네가 틀리면 어떻게 할거야?

상대방에게 어떻게 할건지 물어보는 표현으로 대표적인 것은 What are you doing with~?, What if~, 그리고 어떻게 돌아가는지 물어보려면 How goes it with~나 How's A ~ing이라고 하면 된다.

12문장으로 미드영어 후다닥 끝내기

□ **What are you doing with~?**
이걸 어떻게 할거냐?

If you don't care about her, **what are you doing with** her? 걔 신경안쓰면 어떻게 하려고?

What are you doing with the rest of them?
그것들 중 남은 것은 어떻게 할거야?

□ **What if~** …하면 어떻게 하지?
…하면 어때?(What would happen if~)

What if he met a prostitute?
걔가 매춘부를 만나면 어떻게 하지?

I didn't do anything. And **what if** you're wrong, John? 난 아무 짓도 하지 않았어. 그리고 존, 네가 틀린다면?

□ **wonder what's [how's] doing~**
일이 어떻게 돌아가는지 궁금해하다

Do ever **wonder what's doing** at the civic center?
시민회관에서 일이 어떻게 돌아가는지 궁금해본 적 있어?

□ **How goes it (with~)?**
…가 어떻게 가고 있냐?

How goes it with the new project?
새로운 프로젝트는 어떻게 돼가고 있어?

□ **How's it going?**
(근황묻기) 어떻게 지내?

How's it going? How you holding up?
어떻게 지내? 어떻게 버티고 있는거야?

□ **How're things going?**
(근황묻기) 어떻게 지내?

How're things going at the clinic?
병원에서는 어떻게 지내고 있어?

□ **How's A ~ing?**
…가 어떻게 …하고 있어?

How's Jane **dealing with** her new step dad?
제인이 새아빠를 어떻게 대하고 있어?

□ **Do you know anything about~?**
…에 대해 아는거 있어?

Do you know anything about women?
여성에 대해 뭐 아는 것 있어?

□ **How do you know anything about~?**
…에 대해 어떻게 알아?

How do you know anything about Finland?
핀란드에 대해 어떻게 알고 있어?

Ryan: **What are you going to do with** your old phone? 옛 전화기를 어떻게 할거야?
Hannah: I'll probably just throw it in the garbage. 그냥 버려야 되겠지.
Ryan: **What if** you gave it to me? 나한테 주는 건 어때?
Hannah: **Do you know anything about** this type of phone? 이 종류의 전화기에 대해 알고 있어?
Ryan: No, but it looks like a nice one. 아니, 하지만 멋지게 보이는데.

생각하다(Think) 469

대접을 잘 받거나 못받거나

081 I'm getting a raw deal.
난 부당한 대우를 받고 있어.

행동을 잘하면 대접을 잘받고(roll out the red carpet), 그렇지 못하면 인간대접 못받는게(treat sb like shit[dirt]) 현실. 결국 get a raw deal하게 되고 be in the doghouse 신세를 면치 못할 수밖에 없다.

📺 12문장으로 미드영어 후다닥 끝내기

☐ **roll out the red carpet** 융숭한 대접을 하다	The man downstairs **is rolling out the red carpet** for your arrival. 아래층에 있는 남자가 네게 융숭한 대접을 하고 있어.
☐ **be one's treat** …가 낼게, …가 쏠게(My treat 내가 낼게)	Let's hit the vending machines, **my treat**. 자동판매기에서 뭐 사자, 내가 낼게.
☐ **You're in for a treat** 대접을 잘 받다	**You're in for a treat** because a Waldorf christmas is like no other. 월도프 성탄절은 최고여서 넌 대접을 받고 있는거야.
☐ **treat sb like shit** …를 아주 불쾌하게 대하다	I know it looks like he'**s treating me like shit**. 걔가 나를 개떡같이 대하는 것처럼 보인다는 것을 알아.
☐ **treat sb like dirt[dog]** …를 인간취급 안하다	Now you **are officially treating him like dirt**. 이제 넌 공식적으로 걔를 인간취급도 안하는거야.
☐ **get a raw deal** 부당한 대우를 받다(raw deal 부당한 처사)	**I'm getting a raw deal.** 난 부당한 대우를 받고 있어.
☐ **get the dirty end of the stick** 부당한 대우를 받다	How come I always **get the dirty end of the stick**? 어째서 난 항상 부당한 대우를 받는거야?
☐ **a bum[bad] rap** 부당하게 대우받음(bum deal 부당한 대우)	It's not true, it's **a bum wrap**. 그건 사실이 아냐, 그건 부당한 대우야.
☐ **do well by sb** 대접을 잘하다, 친절하게 대하다	Helen **did well by** her mom and dad. 헬렌은 부모님을 잘 대접했어.
☐ **do wrong (to sb)** 나쁜 짓을 하다, 잘못하다, 못되게 굴다	You better figure out what you **did wrong**. 네가 무슨 나쁜 짓을 했는지 생각해내라.
☐ **do sb wrong** …를 힘들게 하다, 억울하게 하다	I'm so sorry for the times I **did you wrong**. 내가 너를 힘들게 했던 때에 대해 사과할게.
☐ **be in the doghouse** 찬밥신세이다	Jack can't come out. He'**s in the doghouse**. 잭은 외출못해. 걘 찬밥신세야.
☐ **nickel-and-dime** 인색하게 굴다[대우하다]	Damn companies always **nickel-and-dime** us. 빌어먹을 회사들은 항상 우리에게 인색하게 군다니까.

Alexis: Linda **is getting a raw deal** at work. 린다는 직장에서 부당한 대우를 받고 있어.
Samuel: She seems unhappy. What's going on? 불행해보여. 무슨 일인데?
Alexis: Her new boss **treats her like dirt**. 새로운 사장이 사람대접도 안해.
Samuel: Why **is** he **doing her wrong**? 왜 사장이 걔를 힘들게 하는거야?
Alexis: He says that he doesn't like her attitude. 걔의 태도가 맘에 안든대.

470 Chapter 7

082 I can't bring myself to tell her.
차마 나서서 걔한데 말을 할 수가 없어.

동사+oneself 형으로 prove oneself처럼 쉬운 것도 있지만, 우리말로 옮기기가 좀 짜증나는 bring oneself to, do oneself a favor, owe it to oneself to, allow oneself to 등도 있다. 단어에 얽매이지말고 창의적으로 곰곰히 생각해보면 된다.

12문장으로 미드영어 후다닥 끝내기

표현	예문
do oneself a favor 스스로를 챙기다	**Do yourself a favor** and stop for a minute and look at the sky. 자신을 위해 잠시 멈춰서 하늘을 봐봐.
owe it to oneself to~ …할 의무가 있다, …하는 것은 내몫이다	I feel like I **owe it to myself to** take the doggie out for a walk. 강아지 산보시키는 것은 내 몫인 것 같아.
the facts speak for themselves 스스로 명백해지다, 자명해지다	If you look closely, **the facts speak for themselves**. 네가 자세히 보면, 스스로 명백해질거야.
allow oneself to~ 자신에게 …하는 것을 허용하다	I **allowed myself to** eat three pieces of cake. 난 케익 3조각을 먹기로 했어.
prove oneself (to~) 자기 능력이 어떤지 보여주다	**Prove yourself to** me, no more games. 네 능력이 어떤지 보여줘봐, 장난은 그만하고.
pay for itself 본전뽑다, 제값하다	In a year this heater will **pay for itself**. 일년안에 이 히터기는 본전 뽑을거야.
make a name (for oneself) (…로) 유명해지다, 이름을 떨치다	Tina was looking to **make a name for herself**. 티나는 이름을 떨치려고 했어.
make oneself cheap 값싸게 굴다, 자기를 낮추다	You've **made yourself cheap** with this behavior. 넌 이 행동으로 너 스스로 값싸게 굴었어.
get ahead of ourselves 너무 앞서 생각하다, (부정문) 자제심을 발휘하다	Let's not **get ahead of ourselves**. 너무 앞서 생각하지 말자고.
model oneself after …을 본받다, 귀감이 되다	It's helpful to **model yourself after** someone successful. 성공한 사람을 본받는 것은 도움이 돼.
set oneself up as 자신의 자리를 잡다	I just needed to take a few more jobs to **set myself up**. 난 자리를 잡기 위해서 일자리를 몇 개 더 잡아야했어.
make oneself scarce 자리를 피하다, 슬쩍 자리에서 빠지다	I don't have time, so **make yourself scarce**. 난 시간이 없으니 네가 슬쩍 빠져나가.
not bring oneself to do 차마 나서서 …를 하지 못하다	I **couldn't bring myself to** tell her. 차마 나서서 걔한테 말을 할 수가 없었어.

미드 Situation

Charlotte: I feel like I **owe it to myself to** buy a new Porsche. 새로운 포르쉐를 사는 것은 내 몫인 것 같아.
Johnny: **Do yourself a favor,** don't take on that much debt. 널 위해서 사되 너무 많은 빚은 지지마.
Charlotte: But I've never **allowed myself to** buy something expensive. 난 절대 비싼 거 안사.
Johnny: **You're getting ahead of yourself.** You can't afford it. 지금 무리하는거야, 살 여력이 없는거잖아.
Charlotte: So you're telling me I shouldn't buy something so pricey? 그럼 난 비싼 거 사면 안된다는거야?

생각하다(Think) 471

하는 일 없이 빈둥거리다

083 No time to fooling around.
빈둥거릴 시간이 없어.

특별히 하는 일 없이 빈둥거릴 때는 fool[dick, fuck, goof] around를 많이 쓴다. fool around 등은 특히 문맥에 따라 해서는 안될 이성과 놀아나다라는 뜻도 있으니 가려 이해해야 한다.

12문장으로 미드영어 후다닥 끝내기

☐ **fool around**
빈둥거리다

We **fool around** but we don't go all the way.
우리는 놀아나고는 있지만 갈데까지 가지 않아.

I was thinking you and I could **fool around**.
난 너와 내가 노닥거릴 수 있을거라 생각했었어.

☐ **fuck around**
빈둥거리다(fool around)

I just don't wanna **fuck around** anymore and I wanna be serious about my work.
난 더 이상 빈둥거리기 싫어. 진지하게 일을 하고 싶어.

☐ **dick around**
빈둥거리다, 시간낭비하다

Stop **dicking around** and get to work!
그만 빈둥거리고 일하러가!

☐ **be at loose ends**
특별히 할 일이 없다, 빈둥거리다

Joe **is at loose ends** since his wife left.
조는 아내가 떠난 이후로 빈둥거리고 있어.

☐ **goof off**
(일할 시간에) 농땡이 치다

They **were goofing off** behind the school.
걔네들은 학교 뒤편에서 농땡이 치고 있었어.

☐ **goof around**
빈둥거리고 시간을 때우다

You gotta stop **goofing around**, Kevin.
케빈, 넌 그만 빈둥거려라.

☐ **mess around**
할 일없이 빈둥거리다, 키스, 애무, 섹스하다

Who told you that? Chris doesn't **mess around**.
누가 그랬어? 크리스는 빈둥거리지 않아.

☐ **slob around[about]**
할 일없이 빈둥거리다

God, you're just **slobbing around** your apartment.
맙소사, 넌 아파트에서 할 일없이 빈둥거리고 있구나.

☐ **up to no good**
쓸모 없는, 뭔가 꾸미고 있는

You're **up to no good**.
넌 쓸모없는 인간이야.

It looked like the boys were **up to no good**.
사내애들이 뭔가 꾸미고 있는 것 같았어.

미드 Situation

Zoe: How's your brother Carlos doing these days? 네 형 카를로스는 요즘 어떻게 지내?
Nathan: He**'s at loose ends** and has no job. 빈둥거리고 있어 백수잖아.
Zoe: So he**'s just been dicking around**? 그럼 그냥 할 일없이 시간 때우고 있는거야?
Nathan: Yeah. He graduated years ago and he**'s still goofing off**.
어, 몇 년전에 졸업했는데 아직도 빈둥거리고 있어.
Zoe: I imagine he's going to regret it in the future. 나중에 후회하게 될거야.

084 Chris is a bit thick.
크리스는 좀 멍청해.

바보같은 짓하다

play dumb[innocent]는 영악한 편에 속하며, 정말 멍청한 경우는 jerk around, be a thick, be a real turkey라 한다. 이런 사람들에게는 Don't be silly, Don't be dense라 하면 된다.

 12문장으로 미드영어 후다닥 끝내기

☐ **play dumb** 시치미떼다, 모르는 척하다	Don't **play dumb with** me, Jenny. 제니야, 모르는 척하지마.
☐ **play innocent** 아무 것도 모르는 척하다	You lied to me and then **played innocent**! 내게 거짓말해놓고 넌 아무것도 모르는 척했어!
☐ **make an ass of oneself** 스스로 바보 같은 짓을 하다	I **made an ass of myself** when I got drunk. 취했을 때 바보 같은 짓을 했어.
☐ **jerk around** 멍청하게 행동하다	You know, I'm tired of **being jerked around**. 저 말이야, 난 멍청하게 행동하는데 지쳤어.
☐ **be (a bit) thick** (좀) 멍청하다(be stupid)	Pete is a nice guy, but **a bit thick**. 피트는 착하지만 좀 멍청해.
☐ **don't be dense** 어리석게 굴지마	**Don't be dense,** Jack. Don't you think I know my own neighbor? 어리석게 굴지마, 잭. 내가 내 이웃을 모를거라 생각해?
☐ **be a real turkey** 어리석은 사람이다, 정말 멍청하다	The new movie **is a real turkey**. 그 새로운 영화는 정말 한심해.
☐ **Silly me** 난 정말 멍청하지, 한심해	**Silly me.** I must have looked everywhere else. 내가 한심하지. 내가 다른 모든 곳을 둘러봤어야 하는데.
☐ **Don't be silly** 바보처럼 굴지마라	**Don't be silly.** Your son will be joining me later. 바보처럼 굴지마. 네 아들은 나중에 조인할거야.
☐ **Don't do anything I wouldn't do** 행동거지 조심해, 바보 같은 짓은 하지마	Have fun guys, **don't do anything I wouldn't do**. 애들아, 즐겁게 놀아, 조심스럽게 행동하고.
☐ **live in a fool's paradise** 바보처럼 환상속에 살다	Don't you know that you'**re living in a fool's paradise**? 너는 바보처럼 환상속에 살고 있다고 생각하지 않아?
☐ **piss in the wind** 바보짓을 하다	Doing that was just like **pissing in the wind**. 그걸 하는 것은 어리석은 짓을 하는 것과 같아.
☐ **pull a stunt** 바보같은 짓을 하다, 어리석은 계략을 쓰다	How could Jimmy **pull a stunt** like this? 어떻게 지미가 이런 바보 같은 짓을 할 수 있는거야?

Leah: I like Jay, but he's **a bit thick**. 난 제이가 맘에 들지만 좀 띨빡하지.
Lucas: It seems to me he'**s just playing dumb**. 걘 그냥 그러는 척하는 것 같아.
Leah: **Don't be silly.** He's just not bright at all. 바보 같은 말마. 걘 전혀 똑똑하지 않아.
Lucas: You really think he's a dummy? 너 정말 걔가 멍청하다고 생각하는거야?
Leah: Yeah. He's failing all of his classes at school. 그래. 학교에서 모든 과목 낙제했는데.

~ 안 좋은걸 받아들여야 할 때도

085 Did she take it lying down?
걔가 그걸 불평없이 받아들였어?

좋은 것만 받아들일 수 있나요~. take~lying down하면 불평없이 받아들이다, take ~ as it comes하면 있는 그대로 받아들이다, take ~ on the chin해도 손해를 보다라는 뜻. face up to도 같은 뜻이며 Let's face it하면 힘든 현실을 직시하다.

12문장으로 미드영어 후다닥 끝내기

☐ **take sth lying down**
(모욕 등을) 불평없이 받아들이다

He had decided he would not **take it lying down**.
걘 불평없이 그걸 받아들이기로 결정했어.

Did she **take** the demotion **lying down**?
걔가 강등을 받아들였어?

☐ **take sth as it comes**
있는 그대로 받아들이다

Mom always **takes** things **as they come**.
엄마는 항상 상황을 있는 그대로 받아들여.

You'll have to **take** the news **as it comes**.
넌 뉴스를 있는 그대로 받아들여야 돼.

☐ **take sth on the chin**
고난을 받아들이다, 손해를 보다

Man, we really **took** it **on the chin** with our investments. 어휴, 우리는 투자한 것을 다 날렸어.

☐ **face up to sth**
자기의 힘든 상황을 받아들이다

Criminals rarely **face up to** their crimes.
범죄자들은 자신들의 죄를 거의 받아들이지 않아.

It's time to **face up to** your responsibilities.
네 책임을 짊어질 때야.

☐ **take the bitter with the sweet** 산전수전 다 겪다

Marriage means **taking the bitter with the sweet**.
결혼이란 이런저런 것들을 다 겪는 것을 말해.

☐ **Let's face it**
(힘든 현실을) 있는 그대로 받아들이다

And **let's face it**, you're unattractive.
그리고 현실을 직시하자고, 넌 전혀 매력적이지 않아.

☐ **take on the world**
(세상의) 도전을 받아들이다, 자신만만하다

They came out of school ready to **take on the world**.
걔네들은 학교를 나와 세상에 도전할 준비가 되어 있었어.

미드 Situation

Amelia: How do you stay so relaxed? 너 어떻게 그렇게 널널하게 있어?
Christian: I try to **take** things **as they come**. 있는 그대로 받아들이려고 해.
Amelia: What about when you get bad news? 나쁜 소식을 접했을 때는 어떡하고?
Christian: I've learned to **take the bitter with the sweet**. 난 산전수전 다 겪었거든.
Amelia: **Let's face it,** you can't stay calm all the time.
현실을 직시하자고, 넌 계속 차분하게 있을 수 없어.

086 It's my ass on the line.

기회가 오는 만큼 위기도 오는 법

내가 위험한 상황에 놓인다고.

살다보면 위기가 오는데, be one's ass on the line은 위험한 상황에 놓이다, 반대로 put one's ass on the line하면 위태롭게 하다라는 말로 put sb in harm's way와 같은 말. 위험을 감수할 때는 go out on a limb, take a[one's] chance라 한다.

12문장으로 미드영어 후다닥 끝내기

☐ **take a[one's] chance**
운에 맡기고 해보다, 위험 부담을 감수하다
I think I'll **take my chances**. 운에 맡기고 한번 해볼려고.
I don't **take a chance** with their lives or anybody else's.
난 개네들 혹은 다른 사람의 목숨을 모험걸게 하지 않아.

☐ **be one's ass on the line**
위험한 상황에 놓이다
I mean, it's **my ass on the line**.
내 말은, 내가 위험한 상황에 놓인다고.

☐ **put one's ass on the line**
위태롭게하다(get~)
This decision **puts your ass on the line**.
그 결정은 너를 위태롭게 할거야.

☐ **lay sth on the line**
위험한 일을 하다
The CEO just **laid** his reputation **on the line**.
그 회장은 자기 명성을 위태롭게 했어.

☐ **when the chips are down**
일이 닥치면, 위기가 오면
But **when the chips are down,** you come through.
하지만 위기가 오면, 너는 헤쳐 나오잖아.

☐ **put sb in harm's way**
…을 위험에 빠트리다
The boys tend to **put** themselves **in harm's way**.
소년들은 스스로 위험에 빠트리는 경우가 많아.

☐ **keep~out of harm's way**
…를 위험에서 벗어나게 하다
We're gonna **get** Sam **out of harm's way here**.
우리는 샘을 위험에서 벗어나게 할거야.

☐ **go out on a (big) limb**
위험을 감수하고 …하다
I'm gonna **go way out on a limb** here.
난 여기서 위험을 많이 감수할거야.

☐ **stick one's neck out**
위험한 짓을 하다, 무모한 짓을 하다
She just won't **stick her neck out**.
걘 위험한 짓을 하지 않을거야.

☐ **be at stake**
…가 위험하다, …가 걸린 문제이다
How much money **was at stake** in the trial?
재판에 걸린 돈이 얼마였어?

☐ **saved by the bell**
가까스로 위기를 면했어
Oh, look at that, **saved by the bell**.
어, 저거봐, 가까스로 위기를 면해성.

미드 Situation

Hailey: I **stuck my neck out** for a friend at work. 난 직장에서 친구를 위해 위험한 짓을 했어.
Caleb: What made you **take a chance** like that? 왜 그런 위험한 짓을 한거야?
Hailey: I've known her since I was in elementary school. 초등학교 때부터 알고 지내던 사이였거든.
Caleb: What**'s at stake** for you now? 지금은 너하고 무슨 이해관계인데?
Hailey: I'll get fired if she doesn't do her job properly. 걔가 자기 일을 제대로 하지 않으면 나 잘릴거야.

생각하다(Think) | 475

다시 찾아오는 위기

087 Her marriage is on the rocks.
걔의 결혼은 파경위기에 있어.

put at risk, put in danger 등의 기본표현을 복습하고, be on the rocks, be on the ropes처럼 위태로운 상황에 처해있는 모습을 연상하게 되는 표현들, 그리고 live on the edge, come to a head까지 알아둔다.

12문장으로 미드영어 후다닥 끝내기

☐ **put~at risk** …을 위태롭게 하다(be at risk 위태롭다)	It could **put** everything **at risk**. 모든 게 다 위태로와질 수도 있어. Agent Chris **is still at great risk**. 크리스 요원은 아직 무척 위태로운 상태야.
☐ **live on the edge** 위기 속에서[벼랑 끝에서] 살다	The fighter pilots **live on the edge**. 전투기 조종사들은 목숨내놓고 사는거야.
☐ **come to a head** 위기에 처하다, 악화되다	The fight **came to a head** after school finished. 학교가 끝난 후 그 싸움은 더 악화되었어.
☐ **be on the rocks** 이혼위기에 있다, 파산위기에 있다	Here's to a marriage not **on the rocks**. 위기없이 잘 살고 있는 한 결혼을 위하여.
☐ **be[hang] in the balance** 불안한 상태이다, 위기에 처해 있다	Tell him his friend's life **hangs in the balance**. 걔한테 걔 친구의 목숨이 위기에 처해있다고 말해.
☐ **be on the ropes** 적자이다, 죽을 지경이다	It looks like the competition **is on the ropes**. 경쟁은 아주 치열한 것 같아.
☐ **compromise** 타협하다, 위태롭게하다(be compromised 위태롭게되다)	You just **compromised** our investigation. 넌 우리 조사를 위태롭게 했어.
☐ **play with fire** 위험한 짓을 하다	She likes to **play with fire**. 걘 위험한 짓을 하는 걸 좋아해.
☐ **risk life and limb** 위험을 무릅쓰다	Are you going to **risk life and limb** to do this job? 넌 위험을 무릅쓰고 이 일을 할거야?
☐ **hang your balls out there** 위험을 감수하다	It's just stupid to **hang your balls out there**. 위험을 감수하는 것은 어리석은 짓이야.
☐ **be a close call[thing, shave]** 위험천만이다, 구사일생이다	There was no accident, but it **was a close call**. 사고는 없었지만 위험천만했어.
☐ **go out of one's skull** 몹시 긴장하다(not common)	All common sense **went out of his skull**. 걘 몹시 긴장해서 상식적으로 생각을 할 수가 없었어.
☐ **put sb in danger** 위험에 빠트리다(be in danger of 위험에 처하다)	You're **putting** our lives **in danger**. 넌 우리 목숨을 위험에 빠트리고 있어.

 미드 Situation

Dylan: Brian and Tina are going to get divorced. 브라이언과 티나는 이혼할거야.
Carol: I know. Brian **is going out of his skull** with anxiety. 알아. 브라이언은 걱정으로 몹시 긴장하고 있어.
Dylan: Their relationship **has been on the rocks** for a while. 한동안 관계가 좋았는데.
Carol: When did things **come to a head**? 상황이 언제 위기에 처한거야?
Dylan: Tina decided she just didn't want to continue things. 티나는 계속 그런 상황을 원치않는다고 결정했어.

088 That settles it.

그렇게 해결된거야.

 해결되면 얼마나 좋아~

어려움이나 힘든 문제는 뭔가 대책을 세우고(do something for), 의견이 안맞을 때는 settle one's difference하고 그렇게 put one's head together하면 settle a score with할 수 있을 것이다.

12문장으로 미드영어 후다닥 끝내기

☐ **settle a score with** 해결하다	Do you have to **settle a score with** your brother? 너 네 형과 해결을 해야 돼?
☐ **have had differences (over)** 이견이 있어왔다	We**'ve had our differences over** where he should go to school. 우리는 걔가 어디서 학교를 다녀야 하는지에 이견이 있어왔어.
☐ **settle one's difference** 차이를 해소[해결]하다(work out~)	Finally, we **worked out our differences**. 마침내, 우리는 우리의 차이점을 해결했어.
☐ **do the trick** 효과가 있다, 먹히다, 문제가 해결되다	That'll **do the trick**. 일이 잘될거야
☐ **do something for [to, about]** 뭔가 하다, 뭔가 대책을 세우다	Did I **do something to** offend you? 내가 널 기분나쁘게 할 짓을 했니?
☐ **fix it[things] up** 일을 해결하다, 처리하다	Hey Tom, you and Nina **fix things up**? 야, 탐, 너와 니나는 문제 해결했어?
☐ **get it out of the way** (어려운 문제를) 해결하자, 해치우다	Just finish the report and **get it out of the way**. 보고서를 끝내고 어려운 문제를 해결하자.
☐ **get around the problem** 해결하다	There must be some way to **get around the problem**. 문제를 해결할 방법이 있을거야.
☐ **have it out (with sb)** (이견, 불화) 담판을 짓다, 결판짓다	So we're going to **have it out** in public? 그럼 우리 공개적으로 담판을 지을거야?
☐ **put one's heads together** 머리 맞대고 문제를 해결하다	Now we're gonna have to really **put our heads together**. 이제 우리는 정말 머리를 맞대고 문제를 해결해야 돼.
☐ **That settles it** 그럼 그것으로 결정된거야, 그것으로 해결된거야	Let's roll the dice and hope **that settles it**. 주사위를 굴려서 해결되기를 바라자.
☐ **use every trick in the book** 온갖 방법과 수법을 쓰다	I will **use every trick in the book** to get him. 난 걔를 잡기 위해 모든 방법과 수단을 쓸거야.

 미드 Situation

Layla: Oh, my stomach is really hurting. 어, 배가 정말 아파.
Derrick: Can I do something to help with the pain? 아프지 않도록 내가 뭐 해줄까?
Layla: No, I**'ve used every trick in the book.** Nothing works.
아니, 갖가지 방법을 해봤는데, 다 안들어.
Derrick: **That settles it.** We're going to the doctor. 그럼 해결됐네, 의사한테 가자.
Layla: No! I hate getting examined by the doctor. 싫어! 의사한테 진찰받는거 싫어.

생각하다(Think)

남은게 있으면 끝까지 해결봐야

089 I'm working out the kinks.
난 어려운 문제를 해결하고 있어.

해결이 안되면 세부적인 것까지 논의하며 결론을 내거나(hash out the details), 망치로 두들겨 해결하든지(hammer out) 해야 된다. 그래도 가장 많이 쓰이는 표현은 work (things) out.

12문장으로 미드영어 후다닥 끝내기

☐ **work things out (with)** 문제를 해결하다, 화해하다	I really want to **work things out with** my wife. 난 성발이시 아내와의 문제를 해결하고 싶어.
☐ **settle a dispute[conflict]** …을 해결하다	Violence is no way to **settle a dispute**. 폭력은 갈등을 해결하는 방법이 아냐.
☐ **strike a hard bargain** 유리한 조건으로 거래하다(drive~)	Wow, you **drive a hard bargain**. 와, 너 거래를 유리한 조건으로 하네.
☐ **hash out the details** 논의하여 결론을 내다	I don't think this is the moment to **hash out the details**. 지금이 논의해서 결론을 낼 때는 아니라고 봐.
☐ **clear up** 정리하다, 해결하다	We need you to **clear up** a few things for us. 네가 우리를 위해 몇 가지 일들을 해결해줘.
☐ **work out the kinks** 어려운 문제를 해결[처리]하다	It's sort of a new tradition. **I'm working out the kinks**. 새로운 전통이랄까. 문제꺼리를 잘 처리하고 있어.
☐ **wave a magic wand** 힘든 문제를 쉽게 해결하다	You won't be able to **wave a magic wand** and change this. 넌 힘든 문제를 해결하고 이걸 바꿀 수 없을거야.
☐ **sort sb out** …을 해결하다(sort out 정리하다)	They're with the detectives trying to **sort this out**. 개네들은 이걸 해결하기 위해 형사들과 함께 있어.
☐ **buy one's way out of~** 돈으로 문제해결해 벌받지 않다	The rich woman tried to **buy her way out of** the ticket. 그 돈많은 여자는 딱지 끊긴 것을 돈으로 해결하려고 했어.
☐ **borrow one's way out of~** 돈빌려 일시적 재정문제를 해결하다	It's not possible to **borrow your way out of** debt. 돈을 빌려서 빚을 해결하는 것은 불가능해.
☐ **hammer out** 문제를 해결하다, 준비하다	The lawyers will **hammer out** the paperwork. 변호사들은 서류작업을 준비할거야.
☐ **see about ~ing** 확인해보다	Let's **see about** getting you out of here today. 오늘 널 여기서 빼낼 수 있는지 확인해보자.

Landon: Did you **work out the kinks** in your job contract? 고용계약서 작성을 잘 처리했어?
Gabby: We're still **hammering out the details**. 아직 세부적인 것들을 조정하고 있어.
Landon: Are you going to get the same salary? 연봉은 동결되는거야?
Gabby: I've asked for a rather large raise. 오히려 상당한 임금인상을 요구했는데.
Landon: You've always been one to **strike a hard bargain**. 넌 항상 거래할 때 세게 나가더라.

090 You never know your luck.
운이 좋을 수도 있잖아.

행운을 빌어주다

행운을 빌어줄 때는 wish sb good luck, best of luck, break a leg, 그리고 손가락으로 십자가를 만드는 keep one's fingers crossed 등이 있다. try one's luck은 되든 안되든 한번 해보는 것이고, 가능성없을 때는 more power to you라 한다.

12문장으로 미드영어 후다닥 끝내기

- **more power to you** (성공가능성 없는 경우) 행운빌어, 성공하길 빌어
  If you want to date Chris, then more power to you.
  네가 크리스와 데이트를 원한다면, 행운을 빌게.

- **try one's luck** 되든 안되든 한번 운에 맡기고 해보다
  Why not try your luck at the casino?
  카지노에서 한번 운에 맡겨보지?

- **the baby needs shoes** 행운을 빌어달라
  Come on lucky numbers, the baby needs shoes.
  행운의 숫자들이 나오기를 빌어줘.

- **wish sb good luck** …에게 행운이 있기를 바라다
  I wish you good luck with the pregnancy, Sally.
  샐리야 임신하는데 행운이 있기를.

- **best of luck (with[to]~)** 행운을 빈다
  Best of luck to all of you.
  너희들 모두에게 행운을 빌어.

- **Good luck (to you)** 행운을 빌어, 다 잘 될거야(Good luck with sth)
  Good luck to you! You'll need it. 행운을 빌어. 행운이 필요하잖아.
  It's good luck to fall in love with an older woman.
  나이든 부인과 사랑에 빠지는 것은 행운이지.

- **Break a leg!** 행운을 빌어!
  The show is starting. Break a leg!
  쇼가 시작됐어. 행운을 빌어.

- **cross one's fingers** 행운을 빌다(keep one's fingers crossed)
  Let's keep our fingers crossed.
  우리 행운을 빌자고.

- **I wish you all the best** 행운을 빌어
  I hope you understand and wish you all the best.
  네가 이해하고 네게 행운이 가득키길 바래.

- **knock on wood** (미신) 행복이 계속되도록 나무를 세번 두드리다
  So far things are fine, knock on wood.
  지금까지 잘 되고 있어, 행운이 계속되기를.

- **with any luck** 운이 좋다면(hopefully)
  With any luck, she'll find a job soon.
  운이 좋다면 걘 곧 일자리를 구할거야.

- **You never know your luck** 운이 좋을 수도 있다
  It could change. You never know your luck.
  바뀔 수도 있어. 운이 좋을 수도 있잖아.

미드 Situation

Neva: What kind of gambling are you going to do? 넌 무슨 도박을 하고 있어?
Isaac: I'm going to **try my luck** at blackjack. 블랙잭에 운을 맡기고 있어.
Neva: I **wish you all the best with** that. 행운이 있기를 바래.
Isaac: **Keep your fingers crossed.** I may win big. 행운을 빌어줘. 내가 크게 따도록.
Neva: If you do, I want a diamond necklace. 그렇게 따면, 다이아몬드 목걸이 사줘.

운이 좋거나 나쁘다고 할 때

091 Who's the lucky guy?
그 행운아는 누구야?

draw straws는 제비를 뽑다, the luck of the draw하면 추첨운, 팔자소관, draw the short straw는 제일 짧은 것을 골랐다라는 말로 재수없게 걸리다라는 의미. Who's the lucky guy?은 그 운좋은 사람은 누구냐라고 묻는 문장.

12문장으로 미드영어 후다닥 끝내기

☐ **Who's the lucky guy?** 누가 행운아야?	You're engaged? **Who's the lucky guy?** 네가 약혼했다고? 그 행운아는 누구야?
☐ **Some people have all the luck** 어떤 사람은 정말 운도 좋아	Herman won the lottery. **Some people have all the luck.** 허먼은 로또에 당첨됐어. 어떤 사람은 정말 운도 좋아.
☐ **Bad[hard] luck** 불운(Tough luck 운이 없네)	You're not supposed to see me in my dress. **It's bad luck.** 나 드레스 입은 거 보면 안돼. 운이 달아난대.
☐ **be in luck** 운이 있다(be out of luck 운이 없다)	So, you and your girlfriend **are** temporarily **in luck**. 그럼 너와 네 여친은 잠시 운이 있는거네.
☐ **be one's lucky day** …가 운이 좋다	Well, then, it**'s your lucky day**, huh? 그럼, 너 참 운 좋은 날이다, 그지?
☐ **beginner's luck** 초보자에게 따르는 운	It was impressive, but it was **beginner's luck**. 인상적이었어, 하지만 초보자에게 따르는 운이었어.
☐ **do sth for luck** 행운을 가져온다고 해서 …하다	We visited the temple **for luck**. 우리는 행운을 빌러 사원에 갔어.
☐ **kiss [hug] for luck** 행운의 키스, 포옹을 하다	You're supposed to **kiss** this stone **for luck**. 너는 이 돌에 행운의 키스를 하게 되어 있어.
☐ **blow on one's dice for luck** 주사위에 행운을 위해 입으로 불다	I always **blow on the dice for luck**. 난 항상 주사위에 행운을 위해 입으로 불어.
☐ **draw the short straw** 재수없게 걸리다(pull~)	Looks like someone **got the short straw**. 누가 재수없게 걸렸나보네.
☐ **draw straws** 제비를 뽑다(draw 무승부)	I say we **draw straws**. Loser drives downtown. 제비뽑기하자. 지는 사람이 시내까지 운전하자.
☐ **the luck of the draw** 추첨운, 운좋은, 팔자소관	You never know. **It's the luck of the draw.** 아무도 모르는 일야. 팔자소관이야.

미드 Situation

Gavin: It's Bart's **lucky day**. He bought a $5,000 lottery ticket. 바트가 땡잡은 날야. 5천 달러 복권을 샀어.
Kaylee: Some people **have all the luck.** 어떤 인간들은 운도 좋다니까.
Gavin: I'm envious. I never seem to win anything. 샘난다. 난 전혀 따본 적이 없는 것 같은데.
Kaylee: **It's the luck of the draw.** Sometimes you win, sometimes you lose. 팔자소관이지. 딸 때도 있고 잃을 때도 있고.
Gavin: I wonder what he'll do with the money. 걔가 그 돈으로 뭘할까 궁금해.

다시 한번 운이 좋거나 나쁘다고 할 때

092 Any luck?
잘 돼가?

luck out은 운이 좋다, one's luck run out은 운이 다했다라는 의미. 특히 Lucky sb!는 sb가 운도 좋다고 말하는 표현이고, Lucky bastard!는 상대방의 운을 시샘하거나 질투하면서 하는 말로, '자식 운도 좋아' 라는 표현이다.

12문장으로 미드영어 후다닥 끝내기

- [ ] **Any luck?**
  잘 돼가?(No luck? 안됐어?)
  How's it going in there? **Any luck?**
  거기 일 어때? 잘 돼가?

- [ ] **luck out**
  운이 좋다(to be lucky)
  You **lucked out**. 너 땡잡았네.
  Man, did I **luck out** marrying you.
  야, 나 너랑 결혼해서 정말 땡잡은건지.

- [ ] **Lucky for you**
  너에게 잘된 일이야, 다행스럽게도
  Lucky for you, I ain't greedy.
  다행스럽게도, 난 탐욕스럽지 않아.

- [ ] **lucky+sb!**
  (질투, 투기) …가 운도 좋다!
  Lucky me! Chris asked me out on a date tonight!
  난 운도 좋아. 크리스가 오늘밤에 데이트신청했어!

- [ ] **Lucky bastard!**
  그 자식 운도 좋구만!
  He found a hundred dollar bill. **Lucky bastard!**
  걘 100 달러를 주웠어. 자식 운도 좋아!

- [ ] **one's luck run out**
  운이 다했다
  Tonight the killer's **luck ran out**.
  오늘밤, 살인자의 운은 다했어.

- [ ] **be down on one's luck**
  운이 기울다
  I gave the bum money because he'**s down on his luck**. 걔가 운이 기울어서 받을 생각없이 돈을 좀 줬어.

- [ ] **lucky break for sb**
  …에게 다행이다
  What a **lucky break for** the actress.
  그 여배우에게는 얼마나 다행이야.

- [ ] **down-and-out**
  운이나 돈이 없는
  I've been **down-and-out** for a while now.
  난 한동안 바닥이었어.

- [ ] **will be lucky to[if~]**
  …하면 넌 운이 좋을거다(would~)
  You **would be lucky to** be with him!
  넌 걔랑 있으면 운이 좋을거야!

- [ ] **dumb luck**
  뜻밖의 행운, 횡재
  Finding these things here was **dumb luck**.
  여기서 이런 것들을 찾는 건 횡재였어.

미드 Situation

Alyssa: Are you having trouble paying your bills? 공과금내는데 힘들어?
Braden: I'd **be lucky to** find any way to make money. 돈을 벌 수 있는 길을 찾을 수 있으면 운이 좋을텐데.
Alyssa: **Any luck with** your job interview? 면접은 잘 돼가?
Braden: No dice. I've been **down and out** for a while. 아니. 한동안 바닥을 기고 있어.
Alyssa: Keep trying. A good job would be **a lucky break for** you.
계속해봐. 좋은 직장을 얻으면 네게 좋은 기회가 될거야.

생각하다(Think) 481

선택하던지 말던지

093 I've got dibs on Chris.
크리스는 내가 찜해놨어.

take it[that~]은 선택하다, 받아들이다라는 의미로 많이 쓰이며, 좋든 싫든 결정해야 되는 경우에는 take it or leave it, live it or lump it, like it or not을 쓴다. 특히 우리가 찜하다라고 할 때는 call dibs on, have got dibs on이라 하면 된다.

 12문장으로 미드영어 후다닥 끝내기

☐ **Take it or leave it** 받아들이든지 관두든지 선택해	It's both of us or neither of us. **Take it or leave it.** 우리 둘이던지 아니면 둘 다 아니던지, 양자택일해.
☐ **like it or lump it** 선택의 여지가 없다	In this job you **like it or lump it.** 이 일에서 너는 선택의 여지가 없어.
☐ **like it or not** 좋든 싫든간에, 양단간에	**Like it or not,** I've got a birth certificate that says I'm your mother. 좋든 싫든간에, 내가 네 엄마라는 출생증명서를 받았어.
☐ **take it[this, that]** 선택하다, 결정하다, 받아들이다	Yeah, but we're not gonna **take that.** 그래, 하지만 우리는 그것을 받아들이지 않을거야.
☐ **have[make] a choice** 선택권이 있다, 선택하다	Sorry, honey but you don't **have a choice.** 미안, 자기야 넌 선택권이 없어.
☐ **have no choice but to** …하지 않을 수가 없다	We **have no choice but to** drop the charges against her. 걔에 대한 기소를 기각할 수 밖에 없어.
☐ **leave sb no choice but to** …가 …하지 않을 수 없다	They **left him no choice but to** break the lease. 걔네들은 걔가 임대계약을 깨지 않을 수 없게 했어.
☐ **call dibs on** …에 대해 찜을 해두다, …를 찍어두다	You've now **called dibs on** everything. 넌 이제 모든 거에 찜을 해뒀잖아.
☐ **have got dibs on** …을 먼저 차지하다, …을 찜하다	Okay. **I've got dibs on** Sam. 좋아. 내가 샘을 찜했어.
☐ **go down a[this] road** 길, 방향을 선택하다	Are you sure you want to **go down this road**? 너 정말 이 길을 가고 싶은게 확실해?
☐ **There is little to choose between~** 선택의 여지가 없다	**There is little to choose from between** the two options. 그 두개의 선택안 중에서 선택의 여지가 없어.
☐ **get off the pot** 하든지 아니면 관둬	Jack, crap or **get off the pot.** 잭, 하든지 아니면 관둬.
☐ **by choice** 자진해서 (not by choice 원해서가 아니라)	He would never change the way he kills **by choice.** 걘 자진해서 자신의 범행방식을 절대로 바꾸려하지 않을거야.

 미드 Situation

Stacey: **Like it or not,** we can't fire Heath. 싫든 좋든, 우리는 헤스를 해고할 수 없어.
Tyler: Why not? He's the laziest man I've ever met. 왜 안돼? 걔같이 게으른 사람은 처음 봐.
Stacey: He's the boss's son. We **have no choice but to** keep him. 사장 아들이잖아, 데리고 있는 수밖에 없어.
Tyler: So he stays here, but not **by choice**? 그럼 걘 무조건 여기 있는거네?
Stacey: That's right. We have to tolerate him. 맞아, 참아야지 뭐.

고르다, 선택하다

094 Let's flip a coin for it.
그거 동전던지기로 결정하자.

맘먹다, 찜해두다라고 할 때는 get one's eyes set on, have one's heart set on을, 그리고 우리말로 …로 할게라고 선택할 때는 go with sth을 쓰기도 한다. 또한 동전던지기는 flip a coin, 앞면야, 뒷면야라고 할 때는 Heads or tails라 한다.

12문장으로 미드영어 후다닥 끝내기

- **take one's pick** …가 맘에 드는 것을 고르다
  Both of these girls are into you. **Take your pick.**
  이 여자애 둘 모두 네게 빠져있어. 선택해.

- **get one's eyes set on** 찍어두다, …을 찜해두다
  Brian **had his eyes set on** Maureen.
  브라이언은 모린을 찜해두었어.

- **have one's heart set on** …을 하기로 맘먹다(set one's heart on)
  She**'s got her heart set on** having a townhouse.
  걔는 타운하우스를 사기로 결정했어.

- **pick and choose** 까다롭게 고르다
  The store allows customers to **pick and choose**.
  그 가게는 손님들이 까다롭게 고르도록 하고 있어.

- **get picked up** 선발되다, 체포되다, 차출되다(pick up)
  He**'s picked up** a new victim.
  걘 새로운 피해자를 골랐어.

- **single out** 선발하다, 추려내다
  I think our victim **was singled out** by the perp.
  피해자는 범인이 선택한거라 생각해.

- **be one's for the asking** 원하기만 하면 …의 것이다
  Tracey **is yours for the asking**, man.
  야, 트레이시는 원하기만 하면 네꺼야.

- **go with sth** …로 결정하다, 선택하다(decide)
  Let's **go with** a healthy dinner tonight.
  오늘 밤 저녁은 건강식으로 하자.

- **a yes or no** 예스야 노야
  Is that **a yes or no** on this?
  이거 예스야 노야?

- **flip a coin** 결정하기 전에 동전을 위로 올려던지다
  Yeah, let's **flip a coin** for it. Heads or tails?
  그래, 동전던지기하자. 앞면야 뒷면야?

- **heads or tails** 앞면 혹은 뒷면
  Call **heads or tails** before the coin hits the ground.
  동전이 바닥에 닿기 전에 앞면인지 뒷면인지 말해.

- **be up in the air** 아직 생각중이다, 미정이다
  The company's merger **is still up in the air**.
  그 회사의 합병은 아직 미정이야.

미드 Situation

Alice: You can **pick and choose** your dessert here. 여기서 디저트를 고를 수 있어.
Larry: It all looks so delicious to eat. 다들 먹기에 너무 맛있어 보인다.
Alice: I **have my heart set on** some chocolate cake. 맘이 초콜렛 케익으로 기우는데.
Larry: I think I'll **go with** some blueberry pie. 난 블루베리 파이로 할거야.
Alice: That sounds good too. Could I try a bite of it? 좋은 생각야. 좀 먹어봐도 될까?

생각하다(Think)

매순간순간 결정하지 않을 수 없어

095 It's your call.
네가 결정해야 할 일이야.

가장 어려운 일이지만 누군가가 결정을 해야 할 경우가 있다. 이때 쓰는 말이 call the shots, be one's shot, 그리고 call을 써서 be one's call이라고 한다. 친숙한 It's up to you!와 같은 맥락의 표현.

12문장으로 미드영어 후다닥 끝내기

☐ **call the shots**
결정하다

You're letting Tom's father **call the shots**.
탐의 아버지가 결정하도록 해.

Mrs. Jackson **calls all the shots** in our office.
우리 사무실에서는 잭슨 부인이 데빵이야.

☐ **be one's shot**
…가 결정해야 할 일이다

This is my daughter going off to college, **this is my shot!** 이번에 대학가는 내 딸이야, 내가 결정했어!

☐ **be one's call**
…가 결정할 일이다

He's right. But **it's your call,** Mr. Henry.
그 말이 맞아요. 하지만, 헨리 씨, 당신이 결정할 일이예요.

It's your call whether we go home or not.
우리가 집에 가든 말든 네가 결정해.

☐ **be up to sb**
…가 결정할 일이다

It's up to you. Let's go.
네가 결정할 일이야. 가자고.

☐ **all or nothing**
양단간의 결정

It has to be **all or nothing**?
양단간의 결정이어야 한다고?

With my girlfriend, **it's all or nothing**.
내 여친과는 모 아니면 도야.

☐ **it's a go**
결정됐어

I just talked to the governor, and **it's a go**.
주지사와 얘기나눴어, 그리고 결정됐어.

☐ **take a leap**
잘 될지 안될지 모르지만 결정에 따르다

I'm going to **take the leap** and accept the job.
난 결정에 따르고 그 일을 받아들일거야.

☐ **judgment call**
개인적 판단에 따른 결정

They made a terrible **judgment call**.
걔네들은 최악의 결정을 했어.

☐ **error[lapse] in judgement**
잘못 판단하다, 잘못된 판단

I regret my participation in what was an **error in judgment**. 난 잘못 판단한 것에 참여한 것을 후회해.

Carter: Detective Wright **is calling the shots** on this case. 라이트 형사는 이 사건의 책임자야.
Erin: Who put him in charge of things? 누가 책임권한을 줬는데?
Carter: The decision **was up to** Captain Earle. 결정은 얼 반장이 했어.
Erin: It was an **error in judgment**. Wright is a lousy cop.
판단이 잘못 되었는데, 라이트는 형편없는 경찰야.
Carter: Well, I hope he'll be able to solve the murder. 어, 걔가 실인범을 잡을 수 있기를 바래.

484 Chapter 7

힘든 결정을 하다

096 It's a done deal.
그건 결정이 된거야.

toughie는 힘든 결정, make a tough call은 힘든 결정을 하다라는 의미. 특히 그렇게 하기로 한거야, 결정된거야라는 의미로 (it's a) Done deal이란 표현이 미드에서 자주 쓰인다는 것을 알아둔다. 또한 상대방보고 결정하라고 할 땐 You decide.

12문장으로 미드영어 후다닥 끝내기

☐ **toughie** 내리기 어려운 결정
(a tough decision to make)
I know that's a **toughie**.
그것은 내리기 어려운 결정이라는 것을 알아.

☐ **make a tough call** 힘든 결정을 하다
Frankly, given what the truth is, **it's a tough call**.
솔직히, 사실이 뭐든 간에, 그건 정말 힘든 결정이야.

☐ **set in stone** 확정되다, 확실히 결정하다
That **was never set in stone**.
그것은 전혀 확정되지 않았어.

☐ **call the tune** 지시, 명령하다
He may be paying, but you **call the tune**.
걔가 돈을 낼지 모르지만 결정은 네가 해.

☐ **the ball is in one's court** …가 결정해야한다
Well, sounds like **all the balls are in your court**.
음, 모든 결정은 네가 해야되는 것 같네.

☐ **get the ball** 칼자루를 쥐다, 결정권을 가지고 있다
When I **get the ball**, I'll be ready.
내가 결정권을 갖게 될 때 난 준비가 되어 있을거야.

☐ **come down on the side of** …의 편을 드는 결정을 하다
The judge **came down on the side of** the cops.
판사는 경찰편을 드는 결정을 내렸어.

☐ **come down in favor of~** …을 찬성하는 결정을 하다
Our state **came down in favor of** the program.
우리 주는 그 프로그램을 찬성하는 결정을 했어.

☐ **(it's a) Done deal** 결정이 난거야, 그러기로 한거야
I've already put in for the transfer. **It's a done deal**.
난 이미 전근결정이 났어. 결정이 다 된거야.

☐ **talk oneself into sth** 고려한 후 결정하다, 맘잡고 해보다
Look, **don't talk yourself into** unhappiness.
이봐, 자꾸 불행하다고 생각하지마.

☐ **talk oneself out of sth** 생각후 하지 않기로 결정하다
I **talked myself out of** buying a new car.
난 생각 후에 새로 차를 뽑지 않기로 했어.

☐ **You decide** 네가 정해
You're the boss so **you decide**.
네가 대장이니 네가 결정해.

미드 Situation

Ashley: How are we going to punish our son for lying? 거짓말한 거에 대해 어떻게 걜 혼내지?
Ivan: **The ball's in your court. You decide.** 결정은 당신 몫이야. 당신이 결정해.
Ashley: This is a **toughie**. I want to teach him to be honest. 어려운 결정야. 정직하라고 가르치고 싶은데.
Ivan: Our rules about lying **are set in stone**. 거짓에 대한 우리의 규칙은 확실하잖아.
Ashley: Then I think we'd better take away his computer games for a week.
그럼 일주일간 컴퓨터 게임을 금지할까봐.

생각하다(Think) 485

대가를 치르다

097 I thought he cheated fate.
걔가 운좋게 살아남았다고 생각했어.

be doomed to~는 …할 운명이다, cheat fate는 운명을 피하다라는 재미난 표현. 또한 어떤 대가를 치룬다고 할 때는 cost sb sth, 대가를 치르게 하다는 make sb pay, 복역해서 사회에 진 빚을 갚다라고 할 때는 pay one's debt to society라 한다.

12문장으로 미드영어 후다닥 끝내기

- **seal[fix] sb's fate** 운명을 결정짓다, 확정짓다
  The evidence **sealed the murderer's fate**.
  증거는 살인범의 운명을 결정셨어.

- **be doomed to~** …할 운명이다
  So he **was doomed to** never leave this place.
  그럼 걘 이곳을 절대로 떠날 운명이 아니었어.

- **cheat fate** 운명을 속이다, 운명을 피하다
  I thought he **cheated fate**.
  걘 운좋게 살아남았다고 생각했어.

- **cost sb a pretty penny** 적잖은 대가를 치르다, 돈이 꽤 많이 들다
  That mansion cost Frank **a pretty penny**.
  프랭크가 저 맨션사려고 많은 돈을 치뤘어.

- **cost sb sth** 넌 …를 잃게 될거야(lose sth)
  It might **cost you your own company**.
  네가 네 회사를 잃을 수도 있어.

- **cost sb one's job [life, marriage]** …가 …을 잃게 되다
  Constant lying **cost Brandon his marriage**.
  계속 거짓말하다 브랜든의 결혼은 파경에 이르렀어.

- **if that's what it takes (to~)** …하는게 운명이라면, 치루어야 할 대가라면
  I do this **because that's what it takes to** be married to you. 너와 결혼하는 게 운명이라면 그렇게 할게.

- **make sb pay** 대가를 치르게 하다
  I promise I will **make you pay** for that.
  네가 그에 대한 대가를 꼭 치르게 할거야.

- **pay one's debt (to society)** 사회에 진 빚을 갚다, 죄짓고 복역하다
  I **paid my debt to society**. Prison was a nightmare.
  감옥에서 죄에 대한 벌을 다 받았어. 감옥은 정말 악몽였어.

- **pay for** 돈을 내다, 대가를 치르다
  Then you'll have to **pay for** my sin.
  그럼 너는 내가 저지른 죄에 대해 대가를 치뤄야 돼.

- **pay the price (for~)** 가격을 치르다, …에 대한 대가를 치르다
  Melinda will **pay the price for** stealing.
  멜린다는 도둑질에 대한 대가를 치를거야.

- **be held to account** 대가를 치르다
  This guy has committed horrible crimes and must **be held to account**. 이 놈은 끔찍한 범죄를 저질렀고 반드시 그 대가를 치뤄야 돼.

Nelly: How did the gangster die? 그 갱은 어떻게 죽었어?
Jordan: Someone shot him. It **sealed his fate**. 누가 총으로 쐈어. 운명을 결정지었지.
Nelly: They say he stole money from somebody. 걔가 돈을 강탈했다며.
Jordan: Well, stealing **cost him his life**. 그래, 도둑질에 대한 대가로 목숨을 잃었네.
Nelly: I know. I wouldn't become a gangster **for any price**.
그러게, 난 어떻게 해서라도 갱이 되지 않을거야.

강제하고 강요할 때

098 Are you threatening me?
날 협박하는거야?

be compelled to는 기본표현이고 미드에서는 force[shove] sth down one's throat나 put the screws to~라는 표현을 많이 사용한다. 너 나 협박하는거냐고 항의할 때는 Are you threatening me?라고 하면 된다.

12문장으로 미드영어 후다닥 끝내기

- [ ] **drive sb to[into]~**
  …가 …하게 하다
  You **drove me to** do this, so I hope you blame yourself. 네가 강제로 이걸 하게 했어, 그러니 네가 자책하길 바래.

- [ ] **force sth down sb's throat**
  (생각, 의견) 강요하다(stick~)
  You can't **force** your decision **down my throat**.
  넌 네 결정을 내게 강요하면 안돼.

- [ ] **stick one's tongue in sb's throat** 물리적으로 목구멍에 쑤셔넣다
  Yuck! He **stuck his tongue in my throat**!
  윽! 걔가 자기 혀를 내 목구멍에 쑤셔 넣었어!

- [ ] **shove sth down one's throat**
  …을 강요하다
  The manager always **shoves things down our throats**. 매니저는 늘상 우리에게 밀어붙이며 강요해.

- [ ] **put the screws to~**
  강요하다
  It's time to **put the screws to** our suspects.
  용의자들을 쥐어짜야 될 시간야.

- [ ] **push oneself too hard**
  무리하다, 강행하다
  I think I just **pushed myself too hard**.
  내가 너무 무리한 것 같아.

- [ ] **push sb into ~ing**
  …를 몰아붙여 …하게 하다
  You **pushed me into** doing this.
  네가 무리하게 밀어붙여 이걸 하게 만들었어.

- [ ] **Are you threatening me?**
  날 협박하는거야?
  Are you threatening me? You better be careful.
  날 협박하는거야? 조심해야지.

- [ ] **blackmail A into B**
  A를 협박해서 B하게 하다
  You tried to **blackmail** me **into** sleeping with you.
  넌 나를 협박해서 너와 자자고 하려고 했어.

- [ ] **pry sth open**
  강제적으로 비틀어 열다
  Let's **pry** this wooden box **open**.
  이 나무 상자를 강제로 열자.

- [ ] **be held to**
  …에 구애받다
  The boss decided he souldn't **be held to** that.
  사장은 그거에 구애받지 않기로 결심했어.

Camille: You're **pushing yourself too hard** these days. 너 요즘에 너무 무리하더라.
Wyatt: I'm **being compelled to** work a lot of extra hours. 추가근무를 많이 하지 않을 수가 없어.
Camille: Is your boss **pushing** you **into** this crazy schedule?
네 사장이 이 미친 스케줄을 몰아붙이는거야?
Wyatt: He expects me to work seven days a week. 일주일에 7일을 일하도록 해.
Camille: I'm afraid it's going to ruin your health. 네 건강이 망쳐질 것 같다.

생각하다(Think) 487

존중하거나 존경할 때

099 I gotta tip my hat to you.
네게 존경을 표시해야겠어.

요즘 세상봐서는 존경이란 단어가 아직 살아있는게 다행이지만^^, 우리도 모자를 벗어 존경을 표시하듯 take one's hat to~라 하거나 have respect for, have high regard for란 표현을 사용하면 된다.

12문장으로 미드영어 후다닥 끝내기

☐ **tip one's hat[cap] (to~)** 존경을 표시하다, 경의를 표하다(take~)	**Tip your hat to** those who can beat you. 너보다 뛰어난 사람에게 경의를 표시해.
☐ **take one's hat off to~** …에게 경의와 존경을 표시하다(hats off to~)	I have to **take my hat off to** the staff here. 여기 계신 스태프분들에 존경을 표합니다.
☐ **have a high regard for** 존경하다	I **have a high regard for** German technology. 난 독일의 기술력에 정말 경탄해.
☐ **have respect for~** …을 존경하다(win[earn]~)	We need to **have respect for** each other. 우리는 서로 존중해야 돼.
☐ **have no respect for** 존경하지 않다	I mean, you **have absolutely no respect for** me at all. 내 말은, 넌 나에 대한 존경심이 전혀 없어.
☐ **respect sb for~** …대해 존경, 존중한다	I told her to **respect** me **for** my cock and balls. 난 걔에게 내 거시기를 존경하라고 말했어.
☐ **hold sb in high regard** 존경하다	We all **held** our boss **in high regard**. 우리 모두는 사장님을 존경해.
☐ **be highly regarded (as)** 높이 평가되다	My father **is a highly regarded** psychiatrist. 아버지는 명망높은 정신과 의사야.
☐ **in honor of~** …에 경의를 표하여	**In honor of** this special day, I got you all gifts. 이 특별한 날을 기념하여, 너희 모두에게 선물을 가져왔어.

 미드 Situation

Riley: What was this statue put up for? 이 조각은 뭐 때문에 세워진거야?
Tasha: It was put up **in honor of** firefighters who've died. 순직한 소방수들을 위해 세워졌어.
Riley: Why do people **hold** them **in such high regard**? 왜 사람들이 소방수들을 존경하는거야?
Tasha: They have **earned respect** for their heroism. 용감한 행동으로 존경심을 얻었지.
Riley: I guess they save the lives of a lot of people. 많은 사람들의 목숨을 구하잖아.

100 What's the holdup?
왜 이리 늦었어?

뒤로 미루거나 연기하다

"내일 할 수 있는 일을 오늘 하지마라"라는 모토를 가진 사람들이 하는 것으로 hold off on, hang fire, put on hold, 그리고 여러의미로 쓰이는 get hung up 등이 있다. 왜이리 늦었냐고 할 때는 What's the holdup?이라고 하면 된다.

12문장으로 미드영어 후다닥 끝내기

☐ **hold off on** 연기하다, 미루다	Can you **hold off on** pouring the tea for just a minute? 잠시 차를 따르는 것을 미뤄봐.
☐ **hold sb off** …가 …하는 것을 막지 못하다	We can't **hold** Mr. Samuel **off** forever. 우리는 영원히 사무엘 씨를 막을 수 없어.
☐ **hang fire** 행동을 미루다	Don't **hang fire**, just do it! 미루지말고, 그냥 해!
☐ **put on hold** 보류하다	My new project **was put on hold**. 내 새로운 프로젝트는 보류됐어. The bad economy **put** the new school **on hold**. 경기침체로 새로운 학교설립이 중단됐어.
☐ **put a pin in sth** 결정을 미루다, 핀으로 꽂다	**Put a pin in** the map where the crime occurred. 범죄가 발생한 지점을 지도에 핀으로 꽂아봐.
☐ **back-burner** 뒤로 미루다, 연기된 상태	My trip to Europe is on the **back-burner** right now. 내 유럽여행은 지금 당장은 연기된 상태야.
☐ **sit on** 일처리를 미루다	I'm going to **sit on** this until the time is right. 난 때가 올 때까지 이 일을 미루고 있을거야.
☐ **What's the holdup?** 왜 이리 늦은거야?	It should have been ready. **What's the holdup?** 벌써 준비가 되어 있어야지. 왜 이리 늦은거야? **What's the holdup?** Are you having a problem? 왜 이리 늦었어? 뭐 문제있어?
☐ **get hung up** (…로) 늦어지다(to be delayed)	I'm sorry but I **got hung up** talking to Mark in the lobby. 미안하지만 로비에서 마크하고 얘기하다 늦어졌어. Don't **get hung up** with the regulations. 규정 때문에 늦어지지 않도록 해.

미드 Situation

Julian: Are we going to **hold off on** moving? 우리 이사가는 거 미룰거야?
Chloe: Yes, our plan to move is on the **back burner** right now. 어, 당장은 이사는 연기됐어.
Julian: **What's the holdup?** I want to move to another apartment. 왜 늦어지는건데? 다른 아파트로 이사가고 싶어.
Chloe: We don't have enough money. Our funds **are hung up**. 돈이 부족해. 자금문제가 걸려있어.
Julian: How long do you think it'll be until we can move? 얼마나 있다 이사갈 수 있을 것 같아?

차이나 구분

101 What difference does it make?
그게 무슨 차이가 있어?

두가지 사이의 차이점을 말할 때는 the difference between A and B를 쓰면 되고, 반어적으로 그게 무슨 차이가 있냐, 즉 그게그게 아니냐라고 말할 때는 What difference does it make?라고 한다.

12문장으로 미드영어 후다닥 끝내기

☐ **What's the difference between~?** …간의 차이점이 뭐지?	**What's the difference between** English and Spanish? 영어와 스페인어의 차이점이 뭐야?
☐ **there's a difference between** …간에 차이가 있다	**There's a difference between** being stupid and acting stupid. 멍청한 것과 멍청하게 행동하는 거에는 차이가 있어.
☐ **be the difference** 차이가 있다	**That's the difference between** you and me. 너와 나 사이에는 차이가 있어.
☐ **see the difference** 차이를 알게 되다(know~)	Honestly I didn't **see the difference between** the proposals. 솔직히 말해서, 그 제안들의 차이점을 모르겠어.
☐ **What difference does it make?** 그게 무슨 차이가 있어?	**What difference does it make?** He raped my daughter. 그게 무슨 차이가 있어. 걘 내 딸을 강간했는데.
☐ **tell the difference between** …간의 차이를 구분하다	It was hard to **tell the difference between** them. 그것들의 차이점을 구분하는 것은 어려웠어.
☐ **by a neck** 근소한 차이로	We were able to make the deadline **by a neck**. 우리는 가까스로 마감일을 맞출 수 있었어.
☐ **There's a fine line between~** A와 B는 종이 한 장 차이이다	**There's a fine line between** like and love. 좋아하는 것과 사랑하는 것은 종이 한 장 차이이다.
☐ **same difference** 별로 다를게 없는, 그게 그거인	Medically, it isn't **the same difference**. 의학적으로 그것은 별로 다를게 없는게 아냐.
☐ **one and the same** 동일한 것이나 사람	The online identities are **one and the same**. 온라인상의 신원은 동일한 사람의 것이야.
☐ **the wisdom to know the difference** (기도문) 차이를 아는 현명함을 주소서	Old age gives you **the wisdom to know the difference**. 나이가 들어 차이를 아는 현명함을 주소서.

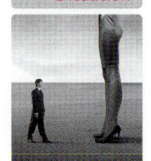

Aaron: I thought monkeys and chimps were **one and the same**.
원숭이와 침팬지는 그게 그거라고 생각했어.

Claire: No, **there's a big difference between** the two of them. 아냐, 걔네 둘 사이에는 큰 차이가 있어.

Aaron: So **what's the difference between** a monkey and a chimp? 그럼 원숭이와 침팬지의 차이점이 뭐야?

Claire: Chimps are much larger. Monkeys are usually small. 침팬지가 더 크지. 원숭이는 보통 좀 작지.

Aaron: So I guess it's a chimp in this picture. 그럼 이 그림은 침팬지겠네.

490 Chapter 7

102 This is a high profile case.
관심이 집중되고 있는 사건이야.

소송에서 세인의 관심을 많이 받고 있다고 말할 때는 high profile case라고 하며, 좀 특이하게 생겼지만 due diligence는 동사로 상당히 주의하다, 그리고 be lost on sb는 sb가 주어의 중요성을 이해하지 못하고 있다는 미드다운 표현.

12문장으로 미드영어 후다닥 끝내기

take note of~
주목하다, 알아차리다, 기억해두다

Please **take note of** the new rules.
이 새로운 규칙을 주목해보세요.

hold the stage
주목의 대상이다

The professor **held the stage** for an hour.
그 교수님은 한 시간동안 주목의 대상이었어.

high profile
많은 관심을 받고 있는

(low profile 관심을 못끄는)

Matthew, this is a **high profile** case.
매튜, 이거는 관심을 많이 받고 있는 사건야.

Do a good job because this is **high profile**.
이건 중요한 사건이기 때문에 일을 제대로 처리해.

sit up and take notice
주의를 기울이기 시작하다, 나아져가다

As the alarm continued, the few other people in the cafeteria **sat up and took notice**.
경보가 계속됨에 따라, 카페테리아의 몇몇 다른 사람들은 주의를 기울였어.

red herring
사람의 주의를 딴 데로 돌리는 것

I'll not let you mislead this jury with some unsubstantiated **red herring**.
난 네가 입증도 되지 않은 것으로 배심원을 오도하도록 놔두지는 않을거야.

due diligence
상당히 주의[배려]하다

Naturally, that's after we do **due diligence**.
당연히, 그건 우리가 주의를 한 이후야.

We did **due diligence** on the facts in the article.
우리는 이 기사의 사실들에 상당한 주의를 기울였어.

be lost on sb
…의 주목을 못받다, 중요성을 이해못하다

The spirit of giving **is** completely **lost on** you.
너는 배려의 정신이 왜 중요한지 이해하지 못해.

All of the class work **was lost on** Jethro.
교실 수업의 모든 것이 제스로에게는 관심이 되지 못했어.

pay attention to
주의를 기울이다

Shut up and **pay attention to** Randy.
입닥치고 랜디에게 주의를 기울여.

미드 Situation

Sophie: Did Jane **pay attention to** the advice you gave her? 제인이 너의 충고에 주의를 기울였어?
Jeremiah: Honestly, I think my advice **was lost on** her. 솔직히, 걘 내 충고를 안받아들인 것 같아.
Sophie: She's probably going to make a lot of mistakes. 걔가 많은 실수를 저지를 수도 있겠구만.
Jeremiah: Maybe a big mistake will make her **sit up and take notice**. 아마 큰 실수가 신경을 쓰게 만들겠지.
Sophie: Some people have to make mistakes before they learn anything.
어떤 사람들은 실수를 통해서만 뭔가를 배운다니까.

생각하다(Think) 491

통제하고 장악하고

103 We'll see about that.
그렇게 되나 두고봐라.

맨 위에서 통제한다는 표현으로 stay on top of, be on top of it이 있고, 강력히 통제하고 있다고 할 때는 keep a tight grip[hold, rein] on이라고 한다. 또한 We'll see about that은 두고봐라, 그런 일 없을거다라는 좀 건방진 표현.

12문장으로 미드영어 후다닥 끝내기

☐ **play sb's game** …의 방식에 따르다	I always have to **play the manager's game**. 난 항상 매니저의 방식에 따라야 해.	
☐ **stay on top of** 일들을 잘 통제하다	I can **stay on top of** him while he finishes his book. 난 걔가 책을 끝내는 동안 걔를 잘 통제할 수 있어.	
☐ **be on top of it[things]** 잘 통제하고 있다, 잘 알고 있다	Jennifer. Trust me, **we're on top of it**. 제니퍼. 나를 믿어, 우리가 잘 알고 있어.	
☐ **We'll soon see about that** 두고봐라, 그렇게 안될게다	I'm stronger than you. **We'll see about that**. 난 너보다 강해. 그렇게 안될게다.	
☐ **have a lock on** 통제하다	Lisa **has a lock on** the promotion. 리사가 승진건을 통제하고 있어.	
☐ **keep sb in order** 통제하다 질서를 유지하다(keep order; control)	You need to **keep** your client **in order**. 넌 네 고객을 잘 다스려야 해.	
☐ **put sth in order** …을 정리하다, 정돈하다	It'll take months to **put** the files **in order**. 이 파일들을 정리하는데 몇 달이 걸릴거야.	
☐ **beat up on oneself** 자신을 억누르다	It's not your fault. **Don't beat up on yourself**. 네 잘못이 아냐. 자신을 너무 억누르지마.	
☐ **keep a tight grip[hold, rein]** (…을) 꽉 붙들다, 잡다, 통제하다	Father **kept a tight grip on** his children. 아버지는 아이들을 꽉 쥐고 통제했어.	
☐ **get sb on a tight leash** 강력히 통제하다(keep~)	They just want to **get** me **on a tight leash**. 걔네들은 나를 강력히 통제하길 바래.	
☐ **follow suit** …을 따르다, 전례를 따르다	I decided to leave, and everyone **followed suit**. 난 떠나기로 결정했고 다들 따랐어.	
☐ **take (a) hold of[on]** …잡다, 장악하다	The robber **took hold of** Anne's purse. 그 강도는 앤의 지갑을 채갔어.	
☐ **hold all the cards** 자신이 있다, 상황을 장악하고 있다	Usually the rich **hold all the cards**. 보통 부자들이 상황을 좌지우지하지.	

미드 Situation

Arianna: I need you to **stay on top of** this construction project. 네가 이 건설프로젝트를 잘 통제해.
Davis: No problem. I can **keep** everything here **in order**. 문제없어요, 여기 모든 일을 관리할 수 있어요.
Arianna: We also must be careful not to spend too much. 또한 과다지출을 하지 않도록 해야 돼.
Davis: I'll **keep a tight rein on** our costs. 비용도 철저히 긴축할게요.
Arianna: Good. It's important that we come in under budget. 좋아. 예산범위 내에서 하는게 중요해.

Chapter 7

104 Have it your way!
너 좋을대로 해!

반대로 내 맘대로 끌리는대로

통제가 되지 않을 때는 맘대로 해라라고 Suit yourself!, 혹은 쏘겠다는거야?(Shoot me?), 고소하려면 해(So, sue me!) 등의 재미난 표현이 있다. 자주 들리는 So be it은 그렇게 해라, 맘대로 해라라는 표현.

12문장으로 미드영어 후다닥 끝내기

- □ **call sth one's own**
  소유하다, 맘대로 하다

  I want a house to **call my own**.
  내 소유의 집을 바래.

- □ **(have) a life of its own**
  통제가 안된다, 제멋대로 움직이다

  I stay on top of things before they take on **a life of their own**. 난 걔네들이 멋대로 하기 전에 상황을 통제하고 있어

- □ **Suit yourself!**
  네 멋대로 해!, 맘대로 해!

  Suit yourself. But for the record, I was rooting for you to land him. 맘대로 해. 하지만 확실히 말해두는데, 난 네가 걔를 잡도록 응원했었어.

- □ **Have it one's (own) way**
  (짜증, 무관심) 좋을대로 해라, 맘대로 해라

  Have it your way, but I'm going tomorrow.
  너 좋을대로 해. 하지만 난 내일 간다.

- □ **Shoot me?**
  그래서 어쩌라구? 날 쏘겠다는거야?

  What are you going to do, Sean, **shoot me?**
  션, 어떻게 할건데, 날 쏘기라도 하겠다는거야?

- □ **So, sue me!**
  고소하려면 해!

  You know what, Mike? Go ahead. **Sue me.**
  그거 알아, 마이크? 맘대로 해. 고소하라고.

  What are you going to do, hon? **Sue me?**
  자기야, 어떻게 할건데? 고소하겠다는거야?

- □ **as you wish** 너 원하는대로
  너 좋을대로(as you like[want])

  You can sit there as long **as you like**.
  너 원하는 만큼 거기 앉아있어도 돼.

- □ **be at one's beck and call**
  …의 마음대로 하다

  I want you to **be at my constant beck and call** 24 hours a day! 하루 온종일 네가 내 마음대로 해주기를 바래!

- □ **have sb in one's pocket**
  …를 손아귀에 쥐다, …를 맘대로 하다

  Don't worry, we **have** the judge **in our pocket**.
  걱정마, 판사는 우리 손아귀에 있어.

- □ **have sb just where sb want~**
  …을 장악하다, 맘대로 하다

  The president **has** him **just where he wants** him.
  사장은 걔를 원하는대로 맘대로 부려먹고 있어.

- □ **So be it** (체념, 승낙) 그래, 그렇게 해
  맘대로 해라, 될대로 되라

  If we never meet again, **so be it**.
  우리가 다시 절대로 못만나다면, 그렇게 해.

미드 Situation

Angel: I'd like a maid here **at my beck and call**. 맘대로 부릴 도우미가 필요해.
Peyton: **Suit yourself,** but that costs a lot of money. 맘대로 해. 하지만 돈이 많이 들걸.
Angel: I don't care about the price. I've got to **have it my own way**.
   돈은 상관없어. 내 맘대로 해야지.
Peyton: **As you wish.** I'll start interviewing maids. 맘대로. 도우미 면접시작할게.
Angel: Thanks. This will make our lives so much easier. 고마워. 그러면 우리 삶이 더 편해질거야.

맘대로 해봐

105 Knock yourself out!
맘대로 해봐.

미드보다 보면 참 많이 나오는 knock yourself out은 잘 안되겠지만 해볼테면 해봐라는 뉘앙스를 담고 있는 전형적인 미드표현. 또한 take the liberty of~ing는 거창하게 '자유'를 떠올리지 말고 그냥 맘대로 하다라는 표현.

12문장으로 미드영어 후다닥 끝내기

knock oneself out (힘들겠지만) 맘대로 해봐	Don't **knock yourself out.** 더 이상 애쓰지마. Sure, **knock yourself out.** 물론요, 해볼테면 해봐요.
lead sb by the nose …을 맘대로 쥐고 흔들다	You don't need to **lead me by the nose.** 넌 나를 맘대로 쥐고 흔들 필요가 없어.
the hell with that 맘대로 해라, 알게 뭐냐(to hell with~)	**The hell with that.** I'm not doing it. 맘대로 해라. 난 안할거야.
do as one pleases 하고 싶은 대로 하다	You've always done exactly **as you pleased**, haven't you? 넌 늘상 네 하고 싶은대로 했어, 그렇지 않아?
Do as you like 좋을대로 하라	**Do as you like.** No one cares anyhow. 너 좋을대로 해. 아무도 어떻든 상관안해.
have whatever you like 원하는 거 뭐든지 갖다	You can **have whatever you like**. I've got it all. 뭐든지 맘에 드는 줄게. 난 다 갖고 있거든.
have[get] one's (own) way 자기가 원하는 방식대로 하다	She won't always **get her own way**. 걘 항상 자기 방식대로만 하지는 않을거야.
do sth one's own way 제멋대로 하다, 자기 방식대로 하다	Look, I have to **do this work my own way**. 이봐, 내 방식대로 이 일을 해야 돼.
do sth one's way …의 방식대로 하다	The old man **does things his way**. 그 노친네는 자기 방식대로 일을 해.
with no holds barred 마음대로	The interview happened **with no holds barred**. 인터뷰는 아무런 규칙없이 행해졌어.
take the liberty of ~ing 제멋대로 …하다, 임의대로 …하다	I **took the liberty of** asking around town for you. 난 임의대로 네게 마을에 대해 질문을 했어.
the hearts wants what it wants 하고 싶은대로 하다	In love, **the heart wants what it wants**. 사랑을 하게 되면 마음이 원하는대로 하게 된다.

 미드 Situation

Harper: My boss expects me to **knock myself out** every day. 사장은 내가 매일 전력투구하길 바래.
Connor: **The hell with that.** Your salary is tiny. 맘대로 하라고 해. 네 연봉도 얼마 안되잖아.
Harper: I know, but he insists we **do things his way**. 알아, 하지만 사장은 우리가 자기 방식대로 하길 고집해.
Connor: And you're going to let him **lead you by the nose**? 그런데 너는 사장한테 그렇게 끌려다닐거야?
Harper: What choice do I have? He could fire me. 내가 뭐 선택권이 있나? 해고당할 수도 있는데.

106 What's on tap for today?
오늘 일정이 뭐야?

이용하거나 사용하거나

get the best of, make the most of는 상식이고, 냄비바닥의 누룽지를 긁어먹듯 이용할 수 있는 것은 다 이용하다라는 의미의 scrape the bottom of the barrel, 수도꼭지처럼 맥주를 먹듯 언제든지 이용할 수 있다다는 뜻의 be on tap을 알아두자.

12문장으로 미드영어 후다닥 끝내기

- **scrape the bottom of the barrel** 이용할 수 있는 것을 다 이용하다
  I'm scraping the bottom of the barrel for blind dates.
  난 소개팅에서 이용할 수 있는 것은 다 이용을 하지.

- **get the best of** …를 이기다, 능가하다, …를 잘 이용하다
  You let your maternal instinct get the best of you.
  넌 네 모성본능에 따르도록 놔두고 있는거야.

- **make the most of~** …을 가급적 최대한 이용하다(get~)
  Why don't we just make the most of it? 그걸 최대한 이용하자.
  You're getting the most of your health insurance while you still can. 너는 할 수 있는 한 최대로 건강보험을 활용하는거야.

- **make the best of~** 최대한 이용하다, 최선을 다하다
  I know this move has been hard on you, but try to make the best of it. 이 조치가 네게는 힘들었겠지만 최대한 이용하도록 해.

- **on tap** 언제든지 이용할 수 있는
  That information source is always on tap.
  저 정보 소스는 언제나 이용할 수 있어.

- **put sth to (good) use** …을 잘 활용하다, …을 유용하게 활용하다
  I hope you'll put the money to good use.
  네가 돈을 잘 활용하기를 바래.

- **(a place)+be wired for** …로 이용되다
  The whole factory is wired for new technology.
  이 공장전체는 새로운 기술로 활용되고 있어.

- **serve as~** …로 사용되다, …의 역할을 하다
  She was being prepared to serve as a soldier.
  걘 군인으로 복무할 준비가 되어 있었어.

- **do duty as** …로 봉사[근무]하다, …의 역할을 하고 있다
  Joe did his duty as a soldier.
  조는 군인으로서의 의무를 했어.

- **come into use** 쓰이게 되다(be in use 사용되고 있다)
  When did TVs first come into use?
  TV가 언제 처음으로 사용됐어?

- **go[be] out of use** 사용되고 있지 않다
  Pagers went out of use about twenty years ago.
  삐삐(호출기)는 약 20년 전에 한물갔지.

- **make use of** 이용하다
  Please make use of the leftover food. 남은 음식을 이용해.

미드 Situation

Alexa: Can you **make use of** my old TV? 내 옛 TV를 사용할 수 있어?
Hunter: I think this technology **has gone out of use**. 이건 이젠 사용안되는 구닥다리야.
Alexa: It can't **do duty as** a regular TV set? 정상적인 TV로 쓰일 수 없다는거야?
Hunter: Nope. It's too old right now. 안돼. 너무 낡았어.
Alexa: Too bad. I was hoping I could find someone to **put it to use**.
안됐네. 누군가 그걸 사용할 수 있기를 바랬는데.

이용할 수 있다고 말할 때

107 Where's your head at?
너 정신을 어디다 두고 있는거야?

머리를 써라라고 답답함을 토로할 때 use your brain[head], Where's your head at? 등이 있고, 명확히 이해되지 않아 좀 짜증나는 단어인 available을 이용한 다양한 표현들을 익혀보도록 한다.

12문장으로 미드영어 후다닥 끝내기

☐ **use one's brain**
…의 머리를 쓰다
Use your brains, honey. Why else would she marry the kid? 머리를 써, 자기야. 도대체 걔가 왜 그 아이와 결혼을 하려는거야?

☐ **Use your head!**
머리를 좀 써라!, 정신을 어디다 두거야!
Use your head! You're just being stupid. 정신을 어디다 두거야! 너 정말 멍텅구리야.

☐ **Where's your head at?**
정신을 어디다 둔거야?
Where's your head at, Jim? What you thinking? 짐, 정신을 어디다 둔거야? 무슨 생각을 하고 있어?

☐ **press into service**
이용[동원]하다
Many young men **were pressed into service**. 많은 젊은이들이 군대에 동원됐어.

☐ **screw one's brains out**
…의 머리를 쥐어짜내다, 섹스하다
They spent hours **screwing their brains out**. 걔네들은 오랫동안 머리를 쥐어짜내며 시간을 보냈어.

☐ **be available**
시간이 나다, …을 이용하다
Are you available? 너 시간이 되니?
Are you available tomorrow or not? 내일 시간이 돼 안돼?

☐ **no+N+available**
…을 이용할 수가 없는
We happen to have **no position available** for you. 당신에게 맞는 자리가 마침 없네요.

☐ **every available~**
모든 이용한…, 모든 활용가능한…
You need to spend **every available** minute studying for them. 너는 그들을 위해 모든 가능한 시간을 공부하는데 써야 돼.

☐ **make ~ available**
…를 이용하게 하다, 사용하게 하다
You'll **make** your witness **available** to the district attorney. 넌 네 증인을 검사가 활용할 수 있도록 해야 할거야.

☐ **be available to do[for~]**
…할 시간[여유가] 있다
Will you **be available to** grab a bite later? 좀 있다 먹을 시간 있어?

☐ **be available to sb**
…에게 이용할 수 있다,…에게 시간이 되다
Couple of big-canned whores **available to** you 24/7? 엉덩이가 큰 몇 매춘부들을 네가 언제든지 이용할 수 있다고?

Luis: I told my boss I'**m available to** do work tomorrow. 내일 일을 할 수 있다고 사장에게 말했어.

Sharon: Where's your head at? We were going to spend the day together. 머리를 어디에다 둔거야? 내일 우리 함께 보내기로 했잖아.

Luis: But I thought he might need my help. 하지만 사장이 내 도움을 필요할거라 생각했어.

Sharon: You'd rather work when we could **be screwing our brains out**? 집에서 섹스할 수도 있는데 일하겠다는거야?

Luis: Now that you put it that way, maybe I should call in sick. 그렇게 말하니, 아파 결근한다고 전화해야겠네.

108 Don't live in the past.
과거에 연연해 살지마.

비참한 삶은 miserable life, 인생의 전부는 the whole life. 사는게 사는 것 같지 않을 때는(have no life) 삶을 버리거나 (throw one's life away), 아니면 과거에 연연하지 않고(not live in the past) move on with one's life 해야 한다.

12문장으로 미드영어 후다닥 끝내기

- **make one's life easier**
  좀 편하게 살게 해주다(make life easier for~)
  I left Chicago to **make life easier** for everyone.
  난 다들 편하게 살도록 시카고를 떠났어.

- **make one's life miserable**
  …의 삶을 비참하게 하다
  He **makes my professional life miserable**.
  걘 나의 직업적 삶을 비참하게 만들고 있어.

- **have a miserable life**
  비참한 삶을 살다
  I **have had a miserable life**.
  난 비참한 삶을 살고 있어.

- **be one's whole life**
  …가 내 인생의 전부이다
  That boy**'s my whole life**, you know?
  저 소년이 내 인생의 전부야, 알아?

- **V+one's whole life**
  평생 …하다
  He's **spent his whole life** hating his father.
  걘 평생 아버지를 증오하면서 살았어.

- **one's life flashes before one's eyes**
  지나간 인생이 눈앞에 스쳐지나가다
  During the accident, **my whole life flashed before my eyes**. 그 사고중에, 내 살아온 인생 전체가 눈앞에 스쳐지나갔어.

- **have no life**
  사는게 사는게 아니다
  She sits at home and **has no life**.
  걘 집에 죽치고 있고 삶다운 삶이 없어.

- **throw one's life away**
  인생을 버리다
  Our daughter **is throwing her life away**.
  내 딸이 자기 인생을 버리고 있어.

- **live happily ever after**
  …이후 행복하게 살다
  You get married and **live happily ever after**.
  넌 결혼을 해서 이후 계속 행복하게 사는거야.

- **live on sth**
  …을 먹고 살다
  You can't actually **live on** this stuff.
  넌 실제로는 이 것을 먹고 살 수는 없어.

- **move on with one's life**
  과거의 삶과 다른 삶을 살아가다
  It's time for you losers to **move on with your lives**.
  너희 멍청이들이 제대로 된 삶을 살아갈 때가 됐어.

- **not live in the past**
  과거에 연연해 살지 않다
  Come on Jesse, **don't live in the past**.
  이봐, 제시, 과거에 연연해 살지마.

미드 Situation

Adrian: My sister **has no life**. She stays home watching TV. 누이는 사는게 사는게 아냐. 집에 죽치고 TV만 봐.
Whitney: Didn't her fiance break up with her? 약혼남이 파혼하지 않았어?
Adrian: He did, but she never **moved on with her life**.
그랬지, 하지만 누이는 잊지 못해 자기 삶을 찾지 못하고 있어.
Whitney: She can't keep **living in the past**. 계속 과거에 묻혀서 살면 안되는데.
Adrian: I know. I told her she**'s throwing her life away**. 알아. 누이보고 인생을 지금 버리고 있는거라고 말했어.

생각하다(Think)

이런 사람 저런 사람

109 I'm not the only one.
나만 그런게 아냐.

…하는 사람이라고 강조해서 말하는 표현법은 That's who~, Who are you[is he]~, 그리고 be the one to~ 을 이용하면 된다. 다만 You're one to talk은 이야기 할 수 있는 사람이라는 뜻으로 the가 없음에 유의한다.

12문장으로 미드영어 후다닥 끝내기

- [ ] **That's who S+V**
  그게 바로 …한 사람이야

  I'm sorry that's who I am. I'm a negative person.
  미안하지만 그게 바로 나라는 사람이야. 부정적인 사람이지.

  He doesn't care. I''m sorry, but that's who he is.
  걘 신경도 안써. 미안하지만 걔가 바로 그런 사람이야.

- [ ] **Who are you to+V?**
  네가 감히 뭔대 그런 말을 하는거야?

  Who are you to tell me that it's not?
  네가 뭔대 내게 그게 아니라고 말하는거야?

- [ ] **Who is she to+V?**
  걔가 뭔대 그런 말을 하는거야?

  Who is she to judge us?
  걔가 뭔대 우리를 비난하는거야?

  Who is he to deny me the best?
  걔가 뭔대 내가 최고임을 부정하는거야?

- [ ] **be the one who~**
  …만이 …하다, …한 사람은 바로 …야

  You're the one who kissed her.
  너만이 걔하고 키스를 한거야.

- [ ] **be the one to+V**
  …하는 사람은 …이다

  She runs the department, so she's the one to see.
  걘 그 부서를 운영하기 때문에 만나야 하는 사람은 걔야.

- [ ] **You're one to talk**
  이야기할 수 있는 사람이다

  I mean you're one to talk.
  내 말은 네가 이야기할 수 있는 사람이라는거지.

  I spend too much? You're one to talk.
  내가 너무 시간을 보냈냐? 이야기할 수 있는 사람은 너여서.

- [ ] **You're not the only ones**
  너희만 그런게 아니야(take a number)

  Looks like we're not the only ones.
  우리만 그런 것같지 않아.

- [ ] **You're the one with~**
  …한 사람은 너다

  Seems like you're the one with the fetish.
  페티시가 있는 사람은 바로 너인 것 같은데.

  You're the one with the problem, you bitch.
  문제가 있는 사람은 바로 너야, 이년아.

Julia: Oh my God, you've really gotten fat. 맙소사, 너 정말 살쪘구나.
Hank: **I'm not the only one.** Look at the weight you put on. 나만 그런게 아닌데, 너도 살찐 거봐.
Julia: I'm not nearly as big as you are. 난 너만큼은 안쪘잖아.
Hank: So what? **Who are you to** criticize me? 그래서 어쨌다고? 네가 뭔대 나를 비난하는거야?
Julia: Hey, I'm just giving you my honest opinion. 야, 난 솔직히 네게 말해주는건데.

110 You're not that way.
너 그런 사람 아니잖아.

나 ...하는 사람 아냐

최초로 ...하는 사람은 be the first one to, be the first to, 그리고 make+사람은 앞으로 ...하는 사람이 될거라는 뜻이고 또한 그런 사람이 아니다라고 할 땐 You're not that way, I'm not in the habit of~라고 하면 된다.

12문장으로 미드영어 후다닥 끝내기

☐ **be the first one to+V** ...하는 최초의 사람이다, 제일 먼저 ...하다	**I'm not the first one to** say it. 그걸 말하는 사람은 내가 최초는 아니야. **I'll be the first one to** let you know. 내가 제일 먼저 네게 알려줄게.
☐ **be the first to +V** 처음으로 ...하다	Oh, **you'll be the first to** hear. 어, 네게 제일 먼저 알려줄게. As soon as I find out, **you'll be the first to** know. 내가 알아내는 대로 가장 먼저 알려줄게.
☐ **I'd be the first to~** 가장 먼저 내가 ...할거야	**I'd be the first to** know if that website went dark. 그 웹사이트가 먹통이 되면 가장 먼저 내가 알게 될거야.
☐ **You're not that way** 넌 그런 사람 아니잖아	Don't do it. **You're not that way.** 그러지마. 넌 그런 사람 아니잖아.
☐ **Is there anyone (else) who~?** ...한 사람이 있어?	**Is there anyone who**'s not a little tipsy? 누가 좀 취하지 않은 사람있어? **Is there anyone else who** can do this? 이걸 할 수 있는 사람 다른 누구 있어?
☐ **I'm easy (to please)** ...는 ...하기에 편안한 사람이다(be easy to~)	**She is so easy to please.** 걔는 대하기 편한 사람이야.
☐ **I'm not in the habit of~** 나는 ...하는 사람이 아냐	**I'm not in the habit of** taking long vacations. 나는 휴가를 오래가는 사람은 아냐.
☐ **will make**+사람 앞으로 어떤 사람이 될 것이다	She **will make** a fine mother, when the day comes. 걔는 때가 되면 훌륭한 엄마가 될거야.
☐ **not that kind (of~)** 그런 종류의 ...가 아니다	**Not that kind of** writer. I'm a novelist. 그런 종류의 작가가 아니고. 난 소설가야.

Kylie: **Is there anyone else** that wants a drink? 누구 음료마시고 싶은 사람 있어?
Ellis: Can I have a glass of water? **I'm easy to please.** 물한잔 줄래? 난 까다롭지 않아.
Kylie: **You're the first person to** ask for water tonight. 오늘밤 물달라는 사람은 네가 처음야.
Ellis: **I'm not in the habit of** drinking alcohol. 난 술을 마시지는 않아.
Kylie: I understand. One glass of water, coming up. 알겠어. 물한잔, 대령이오.

이런 상황 저런 상황

111 That's how it happened.
그렇게해서 그렇게 된거야.

어떤 상황을 말할 때는 That's how~, That's that~ 등을 써보고, 좀 어렵게 느껴지지만 That leaves us with~하면 그렇게 되면 우리에게 …가 남는다라는 표현. ~ a situation where~는 …한 상황이라고 표현할 때 유용하게 쓰일 수 있다.

12문장으로 미드영어 후다닥 끝내기

- ☐ **That's (not) how S+V~**
  그렇게 해서 …하다[그렇게 하는게 아니다]
  That's not how it happened. 그게 그렇게 되는 것은 아냐.
  That's how we discovered the side effects.
  그렇게 해서 부작용을 발견했어.

- ☐ **That's that S+V**
  그래서 …하다
  That is that I'm not gonna rest until I get you back.
  그래서 난 널 되찾을 때까지 쉬지 않을거야.

- ☐ **That's that+sth[sb]**
  그게 바로 저 …이다
  That's that dress she was talking about.
  그게 바로 걔가 얘기했던 드레스야.

- ☐ **That leaves us with~**
  그렇게 되면 우리에게 …가 남는다
  So **that leaves us with** one choice.
  그렇게 되면 우리에게는 하나의 선택권만 남아.

- ☐ **~ that's what**
  그래서 그런거다
  I think he killed Sally. **That's what.**
  내 생각에 걔가 샐리를 죽인 것 같아. 그래서 그런거지.

- ☐ **~that's that**
  그걸로 끝이야
  She has to move into the city and **that's that.**
  걘 도시로 이사가야 되고 그리고 그걸로 끝이야.

- ☐ **That leads me to~**
  그것을 통해 …을 하게 되다
  That leads me to believe I can't trust him.
  그것을 통해 난 걔를 믿을 수 없게 됐어.

- ☐ **a situation where~**
  …한 상황
  It's **a situation where** we could make a lot of money.
  우리가 돈을 많이 벌 수도 있는 상황이야.

- ☐ **set the scene**
  분위기를 조성하다, 예비정보를 주다
  Please **set the scene** for the audience.
  관객에게 예비정보를 줘.

- ☐ **set the tone**
  분위기를 만들다, 조성하다
  You **set the tone**, Sarah. If you suck, we suck.
  새러, 분위기를 만들어봐. 네가 실패하면 우리도 끝나는거야.

- ☐ **So it goes**
  일이 이렇게 되었다
  So it goes. You won't always be successful.
  그래서 일이 이렇게 된거야. 넌 언제나 성공할 수는 없는거야.

- ☐ **a whole new ball game**
  새로운 상황[형국]
  After the business opens, **it's a whole new ball game.** 비즈니스가 시작되자, 그건 전혀 새로운 상황이야.

Thad: **It's whole new ball game** once you move overseas.
네가 해외로 이사가면 그건 전혀 새로운 상황이지.

Justine: **That's what** my best friend told me. 내 절친들이 말해준 것도 바로 그거야.

Thad: She decided to move to Italy, right? 걔가 이태리로 이사가기로 결정했다며, 맞지?

Justine: Yeah. **Given the circumstances,** she is very happy. 어, 상황을 감안할 때, 걔는 매우 만족해해.

Thad: Have you ever gone to visit her? 걔를 찾아가 봤어?

112 We don't know what's what.
우리는 자초지종을 몰라.

역시 어떤 상황의 자초지종을 말할 때 사용하는 표현들로 That's the story하면 일이 이렇게 된거다, That's the whole story하면 자초지종이 그래라는 뜻이 된다. 또한 what's what은 진상, 자초지종이라는 의미.

12문장으로 미드영어 후다닥 끝내기

- **That's the story** 일이 그렇게 된거다(That was that)
  He said he never saw the crime. **That's the story.**
  걘 전혀 범죄를 본적이 없대. 일이 그렇게 된거야.

- **That is the story of how~** 그렇게 해서 …하게 되었다
  That's the story of how she furnished her apartment.
  그렇게 해서 걔가 아파트에 가구를 넣게 된거야.

- **That's the whole story** 자초지종이 그래, 난 얘기를 다했다
  That's it? **That's the whole story?**
  그게 다야? 자초지종이 그거야?

- **a likely story** (안 믿게) 설마, 퍽도 그렇겠다!
  Someone stole your homework? **A likely story.**
  누가 네 숙제를 훔쳐갔다고? 퍽도 그렇겠다.

- **be an open book** 솔직하고 누구나 다 알다
  I mean, when did our lives **become an open book**?
  내 말은, 언제 우리의 삶을 누구나 다 알게 된거냐고?

- **if that's what you mean** 그게 네 진심[사실]이라면, 네 뜻이 그렇다면
  If that's what you mean, you are wrong.
  네 뜻이 그렇다면, 넌 틀렸어.

- **stick to the facts** 사실(fact)를 고집한다(stick)
  Just **stick to the facts**, we don't want your opinion.
  사실을 고집하라고, 우리는 네 의견을 원치 않아.

- **there's something in~** …에 뭔가가 있다, 뭔가 일리가 있다
  Means **there's something in** his head. Scan him.
  걔의 머리에 뭔가 있다는 뜻이지. 스캔해봐.

- **there's something to~** …할게 뭔가 있다
  There's something to look forward to at the end of the week. 주중이 끝날 때 기대할 게 뭔가가 있어.

- **straight up** (의문형태) 진실을 말해줘, 진실이야, (술) 얼음없이
  Straight up! Is she going to die?
  사실대로 말해줘! 걔가 죽는거야?

- **V+ what's what** 뭐가 뭔지 어떤 진상(What's what? 뭐라는게 뭔데?)
  We don't know **what's what.** 우리는 진상을 몰라.
  You said, what's this? **What's what?** 이게 뭐냐고 말했지, 뭐가 뭔데?

- **(That) Can't be true!** 사실일 리가 없어!, 사실 아니야!
  Pregnant! **That can't be true!**
  임신이라고! 사실일 리가 없어!

미드 Situation

Justin: Susan just started hitting people. **That's the story.** 수잔이 사람을 치기 시작했어. 일이 그렇게 된거야.
Karen: **It can't be true!** She is the most gentle person I know. 그럴리가. 걘 내가 아는 사람 중 가장 순한 아이인데.
Justin: It's the straight up truth. I saw it myself. 정말 사실이야. 내가 직접 봤는걸.
Karen: What made her go crazy like that? 뭐 때문에 걔가 그렇게 핑 돌았을까?
Justin: She was acting kind of drunk, **if that's what you mean.**
네 뜻이 그렇다면 걔 좀 취해서 행동했어.

113 Curiosity killed the cat.
호기심이 신세를 망쳤어.

호기심을 자극하다는 tickle one's fancy, 그렇게 자극된 호기심을 채울 때는 satisfy one's curiosity라 한다. 채팅용어이기도 한 as a matter of interest는 궁금해서 그러는데라는 표현.

12문장으로 미드영어 후다닥 끝내기

tickle sb's fancy …을 재미있게 하다, 호기심을 자극하다	Traveling to new places **tickles Laura's fancy**. 새로운 곳으로의 여행은 로라의 호기심을 자극해.
satisfy one's curiosity …의 호기심을 채우다	**Curiosity killed the cat.** 호기심이 신세를 망쳤어.
Want to know something? 뭐 알고 싶지 않지?, 궁금하지 않지?	**Want to know something?** They're getting divorced. 궁금하지? 걔네들 이혼한대.
I wonder what[if~] 잘 몰라서 궁금하다(I was wondering wh~)	**I wonder if** Tim knew about the baby. 팀이 그 아이에 대해 알고 있는지 궁금해.
I was just wondering 단순한 호기심에서 물은 질문이었어	No, **I was just wondering**, that's all. 아니, 그냥 궁금해서, 그게 다야.
I was wondering if you could~ (부탁) …해줄래요?	**I was wondering if you could** help me out with something. 이것 좀 도와줄래요?
poke one's head (궁금, 확인) 머리를 쑥 내밀다	**Poke your head** in and see if he's around. 머리를 들이밀고 걔가 있는지 확인해봐.
The suspense is killing~ 궁금해서 …가 미치거나 죽겠다	Tell me! **The suspense is killing me!** 말해줘! 궁금해서 죽겠네!
as a matter of interest 궁금해서 그러는데(채팅약어로는 AAMOI)	It's seen **as a matter of interest** to the police. 경찰에게는 궁금한 것으로 보여졌어.
build the suspense 긴장감을 고조시키다, 궁금증을 자아내다	Waiting three hours **built the suspense**. 3시간을 기다리니 궁금증이 더해갔어.
take the suspense out 뭔가 예측하게 하다, 궁금증이 풀리다	Knowing the ending **took the suspense out** of the movie. 결말을 아니 영화의 긴장감이 다 풀렸어.
keep sb in suspense …를 긴장속에 두다, 궁금하게하다(leave sb hanging)	You can't just **keep** her **in suspense**. 넌 걔를 긴장 속에 두면 안돼.

미드 Situation

Austin: **I was just wondering how** the birthday party went. 생일파티가 어땠는지 궁금해.
Bella: The gifts really **tickled Lisa's fancy**. 선물들이 정말이지 리사의 궁금증을 자아냈지.
Austin: So she was surprised about what she got? 그럼 걔는 받은 선물로 놀랬겠지?
Bella: Yes. I think **the suspense was killing** her. 어, 궁금해서 죽을 뻔 했을거야.
Austin: I know she loves opening up presents. 걘 선물 열어보는 걸 아주 좋아해.

114 I get that a lot.
나 그런 소리 많이 들어.

개 원래 그래

늘상 그렇다는 말로 좀 짜증이나 포기의 냄새가 배인 표현. do this all the time, be always the case 등을 일단 알아두고, 네가 하는 일이 늘 그렇지 할 때는 That's what you always do, 그리고 get that a lot은 그런 소리 많이 들어라는 표현.

12문장으로 미드영어 후다닥 끝내기

표현	예문
do this all the time 항상 이렇게 한다, 늘상이래	No. I **do this all the time**. 아니. 나 늘상 이래.
be always the case 항상 그렇다, 늘 그런 식이다	Sadly for Brian, this **was not always the case**. 브라이언에게는 안됐지만, 늘 그런 식은 아니었어.
(It's) business as usual 늘 그렇지 뭐, 평상시와 다름없다	I'm afraid **it's business as usual**. 뭐 늘 그렇지 뭐.
That's what you always do (비아냥) 네가 하는 일이 다 그렇지 뭐, 늘 그런식이지	Yeah, it doesn't surprise me. **That's what you always do**. 그래, 뭐 놀랍지도 않아. 항상 그런식이잖아.
do what you always do 늘 하던 식으로 하다, 늘 그런식으로 하다	Never mind. **You do what you always do**. 걱정마. 늘 하던 식으로 해.
That's his usual 걔 원래 그래.	**That's his usual** seat at the diner. 저기가 식당에서 걔가 늘상 앉던 자리야.
get that a lot 그런 소리 많이 들어	Actually, I'm not a prostitute. But **I get that a lot**. 실은, 난 매춘부는 아니지만 그런 소리를 많이 들어.
get onto it 익숙해지다	Our job has changed, so **get onto it**. 우리 일이 바뀌었으니 익숙해지도록 해.
get the hang of 금방 손에 익을거야, 요령이 금방 붙을거야	It's okay. **You'll get the hang of it**. 괜찮아. 금방 요령이 붙을거야.
get into the swing of it[things] 적응하다, 익숙해지다	Do your best to **get into the swing of things**. 익숙해지도록 최선을 다해.
be at home with …이 몸에 배다	I'**m at home with** the idea of being married. 난 결혼한다는 생각에 적응하고 있어.
get[be] used to~ …에 적응하다	You're just going to have to **get used to** him. 넌 그냥 걔에게 적응해야 할거야.

미드 Situation

Kate: Orlando was late for school again. 올랜도는 오늘 또 학교에 지각했어.
Justin: He has bad habits, but he'll **get into the swing of things**. 나쁜 습성이 있지만 걔가 적응하겠지.
Kate: But what am I supposed to do about it? 하지만 난 그거에 대해 어떻게 해야지?
Justin: **Do what you always do.** Just be patient. 하던 대로 해. 그냥 좀 참아.
Kate: How long will it take him to **get the hang of** this schedule? 걔가 이 일정에 익숙해지는데 얼마나 걸릴까?

욕심꾸러기

115 Don't push your luck.
너무 욕심부리지마.

너무 욕심을 부려(push one's luck), 양다리 걸쳐서(have it both ways) 꿩먹고 알먹으면(have one's cake and eat it too) the green-eyed monster가 된다. 특히 penny-wise and pound-foolish하지 않도록 조심해야 한다.

12문장으로 미드영어 후다닥 끝내기

bite off more than you can chew 과욕을 부리다	With this job, I bit off more than I could chew. 이 일을 하면서 과욕을 부렸어.
can't have one's cake and eat it too 꿩먹고 알 먹을 수 없다	I can have my cake and eat it too. 난 꿩먹고 알 먹을 수도 있어.
push[press] one's luck 너무 욕심부리다	Don't push your luck. 너무 욕심부리지 마라.
have (get) one's eye on~ 눈독들이다, 지켜보다	You can't keep your eyes on your kids all the time. 넌 아이들을 한순간도 빠지지 않고 지켜볼 수는 없어. Did you get that sexy bra you had your eyes on? 네가 눈독들이던 그 섹시한 브라자 샀어?
have it both ways 양다리 걸치다(take both)	You can't have it both ways. 넌 어느 하나를 선택해야 돼.
the green-eyed monster 질투, 시기심	Chris is an old green-eyed monster. 크리스는 늙고 질투가 많은 사람이야.
envy 부러워하다, 시샘하다	I envy your brain sometimes. 난 때때로 네 머리를 부러워해.
be green with envy 몹시 시샘하는	I am green with envy. Am I green? 난 질투가 무척 심해? 내가 그래?
penny-wise and pound-foolish 소탐대실	Buying those clothes was penny-wise and pound-foolish. 저 옷들을 사는 것은 소탐대실하는거야.
don't make a pig of yourself 욕심부리지마라(don't be a hog)	Don't make a pig of yourself at the family picnic. 가족들나들이에서 너무 욕심부리지마라.
greedy 탐욕스런	You got greedy and you followed him to his apartment. 넌 욕심이 났고 걔를 아파트까지 따라갔어.
covet 탐내다	We always covet what we can't have. 우리는 가질 수 없는 걸 탐내.

미드 Situation

Lauren: You're pressing your luck working two jobs. 넌 투잡을 하면서 너무 욕심을 내고 있어.
Tommy: I think I bit off more than I can chew. 내가 과욕을 부리는 것 같아.
Lauren: Yes, but I envy the big paycheck you'll get. 그래, 하지만 난 네가 받은 높은 급여가 탐나.
Tommy: I think that will be worth the work I've done. 그건 내가 한 일에 대한 가치라고 생각해.
Lauren: Hopefully that's true, because you look exhausted. 바라건대 사실인 것 같아. 너 지쳐있는 것 보니 말야

504 Chapter 7

116 That's the odd thing.
거참 이상한 일이네.

strange가 가장 먼저 떠오르겠지만 미드에서는 weird를 많이 사용하고, 반어적으로 That's funny, Very funny을 특히 많이 사용한다. 또한 be out of place 역시 좀 이상하다라는 표현.

12문장으로 미드영어 후다닥 끝내기

That's funny
거참 이상하네
> **That's funny.** Big doesn't believe in marriage.
> 참 이상하네. 빅은 결혼을 믿지 않는데.

Very funny!
그래 우습기도 하겠다!, 말도 안돼!, 재미있는
> **Very funny!** Somebody let me out please?
> 우습기도 하겠다! 누구 나 여기서 좀 나가게 해줄래?

That's weird
거참 이상하네
> **That's weird.** She never locks this.
> 이상하네. 걔는 절대로 이걸 잠그지 않는데.

weird out
정신나가게 하다
> The new student really **weirded** me **out**.
> 새로운 학생은 정말 내 정신을 나가게 했어.

quirk
성격이 특이하고 기이한 점
> She doesn't tolerate our little **quirks**.
> 걘 우리의 좀 특이한 성격들을 참지 못해.

the odd thing
이상한 일[것]
> Well, **that's the odd thing**.
> 어, 그거 참 이상한 일이네.

the odd thing is~
이상한 것은[이상하게도] …이다
> **The odd thing is** she's returned to this 30-mile radius. 이상한 것은 걔가 반경 30마일내로 되돌아온다는거야.

sth[sb] be odd
…가 이상하다
> **It's an odd** place to take a bath.
> 목욕을 하기에는 좀 이상한 곳인데.

be a little off the wall
매우 이상한
> My Uncle Morty **is a little off the wall**.
> 삼촌 모티는 매우 이상한 사람이야.

be out of place
이상하다, 어색하다, 상식에 어긋나다
> So, this **is out of place**. 그래 이거 참 이상하다.
> Did anyone **look out of place**? 어색하게 느꼈던 사람있어?

look kind of goofy
이상해보여
> It **looks a little goofy**. 좀 이상해보여.
> This is gonna **sound kinda goofy**. 이게 좀 이상하게 들릴거야.

odds and ends
잡동사니, 자질구레한 것들, 기이한 사람
> Where can I store these **odds and ends**?
> 이 잡동사니를 어디에 보관하지?

Situation

Maya: **That's weird.** Olivia is wearing a green and pink dress.
이상하다. 올리비아가 녹색과 핑크색 드레스를 입고 있네.

Jose: Huh. Yeah, **it looks kind of goofy** on her. 그래, 걔한테는 좀 이상하게 보이는데.

Maya: Where did she get something like that? 그런 것을 어디서 구했대?

Jose: She buys clothes at stores that sell **odds and ends**. 걘 이것저것 파는 가게에서 옷을 사.

Maya: Maybe I should give her some fashion advice. 걔한테 패션에 대해 충고를 좀 줘야겠구먼.

드뎌 끝

117 That's all there is to it.
그리고 그게 다야.

뭔가 얘기가 다 끝났다고 말할 때는 That's it, 구체적으로 Subject closed, 그리고 내 얘기는 끝이나 더이상 말하지 말라고 할 때는 That's my final word, …은 그만 얘기해는 So much for~이라고 하면 된다.

12문장으로 미드영어 후다닥 끝내기

□ **That's it?**
그게 전부야?, 그걸로 끝이야?

So **that's it?** You couldn't do anything?
그래 그걸로 끝이야? 넌 아무것도 할 수가 없었다고?

That's it? You're just gonna give up?
그게 다야? 넌 그냥 포기할거라고?

□ **That's it**
바로 그거야, 그게 다야, 그만두자.

All right. **That's it,** I'm calling my attorney.
좋아. 바로 그거야. 변호사를 부를거야.

And **that's it.** Trust me, it works.
그리고 그게 다야. 나를 믿어, 효과가 있을거야.

□ **Subject closed**
이 얘기는 끝난 걸로 하자

No, you can't go out with your friends. **Subject closed.** 아니, 넌 친구들과 외출못해. 더 이상 얘기말자.

□ **That's all there is to it**
그게 다야, 그렇게만 하면 돼

I'm just having sex with my secretary, and **that's all there is to it.** 난 단지 비서와 섹스를 할 뿐이야, 그리고 그게 다야.

□ **That's all there is to say**
더 이상 할 말이 없다

That's all there is to say about our break-up.
우리 헤어진 거에 대해 더 이상 할 말이 없어.

□ **That's all[what] she wrote**
더 이상은 없다, 더 이상 할 일이 없다

The car engine died, and **that's all she wrote.**
차 엔진이 꺼졌고, 걘 그게 다야.

□ **That's all you got**
그게 다야, 그 방법밖에 없어

I hope **that's not all you got.**
그게 다가 아니길 빌어.

□ **That's my final word**
내 얘기 끝

Linda, this email represents your dad's **final words.**
린다, 이 이멜은 네 아빠의 마지막 이야기를 보여주고 있어.

□ **Well, so much for that**
그 문제는 더 이상 말 않겠다

So much for that theory.
그 이론은 더 이상 말하지 않을게.

□ **The game's up**
게임끝, 끝장나다

The game's up for the bank robber.
은행강도는 끝장났어.

미드 Situation

Sidney: We can't go camping. And **that's my final word.** 우리는 캠핑에 못가. 더 이상 말마.
Mara: **That's it?** I think we should discuss this. 그게 다야? 같이 얘기하는 걸로 생각하고 있는데.
Sidney: We have no free time, and I really hate camping. 시간도 없고 난 정말 캠핑싫어해.
Mara: Well **so much for that.** What else can we do? 그럼 관두자. 다른 건 뭐가 있지?
Sidney: How about going to an amusement park? 놀이공원에 가는 건 어때?

More Expressions

have no stomach for …할 생각이 없다
in the pit of one's stomach …의 맘속 깊은 곳에서
have no thought of …할 생각이나 의도가 없다
organize one's thoughts …에 대한 생각을 정리하다
I can't bear the thought of~ …생각을 참을 수가 없다
without a second thought 더 생각할 것도 없이
float 생각을 내놓다, 제시하다
toss out 어떤 계획이나 아이디어를 내놓다
cover all the bases 다 감안하다
in nine cases out of ten 십중팔구
expect a lot of~ 기대를 많이 하다(expect too much)
It seems (like) that~ …인 것 같다
There seems to be~ …이 있는 것 같다
seem as if[as though] 마치 …인 것처럼 보이다
You seem+형용사[to+동사] …가 …하게 보인다
(that's) Not likely 그럴 것 같지 않다 (be unlikely to~)
be likely to~ …할 것 같다
the cut and thrust 활발한 의견교환
as much as the next guy 어느 누구 못지 않게
feel the same way 의견이 같다
I second 동의하다, 재청하다
tight spot 난처한 입장
be the brains of sth …의 핵심
inner circle 핵심서클, 핵심세력
the nuts and bolts 핵심, 기본
a leading light in[of] sth 핵심멤버
the long and (the) short of it 요점
strike home 정곡을 찌르다
(out) in the sticks 시골에서, 나아가 핵심에서 벗어나
red-letter day 좋거나 중요한 일이 있어서 특별한 날
the meat and potatoes 중요한 부분
take a cold shower 정신차리다, (성적흥분을) 진정하다
wake sb up 깨우다, 정신차리게 하다
wake up and smell 정신차리고 …좀 봐봐
Act your age! 나이 값 좀 해라!
The fact remains (that~) 해결되지 않은 사실이 있다
true to life 사실적인
in a pig's eye[ass, ear] 전혀 가능성 없어, 사실이 아닌
Nothing could be further from the truth 전혀 사실무근이다
face the truth 진실을 받아들이다
handle the truth 진실을 감당하다
be an element of truth 일리가 있다

at[in, on] the back of one's mind 맘 한 구석에
by the same taken 같은 이유로
for some reason (or other) 무슨 이유에서인지
for some strange reason 어떤 이상한 이유로
room for doubt 의심의 여지
beside the question 문제나 주제에서 벗어난
beyond question 확실히, 물론, 의심할 여지가 없는
without questions 이의없이, 말할 것도 없이
be open to question 확실지 않은
safe in the knowledge that~ …을 자신하며
without any objection 이론없이
as certain as death and taxes 확고부동한, 확실한
go back to square one 원점으로 다시 돌아가다
turn one's hand to sth 시작하다
make sth from scratch 처음부터 시작하다
start from scratch 아무것도 없는 상태에서 새로 출발하다
jump start …을 시작하다, 도약하다
get a jump start on 다른 사람보다 먼저 시작하다
get one's start 첫걸음을 시작하다
be a (good) start 시작이 좋다
kick off (어떤 회의나 행사 등을) 시작하다
bright and early 아침 일찍이
in the blink of an eye 눈 한번 깜박할 사이, 순식간에
On the double! 빨리해(chop up)
pick up speed 속도를 내다
(right) from the word go 맨처음부터, 가능한 빨리
quick fix 응급조치, 단기적인 해결책, 미봉책
be quick about it …을 빨리 하다
hand over fist 빨리, 대량으로
like the wind 바람처럼 아주 빨리
like[in] a flash 매우 빠르게(quick as a flash)
I have to dash 서둘러야 해
be a little slow 좀 느리다
Yesterday wouldn't be too soon 빠르면 빠를수록 좋아
live up to one's expectations 기대치를 충족시키다
compare notes (with sth) 의견을 교환하다
count coup 공을 세우다, 자기의 공을 늘어놓다
coup de grace 최후의 일격
raise someone's hopes 희망을 심어주다
watch one's weight 과식해서 살찌지 않도록 하다
deserve a mention 언급할 만한 가치가 있다
crying need for 절박한 필요

생각하다(Think)

More Expressions

a heck of 대단한
a[one] hell of sth 굉장한, 대단한
sure as hell 확실히
set[start] the ball rolling …일을 시작하다
be in a hurry (to~) (…을) 서둘러하다
be in no hurry 서두르지 않고 천천히 하다
effective immediately 즉시 효력을 발생하는
make up one's mind (to do) 결심하다
allow for 고려하다, 가능케하다
count on …에 의지하다(rely on, rest on, depend on)
lean towards …로 마음이 기울다
wishful thinking 희망사항
be thought to be …로 생각되다
think positive[positively] 긍정적으로 생각하다
take things to extremes 극단적으로 생각하다
some food for thought 생각할 거리
think along the lines of sth …에 대한 생각이나 방향을 갖고 생각하다
put ideas into sb's head 좋은 생각이 떠올랐어
squeeze sth out of~ …을 쥐어짜서 …을 얻어내다
the moment of truth 결정적 순간
be booked up 예약이 차다, 할 일이 많다
run with a hunch 직감을 활용하다
There's no reason to suppose~ …할 것 같지 않다
It seems reasonable, but ~ 일리가 있어 보이지만…
take the bull by the horn 용감하게 나서다
nerve oneself to do[for] 용기내서 …하다
hard core 심한, 철저한, 노골적인, 핵심
crush[dash] one's hope~ …의 희망을 누르다
be to blame (for sth) …의 책임이다
be in charge of~ 을 책임지고 있다
watch out for sth …에게 나쁜 일이 일어나지 않도록 하다
watch it 조심하대(충고, 협박)
watch one's step 신중히 행동하다
with caution 조심성 있게
take (pre)caution (미리) 조심하다
see[feel] the need of …할 필요가 있다
the best thing 당연히 최고의 것, 장땡
to end all 최고
be super 아주 좋다, 최고
blue ribbon 최고급(의), 가장 뛰어난
heart and soul 열과 성을 다해
win sb's heart …의 마음을 얻다

the same as~ …와 같은
a whole new chapter 완전히 새로운 장
go beyond 도가 지나치다, 선을 넘어서다
high and mighty 거만한, 불손한, 잘난 척하는
with style 우아하게, 품위있게
in grand [great] style 멋지게
by hook or by crook 어떻게 해서든
by fair means or foul 수단과 방법을 가리지 않고
bulge 불룩한 것, 가득차다, 튀어나오다
special treatment 특별대우
be a danger to~ …에 위험요소, 위험인물이다
follow the crowd 대세를 따르다
loss of self-control 자기통제력 상실
lead a double life 이중생활을 하다
live life to the full 열심히 살다
run[think] back over the past 과거를 돌이켜보다
not ring true 진실되게 들리지 않는다
That's the story of my life 내 인생이 그렇지 뭐
There's some truth in[to] 일리가 있을 수도 있다
How true? 정말 딱 들어맞는 말이야!, 정말 그렇다니깐!
with curiosity 호기심을 가지고
(just) out of curiosity (단지) 호기심에서
~like nothing on earth 이상하게 …하다
take a risk (of ~ing) 위험을 떠맡다
run the[a] risk (of ~ing) 위험을 무릅쓰다
run sb's life …의 삶을 통제하고 조정하다
sour grapes 오기, 지기 싫어함, 자기 합리화
be held as sth …로 생각되다
get the same idea 생각이 같다
It makes no odds 별 차이없다, 대수롭지 않다
see improvement 나아진 모습을 보다
wait and see 참고 기다려봐
one way or another 어떻게 해서든
given the circumstance 상황을 감안할 때
make sth stick 사실임을 증명하다
be held as …로 생각되다(be thought as)
hold out hope 기대되다
go out of the picture 문제가 되지 않다
be hot for 준비완료되어 빨리 하고 싶다
be down for …동안 고장나있다
shake off the rust 부진을 털어내다
go beyond oneself 지나치다
have to choose between …사이에서 선택을 해야하다

chapter 8 이런저런 감정들(Emotions)

001 She got a soft spot for Chris.
걘 크리스에게 사족을 못써.

002 You really grow on people.
사람들이 정말 너를 좋아해.

003 I hate your guts.
네가 정말 싫어.

004 I know how you feel.
네 기분이 어떤지 알겠어.

005 It doesn't feel right.
뭔가 기분이 좀 이상해.

006 It was too good to be true.
믿기지 않을 정도로 너무 좋았어.

⋮

023 Don't try my patience.
나 열받게 하지마.

024 God, you're killing me!
너 참 짜증난다!

025 You're such a drag.
너 참 지겨운 놈이다.

026 You're out of the loop.
너는 제외야.

027 There's no going back.
이제 되돌릴 수가 없어.

좋아서 사족을 못쓰겠어

001 She got a soft spot for Chris.
걘 크리스에게 사족을 못써.

우리말에도 좋아한다고 말할 때 …에 약하다라고 하듯이 have a soft spot for, have a weakness for를 쓰며, 또한 무척 좋아한다는 의미로 have a big appetite for, be big on~을 쓰면 완벽한 미드인이 될 수 있다.

12문장으로 미드영어 후다닥 끝내기

- **be big on sth[~ing]** …를 무척 좋아하다
  I'm just not big on Mexican food.
  난 그렇게 멕시코 음식을 좋아하지 않아.

- **have a big appetite for** …을 하고 싶어하다, 좋아하다
  Lee has a big appetite for sex.
  리는 섹스를 무척 좋아해.

- **have a soft spot for~** 사족을 못쓰다, 약하다
  I know she got a soft spot for Chris.
  걔는 크리스에게 사족을 못쓴다는 걸 알아.

- **have a weakness for** …을 좋아하다
  My husband had a weakness for blond girls.
  내 남편은 금발여자에게 약점이 있어.

- **will die** 좋아 죽을거야
  You will die if you try this ice cream sundae.
  이 아이스크림 선디를 먹어보면 너 좋아 죽을거야.

- **dig** …을 좋아하다, 관심을 갖다
  We dig the new dress you have.
  우리는 네가 산 새로운 드레스가 맘에 들어.

- **I'd like that** 그렇게 한다면 난 좋대(I like that 맘에 들어)
  Jackie, I'd like that. That sounds sweet.
  재키, 그럼 좋지. 너무 좋다야.

- **take a liking to~** 좋아하다(take a fancy[shine] to~)
  I've never taken a liking to junk food.
  난 정크푸드를 좋아해본 적이 없어.

- **be going to love~** …을 좋아하게 될거다
  You're gonna love this, Tom.
  탐, 넌 이걸 좋아하게 될거야.
  You're going to love what I found.
  넌 내가 발견한 것을 좋아하게 될거야.

- **I love it!** 내 맘에 든다, 정말 좋다 (I'd love it 그렇게 된다면 좋겠다)
  Are you kidding? I love it.
  그걸 말이라고 해? 난 맘에 들어.

- **That good, huh?** 그렇게 좋아?
  It's the best you've seen? That good, huh?
  여짓껏 본 것 중 최고라고? 그렇게 좋아?

Victor: The chocolate cake Denise made is great. 데니스가 만든 초콜렛케익은 대단해.
Diane: That good, huh? I'll have to try a piece. 그렇게 맛있어? 한조각 먹어봐야겠네.
Victor: You're going to love it if you like chocolate. 초콜렛 좋아하면 너도 좋아할거야.
Diane: Oh, I have a soft spot for chocolate desserts. 어, 나 초콜렛 디저트하면 사족을 못쓰는데.
Victor: Me too. They are my favorite. 나도 그래. 내가 좋아하는거야.

좋은 걸 어찌라고

002 You really grow on people.
사람들이 정말 너를 좋아해.

be nuts about은 미치도록 좋아하다, be into sth 역시 …에 빠지다, 좋아하다라는 의미. 특히 ~ grow on sb는 sb에게 주어가 자라고 있다는 말로 on 이하의 sb가 주어를 좋아하다라는 재미난 표현이 된다. be a sucker for는 사족을 못쓰다.

12문장으로 미드영어 후다닥 끝내기

☐ **grow on sb**
주어를 …가 좋아하게 되다
You really grow on people, too.
사람들도 너를 정말 좋아해.

☐ **be nuts about[over, for]**
미치도록 좋아하다, 몰입하다
He's gonna go nuts for you.
걘 너를 미치도록 좋아할거야.

☐ **be partial to**
특별히 좋아하다
The teacher is partial to long breaks.
그 선생님은 긴 휴식시간을 좋아해.

☐ **be into this stuff**
이런 일에 빠지다, 좋아하다
Let's not get into this stuff.
이런 일에는 빠지지 말자고.

☐ **be a sucker for~**
…에 사족을 못쓰다, …을 밝히다
Well, I'm a sucker for the white gown.
저기, 난 하얀 가운이라면 사족을 못써.

☐ **like sb the way you are**
네모습 그대로가 좋다(like it the way it is 그상태 그대로 좋다)
I like you the way you are, greedy, selfish, kinky.
난 네 모습 그대로가 좋아, 욕심많고, 이기적인, 좀 변태스럽고.

☐ **have good[bad] vibes**
느낌이 좋다[나쁘다]
The yoga teacher has good fucking vibes.
그 요가 선생은 느낌이 정말 좋아.

☐ **can't get enough of~**
아무리 …해도 싫증이 나지 않다
That girl just can't get enough of me.
그 여자애는 아무리 해도 내가 싫증나지 않을거야.

☐ **sth tick all the boxes**
가장 좋아할 것이다
That ice cream ticks all the boxes for me.
저 아이스크림이 난 제일 좋아.

☐ **think the world of**
…를 매우 좋아[존경]하다(be fond of)
Vickey thinks the world of her dog.
비키는 자기 강아지를 매우 좋아해.

☐ **pine for**
떠나가거나 지나간 것을 그리워하다
We all watched Jamie pine for Mary for many years.
우리는 모두 제이미가 오랫동안 메리를 그리워하는 것을 지켜봤어.

☐ **swoon over**
황홀해하다, 졸도하다
The girls swooned over the band members.
여자애들은 밴드멤버들에게 뿅가.

☐ **like it one's way**
…의 방법을 좋아하다
Sandra likes it her way, and no one else's.
샌드라는 자기 방식을 좋아하지 어느 누구의 방식도 좋아하지 않아.

미드 Situation

Isaiah: I'm not really nuts about Steve. 난 별로 스티브 좋아하지 않아.
Brianna: He's OK. He'll grow on you after a while. 걘 괜찮은 아이야. 좀 지나면 좋아질거야.
Isaiah: He's always talking about himself. 걘 늘상 자기 얘기만 늘어놓던데.
Brianna: That's true, but he's also very generous. 맞아, 하지만 또 매우 너그럽지.
Isaiah: I'm more partial to people who are humble. 난 겸손한 사람을 더 좋아해.

이런저런 감정들(Emotions)

003 I hate your guts.
네가 정말 싫어.

저건 내타입이 아녀~

의상, 사람, 혹은 어떤 취향 등에서 내타입, 내취향인지 아닌지를 말하는 것으로 style, cup of tea, taste, scene을 이용하여 쓰는 표현은 기본적으로 알아두고, be not one to[for] 역시 …하는 사람이 아냐, …을 좋아하지 않아라는 뜻으로 쓰인다.

12문장으로 미드영어 후다닥 끝내기

- [ ] **be not one's style** …의 스타일이 아니다(be not one's type)
  - That's not really my style. 저건 정말 내 스타일이 아냐.
  - I'm sorry, you're not my type. 미안, 넌 내 타입이 아냐.

- [ ] **be not one's cup of tea** …의 타입이 아니다(be not one's dish)
  - She's not exactly my cup of tea. 걘 정말 내 타입이 아냐.
  - That's not my dish. 난 그런 거와는 거리가 멀어.

- [ ] **be not to one's taste** …의 취향이 아니다, …의 기호에 맞지 않다
  - The Spanish food was not to Kevin's taste. 스페인 음식은 케빈의 기호에 맞지 않았어.

- [ ] **not be one's scene** …가 좋아하는 게 아니다
  - Skinny girls are not my scene. 마른 여자애들은 내가 좋아하는 타입이 아냐.

- [ ] **be not one's thing** …가 좋아하는 것이 아니다, 싫어하다
  - You know that's not my thing. 그건 내가 좋아하지 않는거라는 걸 알잖아.

- [ ] **not be (a great) one for[~ing]** …을 (아주) 좋아하는 사람이 아니다
  - He's not one for raping mature women. 걘 나이든 여성을 강간하는 것을 좋아하지 않아.

- [ ] **not be one to~** …는 …하는 사람이 아니다
  - I'm not one to offer advice to others. 난 다른 사람들에게 충고를 하는 사람은 아냐.

- [ ] **~ heart isn't in it** …에 내키지 않다, 마지못해 …하다
  - I tried, but my heart wasn't in it. 난 노력은 했지만 마지못해 한거야.

- [ ] **hate one's guts** 무척 싫어하다
  - I still hate your guts, Jack. 잭, 난 네가 정말이지 싫어.

- [ ] **fight shy of** …을 꺼리다, 피하다
  - Bill fought shy of finishing school. 빌은 학교 마치는 것을 꺼려했어.

- [ ] **not like the look of~** …의 표정을 싫어하다
  - I didn't like the look of the busboy in the bar. 난 바의 그 종업원 표정을 싫어했어.

- [ ] **have no use for~** …을 싫어하다, …을 필요로 하지 않다
  - He has no use for a new lighter. 걘 새로운 라이터를 필요로 하지 않아.

- [ ] **I don't like it** 싫어, 그러지 말자 (I don't like when~ …할 때 싫어)
  - I don't like it. I'm gonna change. 맘에 안들어. 내가 바꿀거야.
  - I don't like when he kisses me. 걔가 키스할 때 싫어.

Situation

Allie: **I don't like the look of** this place. 여기 모양새가 맘에 들지 않아.
Riley: It's kind of dirty in here, isn't it? 여기가 좀 더럽네, 그지 않아?
Allie: **I have no use for** cafes that aren't clean. 지저분한 카페는 싫어해.
Riley: Shall we go someplace else then? 그럼 다른 곳으로 갈까?
Allie: Yeah. Staying here **is just not my scene**. 그래. 여기 남아있는 것은 내 스타일이 아냐.

512 Chapter 8

기분이 좋아

004 I know how you feel.
네 기분이 어떤지 알겠어.

기분이 좋다는 be in a good mood, feel nice, 상대방 기분이 어떤지 이해하겠다고 할 때는 I know the feeling, I know how you feel이라고 한다. 특히 be in a mood는 bad란 형용사의 도움없이도 기분이 좋지 않다는 의미로 쓰이기도 한다.

12문장으로 미드영어 후다닥 끝내기

☐ **be in a mood**
기분이 안좋다
Sam's **been in a mood** for a long time.
샘은 한참동안 기분이 좋지 않았어.

☐ **be in a good[bad] mood**
기분이 좋다[나쁘다]
Bottom line is your boss **is in a good mood**.
요는 네 사장의 기분이 좋지 않다는거야.

☐ **be[feel] in the mood for~**
…할 기분이 나다, …하고 싶은 맘이 있다
I'**m in the mood for** something hot.
난 뭔가 화끈한 것을 하고 싶어.

☐ **be in no mood for[to]**
(거절) …할 기분이 아니다
I'**m in no mood to** talk to you. 난 너와 얘기할 기분이 아냐.
Oh, I **am in no mood for** this. 오, 난 이거할 기분아냐.

☐ **get some fresh air**
기분전환을 하다
I'm going to **get some fresh air**, okay?
난 좀 기분전환을 하려고, 알았지?

☐ **make sb feel~**
기분이 …하게 만들다(make sb feel better)
It's all my fault. Does that **make you feel** better?
다 내 잘못이야. 그래서 기분이 더 좋아졌어?

☐ **feel like 주어+동사**
…같은 기분이다, …같다
I **feel like** I'm doing the wrong thing.
내가 나쁜 일을 하는 것 같은 기분이야.

☐ **get[have] a[the] feeling~**
…인 것 같다, …라는 기분이 들다
I'**m getting the feeling** that you don't want me to meet your parents. 넌 내가 네 부모님 만나는 것을 원치않는다는 기분이 들어.

☐ **I know how you feel**
어떤 기분일지 알아, 그 기분 이해해
It's okay. At least now **I know how you feel**.
괜찮아. 적어도 네가 어떤 기분일지는 알아.

☐ **I know the feeling**
그 심정 알아
I know the feeling. The same thing happened to me.
그 심정 알지. 나도 같은 일을 겪었어.

☐ **spare one's feelings**
…의 감정을 상하게 하지 않다
I'm going to tell the truth, and I won't **spare your feelings**. 내 사실을 말할텐데, 난 네 감정을 상하게 하지 않을게.

☐ **be in a good place**
기분좋고 안전한 느낌이다(feel safe and happy)
That's settled now. **We're in a good place!**
이제 안정이 됐어. 우리는 제대로 자리잡은거야!

미드
Situation

Al: Do you **feel like** going for a walk? 산책하고 싶어.
Jasmine: No, **I'm in no mood for** exercising. 아니, 운동할 기분이 아냐.
Al: **I know the feeling.** I'd like to stay inside too. 그 심정알겠어. 나도 그냥 안나갈래.
Jasmine: So what can we do while we're here? 그럼 여기 있으면서 뭐하지?
Al: Maybe we can find a good movie on TV. TV에서 무슨 좋은 영화하는지 찾아내보자.

기분이 엉망이야

005 It doesn't feel right.
뭔가 기분이 좀 이상해.

기분이 안좋을 때는 feel down[low], feel so bad about, 그리고 기분이 좀 이상할 때는 not feel right을 쓴다. 좀 더 노골적으로 감정이 상했을 때는 be offended, feel sick, feel like shit을 사용한다.

12문장으로 미드영어 후다닥 끝내기

- **feel down[low]** 기분이 안좋다
  The fans felt down when their team lost.
  팬들은 자기들 팀이 지자 기분이 꺾였어.

- **feel so bad about~** 속상하다
  I feel bad about leaving you out here.
  널 여기에 두고 가는게 맘이 편치 않아.

- **not feel right** 불편하거나 기분이 이상하다
  I'm not sure. It doesn't feel right.
  잘모르겠어. 뭔가 좀 이상해.

- **not feel up to par** 기분이나 컨디션이 별로 안좋다
  They didn't feel up to par after eating.
  걔네들은 식사후 기분이 별로 안좋았어.

- **hurt one's feelings** …의 감정[마음]을 아프게 하다
  He's not gonna hurt your feelings by asking you to leave. 걘 너보고 가라고 해서 네 감정을 상하게 할거야.

- **feel[be] offended** 감정이 상하다, 기분나쁘다, 불쾌하다
  I'm sorry if my husband offended you.
  내 남편이 네 기분을 상하게 했다면 미안해.

- **feel[be] sick (with)** 토할 것 같다, 기분나쁘다
  I don't even feel sick or anything.
  난 기분이 나쁘거나 뭐 그렇지 않아.

- **sick as a dog** 기분이 매우 안좋은
  My grandpa was sick as a dog.
  내 할아버지는 기분이 매우 안좋으셨어.

- **turn one's stomach** 역겹다, 기분이 상하다
  That horrible smell turned my stomach.
  저 끔찍한 냄새 때문에 속이 뒤집혔어.

- **get up on the wrong side of the bed** 기분이 안좋다, 꿈자리가 안좋다
  Joey got up on the wrong side of the bed.
  조이는 기분이 좋지 않았어.

- **mood swings** 감정이 수시로 변하다, 감정기복
  It would cause abdominal pain or the mood swings.
  그건 복통이나 감정변화를 가져올 수도 있어.

- **feel like shit** 기분이 엉망이다
  Jill came on to me. I feel like shit. 질이 내게 집적댔어. 기분이 엉망야.

- **get a bad feeling (about~)** 감정이 안좋다
  Anybody else have a bad feeling about this?
  이거에 감정이 안좋은 다른 누가 있어?

미드 Situation

Otto: **I feel so bad about** not attending the wedding. 결혼식에 참석을 하지 못해 속상해.
Lucy: I think you **hurt Hillary's feelings**. 힐러리의 맘에 상처를 준거야.
Otto: I'm sorry, but **I felt like shit** that day. 미안, 하지만 그날 기분이 참 엉망였어.
Lucy: Really? So what happened to you? 정말? 무슨 일이 있었는데?
Otto: I'm not sure, but I was **sick as a dog** when I woke up. 몰라, 하지만 일어났을 때 기분이 안좋았어.

006 It was too good to be true.
믿기지 않을 정도로 너무 좋았어.

너무 기뻐 좋아~

기분이 넘 좋을 때는 be too good to be true, 그리고 관용어구로는 be walking on air, be on cloud nine이 있다. 조건부로 기분이 좋을텐데라고 하려면 would[will] be pleased[nice] to[if]~을 이용하면 된다.

 12문장으로 미드영어 후다닥 끝내기

표현	예문
be tickled (pink) 기분이 좋다 (feel good)	I **was tickled pink** by her visit. 난 걔가 방문해서 기분이 좋았어.
be too good to be true 믿기지 않을 정도로 너무 좋다	I knew it **was too good to be true**. 믿어지지 않을 정도로 너무 좋다는 것을 알았어.
be[feel] honored (to~) 영광이다	I will **be honored to** serve you. 당신에게 봉사하면 영광일 겁니다.
put a smile on one's face 기뻐하다, 행복하게 해주다	I will **put a smile on my face** when she comes back. 걔가 돌아오면 기뻐할거야.
be walking on air 매우 기쁘다	Believe it or not, **I'm walking on air**. 믿거나 말거나, 난 기분이 너무 좋아.
be in good[high] spirits 매우 기쁘다	**You're in good spirits.** You feeling better? 너 기분이 정말 좋구나. 기분이 더 나아진거야?
be over the moon 무척 기뻐하다	I **was over the moon** when I found the $10 bill. 내가 백억달러를 발견했을 때 너무 기뻤어.
be on cloud nine 행복하다	Jack must **be on cloud nine**. He got promoted today. 잭은 기분이 무척 좋을거야. 오늘 승진했거든.
A get everything A wants 무척 기쁘다, 원하는 걸 다 갖다	His daughter **gets everything that she wants**. 걔의 딸은 원하는 걸 다 갖고 있어.
You'll be pleased to know~ …을 알게 되면 기쁠텐데	**You'll be pleased to know that** lunch will be served soon. 점심이 곧 준비될 걸 알면 기쁠텐데.
would be pleased to[if~] …하면 기쁠텐데	**I would be pleased if** the children would quiet down. 아이들이 좀 조용하면 기쁠텐데.
It'll be nice to~ …하면 좋을거야 (It'd be nice if~ …한다면 좋을텐데)	**It'll be nice to** have her back. 걔가 돌아오면 좋을거야. **It'd be nice if** you called him Dad. 네가 그를 아빠라 부른다면 좋을텐데

미드 Situation

Ambrose: You seem to **be in good spirits** today. 너 오늘 기분이 아주 좋아 보여.
Faith: I am. **I feel as if** I'm walking on air. 어, 기분이 엄청 좋아.
Ambrose: Tell me what's made you so happy. 뭐 때문에 이렇게 기분이 좋은지 말해줘.
Faith: **You'll be pleased to** know I was just hired at Apple. 내가 애플에 취직됐다는 걸 너도 알면 기쁠거야.
Ambrose: That is awesome! This calls for a celebration. 대단하다! 축하기념파티를 해야겠다.

어떤 인상을 받았을 때

007 It didn't strike you as odd?
그게 이상하게 느껴지지 않았어?

인상하면 impression이 있지만 어떤 인상을 받았다고 할 때는 strike sb as~ 형태를 아주 많이 즐겨 쓴다. 그리고 kick ass 는 동사로는 멋지다, 대단하다, 형용사로는 멋진, 인상적인이라는 의미로 쓰인다.

12문장으로 미드영어 후다닥 끝내기

☐ **It strikes sb as strange[odd] that~**
…에게 …하는 이상한 느낌을 주다

Didn't it **strike you as curious** that there wasn't any security out there?
그곳에 경비가 한명도 없었다는 게 이상하게 생각되지 않았어?
And **that didn't strike you as odd?** 그리고 그게 이상하게 느껴지지 않았어?

☐ **strike sb as sth[being~]**
…를 …로 여기게 하다, …라는 인상을 주다

He **strikes you as** a psychopath? 걔가 사이코패스 같은 느낌이야?

☐ **kick ass[butt]**
강렬한 인상을 주다, 히트치다
(kick(-)ass 인상적인, 강렬한)

You kick ass! You are fantastic! 너 정말 멋지다! 너 정말 대단해!
Wanted to show everybody what a **kick-ass** cop I was. 내가 얼마나 멋진 경찰인지 모두에게 보여주고 싶었어.

☐ **one's impression**
받은 느낌, 인상

That is **my impression** of you.
이게 너에게서 받은 내 느낌이야.

☐ **do a lovely impression of~**
…에 대한 인상을 주다

She **did a lovely impression of** a princess.
걔는 공주와 같은 인상을 주었어.

☐ **knock sb dead**
강한 인상을 주다

The singer **knocked the audience dead**.
그 가수는 청중들을 뻑가게 만들었어.

☐ **get the impression**
인상을 받다(give~an impression …에게 인상을 주다)

I **get the impression** that's a little tough for you.
그건 너한테는 좀 벅차다는 느낌이야.

☐ **make an impression**
인상을 만들어주다, 강한 인상을 남기다

You **made quite an impression** at the poker game.
넌 포커게임에서 정말 강한 인상을 남겼어.

☐ **be impressed that[by]**
감동을 받다

I'm **very impressed** you were able to close this case.
네가 이 사건을 종결할 수 있었다는 점에 정말이지 놀랐어.

☐ **strike a chord**
심금을 울리다

The novel **struck a chord** with many housewives.
이 소설은 많은 가정주부들의 심금을 울렸어.

☐ **be deeply moved by**
감동받다, 연민을 느끼다(felt compassion for)

I **was moved by** the sad plight of the girl.
난 그 소녀의 쓰라린 곤경에 무척 연민이 갔어.

 미드 Situation

Autumn: I **get the impression** Jim is crazy. 짐이 좀 미친 것 같아.
Mac: He **strikes me as** kind of a nice guy. 나는 좋은 아이라는 인상인데.
Autumn: But he's always getting into fights. 하지만 걔가 계속해서 싸움질을 하고 있어.
Mac: **My impression is that** he's trying to protect others. 다른 사람들을 보호하려는 것 같은데.
Autumn: I don't think so. He's just overly violent. 아냐. 그냥 지나치게 폭력적인거야.

기쁨을 넘어 열광할 때

008 That's what gets her off.
그게 걔를 자극하는 것 같아.

뭔가 들뜨고 흥분된 상태를 말할 때는 be excited외에 be psyched, be thrilled 등이 있으며, 또한 뭐든지 할 수 있을 것처럼 사기가 치솟을 때는 be fired up을 사용하면 된다.

12문장으로 미드영어 후다닥 끝내기

□ **be psyched to[that~]**
무척 들뜨다(be thrilled)
*get oneself psyched 들뜨다

I'm so psyched we did this. 우리가 이것을 해냈어 너무 기뻐.
I've got myself all psyched out.
난 너무 들떴어.

□ **~what gets sb off**
…을 자극하는 것은(get sb off sb 흥분시키다)

I think **that's what gets him off**.
난 그게 걔를 자극하는 것 같아.

□ **get oneself worked up**
열받다, 들뜨다(work oneself up 화내다)

I'm just a little worked up. 난 조금 열받았어.
She got me all worked up. 걔 때문에 열받았어.

□ **be fired up**
사기가 치솟다, 열광하다

Are you kidding? **I'm fired up**, ready to go.
그걸 말이라고해? 난 사기충전돼서 갈 준비가 됐어.

□ **wig out**
길길이 날뛰다, 흥분하다

Clark **wigged out** when he saw the roach.
클락은 바퀴벌레를 보자 길길이 날뛰었어.

□ **go wild**
열광하다, 미쳐날뛰다

It's "**girls gone wild**," and boys doing the twist.
"여자애들은 미쳐날뛰고" 남자놈들은 트위스트 추고. *Girls Gone Wild: 여자들이 성적으로 광란하는 세미포르노.

□ **be in[get into] a state**
흥분된 상태이다, 화난 상태이다

I don't want to **drive them into a state** of sexual frenzy.
난 개네들을 성적으로 흥분되게 만들고 싶지 않아.

□ **be wild about**
…에 대해 무척 들뜨다(be jazzed)

My uncle **is wild about** blueberry pie. 삼촌은 블루베리 파이를 무척 좋아해.
I'm so jazzed to see the restaurant. 난 그 식당을 보고 싶어 무척 들떴어.

□ **be way too wired**
(커피나 술, 마약먹고) 에너지가 넘치다

I was way too wired to fall asleep.
난 너무 미친듯이 놀아서 잠이 들었어.

□ **have a field day**
야유회 등을 갖다, 비난할 거리에 신나하다

The media will **have a field day**. 언론은 아주 신날거야.
They **have a field day** any time that Jessie wears something slinky. 걔네들은 제시가 섹시한 옷을 입을 때면 아주 신나해.

□ **knock the stuffing out of**
열의를 꺾다, 기를 꺾다, 망가트리다

The crash **knocked the stuffing out of** the car.
그 사고로 차가 개박살났어.

□ **off one's rocker** 미친, 열광한

I am not completely **off my rocker**. 난 온정신이야.

미드 Situation

Ferris: **I'm way too wired to** go to sleep. 난 너무 팔팔해져서 잠이 오질 않아.
Trinity: Well, you just drank three cups of coffee. 어, 너 커피 3잔 마셨을 뿐인데.
Ferris: I know, and **I'm all fired up** about being on vacation. 알아, 그리고 휴가얻어서 너무 들떠 있어.
Trinity: You're **off your rocker**. It's after midnight. 너 좀 정신이 나갔구만. 12시 넘었어.
Ferris: But this is our first time in Hawaii together! 하지만 우리가 함께 하와이가는게 처음이잖아!

이런저런 감정들(Emotions) 517

안심하고 맘을 놓을 때

009 Take a load off.
맘 놓아.

안심하면 떠오르는 단어 relief를 사용한 표현, What a relief, It's a relief to know, be relieved to~ 등은 기본으로 알아두고, 그밖에 짐을 덜어 안심하는 take a load off, take the edge off 등을 필수로 알아둔다.

12문장으로 미드영어 후다닥 끝내기

- **the coast is clear** 들킬 위험이 없다
  The coast is clear. Now. You go find Jessica.
  들킬 위험이 없어. 지금이야. 가서 제시카를 찾아봐.

- **get [give sb] the all clear** 안전을 확보하다
  The leader **has given the all clear** signal.
  대장이 모두 안전하다는 신호를 보냈어.

- **take a load off** 편히하다, 안심하다, 짐을 덜다
  Come on in, buddy. **Take a load off.**
  친구야, 어서 들어와. 맘놓고.

- **be a load off one's mind** 맘이 놓이다
  It's a load off of my mind just to see you.
  너를 보니 정말 맘이 놓여.

- **What a relief** 다행이다, 안심이다(That's a relief)
  That's a relief. Sorry for freaking out on you guys like that. 다행이야. 그렇게 너희들 놀래켜서 미안해.

- **It's a relief to know [hear]~** …를 들으니 안심이 된다
  It was a relief when she got fired. 걔가 잘려 다행이었어.
  It's a relief to know he's not gay. 걔가 게이가 아니라니 다행이야.

- **be relieved (to~)** …하게 돼 다행이다(to one's relief …가 안심하게)
  Actually, **I was relieved to** get fired.
  실은, 난 잘려서 다행이었어.

- **feel [be] safe with sb** …와 함께 있어 안심이다, 안전하다
  He'll **be safe with** me, Peter.
  피터, 걔는 나와 있어 안전해.

- **breath a sigh of relief** 안도의 한숨을 쉬다
  When Sam saw me, she **breathed a sigh of relief**.
  샘이 나를 봤을 때, 걘 안도의 한숨을 쉬었어.

- **ease up** 긴장을 풀다
  Chris, **ease up**. My fault. I sent her out.
  크리스, 긴장을 풀어. 내 잘못이야. 난 걔를 내보냈어.

- **ease up on** …에게 마음을 풀다
  Alright, **ease up on** George, huh? 좋아, 조지에게 맘을 풀어, 응?
  He needs to **ease up on** the soda. 걘 탄산음료를 좀 줄여야 돼.

- **take the edge off** 긴장을 풀어주다, 가라앉히다
  Have a little wine and **take the edge off**.
  와인을 좀 마시고 긴장을 풀어봐.

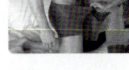

Lilly: **It's a relief to know** Leo's plane arrived safely. 레오가 탄 비행기가 안착해서 다행이야.
Morgan: Was there a problem with the flight? 비행에 뭐 문제있었어?
Lilly: The pilot felt **the coast was clear**, but they flew in bad weather.
기장은 안전하다고 생각했는데 악천후를 만났대.
Morgan: How did Leo feel when they landed? 착륙했을 때 레오 기분이 어땠어?
Lilly: He told me that **it was a load off** his mind to touch down. 도착해서 맘이 놓였다고 했어.

010 Why is he so edgy?
걔 왜 그렇게 불안해해?

> 불안하고 초조할 때

가운데가 아니라 가장자리(be on edge)에 있으면 불안할 수밖에 없고, 또한 같은 맥락으로 바늘 방석에 있어도(be on pins and needle) 초조하지 않을 수 없다. 생각이 많고 걱정돼서 뒷짐지고 왔다갔다하는 것은 pace around라 한다.

12문장으로 미드영어 후다닥 끝내기

- **be[seem, feel] on edge** 불안초조하다(be edgy)
  She's **been a bit on edge** about Daisy.
  걘 데이지에 대해 좀 불안해했어.
  Why is he so edgy? 걔 왜 그렇게 불안해해?

- **put sb on edge** …를 안절부절하지 못하게 하다
  The recent robberies **put** the neighborhood **on edge**.
  최근의 강도질로 동네 사람들이 다들 불안해 하고 있어.

- **pace around** 뒷짐을 쥐고 왔다갔다
  She gets nervous and gets up to **pace around**.
  걘 초조해서 일어나 왔다갔다하고 있어.

- **be on pins and needle** 바늘방석에 앉아있다, 좌불안석이다
  We **were on pins and needles** until the decision was made. 우리는 결정이 이루어지기까지 좌불안석이었어.

- **psych sb out** …가 겁먹거나 불안 초조하게 하다
  My opponent did his best to **psych me out**.
  내 상대는 나를 불안하게 하려고 최선을 다했어.

- **make one's skin crawl** …을 초조하게 하다, 소름끼치게 하다
  The thought of ghosts **makes her skin crawl**.
  유령생각에 걔는 불안해하고 있어.

- **crawl out of one's skin** 불안 초조하다, 당황하다
  I just wanted to **crawl out of my skin** when I farted.
  나는 방귀를 꿨을 때 쥐구멍이라도 들어가고 싶었어.

- **touch and go** 불확실한, 위급[불안]한 상태
  The patient's condition has been **touch and go**.
  그 환자의 상태는 계속 불확실해.

- **have (got) butterflies in one's stomach** 초조[불안]하다
  I **get butterflies in my stomach** when I speak to a girl.
  난 여자한테 말할 때 가슴이 두근두근거려.

- **be climbing the wall** 어쩔 줄 모르다, 안절부절못하다
  After being here an hour, **I'm climbing the walls**.
  여기서 한시간 있자, 난 안절부절했어.

- **be shaking in one's shoes** 무서워 떨다, 매우 초조하다
  Tim's threats had us **shaking in our shoes**.
  팀의 협박은 우리를 무서워 떨게 했어.

- **get one's bowels in an uproar** 흥분하다, 초조해하다
  All this turmoil **has my bowels in an uproar**.
  이 모든 혼란으로 나는 초조해졌어.

미드 Situation

Molly: Recent robberies have **put** everyone **on edge**. 최근의 강도건들로 사람들이 모두 불안해졌어.
Darren: The whole neighborhood **seems to be on pins and needles**. 동네사람들이 모두가 극도로 예민해졌어.
Molly: Didn't the Brown's house get robbed? 브라운네는 강도 안 당했어?
Darren: Yes. Apparently Mr. Brown's bowels **were in an uproar**. 당했지. 브라운 씨는 엄청 불안했을거야.
Molly: Poor guy. I hope they'll get their stuff back. 안됐네. 물건을 되찾길 바래.

이런저런 감정들(Emotions)

놀라고 충격을 받았을 때

011 This can't be happening.
이건 말도 안돼.

생각지도 못한 놀란 일이 일어났을 때는 How could~happen?, 그래서 이런 일이 일어난 것은 말도 안된다고 놀람을 표현할 때는 This can't be happening을 쓴다. 또한 많이 쓰는 표현인 Who would have thought~?는 꼭 알아두기로 한다.

12문장으로 미드영어 후다닥 끝내기

How could ~ happen? 어떻게 …일이 발생할 수 있어?	**How could that possibly happen?** 어떻게 저런 일이 일어날 수 있어?
This can't be happening 말도 안돼	Oh, God. **This can't be happening.** 맙소사, 이건 말도 안돼.
can't believe this is happening 이런 일이 일어나다니 놀랍다	**I can't believe this is happening.** 이런 일이 생기다니 믿어지지 않아. **I can't believe this is happening to me.** 내게 이런 일이 생기다니 말도 안돼.
throw~a curve ball …을 당혹스럽게 하다, 놀라게 하다	The prisoner **threw** the cops **a curve ball**. 그 죄수는 경찰들을 당혹스럽게 했어.
be struck by 놀라다, 충격을 받다	Tom **was struck by** lightning and fell into Cindy's arms. 탐은 번개를 맞고 신디의 품에 안겼어.
Who would have thought~? 누가 생각이나 했겠어?, 상상도 못했네	**Who would have thought** Chris was a psychopath? 크리스가 사이코패스였다는 것을 누가 생각이나 했겠어? **Who would have thought** it was you? 그게 너였단 걸 누가 상상이나 했겠어?
I('ve) never thought of[that~] …는 꿈에도 생각못했다	**I never thought of it** that way. 난 꿈에도 그걸 그런 식으로 생각하지 못했어.
I never thought for a second~ 한순간이라도 …생각해본 적이 없다	**I never thought for a second** you could be my mother. 당신이 내 엄마일 수도 있다는 걸 한순간이라도 생각해본 적이 없어요.
blow one's mind …을 놀라게[화나게] 하다, 넋잃게 하다 (mind-blowing 감동적인, 압도적인)	Son of a gun, **you're blowing my mind!** 개자식, 너 때문에 놀랐잖아! I know you're probably busy having **mind-blowing** sex now. 넌 아마 지금쯤 뽕가는 섹스를 하느라 정신없겠지.
The hell he does! 걔가 그럴 리가 없지!	He said he has money. **The hell he does!** 걘 돈이 있다고 했는데, 그럴리가 없지!
be outrageous 말도 안되다, 끝내준다	**That's outrageous!** You must think I'm a common whore! 그건 말도 안돼! 넌 내가 흔한 창녀로 생각하는구나!
not know the half of 이건 아무 것도 아냐	**You don't know the half of it.** You never will. 이건 아무 것도 아냐. 넌 절대 모를거야.

Situation

Kent: Seeing the damage from the flood **blows my mind**. 홍수피해를 보니 충격적이야.
Dixie: I know. **I can't believe this is happening.** 알아. 이런 일이 일어나다니.
Kent: Is it bad in your hometown too? 네 고향도 상황이 나빠?
Dixie: **You don't know the half of it.** Everything is destroyed. 말도마. 모든게 다 망가졌어.
Kent: I hope things will get back to normal soon. 빨리 다 정상으로 돌아갔으면 좋겠어.

012 You let me down.
너한테 실망했어.

실망스럽고 안타까울 때

역시 shame과 pity를 쓴 표현이 많은데, 특히 pity가 동사로 참 많이 쓰인다는 점을 꼭 기억해두고, 그리고 실망했을 때는 let sb down이 무척 많이 쓰인다. 인정사정도 없는 사람에게는 Have a heart!, Where's your heart?라고 해도 된다.

12문장으로 미드영어 후다닥 끝내기

☐ **Wouldn't you (just) know it**
저런, 이런
> **Wouldn't you just know it,** I forgot my keys!
> 이런, 내가 열쇠를 깜빡했네!

☐ **That's[It's] a shame**
안타깝다, 안됐다, 유감이다, 실망스럽다
> **That's a shame.** He was a good cop.
> 안됐네. 걘 훌륭한 경찰이었는데.

☐ **It's a shame to[that~]**
…하다니 안타까운 일이다, 실망스럽다
> **It's a shame** you did not attempt it.
> 네가 그걸 시도하지 않았다니 실망스러워.

☐ **What a shame (S+V)**
안됐구나, 실망스럽다
> **What a shame.** The conversation's over.
> 실망스럽네. 대화는 이제 끝야.

☐ **let sb down**
…를 실망시키다(letdown 실망)
> **You let me down,** son. I thought you were better than that. 아들아, 날 실망시켰어. 네가 그 이상인줄 알았는데.

☐ **That's (great) a pity**
참 안됐다(What a pity!)
> **It's a pity.** I always liked him.
> 안됐네. 걜 항상 좋아했는데.

☐ **pity sb** 동정하다
> Katie, **I don't pity you.** 케이티, 난 널 동정하지 않아.

☐ **take[have] pity on~**
…를 불쌍하게 여기다, 가엾게 보다
> A jury will not **take pity on** you because of your illness. 어떤 배심원도 너의 병 때문에 너를 가엾게 생각하지 않을거야.

☐ **My heart goes out to~**
유감이다, …가 참 안됐다(~bleeds for)
> **My heart goes out to** the dead man. 죽은 사람이 참 안됐어.
> **My heart bleeds for** her. 걔 참 안됐어.

☐ **Have a heart**
한번만 봐줘, 온정을 베풀라구
> Come on, give me a break. **Have a heart.** 이봐, 한번봐 봐줘, 인정을 베풀어
> **Where's your heart?** 넌 인정도 없니?

☐ **have no sympathy for~**
…에 동정심을 갖지 않다
> It's his own fault. **I've got no sympathy for** him.
> 걔가 자초한 잘못야. 난 걔를 동정하지 않아.

☐ **expect one's sympathy**
…의 동정심을 기대하다(look for~)
> **I'm not looking for your sympathy.**
> 난 너의 동정심을 바라지 않아.

☐ **God help you[him]**
…가 불쌍해라, 가여워라
> **God help** the poor bastards who work for you, huh?
> 너 밑에서 일하는 한심한 놈들 불쌍도 해라, 안그래?

미드 Situation

Eva: **Wouldn't you just know it,** I left my purse somewhere. 아이고, 지갑을 어딘가에 놓고 왔나봐.
Dennis: **That's a shame.** Is there some way to track it down? 안됐네. 추적할 방법이 없어?
Eva: I may have set it down in the department store. 백화점에서 놓았을 것같아.
Dennis: **God help you** if some criminal got a hold of it. 범죄자가 채가지 않기를 바래.
Eva: I'd better call and have them check their lost and found. 전화해서 분실물센터를 확인해달라고 해야겠어.

아, 부끄부끄~

013 Shame on all of you!
너희들 모두 다 창피한 줄 알아!

부끄럽고 창피할 때 주로 쓰는 단어는 shame. 특히 shame on you는 많이 쓰이는 표현중 하나인데, 부끄러운 줄 알아라, 아이고 창피해라라는 뜻으로 상황에 따라 그냥 가벼운 의미로 쓰일 수도 있으니 넘 심각하게 받아들일 필요는 없다.

12문장으로 미드영어 후다닥 끝내기

☐ **For shame** 부끄러운 줄 알아야지, 창피한 일이야	**For shame!** You should have helped him. 창피한 줄 알아! 걔를 도와줬어야 하지.
☐ **The shame of it (all)!** 아이고 창피해라, 부끄러워라	They stole the money. **The shame of it all!** 걔네들은 돈을 훔쳤어. 아이고 쪽팔려라!
☐ **The shame of it is (that)~** 부끄러운 일은 …이야	**The shame of it is** the killer was never found. 살해범이 밝혀지지 않은 것은 정말 부끄러운 일이야.
☐ **Shame on you (for~)** 부끄러운 줄 알아야지!, 창피한 일이야!	**Shame on all of you!** You're disgusting! 너희들 모두 창피한 줄 알아! 너희들 정말 역겨워!
☐ **I'm ashamed of you** 부끄러운 일이야, 부끄러워 혼났네	**You should be ashamed of yourself**, Chris. 크리스, 너 정말 부끄러운 줄 알아야 돼.
☐ **nothing to be ashamed of~** 양심에 찔리는게 없다	Jack's a good student, **there's nothing to be ashamed of**. 잭은 좋은 학생이야, 양심에 걸리는게 없어.
☐ **There's no shame in~** …하는 것을 부끄러워 할 필요가 없다	**There's no shame in** getting old. 나이드는 것을 부끄러워 할 필요는 없어.
☐ **bring shame on~** …에게 망신을 주다, 욕보이다(put~to shame)	She felt her son's lifestyle would **bring shame to** her family. 걔는 자기 아들의 생활방식이 가문을 욕보일거라 생각했어.
☐ **shame sb** …에게 수치를 주다	I understand that. It's just that you **shamed** her. 알겠어. 네가 걔에게 수치심을 준거구만.
☐ **shame sb into ~ing** 창피하게 해서 …하게 하다	You **shamed** her **into** being a worse human being. 넌 걔를 창피하게 만들어서 더 못한 인간으로 만들었어.
☐ **be[get] flushed** 창피해 얼굴이 붉어지다	**You look flushed,** Nathalie. Are you sick? 너 얼굴이 빨개졌어, 나탈리. 너 몸이 안좋아?
☐ **eat humble pie** 굴욕을 참다(eat crow, bite the dust)	After his mistake, the professor **ate humble pie**. 실수를 한 후에 그 교수는 굴욕을 참았어.

Neil: Annie **brought shame on** her family by dropping out. 애니는 중퇴해서 가문에 수치를 가져왔어.
Judy: I thought she was doing well in college. 대학에서 잘하고 있는 걸로 생각했는데.
Neil: No, she spent most of her time partying. 아니, 허구헌날 파티나 했어.
Judy: **The shame of it all.** She wasted her parent's money. 창피한 짓이네. 부모님 돈이나 낭비하고.
Neil: I know. Now she has to go home and **eat humble pie**. 그래. 이제 집에 와서 쪽팔려야지.

014 He disgraced our family.

걘 우리 가문의 명예에 먹칠을 했어.

유명인사들이 가끔 맞는 계란세례는 have egg on one's face, 뺨을 맞는다는 의미에서 유래한 slap in the face, 그리고 불명예스럽다고 할 때는 be a disgrace to라고 한다. 특히 be not shy about~은 반어적표현으로 기꺼이 …하다라는 뜻이 된다.

12문장으로 미드영어 후다닥 끝내기

- **get one's hands dirty** 부끄러운 짓을 하다, 궂은 일을 하다
  You gotta be ready to work, get your hands dirty.
  너 일할 준비가 되어 있어야 돼, 손을 더럽힐 준비말야.

- **be shy with[to]~** …에 수줍어하다, 부끄러워하다
  I'm too shy to go alone.
  난 너무 부끄러워서 혼자는 못가겠어.

- **be not shy about ~ing[N]** 꺼리지 않고 …하다, 기꺼이 …하다
  I got a little shy about showing it.
  난 그걸 보여주는데 별로 꺼리지 않았어.
  She's not shy about her porn films.
  걘 자기가 찍은 포르노에 떳떳했어.

- **blow up in one's face** 망신을 톡톡히 당하다
  The practical joke blew up in Rob's face.
  그 짖궂은 장난으로 랍이 망신을 톡톡히 당했어.

- **(have) egg on one's face** 망신, 체면구김
  I would have some serious egg on my face.
  난 망신을 당할 수도 있을거야.

- **be insulting (to)** 모욕적이다
  You're insulting me. 넌 날 모욕하고 있어.
  It's insulting to this court. 그건 법정에 대한 모욕야.

- **slap in the face** 모욕, 치욕
  The response was just a slap in the face.
  답변은 치욕적이었어.

- **air one's dirty laundry** …의 치부를 드러내다
  Look, don't air our dirty laundry in public.
  이봐, 공개적으로 우리의 치부를 드러내지마.

- **be a disgrace to** …에 불명예[치욕]이다
  She's a disgrace to our company. 걘 우리 회사의 수치야.
  You are a disgrace, Tom! 탐, 넌 정말 치욕스러워!

- **disgrace one's name[family]** …의 이름[가문]을 더럽히다
  My wife cheated on me. She disgraced our family.
  내 아내가 바람을 폈어. 우리 가문을 더럽혔어.

Situation

Jean: The job I was offered was a **slap in the face**. 내가 제안받은 직업은 정말 치욕적였어.
Walter: What were you supposed to do? 너 뭘 해야 했는데?
Jean: They wanted me to wash dishes in the kitchen. 부엌에서 설거지를 하라는 거였어.
Walter: Don't be afraid to **get your hands dirty**. 궂은 일 하는 것을 꺼려하지마.
Jean: I know, I know, but that job **was insulting**. 알아, 알아, 하지만 그 일은 너무 모욕적이었어.

세상이 우울하게 만들 때

015 Let's not get bummed out.
우리 기운을 좀 차리자고.

지치고 지쳐 우울 할 때는 feel depressed, 사람을 우울하게 하는 것은 downer, 기분이 푹 가라앉을 때는 be bummed out, 그리고 보통 울쩍한 사람의 얼굴이 길어보인다고 해서 Why the long face?하면 왜 그렇게 기분이 안좋아라는 말이다.

12문장으로 미드영어 후다닥 끝내기

표현	예문
☐ **be[feel, get] depressed** 우울증에 걸리다, 빠지다	**He's depressed.** He needs help, not prison. 걘 우울해. 그에겐 감옥이 아니라 도움이 필요해.
☐ **treat depression** 우울증 치료하다(postpartum depression 산후우울증)	It's designed to **treat depression** in terminal cancer patients. 말기암환자의 우울증을 치료하도록 고안된거야.
☐ **feel down** 기분이 가라앉다	When I **feel down** about something, I shop. 난 기분이 가라앉으면 쇼핑을 해.
☐ **get sb down** …를 우울하게 하다	The rain this week really **got me down**. 이번주에 내린 비는 정말 나를 우울하게 했어.
☐ **downer** 진정제, 기분을 울적하게 하는 것	I don't wanna be a **downer**. 난 다른 사람들을 슬프게 만들고 싶지 않아.
☐ **be bummed (out)** 기분이 가라앉다(feel~)	All right. Let's not **get bummed out**, guys, okay? 좋아. 얘들아, 기운을 좀 차리자고, 응?
☐ **be[feel] blue** 기분이 우울하다(have[get] the blues)	Do you know what is a great cure for **the blues**? 우울할 때 가장 좋은 치료가 뭔지 알아?
☐ **look low** 낙담해보이다, 우울해보이다	Why does Pamela **look low** today? 파멜라는 오늘 왜 우울해보여?
☐ **be frustrated with** …에 좌절하다, 낙담하다	How on earth can you **be frustrated with** me right now? 도대체 너는 왜 지금 내게 실망하는거야?
☐ **weak at[in] the knees** 맥빠지는(down in the mouth 낙심한)	She felt **weak in the knees** after that experience. 걘 그 경험을 한 후 맥이 빠졌어.
☐ **Why the long face?** 왜 그렇게 우울해해?	**Why the long face?** Something wrong at work? 왜 그렇게 시무룩해? 직장에서 안좋은 일 있었어?
☐ **mope around** 목적없이 침울하게 서성거리다	I'm just tired of **moping around** here thinking about my break-up with Janice. 난 재니스와 헤어진 걸 생각하면서 꿀꿀하게 서성거리는데 지쳤어.

 미드 Situation

Errol: You look sad. **Why the long face?** 너 슬퍼보여. 왜 이렇게 울적한거야?
Belinda: I **get depressed** on rainy days like today. 오늘처럼 비오는 날에는 기분이 우울해.
Errol: Well, let's not **mope around**, let's go out. 음, 그렇게 침울하게 있지말고, 밖에 나가자.
Belinda: Where did you have in mind? 어디 갈 데라도 생각해둔거야?
Errol: I thought we could go and catch a movie. 나가서 영화나 볼까 생각했어.

016 It freaked me out.
정말 끔찍했어.

아이고 놀래라~

freak 만큼 잘 몰랐던 단어가 그렇게 많이 쓰이는 경우도 드물 것이다. freak은 뭔가 평상시와 달리 놀라거나, 기겁을 하거나, 화를 내거나 등 감정이 격양된 상태로 문맥과 상황에 따라 그 의미를 이해해야 한다.

12문장으로 미드영어 후다닥 끝내기

☐ **sb be freaking out** 걱정하다, 놀라다	Thomas, why are you freaking out about this test? 토마스, 너 왜 이 시험에 그리 걱정하는거야?
☐ **sb be going to freak out** 기겁할 것이다, 놀랄 것이다	You think she's going to freak out? 네 생각에 걔가 기겁할 것 같아?
☐ **sb freak(ed) out (a little)** 놀라다, 흥분하다, 화를 내다	I showed him your picture and he totally freaked out! 걔한테 네 사진을 보여주자 걘 정말 방방떴어!
☐ **sb get[be] freaked out** 무척 놀라다	Then why are you so freaked out? 그럼, 너 왜 그렇게 놀라는거야?
☐ **sth freak sb out** …가 …을 놀래키다	Insects freak me out! 난 벌레보면 놀래 자빠진다니까! I'm 30. It freaked me out! 난 서른 살이야. 정말 끔찍하네!
☐ **sb freak sb out** …을 기겁하게 하다	I overreacted, and I obviously freaked you out so much. 내가 너무 과잉반응했고 분명 널 엄청 질겁하게 했을거야.
☐ **You freaked out (about)** 너 놀랬잖아	I know why you freaked out, man. 야, 난 네가 왜 그렇게 놀랬는지 알아.
☐ **Don't freak out (about)~** 진정해	Don't freak out about the little stuff. 사소한 것들로 호들갑떨지마.
☐ **never cease to amaze~** 끊임없이 …을 놀래키다	You never cease to amaze me. 넌 끊임없이 날 놀래키는구나. Will wonders never cease? 놀랄 일이 끝이 없지?
☐ **be amazed at~** …에 대해 놀라다	I was amazed at the variety of 20-something guys. 난 20대 애들의 다양성에 놀랬어.
☐ **rooted to the spot** 놀라 그자리에 굳어버린	Come on, don't stay rooted to one spot. 이봐, 그렇게 놀래 옴짝달싹도 못하지마.

Lydia: Roy **is going to totally freak out**. 로이는 정말 많이 열받을거야.
Barney: What **is going to freak Roy out**? 뭐 때문에 걔가 열받는데?
Lydia: Someone got mud on his new jacket. 누가 걔 새로운 쟈켓에 진흙을 넣었어.
Barney: **I'm amazed tha**t he would be bothered by that. 걔가 그런 일에 신경질낼거라는게 놀라운데.
Lydia: He hates it when his clothes get dirty. 걘 자기 옷이 더럽혀지는 걸 아주 싫어해.

이런저런 감정들(Emotions) 525

···라는 말이야?

017 You won't believe this.
너 이거 믿지 못할거야.

상대방의 말에 놀라서 재차 확인할 때는 You're telling me~, Are you saying that~, 반대로 그 정도 놀라운 소식을 전할 때는 You won't believe this, You can't believe that~이라고 시작하면서 말을 꺼내면 된다.

12문장으로 미드영어 후다닥 끝내기

☐ **You're telling me that~** (확인, 놀람) ···라고 말하는 거야?	**You're telling me** you didn't try to hit her back? 넌 걜 받아치지 않으려 했다고 말하는거야?
☐ **Are you saying that~?** (놀람, 이해안돼) ···라는 말이야?	**Are you saying** you did porn? 네가 포르노를 찍었다고 말하는거야?
☐ **You won't believe this[S+V]** 이거 믿지 못할 걸	**You won't believe it.** Big news. 너 이거 믿지 못할거야. 놀라운 뉴스야. **You won't believe** where I found her. 걜 어디서 발견했는지 믿지 못할거야.
☐ **You can't believe that[wh~]** ···을 믿지 못할거야	**You can't believe what** Jim tells you. 짐이 너에게 뭐라고 했는지 믿지 못할거야.
☐ **How could that be?** 어떻게 그럴 수가 있지?	**How could that be?** Really. Are you illiterate? 어떻게 그럴 수가 있어? 정말이지. 너 문맹야?
☐ **It is hard to believe~** ···를 믿는게 어렵다(It's difficult~)	**Hard to believe,** but I think it's true. 믿기 어렵지만 사실인 것 같아.
☐ **That can't be~** 뭔가 잘못된거야, 그럴 리가 없어	**That can't be** a coincidence. 그건 우연일 리가 없어.
☐ **You don't say** 설마, 아무려면! 정말?, 다이는 얘기야, 뻔한 거 아냐	**You don't say.** So Mike, any other little surprises? 설마. 그럼 마이크, 다른 좀 놀라운 소식은 없어?
☐ **Is that what you're saying?** 네가 말하는게 이거야?	**Is that it? Is that what you're saying here?** 바로 그거야? 네가 지금 말하는게 그거냐?
☐ **Say what?** 뭐라고? 다시 말해줄래?, 뭘 말하라고?(What say?)	**Say what?** No one said we were leaving today! 뭐라고? 아무도 우리가 오늘 떠난다고 말하지 않았어!
☐ **You scared me (to death)!** 깜짝이야, 놀랬잖아!	Fanny, **you scared me.** What're you doing here? 패니, 놀랬잖아. 여기서 뭐해?
☐ **That's a new one for [on]** 그런 말 들어본 적이 없어, 이런 일 처음이야	A serial killer asking for help. Well **that's a new one on** me. 한 연쇄살인범이 도움을 청하고 있어. 이런 일은 내게 처음인데.

미드
Situation

Christy: **You won't believe this,** but Denise is getting married. 믿지 못하겠지만, 데니스가 결혼한대.
Payton: **Say what?** No one told me about it. 뭐라고? 아무도 내게 얘기 안했는데.
Christy: Trust me. She told me so herself. 내 말 믿어. 걔가 직접 말한거야.
Payton: **It can't be true.** We just broke up two months ago. 그럴리가. 우리 헤어진지 두달됐는데.
Christy: Apparently she met someone else and fell in love. 다른 사람 만나서 사랑에 빠졌나보네.

018 What have you done?
너 이거 무슨 짓을 한거야?

설마 그럴리가~

역시 말도 안되는 상황에서 놀라운 감정을 표출하는 것으로 I'll be damned는 이럴 수가, do a double take는 다시 보고 깜짝 놀라다, come as a surprise는 놀라다, That will be the day는 설마 그럴리가라는 뜻이 된다.

12문장으로 미드영어 후다닥 끝내기

I'll be damned if ~ …는 말도 안돼
I'll be damned if I say I'm sorry first.
내가 먼저 미안하다고 말하는 것은 말도 안돼.

I'll be damned 이럴 수가(Sth be damned 상관없어)
I'll be damned. Did you find the girl? 이럴 수가. 그 여자 찾았어?
I'm going to Tokyo, everything else **be damned.**
난 도쿄에 갈거고, 다른 일들은 알바아냐.

not bat an eye 별로 놀라지 않다
(without batting an eye 눈하나 깜짝않고)
She can steal your money and **not bat an eye**.
걘 네 돈을 훔치고 아무렇지도 않을 애야.

do a double take 다시 한번 보고 깜짝 놀라다
I **did a double take** when I saw your brother.
난 네 형을 다시 보고 깜짝 놀랬어.

it's not as if~ …라서 어쩌니, …하는 것 같지 않다
It's not as if we had great affection for one another.
우리는 서로에게 애정이 큰 것같지 않아.

if that don't beat all 충격적이고 놀랍다
So they broke up? **If that don't beat all!**
그럼 걔네들이 헤어진거야? 놀랍네!

come as a surprise 놀라움으로 받아들여지다(~as a shock)
I know that may **come as a shock**.
그게 충격스러울 수도 있을거라는 것을 알아.

That will be the day 설마 그럴 리가
That will be the day. I don't believe it will happen.
설마 그럴리가. 그러지는 않을거야.

What have you done to~? …에게 이럴 수 있니?, …을 어떻게 한거야?
What have you done to my girlfriend?
내 여친에게 어떻게 한거야?

What have you done? 무슨 짓을 한거야?
She's not trippy. So, **what have you done?**
걘 마약하지 않아. 그럼, 너 무슨 짓을 한거야?

What did you do with~? …을 어떻게 했니?
Really? **What did you do with** that money?
정말? 너 그 돈을 어떻게 한거야?

How do you do that? 어쩜 그렇게 잘하니?, 어떻게 해낸거야?
That's right! **How do you do that?**
맞아? 어떻게 한거야?

Fancy that! 놀랍다!
It's the new i-phone. **Fancy that!** 새로 나온 아이폰이구나. 와 멋지다!

Don: What have you done to your hair? 네 머리 어떻게 한거야?
Katie: I had it all shaved off. I'm bald. 싹 밀었어, 나 대머리야.
Don: **I'll be damned.** I did a double take when I saw it. 이럴 수가, 다시 보고 놀랬잖아.
Katie: It's a lot cooler without any hair. 머리가 없으니 아주 시원해.
Don: I see, but **it comes as a surprise** that you're hairless. 알겠어, 하지만 머리없는 너를 보니 놀랍다.

이런저런 감정들(Emotions) 527

살다보니 별꼴이야~

019 Never heard of it.
말도 안돼.

심장이 멈출 정도로 깜짝 놀랄 때는 sb's heart skips a beat, throw sb for a loop를 쓰면 된다. 어떻게 되냐고 단순히 물어보거나 놀래서 따질 때는 How did it happen (~)?이라고 하면 된다.

12문장으로 미드영어 후다닥 끝내기

☐ **hang on to one's hat**
놀라지 말고 마음의 준비를 하다
Hang onto your hat, we're about to start.
맘준비를 해, 우리는 곧 출발할거야.

☐ **How did it happen~?**
어떻게 된거야?
Oh, my God. **How did it happen?**
맙소사. 어떻게 된거야?
How did it happen that I've agreed to date her?
내가 걔와 데이트를 약속했다니 어떻게 된거야?

☐ **hear sb right**
그게 정말야
No, you **heard me right.** 아니, 내말 제대로 들은거야.
I'm sorry. I don't think I **heard you right.**
미안, 네 말을 제대로 못들은 것 같아.

☐ **never heard of**
그런 소리는 못들어봤어, 말도 안돼
Never heard of it. You sure he's legit?
말도 안돼. 걔가 합법적인게 확실해?

☐ **sb's heart skips a beat**
심장이 멈출 정도로 놀라다
His heart skips a beat when he sees Cheryl.
걔는 쉐릴을 볼 때 심장이 멈출 정도로 놀랬어.

☐ **knock sb over with a feather**
…을 깜짝 놀라게 하다
You **could've knocked me over with a feather.**
넌 나를 깜짝 놀라게 할 수도 있었어.

☐ **knock one's socks off**
너무 놀라다, 기쁘다
It's gonna **knock your socks off**!
그 때문에 넌 깜짝 놀라게 될거야!

☐ **not know what hit sb**
너무 놀라고 혼란스러워하다
And you **know what hits me** the hardest, Paul?
폴, 그리고 뭐가 날 가장 혼란스럽게 하는지 알아?

☐ **live and learn**
오래 살다보니 별꼴을 다 본다, 별별일 다 겪다
It was a mistake, but **you live and learn.**
단순한 실수였지만 살다보면 별일 다 겪어.

☐ **as I live and breathe**
내 살다보니, 이거 놀랍네, 놀라워라
As I live and breathe, is that Delilah?
야 놀라워라, 쟤 델리아야?

☐ **throw sb for a loop**
어이없게 하다, 놀라게 하다(knock~)
This whole threesome thing **is throwing me for a loop.** 이 모든 쓰리섬에 관련된 일에 난 너무 놀랐어.

미드 Situation

Earl: **Did I hear you right?** Mr. Jenkins died? 내가 제대로 들은거야? 젠킨스 씨가 죽었다고?
Melanie: Yes. His daughter told me about it. 어, 걔 딸이 말해줬어.
Earl: That's terrible. **How did it happen?** 끔찍하네, 어떡하다?
Melanie: He hit his head when he fell down. 넘어질 때 머리를 찧었대.
Earl: This news really **throws me for a loop.** 정말 놀랍네.

어쩜 그럴 수가 있니?

020 How is that possible?
어떻게 그럴 수가 있어?

믿기지 않은 사실 앞에서 How's that possible?, 깜짝 놀라게 할 때는 take sb by surprise, …에게 놀래줄 일이 있다고 할 때는 have a surprise for~를 쓴다. 상대방의 말을 받아서 놀람을 표현할 때는 You what?, You did what? 등이 있다.

12문장으로 미드영어 후다닥 끝내기

How is that possible? 어떻게 그럴 수가 있어?	Is it true everyone has the same GPA? **How is that possible?** 다들 평점이 똑같은게 사실야? 어떻게 그럴 수가 있어?
jump out of one's skin 놀라거나 기뻐 펄쩍 뛰다	I almost **jumped out of my skin** when I heard the noise. 난 그 소음을 들었을 때 놀라 까무라칠 뻔했어.
take sb by surprise …를 깜짝 놀라게 하다	There are the wounds that **take us by surprise**. 우리를 깜짝 놀라게 하는 부상들이 있어.
have a surprise for~ …에게 놀래게 해줄 일이 있다	Hey, **I've got a surprise for** you. 야, 널 놀래줄게 있어.
There's a surprise in store for~ …에게 놀래 줄 일이 있어	Unfortunately, **there was a not so pleasant surprise in store for** him. 불행하게도, 걔를 즐겁게 깜짝 놀라게 해줄 일이 없었어.
What surprised sb most be~ …가 가장 놀랐던 건 …이야	**What surprised her most was** the strange present. 걔를 가장 놀라게 했던 것은 이상한 선물였어.
You what? 네가 뭐라했다구?, 뭐라고? (You're what? 뭐하고 있다고?, 뭐라고?)	**You what?** When? 뭐라고? 언제? **You're what?** You're pregnant? 너 뭐라고? 임신했다고?
You did what? 뭘했다고? (Who did what? 누가 뭘했다고?)	Wait a minute, **you did what?** 잠깐만, 네가 뭘 했다고?
be the last thing I expected 전혀 예상도 못하다	Winning the lottery **was the last thing I expected**. 로또에 당첨되는 것은 전혀 예상도 못했던 거였어.
can't begin to understand …를 헤아릴 수 없다	You **can't begin to understand** how hard it was. 넌 그게 얼마나 어려운지 헤아릴 수가 없을거야.
It's a wonder that~ …가 놀랍다	**It's a wonder** you're not failing English too. 네가 영어도 낙제를 하지 않은게 놀랍다.

미드 Situation

Anissa: We**'ve got a big surprise in store for** Chuck. 우리는 척을 깜짝 놀라게 해줄 게 있어.
Connor: **You what?** What are you going to do? 뭐라고? 어떻게 할건데?
Anissa: We're going to all yell 'happy birthday' to him. 우린 모두 걔에게 "생일 축하해"라고 소리칠거야.
Connor: He's going to **jump right out of his skin**. 걔가 깜짝 놀랬겠구만.
Anissa: Oh, I hope we don't scare him. 걔를 겁나게 하는게 아니기를 바래.

이런저런 감정들(Emotions) 529

미치게 하는 일이 한두가지인감

021 You're making me crazy!
너 때문에 돌겠다!

go mad, go insane은 기본이고, 뭔가 혹은 어떤 사람 때문에 미치고 팔짝 뛸 때는 drive sb crazy, drive sb up the wall이란 표현을 이용하면 된다. 특히 도저히 이해안되는 상황에서는 This is insane!이라고 외쳐봐도 된다.

12문장으로 미드영어 후다닥 끝내기

- **drive sb crazy[insane]** …를 미치게 만들다(drive sb nuts[mad])
  She's just using him to **drive me crazy**.
  걘 그를 이용해서 날 미치게 만들고 있어.

- **drive sb up the wall** 미치게 만들다
  The classical music **drives** Tony **up the wall**.
  고전 음악은 토니를 미치게 만들어.

- **be certifiable** 정신 이상이다
  The woman **is absolutely certifiable**.
  저 여자는 누가봐도 정신이상이야.

- **be crazed** 완전히 미치다
  I know. **I've just been crazed.**
  알아. 내가 미쳤어.

- **be crazy** 말도 안되다, 정상적이지 않다
  You must think **I'm crazy**.
  내가 정상이 아니라고 생각하는구나.

- **be tripping** 잘못 생각하고 있다, 정신나갔다(be crazy)
  You tripping on something, Jennifer?
  제니퍼, 너 약먹어서 이러는거야?

- **go crazy** 미쳐가다, 열심히 …를 하다
  He obviously **went crazy**. He obviously lost his mind.
  걘 명백히 미쳤어. 정신을 완전히 잃었어.

- **make[drive] sb crazy** …을 미치게 하다, …을 돌게하다
  Cut it out! **You're making me crazy!**
  그만둬! 너 때문에 돌겠다!

- **be off one's nut** 미치다
  He must **have been off his nut** to burn down the house. 그 집을 태워버리다니 걘 미쳤음에 틀림없어.

- **go mad** 미치다, 미쳐 날뛰다(go insane)
  It's a world **gone mad**. 미쳐버린 세상야.
  Have you **gone mad**? 너 미쳤나?
  Call someone, **she's gone insane**. 누구 좀 불러, 걔 정신이 돌아버렸어.

- **This is insane** 말도 안돼(This is madness)
  This is insane, You've got the wrong guy.
  이건 말도 안돼. 넌 엉뚱한 사람을 잡고 있는거야.

- **like a chicken with its head cut off** 미친듯이 돌아다니는
  And then he started running around **like a chicken with its head cut off**. 그리고나서 걘 미친듯이 뛰어다니기 시작했어.

Situation

Arlene: **Is** your niece **making you crazy**? 네 질녀가 널 미치게 해?
Barry: Yeah, her constant talking **is driving me up the wall**. 어, 걔가 쉬지 않고 말하는데 돌겠어.
Arlene: Is she going home soon? 곧 집에는 가는거야?
Barry: She's leaving tomorrow night, but I'll **be certifiable** by then.
내일 저녁에 떠나는데 그때쯤에는 난 정신이 돌았을거야.
Arlene: Gee, I feel really sorry for you. 어휴, 정말 안됐다.

너 제정신이세요?

022 Are you out of mind?
너 제정신이야?

평소와 달리 좀 이상하게 보일 때는 lose one's mind, be off one's mind, go out of one's mind, 나사가 풀린 사람처럼 보일 때는 have a screw loose, 평소의 자기답지 않다는 말로 be not oneself, be not all there을 쓰기도 한다.

12문장으로 미드영어 후다닥 끝내기

☐ **put sb over the edge**
…를 미치게 하다, 돌게 만들다(push~)

The pressure finally **put** you **over the edge**.
스트레스가 결국 널 미치게 만들었어.

☐ **lose it**
(웃음) 참지 못하다, 정신줄을 놓다, 미치다

You'd better relax or you're going to **lose it**.
안정을 해 그렇지 않으면 너 미치게 될거야.

☐ **be[go] out of one's mind**
제정신이 아니다, 돌다, 미치다

Are you two completely **out of your minds**?
너희 둘 제정신이야?

☐ **lose one's mind (over~)**
미치다(lose one's head)

They think **I've lost my mind**. 걔네는 내가 미쳤다고 생각해.
I really lost my head last night. 난 어젯밤에 제정신이 아녔어.

☐ **be off one's head**
제 정신이 아니다

The old guy was drunk and **off his head**.
그 나이든 사람은 취해서 제 정신이 아니었어.

☐ **have a screw loose**
약간 미치다

Most people think Heather **has a screw loose**.
대부분 사람들은 헤더가 약간 미쳤다고 생각해.

☐ **take leave of one's senses**
미치다

Have you **taken leave of your senses** man?
야, 너 정신 나갔어?

☐ **be not all there** 정신이 없다
제정신이 아니다(be oneself 제 정신이다)

It looks like **she's not all there**. 걘 제정신이 아닌 것 같아.
You're not yourself. Go home. 너 제정신이 아냐. 집에 가라.

☐ **nobody's home**
제정신이 아니다

The light's on but **nobody's home**.
겉모양은 멀쩡한데, 정신이 좀 이상하네.

☐ **be out to lunch**
제정신이 아니다, 얼빠지다

Geez, I think Frank **is really out to lunch**.
어휴, 프랭크가 얼이 빠진 것 같아.

☐ **What planet are you from?**
너 제정신이냐?

You want to date me? **What planet are you from?**
나랑 데이트하고 싶다고? 너 제정신이야?

☐ **What planet are you on?**
년 도대체 정신을 어디에 두고 있는 거야?

What a stupid thing to say. **What planet are you on?**
참 말하기 한심한 일이다. 너 도대체 정신을 어디에 두고 있냐?

Cameron: My boss **has a screw loose**. 우리 사장이 좀 나사가 풀렸어.
Tanya: You said he gets acts pretty crazy. 좀 미친 행동을 한다는거야.
Cameron: Today his behavior **pushed** me **over the edge**. 오늘 사장 때문에 내가 돌았어.
Tanya: Was he picking on you again? 널 또 괴롭혔어?
Cameron: Yeah. The man **has taken leave of his senses**. 어, 사장은 제정신이 아냐.

이런저런 감정들(Emotions)

진짜 짜증나게 하네!

023 Don't try my patience.
나 열받게 하지마.

짜증나게 하는 대표적인 단어는 annoy로 It's annoying!이라는 말이 참 많이 들리며, 뒤꽁무니 쫓아다니면서 귀찮게 하는 것은 be on sb's ass라는 재미난 표현을 쓴다. 아픈 곳을 찌르는 것은 strike a nerve, be a pill은 성가신 사람이다란 뜻.

12문장으로 미드영어 후다닥 끝내기

- **try[test] one's patience**
  …을 짜증나게 하다

  Don't try my patience.
  나 열받게 하지마.

- **poke one's nose into sth**
  남일에 관심을 보이거나 간섭하다

  Who asked you to **poke your nose into** my life?
  누가 너보고 내 인생에 간섭하라고 했냐?

- **strike a nerve**
  아픈 곳을 찌르다, 진짜 짜증나게 하다

  His comments really **struck a nerve**.
  걔 말들은 아픈 곳을 콕콕 찔렀어.

- **Do I have to remind you that~?**
  …을 기억나게 해줘야 되겠어?(Need I remind you that~)

  Do I have to remind you that you promised to marry her? 네가 그녀와 결혼하겠다고 약속한 것을 기억나게 해줘야 되겠어?

- **get under one's skin**
  짜증나게 하다, 괴롭히다(be~)

  The whole incident **got under our skin**.
  그 모든 사건은 우리를 짜증나게 했어.

- **be a pill**
  성가신 사람이다

  That old bastard **is a real pill**.
  저 노친네는 정말 성가신 사람이야.

- **annoy sb**
  …를 괴롭히다

  Now, the only power I have left is the power to **annoy** you. 이제, 내게 남은 유일한 힘은 너를 괴롭히는 거야.

- **be annoyed at[with]**
  …에 의해 짜증이 나다

  You got annoyed. That **was clearly an annoyed** face. 너 짜증났구나. 아주 짜증이 많이 난 얼굴였어.

- **It's annoying!**
  짜증나네!(How annoying!)

  What about this traffic? **It's so annoying!** We haven't moved in a half hour.
  교통이 왜 이래? 정말 짜증나네. 30분째 꼼짝도 못하고 있잖아.

- **be on one's ass+시간**
  …시간 동안 귀찮게 하다

  I've had my ex-husband **on my ass** all day.
  하루 온종일 전남편이 나를 괴롭혔어.

미드 Situation

Mariah: **What annoyed** Zack this morning? 오늘 아침에 뭐 때문에 잭이 짜증났어?
Kyle: Mindy **was sticking her nose into** his business. 민디가 걔 일에 간섭을 했어.
Mariah: That woman can **be a real pill**. 그 여자는 정말 귀찮은 존재야.
Kyle: So you two aren't friends? 그럼 너희 둘 친구 아냐?
Mariah: No, I do my best to avoid her. 응. 걜 피하려고 최선을 다하지.

024 God, you're killing me!
너 참 짜증난다!

신경거슬리게하는 get on one's nerves가 많이 알려져 있으며, 미드에서는 bum sb out, 그리고 짜증나게 하는 상황을 뜻하는 bummer가 눈에 많이 띈다. 또한 get in sb's hair는 get out of one's hair의 반대표현으로 기억해두면 된다.

12문장으로 미드영어 후다닥 끝내기

- [ ] **bug** 귀찮게 하다, 짜증나게 하다
  He's **bugging me** to analyze the contents of this laptop. 걘 이 노트북의 내용들을 분석하는데 날 짜증나게 하고 있어.

- [ ] **bum sb out** …를 짜증나게 하다
  You can't understand how much this **bums me out**. 너 이게 얼마나 나를 짜증나게 하는지 모를거야.

- [ ] **bummer** 실망스럽고 짜증이 나는 상황
  Am I the only one who thinks **this is a major bummer**? 이게 정말 실망스런 상황이라고 생각하는 유일한 사람이야?

- [ ] **cream one's corn** …을 귀찮게 하거나(bother), 짜증나게 하다(annoy)
  Shut up or **I'll cream your corn**. 입 닥치지 않으면 널 귀찮게 할거야.

- [ ] **get on one's nerves** …의 신경을 짜증나게 하다, 거슬리게 하다
  It **was kind of getting on my nerves**, all this dying talk. 그게, 이 모든 죽음관련 얘기가 나를 짜증나게 했어.

- [ ] **get in one's hair** …을 짜증나게 하다(↔ get out of one's hair)
  The kids **are always in their parent's hair**. 아이들은 항상 부모님들을 짜증나게 하지.

- [ ] **hassle sb** …에게 을 하라고 재촉하거나 짜증나게 하다
  You see anybody **hassle** your boss? 누가 네 사장을 짜증나게 하는 것을 봤어?

- [ ] **Sth be a real hassle** 정말 성가신 일이야
  You gotta admit this **has been a real hassle**! 이건 정말 성가신 일이라는 것을 알아야 돼!

- [ ] **You're killing me** 귀찮게 하고 짜증나게 하다
  God, **you're killing me!** 맙소사, 너 참 짜증난다!

- [ ] **It is killing me~** …가 나를 힘들게 해
  Standing here right now **is killing me**, okay? 지금 이렇게 여기 서있는게 죽겠어, 응?
  Oh, Tammy, **it's killing me** that I can't remember. 오, 태미, 기억이 나지 않아 죽겠어.

- [ ] **get in one's face** 면전에서 짜증나게 하다
  You'd better talk to him, **get in his face**. 넌 걔한테 얘기해, 면전에 대놓고.

미드 Situation

Morely: Why do you look so **grumpy** this morning? 너 오늘 아침에 왜 그렇게 짜증을 부렸어?
Paula: I couldn't sleep at all. **It's been killing me**. 전혀 잠을 잘 수가 없었어, 정말 힘들었어.
Morely: Wow, **bummer**. What's been keeping you awake? 와, 힘들었겠다. 어떻게 잠을 못잔거야?
Paula: Construction workers are making noise all night long. 건축하는 사람들이 밤새 시끄럽게 했어.
Morely: That must really **get on your nerves**. 정말 짜증났겠다.

이런저런 감정들(Emotions) 533

정말 지루하다

025 You're such a drag.
너 참 지겨운 놈이다.

지루하다고 boring만 알고 있으면 정말 지루하다. 미드족이면 그 외에 지루하다고 말할 때는 be a drag을 쓴다는 것을 알아두어야 하고, 함께 지루하고 재미없다는 의미의 lame이란 단어도 함께 알아두어야 미드보는데 덜 지겨울 수 있다.

 12문장으로 미드영어 후다닥 끝내기

☐ **be a (real) drag** (정말) 지루하다	I thought I'd call and tell you **what a drag it is**. 네게 전화해서 그게 얼마나 지루한지 말할 생각이었어.
☐ **be a drag on~** …에 짐이 되다	Debbie **is a drag on** every party she goes to. 데비는 가는 모든 파티에서 천덕꾸러기야.
☐ **bore sb silly** 정말 지루하게 하다	The TV program **was boring us silly**. 저 TV 프로는 정말 지루하게 했어.
☐ **bored out of one's mind** 너무 지루한	You'll **be bored out of your mind**. 넌 아주 지루하게 될거야.
☐ **be bored to death** 정말 지루하다(be bored to tears)	I **was bored to death** during the vacation. 난 휴가동안 정말 지루했어.
☐ **get bored** 지루해지다	Don't you ever worry you're gonna **get bored**? 너는 지루해질거라 걱정해본 적 있어?
☐ **the life out of me** 진을 다 뺄정도로	The horror movie scared **the life out of me**. 그 공포영화가 무서워 내 진이 다 빠졌어.
☐ **sth[sb] be lame** 지루하거나 재미없다	I still can't get over **how lame it was**. 난 그게 얼마나 재미없었는지 아직도 잊을 수가 없어.
☐ **There you go again** 또 시작이군, 그럼 그렇지	**There you go again,** checking out my schedule. 또 시작이구만, 내 일정을 확인하고.
☐ **No, not again** 어휴 또야, 어떻게 또 그럴 수 있어!	**No, not again!** Please stop it! 어휴, 또야, 제발 그만해!

미드 Situation

Emily: I heard the new action movie **is a drag**. 새로 나온 액션영화가 지루하다며.
Mason: It's true. **It bored me silly to** watch it. 맞아. 보는데 정말 지겨웠어.
Emily: I was thinking we might go see it together. 난 우리가 함께 가서 볼까 생각했었어.
Mason: **Oh no, not again!** I'd rather stay home. 이런, 또는 안되지! 아예 집에 있는게 나아.
Emily: Wow, I guess it must really **be lame**. 야, 정말 재미없나 보다.

534 Chapter 8

026 You're out of the loop.
너는 제외야.

소외되고 제외되고

끼지 못해서 소외감을 느끼는 경우로 feel out of it, be left out이 일반적인 표현이고 좀 더 그래픽하게 표현하려면 be out of the picture[loop]을 쓰면 된다. 어울리지 못하고 겉돈다고 할 때는 feel like a fish out of water를 쓰면 된다.

12문장으로 미드영어 후다닥 끝내기

☐ **be out of the loop**
소외당하다, 끼지 못하다(be taken~)

Sorry, **you're out of the loop**.
미안, 너는 제외야.

☐ **feel[be] out of it**
외톨이처럼 소외감끼다

Mom said she **feels out of it** today.
엄마가 오늘 소외감을 느낀다고 말했어.

☐ **be[feel] left out**
소외감을 느끼다, 제외되다

I am confident that no one **will be left out**.
난 아무도 제외되지 않을거라 자신했어.

☐ **put sb out of the picture**
…을 제외하다, 배제하다(want~)

That fight **put** Mel **out of the picture**.
그 싸움으로 멜이 제외됐어.

☐ **get sb out of the picture**
…를 제외하다

He thought the way he could do that was to **get** me **out of the picture**. 걘 자기가 할 수 있는 길은 나를 제외시키는거라 생각했었어.

☐ **be out of the picture**
제외되다(seem~)

And then he **seemed** suddenly **out of the picture**.
그리고나서, 걘 갑자기 제외된 것처럼 보였어.

☐ **with ~ out of the picture**
…을 제외하고

That would be done easier **with** Chris **out of the picture**. 크리스만 빠지면 그거는 하기가 훨씬 쉬울거야.

☐ **feel like a fish out of water**
어울리지 않아 겉돈다

I'm always feeling like a fish out of water.
난 항상 어울리지 못해 겉도는 것 같아.

☐ **leave sb high and dry**
…를 고립시키다

This plan **leaves** my family **high and dry**.
이 계획으로 내 가족은 고립되고 있어.

☐ **leave sb out of it**
제외하다

Fine. **I will leave you out of it**.
좋아. 난 너를 제외할거야.

미드 Situation

Casey: Was Jeff at the planning meeting tonight? 오늘밤 기획회의에 제프가 참석했었어?
Gina: He decided to **take himself out of the picture**. 걘 스스로 빠지기로 결정했어.
Casey: Won't he **feel left out** now? 지금 소외감을 느끼지는 않을텐데?
Gina: Nah, he **was like a fish out of water** anyway. 맞아, 걘 하여간 겉도는 것 같았어.
Casey: I hope he finds something else to do. 걔가 다른 할 일을 찾길 바래.

이런저런 감정들(Emotions) 535

땅치고 후회한다고 뭐 달라지나

027 There's no going back.
이제 되돌릴 수가 없어.

앞으로 후회할테니 그러지 말라는 뉘앙스로 얘기할 때는 be going to regret, will live to regret, 그리고 You'll be sorry~를 쓰면 된다. 또한 미드에서 자주 보는 be better safe than sorry는 후회하느니 신중하라고 하는 말씀.

12문장으로 미드영어 후다닥 끝내기

☐ **You'll be sorry~** 나중에 후회할거다	**You'll be sorry** you turned down my offer. 내 제의를 거절하면 나중에 후회하게 될거야.
☐ **You'll be sorry if you don't~** …하지 않으면 후회하게 될거야	**You'll be sorry if you don't** make the trip. 네가 여행을 하지 않으면 나중에 후회할거야.
☐ **be better safe than sorry** 후회하느니 신중한게 낫다	Yeah, that's right, **better safe than sorry**. 그래, 맞아, 후회하느니 신중한게 낫다.
☐ **be going to regret~** 앞으로 후회하게 될거다	**You are not going to regret** taking this journey with me. 이 여행에 나를 데리고 가면 너 나중에 후회하지 않을거야.
☐ **I wish I was[had, could]~** 내가 …라면 좋을텐데	**I wish I was like you,** Charlie. 찰리, 내가 너 같으면 좋을텐데.
☐ **I wish I had+pp** …였다면 좋았을텐데	**I wish I had done** things differently. 내가 일을 다르게 했더라면 좋았을텐데.
☐ **not think to+V** …할 생각을 못하다, …할 줄 몰랐다	I don't know why we **didn't think to** check there! 왜 우리가 거기를 확인할 생각을 하지 못했는지 모르겠어!
☐ **Sorry (that) I asked** 괜히 물어봤다, 도대체 내가뭐하러 물어봤는지 모르겠네	**So sorry I asked.** 괜히 물어봤네.
☐ **(I'm) Sorry you asked** 잊고 싶은 것을 물어봐 유감이다	**Sorry you asked** about such a sensitive project. 네가 그런 민감한 프로젝트 건에 대해 물어봐 유감야.
☐ **Are you sorry you asked?** 안좋은 답변을 들으니 괜히 질문했다고 후회하니?	**Are you sorry you asked** me to the dance? 나한테 춤추자고 한 것을 후회하니?
☐ **There's no going back** 다시 돌아갈 길은 없다, 이제 와서 되돌릴 수 없다	If you compromise the investigation **there's no going back**. 그 조사를 망치면, 다시 시작할 수가 없어.
☐ **sb will live to regret** 앞으로 후회하다, 큰 코 다칠거다	You don't want to **live regret it**. 넌 큰 코 다치기 싫을게다.

Chad: **You'll be sorry if** you don't come with us. 네가 우리와 함께 가지 않으면 후회할거야.
Shannon: No, **I won't regret** staying home. 아니, 집에 남아 있는 걸 후회하지 않을거야.
Chad: But it's going to be a fun time. 하지만 재미있을텐데.
Shannon: **Are you sorry you asked** me to come? 같이 가자고 한게 후회돼?
Chad: No, but I really wish you'd change your mind. 아니, 하지만 정말 네가 맘을 바꿨으면 해.

More Expressions

What a rush! 야 흥분된다!, 멋진대!(very exciting)
be less than pleased with 조금도 기쁘지 않다
as happy as a clam 기꺼이, 아주 기쁘게
be pleased with oneself …에 기뻐하다, 만족하다
not believe I've had the pleasure (of meeting you) …하는 즐거움을 갖게 될 줄은 생각도 못하다
have[take] the pleasure of ~ing …을 즐기다
with pleasure 기꺼이
give ~ great joy …에게 큰 즐거움을 주다
spread the[one's] joy 기쁘게 해주다
as pleased as punch 아주 기쁜
pop-eyed 놀라 눈이 휘둥그레진
unwind 긴장을 풀다
be nervous about~ …을 걱정하다, 신경을 많이 쓰다
nervous breakdown 신경쇠약
nervous wreck 신경쇠약한 사람
emotional wreck 심리적으로 무너진 사람
be a bundle of nerves 신경이 예민하다
nagging feeling 분명치 않아 찜찜하고 불안한 느낌[생각]
be antsy 안달을 한다
be[get] agitated 불안, 초조하여 가만 있지 못하다
sweat 걱정하다
sweat bullet 무척 초조해하다(be very nervous about sth)
keep on one's toes 긴장하다
be under the weather 몸이 좀 아프다, 기분이 개운치 않다
in a foul mood [temper] 불쾌한 기분
feel like a million dollars 기분이 아주 좋다[끝내준다]
The last thing I want to do is + V 내가 제일 하기 싫은 일은 …하는 거야
the last thing sb wants …가 가장 원하지 않는거
I prefer A to B A보다 B가 더 좋다
I prefer to A rather than B B를 하느니 차라리 A하는 게 더 좋다
look great 사람이나 사물의 겉모양이 좋아 보인다
That's great 아주 좋아, 굉장해, 잘됐네
That would be great 그렇다면 아주 좋겠다
That's nice 좋아, 좋네
That's nice to hear 듣던 중 반가운 소리네요
I wouldn't say no to sth …라면 아주 좋아
This is second to none 비견할 수 없을 정도로 좋아
look like a million bucks 멋져 보여
feel like a million bucks 너무 좋아
frame of mind 특정 시기의 맘상태
feel like a new person 다시 태어난 기분이다

feel strange 기분이 이상하다
on the edge of one's seat 몹시 흥분하여
lose one's grip 열의나 기운 등을 잃다
like red rag to a bull 흥분케하는 것
go with a swing 활기 넘치다
fire in one's belly 야심, 열정
have a rocky day 힘든 하루를 보내다
set one's nerves on edge …의 신경을 날카롭게 하다
bite[snap] sb's heads off 이유 없이 신경질내다
floored 놀라거나, 당황한
soften[cushion] the blow 충격을 완화시키다
be lost for words 할말을 잃다
be baffled 당황하다
balls ~ up …를 혼란케하다, 뒤죽박죽되다
be struck dumb 놀라 말을 못하다
have a heart of gold 친절한 사람
have a heart of stone 무정한 사람
feel sorry for~ …를 안타깝게 생각하다, 유감이다
feel sorry for oneself 스스로를 한탄하다
feel for sb …을 동정하거나 가엾워하다
let the side down 같은 편 사람들을 실망시키다
(It's a) pity (that)[to~] …하는 것은 유감이다, 안타깝다
be taken aback 무척 놀라다
Glory be! 이것 참 놀라운데!(not common)
I never expected that~ …하다니 전혀 뜻밖이네
That's very surprising? 놀라운 일이야?
not (even) blink 전혀 놀라지 않다
shit-scared 매우 놀란
like mad 미친 듯이, 정신없이
with regret 후회하며(to one's regret)
feel nice 기분이 좋다
kick in the head 놀라운 일
be hot to trot 열의에 차있다(not common)
bite one's nail 초조해지다
be in awe of 경외하다
grumpy 짜증부리는

chapter 9 말할 때(When Talking)

001 Don't go there.
그 얘기는 하지마.

002 Hot off the press.
따끈따끈한 소식이야.

003 A little bird told me.
누가 그러던대.

004 Speaking of which
말이 나와서 말인데

005 You know what?
저 말이야.

006 I have to tell you this.
이거 하나 말해두는데.

037 That's about it.
뭐 그런거야.

038 I can't tell you that.
난 그렇다고 말 못하지.

039 You should say you're sorry.
미안하다고 말해야지.

040 I wouldn't say that.
그렇지도 않아.

041 It's just as well.
오히려 다행이야.

이야기거리를 꺼내다

001 Don't go there.
그 얘기는 하지마.

함께 모여 어떤 이야기를 꺼내다, 꺼내지 않다라고 할 때 쓰는 표현. bring up이 가장 일반적이며, 미드에서는 Don't go there라는 착각하기 쉬운 표현, get into (a subject)라는 문구들이 자주 눈에 띈다.

12문장으로 미드영어 후다닥 끝내기

☐ **bring up** 양육하다, 화제를 꺼내다	I shouldn't have **brought up** the past. 과거 이야기를 꺼내지 말았어야 했는데. That's how she **was brought up**. 그렇게 걔는 양육되었어.
☐ **broach a subject** 특정 주제, 이야기꺼리를 꺼내다	You don't dare **broach the subject**. 그 이야기는 꺼낼 생각도 하지마.
☐ **Don't go there** 그 얘기 꺼내지 마라	**Don't go there.** She won't talk about it. 그 얘기는 하지마. 걘 그 얘기하고 싶어하지 않을거야.
☐ **Don't go there.** 그렇게는 하지마	**Don't go there.** It's closed off. 그러지마. 다 막혔어.
☐ **get into sth** 어떤 화제나 사건에 대해 논의하거나 이야기하다	That's great. We'll **get into** that tomorrow. 대단하네. 우리 내일 얘기하자. We really don't need to **get into** that right now. 우린 정말 지금 당장 그 얘기를 할 필요가 없어.
☐ **drop the subject** 이 얘기는 그만두다	She won't **drop the subject**. 걘 그 얘기를 그만두지는 않을거야.
☐ **change the subject** 화제를 바꾸다	Don't try to **change the subject**. Did you sleep with Mindy? 화제를 바꾸려고 하지마. 너 민디랑 잤니?
☐ **get off the subject** 이 얘기는 그만두다	Don't let the teacher **get off the subject**. 그 선생님이 하시는 그 얘기를 끊지마.
☐ **strike up a conversation** 말을 꺼내다, 대화를 시작하다	Ben was going to **strike up a conversation** with Sam at the bar. 벤은 바에서 샘과 얘기를 하려고 했었어.
☐ **wrap up a conversation** 말을 그만하다	If you're finished, we'll **wrap up the conversation**. 네 얘기 끝났으면, 우리 그만 이야기하자.

Trudy: Did you **strike up a conversation** with Bob? 넌 밥하고 얘기나눴어?
Phil: Well, I **brought up** his trip to Europe. 저기, 걔 유럽여행한 이야기했어.
Trudy: What did he say about it? 그거에 대해 뭐라고 해?
Phil: He had a good time, but we **got off the subject**. 즐겁게 보냈지만 우린 그 얘기는 관뒀어.
Trudy: So you talked about other things? 그럼 너희 다른 이야기나눈거야?

540 Chapter 9

너 그 소식 들었어?

002   Hot off the press.
따끈따끈한 소식이야.

속보는 breaking news, 속보를 전하는 것은 break the news, 그리고 이렇게 따끈따끈한 소식은 be hot off the press라고 한다. 상대방에게 소식을 전할 때는 have got news for, 금시초문이라고 할 때는 be news to~라 한다.

12문장으로 미드영어 후다닥 끝내기

☐ **break the news**
속보를 전하다, …에게 처음으로 전하다
Do you always **break the news** to your patients that way? 넌 항상 네 환자들에게 그런 식으로 소식을 전하니?

☐ **have got news for sb**
… (안좋은 소식) 해줄 말이 있어, 너한테 전해줄 말이 있어
I got news for you. We just converted to Judaism.
전해줄 소식이 있어. 우리는 유대교로 개종했어.

☐ **Have you heard~?**
…라는 소식 들었니?
Have you heard anything from Jackie?
재키한테는 뭐 들은 이야기있어?
Have you heard that Jack is dropping out?
잭이 중퇴한다는 얘기 들었어?

☐ **not like the sound of sth**
안 좋은 소식을 듣다
Oh, **I don't like the sound of that.**
안 좋은 소식을 들어 기분이 안좋아.

☐ **be news to~**
…에게 금시초문이다
I never heard of it. **That's news to me.**
들어본 적이 없어. 금시초문이야.

☐ **have good news and bad news** 좋은 소식과 나쁜 소식이 있다
I got good news and bad news. Which do you wanna hear? 좋은 소식과 나쁜 소식이 있는데, 어떤 소식 들을래?

☐ **The good news is~**
좋은 소식은 …
The good news is that we can operate.
좋은 소식은 우리가 수술을 해도 된다는 거야.

☐ **know of**
…을 들어 알고 있다
I **know of** him. He's a hit man. 걔 들어 알고 있어. 살인청부업자잖아.
I **know** her. She's a freak. 걔 알지. 또라이야.

☐ **What else is new?**
뭐 더 새로운 소식은 없어?
So there's no money. **What else is new?**
그럼 돈이 없는거네. 뭐 더 다른 소식은?

☐ **be hot off the press**
방금 출간되다, 막 보도되다
Hot off the press, boss. We got a hit off the steering wheel. 따끈따끈한 소식이예요. 자동차 운전대에서 일치하는 지문을 채취했어요.

미드 Situation

Marlon: **Have you heard** they're opening a Starbucks here? 여기에 스타벅스 연다는 얘기 들었어?
Lauren: No, I haven't. **That's news to me.** 아니, 못들었는데. 처음 듣는 이야기야.
Marlon: **The good news is** we can get coffee there every morning.
좋은 소식은 우리가 매일 아침 거기서 커피를 마실 수 있다는거야.
Lauren: It's still pretty expensive to buy. 그래도 사먹기는 좀 비싸지.
Marlon: Yeah, I guess it's cheaper to brew your own coffee. 그래, 네가 커피 직접 끓이는게 더 싸게 먹힐거야.

말할 때(When Talking)   541

소문에 의하면 말야

003 A little bird told me.
누가 그러던대.

'소문에 의하면'은 Rumor has it that~, 소문이 돌고 있다 할 때는 there's a rumor going around'~, 소문을 낸다고 할 때는 spread the word, get[put] the word out을 쓰고 소문으로 들었다고 할 때는 A little bird told me라 하면 된다.

12문장으로 미드영어 후다닥 끝내기

- **Rumor[Word] has it~**
  소문에 의하면 …이다(Word is that~)
  Rumor has it you love this song.
  소문에 의하면 네가 이 노래를 좋아한다며.

- **spread the word**
  입소문을 내다
  Yeah, and you told me to **spread the word**.
  어, 그리고 네가 나보고 소문을 내라고 했잖아.

- **word on the street**
  들리는 소문에 의하면
  Word on the street is you're looking for a manager.
  들리는 소문에 의하면 네가 매니저를 찾고 있다며.

- **get the word of mouth going**
  말을 퍼트리다(word of mouth 구전, 입소문)
  These flyers will **get the word of mouth going**.
  이 전단들이 소문을 퍼트릴거야.

- **get the word out**
  말을 퍼트리다, 전파하다(put the word out)
  He put the word out. Every dealer knows we're looking for him.
  걔가 말을 퍼트렸어. 딜러들이 모두 우리가 그를 찾는다는 걸 알아.

- **There was a rumor going around (that~)** 소문이 돌고 있다
  There's a rumor going around that you caught the serial killer. 네가 연쇄살인범을 잡았다는 소문이 돌고 있어.

- **be rumored to~**
  …가 …할 거라는 소문이 있다
  It is rumored to be connected to the case.
  그게 이 사건과 연관될 거라는 소문이 있어.

- **gossip about**
  …에 대한 소문을 말하다
  I'm not really comfortable **gossiping about** my bestie. 내 절친 뒷담화하는데 정말 내키지 않아.

- **A little bird told me**
  소문으로 들었어
  A little bird told me that you and Chris hooked up last night. 너하고 크리스가 지난밤에 섹스했다는 말을 들었어.

- **get wind of**
  풍문으로 듣다
  If they **get wind of** this, they're gonna kill you.
  걔네들이 이걸 듣기라도 하면 널 죽일거야.

- **so the story goes**
  소문에 따르면 그래, 대부분 사람들이 믿는거야
  John is an alcoholic, or **so the story goes**.
  존은 알코올중독이고 대부분 사람들이 그렇게 믿고 있어.

미드 Situation

Mose: We need to **get the word out** about the festival. 축제에 대한 소식을 우리는 알려야 돼.
Brigitte: **Rumor has it that** it will be postponed. 연기될거라는 소문이 있던데.
Mose: No, no, it is going to be held this week. 아냐, 이번주에 열릴거야.
Brigitte: **Word on the street is that** there is no money for the festival.
들리는 소문에 의하면 축제할 비용이 없다고 하더라고.
Mose: It's not true. Tell everyone the festival is still going to happen. 아냐, 모두에게 축제 열린다고해.

004 Speaking of which
말이 나와서 말인데

뭔가 예를 들면서 말을 꺼낼 때는 Take~, Get this, 등을 쓰고, 아주 많이 나오는 Speaking of which는 말이 나와서 말인데라는 표현이다. 그리고 '내가 알기로는' 라고 할 때는 from where I stand라고 쓴다.

12문장으로 미드영어 후다닥 끝내기

- **Take sb[sth]** (문두에서) …을 예를 들어보자(for example)
  Take Kate for example. I have a personal interest in her. 케이트를 예로 들어보자고. 난 걔한테 개인적으로 관심이 있어.

- **Get this** (관심유도) 이것 좀 들어봐
  Get this, Chris walked into our bedroom and saw Ruren naked. 이 얘기들어봐, 크리스는 우리 침실로 들어와서 로렌의 나체를 봤어.

- **Look here** 중요한 건 이거지 이것봐, (Hear this 이것 좀 들어봐)
  Look here, Kevin, things have changed. 이것봐, 케빈, 상황이 바뀌었어.

- **Speaking of~** …얘기가 나와서 말인데(Talking of~ …말인데)
  Speaking of roofs, you have a charming home. 지붕얘기가 나와서 말인데, 너 집 정말 멋있다.

- **Speaking of which** 말이 나와서 말인데
  Speaking of which, I'm going to give that girl a call. 말이 나와서 그런데, 난 그 여자한테 전화할거야.

- **come to think of it** 생각해보니까 말이야, 말이 나왔으니 말인데
  Come to think of it, you are my favorite person! 생각해보니, 네가 내가 제일 좋아하는 사람이야!

- **deep down** 사실은 말이야
  Superficially, I loved it. But **deep down,** I think I was miserable. 피상적으로, 맘에 들었는데 실은, 난 비참한 맘였어.

- **from where I stand** 내가 알기로는, 내 느낌상
  From where I stand, you are clearly wrong. 내가 알기로는 네가 분명히 틀렸어.

- **from what I can tell** 내가 보기엔(as far as I can tell)
  From what I can tell, it's our guy. 내가 보기에, 우리가 찾는 범인야.

- **off the top of one's head** 금방 생각이 나서 그러는데, 저 말이죠
  Off the top of your head, how d'you feel about Jim? 방금 생각이 나서 그러는데, 짐에 대해서 어떤 느낌였어?

- **for what it's worth** 그건 그렇다치고, 모르긴 해도, 어쨌든
  For what it's worth, I don't know how you're still on your feet. 어쨌든, 네가 아직도 어떻게 버티고 있는지 모르겠다.

- **by the sound of it[things]** 들어보니(from~)
  By the sound of things, he'll be a millionaire soon. 들어보니, 걘 금방 백만장자가 되겠네.

Ingrid: **Look here,** the maid did a bad job of cleaning the house. 이봐, 도우미가 집청소를 제대로 안했네.

Jim: Has she been upset lately? 걔가 최근에 속상해했어?

Ingrid: **Off the top of my head,** she has seemed unhappy. 그러고보니, 걔가 시무룩해보였어.

Jim: **For what it's worth,** maybe you should give her a raise. 그건 그렇다치고, 걔 급여를 올려줘봐.

Ingrid: **Come to think of it,** I promised her a raise last year. 그러니까 생각나는데, 내가 작년에 급여인상을 약속했었어.

저 말이야

005 You know what?
저 말이야.

뭔가 소식을 전하거나 생각을 말하기 전에 쓰는 표현들로, You know what, Guess what?으로 대표되는 것들로, let me see는 그러니까, let me say는 말하자면, 그리고 as you know는 알다시피라는 표현들.

12문장으로 미드영어 후다닥 끝내기

☐ **Guess what?** 저기 말야?, 그거 알아?	**Guess what?** They didn't really steal the car. 그거 알아? 걔네들이 차를 훔친게 아니래.
☐ **You know what?** 저 말이야, 근데말야	**You know what?** Mom likes me and she doesn't like you! 그거 알아? 엄마는 날 좋아하고 너는 싫어하셔!
☐ **You know something?** 너, 그거 알아?	**You know something?** I think you just upset my partner. 너 그거알아? 너 지금 내 파트너의 기분을 상하게 한 것 같아.
☐ **let me see** 뭐랄까, 그러니까(let's see)	**Let me see,** what did you do? 그러니까, 너 뭘한거야?
☐ **let me tell you what I think** 내 생각을 말해줄게	**Let me tell you what I think.** Jason made you look bad. 내 생각을 말해줄게. 제이슨은 네 스타일을 구겨놨어.
☐ **let me tell you what I think+V** 내 생각을 말해볼게	**Let me tell you what I think** happened to Adam. 아담에게 무슨 일이 있었는지 내 생각을 말해줄게.
☐ **Let me say,** (요약) 말하자면	**Let me say,** she's going to be okay. 말하자면, 걔는 괜찮을거야.
☐ **Let me (just) say it[this]** 한가지 이야기하자면	**Let me say it again.** It's not here. 한가지 이야기하자면, 그건 여기 없어.
☐ **You know** 말야, 무슨말인지 알지?, 말안해도 알지?	**You know,** it is a little small for you. 말야, 그건 너한테는 조금 적어.
☐ **as you know** 알다시피	**As you know,** I teach third grade over at the elementary school. 알다시피, 난 초등학교 3학년에서 가르치고 있어.
☐ **as far as you know** 네가 알고 있는 한	**As far as you know,** your father's still alive? 네가 알고 있는 한, 네 아버지는 아직 살아계시지?
☐ **as you say** 네말처럼(like you say), 당신 말대로 하겠다	He was an uncontrollable child, **like you say**. 걘 네 말대로 통제불가한 아이였어.

미드 Situation

Gary: **You know,** we should go out to eat tonight. 저 말야, 오늘 저녁에 외식하자.
Bette: **Let me see,** how about an Italian restaurant? 그러면, 이태리 식당은 어때요?
Gary: **Guess what?** There's one very close by. 그거 알아? 아주 근처에 하나 있어.
Bette: How is the spaghetti there? 거기 스파게티 어때요?
Gary: I've heard people say it's delicious. 사람들이 맛있다고 하는 이야기를 들었어.

…에 대해 말하자면

006 I have to tell you this.
이거 하나 말해두는데.

이번에는 좀 더 길게 서두를 잡는 것들로 Let me tell you something은 내 말할게 있는데, 이거 하나 말해두겠는데는 I have to tell you this, 내가 이렇게 말해도 되는지 모르겠지만은 if you don't mind me saying so라 한다.

12문장으로 미드영어 후다닥 끝내기

☐ **Let me tell you something** 내 말 좀 들어봐, 내 말할게 있는데	**Let me tell you something.** I came out here to enjoy nature. 내 말 들어봐. 난 자연을 즐기러 여기 나온거야.
☐ **Let me tell you something about~** …에 대해 말해줄게	**Let me tell you something about** my ex-husband. 내 전 남편에 대해서 말해줄게.
☐ **I have to tell you (something)** 정말이지, 할 말이 있어	**I have to tell you,** I was quite impressed with your paper. 정말이지, 네 논문 정말 인상적이었어.
☐ **I have to tell you this** 이거 하나 말해두는데	**I have to tell you this,** but don't repeat it. 이거 하나 말해두지만 반복은 하지마.
☐ **When it comes to** …에 대해 말하자면	**When it comes to** relationships, is it smarter to follow your heart or your head? 관계에 대해 말하자면, 감성을 따르는게, 아니면 이성을 따르는게 현명한거야?
☐ **while we're on the subject** 얘기가 나와서 말인데	**While we're on the subject,** can you tell me what you think you're doing? 얘기가 나와서 말인데, 너 지금 뭐하고 있는지 말해줄래?
☐ **while we're on the subject of~** …얘기가 나와서 말인데	**While we're on the subject of** taxes, have you paid yours? 세금 얘기가 나와서 말인데, 너 세금냈어?
☐ **if you don't mind me saying so~** 내가 이렇게 말해도 괜찮다면, 실례되는 말이지만	**If you don't mind me saying so,** I think I know your wife pretty well. 실례되는 말이지만, 난 네 아내를 아주 잘 알고 있는 것 같아.
☐ **before I forget** 잊기 전에 말해두는데	Randy, **before I forget**, thank you so much for the gift. 랜디, 잊기 전에 말해두는데, 선물 정말 고마워..
☐ **by the way** 참, 그런데말야, 덧붙여 말하면	**By the way,** while I was there, I saw your housekeeper. 그런데 말야, 내가 거기에 있을 때, 너희 집 도우미를 봤어.
☐ **sort of like** 뭐랄까	It's **sort of like** an experiment. 뭐랄까, 그건 실험이야.

Tyler: **Let me tell you something,** I'm tired of working here. 내 말할게 있는데, 난 여기서 일하는게 지겨워.
Doris: Why don't you want to work at this company? 왜 이 회사에서 일하고 싶지 않은거야?
Tyler: It's **sort of like** getting the smallest possible salary. 가장 적은 급여를 받는 것 같아.
Doris: **If you don't mind me saying so,** I like it here. 내가 이런 말해도 될지 모르겠지만, 난 여기서 일하는게 좋아.
Tyler: But we need to get more money to live well. 하지만 우리는 좀 더 잘 살기 위해 돈을 더 벌어야 돼.

이런 말해서 미안하지만

007 I'll tell you something,
내 말할게 있는데,

거절이나 반대 혹은 좋지 않은 소식을 전할 때 먼저 꺼내는 말들로, I'm afraid to say this, but~, I'm sorry to have to tell you this, but~, 그리고 This is really hard for me to say, but~ 등을 알아두면 된다.

12문장으로 미드영어 후다닥 끝내기

- [ ] **I'm sorry to have to tell you this, but~** 이런 말씀드려 죄송합니다만,

  I'm sorry to have to tell you this, but your wife didn't make it. 이런 말씀드려 죄송하지만, 부인께서는 돌아가셨습니다.

- [ ] **This is really hard for me to say, but~** 이런 말 꺼내게 되서 안됐지만

  This is really hard for me to say, but I have to break up with you. 이런 말 꺼내서 미안하지만, 너랑 헤어져야겠어.

- [ ] **I'm sorry I didn't tell you this before[sooner], but~** 좀 더 일찍 말하지 않아 미안하지만

  I'm sorry I didn't tell you this sooner, but you're fired. 좀 더 일찍 말하지 못해 미안하지만, 넌 해고야.

- [ ] **I don't know how to tell you this, but~** 어떻게 이걸 말해야 할지 모르겠지만

  I don't know how to tell you this. I'm straight. 어떻게 말해야 될지 모르겠지만, 난 이성애자야.

- [ ] **I'm afraid to say this, but~** 이런 말해서 좀 그렇지만

  I'm afraid to say this, but I must do it. 이런 말 해서 그렇지만, 난 그것을 해야 만 돼.

- [ ] **I'll tell you something (else)** 내가 말할게 있는데

  I'll tell you something, it feels pretty good. 내 말할게 있는데, 그거 정말 기분이 좋아.

  I'll tell you something else, she missed you. 내 다른 말할게 있는데, 걔가 널 그리워했어.

- [ ] **I'll tell you something about~** 단순히 …에 관해 말해줄게

  I'll tell you something about Harry stealing the car. 해리가 차를 훔친 거에 관해 얘기해줄게.

- [ ] **I don't know about you, but~** 넌 어떨지 모르겠지만

  I don't know about you, but I'm tired of all the tension around here. 넌 어떤지 모르겠지만, 여기의 모든 스트레스에 지쳤어.

- [ ] **dare I say it[that~]** 굳이 말하자면, 혹은 …라고 해도 될까

  Dare I say, like a shoplifter. 굳이 말하자면, 소매치기라고 할까.

- [ ] **Let me remind you (of, that~)** 내가 상기시켜줄게, 내가 알려줄게 있어

  Let me remind you, you have the right to counsel. 내가 상기시켜줄게, 넌 변호사를 선임할 권리가 있어.

- [ ] **May I remind you (that)~** 내가 알려줄게 있어

  May I remind you that I was doing you a favor? 내가 네게 호의를 베풀고 있었다는 것을 다시 생각나게 해줄까?

미드 Situation

Olivia: **This is really hard for me to say,** but we need to break up. 이런 말해서 미안하지만 우리 헤어져야 돼.
George: **Let me remind you that** you said you'd stay with me forever. 나와 평생을 같이 하겠다고 했잖아.
Olivia: **I don't know about you, but** that promise doesn't mean anything. 넌 어떨지 모르겠지만, 그 약속은 별 의미가 없어.
George: So you're just going to leave me? 그럼 넌 그냥 날 떠날거야?
Olivia: Yes, I think we'll both be happier if that happens. 어, 그렇게 되면 우리 모두 더 행복할거야.

546 Chapter 9

008 The way I figure it,
내 생각에,

내 생각으로는~

나의 생각이나 관점을 놓고 이야기할 때는 the way I see it, the way I figure it 등을 써서 '내가 보기에는' 이라고 하면 된다. 노골적으로 …라고 말하고 싶어라고 할 때는 I just want(ed) to say~라 하면 된다.

12문장으로 미드영어 후다닥 끝내기

☐ **I just want to say[know]~** 단지 …라고 말하고[알고] 싶어	**I just want to say that** Mark is a wonderful young man. 난 마크가 정말 훌륭한 젊은이라고 말하고 싶어.
☐ **I just wanted to say [know]~** 단지 …라는 말을 하고[알고] 싶었어	**I just wanted to say** you're doing a great job, Chris. 크리스, 난 단지 네가 일을 아주 잘하고 있다고 말하고 싶었어.
☐ **the way I heard it** 내가 듣기로는 다르던데	That's not **the way I heard it.** 내가 들은 건 그게 아닌데.
☐ **the way I see it** 내가 보기엔, 내 생각으로는	**The way I see it,** the guy's very upset. 내가 보기에, 그 친구는 매우 화가 났어.
☐ **the way I look at it is~** 내가 보기엔 …이다	**The way I look at it is** you need a better job. 내가 보기엔 넌 더 좋은 직업을 가져야 돼.
☐ **the way I figure it** 내가 생각하기에는, 내 생각에는	**The way I figure it,** the robber ran through here. 내 생각에, 그 도둑은 여기를 통해서 달아났어.
☐ **to one's way of thinking** …의 생각에는	**To her way of thinking,** there're two kinds of people in the world. 걔 생각에는, 세상에는 두가지 종류의 사람들이 있다는거야.
☐ **As I mentioned before** 내가 전에 말했듯이	**As I mentioned before,** I'll be away that week. 전에 내가 말했듯이, 난 그 주에 없을거야.
☐ **(You) Got a sec?** 시간있냐?((You) Got a minute?)	Hey Tony, **you got a sec?** 토니야, 잠깐 시간있어? I don't mean to interrupt, but **you got a minute?** 방해하고 싶지만, 시간있어? **Do you have a minute?** 시간있어?
☐ **give sb a minute** 시간을 내주다	You want us to **give you a minute**? 우리가 시간을 줄까요?
☐ **have[get] a minute** 잠시 시간이 있다	Yes, **we have a minute.** 어, 우리 시간 돼.

미드 Situation

Marlene: Kirk, do you **have a minute** to talk to me? 커크, 나랑 얘기할 시간있어?
Kirk: Of course. What do you want to talk about? 물론. 무슨 얘기하고 싶은데?
Marlene: **As I mentioned before,** my parents are coming to visit. 내가 전에 말했듯이, 내 부모님이 찾아오신대.
Kirk: Sure, sure, **that's the way I heard it.** 그래, 그래, 그렇게 들었지.
Marlene: Would you mind giving them a tour of the city? 네가 시내구경 좀 시켜드릴야?

말할 때(When Talking) 547

그렇다면 말야

009 That being so,
그렇다면,

번역하기 짜증나는 last but not least, '내가 틀리지 않았다면'은 if I'm not mistaken, '그렇다해도'는 That being so, 그리고 '줄잡아 말해도'는 to say the least라고 한다.

12문장으로 미드영어 후다닥 끝내기

☐ **if you know what I'm saying** 내가 하는 말을 안다면	Big boobs are key to obvious pretty, **if you know what I'm saying.** 큰 가슴이 명백한 아름다움에 열쇠지, 내가 무슨 말을 하는지 안다면 말야.
☐ **Last but not least** 끝으로 중요한 말씀을 더 드리자면	**Last but not least,** let's discuss summer plans. 끝으로 중요한 것, 여름 계획에 대해 얘기합시다.
☐ **Now I remember** 이제 생각이 나네	**Now I remember** what Shawn said to me. 이제 숀이 내게 뭐라고 말했는지 기억이 나네.
☐ **now that you mention it** 그 말이 나와서 말인데	**Now that you mention it,** maybe these guys can help you out. 그 말이 나와서 말인데, 이 친구들이 너를 도와줄 수 있을 수 있을거야.
☐ **if I'm not mistaken** 내가 틀리지 않았다면, 내가 알기로는	**If I'm not mistaken,** that's the stolen car. 내가 알기로는, 그건 도난 차량이야.
☐ **That being said** 그렇다고 해도 그 말이 나왔으니 말인데(Having said that)	**That being said,** she definitely was up to something. 그렇다 해도, 걘 분명히 뭔가 꾸미고 있었어.
☐ **That being so** 그렇다면	**That being so,** we'll have to schedule another meeting. 그렇다면, 우리는 다른 회의일정을 잡아야 할거야.
☐ **pure and simple** 간단히 말해서	**Pure and simple,** you don't have enough education. 간단히 말해서, 넌 교육을 충분히 받지 못했어.
☐ **to say the least** 줄잡아 말해도, 아무리 좋게 말해도	It was superficial, **to say the least.** 아무리 좋게 말해도, 그건 수박겉핥기식이었어.
☐ **boil it down** 간단히 말하다	I'll **boil it down** for you. 너를 위해 간단히 말해줄게.
☐ **to boot** 그것도, 게다가	You thinking I'm useless and a junkie **to boot.** 넌 내가 쓸모도 없고 게다가 마약쟁이라고 생각하는거야?

Cooper: The report is too long. We need to **boil it down.** 보고서가 너무 길어, 좀 압축을 해야 돼.
Victoria: **If I'm not mistaken,** we can remove several pages.
내가 틀리지 않았다면, 몇페이지 없애도 돼.
Cooper: **Now that you mention it,** that's a good idea. 그렇게 말하니, 그거 좋은 생각이네.
Victoria: OK, let's do that to make it shorter. 좋아, 그렇게 해서 길이를 줄이자고.
Cooper: It will also be easier to read through this way. 이렇게 줄여서 읽는게 훨씬 쉬울꺼야.

어디까지 얘기했더라

010 Where are we?
우리 어떤 사이야?

Where are we?가 비유적으로 쓰이면 남녀관계 등에서 우리는 어떤 사이냐, 그리고 어디까지 얘기했더라는 Where was I?, Where were we?라고 한다. 그리고 에두르지 않고 단도직입적으로 말한다고 할 때는 cut to the chase란 표현을 쓴다.

12문장으로 미드영어 후다닥 끝내기

- **Where are we?** 어디야?, 우리 어떤 사이야?
  We're not broken up, so where are we?
  우린 헤어지진 않았는데, 그럼 우린 어떤 사이인거야?

- **Where was I?** 내가 무슨 얘길 했더라?, 내가 어디까지 얘기했더라?
  I lost my notes. Where was I?
  난 내 노트를 잃어버렸어. 내가 어디까지 얘기했더라?

- **Where were we?** 어디까지 얘기하고 있었지?
  I don't even know what that was about. Where were we? 난 그게 뭐에 관한거였는지도 몰랐어. 어디까지 얘기하고 있었지?

- **spring sth on** 갑자기 말을 꺼내다
  Don't just spring this news on him.
  이 소식을 걔한테 불쑥 꺼내지 마라.

- **I have something to tell you** 한가지 얘기할게
  I have something to tell you guys. I love Naomi.
  너희들에게 한가지 얘기할게 있는데, 나 나오미 사랑해.

- **There's something I have to tell you** 긴히 할 말이 있어
  There's something I have to tell you. I lied to you.
  꼭 할 말이 있는데, 나 너한테 거짓말했어.

- **I won't say any more, but~** 한마디만 할게
  I won't say any more, but you'll hear the news.
  한마디만 하겠는데 너는 그 소식을 듣게 될거야.

- **just so you know** 그냥 참고로 말하는데, 그냥 알아두세요
  Just so you know, Robinson's in custody.
  그냥 참고로 말하는데, 로빈슨은 구류되어 있어.

- **What was I saying?** 내가 무슨 얘기하고 있었지?, 내가 어디까지 말했지?
  It was an accident, they were drunk. What was I saying? 그건 사고였어, 걔네들은 취했었고, 내가 무슨 얘기하고 있었지?

- **Let's cut to the chase** 단도직입적으로 물어볼게, 까놓고 이야기하자
  Let's cut to the chase. Did you kill this kid?
  단도직입적으로 말해서, 네가 이 아이 죽였어?

- **correction,** (바로 전에 한 말 수정) 정정할게
  Correction, the meeting is at 5, not at 6.
  정정할게, 회의는 6시가 아니라 5시야.

- **steal sb** …와 잠깐 이야기하다
  Let me steal David away for a few minutes.
  데이빗과 좀 잠깐 이야기 좀 할게.

미드 Situation

Joan: **There's something I have to tell you** tonight. 오늘밤 네게 말할게 있어.
Davis: Please just **cut to the chase** and tell me now. 그냥 각설하고 지금 말해.
Joan: I went to the doctor and I think I may be pregnant. 병원에 갔는데 임신일지도 모르네.
Davis: How could you just **spring** this news **on** me? 너 어떻게 이런 소식을 갑자기 말하는거야?
Joan: But you told me to **cut to the chase**! 하지만 네가 단도직입적으로 말하라며!

말할 때(When Talking) 549

011 I was told that.
그렇게 들었어.

말을 자르지 않고 끝까지 듣는다고 할 때는 hear sb out, 열심히 경청하다란 뜻의 be all ears, 그리고 …라고 들었다고 할 때는 I was told~, I have been told~를 쓴다.

12문장으로 미드영어 후다닥 끝내기

□ **hear sb out** 끝까지 들어보다	Just **hear me out**. This is very important. 끝까지 들어봐. 이거 정말 중요한거야. I know you don't want to see me, but please **hear me out**. 네가 날 보기 싫어하는거 알아, 하지만 끝까지 들어봐.
□ **I hear you** 동감이다	**I hear you.** It isn't fair that all this falls on you. 동감이야. 이 모든 걸 네게 짐지우는 것은 공평치않아.
□ **(Do) You hear?** 무슨 말인지 알겠니?	Just shut up. **You hear?** Shut up! 그냥 입닥치고 있어. 알았어? 닥치라고!
□ **Did you hear?** 너 그소식들었니?(Have you heard?)	**Did you hear?** Jennifer is getting married. 그 소식들었어? 제니퍼가 결혼한대.
□ **be all ears** 열심히 귀를 기울이다	You got a better plan, **I'm all ears.** 네가 더 좋은 계획이 있다며, 어서 얘기해봐.
□ **so I hear[I've heard]** 그렇다고 들었어	**So I hear** you went to see my father last night. 네가 지난 밤에 우리 아버지 만나러 갔다고 들었어.
□ **I was told that** 그렇게 들었어	The bank is going out of business. **I was told that.** 그 은행은 파산할거야. 그렇게 들었어.
□ **I was told that S+V** …라고 들었어	**I was told that** you wanted to see me right way. 네가 나를 바로 보고 싶어 했다고 들었어.
□ **Do as you are told~** 시키는대로 해라	Just **do as you're told.** Otherwise you'll be fired. 그냥 시키는대로 해. 그렇지 않으면 너는 해고될거야.
□ **I've been told sth[that~]** …라고 들었어, 내가 듣기로는	**I've been told that** you had a relationship with this judge. 네가 이 판사하고 관계를 맺고 있다고 들었어.
□ **get it straight from the horse's mouth** 확실하게 듣었다	Better see her and **get it straight from the horse's mouth**. 걔를 만나서 확실하게 듣는게 나아.

Henry: **Did you hear?** I'll be entering the army next month. 너 소식 들었어? 난 담달에 입대해.
Jessica: **I was told that.** Jeff said you might join up 들었어. 제프가 네가 입대할지도 모른다고 했어.
Henry: Well, now you**'re getting it straight from the horse's mouth.** 어, 이제 넌 내게서 확실하게 들은거네.
Jessica: Why did you decide to do it so soon? 왜 그렇게 빨리 입대하기로 결정한거야?
Henry: **I've been told** it's better to do it and get it over with. 빨리 입대해서 끝내는게 낫다고 들었거든.

012 Are you listening to me?
너 내 말 듣고 있는거야?

상대방에게 좀 제대로 들으라고 할 때는 Listen up!, Are you listening to me?, 그리고 Listen to you!하면 네 말을 들으라는 말로 달리 말하자면 답답하고 말도 안되는 소리는 그만하라는 질책성 표현이 된다.

 12문장으로 미드영어 후다닥 끝내기

☐ **Prick up your ears!**
귀를 쫑긋 세우고 들어!
Any gossip makes her prick up her ears.
걔는 뒷담화라면 뭐든지 귀를 쫑긋 세우고 들어.

☐ **Listen up!**
잘 들어!(Listen good!)
Everyone, listen up! We have work to do!
여러분, 잘 들어요! 우리 할 일이 있어요!

☐ **Listen to you[yourself]**
멍청한 얘기는 그만 좀 해라
You should listen to yourself.
넌 멍청한 짓은 그만 좀 해라.

☐ **Are you listening to me?**
내 말 듣고 있어?
Tony, are you listening to me? 토니, 너 내 말 듣고 있는거야?
Are you listening to me? He asked me to marry him.
너 내 말 듣고 있어? 걘 나보고 자기와 결혼하자고 했어.

☐ **bend one's ears**
…의 귀를 기울이다, 경청하다
Lisa bent my ear for the last two hours.
리사는 지난 2시간 동안 귀를 기울이고 들었어.

☐ **take sth on board**
경청하다
There's no way we can take that on board.
우리가 그것을 경청할 수는 없어.

☐ **hear sth second hand**
전해듣다
Most people heard about the divorce second hand.
대부분의 사람들은 그 이혼소식을 전해 들었어.

☐ **Do you hear that?**
방금 자기가 한 얘기를 들었지?, 너도 들었지?
Do you hear that? I think Mindy fell down.
너도 들었지? 민디가 넘어진 것 같아.

☐ **Mark my words**
내가 하는 말을 귀기울여, 내 말 잘 새겨들어
Mark my words, this whole thing is gonna go up in flames! 내 말 잘 들어, 이 일은 전부 다 없어져버릴거야!

☐ **be talking to** …에게 말하는거야
Hey, I'm talking to you! 야, 나 너한테 말하고 있잖아!

☐ **Don't make me say it again!**
두 번 말하게 하지말라구, 두번 말 안한다!
I'm finished with you. Don't make me say it again.
너하고 끝났어. 두번 말하게 하지마.

☐ **get a load of**
…을 들어봐라(overhear 엿듣다)
Get a load of the dress Sophia is wearing.
소피아가 입고 있는 드레스 좀 봐.

 **Situation 미드**

Ron: **Get a load of** Jenny's new diamond ring. 제니의 새로운 다이아몬드 반지 얘기 들어봐.
Carol: That was too expensive for her to buy. 걔가 사기에는 너무 비싼건데.
Ron: I **overheard** that her new boyfriend got it for her. 걔 새 남친이 사준거라고 들었어.
Carol: **Mark my words,** she's going to lose that ring. 내 말 잘들어, 걘 그 반지를 잃어버릴거야.
Ron: She is pretty careless with things, isn't she? 걘 패나 덜렁대잖아, 그렇지 않아?

말할 때(When Talking) 551

013 I'm listening.
어서 말해.

상대방보고 듣고 있으니 어서 계속 말하라고 할 때는 I'm listening, So, you tell me, 그리고 그건 네가 더 잘 아니까 네가 말하라고 할 때는 You tell me라고 하면 된다. 생각하고 싶지 않으니 그 얘기 하지말라고 할 때는 Don't remind me.

12문장으로 미드영어 후다닥 끝내기

- ☐ **I'm listening**
  듣고 있어, 어서 말해

  Go ahead. **I'm listening.** 어서 해. 듣고 있으니.
  Yeah, go on. **I'm listening.** 어, 계속해. 듣고 있어.

- ☐ **So, (you) tell me**
  자, 말해봐

  So you tell me, which is weirder?
  그래 네가 말해봐, 어떤게 더 이상해?

- ☐ **You tell me**
  네가 말해봐, 네가 더 잘 알지

  You're the detective. **You tell me.**
  네가 형사잖아. 네가 더 잘 알지.

- ☐ **Tell me**
  저기, 있잖아

  Tell me, what's the nature of your relationship with her? 저기 있잖아, 너 걔하고 무슨 관계인거야?

- ☐ **Please tell it like it is**
  사실대로 말해줘

  From now on, you should **tell it like it is**.
  지금부터 사실대로 말해줘.

- ☐ **The cat got your tongue?**
  왜 말이 없어?, 왜 꿀먹은 벙어리야?

  What's the matter? **Cat got your tongue?**
  무슨 일이야? 왜 말이 없어?

- ☐ **Lost your tongue?**
  왜 말이 없어?

  Why are you silent? **Lost your tongue?**
  왜 아무 말도 안해? 왜 말이 없는거야?

- ☐ **be tongue-tied**
  할말을 잃다, 긴장해서 말을 못하다

  Many people **get tongue tied** when speaking to an audience. 많은 사람들이 청중앞에서 말할 때 긴장하기 때문에 말을 잘 못해.

- ☐ **Don't be shy**
  어서 말해봐

  Don't be shy, any suggestion will do.
  어서 말해봐, 어떤 제안도 좋아.

- ☐ **pick one's words**
  말을 신중히 하다, 조심히 하다

  I'm going to **pick my words** carefully.
  난 말을 신중히 할거야.

- ☐ **Don't remind me**
  그 얘기 꺼내지마, 생각나게 하지마

  No. Please **don't remind me**.
  아니. 그 얘기는 꺼내지마.

Clark: **So, tell me,** are you going to get a job soon? 그래, 말해봐라, 너 곧 직장을 구할거냐?
Judy: **Don't remind me.** I have no idea what I'll do. 그 얘기는 그만해. 난 뭘해야 할지 모르겠어.
Clark: Come on, don't be shy. **I'm listening.** 이봐, 그러지 말고 어서 말해봐.
Judy: I think I'm going to be a waitress for a while. 잠시 웨이트리스를 할까봐.
Clark: You should be able to get a better job than that! 넌 그거보다 좀 더 좋은 직장을 구할 수 있잖아!

014 Try me.
한번 얘기해봐.

역시 말을 하라고 할 때 사용하는 표현으로 Do tell, Tell me something, Now you tell me 등은 기본바탕으로 상당히 미드적인, tell 등의 말하다라는 동사없이도 말을 해보라는 뜻으로 사용되는 Try me, Let's have it까지 알아두도록 한다.

12문장으로 미드영어 후다닥 끝내기

☐ **do tell** 어서 말해봐
Did you have wild sex with Sally? **Do tell.**
너 샐리하고 열정적으로 섹스했어? 어서 말해봐.

☐ **Now you tell me** 자 이제 내게 말해줘, 왜 이제야 말해주는거야
Now you tell me. Is it horrible?
이제 말해줘. 그거 끔찍했어?

☐ **now you tell me what~** …을 말해봐
Now you tell me she's not a knockout.
걔가 끝내주지 않은지 말해줘봐.

☐ **Tell me something** 말 좀 해봐
Tell me something. Why didn't you go to school today? 말 좀 해봐. 오늘 학교에 왜 안간거야?

☐ **Tell me something about~** …에 대해 말해봐
So, **tell me something about** that man.
그래, 그 남자에 대해 좀 말해봐.

☐ **Tell me something S+V** …을 말해줘
Look, **tell me something** Chris likes besides you.
야, 크리스가 너말고 좋아하는 것을 말해줘봐.

☐ **Tell me something I don't know** 그건 아는 얘기야
Okay, Doc, **tell me something I don't know.**
그래요, 선생님, 그건 제가 아는 얘기구요.

☐ **Try me** 내게 기회를 한번 달라, 한번 얘기해봐
Try me. I think I can handle it.
한번 얘기해봐. 내가 해결할 수 있을 것 같아.

☐ **Let's have it** 어서 말해(Let me have it)
Oh. All right, boys, **let's have it.**
어. 좋아, 얘들아, 어서 말해봐.

☐ **just say the word** 말만해
All this could be yours again. **Just say the word.**
이 모든게 다시 네 것이 될 수 있어. 그냥 말만해.

Cary: **Just say the word,** and I'll set you up on a blind date. 말만해, 소개팅 시켜줄게.
Jerry: **Now you tell me.** I just started dating someone. 왜 이제야 말하는거야. 난 데이트 시작했는데.
Cary: **Do tell.** How did you two meet up? 말해봐. 둘이 어떻게 만났는데?
Jerry: I met her online about a week ago. 일주일전에 온라인상에서 만났어.
Cary: That's great! Tell me all about her! 대단해! 걔 이야기 좀 해봐.

 뭐라구?

015 How's that again?
다시 한번 말해줄래?

미드보다 보면 참 많이 나오는 표현. I'm sorry?, Come again? 등은 단순히 상대방이 하는 소리를 못들었을 때 다시 말해 달라고 하거나 혹은 상대방이 말도 안되는 소리를 할 때 좀 황당해하면서 쓰기도 한다. Excuse me?라 하기도 한다.

12문장으로 미드영어 후다닥 끝내기

☐ **I am sorry?** 뭐라고요?, 뭐라고?	**I'm sorry?** What did you say? 뭐라고? 뭐라고 한거야? **I'm sorry?** Did you just call me a whore? 뭐야? 금방 날 창녀라고 한거야?
☐ **Come again?** 뭐라고?	**Come again?** Can you repeat that? 뭐라고? 다시 한번 말해줄래?
☐ **How's that again?** 다시 한번 말해줄래?	**How's that again?** You're speaking too softly. 다시 말해줄래? 너 너무 조용히 말하고 있어.
☐ **What was that again?** 뭐라고 했죠?	It's noisy in here. **What was that again?** 여기 시끄러워. 뭐라고 했지?
☐ **How's that?** 뭐가 어때서?, 그럼 어때?	I'll stay here with you. **How's that?** 나 너랑 여기에 있을거야. 그럼 어때?
☐ **I beg your pardon** 다시 말해줘, 죄송해	**I beg your pardon?** Why do you think my son is dead? 뭐라고요? 왜 내 아들이 죽었다고 생각하는거예요?
☐ **What did you say?** 뭐라고 했는데?, 뭐라고?	You mean, you talked to Jack? **What did you say?** 네 말은, 네가 잭에서 말했다는거야? 뭐라고 했는데?
☐ **you lost me (at~)** …때부터 이해못했어	**You lost me** when you started talking about your legal problems. 네가 법적문제에 관해 얘기할 때부터 이해못했어.
☐ **Say it again?** 뭐라고?, 다시한번 말해줄요?	I'm sorry. Could you **say that again**? 미안하지만, 다시 말해줄래?
☐ **sorry I missed that** 다시한번 이야기를 해줘	**I'm sorry, I missed that.** Could you say that again? 미안하지만 못들었어. 다시 말해줄래?

Alec: **I'm sorry,** did you say something to me? 못들었어, 내게 뭐라고 한거야?
Rita: I asked you if you'd eaten dinner yet. 너 저녁 먹었는지 물어봤어.
Alec: **Sorry I missed that.** No, I haven't eaten a thing. 못들어서 미안해. 아무 것도 먹지 못했어.
Rita: Well, I'd be glad to prepare a nice dinner. 그럼, 멋진 저녁을 기쁜 맘으로 차려줄게.
Alec: **I beg your pardon,** you plan to cook for me? 뭐라고, 날 위해 요리를 한다고?

016 We had words.
우리 말다툼했어.

이제는 말을 해야지~

have a word는 이야기를 나누다, have words는 말다툼하다로 구분해서 이해하는 사람들이 있지만 실은 have words 또한 문맥에 따라 이야기를 나누다라는 뜻으로 쓰인다는 점을 알아두자. 언어는 참 능글맞다는 생각을 하면서 말이다.

12문장으로 미드영어 후다닥 끝내기

☐ **let's talk (about)~** …에 대해 이야기하자	Do me a favor. **Let's talk about** this later. 도와주라. 이건 나중에 얘기하자. **Let's talk** wine. Mindy, you have any preference? 와인얘기하자. 민디야, 너 특별히 좋아하는거 있어?
☐ **Keep talking** 이야기를 계속하다	**Keep talking.** Be right back. 계속 이야기해. 곧 돌아올게.
☐ **talk later** 나중에 이야기하다	Well, great! **We'll talk later.** 어, 잘됐다! 우리 나중에 얘기하자.
☐ **get word to** …에게 말[정보]을 전해주다	**Get word to** Spence about the change of plans. 스펜스에게 변경된 계획에 대해 말을 전해줘.
☐ **have one's say** 하고 싶은 말을 하다	You can **have your say** later on. 넌 나중에 네가 하고 싶은 말을 할 수 있어.
☐ **have a word with** …와 이야기를 하다	I need to **have a word with** the manager. 난 매니저와 이야기를 해야 되겠어.
☐ **have a quiet word with~** …와 조용히 이야기를 나누다	She **had a quiet word with** me during the break. 걘 쉬는 시간에 나와 조용히 얘기나누고 싶어했어.
☐ **have words with** 이야기 좀 하자, 말다툼하다	I wish to **have words with** him. 난 걔와 이야기를 좀 하고 싶어. The two drivers **had words with** each other after the accident. 그 두명의 운전자는 사고 후에 말다툼을 했어. I told you already. We **had words.** 이미 말했잖아. 말다툼했다고.
☐ **talk sense** 이치나 사리에 맞는 이야기를 하다	Maybe he'll listen if you **talk sense** to him. 네가 걔한테 사리에 맞게 이야기하면 걔가 말을 들을지도 몰라.
☐ **sth says it all** 많은 걸 시사하다, 말해주다	I think that one really **says it all.** 그게 많은 걸 말해주는 것 같아.

미드 Situation

Audrey: **Let's talk about** what you did today. 네가 오늘 한 일에 대해 말해봐.
Blake: **We'll have to talk later.** I am really tired right now. 나중에 얘기하자. 나 지금 엄청 피곤하거든.
Audrey: Your face **says it all.** You need some sleep. 네 얼굴 보니까 그러네. 잠 좀 자라.
Blake: Do you mind if I go take a nap? 낮잠 좀 자도 될까?
Audrey: Not at all. I'll be here when you wake up. 그럼. 네가 일어날 때까지 여기 있을게.

말할 때(When Talking) 555

직설적으로 말하다

017 I'll come to that.
나중에 다시 말할게.

막 그 얘기를 하려던 참이라고 할 때는 I was just about to say that~, 나중에 다시 말할게는 I'll come to that, 그리고 단도직입적으로 말하다는 come right out and say it이라고 한다. 또한 such as는 예를 들거나 예를 물어보거나 할 때 쓴다.

12문장으로 미드영어 후다닥 끝내기

- **I'll come to that**
  나중에 다시 말할게
  I'll come to that point in a while.
  그건 잠시 후에 다시 얘기할게.

- **talk to sb for a second**
  잠깐 이야기하다
  Dad, can I maybe **talk to you for a minute**?
  아빠, 잠깐 이야기할 수 있어요?

- **I was just about to say that(~)**
  막 그 얘기를 하려던 참이었어
  I was about to say that I think you're going to make a wonderful mother. 네가 훌륭한 엄마가 될 것 같다는 말을 하려던 참이었어.

- **need to talk**
  얘기 좀 해야 할 것 같아
  I really do **need to talk** to you. This is about my career. 정말 너와 얘기 좀 해야겠어. 내 경력에 관한 문제야.

- **show the way**
  예를 보이다, 길을 안내하다
  Show me the way to clean this tub.
  이 욕조를 깨끗이하는 방법을 보여줘봐.

- **come right out and say it**
  단도직입적으로 말하다, 직설적으로 말하다
  I'm going to **come right out and say it**.
  내가 단도직입적으로 말할게.

- **things like~**
  …와 같은 것들
  You've done some unforgivable **things, like** trading sex for money. 넌 성매매 같은 용서받을 수 없는 일들을 했어.

- **something like that**
  뭐 그런거
  That's absurd. Chris would never do **something like that**. 말도 안돼. 크리스는 그런 거는 절대로 할 사람이 아냐.

- **such as**
  …등과 같은
  We have many snacks, **such as** chocolate and ice cream. 우리는 초콜렛 아이스크림 같은 많은 스낵이 있어.

- **Such as?**
  예를 들면?
  You're gonna take some new challenges? **Such as?**
  새로운 도전에 맞서보겠다고? 예를 들면?

- **such as it is[they are]**
  변변치 않지만, 보잘 것 없지만
  The building will need some repair, **such as it is**.
  그 빌딩은 보잘 것이 없어 보수가 필요할거야.

- **such as this[these]**
  이것과 같은, 예를 들면
  I've never seen a dog **such as this**.
  난 이와 같은 개를 본 적이 없어.

Katherine: We need to talk about some problems. 우리 문제들 좀 얘기해야겠어.
Charlton: **Such as?** What problems are we having? 예를 들면? 우리가 무슨 문제가 있는데?
Katherine: Well, it's **things like** the vacation you planned. 저기, 네가 계획한 휴가 같은 것들 말야.
Charlton: We're going on vacation in a few weeks. 우린 몇 주후에 휴가갈거잖아.
Katherine: I know, but I want to change the destination. 알아, 하지만 난 휴가지를 바꾸고 싶어.

556 Chapter 9

018 Don't crack wise with me.
그럴 듯하게 말하지마.

말을 해도 거칠고 터프하게 말을 한다고 할 때는 talk tough on, talk smack, 같은 맥락으로 면전에서 대놓고 말하다는 say to one's face, straight to one's face, 그리고 주저없이 말하다는 make no bones about까지는 알아야 진정한 미드족~

12문장으로 미드영어 후다닥 끝내기

- [ ] **make no bones about**
  거침없이[주저없이] …하다, 까놓고 말하다
  The boss **made no bones about** his anger.
  사장은 거침없이 자기 분노를 까놓고 말했어.

- [ ] **talk tough on sth**
  …에게 세게 말하다
  You may **talk tough on** that but you're a decent guy.
  넌 그것에 대해 강하게 말할 수 있지만 넌 점잖은 사람이잖아.

- [ ] **talk smack**
  공격적으로 말하다
  He used to **talk smack** to his father.
  걘 자기 아버지에게 공격적으로 말하곤 했어.

- [ ] **say sth to one's face**
  면전에서 당당하게 말하다(tell, lie~)
  The guy **tells me to my face** that he wants to get into your pants. 저 친구는 너랑 자고 싶다고 내 면전에서 당당하게 말해.

- [ ] **straight to one's face**
  대놓고 (말하다)
  You need to say that **straight to his face**.
  넌 그 문제를 걔한테 대놓고 말해야 돼.

- [ ] **ride for a fall**
  무모한 짓[말]하다(not common)
  Hank **is riding for a fall** with his rude behavior.
  행크는 무례한 행동으로 무모하게 행동해.

- [ ] **crack wise**
  그럴듯하게 말하다
  Don't **crack wise** with me, young man.
  젊은 친구, 내게 그럴듯하게 말하지 마.

- [ ] **talk one's ear off**
  필요이상으로 말을 많이 하다
  John **has talked my ear off** about you.
  존은 너에 대해 필요이상으로 말을 많이 했어.

- [ ] **smooth talker**
  말을 잘하다
  Aaron is the best **smooth talker** I've ever heard.
  애론은 내가 말을 나눴던 사람중에서 가장 말을 잘해.

- [ ] **say things**
  부정적인 말을 하다, 뭔가 말을 하다
  Has Cindy **been saying things** about me again?
  신디가 또 나에 관해 나쁜 말을 하고 있어?

- [ ] **see things**
  헛것을 보다, 장점을 보다, 바깥구경하다
  They hear voices and **see things** in people's eyes.
  걔네들은 목소리가 들리고 사람들 눈에서 헛것이 보였어.

Situation 미드

Alfred: Why are you so angry at Brandon? 너 왜 그렇게 브랜든에게 화를 낸거야?

Tammy: He came here and lied **straight to my face**. 내게 와서 면전에서 거짓말을 하잖아.

Alfred: People say he's a **smooth talker**. 걘 얘기를 잘 풀어간다고 하던데.

Tammy: **He's riding for a fall.** I just don't trust him. 걘 무리한 말을 했고, 난 걔를 믿지 않는거지.

Alfred: To be honest, I don't really like him either. 솔직히 말해서, 나도 걔 그리 좋아하지 않아.

019 That's a long story.
그거 말하자면 길어.

여러가지 말하는 표현들

직설적으로 말못하고 돌려말하는 경우는 beat around the bush, 말문을 잃다가 말을 한다는 뜻의 find one's tongue, 그리고 말주변이 없을 때의 be not good with words, 무심결에 생각을 큰소리로 하다라는 think out loud도 자주 나온다.

12문장으로 미드영어 후다닥 끝내기

☐ **weigh one's words** 말을 신중하게 하다	The politician had to **weigh his words** carefully. 정치가들은 말을 신중하게 해야 한다.
☐ **find one's tongue** 한동안 말을 못하다가 말문을 열다	It took a while for the shy girl to **find her tongue**. 수줍은 소녀가 말을 하기까지 시간이 많이 걸렸어.
☐ **beat around the bush** …를 둘러서 말하다, 변죽 올리다	Don't **beat around the bush**, Leon. 레온, 돌려서 말하지마.
☐ **speak with one voice** 한결같이 말하다	We must **speak** to the manager **with one voice**. 우리는 매니저에게 한 목소리를 내야 돼.
☐ **throw in** 뭔가 덧붙여 말하다	Feel free to **throw in** some suggestions. 부담갖지 말고 제안들 말해봐.
☐ **a long story** 말하자면 길어	Now **that's a long story**. Wanna ask me something else? 그거 말하자면 길어. 나한테 뭐 물어보고 싶어?
☐ **loosen one's tongue** 말문이 풀리다	The alcohol **loosened Gina's tongue**. 알코올 때문에 지나의 말문이 풀렸어.
☐ **have a talk** 이야기하다	I'll go **have a talk** with his wife. 난 가서 그 사람 아내와 얘기할거야.
☐ **get a say in** 말할 권리가 있다	You don't **have a say in** this. 넌 이거에 말할 권리가 없어.
☐ **be not good with words** 말주변이 없다	I'd give the speech, but **I'm not good with words**. 내가 연설을 하면 할텐데, 내가 말주변이 없어서.
☐ **think out loud** 무심결에 말로 내뱉다	Pardon me. **I was just thinking out loud.** 미안해. 무심결에 말로 내뱉었어.
☐ **talk to oneself** 혼잣말하다(hear oneself talk)	I'd have to be pretty crazy to **talk to myself**. 내가 혼잣말하는거 보니 내가 꽤 미쳤나봐.
☐ **get a word** 얘기를 하다 (get a word in 자기 의견을 말하다)	Doctors, could I **get a word**? 선생님들, 얘기 좀 할 수 있을까요? You **got a word** for me? 내게 할 말 있어?

Grace: I must give a speech, but **I'm not good with words**. 난 연설해야 하는데 말하는데 서툴러서.
Buster: Didn't you **get a say in** whether to give the speech? 연설하는 것에 대한 발언권이 없었어?
Grace: No, my teacher is making all of her students give speeches. 어, 선생님이 모든 학생들에게 연설을 하도록 지시했어.
Buster: You're going to have to **find your tongue**. 말하는 연습을 해야되겠구나.
Grace: But I'm really afraid I'll do a poor job. 하지만 정말 한심하게 할까봐 걱정돼.

020 We were just chit-chatting.

잡담하다

우린 그냥 잡담나누고 있었어.

별 특정 주제없이 잡담이나 수다를 떤다고 할 때는 인기정상의 단어인 chat을 쓴 have a chat with, chi-chat, 그리고 사연 있는 표현들인 chew the fat, shoot the breeze, shoot the bull을 써본다. 또한 생소하지만 jibber jabber까지도…

12문장으로 미드영어 후다닥 끝내기

☐ **chit chat**
잡담

OK, we done with the chit-chat? 좋아, 우린 얘기 끝난거지?
We were just chit-chatting. How's your friend? 우린 그냥 잡담나누고 있었어. 네 친구는 어때?

☐ **chat with** …와 잡담하다
(chat about …에 대해 얘기하다)

I wanted to chat with you before you did something foolish. 네가 뭔가 어리석은 일을 하기 전에 너와 얘기를 나누고 싶었어.

☐ **have a chat with**
…와 잡담하다[수다떨다]

Then go have a chat with her husband, man-to-man. 그럼, 가서 걔 남편하고 얘기를 해봐, 남자대 남자로.

☐ **chew the fat**
오랫동안 잡담하다

Bob wants to come over and chew the fat.
밥은 들러서 잡담하고 싶어해.

☐ **shoot the breeze**
가볍게 대화하다, 잡담하다, 수다떨다

Tracey, relax and shoot the breeze for a while.
트레이시, 긴장풀고 잠시 수다나 떨어.

☐ **shoot the bull**
잡담하다, 허풍떨다

He comes to the bar to drink and shoot the bull.
걘 바에 와서 술마시고 잡담이나 하지.

☐ **jibber jabber**
잡담

Please try to avoid wasting her time with female jibber jabber. 제발 여자들 잡담으로 걔의 시간을 낭비하지 말게 해줘.

☐ **smart mouth**
버릇없이 말을 함부로 하는 사람

Stop being such a sneaky smart mouth.
그렇게 교활하고 버릇없이 말을 함부로 하지마.

☐ **out of the mouths of babes**
아이답지않게 똑똑한 소리를 하는

Out of the mouths of babes comes wisdom.
아기의 입에서 지혜가 나올 수도 있다.

☐ **swap stories**
이야기를 나누다, 이야기를 함께 공유하다

You two could swap stories about college memories.
너희 둘은 대학때의 기억들 이야기를 나눌 수 있겠다.

☐ **make small talk**
잡담하다, 수다떨다

You think I'm gonna make small talk with you?
내가 너와 수다나 떨거라고 생각하는거야?

미드 Situation

Kelly: What was all **the jibber jabber** in here? 여기서 무슨 수다를 떠는거였어?
Stan: My buddy Bill came over to **shoot the breeze**. 내 친구, 빌이 와서 수다를 떨었어.
Kelly: You two **are** always **swapping stories**. 너희 둘은 언제나 이야기를 서로 나누더라.
Stan: I know. He's a lot of fun to talk to. 어, 걘 같이 얘기하는데 정말 재밌는 친구야.
Kelly: Why don't you invite him over again this weekend? 이번주에 다시 한번 초대해.

말할 때(When Talking)

실수로 말해버리다

021 Don't speak too soon.
함부로 말하지마.

말도 안되는 소리는 a piece of shit, 실언하다는 put one's foot in one's foot, let sth slip, a slip of the tongue이 자주 쓰이며 이렇게 입이 싼(have a big mouth) 사람들에게는 Don't speak too soon이라고 따끔하게 한마디 해주면 된다.

12문장으로 미드영어 후다닥 끝내기

☐ **be a piece of shit[crap]** 말도 안되는 거짓말이다, 엉망이다, 개떡같다	Are you blind? This place **is a piece of crap**! 너 장님이냐? 이 곳은 엉망인데!
☐ **have heard everything** 살다보니 별말을 다 듣겠네	You saw a UFO? Now **I've heard everything**. UFO를 봤다고? 살다보니 별소리를 다 듣겠네.
☐ **shoot off one's mouth** 되는대로 지껄이다	Don't **shoot off your mouth** without thinking. 생각없이 되는대로 지껄이지 마라.
☐ **put one's foot in one's mouth** 실언하다(foot-in-mouth 실언잘하는)	I really **put my foot in my mouth** when talking to her. 난 정말 걔한테 말할 때 실수를 했어.
☐ **swallow one's words** 말을 취소하다	There's no way to **swallow the words** you said. 네가 이미 한 말을 취소할 길은 없어.
☐ **let sth slip** 무심결에 말해버리다, 실수로 말해버리다	He **let my secret slip to** his girlfriend. 걘 내 비밀을 자기 여친에게 무심결에 말해버렸어.
☐ **Don't speak too soon** 함부로 말하지 말라	**Don't speak too soon.** Things might change. 함부로 말하지마. 상황은 바뀔 수 있는거잖아.
☐ **a tongue in check** 장난삼은, 실없는	He's not serious, it was **a tongue in cheek** remark. 걘 장난야, 그건 실없는 소리였어.
☐ **Nothing[None] to speak of** 말할 필요조차 없는, 그만큼 사소한	They said it'd rain, but there's been **none to speak of**. 비가 올거라고 말했지만 말할 필요조차 없는 거였어.
☐ **be a slip of the tongue** 실언하다, 실수로 잘못 말하다	**My slip of the tongue** caused some problems. 내 실언이 좀 문제를 야기했어.
☐ **pass one's lips** 무심코 말이 나오다	No lies will **pass her lips**. 무심코 어떤 거짓말도 걔한지 않을거야.
☐ **speak out of turn** 말이 잘못 나왔어, 내가 잘못 말했어	You aren't allowed to **speak out of turn**. 넌 말을 잘못해서는 안돼.
☐ **have a big mouth** 입이 싸다, 입만 살다	She **had a big mouth** and wouldn't shut up. 걘 입만 살아서 멈추지를 않았어.

미드 Situation

Diane: Lynn really seems to **have a big mouth**. 린은 정말 입이 싼 것 같아.
Chip: **She speaks out of turn,** and it annoys people. 걘 무심코 얘기를 하고 그게 사람들을 짜증나게 해.
Diane: Personally, I think she doesn't know how to shut up. 개인적으로, 걘 입다무는 법을 모르는 것 같아.
Chip: People need to think before words **pass their lips**. 무심코 말을 하기 전에 생각을 해야지.
Diane: Yes, I agree. I don't want to listen to a lot of talk. 맞아, 정말야. 쓰잘데 없는 많은 얘기 듣고 싶지 않거든.

022 Talk is cheap.
말하기는 쉽지.

잔소리로 사람 죽이다~

계속 같은 말을 반복하다는 talk in circles, sound like a broken record, 좀 돌려말해서 계속 듣게 될 것이다라고 할 때는 will never hear the end of it, 그래서 짜증이 나 잔소리 좀 그만하라고 할 때는 Get off my case라 하면 된다.

 12문장으로 미드영어 후다닥 끝내기

- **Get off my case** 잔소리 그만 좀 해라
  Would you just **get off my case**?
  잔소리 좀 그만 좀 할래?

- **talk[speak] in circles** 계속 똑같은 말을 반복하다
  It's nonsense. Joe **is just talking in circles**.
  말도 안돼. 조는 계속 같은 말만 반복적으로 해.

- **harp on sth** 짜증날 정도로 계속 얘기하다
  Stop **harping on** how you were treated.
  네가 어떻게 대접받았는지 그만 좀 얘기해라.

- **snap at~** 잔소리하다, 딱딱거리다, 쌀쌀맞게 굴다, 난리치다
  He'll just **snap at** me, **snapping at** everyone in sight.
  걘 내게 그냥 화를 낼거고 보이는 모든 사람에게 화를 낼거야.

- **sound like a broken record** 계속 똑같은 소리만 하다
  Pete is beginning to **sound like a broken record**.
  피트는 계속 같은 소리만 반복하기 시작했어.

- **will never hear the end of it** 계속 그 잔소리를 들을 것이다
  If you put that in his room, you**'ll never hear the end of it**. 네가 그걸 걔방에 놓으면, 계속 잔소리를 들을거야.

- **get an earful from** …에게 잔소리를 듣다
  The late students **got an earful from** their teacher.
  지각한 학생들은 선생님에게서 잔소리를 들었어.

- **be[go] on at sb** …에게 잔소리하다
  I feel like she **is on at** me 24 hours a day.
  난 걔가 하루 24시간 내내 날 괴롭히는 것 같아.

- **talk the talk** 행동없고 말로만 하다(all talk no action)
  If you **talk the talk**, you have to back it up.
  네가 말로만 할거면 백업을 해두어야 돼.

- **walk the walk** 행동으로 보여주다
  He's tough, and he'll **walk the walk**.
  걘 터프해서 행동으로 보여줄거야.

- **talk is cheap** 말하기는 쉽지만 실제로 하려면 어렵다
  Talk is cheap. You must prove yourself.
  말하기는 쉽지. 넌 스스로를 증명해내야 돼.

- **be all talk** 말뿐이고 아무 것도 하지 않다
  Fred seems gruff, but **he's all talk.**
  프레드는 거칠어보이지만 말뿐이야.

Alan: Why **are** you always **harping on** my work habits? 왜 그렇게 내 업무습관에 대해 짜증나게 씨부렁대?

Veronica: Because you don't do anything. You're **all talk and no action**.
네가 일을 하지도 않기 때문야. 넌 말만 앞섰지 행동으로 옮기지를 않잖아.

Alan: I do my best, so **get off my case**! 난 최선을 다해, 그러니 그만 잔소리해!

Veronica: There's no need to **snap at** me! 나한테 화를 낼 필요는 없지!

Alan: Well, I'm really angry at you now. 나 정말 너한테 열불난다.

입다물고 침묵하다

023 Put a sock in it.
조용히 해.

save one's breath는 말을 아끼다, go into one's shell, clam up은 조개가 다물듯 말을 하지 않다, 그리고 Put a sock in it은 양말을 입에 무는 것을 연상하면 되듯 입닥치라고 하는 뜻이 된다. 조용히하라고 할 때의 keep it down 또한 필수표현.

12문장으로 미드영어 후다닥 끝내기

- **hold[keep] one's peace** 침묵을 지키다, 아무 말도 하지 않다
  It would be best to **hold your peace**.
  아무 말도 하지 않는게 가장 최선일거야.

- **hold one's tongue** 말을 삼가다, 잠자코 있다(watch~)
  Hold your tongue! 입 좀 다물어!, 잠자코있어!
  You should **hold your tongue**. 너 좀 잠자코 있어라.

- **sb not say much** 별로 말을 많이 하지 않다
  My girlfriend's shy. **She doesn't say much.**
  내 여친은 수줍어해서 말을 많이 하지 않아.

- **save one's breath** 말을 아끼다, 잠자코 있다
  Save your breath, I'm not listening.
  말을 아끼라고. 난 듣지도 않으니.

- **go into one's shell** 입을 다물다
  Jerry **went into his shell** and stayed silent.
  제리는 입을 다물고 아무 말도 하지 않았어.

- **Put[Stuff] a sock in it** 조용히 해, 입닥쳐
  Put a sock in it. I'm trying to do my homework.
  조용히 해. 난 숙제하려고 하잖아.

- **clam up** 갑자기 말을 멈추다
  The daughter **clammed up**. Seems to be in the protect-the-abuser trap.
  그 딸은 갑자기 말을 멈췄어. 가해자를 보호하려는 함정에 빠진 것 같아.

- **zip it up** 입다물다 침묵하다(zip (up) one's lip[mouth])
  Zip it up. I don't want to hear any more.
  입다물어. 더 이상은 듣고 싶지 않아.

- **keep it down** 조용히 하다, 줄이다
  Would you **keep it down** please? 좀 조용히 해줄래?

- **better left unsaid** 입다물고 있는 게 도움이 되다
  Some things are **better left unsaid**.
  어떤 일들은 아예 입을 다물고 있는게 도움이 돼.

- **scare sb into silence** …를 겁줘서 말을 못하게 하다
  The perv **scared** his victims **into silence**.
  범인은 피해자들에게 겁을 줘서 말을 못하게 했어.

- **lapse into silence** 침묵하다
  My grandfather often **lapses into silence**.
  내 할아버지는 종종 침묵을 하셔.

미드 Situation

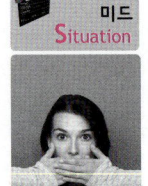

Alicia: **Watch your tongue** when you talk to the manager. 매니저에게 말할 때 말 조심해서 해.
Burt: I think he **scares** most workers **into silence**. 걘 모든 직원들을 겁줘서 말도 못하게 하는 것 같아.
Alicia: He prefers to talk rather than listen. 걘 듣기보다는 말하기를 좋아해.
Burt: I'll **hold my piece** when we meet up. 만나서 얘기할 때 난 말을 하지 않고 있을게.
Alicia: That is probably the best thing to do. 그게 아마 최선일거야.

024 Not another word.
더 이상 한마디도 하지마.

입 좀 다물고 잠자코 있으라고 할 때는 shut up, shut your face를 쓰며, 한마디도 하지말라고 할 때는 Not a word, Not another word를 쓴다. 또한 자주 등장하는 필수표현으로 take it back은 자기가 한 말을 취소하다라는 의미.

12문장으로 미드영어 후다닥 끝내기

Not a word 한마디도 하지마, 한마디도 없어	**Not a word** to Vickey, okay? 비키에게 한마디도 하지마, 알았어?
Not another word! 더 이상 한마디도 하지마	Sam, seal your lips. **Not another word.** 샘, 입다물어. 더 이상 한마디도 하지마.
without (saying a) word 한마디 말도 없이	He just followed me like a puppy dog **without saying a word**. 갠 한마디도 없이 강아지처럼 나를 따라다녔어.
Stop saying that! 닥치라고!, 그만 좀 해!(Stop talking!)	**Stop saying that.** It's bad luck. 그만 말해. 운 달아난다고.
keep one's trap shut 입을 다물다(shut one's trap)	She can't prove any of it, if you **keep your trap shut**. 네가 입을 다물고 있으면 갠 아무것도 증명못할거야.
don't take that tone with …에게 그런 어조로 말하지 않다	You **don't take that tone with** me, you slut! 이 년아, 내게 그런 말투로 말하지마!
Shut your face! 조용히 해!	**Shut your face!** Not another word! 조용히 해! 더 이상 한마디도 하지마!
shut up (about~) 입을 다물다, 조용히 하다	**Shut up.** I want you to just shut up now! 입다물어. 이제 그만 입 좀 다물라고!
stuff it 입닥치다(shut up) 잊어버리다(forget about it)	If you have that attitude, you can just **stuff it**. 네가 그런 태도라면, 그냥 입닥치고 있어.
scrap 취소하다	We have to **scrap** our plans for tomorrow. 우리는 내일 계획을 취소해야 돼.
scrub the idea 취소하다	Just **scrub the idea** and start over. 그냥 취소하고 다시 시작해.
take it back 자기 말을 취소하다, 되물리다	I wish I could **take it back**, but I can't. 내 말을 취소할 수 있으면 좋겠지만 그렇게 할 수가 없어.

미드 Situation

Bruce: Have you seen Pete around? 피트 봤어?
Vivian: He left a while ago **without saying a word**. 아무 말도 없이 얼마전에 나갔는데.
Bruce: I was unkind to him, and I wish I could **take it back**. 걔한테 좀 심하게 대했는데 취소하고 싶어.
Vivian: Really? What happened between you two? 정말? 너희 둘 사이에 무슨 일이 있었는데?
Bruce: He was drunk, and I told him to **shut up**. 걘 취했고, 난 걔보고 입닥치라고 했지.

말할 때(When Talking)

025 Keep me posted.
내게 알려줘.

정보를 찾는다고 할 때는 look up, 그래서 새로운 정보에 뒤처지지 않는다고 할 때는 catch up with라고 한다. 그리고 미드에서 무척 많이 나오는 표현으로 새로운 정보를 알려달라고 할 때의 fill sb in, keep me posted는 꼭 알아둔다.

12문장으로 미드영어 후다닥 끝내기

- [ ] **How so?**
  (정보구하기) 어떻게?, 그래서요?
  How so? She doesn't play well with others.
  그래서? 걘 다른 사람들과 잘 어울리지 못해.

- [ ] **catch up with**
  새로운 정보를 따라잡다
  You need to **catch up with** the newest technology.
  넌 최신의 기술에 뒤처지지 말아야 돼.

- [ ] **bring sb up to speed**
  …에게 필요한 정보를 알려주다
  Okay, so let me **bring you up to speed** on the group.
  좋아, 그럼 내가 그 단체에 대한 정보를 알려줄게.

- [ ] **get up to speed**
  그간의 진행상황을 보고받다
  I'm just getting up to speed. I'm sorry.
  난 그간의 진행상황을 보고받고 있어. 미안.

- [ ] **clue sb in[on, about]**
  …에게 …에 대한 정보를 주다
  Clue Britt **in on** our work on the case.
  브릿에게 그 사건에 대한 우리의 업무정보를 알려줘.

- [ ] **fill sb in**
  …에게 알려주다
  You can **fill** me **in on** all of the neighborhood gossip.
  넌 주변의 모든 소문들을 내게 알려줘.

- [ ] **get the scoop (on)**
  특종잡다, 정보캐다(inside scoop 내부최신정보)
  The reporter **got the scoop on** the murder.
  그 기자는 살인에 대한 특종을 잡았어.

- [ ] **look (sth) up**
  정보를 찾다
  You just told me to **look up** an old case.
  나보고 옛사건을 뒤져보라고 말했잖아.

- [ ] **low(-)down**
  내부정보, 내막, 실상, 야비한
  We tried to get the **lowdown** on her wild love life with Chris.
  우리는 크리스와 그녀의 열정적인 애정생활에 대한 내막을 알아내려고 했어.

- [ ] **pry sth out of~**
  어렵게 …로부터 정보나 돈을 얻다
  I had to **pry** the story **out of** Sid.
  난 시드로부터 어렵게 그 이야기를 얻어내야만 했어.

- [ ] **keep sb posted (on)**
  계속 알려줘(keep sb informed of~)
  It's okay. **Keep me posted.**
  좋아. 계속 알려줘.

- [ ] **Stay with me**
  내말 계속 들어라, 최신 정보를 공유하다
  Stay with me while I explain everything.
  내가 모든 걸 설명하는 동안 잘 들어.

Lee: I need to **get up to speed on** this new computer program.
이 새로운 컴퓨터 프로그램에 대한 최신 상황을 알고 싶어.

Sophia: I can give you the **low down** on how it works. 그게 어떻게 작동되는지 정보를 줄게.

Lee: It looks pretty difficult to understand. 꽤 이해하기 어려워 보이던데.

Sophia: **Stay with me** and I'll teach you all about it. 내 말 계속 들어봐, 그것에 대한 모든 것을 알려줄게.

Lee: OK. What is this icon used for? 좋아. 이 아이콘은 뭐할 때 쓰는거야?

564 Chapter 9

026 This stays between us.
이거 우리끼리 비밀인데.

우리끼리 비밀로 하다라고 할 때는 keep it between us, stay between us, 그리고 이건 여기서 머문다, 즉 밖으로 새어나가게 하면 안된다는 의미의 ~stay here가 있으며, 잘 알려진 My lips are sealed는 절대 말하지 않을게라는 문장.

12문장으로 미드영어 후다닥 끝내기

That would be telling 그건 말하기 좀 곤란한데, 비밀야	If she acts guilty, **that would be telling**. 걔가 진실을 숨기고 이상하게 행동하면, 걔가 무슨 짓을 했는지 알 길이 없을거야.
sb would be telling sb S+V 확실하지는 않지만 …할 수 있지	**You'd be telling me** who raped her. 확실치는 않지만 누가 걔를 강간했는지 말할 수 있지.
keep it between us 우리끼리 비밀로 하다	Let's **keep it between us.** 우리끼리 비밀로 하자. We can **keep it between us.** 우리는 이걸 비밀로 하자.
It stays between us 우리끼리 비밀로 하자(between ourselves)	**This just stays between us**, right? 이건 우리끼리 비밀이야, 알았지?
stay here 비밀을 지키다	What comes out of her here, **stays here**. 여기서 걔한테서 나온 이야기는 밖으로 새나가지 않게 해.
play one's cards close to one's chest[vest] 속내를 들어내지 않다	I admit she **plays her cards close to the vest**. 걔가 속내를 들어내지 않고 있다는 것을 인정해.
behind closed doors 비공개로, 비밀리에	What you two do **behind closed doors** is your business. 너희 둘이 비밀리에 하는 것은 너희들 일이야.
be in the closet 비밀이다, 동성연애자임을 속이고 있다	Some famous actors **are in the closet**. 일부 유명한 남배우들은 자신이 동성연애자임을 밝히지 않고 있어.
skeleton in one's closet 말 못할 비밀 또는 수치	Some **skeletons in the closet** I should know about? 내가 알아야 할 뭔가 말 못할 비밀들이 있어?
under the table 비밀리에(on the table 검토중인)	They pay you **under the table**, cash. 걔네들은 비밀리에 현금으로 지급할거야.
keep a[the] lid[cork] on 감추다, 비밀로 하다, 억제하다	**Put a lid on it.** 그거 비밀로 해. **Let's just keep a lid on it.** 그거 비밀로 하자고.
My lips are sealed 절대 말하지 않을게, 꼭 비밀로 할게	Don't worry. **My lips are sealed.** 걱정마. 꼭 비밀로 할게. Don't you mean that **your lips are sealed**? 너 비밀로 한다는 거 아니었어?

미드 Situation

Ella: The bosses held a meeting **behind closed doors** today. 보스들이 오늘 비밀리에 회의를 했어.
Mason: Any idea what they were talking about? 무슨 얘기를 나누었는지 좀 알아?
Ella: **This stays between us,** but I think they want to open a new office.
이거 비밀인데, 새로운 사무실을 오픈하고 싶은가봐.
Mason: **My lips are sealed.** I won't tell anyone about that. 비밀로 할게. 아무한테도 말하지 않을게.
Ella: Good. I'd get in trouble if they knew I told you. 좋아. 내가 말한 걸 알면 나 곤경에 처할거야.

이건 비밀이야

027 He stashed his cash at work.
갠 사무실에 현금을 숨겨놨어.

비밀로 하고 숨긴다고 할 때는 keep~ under wraps, sweep sth under the carpet, 그리고 속칭 잠수탄다고 하려면 stay under the radar라고 하면 된다. 또한 미드에서 많이 나오는 stash는 안전한 곳에 숨기다라는 뜻이다.

 12문장으로 미드영어 후다닥 끝내기

Button it! 입 다물어!, 닥쳐!(button one's mouth[lip] 입다물다)	OK, **button it**, all of you. I have had a perfect day. 좋아, 모두들 입 다물어! 난 오늘 하루가 기똥찼단말야.
Can it! 조용히 해!, 입 다물어!(Shut up!)	**Can it!** I don't want to hear more of your shit! 조용히 해! 네 쓰잘데 없는 얘기는 더 듣고 싶지 않아!
not breathe a word 한마디도 꺼내지 않다	**Don't breathe a word** of this to your parents. 네 부모님께 한마디도 꺼내지 마라.
This is for your eyes only 이건 너만 알고 있어야 돼	**This is for your eyes only.** It's top secret. 이건 너만 알고 있어야 돼. 일급비밀야.
keep ~ under wraps …을 비밀로 하다, 숨기다	We still want this **kept under wraps**. 우리는 아직도 이것을 비밀로 하고 싶어해.
cover the fact that~ …라는 사실을 숨기다	You're just trying to **cover the fact that** you **screwed it up.** 너는 네가 그걸 망쳤다는 사실을 은폐하려고 하고 있어.
cover up …를 은폐하다(cover-up 은폐)	Why would he **cover up** the body? 왜 그가 시신을 은폐하려고 했을까?
stash sth (away) 안전한 곳에 숨겨두다, 모아두다	He had to **stash** it somewhere. 걘 그것을 어딘가에 안전하게 숨겨두어야 했어.
sweep sth under the carpet 비밀로 하다, 창피한 사실을 감추다(~ rug)	Am I **sweeping it under the rug**, as you'd prefer? No. 네가 바라는 것처럼 내가 그걸 비밀로 하고 있다고? 틀렸어.
stay[fly] under the radar 은밀히 지내다	That way, he'd **be under the radar** for a while. 그런 식으로, 걘 잠시 잠수를 타게 될거야.

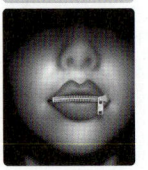
미드 Situation

Grant: The accountant tried to **cover up** the money he stole. 그 회계사는 자신이 훔친 돈을 은폐하려 했어.
Bernice: There's no way he could **stay under the radar** with that.
개가 그걸 계속 비밀로 할 수 있는 방법은 없잖아.
Grant: He **stashed it away** in an overseas bank account. 걘 해외은행계좌에 돈을 숨겨놨어.
Bernice: But someone found it, right? 하지만, 누군가 발견했지, 맞지?
Grant: Yeah, government investigators know where it is. 어, 정부조사관들이 어디있는지 알아.

566 Chapter 9

028 Keep it to yourself.
그거 비밀로 해.

> 무덤까지 가지고 갈게

비밀을 지키겠다는 뜻을 강조하려면 take it to one's grave, 그리고 keep under one's hat, keep sth to oneself, hold back, hold out on 등이 비밀을 지키다라는 표현으로 많이 쓰이며, give one's mouth vacation이란 재미난 표현도 있다.

12문장으로 미드영어 후다닥 끝내기

be on a fishing expedition 비밀이나 정보 등을 캐내려하다
Sorry my DNA **fishing expedition** got you into hot water. 내가 DNA정보를 캐내다 널 곤란하게 만들어서 미안해.

take it to one's grave 비밀을 지키다
I'll **take it to my grave.** 무덤까지 비밀로 하고 갈게.
I thought you'd **take it to your grave** with you. 난 네가 끝까지 비밀로 할거라 생각했어.

carry sth with sb to one's grave 무덤까지 가져가다
He **carried** the memory **with him to his grave**. 걔는 그에 대한 기억을 무덤까지 가지고 갔어.

keep sth under one's hat …을 비밀로 하다
Look, **keep** what I told you **under your hat**. 이봐, 내가 말한거 비밀로 해.

hold back 감추다, 비밀로 하다, 저지하다
Did he **hold back** information on this money? 걔가 이 돈에 대한 정보를 비밀로 했어?

hold out on sb …에게 비밀로 하고 감추다(secret)
You **aren't holding out on** us, are you? 넌 우리에게 감추지 않는거지, 그지?

It'll keep 비밀로 지켜질거야
It'll keep for a few more days. 며칠 더 비밀로 지켜질거야.

keep sth to oneself 비밀로 하다(keep to oneself 혼자 지내다)
Keep it to yourself. We haven't told the manager. 비밀로 해. 우리는 매니저에게 말하지 않았어.

keep sth from me 나한테 비밀로 하고 안알려주다
I'm going to find out eventually, so why **keep** it **from me**? 결국 내가 알아낼텐데, 왜 내게 비밀로 하는거야?

keep one's mouth shut 누구한테도 말하면 안되다
You **keep your mouth shut**, no one here cares what you think! 너 누구한테도 말하지마, 여기 누구도 네 생각 신경도 안쓴다구!

give one's mouth vacation 입을 다물다
Doris, please **give your mouth a vacation**. 도리스, 제발 네 입 좀 다물고 있어라.

Mum's the word 입다물고 있다, 비밀이니 누구에게도 발설하지 않다
Mum's the word on the new suspect. 새로운 용의자에 대해서는 아직 발설하지마.

미드 Situation

Monroe: Can you **keep a secret to yourself**? 너 비밀지킬 수 있어?
Halle: I can **keep my mouth shut about** anything. 나 뭐든 말안하고 지킬 수 있어.
Monroe: Well, I think I have lung cancer. 저기, 나 폐암인 것 같아.
Halle: Oh my God, that's terrible! I'm so sorry! 이런 맙소사, 끔찍해라! 정말 안됐다!
Monroe: **Mum's the word.** I don't want anyone else to know. 비밀지켜야 돼, 다른 사람이 아는 거 싫어.

말할 때(When Talking)

이거 비밀이니까 꼭 지켜야 돼

029 I can't live a lie.
난 거짓으로 살아갈 수가 없어.

'비밀로 하다' 는 keep a secret, '…에게 …을 비밀로 하다' 는 keep sth secret from~이라고 한다. 또한 비밀 등을 주어로 be safe with sb하면 sb가 비밀을 꼭 지킨다라는 뜻. 또한 아무에게도 말하지 않는다는 not tell a soul 또한 필수표현.

12문장으로 미드영어 후다닥 끝내기

☐ **keep quiet about~**
함부로 발설하지 않다(keep sth quiet)

We have to **keep quiet about** our cheating.
우리는 우리의 불륜을 비밀로 해야 돼.

☐ **be safe with**
비밀을 꼭 지키겠다

Your secrets **are safe with** me. Mum's the word.
네 비밀은 꼭 지킬게. 아무한테도 말하지 않을게.

☐ **keep a secret**
비밀로 하다, 비밀을 지키다

Don't worry, he can **keep a secret**.
걱정마, 걘 비밀을 지킬거야.

☐ **keep sth secret from~**
…에게 …을 비밀로 하다

Why **keep** these things **secret from** me?
왜 이것들을 내게 비밀로 하는거야?

☐ **It's a secret**
비밀이니까 말못한다

I can't tell you. **It's a secret.** 말은 할 수가 없어. 그건 비밀야.
It's an open secret. She's gay. 다 아는 비밀인데 걔는 게이야.
It's no secret. She likes to fuck outside.
그건 비밀이 아냐. 걘 야외에서 섹스하는 걸 좋아해.

☐ **swear sb to secrecy**
비밀지킬 걸 맹세하다

I **swore you to secrecy** on that.
난 네게 그 비밀을 지키겠다고 맹세했어.

☐ **do sth on the side**
비밀로 하다(moonlight 부업하다)

Was he **doing** his own thing **on the side**?
걔는 자기 일을 비밀로 하고 있었어?

☐ **not tell a soul**
누구한테도 말하지 않다, 비밀로 하다

Linda promised **not to tell a soul**.
린다는 아무에게 말하지 않겠다고 약속했어.

☐ **keep sth low-key**
…을 비밀로 하다

We **kept** the love affair **low-key**.
우리는 이 불륜을 비밀로 했어.

☐ **live a lie**
자신의 감정을 숨기고 살다

I'm tired of **living a lie**.
내 감정을 숨기고 살아가는데 지쳤어.

☐ **half-truth**
반만 진실을 말하는 것

Rush's program is nothing but **half-truths**.
러시의 프로그램은 반쪽 진실에 불과해.

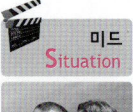
Situation

Jill: I expect you to **keep quiet about** our love affair. 우리 불륜 비밀로 지켜줘.
Newman: Sure, it's best if we just **keep it low key**. 물론, 비밀로 하는게 제일 좋아.
Jill: I know that I **am safe with** you. 너하고는 비밀이 지켜지겠구나.
Newman: People would be upset if they knew about this. 사람들이 이거 알게 되면 열받을거야.
Jill: Yeah, there's no way we can tell anyone. 그래, 우리가 누구에게 말할 일은 없잖아.

030 Who cracked?
누가 폭로한거야?

비밀을 폭로하다

비밀이라고 말하지만 결국 떠버리게 되는게 사람세상. blow the lid off, name names, kiss and tell 등을 알아둔다. 또한 속내를 털어놓는다고 할 때는 get off one's chest, come out of one's shell, spill one's guts 등을 눈여겨 둔다.

12문장으로 미드영어 후다닥 끝내기

☐ **put one's cards on the table** 속내를 다 털어놓다	**Cards on the table.** I need your help. 속내를 털어놔. 난 네 도움이 필요해.
☐ **blow the lid off** 비밀을 공개하다(take[lift] the lid off 폭로하다)	She's gonna **blow the lid off** your happy family? 걔가 네 행복한 가정의 비밀을 폭로할거야?
☐ **get sth off one's chest** …을 맘에서 털어버리다, 맘속이야기를 꺼내놓다	I got a lot of stuff I gotta **get off my chest**, all right? 내 맘속에서 털어놓을 이야기가 아주 많아, 알았어?
☐ **blow the whistle (on)** 내부 비밀을 폭로하다(whistle blower 내부고발자)	She threatened to **blow the whistle on** it. 걔가 비밀을 폭로하겠다고 협박했어.
☐ **come out of one's shell** 마음을 터놓고 이야기하다	I think you need to **come out of your shell** just a little. 네가 좀 맘을 터놓고 이야기해야 할 것 같아.
☐ **spill one's guts** 핵심과 본질을 털어놓다, 속마음을 털어놓다	You can **spill your guts** at the precinct. 넌 관할 경찰서에 가서 다 털어 놓아.
☐ **spill the beans** 실수로 무심코 비밀을 털어놓다	He **spilled the beans** to the cops. 걔가 경찰에게 무심코 비밀을 털어놓았어.
☐ **crack sth open** …를 부셔서 열다, 폭로하다	Detective Diaz **cracked** the case **wide open**. 디아즈 형사는 그 사건을 폭로하였어.
☐ **Who cracked?** 누가 말했어?	**Who cracked?** I'm going to kill them! 누가 폭로한거야? 죽여버릴거야!
☐ **name names** 이름을 밝히다, 불다	I want you to make sure she doesn't **name names**. 걔가 이름을 불지 않도록 확실히 해.
☐ **kiss and tell** 신의를 저버리고 서약을 깨다, 비밀을 폭로하다	A gentleman doesn't **kiss and tell**. 신사라면 신의를 저버리고 폭로하지는 않아.
☐ **open your mouth** 비밀을 말하다	If you **open your mouth**, one of two things happens. 네가 비밀을 말하면, 두 일중 하나는 일어날거야.

미드 Situation

Tyra: Did they catch the guys who robbed the bank? 은행털이범 잡았어?
Quinn: No, but someone is about to **name names**. 아니, 하지만 누가 이름을 불거야.
Tyra: I'm surprised to hear that. **Who cracked?** 놀랍네. 누가 불었어?
Quinn: It was the man who drove the getaway car. 도주차량을 몰던 사람였어.
Tyra: His information will **blow the lid off** this case. 걔의 정보가 이 사건의 내막을 폭로하게 될거야.

말할 때(When Talking)

대중에게 공개하다

031 Out with it!
어서 털어놔!

'비밀을 말하다'는 tell a secret, let sb in on a secret, 상대방보고 털어놓으라고 윽박지를 때는 Out with it!을 쓰는데, 이때 out은 '폭로하다'라는 동사로도 쓰인다. 또한 make가 '정체를 알아차리다'라는 의미로도 쓰인다는 점을 눈여겨둔다.

12문장으로 미드영어 후다닥 끝내기

- **go public with sth** 대중에게 공개하다
  If we **go public with** this, there will be serious consequences. 우리가 이걸 공개하면 심각한 결과가 생길거야.

- **tell sb a secret** …에게 비밀을 말하다
  You said she **told you a secret**. 넌 걔가 네게 비밀을 말해줬다고 했어.

- **let sb in on a secret** 비밀을 폭로하다
  I'm going to **let you in on a secret** recipe. 난 네게 조리비법을 알려줄거야.

- **reveal one's secrets** 비밀을 폭로하다(reveal oneself 정체를 드러내다)
  It is not right to **reveal other people's secrets**. 다른 사람들의 비밀을 폭로하는 것은 옳지 않아.

- **show one's hand** 속셈을 드러내다, 솔직히 들어내다
  I think I can get Cindy to **show her hand**. 신디가 속셈을 드러내게 할 수 있을 것 같아.

- **let the cat out of the bag** 폭로하다
  Don't **let the cat out of the bag**. 비밀이 노출되지 않도록 조심해.

- **pry into** 비밀, 정보 등 사생활을 들쑤시다, 캐내다
  Don't **pry into** my personal business. 내 개인사를 들쑤시지마.

- **make sb** …의 정체를 알아차리다
  The cops **made** the thief in ten minutes. 경찰은 10분만에 도둑의 정체를 알아차렸어.

- **out** 폭로하다, 발설하다
  I can't believe you just **outed** me. 네가 나를 폭로하다니 믿기지 않아.

- **Out with it!** 어서 털어놓아!
  All right, then. **Out with it!** 그럼 좋아. 어서 털어놓아!

- **What does your heart tell you?** 네 진심은 어때?
  You do **what your heart tells you** is right. 네 맘이 옳다고 생각하는 것을 해.

미드 Situation

Arial: So you want me to **go public with** my divorce? 그래 넌 내가 내 이혼을 공개하라는거야?
Paul: It's going to be reported in a newspaper soon. 곧 신문에 기사화될거야.
Arial: So we don't have any choice now? 그럼 이제 우리는 아무런 선택권이 없네.
Paul: I'm really sorry to **pry into** your personal business. 정말이지 네 개인사를 들쑤셔서 미안해.
Arial: That's OK. **I'll let the cat out of the bag.** 괜찮아. 내가 비밀을 알리지 뭐.

실토하다, 자백하다

032 Let's get it out in the open.
다 속시원히 털어놓자.

Spit it out!은 Out with it!과 같은 뜻으로 털어놓으라고 할 때 사용하며, 실토하다라고 할 때는 come clean, fess up, 그리고 break it to~가 쓰인다. 특히 explain oneself하면 스스로를 설명하다, 즉 자신의 행동을 해명하다라는 뜻이다.

 12문장으로 미드영어 후다닥 끝내기

☐ **come clean (with)**
(…에게) 실토하다, (…에게) 자백하다
That's right, I remember. You never did come clean.
맞아, 기억나. 넌 절대로 자백을 하지 않았지.

☐ **cough up**
내놓다, 토해내다, 자백하다
When she's looking at 50 years, she'll cough up a name. 걔가 50년 형이 예상되면 자백을 할거야.

☐ **fess up**
자백하다(confess to ~ing)
Fess up. Where did you steal it from?
자백해. 그거 어디서 숨긴거야?

☐ **break it to sb**
…에게 말하다[털어놓다]
How are you gonna break it to her?
너 어떻게 그걸 걔한테 털어놓을거야?

☐ **explain oneself**
속마음을 털어놓다, 자신의 행동을 해명하다
Well, I don't have to explain myself to you.
저기, 난 네게 내 행동을 해명할 필요가 없어.

☐ **gut sb like a fish**
속속들이 다 까발리다, 내장을 들어내다
The killer gutted him like a fish.
그 살인자는 생선내장을 바르듯이 걔의 속을 다 까발렸어.

☐ **pour one's heart out**
속내를 다 털어놓다
Jennifer's been pouring her heart out to me.
제니퍼는 내게 자기 속내를 다 털어놓았어.

☐ **speak one's mind**
심중을 털어놓다, 서슴없이 속내 이야기하다
Don't be afraid to speak your mind.
맘을 여는데 두려워하지마.

☐ **Spit it out!**
어서 말해!
Come on now, spit it out.
그러지말고, 야, 어서 말해.

Spit it out. Go with your gut. Follow your instincts.
어서 말해. 맘 내키는대로, 본능이 시키는대로 하라고.

☐ **get it[that] out in the open**
솔직하게 다 털어놓다
Well, all right. Let's get it out in the open.
저기, 좋아. 솔직하게 다 털어놓자.

☐ **wear one's heart on one's sleeve** 솔직하게 말하다
You'll get hurt if you wear your heart on your sleeve.
네 속을 다 보이면 넌 다치게 될거야.

Situation

David: Billy is going to have to **explain himself to** us. 빌리는 우리에게 자기 행동의 해명을 할거야.
Olga: Has he been arrested for theft again? 걔 또 도둑질로 체포된거야?
David: Yes, and we need to **get** his behavior **out in the open**.
어, 그리고 우리는 걔 행동을 털어놓게 해야 돼.
Olga: You want him to **pour his heart out**? 걔가 속내를 털어놓기를 바란다고?
David: Yes, he'll have to be totally honest with us. 어, 걘 우리에게 한줌 거짓도 없어야 될거야.

말할 때(When Talking) **571**

솔직히 말하다

033 Truth be told,
솔직히 말해서,

tell the truth, speak the truth을 기본으로, truth be hold는 솔직히 말하다, talk turkey는 뺑까지 말고 본론을 얘기하다, 그리고 give it to sb straight 및 높이를 맞춘다는 뜻의 level with 또한 솔직히 말하다라는 의미로 많이 쓰인다.

12문장으로 미드영어 후다닥 끝내기

☐ **tell sb the truth** 사실대로 말하다(speak the truth)	I want you to **tell me the truth**, okay? 너 내게 사실대로 말하라고, 알았어?
☐ **to tell (you) the truth** 솔직히 말하면, 사실	**To tell you the truth,** I wish I didn't have to move. 솔직히 말하면, 난 이사가지 않아도 되면 좋겠어.
☐ **get the truth out of sb** 실토하게 하다, …에게서 진실을 알게 되다	**Get the truth out of** that bastard. 저 자식에게서 자백을 받아내.
☐ **(if the) truth be told** 솔직히 말해서, 속내를 말하자면	**Truth be told,** I didn't think you'd make it past security. 솔직히 말해서, 난 네가 경비를 통과하는데 성공할거라 생각하지 않았어.
☐ **talk turkey** 솔직히 얘기하다, 그만 뻥치고 본론으로 들어가다	The meeting was held to **talk turkey**. 그 회의는 솔직히 이야기를 하기 위해 열린거였어.
☐ **not to put too fine a point on it** 솔직히 말해서, 노골적으로 말해서	**Not to put too fine a point on it,** but things must change. 솔직히 말해서, 상황은 바뀌어야 해.
☐ **ask[tell] sb flat out** 솔직하게 물어보다(flat out 솔직하게)	I **asked him flat out** if he still loved me. 난 걔가 아직도 나를 사랑하는지 솔직하게 물어봤어.
☐ **Don't kid oneself** 솔직해져라, 내말은 정말야	It's hard, **don't kid yourself**. 그건 힘들어, 내말은 정말야.
☐ **lay sth on the line** 솔직하게 말하다	Let me **lay it all on the line** for you. 내가 네게 다 솔직하게 말할게.
☐ **level with sb** 솔직히 말하다(be on the level with~)	All right, kids, I'm gonna **level with** you. 좋아, 애들아. 너희들에게 솔직히 말할게.
☐ **give it to sb straight** …에게 솔직히 다 얘기하다, 사실을 말해주다	I'd prefer it if you **give it to me straight**. 네가 내게 솔직하게 말해주면 좋겠어.
☐ **give it to sb from the shoulder** 진심으로 한마디 하다	The boss likes to **give it to you from the shoulder**. 사장은 네게 솔직하게 얘기하길 좋아해.

미드 Situation

Greg: **Level with me,** is my girlfriend cheating? 솔직히 말해, 내 여친이 바람펴?
Kiko: **Truth be told,** I think that she is. 솔직히 말해서, 그러는 것 같아.
Greg: How can I find out for certain? 어떻게 확실히 알아내지?
Kiko: Why don't you just ask her straight out? 걔한테 대놓고 물어보지 그래?
Greg: I think I'll die if I find out it is true. 그게 사실인 것을 알게 되면 나 죽을지도 몰라.

034 You lied to me!
넌 나한테 거짓말했어!

tell a lie는 거짓말하다, tell a fib하면 사소한 거짓말을 하다라는 뜻이고 이런 거짓말하는 사람에게 '그런말 마' 라고 하려면 Don't give me that, 거짓말이 너무 터무니 없을 때는 Tell me another one이란 표현을 사용한다.

12문장으로 미드영어 후다닥 끝내기

Tell me another (one) 다른 거짓말은 없니?, 말도 안돼	You dated her? Sure, tell me another one. 네가 그녀와 데이트했다고? 그렇겠지, 다른 건 없냐.
tell a fib 사소한 거짓말을 하다	She's going to be punished 'cause she told a fib. 걘 거짓말을 했기 때문에 벌 받을거야.
Don't give me that 그런 말 매, 정말 시치미떼기야!	Don't give me that crap, Brian. 브라이언, 그런 말도 안되는 말은 하지마.
tell a lie 거짓말하다	You swore to tell the truth, and you told a lie. 넌 사실을 말하겠다고 맹세해놓고 거짓말을 했어.
lie to sb …에게 거짓말하다	She lied to her friends. She lied to her family. 걘 걔 친구들에게 그리고 가족들에게 거짓말을 했어.
You lied to me! 나한테 거짓말 했잖아!	I can't just let it go. You lied to me over and over. 그냥 넘어갈 수가 없어. 넌 계속 반복적으로 내게 거짓말을 했잖아. Don't lie to me. 내게 거짓말을 하지마.
be lying (about) (…에 대해) 거짓말하다	I don't know exactly what he's lying about, but he's lying. 걔가 뭐에 관해 거짓말을 하는지 정확히 모르겠지만, 걘 거짓말을 하고 있어.
lie through one's teeth 새빨간 거짓말하다, 뻔한 거짓말을 하다	The prisoners always lie through their teeth. 죄수들은 항상 거짓말을 해.
big, fat lie 터무니 없는 거짓말	The whole story was a big fat lie. 그 이야기는 다 터무니 없는 거짓말이었어.
be (such) a good liar 거짓말을 잘하는 사람	I never knew you were such a good liar. 네가 그렇게 거짓말을 잘하는 사람인줄은 몰랐어.
pitch sb a line 거짓말을 늘어놓다	Oh yeah, they pitched the customer a line. 오, 그래, 걔네들은 고객들에게 거짓말을 늘어놓았어.

미드 Situation

Liz: **You lied to me!** I can't believe it! 너 거짓말했지! 너 믿을 수가 없어!
Tyrone: I didn't know that **I was lying to** you. 내가 네게 거짓말하고 있었다는 것을 몰랐어.
Liz: **Don't give me that.** It was a big fat lie! 그런 소리마. 완전히 터무니 없는 거짓말이잖아!
Tyrone: **I was lying** because I was embarrassed to tell the truth. 사실을 말하기가 당혹해서 거짓말을 한거야.
Liz: Look, from now on you need to be totally honest. 야, 너 이제부터는 정말 솔직해져야 돼.

> 그럴 듯하게 보이게 하다

035 He'll show his true colors.
걘 결국 본색을 드러낼거야.

결국 거짓말하는 것으로 sucker into~는 거짓말쳐서 …가 …하게 하다, sell a lie는 거짓말을 믿게 하다, 그리고 put on a front하게 되면 겉치레하다라는 뜻이 된다. 이런 사람들은 결국 show one's true colors를 하게 된다.

12문장으로 미드영어 후다닥 끝내기

☐ **show one's (true) colors** 본색을 보여주다, 태도를 분명히하다	Vera seemed nice, but soon **showed her true colors.** 베라는 착해보였는데 곧 본색을 드러냈어.	
☐ **sugar-coat** 사탕발림을 하다(whitewash 은폐하다)	He kind of **sugar-coated** it last time around. 걘 지난 번에 그것을 좀 은폐했어.	
☐ **put on a front** 겉치레하다	Don't **put on a front** with your family. 네 집안으로 겉치레하지 마라.	
☐ **spin a tale[yarn]** 거짓을 길게 늘어놓다	The old man **spun a tale** for the kids. 그 노인네는 아이들에게 거짓말을 장황하게 늘어놓았어.	
☐ **spin that[it]** 그럴 듯하게 보이게 하다	Can you **spin that** so it sounds better? 그것 좀 그럴 듯하게 꾸며서 좋게 들리도록 할 수 있어?	
☐ **put a spin on** 더 좋게[나쁘게] 보이게 하다	He **put a spin on** what he'd done. 걘 자기가 한 일을 좋게 보이게 했어.	
☐ **lie one's way out of~** 벌을 피하기 위해 거짓말 하다	You can't **lie your way out of** this mess. 넌 이 엉망진창 된 상황을 거짓말로 모면할 수 없어.	
☐ **speak with a forked tongue** 거짓말을 하다, 두말을 하다	The host **spoke with a forked tongue.** 주인은 거짓말을 했어.	
☐ **sucker~into~** 사기쳐서 …가 하기 싫은 일을 하도록 하다	They **suckered me into** helping out. 걔네들은 나를 사기쳐서 돕게 만들었어.	
☐ **be[get] suckered into** 속아서 …을 하다, 말려들다	Were you **suckered into** joining the club? 너 속아서 그 클럽에 가입하게 된거야?	
☐ **jerk sb off** …에게 거짓말하다, 속이다	Don't try and **jerk me off**, you ass! 야 이놈아, 내게 거짓말하려고 하지마!	
☐ **sell a lie** 거짓말을 믿도록 하다	The diplomat's job was to **sell a lie.** 그 외교관의 일은 거짓말을 믿도록 하는 거였어.	

Situation

Anthony: Jim seems like such a good guy. 짐은 아주 좋은 아이 같아.
Helen: Don't **get suckered into** believing that. 멍청하게 그런 말 믿지 않도록 해.
Anthony: Are you saying he's **putting on a front**? 걔가 입에 발린 말을 하는거라고?
Helen: He acts nice, but eventually he'll **show his true colors.** 걘 착하게 행동하지만 결국 본색을 드러낼거야.
Anthony: Gee, that's so hard for me to believe. 어휴, 믿는다는게 내게는 너무 어렵네.

036 ~ or what?
그게 아니면 뭐야?

예로 나열하지 않고 뭐 그런 것들이라고 줄여서 말할 때는 ~and things, ~and stuff, ~and so on 등이 있다. 또한 많이 등장하는 ~for all I know는 '…인지 누가 알겠어,' ~or what?은 '뭐 그런거 아냐?' 라는 의미.

12문장으로 미드영어 후다닥 끝내기

- [ ] **~~and things.** 기타 등등, 그런 것들
  We talked about our jobs **and things**.
  우리는 직장 및 그런 것들에 관해 이야기를 나누었어.

- [ ] **~and stuff.** 기타 등등, 다른 것도, …같은 것, 그런 것
  I mean, we get kids playing pranks **and stuff**.
  내 말은, 우리는 아이들이 장난치고 그런 것들을 하게 하자는거야.

- [ ] **~and then some** 그것 뿐만이 아니다, 그것말고도 더 있다
  He stands to pay off his debt **and then some**.
  걘 빚을 갚고도 더 이상 할 수도 있을 가능성이 있어.

- [ ] **~or[and] whatever (else)** 뭐 혹은 (다른) 비슷한 뭐든
  Listen, Sean, **or whatever** your name is, you see that girl? 들어봐, 숀, 뭐 무슨 이름이던지간에, 넌 그 여자 봤어?

- [ ] **~ for all I know** 아마 …일지 모른다, …인지 누가 알아
  But **for all I know** my life would be very different.
  하지만, 내 삶은 많이 다를 수도 있을지 누가 알겠어.

- [ ] **~ and everything** 기타 등등
  How's your Dad doing with the divorce **and everything**? 네 아빠는 이혼 그리고 기타 일들을 어떻게 하고 계셔?

- [ ] **~or somewhere else** 어딘가
  Peter's already moved it to Boston **or somewhere else**. 피터는 벌써 보스턴인가 어딘가로 이사갔어.

- [ ] **~or what?** 그게 아니면 뭐야?, 그렇지 않아?, 그런 거 아냐?
  Have we got anything on this guy, **or what?**
  이 자식에 대해 뭐 집힌게 있는거지, 뭐 그런거 아냐?

- [ ] **~ the whole works** 그 외 필요한 모든 것
  Have CSU bag this, check the body, prints, **the whole works**.
  CSU보고 이거 가방에 넣고, 시신과 지문 그리고 그 외 필요한 것들 확인하라고 해.

- [ ] **all that jazz** 기타등등
  Prepare a nice dinner and **all that jazz**.
  멋진 저녁과 그외 기타등등을 준비해.

- [ ] **and so on** 기타등등(and so forth)
  She was screaming at him, saying that adultery was a sin **and so forth**.
  걘 그에게 소리를 질렀어, 간통은 죄악이고 뭐 그런거라고 말하면서.

- [ ] **and the like** 기타등등(and such like)
  I thought, why blame fast foods **and the like**?
  난 생각했어, 왜 패스트푸드와 그런 것들을 비난할까?

미드 Situation

Russell: What does the hotel serve for breakfast? 그 호텔은 아침으로 뭐가 나와?
Jane: They have cereal and eggs and bacon, **and so on.** 시리얼과 계란, 베이컨 그리고 여러가지.
Russell: I'm going to order a huge breakfast, **the whole works.** 난 아침정식 및 그외 필요한 것들을 주문할거야.
Jane: **For all I know,** they've stopped serving breakfast foods. 아마 아침식사시간이 끝났을지도 모르겠다.
Russell: You're right, it's after 11 am already. 맞아, 벌써 11시가 넘었네.

뭐 그런 것들

037 That's about it.
뭐 그런거야.

역시 기타등등을 말하는 것으로 ~or anything[something] 등이 대표적인 표현. 또한 stuff like that은 주연급 표현으로 뻔질나게 쓰이며, 역시 많이 쓰이는 or words to that effect는 미드다운 표현으로 '뭐 그런 비슷한 말이야' 라는 의미.

📺 12문장으로 미드영어 후다닥 끝내기

- ☐ **명사+or anything** 뭐 그와 같은 것
  (~or anything like that, or anything else)

  She wasn't, you know, a slut **or anything**.
  걔는 저기 말야, 잡년 뭐 그와 같은 사람이 아니었어.

- ☐ **That's about it**
  뭐 그런 것이다, 진상이 그렇다니까

  There's a gas station a couple of blocks down, but **that's about it**. 몇블럭 아래에 주유소가 있어, 상황이 그래.

- ☐ **That's about the size of it**
  진상이 그래

  I told you everything. **That's about the size of it**.
  난 네게 다 말했어. 자초지종이 그래.

- ☐ **or words to that effect**
  뭐 그 비슷한 말이었어, 그런 류의 얘기였어
  (or something to that effect)

  She said she loves you, **or words to that effect**.
  걘 너를 사랑한다고 말했어, 뭐 그런 류의 말이었어.

- ☐ **~or something**
  뭐 그런거

  He looks like a pirate **or something**.
  걘 해적이나 뭐 그런 사람처럼 보였어.

- ☐ **stuff like that**
  뭐 그런 비슷한 것들, 뭐 그런 것들

  I can't tell you **stuff like that**.
  난 그런 것들을 네게 말해줄 수가 없어.

- ☐ **nothing[anything] of the kind** 그런 것이 아니다

  No one mentioned **anything of the kind**.
  아무도 그런 것을 언급하지는 않았어.

- ☐ **something of the kind**
  그런 비슷한 것, 그저 그런 것

  Get her a gold necklace, or **something of the kind**.
  걔에게 금목걸이, 뭐 그런 비슷한 것을 사줘.

- ☐ **that sort of thing**
  그런 일, 그런 종류의 일

  Gale's been known to fire people for **that sort of thing**. 게일은 그런 종류의 일로 사람들을 해고하는 것으로 알려졌어.

- ☐ **what's his[her] face**
  누구더라

  Tell **Sam-what's-his-face** to get up here.
  샘, 누구더라, 그 친구 이리로 올라오라고 해.

- ☐ **what's his[her] name**
  뭐라고 하던 사람, 이름이 뭐야?

  What's his name? I can never remember.
  걔 이름이 뭐더라? 기억이 전혀 안나네.

미드 Situation

Randolph: Can I get you a glass of wine **or anything**? 와인 한잔 이나 뭐 갖다 줄까?
Maria: I'll take some juice or water, **that sort of thing**. 주스나 물, 뭐 그런거 먹을게.
Randolph: There's lots of **stuff like that** in the kitchen. 부엌에 그런 많은 것들이 있어.
Maria: And can I have a peanut butter and jelly sandwich?
그리고 피넛버터와 젤리 샌드위치 줄테야?
Randolph: Sure, it'll just take a minute to make. 그래, 금방 만들어.

038 I can't tell you that.

난 그렇다고 말 못하지.

말을 부드럽게 포장하기

확신이 없거나 조심스럽게 말할 때는 앞에 I think[guess]~처럼 포장을 해서 부드럽게 말하는게 좋다. 대표적인 것들로는 I can[can't] tell~, I can imagine~ 등이 있다.

12문장으로 미드영어 후다닥 끝내기

표현	예문
suffice it to say (that~) …라고만 말해두자	**Suffice it to say** we'll be staying here. 우리는 여기 머물거라고만 말해두자고.
I can tell 알아, 그래 보여(I can't tell 몰라, 말못해)	**I can tell.** You're looking good. 그래 보여. 너 좋아 보여. I don't know. **I can't tell.** 모르겠어. 몰라.
I can tell you 정말이지(I can't tell you 말못해)	**I can't tell you.** It's against the law. 난 말 못하겠어. 그건 법에 어긋나는거야.
I can tell you that 그렇다고 할 수 있지	I'm popular with young girls, **I can tell you that.** 난 젊은 여자들에게 인기가 좋아, 그렇다고 할 수 있지.
I can't tell you that 난 말 못해, 그렇다고 말할 수 없지	**I can't tell you that.** You should ask your parents. 난 말 못해. 네 부모님께 물어봐.
I can tell S+V …했구나	**I can tell you** cut your hair short. 너 머리 짧게 깍았구나.
I can tell you (that)~ …라 할 수 있지, …를 말해줄 수 있어	**I can tell you** this is not what Carmen wants. 이것은 카르멘이 원하는 것이 아니라고 할 수 있지. **I can tell you** why we ruled Tom out. 왜 우리가 탐을 배제했는지 말해줄 수 있어.
I can't tell you how[wh~] 얼마나 …한지 몰라, …를 말해줄 수 없어	**I can't tell you how** nice it is to be home again. 다시 집에 있게 된게 얼마나 좋은지 모르겠어. **I can't tell you** what's right for you. 네게 무엇이 좋은지 말해줄 수가 없어.
I can imagine (+N) 알만해, 어떤지 알겠어	**I can imagine.** So, you're safe and well fed. 어떤지 알겠어. 그럼, 넌 안전하고 잘 먹고 있는거네. **I can imagine** the pain you're going through. 네가 겪는 고통이 어떤지 알겠어.
I can't imagine that[wh~] 그럴리가, 전혀 모르겠다	**I can't imagine** Jill would do that. 질이 그럴거라는게 믿어지지 않아. **I can't imagine** where everybody is. 다들 어디 있는지 모르겠어.

미드 Situation

May: **I can tell that** you've been exercising recently. 너 최근에 운동하는 것 같아.
Scotty: Yeah, **suffice it to say** I go to the gym a lot. 그래, 체육관에 많이 간다고만 말할게.
May: Well you've lost weight and have bigger muscles. 너 살도 많이 빠졌고 근육도 많이 늘어났네.
Scotty: I'm happy you noticed that I'm healthier. 내가 더 건강해진 모습을 알아봐주니 기뻐.
May: **I can imagine** a lot more girls notice you too. 더 많은 여자애들 역시 널 알아볼 것 같은데.

...라고 할 수는 없지

039 You should say you're sorry.
미안하다고 말해야지.

I can[can't] say~ 또한 '…하고 할 수 있지[없지],' I should say~는 …이겠지, 그리고 자기 말 뜻을 오해하지 않도록 하려면 What I want to say is~라고 하면 된다.

12문장으로 미드영어 후다닥 끝내기

☐ **All I can tell you is (that)~**
내가 말해줄 수 있는 건 …가 전부다

All I can tell you is that she's not conscious right now. 내가 말할 수 있는 건 걔는 지금 의식이 없다는거야.

☐ **The only thing I can tell you~**
내가 말해줄 수 있는 유일한 것은 …이다

The only thing I can tell you is he might be more careful. 네게 말해줄 수 있는 유일한 것은 걔가 좀 더 조심할지도 모른다는거야.

☐ **I can't say**
확실히는 몰라, 잘 모르겠어

Without the body, **I can't say.**
시신이 없이는, 잘 모르겠어.

☐ **I can't say S+V**
…할 수는 없지, …아니지

I can't say that I blame her.
내가 걔를 비난할 수는 없지.

☐ **I don't[wouldn't] mind ~ing**
기꺼이 …하다(be willing to)

I don't mind going to jail.
기꺼이 감옥에 가겠어.

☐ **I don't mind telling~**
정말 이건 알아줘야 하는데, 까놓고 말해서

I don't mind telling you are a bitch.
까놓고 말해서 넌 나쁜 년이야.

☐ **I should say~**
…이겠지, …라고 말해야 되겠지

I think **I should say** it now.
내가 이제 그걸 말해야 되겠지.

☐ **I mean to say**
더 정확하게 말하면

I mean to say that Jeff was acting odd.
더 정확하게 말하면 제프는 이상하게 행동했어.

☐ **What I mean to say is~**
내 말뜻은~

What I mean to say is I know that it was hard for you. 내 말은 그게 네게는 힘들거라는 것을 알고 있다는거야.

☐ **I want you to know that~**
상대방에게 네가 …을 알았으면 해

I want you to know I'm not a gambler.
난 도박꾼은 아니라는 것을 알아줘.

☐ **I'm not telling you~**
말하지 않을거야

Don't even ask. **I'm not telling you.** 물을 생각도 마, 난 말하지 않을거야.
I'm not telling you where Tracey is.
트레이시가 어디에 있는지 말하지 않을거야.

☐ **I'm not telling you anything**
아무말도 하지 않을거야

I'm not telling you anything, so you might as well kill me. 난 아무 말도 하지 않을거야. 그러니 넌 날 죽이는게 나을거야.

미드 Situation

Max: Where is the pop concert going to be held? 어디서 팝콘서트가 열릴 예정야?
Gabby: **I can't say.** No one told me anything about it. 몰라, 아무런 얘기도 못들었어.
Max: I have extra ticket if you'd like to come. 여분의 표가 있는데 같이 갈래.
Gabby: **I wouldn't mind going** with you. 기꺼이 너랑 함께 가지.
Max: I want you to know that a group of friends will be coming too.
친구들도 함께 올거라는거 알고 있어.

578 Chapter 9

040 I wouldn't say that.
그렇지도 않아.

조금 어렵지만 I would have to say that~은 …라고 말할 수밖에 없겠네라고 조심스럽게 말하는 것이고 I wouldn't say that 은 그렇지도 않아라고 조심스럽게 반대의견을 제시하는 법. 또한 I'd rather~을 써서 다양하게 자기 기호를 표현할 수 있다.

12문장으로 미드영어 후다닥 끝내기

- **I would have to say that~**
  …라고 말할 수밖에 없겠네

  I'd have to say that it is. 그렇다고 해야겠군.
  I would have to say he was definitely worse here.
  걔는 여기서 훨 안좋다고 말할 수 밖에 없어.

- **I'd say that~**
  아마 …일걸

  I'd say that he made a mistake.
  아마 걔가 실수를 저질렀을거야.

- **I wouldn't say that**
  나라면 그렇게 말하지 않을텐데, 그렇지도 않던데

  I wouldn't say that. That was one nice robe.
  그렇지도 않아. 그건 멋진 의상이야.

- **I'd rather+동사** 차라리 …할거야
  (I'd rather not~ …하지 않는게 낫겠어)

  I'd rather go to jail. 차라리 감옥에 가겠어.
  I'd rather not call her if it's OK.
  걔한테 전화해서 괜찮다고 말하지 않는게 낫겠어.

- **I'd rather sb (not)+동사**
  …가 …하지 않으면[하면] 좋겠어

  I'd rather you just leave my house.
  네가 우리집을 나갔으면 좋겠어.

- **I'd rather S+V**
  …했으면 좋겠어

  I'd rather you had called first.
  네가 먼저 전화했으면 좋겠어.

- **I'd rather not**
  안하는게 낫겠어

  I'd rather not be alone with Tara.
  난 태라와 단둘이 있지 않는게 낫겠어.

- **I'd rather you didn't**
  그러지 않는 게 낫겠어

  I'd rather you didn't. Well, I've got therapy. Maybe tomorrow. 그러지 않는게 낫겠어. 저기, 난 상담을 받아. 내일일거야.

- **I'll have you know**
  내 말하는데, …야

  I'll have you know, skirts are shorter this year.
  분명히 말하는데, 올해는 치마가 더 짧아질거야.

- **I'll say+N[S+V]**
  …을 말할 수 있다, …라고 해야지, …라고 말할게

  I'll say it's sad. 슬프다고 말할 수 있지.
  I'll say this for you, you've got balls.
  너를 위해 말할 수 있는데 넌 용기가 있어.

Cathy: **I'd rather you didn't** play the radio so loud. 네가 라디오 그렇게 크게 틀지 않았으면 좋겠어.
Stephen: **I'll have you know** that this radio is pretty quiet. 라디오 조용히 틀었는데.
Cathy: It's still loud enough to bother me. 여전히 신경거슬릴 정도로 시끄러워.
Stephen: Why don't you go to the library and study? 도서관에서 가서 공부해.
Cathy: **I'd rather not** have to leave the apartment today.
난 오늘 아파트에서 나가지 않는게 좋을거야.

041 It's just as well.
오히려 다행이야.

익숙하지는 않지만 It is just as well~은 '…여서 참 다행이다,' I won't kill sb to~는 '…해도 괜찮을 것이다,' It's good thing that~은 '…하는 것은 좋은 일이다,' 그리고 It's high time~은 때늦은 감이 있지만 '…해야 할 때이다' 라는 뜻.

12문장으로 미드영어 후다닥 끝내기

- ☐ **It is just as well (that)~** …여서 참 다행이다
  It's just as well one of your students is missing school. 네 학생들 중 한명이 학교를 빠져서 다행이야.

- ☐ **(It's) Just as well** 오히려 다행이다
  Just as well. It was cutting into your chores anyway. 오히려 다행야. 어쨌든, 그게 취소돼서 네가 가사 일을 더 할 수 있게 되었잖아.

- ☐ **It just goes to show that~** (얼마나) …한지를 보여주고 있다
  It just goes to show that problems happen sometimes. 그건 때때로 문제들이 일어난다는 것을 보여주고 있어.

- ☐ **It won't[wouldn't] kill sb to~** …해도 괜찮을 것이다
  It won't kill you **to** do some hard work. 네가 일을 좀 더 열심히 해도 괜찮을거야.

- ☐ **It's a good thing (that~)** …하는 건 좋은 일이다(It's no bad thing that~)
  It's a good thing you didn't tell the kids Mom was back. 네가 엄마가 돌아오셨다는 것을 아이들에게 말하지 않은 것은 잘한 일이야.

- ☐ **It's high time to~[that~]** 딱 좋은 때다, 그럴 때도 됐다
  It's high time to start dating again. 다시 데이트를 시작할 때가 됐지.

- ☐ **It's not that~, it's just that~** …한 게 아니라 …한 것이다
  It's not that I don't like Chris, **it's just that** he creeps me out. 크리스를 싫어하는게 아니라, 걔만 보면 소름이 끼쳐.

- ☐ **It's one thing to~, it's other thing to~** …하는 것과 …하는 것은 별개의 일이다
  It's one thing to say you can't have a baby. **It's another to** say you don't want one. 아이를 가질 수 없는 것과 원치 않는 것은 별개의 일이야.

Situation

Sheldon: You eat a lot of junk food. 넌 정크푸드 정말 많이 먹는다.
Penny: **It's a good thing that** I exercise every day. 난 매일 운동하는게 잘하는 일이야.
Sheldon: **It's one thing** to exercise, **it's another thing to** eat a poor diet. 운동하는 것과 좋지 않은 음식을 먹는 것은 별개의 일이야.
Penny: So you think I should eat healthy foods? 그럼 넌 내가 건강식을 먹어야 된다고 생각해?
Sheldon: **It won't kill you** to eat more fruits and vegetables. 더 많은 과일과 야채를 먹는다고 나쁠 건 없지.

More Expressions

the buzz 소문
There's something to that rumor 그 소문에는 무언가가 있어
to begin with 우선 말씀 드리자면, 먼저
be free 시간이 여유있거나 혹은 억압되지 않고 자유로운 상태
make[cut] a long story short 간단히 말하다
talk face to face 직접 만나 얘기하다
sing out 크게 말하다, 큰 소리로 노래하다
get a word in edgewise 입한번 뻥끗못하다
talk a blue streak 말을 쉼없이 하다(not common)
talk to death 쉴새 없이 지껄이다(not common)
me and my big mouth 이놈의 방정맞은 주둥이
You and your big mouth 너 왕이빨 또 시작이구나
Freudian slip 본심을 드러낸 실언
call off 취소하다(cancel)
facts and figures 정확한 정보
be nosy 캐고 다니다
gather[collect] information 정보를 모으고 수집하다
well-informed 정보에 밝은, 잘 알고 있는
poke around 꼬치꼬치 캐묻다, 찾으러 뒤지다
nose around 정보를 캐내다, 조사하다, 알아보다
be not a grain of truth 진실성이 조금도 없다
secret agent 비밀요원, 첩보원
top secret 일급비밀
behind the scenes 은밀히, 비밀히, 물밑에서, 막후에서
heart-to-heart 허심탄회하게
heart-to-heart talk 마음을 터놓은 진솔한 대화
to be honest with you 솔직히 말해서

to be frank with you 솔직히 말해서
Speaking candidly 솔직히 말하면
to be fair 공정하게 말해서, 정직하게 말해서
Shut your ass! 거짓말!
the kiss of death 겉으로 보기에는 좋아보이나 파국을 가져오는 일
cry wolf 거짓말을 전하다
I'm afraid so 그런 것 같아
I'm afraid not 그렇지 않다
(It goes) In one ear and out the other 한 귀로 듣고 한 귀로 흘린다
hear the rumor 소문을 듣다
start the rumor 소문을 내다
rumor spreads[goes around] 소문을 퍼트리다
the rumor mill 소문의 출처
rumor about~ …에 관한 소문
go around advertising 여기저기 떠벌리고 다니다
cock and bull story 황당한 이야기
nag sb 들볶다, 바가지를 긁다
keep sth quiet 비밀로 하다
pay lip service to 입에 발린 소리만 하다
sort of thing 말하자면, 마치
feed sb a line 거짓말하다
be walled off 거짓말하다
have angry words with 말다툼하다
hear it through the grapevine 소문으로 듣다
like I was saying 내가 말했듯이

chapter 10 기타등등(Et cetera)

001 **Name your poison.**
어떤 술 줄까.

002 **She can hold her liquor.**
걘 술이 강해.

003 **You got trashed last night.**
너 지난 밤에 엄청 취했어.

004 **You've had one too many!**
너 너무 취했어!

005 **Let's have one for the road.**
마지막으로 한잔 더 하자.

006 **Are you high?**
너 약먹었냐?

031 **Don't be long.**
빨리와.

032 **Can you save me a seat?**
자리 좀 맡아줄테야?

033 **Can you cover for me?**
내 대신 좀 해줄테야?

034 **Are you decent?**
나 들어가도 돼?

035 **Has it come to that?**
상황이 그렇게까지 됐어?

무슨 술로 할래

001 Name your poison.
어떤 술 줄까.

상대방에게 무슨 술로 할거냐라고 말할 때는 단순히 What're you drinking?, What'll you have?, What's yours? 등이 있으며 재미난 표현으로는 Name your poison이 있다. 위하여는 Cheers, Bottoms up, 축배들다는 propose a toast.

12문장으로 미드영어 후다닥 끝내기

☐ **Name your poison** 어떤 술 줄까	I've got all kinds of booze. **Name your poison.** 난 없는 술종류가 없어. 어떤 술 줄까.
☐ **What's yours?** 무슨 술로 할거야?, 네 것은?	Hi! My name's Sam. **What's yours?** 안녕, 내 이름은 샘이야. 네 이름은 뭐야?
☐ **What kind of drinks you got?** 무슨 술이 있습니까?	I'm thirsty. **What kind of drinks you got?** 목이 말라. 무슨 술이 있어?
☐ **What're you drinking?** 뭐 마실래?, 뭐 마시고 있어?	**What're you drinking?** I'll get you another. 뭐 마시고 있어? 다른 거 갖다줄게.
☐ **What'll you have?** 뭐로 할래요?(What'll it be?)	Let's have drinks and forget about it. **What'll you have?** 술마시고 다 잊어버리자. 뭘로 할래?
☐ **Down the hatch!** 건배!, 원샷!	Cheers everybody! **Down the hatch!** 모든이에게 건배! 원샷!
☐ **Here's to~!** …을 위해 건배!, …을 위하여	**Here's to** being the ass who can't be supportive. 도움이 되지 못한 것에 대해 건배! **Here's to** a marriage not on the rocks! 평탄한 결혼을 위해 건배!
☐ **Cheers (to~)** …를 위해서 건배(Bottoms up! 위하여!)	So here's to you, Jack. **Cheers.** 그래 잭, 너를 위하여. 건배.
☐ **propose[make] a toast (to~)** (…을 위해) 축배들다(call for the toast)	I'd like to **propose a toast to** friends, no matter how quirky. 난 친구들이 얼마나 별나더라도 축배를 들어주고 싶어.
☐ **drink up** 쭉 다 마시다[들이켜다]	**Drink up,** boys. I'm closing the bar. 애들아, 쭉 들이마셔라. 난 가게 문 닫는다.
☐ **Here's mud in your eye** 한잔 쭈욱 마셔	**Here's mud in your eye.** Bottoms up! 한잔 쭈욱 마셔. 건배!
☐ **drink to** …에 건배하다, 찬성하다	I'll **drink to** that. 그걸 위해 건배.

미드 Situation

Nina: What're you drinking tonight? 오늘 밤 뭐 마실거야?
Trey: I'd like to know what you sell here. 여기서 네가 뭘 파는지 알고 싶어.
Nina: We've got wine, beer and whiskey. **Name your poison.** 와인, 맥주, 위스키가 있어. 어떤 걸로 줄까?
Trey: I'll have one of your draft beers. 생맥주 한잔 먹을래.
Nina: Here you go. **Bottoms up!** 자 여기, 건배!

584 Chapter 10

002 She can hold her liquor.
걘 술이 강해.

booze가 술이란 단어로 무척 많이 나오며, be on the wagon하면 술을 끊다, 반대로 be off the wagon하면 끊은 술을 다시 하다라는 표현이 된다. 한편 hit the bottle하면 술을 많이 마시다, 술자리에서 상대방에게 hit me하면 술따라달라는 말.

12문장으로 미드영어 후다닥 끝내기

Hit me 술 한잔더	I'd like a drink for the road. **Hit me.** 마지막으로 한잔 하고 싶어. 술 따라줘.
hit the bottle 술을 많이 마시다	Jack **hit the bottle** when his wife left him. 잭은 아내가 집을 떠났을 때 술을 많이 마셨어.
booze 술 또는 술을 마시다 (booze it up 과음하다)	We got **booze**. How do we get hookers? 술은 있는데 매춘부들은 어떻게 구하지?
drink oneself into a stupor [to death] 인사불성[죽을 때까지] 마시다	She **was drinking herself into a stupor** with her boss. 걘 자기 사장과 인사불성이 될 때까지 술을 마셨어.
be[go] on the wagon 금주중이다, 술끊다(↔)be[fall] off the wagon)	I've **been on the wagon** for a few years now. 지금까지 몇 년째 술을 끊었어.
make a night of it 밤새 술마시고 놀다	We're just going to **make a night of it**. 우리는 밤새 술마시고 놀거야.
can hold one's liquor 술이 강하다	Mike's a big guy and he **can hold his liquor**. 마이크는 덩치가 크고 술이 강해.
Same again, please! (술 주문시) 같은 걸로 한잔 더!	Hey bartender, **the same again, please!** 바텐더, 같은 걸로 한잔 더요!
Say when 술따르면 됐으면 말해(대답할 때는 when)	All right buddy, just **say when**. 좋아, 친구, 됐으면 말해.
make oneself one 한잔하다, 섞어서 한잔하다	I've got a cosmo, and you can **make yourself one**. 난 코스모 먹고 있으니 너도 걘 한잔 마셔.
freshen up one's drink …의 술잔을 다시 채우다	Can I **freshen up your drink**, Mom? 엄마, 잔을 새로 채워줄까?
scotch[vodka] on the rocks 물없이 얼음탄 스캇치[보드카]	A double vodka **on the rocks**. 더블 보드카 온더락으로.

Situation 미드

Liz: **Andy is drinking himself into a stupor.** 앤디가 인사불성이 될 때까지 술마시고 있어.
Randolph: He**'s been hitting the bottle** since he lost his job.
실직한 후에 계속 술을 많이 마셔대고 있어.
Liz: It's a shame to see him do this. 걔가 이러는 것을 보니 안됐네.
Randolph: I know. The **booze** is making him sad. 알아, 술이 걜 슬프게 하고 있어.
Liz: Maybe we should call someone in his family. 가족을 불러야 될 것 같아.

 나 취했어

003 You got trashed last night.
너 지난 밤에 엄청 취했어.

약간 취했을 땐 get tipsy, 일반적으로 취했을 땐 get drunk, 그리고 엄청 취했을 때는 be drunk as a skunk, be drunk as hell을 쓴다. 그리고 get+~ed형의 많은 표현들이 있는데 특히 get stoned[high]는 마리화나나 약류에 취한 걸 말한다.

 12문장으로 미드영어 후다닥 끝내기

- ☐ **get drunk** 취하다
  I went out and **got drunk** 'cause I got fired.
  난 잘렸기 때문에 나가서 술에 취했어.

- ☐ **get tipsy** 가볍게 취하다
  I may **have gotten a little tipsy** when I talked to her.
  내가 걔한테 말할 때 좀 취해있었을지 몰라.

- ☐ **be drunk as a lord[skunk]** 고주망태로 취하다
  Jessica **was drunk as a skunk**.
  제시카는 고주망태로 취했어.

- ☐ **be drunk as hell[shit]** 고주망태로 취했어
  John **was drunk as hell** last night.
  존은 지난밤에 엄청 취했어.

- ☐ **get smashed** 술취하다
  I plan to **get smashed** on Friday night.
  난 금요일날 저녁에 술취할 생각이야.

- ☐ **get stoned** 특히 마리화나 등으로 취하다(get high)
  She gets a little crazy when she's **stoned**.
  걘 마약에 취해 좀 이상한 행동을 해.

- ☐ **get[be] trashed[wasted]** 완전히 망가지다, 술취하다
  I needed to **get wasted**. 난 완전히 망가지고 싶어.
  He's **trashed**. Maybe he passed out.
  걘 완전히 취했어. 아마 정신을 잃었을 수도 있어.

- ☐ **be bombed[blitzed]** 아파서 자다
  Let's go **get bombed** after this.
  이거 하고 난 후에 가서 술에 취하자.

- ☐ **be[get] hammered** 술취하다
  I'm gonna go out and **get hammered** tonight.
  난 나가서 오늘밤에 술 취할거야.

- ☐ **get loaded** 돈 많은, 술취한, 총이 장전된
  Don't go out and **get loaded** with your friends.
  나가서 친구들과 술취하지마라.

- ☐ **be slammed** 매우 바쁘다, 술에 취하다
  I'**m totally slammed**, which is why I'm calling.
  난 완전히 취했어, 그래서 내가 전화한거야.

- ☐ **be wrecked** 술에 취한(be pickled)
  She **was totally wrecked** last night.
  걘 지난밤에 완전히 취했어.

 **미드 Situation**

Max: I heard you **got trashed** last night. 지난밤에 잔뜩 취했다며.
Joan: Yeah, I **was totally wrecked** at the bar. 어, 바에서 완전히 취했어.
Max: Were you out with anyone? 누구랑 같이 나갔어?
Joan: Yeah, Charlie was drinking with me. 어, 찰리와 함께 술을 마시고 있었어.
Max: Oh, I'll bet he **was drunk as a lord**. 어, 걔도 고주망태가 되겠네.

취해서 음주운전했어~

004 You've had one too many!
너 너무 취했어!

under the influence of~라는 형태로 술이나 마약에 취해 정신이 온전하지 못한 이란 뜻으로 쓰이고, 음주운전은 driving under the influence, 즉 DUI라는 약어로 무척 많이 등장한다.

12문장으로 미드영어 후다닥 끝내기

☐ **be out of one's skull**
술에 취하다, 정신이 좀 이상하다

Oh my God, Reggy **is out of his skull**!
맙소사, 레기는 술에 취했어.

☐ **drunk out of one's skull**
술에 취하다

The old man seems **drunk out of his skull**.
그 노인은 술에 취한 것처럼 보여.

☐ **have one too many**
취하다

So you **had one too many**, you didn't know what your body was doing.
그럼 넌 취해서, 네 몸이 뭘 하고 있었는지 몰랐단 말야.

☐ **be drunk off one's ass**
취해 제정신이 아니다

God, you must **have been drunk off your ass**.
어휴, 너 취해 제정신이 아니었나보구나.

☐ **(while) under the influence of alcohol** 술에 취해서, 과음한 상태

She appeared to be **under the influence of a narcotic**. 걘 마약에 아주 취해보였어.

☐ **driving under the influence**
음주운전(DUI)

I got pulled over for a **DUI** last night. 지난밤 음주단속에 걸렸어.
She's had 2 **DUI**s in the last 2 years.
걘 지난 2년 사이에 2번 음주운전 단속됐어.

☐ **drunk and disorderly**
만취상태에서 피는 난동

She was convicted of **being drunk and disorderly** ten years ago. 걘 10년전에 만취상태에서 난동핀 죄로 기소됐었어.

☐ **drunk driving**
음주운전

When he got caught **drunk driving**, you made those charges disappear.
걔가 음주운전으로 걸리면, 네가 그 기소건들을 사라지게 했지.

☐ **drink and drive**
음주운전을 하다(drive drunk)

I never **drink and drive**. Don't worry. 난 절대 음주운전하지 않아, 걱정마.
She always told me "Never **drive drunk**."
걘 항상 음주운전을 하지말라고 말했어.

☐ **tie one on**
과음하다, 고주망태가 되다, 취하다

I **tied one on** with my high school buddies.
난 고등학교 친구들과 과음했어.

☐ **knock back**
많은 양의 술을 빨리 들이켜 마시다

I'm gonna **knock back** one more beer.
난 맥주 한잔을 더 들이켜 마실거야.

Spencer: Lady, you**'ve had one too many**. 아가씨, 너무 취했어요.
Gene: No I haven't. I'm just fine. 아뇨, 안 취했어요.
Spencer: You**'ve knocked back** eight shots of whiskey. 위스키 8잔을 들이켜 마셨잖아요.
Gene: That's right, and now I'm going to drive home. 맞아요 그리고 난 운전해서 집에 갈거예요.
Spencer: The police will charge you with **driving under the influence**.
경찰이 음주운전으로 기소할텐데요.

기타등등(Et Cetera) 587

005 Let's have one for the road.
마지막으로 한잔 더 하자.

아쉬움 속에 한잔 더 마시자고 할 때는 one (more) for the road, have one for the road, 그리고 one more round란 표현을 쓴다. This is my round하면 내가 낼게. get the next round는 다음 잔은 내가 살게라는 뜻이 된다.

12문장으로 미드영어 후다닥 끝내기

☐ **on the booze**
술이 취해서(off the booze 술을 끊은)

I think your dad is back **on the booze**.
네 아빠 다시 술이 취하신 것 같아.

☐ **have drinks with**
…와 술을 마시다

I **was having drinks with** Chris, right?
난 크리스와 술을 마시고 있었어, 맞지?

☐ **drink beer**
맥주를 마시다

I hate beer, I don't even **drink beer**.
난 맥주가 싫고, 맥주 마시지도 않아.

☐ **don't drink**
술을 마시지 않다

No, thanks, I **don't drink**.
고맙지만 됐어. 난 술 안마셔.

☐ **drink sb under the table**
…보다 술이 세다

I could **drink any of you under the table**.
난 너희들 누구보다 술이 세.

☐ **hair of the dog**
해장술

Care for some **hair of the dog** that bit you?
해장술 좀 먹을테야?

☐ **one for the road**
마지막으로 한잔 더하다

I'll have **one for the road** before we leave.
우리 나가기 전에 마지막으로 한잔 더할래.

☐ **One more for the road?**
마지막으로 한잔 더?

Hey Mr. Bukowski, want **one more for the road**?
저기, 브코프스키 씨, 마지막으로 한잔 더 하실래요?

☐ **have one for the road**
마지막으로 한잔하다

Let's all **have one for the road**.
우리 모두 마지막으로 한잔 더하자.

☐ **One more round**
한잔 더하자(another round for)

All right, **one more round** and we're out of here.
좋아, 한잔 더하고 여기서 나가자.

☐ **get the next round**
다음 잔은 내가 살게, 다음 단계의 일을 하다

I'll **get the next round**, OK guys?
다음 잔은 내가 살게, 알았지 얘들아?

☐ **This is my round**
이번엔 내가 살게

I'm paying, **this is my round**.
내가 낼게, 이번에 내가 사는거야.

Franz: You want **one more for the road**? 마지막으로 한잔 더할래?
Shirley: Sure, **let's have another round**. 물론, 한잔 더 하자고.
Franz: Does your friend want a beer too? 네 친구는 맥주도 마셔?
Shirley: No thanks. **She doesn't drink**. 아냐 됐어. 걘 안마셔.
Franz: Would she like a glass of water then? 그럼 물한잔 마시겠지?

담배나 마약을 먹다

006 Are you high?
너 약먹었냐?

생소하지만 담배한모금 빠는 것은 have a drag, 마약을 하다는 do dope, shoot dope, 그리고 drug를 써서 take drugs, do drugs를 쓰면 된다. 그리고 종종 사인이 되는 약물과다는 drug overdose라 한다.

12문장으로 미드영어 후다닥 끝내기

- [ ] **have[take] a drag** 담배 한모금 빨다(bum a smoke 담배한대 얻어피다)
  Can I **bum a smoke**? 담배 한 대 얻어필 수 있을까요?

- [ ] **smoke a little weed** 마리화나하다(smoke dope 마리화나피다)
  You wanna **smoke a little weed**? 마리화나 좀 피울래?
  Are you smoking dope? 너 마약하니?, 너 미쳤냐?

- [ ] **do dope[shoot dope]** 마약을 하다(dope 마약하다, 마약을 하게하다)
  She started to **shoot dope** again. 걘 다시 마약을 하기 시작했어.
  Chris **doped her up**. 크리스는 그녀에게 마약을 하게 했어.

- [ ] **take[use, do] drugs** 마약하다
  Rich kids **do drugs** just like poor kids. 부잣집 아이들도 가난한 아이들처럼 마약을 해.

- [ ] **get off drugs** 마약끊다(come[be] off drugs)
  She was on drugs, and **off drugs**. 걘 마약을 했다 끊었다 해.

- [ ] **dose (up)** 약을 먹(이)다(dose oneself 약을 복용하다)
  I'm gonna **dose** tonight for the first time in my life. 난 오늘밤 태어나서 첨으로 마약을 먹어볼거야.

- [ ] **drug** 마약[약물]을 먹이다[투입하다]
  You **drugged** my girlfriend. 넌 내 여친에게 마약을 먹였어.

- [ ] **be on crack[drugs]** 마약하다(high on drugs 마약에 취한)
  My kid's **not on drugs**. 내 아이는 마약을 하지 않아.
  Tommy, **are you on crack?** 토미, 너 약하냐?

- [ ] **get high** 술, 마약에 취하다 (drug high 마약에 흥분한 상태)
  Are you high? 너 약했니?
  Chris and I used to **get high**. 크리스와 나는 마약을 하곤 했어.

- [ ] **be strung out (on)** 마약에 중독돼 있다(be doped up)
  You're strung out! 너 마약하는구나!

- [ ] **a bad trip** 마약에 취한 환각상태 (trip (out) 마약으로 환각에 빠진 상태)
  Linda is really having **a bad trip**. 린다는 정말이지 마약에 취한 환각상태야.

- [ ] **have[take] LSD** LSD 먹다(drop acid LSD하다)
  You sure you **haven't had any LSD**? 너 정말 LSD 조금도 먹지 않았어?

- [ ] **drug overdose** 약물 과다복용(drug abuse 마약[약물]남용)
  Attempted suicide. **Drug overdose.** 자살미수사건야. 약물과다복용으로.

미드 Situation

Natalie: You really shouldn't **take drugs**. 넌 마약을 해서는 안돼.
Orson: All I do is **smoke a little weed**. 내가 하는 거라고는 마리화나 좀 피는건데.
Natalie: But you act so **strung out** most of the time. 하지만 넌 대부분 약에 중독된 듯 행동하잖아.
Orson: Hey, it doesn't really hurt me. 야, 그거 별로 몸에 해도 되지 않아.
Natalie: And I think it also makes you act lazy. 그렇지만 그 때문에 네가 행동을 이상하게 하는 것 같은데.

기타등등(Et Cetera) 589

마약거래를 하다

007 He sold drugs on campus.
걘 학교에서 마약을 팔았어.

마약을 불법적으로 밀매하다는 smuggle drugs, 이 마약을 사고 파는 것은 sell[buy] the drugs라 한다. 그리고 마약거래하다는 deal drugs, 그냥 마약거래는 drug trade, 그리고 마약조직은 drug ring이라고 한다.

12문장으로 미드영어 후다닥 끝내기

- **sell[buy] the drugs** 마약을 팔다[사다]
  Well you can't **sell drugs**, it's illegal.
  년 마약을 팔 수 없어, 그건 불법야.

- **smuggle drugs** 마약을 밀매하다(drug smuggling 마약밀매)
  I don't **smuggle drugs** anymore. 난 더 이상 마약을 밀매하지 않아.
  She got busted for **drug smuggling**. 걘 마약밀매하다 체포됐어.

- **traffic drug[people]** 마약거래[인신매매]하다(drug trafficking 마약거래)
  Louis did ten and a half years for **drug trafficking**.
  루이스는 마약거래로 10년 반을 복역했어.
  There are no **trafficked people** on this ship.
  이 배에는 인신매매된 사람들이 없어.

- **deal drugs** 마약을 거래하다 (drug dealer 마약 딜러[판매상])
  Your friend got busted for **dealing drugs** at school.
  네 친구는 학교에서 마약을 거래하다 체포됐어.

- **drug trade** 마약거래(drug mule 마약운반책)
  The boss was involved in a **drug trade**.
  두목은 마약거래에 연루되었어.
  They have been using my son as a **drug mule**.
  그들이 내 아들을 마약 운반책으로 이용해왔어.

- **drug[smuggling] ring** 마약조직
  Dr. Conner was involved in prescription fraud and a **smuggling ring**. 코너 박사는 약처방 및 마약조직에 연루되었어.

- **score (off)** +불법약물 불법약물을 구하다
  We need to **score some weed off** Jason.
  우리는 제이슨에게서 마리화나를 구해야 돼.

- **give sb the drugs** …에게 마약을 공급하다
  I think someone else **gave her the drugs**.
  난 다른 누군가가 걔한테 마약을 공급한 것 같아.

- **run drugs[guns]** 돈벌기위해 불법적으로 마약을 팔다
  Have you heard of Morris **running drugs**?
  모리스가 불법으로 마약을 판매한다는 이야기는 들어봤어?

- **pump sb full of sth** …에게 (마약을) 많이 넣다
  The doctor **pumped her full of morphine**.
  그 의사는 걔에게 모르핀을 많이 투여했어.

미드 Situation

Woody: A big **drug smuggling ring** was just busted up. 거대한 마약조직이 체포됐어.
Gillian: Really? Who **was running drugs**? 정말? 누가 마약을 팔고 있었는데?
Woody: Some guys were bringing them in from Columbia. 어떤 놈들이 콜롬비아에서 마약을 들여오고 있었어.
Gillian: I can't understand why anyone would work in the **drug trade**.
왜 마약거래에 사람들이 가담하는지 이해가 안돼.
Woody: Well, I guess criminals can make a lot of money. 저기, 범죄자들이 많은 돈을 벌 수 있잖아.

008 I wouldn't wager on it.
나라면 거기에 걸지 않을텐데.

도박에 빠지다~

내기하다는 make a bet, make a wager, 이를 받아서 좋아, 하자고 할 때는 You're on이라고 한다. 좀 큰 도박을 한다고 할 때는 play for high stakes, 그리고 이런 큰 손들은 high roller라 한다.

12문장으로 미드영어 후다닥 끝내기

- [ ] **double or nothing**
  두 배로 따던가 아니면 다 잃다
  Come on, one more game. Double or nothing.
  야야, 한 게임만 더. 두배로 따던지 아니면 다 잃는거로.

- [ ] **play for high stakes**
  큰 도박을 하다
  Let's play for real. High stakes, big bucks.
  진짜 놀아보자고. 판돈도 크고 돈을 많이 벌 수 있는걸로.

- [ ] **get aces**
  포커 (high rollers 도박판 큰손들)
  I got aces. What do you got? 난 에이스야. 넌 뭐 갖고 있어?
  This room is for high rollers only. 여기는 큰 손들만을 위한 방이야.

- [ ] **make a wager**
  내기하다(wager on)
  Care to make a wager? 내기할테야?
  I wouldn't wager on it. 나라면 거기에 걸지 않을텐데.

- [ ] **You want to bet?**
  나랑 내기할래?
  Rick will win the race? You want to bet?
  릭이 레이스에서 우승할거라고? 나랑 내기할래?

- [ ] **What do you want to bet~?**
  …하는데 뭘 걸고 싶으니?
  What do you want to bet the blue race car crashes?
  파란 경주차가 충돌한다는데 뭘 걸래?

- [ ] **win[lose] a bet**
  내기에서 이기다[지다]
  She'll do anything to win a bet.
  걘 내기에서 이기기 위해 무슨 짓이라도 할거야.

- [ ] **make[get, have] a bet**
  내기를 하다(place a bet 내기걸다)
  I've got a bet with one of my patients.
  난 내 환자들 중 한 명과 내기를 했어.

- [ ] **You're on**
  상대방의 내기를 받아들이며 그래 좋았어
  You're on. I'll bet twenty dollars on it.
  좋아, 그러자. 난 거기에 20 달러를 걸게.

- [ ] **win[lose] the toss**
  동전 던지기에서 이기다[지다]
  You won the toss, so you're gonna start.
  네가 동전던지기에서 이기면 네가 시작하는거야.

- [ ] **hit the jackpot**
  대박치다
  Many people are hoping to hit the lotto jackpot.
  많은 사람들이 로또대박을 치기를 바라고 있어.

- [ ] **be in for + 돈(money)**
  걸다
  I bet $ 500. Hey, you want in for $100?
  난 500 달러를 걸었어. 야, 넌 100 달러 걸거야?

미드 Situation

Pamela: Let's **make a bet** on the next race. 다음 경주에서 내기를 하자.
Victor: **You're on.** Who do you think will win? 좋아. 누가 이길 것 같아?
Pamela: I'll pick the guy in the blue shorts. 푸른 셔츠를 입은 친구에게 걸래.
Victor: I'll take the guy in red shorts. **I'm in for** 20 bucks. 난 붉은색 셔츠를 입을 친구에게 20 달러를 걸래.
Pamela: Alright. Let's see who has the faster time. 좋아. 누가 더 빠른지 보자고.

중독에 빠지다

009 Getting hooked on drugs?
마약에 중독되었다고?

술이나 담배, 마약, 도박 그리고 섹스 등 중독되는 분야는 다양하다. 이렇게 중독되었다는 get addicted to, get hooked on, 그리고 중독에서 벗어나는 것은 overcome the addiction, kick one's addiction이라고 하면 된다.

12문장으로 미드영어 후다닥 끝내기

- [ ] **be[get] addicted to**
  …에 중독되다(addict oneself to)

  I hope you're not getting addicted to painkillers.
  네가 진통제에 중독되지 않기를 바래.

- [ ] **get hooked on**
  마약에 중독되다, 빠지다

  Getting hooked on drugs? 마약에 중독되었다고?
  He hooked his wife on drugs. 걘 아내를 마약에 중독되게 했어.

- [ ] **be heavy into sth**
  술, 도박, 마약 등에 빠지다

  My father is heavy into the drugs.
  아버지는 마약에 중독되었어.

- [ ] **junkie**
  마약중독자(drug addict 마약중독자)

  You didn't know he was a junkie? 걔가 마약중독자인지 몰랐어?
  I told him I was a drug addict. 난 내가 마약중독자였다고 걔한테 말했어.

- [ ] **pill head**
  각성제나 마약 등을 상용하는 사람

  I didn't say Jack is a pill head.
  잭이 마약쟁이라고 말하지 않았어.

- [ ] **swear off~**
  담배[술] 등을 끊겠다고 다짐하다

  I'm going to swear off alcohol for a while.
  난 잠시 술을 끊겠다고 다짐할거야.

- [ ] **have an addiction** 중독되다
  (kick one's addiction 중독에서 벗어나다)

  Ben had an addiction, but it's under control now.
  벤은 중독에 걸렸지만 지금은 통제되고 있어.

- [ ] **overcome an addiction**
  중독을 이겨내다

  The easiest way to overcome one addiction is to replace it with another.
  한 중독을 이겨내는 가장 쉬운 방법은 다른 것에 중독되는거야.

- [ ] **go cold turkey**
  갑자기 중단하다, 끊다

  You need to go cold turkey when you quit smoking.
  넌 담배를 끊을 때는 갑자기 뚝 끊어야 돼.

- [ ] **sex addict**
  섹스중독자(sex addiction 섹스중독)

  Have you sought counseling for sex addiction?
  넌 섹스중독에 대한 상담을 해보려 했어?

- [ ] **a space cadet** 약먹고 이상하게
  행동하는 사람(withdrawal 금단현상)

  Anne was a space cadet before she quit doing drugs. 앤은 마약을 끊기 전에는 좀 이상한 사람였어.

미드 Situation

Rowan: What ever happened to Jan? 잰에게 무슨 일이 일어난거야?
Jane: She **got hooked on** painkillers after her injury. 걘 사고가 난후 진통제에 중독됐어.
Rowan: So she's a **junkie**? That's a real shame. 그럼 걔가 마약중독자야? 정말 안됐다.
Jane: You're right. She's in bad shape. 맞아. 걔 상태가 안좋아.
Rowan: Is there any way for her to **overcome her addiction**? 걔가 중독을 이겨낼 무슨 방법이 있어?

592　Chapter 10

010 What's your pleasure?
어떤 거 먹을래?

상대방에게 뭐 먹을래라고 물어볼 때는 What're you having?, What will yo have?, What are you going to have?를 쓰며 재미난 표현으로는 What's your pleasure?가 있는데 앞의 Name your poison과 일맥상통한 문장이다.

12문장으로 미드영어 후다닥 끝내기

What's your pleasure? (음식, 술)뭘 먹겠냐?, 어떤 취향이야?	**What's your pleasure?** Gay magazine or straight magazine? 네 취향이 뭐야? 게이잡지 아니면 이성애자 잡지?
What are you having? 뭐 먹을래?	**What are you having?** It's on me. 뭐 먹을래? 내가 낼게.
What will you have? 뭐 먹을래?	Fine Randy. **What will you have?** 좋아, 랜디. 뭐로 먹을래?
What are you going to have? 뭐 먹을래?	I'll have a cobb salad. **What are you going to have?** 카브샐러드 먹을래. 너는 뭐 먹을래?
Make it two 같은 걸로 주세요	**Make it two,** if you don't mind. 괜찮다면 같은 걸로 주세요.
Make mine something 난 …로 하겠어요, 내껀 …해주세요	**Make mine** a chicken sandwich with fries. 난 프렌치 프라이와 치킨샌드위치로.
come (right) up 음식이 바로 나오다	Two eggs **coming right up.** 계란 두개 바로 나옵니다.
What comes with~? …에는 뭐가 함께 나오나요?	**What comes with** the breakfast platter? 아침식사에는 뭐가 함께 나와요?
dish out 음식을 서빙하다	It's time to **dish out** the chocolate pudding. 이제 초콜릿 푸딩을 서빙할 때야.
How do you take~? 커피나 음식을 어떻게 하냐?	**How do you take** your coffee? 커피는 어떻게 해서 먹어?
hold the+음식 …는 빼주세요	Give me a hamburger, and **hold the mustard.** 햄버거를 주되, 겨자는 빼주세요.
Is that for here or to go? 여기서 드실겁니까 가지고 가실 겁니까?	Your order is ready. **Is it for here or to go?** 주문하신거 되었는데 여기서 드실건가요 아니면 포장요?

Situation 미드

Antonio: **What are you going to have?** 뭐 드실래요?
Stephen: **What comes with** the fish sandwich? 피쉬 샌드위치에는 뭐가 함께 나오나요?
Antonio: You get French fries and a drink. 프렌치 프라이하고 음료수가 나옵니다.
Stephen: I'll have that, but **hold the sauce.** 그걸로 할게요, 소스는 넣지마시고요.
Antonio: No problem. **Is that for here or to go?** 넵, 여기서 드실건가요 아니면 포장인가요?

음식을 만들고 먹고

011 Dig in, everybody.
여러분 자 어서 듭시다.

음식을 만든다고 할 때 make sb~는 이해되지만 특이하게도 fix라는 동사를 써서 저녁을 준비하다라고 하려면 fix dinner라고 하면 된다. 특히 빠른 시간내 후다닥 음식을 만들어낸다고 할 때는 whip up이라고 한다.

12문장으로 미드영어 후다닥 끝내기

☐ **Come and get it** 자 밥먹게 와라	You guys, root beer floats. **Come and get it.** 애들아, 루트비어플로츠다. 어서 와서 먹어라.
☐ **Soup's on!** 식사준비 다 되었어요!	**Soup's on.** Please help yourself. 식사준비 다 됐다. 와서들 먹어라.
☐ **fix dinner** 저녁을 준비하다	If you **fix dinner**, I'll make a salad. 네가 저녁 준비하면, 내가 샐러드 만들게.
☐ **make sb+음식** …에게 음식을 만들어주다	I can **make you some burgers.** 내가 버거 좀 만들어줄게.
☐ **whip up** 음식[식사]를 빠른 시간내 급조해서 내놓다	I thought I'd **whip up** some pancakes. 난 후다닥 팬케익 좀 만들려고 했어. Look, Jane, all you gotta do is **whip up** a few pancakes. 이봐, 제인, 넌 팬케익 몇 개만 후다닥 만들면 돼.
☐ **feed a baby** 아기를 먹이다	She doesn't know how to **feed a baby.** 걘 어떻게 아기에게 음식먹이는 줄 몰라.
☐ **dig in** 먹다, 정보를 캐내다	**Dig in,** everybody. 여러분, 자 먹읍시다. **Dig in** his life. 걔의 삶을 뒤져봐.
☐ **My mouth is watering** 군침이 돌다(make my mouth water)	**My mouth is watering** thinking about Christmas dinner. 크리스마스 저녁을 생각하니 입에 군침이 도네.
☐ **I couldn't eat another thing[bite]** 더 이상 못 먹겠다	I don't think **I could eat another thing.** 나 더는 못먹을 것 같아.
☐ **raid one's fridge** 자유롭게 냉장고에서 꺼내 먹다	Okay. Can I **raid the fridge?** 좋아. 냉장고에서 맘대로 꺼내 먹어도 돼?
☐ **not[never] touch the stuff** 술이나 음식 등을 손에 대지 않다	Oh no. **I never touch the stuff.** 어 아냐. 난 절대로 손대지 않았어.

미드 Situation

Adrienne: Hey, don't **raid the fridge.** 야, 냉장고 맘대로 뒤져 먹지마.
Eric: Why not? I'm really hungry. 왜 안돼? 난 정말 배고픈데.
Adrienne: Because I'm about to **fix some dinner.** 내가 바로 저녁만들어줄게.
Eric: Could you **whip up** a steak and potatoes? 고기하고 감자를 후다닥 만들어줄 수 있어?
Adrienne: Yeah, I'd be glad to make those for you. 그래, 기꺼이 널 위해 만들어줄게.

Chapter 10

012 Hey, give me a bite.
야, 한입만 주라.

식욕이 넘 좋아~

식욕하면 appetite로 식욕이 없으면 have no appetite, 식욕을 잃다는 lose one's appetite, 그리고 가볍게 한 입먹다는 take a bite of, 가볍게 외식하러 가다는 go out for a bite라고 한다. 특히 음식+agree with의 의미를 잘 알아둔다.

12문장으로 미드영어 후다닥 끝내기

Food+agree with sb 음식이 …에게 맞지 않는다	This Mexican food didn't **agree with** me. 이 멕시코 음식은 나하고 맞지 않아.
have[get] no appetite 식욕없다(have a good appetite 식욕좋다)	Your grandmother still **has no appetite**. 네 할머니는 여전히 식욕이 없으셔.
get one's appetite back 식욕을 되찾다	Mom's **got her appetite back**. 엄마는 식욕을 되찾았어.
lose one's appetite 식욕을 잃다(spoil one's appetite 식욕을 망치다)	I think I **have lost my appetite**. 내가 식욕을 잃은 것 같아. Don't make me **lose my appetite**. 식욕 달아나게 하지마.
take one's appetite away 식욕을 앗아가다(kill one's appetite 식욕을 죽이다)	It's so gross. It'd **take your appetite away**. 정말 역겨워. 네 식욕이 없어지겠다.
work up an appetite 식욕을 돋우다, 불러일으키다	I guess he **worked up an appetite**. 걔가 식욕이 나는 것 같았어.
save sb a bite of~ …한 입 남겨놓다, 주다(give sb a bite)	I **saved you a bite of** my cinnamon muffin. 너 주려고 시너몬 머핀 남겨놨어. Hey, **give me a bite**. 야, 나 한입만 주라.
want a bite of~ 한입먹어보다(grab a bite of~)	Come on, let's **grab a bite** in the cafeteria. 자, 카페테리아에 가서 간단히 좀 먹자.
take[have, get] a bite (of) …를 한입 베어 먹다	Pam went to **take a bite of** food, but put it back down. 팸은 나가서 음식 좀 먹으려다 그냥 내려놨어.
get out for a bite (to eat) 외식하러 나가다	She asked me if I wanted to **go for a bite**. 걔가 내가 외식하러 나가고 싶으냐고 물었어.
Want[Have] some more (~) 조금 더 (…을) 들어	**Want some more wine?** 와인 좀 더 먹을래? Here. **Have some more chicken.** 여기, 치킨 좀 더 들어.
cup of joe 커피 한잔	Oh, sure. Right after my **cup of joe**. 어, 물론. 커피한잔 마신후에.

Drew: What made you **lose your appetite**? 어떻게 해서 의욕을 잃게 된거야?
Kim: The food I had for dinner didn't **agree with** me. 저녁 때 먹은 음식이 나와 맞지 않았어.
Drew: Why don't you **take a bite of** this sandwich? 이 샌드위치 좀 먹어.
Kim: What kind of sandwich is it? 무슨 샌드위치인데?
Drew: It's made from turkey and swiss cheese. 칠면조와 스위스 치즈로 만든거야.

있는 힘껏 먹다

013 I put away two steaks.
난 스테이크 두점을 후다닥 해치웠어.

많이 먹다는 eat one's fill, fill one's face 등이 있으며 I'm stuffed는 음식을 사양할 때 쓰는 것으로 I'm full과 같은 의미. 그리고 뭔가 음식을 빨리 먹어 치우다는 put away, go[get] through~라는 표현을 사용하면 된다.

12문장으로 미드영어 후다닥 끝내기

☐ **eat one's fill**
잔뜩 먹다
Everyone can **eat their fill** at the buffet.
다들 부페에서 맘껏 배불리 먹을 수 있어.

☐ **be stuffed**
배가 고프지 않다
Oh, I really can't. **I'm stuffed.**
어. 난 정말 안돼. 배가 불러.

☐ **stuff oneself**
과식하다(stuff one's belly 배를 채우다)
Don't **stuff yourself** on junk food.
정크푸드로 과식하지마라.

☐ **fill one's face**
많이 먹다(stuff one's face 과식하다)
Cindy **filled her face** with kids' candy.
신디는 아이들 사탕을 많이 먹었어.

☐ **eat like a horse**
많이 먹다(eat like a bird 조금 먹다)
Al **ate like a horse** when he finished working.
알은 일을 끝내고 나서 엄청 먹어댔어.

☐ **have eyes bigger than one's belly** 과식하다
Children often **have eyes bigger than their bellies**.
아이들은 종종 과식을 해.

☐ **go[get] through sth**
뭔가 빨리 이용하고 쓰고 먹는다
The crowd **went through** the beer supply quickly.
사람들은 맥주를 빨리 먹어버렸어.

☐ **put sth away**
멀리 치우다, 음식[술]로 배를 채우다
I **put away** two steaks and a lobster.
난 스테이크 2점과 랍스터를 해치웠어.

☐ **scarf down[up]**
음식을 빨리 먹다(down)
The girl **scarfed down** the ice cream. 걘 아이스크림을 빨리 먹었어.
I think he **downed** fifteen beers. 난 걔가 맥주 15잔을 해치운 것 같아.

☐ **eat sb out of house and home**
…집 음식을 거덜 내다(eat up 다 먹어치우다)
Jenny'**s eating me out of house and home** and using up my hot water.
제니는 우리집 음식을 거덜나게 먹고 우리집 온수를 다 쓰고 있어.

☐ **go[be] heavy on**
많이 먹다
You should **go heavy on** the hot sauce.
넌 핫소스를 많이 먹어야 해.

☐ **tuck into sth**
좋아서[배고파서] 게걸스럽게 먹다
Let's **tuck into** our lunch.
우리 점심으로 배를 채우자.

미드 Situation

Luke: Wow, your mom is a great cook. 와, 네 엄마 정말 요리 잘 하신다.
Brenda: Did you **eat your fill** tonight? 오늘밤에 맘껏 먹었어?
Luke: I sure did. **I'm stuffed.** 그럼. 배가 꽉찼어.
Brenda: What was your favorite dish? 가장 맘에 든 음식이 뭐였어?
Luke: I really **scarfed down** the brussel sprouts. 난 브뤼셀 스프라우트 야채를 후다닥 먹었어.

596 Chapter 10

014 What's my share?
나 얼마 부담해야 돼?

나의 몫, 너의 몫

'몫' 하면 share로, 그냥 단순히 물리적으로 몫을 받다라는 의미로도 쓰이지만 비유적으로 내가 겪어야 될 것들을 경험하다라는 의미로도 쓰이는 데 주의해야 한다. 또한 fair share는 공평한 몫이고 몫을 뜻하는 단어로는 cut이 있다.

 12문장으로 미드영어 후다닥 끝내기

- **flush one's stash** …의 몫을 버리다
  What made you decide to **flush your stash**?
  뭐 때문에 네 몫을 버리기로 작정한거야?

- **get one's share of~** 자기몫의 …를 받다
  Believe me, I've **had my fair share of** heartache.
  정말야, 난 두통을 받을 만큼 받았어.

- **do one's fair share** 합당한 자기 몫을 하다
  I just want to make sure you **do your fair share** around here. 난 네가 여기서 네 합당한 몫을 확실히 받도록 하고 싶을 뿐이야.

- **see one's share** 자기 봐야할 것 이상을 경험하다
  I have **seen more than my fair share** of bad things.
  난 별별 이상한 경험들을 정말 많이 했어.

- **collect one's share** 자기 몫을 챙기다, 받다
  I've come to **collect my share** of the gold.
  난 내가 받을 만큼의 금을 챙기러 왔어.

- **one's fair share** …의 공평한 몫
  You find out where that money is, **your fair share** is $100,000. 넌 그 돈이 어디 있는지 알아냈어, 네 합당한 몫은 10만 달러야.

- **get a fair share** 당연히 받아야 할 것을 받다
  Everyone will **get a fair share** of the birthday cake.
  다들 생일케익을 골고루 나누어 먹을거야.

- **want a piece of** 한몫 챙기려하다 …을 원하다(~want a piece of me? 싸우자)
  I **want a piece of** the next weed shipment.
  나는 다음 마리화나 선적에서 한몫챙기고 싶어.

- **want a piece of the action** (돈이나 이익의) 할당, 분담, 몫
  I wanted to give Tony **his piece of the action**.
  난 토니에게 걔가 받아야 할 돈을 주고 싶었어.

- **cut in half** 반으로 갈라지다 반으로 줄다(cut ~ share in half)
  Our profit just got **cut in half**. 우리 수익은 반토막났어.
  I stopped by to **give you your cut**. 네게 네 몫을 주려고 들렀어.

- **share and share alike** 똑같이 분배하다
  Kids must learn to **share and share alike**.
  아이들은 반드시 똑같이 분배하는 것을 배워야 한다.

- **the lion's share** 가장 큰 몫
  The crime boss received the **lion's share** of the loot.
  두목은 도둑질한 물건들에서 가장 많이 차지했어.

Pierce: Did you **get your share of** the prize money? 넌 네가 받을 상금을 받았어?
Phoebe: No, Brian kept the **lion's share** of it. 아니, 브라이언이 가장 많이 받았어.
Pierce: That must have made you upset. 너 속상했겠구나.
Phoebe: A little bit, but I was taught to **share and share alike**.
조금, 하지만 난 똑같이 나누어야 된다고 배워왔거든.
Pierce: You're a very generous person. 너 참 마음도 넓어.

피해를 보다

015 Do damage control.
피해대책을 세워.

손해나 피해를 보는 것은 take a hit, do harm, do damage to, 그리고 손해를 보지 않았다고 할 때는 no damage, 이미 손해를 수습하는 것은 do damage control이라고 한다. 한편 cut one's losses는 손실을 줄이다라는 의미.

12문장으로 미드영어 후다닥 끝내기

- **collateral damage** 부수적 피해
  I'm sorry about Han becoming **collateral damage**.
  한이 부수적으로 사망한 것에 대해 유감이야.

- **cut one's losses** …의 손실을 줄이다, 손떼다
  Just **cut your losses** and sell the stock.
  그냥 손실을 줄이고 주식을 팔아.

- **that's [it's] one's loss** …의 손실이다
  Thanks. But **that's not my loss**.
  고마워. 하지만 그건 내 손실이 아냐.
  I will **deal with my loss** my way, okay?
  난 내 방식으로 내 손실을 처리할거야, 알았지?

- **deal a blow to~** 피해를 끼치다
  The injury **dealt a blow to** the athlete's career.
  부상 때문에 그 운동선수의 경력에 피해가 갔어.

- **do damage control** 피해대책을 세우다, 수습관리를 하다
  If you want the baby to live, **do damage control**.
  그 아기가 살기를 원하면, 피해대책을 세우라고.

- **no damage** 손해 본 거 없다(No harm done)
  No damage happened during the earthquake.
  지진중에 손실난 것은 없어.

- **take a hit** 손실[손해]를 보다
  Did you guys **take a hit** from the economy?
  너희들 경제 때문에 손실을 봤어?

- **The damage is done** 이미 피해[손해]를 보다
  The damage is done, and there's nothing you can do about it. 이미 손해는 본거고, 그것에 대해 달리 할 방법이 아무것도 없었어.

- **do damage[harm] to~** 피해입히다(undo the damage of~ 손해보상하다)
  The crisis **did damage to** the economy.
  그 위기가 경제에 피해를 입혔어.

- **come to no harm** 해를 입지 않다(not come to any harm)
  You'll **come to no harm** if you follow my advice.
  너는 내 조언만 따르면 손해를 보지 않을거야.

- **might have wanted to harm~** …에게 해를 끼치고 싶었을지도 모른다
  Is there anyone that you know of that **might have wanted to harm** your husband?
  당신이 아는 사람중에서 남편에게 해코지하고 싶을 수도 있었던 사람 누구 있나요?

미드 Situation

Wes: I **took a hit** when Tina left me. 티나가 나를 떠났을 때 난 상처를 받았어.
Cherry: It's **her loss**. You're too good for that girl. 걔가 손해본거지, 걔한테 너는 너무 아까워.
Wes: Thanks, but do you think I should send her an e-mail?
고마워, 하지만 걔한테 이멜을 보내야 할까?
Cherry: No, just **cut your losses** and forget about her. 아니, 그냥 네 손실을 털어내고 걜 잊어버려.
Wes: That's going to be difficult to do. 그렇게 하는 것은 쉽지 않을거야.

016 I sent her back to boot camp.

난 걔를 다시 훈련소로 돌려보냈어.

군인들

군복무하다는 be in the army, be in the service가 많이 쓰이며, 불명예제대는 dishonorable discharge라고 한다. 또한 NCIS 등에 나오는 semper fi!는 미해병대 모토. 한편 boot camp는 신병훈련소 및 문제아 교육시키는 훈련소로도 쓰인다.

12문장으로 미드영어 후다닥 끝내기

- [ ] **jarhead** 미해병대원
  The jarheads are supposed to be rough and tough. 미 해병대원은 거칠고 터프하지.

- [ ] **(dis)honorable discharge** (불)명예제대(discharge 제대[퇴역]하다)
  He got an honorable discharge in 2011. 걘 2011년에 명예제대를 했어.
  I didn't want him discharged. 난 걔가 제대하는 걸 원치않았어.

- [ ] **zero hour** 공격개시시간
  At zero hour the troops will start moving. 공격개시시간에 병력이 이동하기 시작할거야.

- [ ] **MIA(Missing in Action)** 전투중 행불자(KIA 전사:killed in action)
  Several soldiers were MIA after the battle. 몇몇 군인들이 그 전투 후에 행불자가 됐어.

- [ ] **boot camp** 신병소, 문제아 가르키는 훈련소
  Did you send her off to boot camp? 넌 걔를 훈련소에 보냈어?

- [ ] **be in the army** 군에 복무하다(be in the service)
  If our perp was in the service, then his DNA's in the system. 범인이 군복무를 했다면 DNA가 시스템에 있을거야.

- [ ] **semper fi(semper fidelis)** (해병대모토) 언제나 충성을(Forever true)
  I'm with you, buddy, semper fi! 너랑 같이할거야, 친구야, 언제나 충실하게!

- [ ] **tour of duty** 복무[근무]기간(private 사병, officer 장교)
  Private Mike's tour of duty was over. 일병 마이크의 복무기간은 끝났어.

- [ ] **on active duty** 현역 복무중
  I was on active duty for 10 years. 한 10년간 현역복무중이야.

- [ ] **swoop down** 기습[급습]하다(attack by surprise)
  They swooped down on the military barracks. 그들은 군막사를 기습공격했어.

- [ ] **join the army** 입대하라
  He joined the army at 18 and went to ranger school. 걘 18세에 군에 입대했고 레인저 교육부대로 갔어.

미드 Situation

Wendy: So your dad was a **jarhead** in the 60's? 그럼 네 아빠가 60년대에 해병대원이셨어?
Cole: That's right. He **was on active duty** in Vietnam. 맞아. 베트남 전쟁시 현역복무하셨고.
Wendy: How long was he in for? 얼마나 오랫동안 복무하셨어?
Cole: He **got an honorable discharge** in 1979. 1979년에 명예제대하셨어.
Wendy: Sounds like he was a tough guy. 터프가이셨던 것 같으네.

기타등등(Et Cetera) 599

폭탄이 터지다

017 You planted the bomb!
네가 폭탄을 설치했어!

폭탄을 만들어(build a bomb) 설치하면(plant the bomb) set off하기 전에 폭탄처리반(bomb squad)이 와서 폭탄을 해체하는(defuse the bomb) 모습은 미드에서 참 많이 등장하는 장면. dirty bomb은 청소를 안해서 더럽다는 얘기가 아니니…

12문장으로 미드영어 후다닥 끝내기

☐ **blast through[throughout]** 터지다, 세게 치다	The missile **blasted through** the wall. 미사일은 벽에 부딪히며 폭발했어.
☐ **go pop** 뻥하고 터지다(go bang 뻥터지다)	We heard the bomb **go bang** from a long way off. 우리는 폭탄이 멀리 떨어진 곳에서 뻥하고 터지는 소리를 들었어.
☐ **a real dog** 실패(하다), 폭탄(이다)	The new show was **a real dog**, and no one watched it. 이 새로운 쇼는 완전 실패야, 보는 사람이 없었어.
☐ **bomb squad** 폭탄처리반	We'll take the **bomb squad** along because this could get ugly. 우리는 사태가 험악해질 수도 있으니 폭탄처리반을 데리고 갈거야.
☐ **defuse the bomb** 폭탄을 해체하다	If I do this, you'll tell me how to **defuse the bomb**? 내가 이걸 하면, 넌 그 폭탄 해체하는 법을 알려줄거야?
☐ **dirty bomb** 방사능 물질 폭탄, 더티밤	A **dirty bomb** is gonna go off somewhere in Manhattan? 더티밤이 맨해튼의 어딘가에서 폭발할거라고?
☐ **drop the bomb** 폭탄을 떨어트리다, 폭탄선언하다	Are you gonna **drop the bomb** or not? 넌 폭탄선언을 할거야 말거야?
☐ **plant the bomb** 폭탄을 설치하다	Well, we know who **planted the bomb**. 음, 우리는 누가 폭탄을 설치했는지 알아.
☐ **build the bomb** 폭탄을 만들다	This kid was trying to **build a bomb** in his basement. 이 아이는 지하실에서 폭탄을 만들려고 했었어.
☐ **set off** 폭탄을 터트리다	You need a cell phone if you want to **set it off** remotely. 폭탄을 원격으로 터트리려면 핸드폰이 필요해.
☐ **explosive** 폭발물	This guy had access to **explosives**. 이 친구가 폭발물에 접근했어.
☐ **pipe bomb** 파이프 폭탄	A **pipe bomb** on a crowded city bus and only two people were killed? 만원버스에 파이프 폭탄이 터졌는데 단지 2명만 죽었단말야?

미드 Situation

Claire: Who is going to **defuse the bomb** outside? 밖의 폭탄을 누가 해체할거야?
Russell: The cops called in the **bomb squad**. 경찰이 폭발물처리반을 불렀어.
Claire: Will they be able to handle it? 걔네들이 처리할 수 있어?
Russell: If they don't, it will **blast through** the entire block. 그렇지 못하면 블록 전체가 날라갈거야.
Claire: That could kill hundreds of people. 그럼 많은 사람이 죽을 수도 있어.

018 Don't put me on hold.
나 기다리게 하지마.

전화를 하고 받고

가장 기억해두어야 할 표현은 I just got off the phone with~로 이는 …와 전화를 끊었다, 즉 …와 방금 통화했다는 의미다. 또한 구어체로 Give me sb하면 'sb를 바꿔달라,' You got sb하면 'sb인데요'라는 의미가 된다.

12문장으로 미드영어 후다닥 끝내기

☐ **give sb a ring** …에게 전화하다(give sb a call[buzz])	You gonna **give me a ring**? 내게 전화할거야? **Give me a call** if you want. 원한다면 전화해.
☐ **get off the phone[line] with** 전화통화를 했다(get on the line 전화하다)	I just **got off the phone** with my lawyer. 방금 우리 변호사들과 전화를 했어.
☐ **be ringing off the hook** 전화통에 불이날 정도로 전화가 많이 오다	The phone **has been ringing off the hook** today. 전화가 오늘 쉴새없이 울리고 있어.
☐ **put sb on hold** 잠시 기다리게 하다 (put sb on[through] …를 연결해주다)	What? No, **don't put me on hold**. 뭐라고? 안돼, 날 기다리게 하지마.
☐ **get another call** 다른 전화를 받다 (be on another line 통화중이다)	Hang on. **I'm getting another call**. 잠깐만, 다른 전화 좀 받고.
☐ **call back** 답신하다 (call again 다시 전화하다, call later 나중에 전화하다)	They'll **call back** in a minute. 걔네들이 곧 전화를 다시 할거야. I'll **call you again** before I leave. 내가 나가기 전에 네게 전화다시할게.
☐ **(there's a) phone call for you** 전화왔어	Excuse me. **There's a phone call for you**. 실례지만, 전화왔는데요.
☐ **put in a call** 전화넣다	I **put in a call** to the D.A.'s office. 난 검사 사무실로 전화를 넣었어.
☐ **make a phone call** 전화하다	I don't have time to **make a phone call**. 난 전화를 할 시간이 없어.
☐ **be on the horn with** …와 통화중이다	He's **on the horn with** the tech department. 걘 기술부서와 통화중이야.
☐ **You got~** …에 연결되었어요 (give me sb … 부탁해요)	**Give me** Chris, please! 크리스 부탁합니다! **You got** Angelo. Can I help you? 안젤로 입니다. 무슨 일이세요?
☐ **have been meaning to call you** 안그래도 전화하려던 참이었어	Hi, sweetheart, **I've been meaning to call you**. 하이, 자기야, 안그래도 전화하려고 했어.

 미드 Situation

Gary: Let's **give** your mom and dad **a ring**. 너희 부모님께 전화를 드리자.
Fiona: I just **got off the line** with them. 방금 통화했는데.
Gary: Oh, I'm sorry I didn't get to talk to them. 어, 난 통화를 못했네.
Fiona: Don't worry, I can **call back** and let you talk. 걱정마, 다시 전화해서 바꿔줄게.
Gary: Yeah, would you mind doing that? 그래, 그래 줄테야?

기타등등(Et Cetera) **601**

전화끊을게

019 You're breaking up.
전화가 자꾸 끊겨서 들려.

상대방이 아직도 전화를 받고 있는지 확인하려면 Are you still there?, 전화가 끊기려고 하면 I'm losing you, 그리고 수신이 불량하여 자꾸 끊길 때는 You're breaking up이라고 한다. 그리고 전화상에서 I gotta go는 그만 전화끊을게라는 의미.

12문장으로 미드영어 후다닥 끝내기

☐ **be still here** 전화안끊고 듣고 있다, 여기있다	Hey, are you still there? 야, 아직 통화하고 있는 중이야?
☐ **I'm losing you** 전화가 끊기려고 해	I'm gonna get off. I'm losing you. 전화끊을게. 끊기려고 해. I gotta go, it's almost ten. 전화끊어야겠어, 벌써 10시야.
☐ **break up** 상대방 소리가 끊어져서 들리다	Call me back. You're breaking up. 전화 다시 걸어. 끊겨져서 들려.
☐ **I gotta go** 그만 끊어야겠다, 가야겠어	I gotta go, mom. Yes, right now! 그만 끊어야겠어, 엄마. 그래요, 지금 당장요!
☐ **hang on** 잠깐 기다려	Hang on. There's something else. 잠깐. 다른 뭔가가 있어. Hang on, there's something else we need to discuss. 잠깐, 우리가 논의해야 되는 다른 뭔가가 있어.
☐ **hang-up call** 받으면 끊는 그런 전화	Gloria started getting hang-up calls every night. 글로리아는 매일밤 받으면 끊는 전화를 받기 시작했어.
☐ **keep sb any longer** 그만 전화끊을게	I won't keep you any longer. Thank you for your time. 전화 그만 끊을게. 시간내줘서 고마워.
☐ **leave (me) a message** 메모를 남기다	I left a message about an hour or so before. 약 한시간 전쯤인가 메모를 남겼어.
☐ **take a message** 메시지를 받아 놓다	Not right now. Can I take a message? 지금 자리에 없는데요 메시지 남기실래요?
☐ **have A call B** A보고 B에게 전화하도록 하다	Please have him call me as soon as possible. 개보고 가능한 빨리 전화하라고 해.

Kevin: I can't hear you. **You're breaking up.** 안들려. 전화가 끊겨.
Belinda: **Hang on.** Can you hear me any better now? 잠깐만. 지금은 좀 잘 들려요?
Kevin: Not really. **I'm still losing you.** 아니, 전화가 끊기려고 해.
Belinda: Let me **hang up** and **call you back.** 내가 전화끊고 다시 전화할게.
Kevin: That might give us a better connection. 그럼 우리 통화가 좀 잘 될 수도 있겠다.

문자메시지를 보내다

020 You paged me?
나 호출했어?

한물갔지만 병원에서는 계속 쓰이는 pager. get paged는 호출받다, 나쁜 짓 하는 사람들이 주로 사용하는 disposable cell phone, 그리고 pre-paid cell phone 등이 범죄 미드에 많이 등장한다. IM이나 text는 명사 및 동사로도 쓰인다는 점에 주목.

12문장으로 미드영어 후다닥 끝내기

- **get paged** 호출되다(page sb 호출하다)
  I got paged, Dr. Grey. 호출받았는데요, 그레이 박사님.
  You paged me? 나 호출했어?

- **disposable cell phone** 일회용 핸드폰
  You buy a disposable cell phone so you can't be traced. 일회용 핸드폰을 사면 추적당하지 않아.

- **pre-paid cell phone** 요금선불 핸드폰
  Each call was made from a different pre-paid cell phone. 모두 다른 선불 핸드폰에서 걸려온 전화들이야.

- **text (message)** 문자메시지를 보내다
  I already texted her. And here she is now.
  난 이미 걔한테 문자메시지를 보냈지. 그리고 이제 걔가 보냈네.

- **send sb a text message** 문자메시지를 보내다
  Jason sent a text message yesterday morning at 7:30. 제이슨은 어제 아침 7시 30분에 문자메시지를 보냈어.

- **blocked number** 발신자표시제한 전화번호
  I blocked the number so they can't call again.
  난 발신자표시제한 번호로 전화를 해서 걔네들이 내게 전화를 못할거야.

- **IM(instant message)** 실시간 메신저(카카오톡 등)를 하다
  That's the same time Dan started sending her instant messages. 바로 같은 시간에 댄이 걔한테 메신저를 보내기 시작했어.

- **pop up** 팝업창이 뜨다
  An instant message from Chris popped up on Julie's screen. 크리스가 보낸 메신저 창이 줄리의 화면에 떴어.

- **make a crank call** 장난전화를 하다(crank call 장난전화[하다])
  I did make a crank call to the boss. 난 사장에게 장난전화를 했어.
  Crank calls are against the law, sir. 장난전화는 불법입니다.

- **Who was it?** 누구였는데?, 누구였어?
  If it wasn't her, then who was it?
  그게 그녀가 아니었다면 누구였는데?

- **Who was it that+V?** 누가 …을 한거야?
  Who was it that cut Sally's skin with a knife?
  누가 샐리의 피부를 칼로 벤거야?

- **Who was it that S+V?** …한 것은 누구였어?
  Who was it that you went to see?
  넌 누구를 보러 갔던거야?

Geena: I just **got a text message**. 난 방금 문자메시지를 받았어.
Jamie: **Who was it** that texted you? 누가 네게 문자를 보낸거야?
Geena: I think it's some sort of advertisement. 광고류 문자같아.
Jamie: You **should have blocked that number**. 그 번호는 차단했어야지.
Geena: Can you show me how to do that? 어떻게 하는지 알려줄래?

기타등등(Et Cetera) 603

인터넷의 세계

021 Pull up the websites.
인터넷 검색해봐.

pop up은 팝업창이 뜨듯이, 채팅 등을 할 때 창이 새로 뜬다는 의미로 그리고 pull up the website는 인터넷을 검색하다, 즉 browse라는 의미로 많이 쓰인다. 그리고 인터넷에 screen name이나 alias로 글을 올린다고 할 땐 post를 쓴다.

12문장으로 미드영어 후다닥 끝내기

over the internet 인터넷을 통해서
He probably saw it advertised on TV or **over the internet**. 걘 아마도 TV나 인터넷을 통해서 광고하는 것을 봤을거야.
She met him **over the Internet**. 걘 인터넷을 통해서 그를 만났어.

pop up all over the internet 인터넷 모든 곳에 나돌다
They **pop up in chat rooms** from time to time. 걔네들은 때때로 채팅방에 들어와.
It just **popped up on the screen**. 그건 화면에 팝업으로 떴어.

pull up the website 사이트를 찾다, 검색하다
Give me a second to **pull up the website**. 잠깐만 사이트를 검색해볼게.

post 인터넷에 자기 의견 등의 댓글을 올리다
He **posted** my symptoms on the internet. 걘 내 증상들을 인터넷에 올렸어.
She was murdered right after her info **was posted** on this site. 그녀는 그녀에 대한 정보가 이 사이트에 올라간 직후 살해됐어.

Read this tweet 이 트위트 글을 읽어봐
This is coming from the man who **follows tweets**. 이건 트윗을 팔로하는 남자가 보낸거야.

screen name 온라인 등에서 사용하는 닉네임
Chris goes by the **screen name** "Alien1004." 크리스는 온라인 닉네임이 "외계인천사"야.

cut and paste 문장을 잘라내어 붙이다
I'll **cut and paste** the info in the e-mail. 난 그 정보를 이멜에 잘라 붙일게.

tap into 컴퓨터를 이용해 정보를 찾다, 접속하다
We have a technician who can **tap into** your phone system. 네 통신시스템에 접속할 수 있는 전문가가 있어.

tap out 컴에 입력하다(tap in)
It took hours to **tap out** the report. 그 보고서를 입력하는데 수시간이 걸렸어.

use an alias 가명을 쓰다
Scott wouldn't lie or **use an alias**. 스캇은 거짓말을 하거나 가명을 쓰지 않을거야.

미드 Situation

Clint: There's a great new dating site on-line. 멋진 온라인 데이팅 사이트가 있어.
Erika: I want to see it. **Pull up the website**. 보고 싶어. 검색해봐.
Clint: Are you planning to **post** your profile? 네 프로파일을 올릴거야?
Erika: I might, but I'd **use an alias**. 그럴 수도, 하지만 가명을 써야 되겠지.
Clint: Good idea. You have to be careful **on the Internet**. 좋은 생각야. 인터넷에서는 조심해야 돼.

022 Can we get a ride?
우리 좀 태워줄래야?

차로 드라이브나 할까요~

차로 한바퀴 도는 것은 take sb for a spin, 차를 태워주는 것은 give a ride, 반대로 차를 얻어타는 것은 get a ride가 된다. 또한 call shotgun하면 자동차의 조수석에 앉겠다고 찜하는 것을 뜻하는 표현.

12문장으로 미드영어 후다닥 끝내기

catch a ride 차를 잡아타다 (get sb to take a person somewhere in a vehicle)	I'm gonna **catch a ride back** into the town. 난 차를 잡아타고 시내로 다시 돌아갈거야.
hitch a ride[lift] with sb 히치하이크하다(thumb a ride 히치하이크하다)	I thought that I'd **hitch a ride with** her. 난 그녀차에 히치하이크할 생각이었어.
take sb[sth] for a spin …을 데리고, …로 한바퀴 돌다, 시승하다	You **take me out for a spin**, and you go. 나 차로 한바퀴 태워주고나서 가. I **took out** a Porsche, just **for a spin**. 포르쉐꺼내서 그냥 한바퀴 돌았어.
be up for a quick spin 잠깐 드라이브하러 가다(go out for a quick drive)	I'll be glad to **take** you **for a quick spin** around the block. 너를 동네 한바퀴 잠깐 드라이브시켜주면 기쁘겠어.
go for a drive[spin] 드라이브하러가다(take sb for a ride 드라이브시켜주다)	They **went for a drive** after work. 걔네들은 퇴근후 드라이브하러 갔어.
give sb a ride[lift] …에게 차를 태워주다(give sb a lift)	Want me to **give** you **a ride home**? 너 집에까지 차로 태워줄까?
get a ride 차를 얻어타다(have a lift)	Can we **get a ride**? 우리 좀 태워줄래야?
hop in 어서 타	Now, **hop in** the van before Karl sees you. Hurry up! 자, 칼이 널 보기전에 밴에 올라타. 빨리!
pick sb up 차로 데리러가다, 픽업하다	I'll **pick her up** in the morning. 내일 아침에 걔를 차로 데리러 갈게.
run lines with sb in the car 차로 동행하다	I'll **run lines with** you **in the car**. 난 너와 차로 동행할거야.
call shotgun 차에 타면서 조수석을 찜하다(ride shotgun 조수석에 타다)	You can't **call shotgun** for eternity. 넌 언제나 조수석을 찜할 수는 없지.

Situation

Karen: Where are you off to? 너 어디로 가는거야?
Bo: I'm going to **pick my brother up**. 내 형을 픽업할거야.
Karen: Can I **catch a ride with** you to the store? 가게까지 차 좀 얻어타도 돼?
Bo: Sure you can. **Hop in** the back. 물론이지. 뒤에 타.
Karen: Thanks a lot. This will save me some time. 고마워. 시간이 많이 세이브되겠다.

차가 너무 막혀

023 Just drop me off.
그냥 나 내려줘.

우리에게 익숙한 차가 막혔을 때는 hit traffic, get stuck in traffic을 쓰고 반대로 혼잡한 교통체증을 피한다고 할 때는 beat the traffic이라고 하면 된다. 속도를 낼 때는 step on it, floor it이라고 하고 get pulled over는 경찰단속에 걸렸을 때.

12문장으로 미드영어 후다닥 끝내기

☐ **hit traffic** 교통체증에 막히다 (traffic jam 교통체증)	Looks like Jenny **hit traffic** on the way home. 제니는 집에 오는 길에 교통체증에 막힌 것 같아.
☐ **beat the traffic[commute]** 교통 혼잡을 피하다	We'll leave early to **beat the traffic**. 우리는 교통체증을 피하기 위해 일찍 출발할거야.
☐ **be[get] stuck in traffic** 교통체증에 막혀 꼼짝 못하다	We **got stuck in traffic** for hours. 우리는 수시간째 교통체증에 막혀 꼼짝 못하고 있어.
☐ **pull over** 차를 길 옆에 세우다	I need to pee. **Pull over** at the next rest stop. 나 오줌마려. 다음 휴게소에 차 좀 세워.
☐ **pull up** 정차나 주차목적으로 차를 세우다	They **pulled up** in the parking lot. 걔네들은 주차장에 차를 세웠어.
☐ **get pulled over** 경찰에 의해 강제적으로 길옆에 차를 대다	Slow down. Come on. We don't want to **be pulled over**. 천천히 가. 야야, 경찰에 걸리면 안돼.
☐ **drop sb (off)** …를 내려주다	I won't tell her about you. Just **drop me off**. 난 그녀에게 너에 대해 말하지 않을게. 그냥 날 내려줘.
☐ **buckle up** 안전 벨트를 매다	**Buckle up,** it's going to be a long night. 안전벨트를 매, 긴긴 밤이 될거야.
☐ **slam on the brakes** 급브레이크 밟다(stop on a dime 급정거하다)	She **slammed on the brakes** when she saw the accident. 걔 사고난 것을 보고 급브레이크를 밟았어.
☐ **step on it** 속도를 내다(step on the gas 속도를 내다)	Please don't **step on the gas** again. 제발 다시 속도를 내지마.
☐ **let it[her] rip** (차) 전속력으로 몰다, 열의에 차 시작하다	Everything is ready, so **let her rip**! 다 준비됐어, 그럼 이제 시작하자!
☐ **floor it** (엑셀러레이터가 바닥에 닿게) 차를 빨리 몰다	Okay. Head south…And **floor it**. 좋아, 남쪽으로, 그리고 빨리 밟아.

미드
Situation

Maggie: What took you so long to get here? 여기오는데 왜 이리 시간이 오래걸린거야?
Derek: We **got stuck in traffic** for a few hours. 몇시간 동안 차가 막혀서 꼼짝 못했어.
Maggie: You should have left early to **beat the traffic**. 차 막히는 거 피하려면 일찍 출발했어야지.
Derek: We did, but we had to **pull over** because of road construction.
그랬는데 도로공사 때문에 차를 세워야만 했어.
Maggie: There are a lot of crews working on the highway. 고속도로에 공사인원들이 많아.

024 Let's get her on board.

자동차를 등록하다

걔도 동승하게 해.

전세낸 버스는 chartered bus, 술자리에서 술안먹고 운전하기로 한 사람은 designated driver, 기름을 가득채우라고 할 때는 fill her up, 그리고 엘리베이터에서 사람들 틈을 비집고 내려야 할 때는 Out, please!라고 하면 된다.

12문장으로 미드영어 후다닥 끝내기

- **get[be] booted** 불법주차 차에 클램프를 채우다
  Give me his license, I'll have his car booted.
  내게 걔 면허증을 줘봐, 걔차에 클램프를 채우게.

- **register a car** 자동차를 등록하다
  You need to go register this car.
  넌 이 차를 등록하러 가야 돼.

- **car rental agency** 차량 임대사무소
  There's a car rental agency at the airport.
  공항에는 차량 임대사무소가 있어.

- **chartered bus** 전세버스
  (chartered airplane 전세 비행기)
  We chartered a boat a bunch of times.
  우리는 여러 차례 보트를 전세냈어.

- **designated driver** 지명운전자
  I'll act as the designated driver tonight.
  난 오늘밤 지명운전자가 될거야.

- **be on board** 승선하다, 함께 하다
  I am so on board! 나도 적극적으로 함께 할거야.
  Great, let's get her on board. 좋아, 걔를 동참시켜.

- **have a flat tire** 펑크나다
  (change a flat 타이어를 교체하다)
  She ended up in an unfamiliar area with a flat tire.
  걘 타이어가 펑크나는 낯설은 상황에 처했어.

- **feed the meter** 미터기에 동전넣다
  Damn it! I forgot to feed the meter!
  젠장헐! 주차미터기에 돈을 넣는 걸 깜박했네!

- **fill it[her] up** 기름 등을 가득 채우다
  It's almost empty, so fill her up.
  거의 비었으니 가득채워줘.

- **Going down?** (엘리베이터) 내려 가세요?(Up, or down?)
  Are you going down in the elevator or taking the stairs? 엘리베이터탈거야 아니면 걸어서 내려갈거야?

- **Out, please** 저 내려요
  저 좀 내릴게요(be one's floor 내릴 층이다)
  Excuse me, I need to get out, please.
  실례해요, 저 좀 내려야 돼요.

미드 Situation

Colin: Do we need to go to the **car rental agency**? 차량 임대사무소에 우리가 가야 돼?
Sherry: No, we're going to **take a chartered bus**. 아니, 우리는 전세버스를 이용할거야.
Colin: How about getting some food for the trip? 여행 때 먹을 음식을 좀 준비하는건 어때?
Sherry: **It's on board** and already taken care of. 차에 다 실어놨고 다 준비되었어.
Colin: Wow, sounds like we're ready to have a lot of fun. 와, 재미나게 놀 준비가 다 된 것 같으네.

025 It's all over the news.
뉴스에 계속 나오고 있어.

방송을 내보내다는 put out a broadcast, 중요사건 등이 TV에서 계속 나올 때는 be all over the news, 그리고 긴급속보나 뉴스는 breaking news, news flash라고 한다.

12문장으로 미드영어 후다닥 끝내기

☐ **be on (the) air**
방송중이다(be off air 방송이 끝났다)

The news **comes on the air** at six o'clock.
그 뉴스는 6시에 방송해.

☐ **put out a broadcast**
방송에 내보내다

The TV station **put out a broadcast on** the election.
TV 방송국은 선거에 관한 방송을 내보냈어.

☐ **be all over the news**
뉴스마다 계속 나오다

We're probably **all over the news**.
우린 아마 뉴스마다 계속 다 나오고 있을거야.

That girl, she survived. **It's all over the news.**
저 여자는 생존했고, 뉴스를 도배하고 있어.

☐ **sth be on+media**
언론기관에 뭐가 나왔다

The murder **is on** the morning news.
그 살인사건은 아침 뉴스에 나왔어.

☐ **news flash**
뉴스속보, 긴급소식

I've got a news flash for you.
네게 전해줄 긴급한 소식이 있어.

This is a big news flash for you. You're not his father.
이건 네게 아주 중요한 소식야. 너는 걔 아빠가 아니야.

☐ **breaking news**
속보뉴스

We have **breaking news** from the channel 8 newsroom right now.
우리는 현재 채널 8시 뉴스룸에서 속보를 전해드리고 있습니다.

☐ **What's playing?**
뭐가 상영중야?(sth be playing 상영중이다)

What's playing at the corner theater?
저 코너에 있는 극장에서는 뭐가 상영중이야?

☐ **stay tuned (for)**
(TV 채널) 고정하다

Stay tuned for an episode of The Good Wife.
채널 고정하시고 굿와이프 에피소드를 보십시오.

☐ **make (sth) public**
미디어통해서 대중에게 알리다, 발표하다

Someone wanted to **make it public**.
누군가 그걸 대중에게 알리고 싶어했어.

Situation

Sandra: Some **breaking news** just came on the TV. 긴급속보가 방금 TV에서 나왔어.
Ralph: That's surprising. What's it all about? 놀랍네. 뭐에 관한건데?
Sandra: They are **making** the election results **public**. 선거결과를 공표하고 있어.
Ralph: I'll bet Helen James won the election. 헬렌 제임스가 선거에서 이길거야.
Sandra: That's exactly what the **news flash** said. 뉴스속보는 바로 그 얘기야.

026 It'll just take a second.
잠깐이면 돼.

시간에 관한 표현들

take a second는 시간이 얼마 안 걸린다, sth give me time to~는 그렇게 되면 내가 …할 시간을 갖게 된다라는 아주 유용한 표현. 또한 moment를 써서 have its moment는 나름대로 때가 있다, be numbered는 시간이 얼마 남지 않았다라는 말.

12문장으로 미드영어 후다닥 끝내기

take a second
잠깐[금방]이면 된다

It'll just **take a second**. Please?
잠깐이면 돼. 제발?

give sb a minute
잠깐 시간주다(give sb time 시간을 주다)

I'll help, just **give me a minute**.
내가 도와줄게, 잠깐만 시간을 줘.

This will give sb time to~
그렇게 되면 …가 …할 시간을 갖게 될 것이다

That'll **give me time to** solve the case.
그렇게 되면 내가 사건을 해결할 시간을 갖게 될거야.

It gave me time to put the word out on your victim.
그렇게 되면 네가 맡은 피해자의 정보를 얻거나 탐문을 할 시간을 갖게 될거야.

have its[one's] moment
나름대로 때가 있다

The pop band **is having its moment**.
그 팝밴드는 전성기를 누리고 있어.

pick one's moment
적절한 때를 잡다[노리다]

I have to **pick the moment** to propose to her.
난 걔한테 청혼할 적절한 때를 잡아야 돼.

this is my moment
나의 때이다, 나의 전성기이다

This is my moment to show what I can do.
내 능력을 보여줄 때야.

Now's the time to ~
지금이 …하기에 적기이다, 이제 …할 때야

Now's the time to invest in real estate.
지금이 부동산에 투자할 때야.

One's days are numbered
이제 얼마 안남았네

Jesse's days as an outlaw **are numbered**.
범법자로서의 제시의 날도 얼마 남지 않았어.

One's time has come
…의 때가 다 되었다

Your time has come, you're going to be famous.
네 때가 온거야, 너는 유명해질거야.

When was the last time~?
마지막으로 …한게 언제였죠?

When was the last time you took a bath?
너 마지막으로 목욕한게 언제야?

~the last I heard
가장 최근에 들은 것이다

The last I heard she was still there, working in a dry cleaner's. 최근에 들은 소식은 걔는 아직 세탁소에서 일하고 있다는 거였어.

Situation

Donna: **When was the last time** you bought a suit? 네가 정장을 산게 언제가 마지막이야?
Colin: I think this one is about ten years old. 이게 한 10년은 된 것 같은데.
Donna: **Now's the time to** go out and get a new one. 이제 나가서 새 정장 하나 살 때네.
Colin: You don't like the way this one looks? 이게 보기 싫은가보구나.
Donna: **The last I heard,** that was no longer stylish. 최근에 듣기로, 그건 더 이상 유행이 아니래.

때가 되면

027 My clock is ticking.
시간이 부족해.

시간이 부족하다고 할 땐 The clock is ticking이라고 시계가 가는 모습을 말하면 되고, 그래서 이럴 시간이 없다고 할 때는 I don't have time for this라 한다. 또한 have the time은 문맥에 따라 시간이 있다(to~), 혹은 몇시냐고 말할 수도 있다.

12문장으로 미드영어 후다닥 끝내기

- **There comes a time[a point]~** …한 때도 있다
  There comes a time when you need to settle down.
  네가 정착을 해야할 때도 있는거야.

- **The clock is ticking** 시간이 부족하다(Time is ticking 시간이 흘러가다)
  My clock is ticking, Lara, and you want to have sex in the street. 라라, 시간이 부족한데 넌 거리에서 섹스하기를 원하잖아.

- **I don't have time for this** 이럴 시간이 없다
  I don't have time for this. Are you going to apologize? 나 이럴 시간이 없어. 너 사과할테야?

- **have[get] the time** 시간이 있다
  I'm sorry. I just don't **have the time**.
  미안해요. 내가 시간이 없었어.

- **You got the time?** 지금 몇시냐(have the time 시간이 몇시이다)
  Excuse me? **Do you have the time?** 실례해요? 지금 몇시예요?
  You got the time? I left my watch at home.
  몇시야? 시계를 집에 두고 와서.

- **have all the time in the world** …할 많은 시간이 있다, 시간적 여유가 아주 많다
  We cleared our schedules. **We got all the time in the world.** 우리 스케줄 다 비웠어. 시간이 남아 돌아가.

- **spend more quality time with~** …와 시간을 알차게 소중하게 보내다
  I was spending some quality time with my dad.
  난 아빠와 시간을 알차게 보내고 있었어.

- **have time on one's hands** 시간이 남아돌다
  Old people often **have time on their hands**.
  나이든 분들은 종종 시간이 남아돌지.

- **while you are at it** 하는 김에, 내친김에
  Do you mind taking my footprints back to the lab **while you're at it**? 너 그거 하는 김에 내가 뜬 발자국 지문을 연구소에 갖다 줄테야?

- **when the time is right[ripe]** 때가 되면, 적당한 시간이 되면
  When the time is right, I'll tell you the truth.
  때가 되면 사실을 말해줄게.

- **when the time comes** 때가 되면
  When the time comes, I will explain everything.
  때가 되면, 내가 모든 걸 설명해줄게.

 미드 Situation

Harris: When are we going to get married? 우리 언제 결혼할거야?
Ruth: In a year or two, **when the time is right.** 한 일 이년 후에, 때가 되면.
Harris: **The clock is ticking,** I can't wait forever. 시간은 가는데 마냥 기다리기만 할 수도 없잖아.
Ruth: We can't rush these things. 이런 문제는 서두르면 안돼.
Harris: **There comes a time** when we need to move forward. 우리가 앞으로 나가야 할 때가 올거야.

610 Chapter 10

시간을 낭비하다

028 What's the holdup?
왜 이리 늦은거야?

시간을 낭비하다는 waste one's time, 지금이 적기이다는 There's no time like the present, 그리고 늦게온 상대방에게 왜 이리 늦었냐고 추궁할 때는 What's the holdup?이라고 하면 된다.

12문장으로 미드영어 후다닥 끝내기

- [ ] **all in good time**
  때를 기다리다보면, 때가 오면, 머지 않아
  The work will be done, **all in good time**. 머지않아, 그 일을 끝내게 될거야.

- [ ] **The time will come when~**
  …할 때, …할 날이 올 것이다
  The time will come when Ted will be put in jail. 테드가 감방에 갈 날이 올거야.

- [ ] **(There is) no time like the present**
  지금이야말로 가장 적기, 좋은 시기이다
  There's no time like the present. Tom, we must seize the hookers. 지금이 가장 적기야. 탐, 우리는 매춘부들을 잡아야 돼.

- [ ] **have got better things to do~**
  결국 …하느라 시간 낭비하지않다
  I've got better things to do with my time. 이런 일에 내 시간을 낭비하지 않을거야.

- [ ] **make time for[to~]**
  일부러 …하기 위해 시간을 내다
  I think we need to **make time for** a meeting. 우리는 시간을 내서 회의를 해야 한다고 생각해.

- [ ] **before you know it**
  순식간에, 눈깜짝할 사이에
  Don't worry, I'll be back **before you know it**. 걱정마, 언능 돌아올게.

- [ ] **What took you so long?**
  왜 이렇게 오래 걸렸어?, 왜 이렇게 늦었어?
  Hey, **what the hell took you so long?** 야, 뭐 때문에 이렇게 시간이 오래 걸린거야?

- [ ] **here on out**
  지금부터(from now on), 앞으로(in the future)
  I promise, from **here on out**, nothing's ever going to be the same. 내 약속하는데, 앞으로는 어떤 것도 똑같지 않을거야.

- [ ] **waste your time**
  시간낭비하지마, 시간낭비야
  Don't **waste your time** asking Sally out on a date. 샐리에게 데이트하자며 시간낭비하지마.

- [ ] **waste my time**
  나의 시간을 낭비하다, 내 시간 축내지마라
  You're **wasting my time** and yours. 넌 내 시간과 네 시간을 낭비하고 있는거야.

- [ ] **That[This] is when~**
  바로 그때 …한 것이다, …한 게 바로 그때야
  That is when you should talk, Tony. 토니, 지금이 네가 말을 해야 하는 때야.

- [ ] **This is the moment~**
  이 순간이 …가 …하는 순간이다
  I don't think **this is the moment** to hash out the details. 지금이 세부적인 것들을 논의할 순간은 아니라고 생각해.

미드 Situation

Martha: The boss **is always wasting our time**. 직장상사는 항상 우리 시간을 낭비하고 있어.
Mel: **The day will come** when he gets fired. 그 사람 잘릴 때가 올거야.
Martha: I know, but when is it going to happen? 알아, 하지만 언제나 그럴까?
Mel: Be patient. **All in good time** Martha. 좀 참아. 머지 않아 그렇게 될거야, 마샤.
Martha: I'm not sure how much more I can take. 내가 얼마나 더 참을 수 있을런지 모르겠어.

가거나 조금 빨리 가거나

029 I'm on my way.
가는 중이야.

좀 몸을 잽싸게 움직여 서두른다는 인상을 주려면 get one's ass in gear, haul ass를 쓰며, 나 지금 가는중이야라고 많이 나오는 표현은 I'm on my way. 또한 make it to+장소명사의 경우에는 어떤 목적지에 성공리에 도달하다라는 뜻.

12문장으로 미드영어 후다닥 끝내기

- **get one's ass[butt] in gear** 잽싸게 움직이다
  I'm not leaving here until you **get your ass in gear**.
  네가 빨리 좀 움직일 때까지 여기서 나가지 않을거야.

- **haul ass** 서둘러 이동하다
  I need to **haul ass** to get home in time.
  난 제시간에 집에 가기 위해 서둘러야 돼.

- **make it** 어떤 목적지에 도달하다, 참석하다
  I don't think I can **make it to** your party.
  네 파티에 제대로 도착할 지 모르겠어.

- **I'm on my way** 가는 중야
  Don't say anything. **I'm on my way.** I'll be right there.
  아무 말도 하지마. 내 가는중이야. 금방 도착해.

- **pull up stakes** 다른 곳으로 옮기다, 이사하다, 떠나다
  Looks like they **pulled up stakes**.
  걔네들 이사한 것 같은데.

- **be there** …에 도착하다[가다], …에 오다
  I'll **be there** as soon as I can. Thank you.
  가능한 빨리 빨리 가도록 할게. 고마워.

- **rush out (to)** 서둘러 …로 급히 뛰쳐 나가다
  Why did we have to **rush out of** there so fast?
  왜 우리가 거기서 그렇게 빨리 뛰쳐 나와야 한거야?

- **on the road to~** …로 가는 길인, (행복, 회복, 성공으로) …하는 중인
  I think she'**s on the road to** recovery.
  걔는 회복중인 것 같아.

- **out there** 저쪽에, 괴짜다, 어떤 특정 장소
  There's a whole new world **out there** just waiting for perverts. 다른 쪽에는 변태들을 기다리는 완전히 다른 세계가 있어.

- **come along** 같이 가다
  You sure you won't **come along**?
  너 같이 가지 않을거란 말야?

- **(I'm) Coming** 상대방 쪽으로 (내려)가다, 곧 가, 나갈게
  I'm coming! I'll meet you in the garage!
  갈게! 차고에서 보자고!

- **draw near[closer]** 다가오다
  The time **is drawing closer** when I'll have to leave.
  내가 떠나야 할 때가 다가오고 있어.

미드 Situation

Janet: We're not going to **make it to** the wedding on time. 결혼식 시간에 맞게 못갈 것 같아.
Ethan: I'd better **haul ass** so we aren't late. 내가 서두르고 있으니 늦지 않을거야.
Janet: I'll call up the church and talk to the minister. 교회에 전화해서 목사님께 얘기할게.
Ethan: What are you going to tell him? 뭐라고 할려고?
Janet: I'll tell him that we **are on our way**. 우리 지금 가는 중이라고.

030 Get her out of my sight.
끌고가.

 오거나 데려가거나

슬그머니 돌아온다고 할 때는 come crawling back, 속어로 이쪽으로 오라고 할 때는 get you ass[butt] over here, 그리고 어디로 데리고 가다는 drag sb to~의 표현을 쓰면 된다. 범죄미드에 많이 나오는 back up은 뒤로 물러나다라는 의미.

12문장으로 미드영어 후다닥 끝내기

- **back up** 뒤로 물러서다
  Drop the weapon! Stop. **Back up.**
  무기를 내려놔! 그만 그리고 뒤로 물러나.

- **come and go** 오고가다, 잘되다 안되다
  You can see why I prefer the dog. Husbands **come and go.** 내가 왜 개를 더 좋아하는지 알지. 남편들이란 있다가도 가버리잖아.

- **come crawling back** 슬그머니 돌아오다
  I knew you'd smell money and **come crawling back.**
  네가 돈 냄새를 맡고 슬그머니 돌아올거란 걸 알았어.

- **drag sb to~** …를 …로 데려가다
  (drag oneself to 스스로 …로 들어가다)
  She tried to **drag me to** some silly ballet performance. 걘 나를 형편없는 발레 공연에 데려가려고 했어.

- **get one's butt over here** 이쪽으로 오다
  Get your cute little butt over here, and let's show him the dance I taught you.
  어이 이쁜이 이리와봐 그리고 내가 알려준 댄스를 걔한데 보여주자고.

- **get[bring] your ass in here** 이쪽으로 오다
  Take a break and **get that sexy ass in here.**
  좀 쉬면서 그 섹시한 엉덩이 좀 이리로 와봐.

- **get one's butt out of~** …에서 빨리 튀어나오다
  Get your butt out of this office now!
  당장 이 사무실에서 튀어나가!

- **take sb straight to~** …로 데려가다
  Take him straight to the airport.
  걔를 공항으로 바로 데려가.

- **I'll be back to do[for~]** …하기 위해 돌아올거야
  I'll be back to take your prints.
  네 지문을 채취하기 위해 돌아올거야.

- **I'll be back** 다녀올게, 금방 올게
  Don't go anywhere. **I'll be back.**
  어디가지마. 금방 올게.

- **get sb out of one's sight** …를 데려가다, 끌고가다
  Get him out of my sight. 걔 끌고가.
  Now **get out of my sight,** Cindy! 신디, 이제 내앞에서 꺼져버려!

- **jam into~** …로 몰려들다
  We **were jammed into** a small bus for hours.
  우리는 수시간 동안 조그만 버스에서 찜통이 됐어.

 미드 Situation

Ron: Why did you **drag me to** this theater? 왜 이 극장으로 날 끌고 온거야?
Joyce: We're going to see a really good play. 정말 멋진 연극을 보려고.
Ron: But we're **all jammed into** a tiny space. 하지만 자리가 넘 비좁아 꼼짝도 못하겠어.
Joyce: I know, but please stop complaining. 알아, 하지만 불평 좀 그만해.
Ron: Look, **let's get our butts out of here.** 야, 여기서 언능 나가자.

자리뜨면서

031 Don't be long.
빨리와.

자리를 뜨게 돼 미안하다고 할 때는 If you'll excuse me, Could I be excused?, 아니면 노골적으로 빨리 가야된다고 I've got to run, I should be going이라고 해도 된다. 참고로 You're excused는 formal한 표현으로 가셔도 됩니다라는 말.

12문장으로 미드영어 후다닥 끝내기

☐ **If you'll excuse me** (자리를 뜨면서) 실례합니다만	**If you'll excuse me,** I need to get back to work. 실례합니다만, 일하러 가야 돼요.
☐ **Could I be excused?** 실례해도 될까요?	Can you ask her if we **can be excused?** 우리가 가도 되냐고 걔한테 물어볼거야?
☐ **You're excused** 가도 된다	Thank you for your service. **You're excused.** 그동안 수고 하셨습니다. 이제 가셔도 됩니다.
☐ **I've got to go[fly]** 서둘러 가야 돼, 빨리 가야 돼(I have to run)	I'm afraid I'm going to **have to run.** 나 빨리 가야 될 것 같아.
☐ **should be going** 그만 일어나다, 이제 그만 가다	I think I **should be going.** 나 그만 가야 될 것 같아.
☐ **(It's) Time to move** 이제 그만 가봐야겠어(=I've got to go)	She found us, **it's time to move.** 걔가 우리를 발견했어, 이제 그만 이동해야 돼.
☐ **be gone** (슬랭) 나 간다(I'm leaving)	It's over. **I'm gone.** Good night. 끝났어. 나 간다. 안녕.
☐ **Don't be long** 빨리 와	**Don't be long.** I'll expect you home soon. 빨리 와. 금방 올거라 기대할게.
☐ **Won't be long** 오래 걸리지 않을거야	**It won't be long** until someone else realizes that. 누군가 다른 사람이 그걸 깨닫기 전까지 오래 걸리지 않을거야.
☐ **clear out** 자리를 비우다, 자리를 피하다	What do you say we all **clear out** of here and let these two lovebirds get back down to business? 우리 모두 여기 자리 비워주고 이 두 연인이 본작업에 들어가도록 하는게 어때?
☐ **clear the way (for)** …를 위해 길을 비키다	**Clear the way.** Coming through. 길 비켜요. 지나갈게요.

Situation 미드

Anders: **If you'll excuse me,** I must go now. 실례지만 난 그만 가봐야 돼.
Julie: Why? What are you up to? 왜? 무슨 일인데?
Anders: I have a short meeting. **Won't be long.** 잠깐 미팅을 해야 돼. 시간 오래 걸리지 않을거야.
Julie: **You're excused,** but I'll expect you back soon. 가봐. 하지만 곧 돌아오는 걸로 알게.
Anders: I'll get back here as quickly as I can. 가능한 한 빨리 돌아올게.

032 Can you save me a seat?
자리 좀 맡아줄테야?

자리에 꼼짝말고 있어

움직이지 말고 그대로 있으라고 하는 표현들로는 stand still, stay put, hang tight, hold it 등 다양하다. hold everything 은 하던 일을 모두 멈추라는 말이고, take the weight off one's feet는 잘 따져보면 의미가 오는 재미난 표현.

12문장으로 미드영어 후다닥 끝내기

be not one's place
…가 나설 자리가 아니다, …가 상관할 바가 아니다
It's not my place to judge. So what do you say?
내가 뭐라 할 자리는 아닌데. 넌 어때?

stand still
가만히 있다, 움직이지 않다(hold still)
Will you just stand still? 그만 가만히 좀 있어라.
I'll hold still while you look. 네가 쳐다보는 동안 가만히 있을게.

stay put
그 자리에 그대로 있어(don't move)
Don't answer the phone and stay put.
전화받지 말고 그대로 있어.

hang tight
그 자리에 그대로 있다
Until then, just hang tight.
그때까지, 그냥 그대로 있어.

hold it
그 자리에 꼼짝말고 서 있으라
Richard, hold it! I still need to talk to you.
리차드, 꼼짝말고 있어! 아직 너랑 얘기해야 돼.

hold everything
그대로 멈춰, 가만있어
Hold everything, you're doing it wrong.
올 스톱해, 넌 잘못하고 있는거야.

have a seat 자리에 앉다
(save a seat 자리를 맡아두다)
Save me a seat at the concert.
콘서트장에서 내 자리 좀 맡아둬.

fill a post[position]
자리를 채우다
We still need to fill a post in management.
우리는 아직 경영진에 자리 하나를 채워야 돼.

You're in my seat
그건 내 자리인데요(be taken 다른 사람자리이다)
Can you move? You're in my seat.
좀 이동해주실래요? 제자리인데요.

take the weight off one's feet 앉다
Sit down and take the weight off your feet.
앉아, 앉으라고.

scoot over 옆으로 자리를 비켜주다
(scoot sth over 옆으로 좀 이동시키다)
Scoot over a little bit, you're blocking the clock.
옆으로 살짝 비켜줄래요, 시계가 안보여서요.

not move a muscle
꼼짝도 하지 않다
I'm supposed to strip naked, lie flat on my back, and not move a muscle.
난 홀딱 벗고, 반드시 누워서 꼼짝도 하지 않기로 되어 있어.

미드 Situation

Harvey: **Hold everything,** are you going to the toilet? 다 좀 멈춰봐, 너 화장실 가려고?
Heather: Yes I am. Can you **save me a seat?** 어, 내 자리 좀 맡아줄테야?
Harvey: Sure, I'll **hang tight** until you get back. 물론, 네가 올 때까지 잡아놓을게.
Heather: Thanks. I promise I won't be long. 고마워. 금방 올거야.
Harvey: Better hurry, because it's getting crowded. 서둘러, 사람들이 차고 있으니까.

기타등등(Et Cetera) 615

어울리다

033 Can you cover for me?
내 대신 좀 해줄테야?

go well with를 뛰어 넘어, not sit well with, ~don't mix까지 알아둔다. 또한 belong somewhere는 …에 어울리지 않는다는, 즉 be out of place하다는 말씀. 직장에서 많이 쓰이는 cover for는 자리 좀 비울테니 대신 해줘라는 말.

12문장으로 미드영어 후다닥 끝내기

☐ **not sit well with~**
…에 받아들여지지 않다, 어울리지 않다
Your behavior did **not sit well with** my parents.
네 행동은 내 부모님과는 잘 맞지가 않았어.

☐ **right person to[for~]**
…하기에 적격인 사람, …에 어울리는 사람
I'm not even sure you're **the right person to** come to. 난 네가 참석하기에 적절한 사람인지 확신도 안서.

☐ **belong somewhere**
…에 속하다, 어울리다
We both know **I don't belong here**.
우리 둘다 알잖아, 난 여기 있을 사람이 아냐.

☐ **sth don't mix**
서로 어울리지 않는다
Who says that friendship and business **don't mix**?
우정과 비즈니스는 어울리지 않는다고 누가 그래?

☐ **Look[feel] out of place**
어울리지 않다, 어색하다
It **seems a little out of place** no matter where you put it. 네가 그것을 어디에 놓는지 좀 어색해.

☐ **go well with~**
…와 잘 어울리다
I'm practicing celibacy, and drinking does not **go well with** celibacy. 금욕을 하고 있는데 술을 먹으니 잘 안되네.

☐ **fill one's shoes**
자리를 대신하다
It will be difficult to **fill Tom's shoes**.
탐의 자리를 대신하는 것은 어려울거야.

☐ **be subbing for**
대신하다(sub sb in …을 대체하다)
She's **subbing for** Sarah while she's out of town.
걘 새라가 출장 중일 때 대신 일을 봐.

☐ **take the[one's] place of~**
…대신하다(in place of~ …대신에)
Can you **take the place of** someone who's absent?
네가 결근한 사람 일을 대신할 수 있어?

☐ **cover for sb**
내 대신 좀 해줘, 엄호해줘
He's just using you to **cover for** him. 자길 은폐하기 위해 널 이용하는거야.
Sam, you don't have to **cover for** me. 샘, 넌 내 대신해 줄 필요없어.

☐ **fill in for~**
대신하다
In any case, they're asking me to **fill in for** him.
어떤 경우든지 걔네들은 내가 걜 대신하도록 요구할거야.

☐ **not know where to put oneself** 거북하다, 당황하다
He **doesn't know where to put himself** in the office.
걘 사무실에서 어떻게 해야할 줄 몰라 당황하고 있어.

미드 Situation

Cal: Potato chips **look out of place** at this fancy dinner party.
포테이토 칩은 이 고급 저녁파티에는 어울리지 않아.

Milla: I know, but they **go well with** the beer. 알아, 하지만 맥주와는 잘 어울리잖아.

Cal: But chips and wine **don't mix**. 하지만 칩과 와인은 어울리지 않아.

Milla: Well, the people drinking wine can choose another snack. 와인마시는 사람은 다른 스낵을 먹겠지.

Cal: Good point. Maybe we can put out crackers and cheese. 바로 그거야. 크래커하고 치즈를 내놓는게 나을거야.

034 Are you decent?
옷 입고 있어?

dress up은 옷을 차려입다, dress down하면 옷을 편하게 입다, 그리고 Are you decent?하면 내가 들어가도 될 정도로 입을 것을 입고 있냐는 의미. scrub은 의사들이 수술하기 전에 손을 박박 문질러 씻다 혹은 세척하다라는 의미.

12문장으로 미드영어 후다닥 끝내기

- [ ] **be noted for the record**
  적어놓다(put sth down on paper 기록하다)
  The results were noted for the record.
  결과는 다 기록해놨어.

- [ ] **laugh my ass off**
  웃기지마(LMAO)
  I laughed my ass off at the comedy show.
  난 코미디 쇼를 보고 엄청 웃었어.

- [ ] **clap eyes on**
  …를 보다
  Clap your eyes on this new computer.
  이 신형 컴퓨터를 좀 봐봐.

- [ ] **keep one's eye on the ball**
  경계하다, 방심하지 않다(have~)
  We speak for him, so let's keep our eye on the ball.
  우리는 걔를 대변하지만 경계를 늦추지 말자고.

- [ ] **not let ~ out of one's sight**
  …에 눈떼지 않고 계속 지켜보다
  I won't let him out of my sight.
  눈떼지 않고 계속 걜 지켜볼게.

- [ ] **mooch off**
  돈도 안주고 빌붙어살다(sponge off 빌붙어지내다)
  Ed may never mooch off of either one of you ever again! 에드는 너희들 누구한테도 절대로 돈안내고 빌붙어 살지는 않을거야!

- [ ] **Are you decent?**
  옷 제대로 입고 있어?
  Can I come in? Are you decent?
  들어가도 돼? 옷 입었어?

- [ ] **dress up**
  잘 차려입다(dress down 편안하게 옷입다)
  I knew you were coming back today, so I dressed up. 오늘 네가 돌아온다는 것을 알고 옷을 차려입었지.

- [ ] **get undressed**
  옷을 벗다(get changed 옷을 갈아입다)
  Why don't you go get undressed?
  가서 옷을 벗어.

- [ ] **tuck (in)** 끝을 단정하게 밀어넣다
  (undo+옷 묶인 것을 풀다)
  You need to tuck in your shirt.
  너 셔츠 좀 밀어넣어라.

- [ ] **scrub**
  세척하다, 문질러 없애다, 의사들이 손을 씻다
  Don't you have a toilet to scrub?
  씻을 화장실이 없어?

- [ ] **bleach**
  표백제(로 깨끗이 지우다)
  I got news for you, Chris. Bleach doesn't make blood disappear. 크리스, 해줄 말이 있는데, 표백제로는 피자국을 없앨 수 없어.

Doris: Why did you **dress up** today? 오늘 왜 그렇게 차려 입은거야?
Gene: I have an important meeting to attend. 중요한 회의에 참석해야 되거든.
Doris: You'd better **tuck in** your shirt then. 그럼 셔츠 좀 단정히 밀어넣어.
Gene: Thanks. I didn't notice that after I **got cleaned up**. 고마워. 씻은 후에 그렇게 된 줄 몰랐네.
Doris: I'm glad to be able to help you. 너를 돕게 돼서 기뻐.

035 Has it come to that?
상황이 그렇게까지 됐어?

It's a snap은 "쉽다," rip one's guts out은 "상처주다," What's up your butt?은 "무슨 일이야?"라는 표현들. 또한 Has it come to that?은 "상황이 그렇게까지 안좋게 됐어?"라는 의미로 알아두면 미드가 편해질 표현들이다.

12문장으로 미드영어 후다닥 끝내기

- [ ] **What's up your butt?** 무슨 일이야?(What's bothering you?)
  What's up your butt today?
  오늘 무슨 고민거리야?

- [ ] **rip the[one's] guts out** 상처주다, 비난하다, 망가트리다
  Mr. Hansen just **ripped the guts** out of our plan.
  한센 씨가 우리 계획을 다 망가트렸어.

- [ ] **What's the one thing that~** …하는 것이 무엇이냐?
  What is the one thing that has gotten away from you? 너를 멀어지게 하는게 무언데?

- [ ] **It's the one thing that~** …하는 것이 한가지이다
  It's the one thing that we can do together without speaking. 말없이 서로 일할 수 있다는 것도 한 방법이야.

- [ ] **Oh, has it come to that?** 상황이 그렇게 나빠졌어?
  A divorce? **Oh, has it come to that?**
  이혼? 어, 상황이 그렇게 나빠졌어?

- [ ] **I'm gonna come at this** 반대하다, 반박하다
  I'm gonna come at this from a different perspective.
  난 이걸 다른 시각에서 반대할거야.

- [ ] **It's a snap** 쉽다
  Anyone can do it. **It's a snap.**
  누구든지 할 수 있어. 아주 쉬워.

- [ ] **I'm in the right place** 있을 곳에 있다
  I don't think **I'm in the right place.**
  내가 엉뚱한 곳에 와 있는 것 같아.

- [ ] **This place was trashed** 쑥대밭이 되다
  This place was trashed during the hurricane.
  여기는 허리케인이 지나면서 쑥대밭이 되었어.

- [ ] **be a theory** 그럴 수도 있다(have a theory)
  I'm not sure yet. It's a theory.
  잘 모르겠지만 그럴 수도 있다는거지.

미드 Situation

Jeff: I don't think **we're in the right place.** 우리가 엉뚱한 곳에 와 있는 것 같아.
Gloria: Yeah, **this place was trashed** a long time ago. 어, 여기는 오래전에 다 엉망이 된 곳이야.
Jeff: Maybe they went bankrupt. 걔네들이 파산한 것 같아.
Gloria: Oh, you think so? **Has it come to that?** 어, 그런 것 같아? 어떻게 상황이 그렇게 되었어?
Jeff: Well, it is only a guess. 어, 그냥 추측해본거야.

More Expressions

bring your own bottle 술을 각자 가져오는 파티(BYOB)
hard drug 중독성 마약
soft drug 중독성 없는 마약
put all one's eggs in one basket 한 번에 모든 것을 걸다
card shark 카드꾼, 카드선수
get it to go 포장해서 가다
have a doggie bag 남은 음식을 포장해가다
drop of appetite 식욕감소
loss of appetite 식욕상실
lack of appetite 식욕부진
raise an army 군사를 모으다
toilet paper bomb 휴지폭탄(휴지를 온통 발라 놓는 장난)
answer the phone[a call] 전화받다
direct one's call …의 전화를 연결시키다
Speaking[This is sb] 전데요
be good to hear 통화해서 좋았다
to whom it may concern 담당자께
bumper to bumper 차가 막혀
hit-and-run 뺑소니(의), 기습적인
Where to? 어디로 가십니까?
waste no time (in) ~ing 지체없이 …하다
This[It] won't be long (before, until)~ 곧 …할 것이다
down the line 미래에, 향후에(in the future)
come close to …에 가까이 가다
Coming through …를 지나갈게요
be on the move 이동하다, 움직이다, 활동하고 있다
move in[into] 이사하다(move out 이사나가다)
over there 저쪽에, 반대로(over here 이쪽에).
shove sb around 물리적으로 거칠게 밀치다
(I'd) Better get on my horse 일어나야겠어
I have to be moving along 슬슬 일어날 때가 됐어
take[get] a seat 자리를 잡다
Do sit down 그만 앉으세요
Please be seated 앉아요
have a seat 앉다
just a second 잠깐만요
(at) any second 하시라도, 언제라도, 금방
be around the corner …가 임박했다
tick away 시간이 흘러가다
have time to+동사 …할 시간이 있다
have a lot of time 시간이 많다

have some time 시간이 좀 있다
Do I have time to~? …할 시간이 될까?
Do I have time to~, before~? …하기 전에 …할 시간이 될까?
go down the pan 낭비되다
steal the show 인기를 독차지하다
bring the house down 극장이 떠나갈 정도로 사람들의 갈채를 받다
smash (hit) 대박영화, 대박작품
make a great hit 히트치다(greatest hits 대히트한 것들)
have a hit with 히트치다
be a hit with sb …에게 인기가 좋다
get[have] a good press 언론으로부터 좋은 평을 받다
영화, 연극 + pack sb in 많은 사람을 모으다
play[have] a gig 공연하다
work the door 극장 등 출입구에서 표를 받다
movie stub 극장표(ticket stub 티켓표)
play the second fiddle 단역을 맡다(double 대역배우)
take[play] the part of~ …의 역을 하다
get[win] the part of~ …의 역을 따내다, 맡다
go on the stage 배우가 되다
smash a record 기록을 깨다
put[set] pen to paper 집필하다
take the minutes 의사록을 작성하다
take a note[notes] of 받아적다, 기록하다, 적어두다
keep a record 기록을 남기다
be[go] on (the) record as saying~ 공식적인 표명을 하다, 공식적으로 …라고 말하다
keep score 점수를 기록하다
off the record 비공식적으로
set a record 기록을 세우다
hang a left[right] 좌회전[우회전]
shut up and let me go 닥치고 그냥 보내줘
cry one's heart out 엉엉울다
cry one's eyes out 펑펑 울다
make sb cry …을 울리다
shed tears over~ …때문에 눈물을 흘리다
die laughing 죽도록 웃다
grin from ear to ear 싱글 벙글 웃다
split one's sides 포복절도하다
laugh up one's sleeve 혼자 웃다
giggle 낄낄거리다
wipe the grin off sb's face 웃음을 그치다

More Expressions

wipe the smile 웃음을 그치다
crack a smile[joke] 미소[농담]를 짓다[하다]
drink[laugh] oneself silly 미치도록 마시다[웃다]
screw up one's eyes 눈을 가늘게 뜨다
set eyes on sb …를 쳐다보다, 바라다보다
peep into[at, through] 살짝 빨리 보다
take[have] a look 쳐다보다
take[have] a look-see 잠깐 보다
keep[have] one's eye on~ 경계하다
keep one's eyes peeled[skinned]
눈을 부릅뜨고 보다(keep one's eyes open)
lay eyes on …을 보다
sneak a peek 슬그머니 훔쳐보다
steal a look 훔쳐보다
watch sb like a hawk 쳐다보다, 감시하다
watch this space 계속 지켜보다
sit on sb 지켜보다, 감시하다
flash a glance[look] …을 보고 힐끗 보다
take a peek 살짝 빨리 조금 보다
room and board 숙박비(board and lodging)
bed and board 하숙하다 room and board라고도 한다.
boarding school 기숙사 학교
bed and breakfast
숙박과 아침을 제공하는 민박이나 숙박업소(B&B)
rent (sth) out 세를 주다[놓다], 임대하다
rent-controlled apartment
집세를 맘대로 못올리는 집
dwell in …에 거주하다
quarters 숙소, 지역, 구역
sublet 집을 재임대하다
pay the rent 임대료를 내다(the rent 임대료, 집세)
rental 임대료(물), 렌터카
rental agency 렌탈회사
rental car 렌터카(rent-a-car)
for rent 임대
one's Sunday best 가장 좋은 옷
break in (신발) 새로 사서 몸에 맞게 길들이다
dressed (up) to the nines 우아하게 옷을 입다
dressed to kill 옷차림이 끝내주는[죽여주는]
fancy dress 멋있는 옷
dressing room 분장실, 탈의실
window dressing 쇼윈도 장식
doll up 예쁘게 차려입다
suit up 정장을 갖춰입다, 빼입다

sharp dresser 옷을 잘 입는 사람
flats 굽없는 신발
unbutton+옷 …의 단추를 푸르다
V-neck 삼각목둘레 옷
buy sth off the rack[peg] 기성복을 사다
tuck up sleeves 소매를 걷다
clean as a whistle 먼지 하나 없이 깨끗한
keep it clean 깨끗이 하다, 깔끔하게 하다
sweep up 청소하다, 정돈하다
clean up after sb …가 어지럽혀 놓은 걸 청소하다
scrape sth off 긁어내 털어내다, 깨끗이 하다
(be) scraped off …에서 벗겨진
scrub out 안을 깨끗이 하다
scrub sb raw 신체부위를 박박 문질르대 깨끗이하다
wash one's mouth out 입을 깨끗하게하다
wash up 손이나 얼굴을 씻다
freshen up
손이나 얼굴 등을 씻어서 깨끗이 하다(freshen oneself up)
come this way 이쪽이에요
Where am I? 여기가 어디야?
Where are we? 여기가 어디지?
Where is it? 그게 어디 있냐?
You can't miss it 쉽게 찾으실 수 있어요
be[get] lost 길을 잃다
within reach of …의 손이 닿은 곳에
within walking distance 걸어서 갈 수 있는 거리
strip 가게나 식당 등이 많은 번화가 거리
strip mall 번화가 쇼핑센터
be a long way from~
…로부터 먼길에 있다, …하려면 아직 멀었다
be a stone's throw from [away]
돌로 던져서 닿을 거리에 있다
It's just a hop, skip and a jump
엎어지면 코 닿을 거리야
walk the streets 거리를 산보하다, 매춘부가 되다
how far (away[from])~
얼마나 멀리, 얼마나 멀리 떨어져 있는지
have a long way to go
가야할 길이 아직 많이 남았다, 갈길이 멀다
be on the piss 술을 왕창 마셔대다
hit one's cell 휴대폰으로 전화하다
hit the brakes 브레이크를 밟다
pull up a chair 의자를 가지고 다가와 앉다
get~cleaned up 청소하다(clean up the mess)